青蔵高原東部の
　チャン族とチベット族

【論文篇】

2008汶川地震後の再建と開発

松岡正子 *Masako Matsuoka*

あるむ

序

　松岡正子女史は、私が非常に尊敬する研究者である。師である李紹明先生は、松岡女史が1998年からチャン族地区でフィールドワークを続けており、非常に厳格な学者であるといつも語っておられた。私は、李紹明先生のもとで2005年から蔵彝走廊研究に携わっているが、毎年、彼女が四川のチベット族地区やチャン族地区でフィールドワークを行うたびに幾度も現地に同行した。特に、2008年の512汶川大地震では、彼女は被災後、外国人研究者としては最も早く現地に入り、余震が続くチャン族地区で調査を行った。さらに、2011年東日本大震災後には、私を含む4名の四川の研究者が彼女の招きで東日本の被災地を訪れ、震災後の文化復興をテーマとして比較という視点から共同調査を進めた。私たちはこれらのフィールドワークを通して、同じ学術的興味をもつ友人となった。彼女の大著のために序を書くことは私には任が重いが、私は彼女の学術研究を最もよく知る一人として、またともに李紹明先生を師とする学徒として、理解しあう友人として、この任を果たすことにした。

　本書で論じられた中心的テーマは、512汶川大地震の復興政策終了後におけるチャン族の文化復興と発展である。2つの論が展開されている。第一に、被災後、チャン族地区では政府による移住奨励策のもとで都市への人口集中と農村における高齢化、空洞化が顕著となり、文化の伝承と保護に重大な影響を与えていること。第二に、復興期間中に主要な被災地は「国家級羌族文化生態保護実験区」とされ、国家や学者、NGO、対口支援省等の外部の力が伝来のチャン文化に大きな影響をあたえ、さらに2010年に復興支援が終了してこれらの外部の力が退いた後、替わって観光開発という市場の力

が深く入ってきたことである。このような大規模な外部の力の進出や撤退がチャン族地区に及ぼす影響について、彼女は着実なフィールドワークを通して、特に高山部に保持されてきたチャン語やシピ（シャーマン）が伝える信仰や儀礼などの文化の伝承が危機的状況にあること、さらに観光開発を背景に創出された大禹文化や民間で復活した羌年には地域的特徴があり、多層的な意味が含まれていることを指摘する。

　周知のように、チャン文化は、歴史的に漢族とチベット族の二大文明の間にあって、それらとは良好な双方向的関係を維持してきた。そのためチャン文化には総じて両文明の影響の違いによる地域的特徴、すなわち漢化の深い地域と絨化（ギャロン・チベット化）の深い地域との差が鮮明である。換言すれば、チャン文化は両文明の間でそれぞれの文化的要素を頻繁に借用しており、文化の構造が非常に開放的である。災害復興の過程で大規模な外部の力が導入されたことで、チャン文化における他文化の借用範囲はさらに拡大し、創造的な応用が増えている。そのため伝来のチャン文化を熟知した研究者は、全体における変化の速度が速すぎて、すでに文化の全体的な安定性の限界を越えていると感じている。このような状況のもとで、チャン文化の変化の過程と特徴を論じることは、チャン文化の総体的な安定を維持するために重大な意味をもつ。

　しかし、このような文化の変化の過程において、一方で、チャン族自身が主体的に、まさにいままでにない方法を創出していることも明らかである。チャン族は、都市周辺に移住したり、出稼ぎにでたりする者が増えるにつれ、かえって帰村して伝統的な年中行事や種々の儀式に熱心に参加するようになった。彼らは、移住先や出稼ぎ先で携帯電話によって旧村の幹部と常に連絡をとりあってかつての地域的ネットワークを維持し、冠婚葬祭時には必ず帰村して活動に参加する。ネットワーク時代になって、文化の伝承やコミュニティの維持にも新たな様式が出現しているのである。

　さらに、本書には別の大きな貢献もある。チャン族と、蔵彝走廊地区の四川チベット族諸集団やナシ族・プミ族などとの比較研究がなされていることである。四川チベット族には、カム地区やアムド地区のチベット族以外に人数不詳とされるギャロンや白馬、プミ、シュミ（シヒン）などの諸集団が含

まれる。これらの集団の言語は、孫宏開氏によればナムイ以外はみなチベット・ビルマ語派チャン語群に属し、類似性が高いとされる。また、祭山会や白石崇拝などの共通した文化表象がみられ、ナシ族やナムイの文化にも同様の関連する部分がある。また、彼女は史詩「羌戈大戦」の分析を通して、これらの集団の歴史的文化的関連についても分析している。高い見識である。

　四川チベット族地区の変化はチャン族地区と比べてまだそれほど大きくない。しかし彼女の研究が示すように、すでに大変化の底流が垣間みられる。写真資料は、このような急激な変化の時代にその当時の文化を保存する上で優れた表現手法である。彼女の著作には常に大量の写真が添えられているが、これらの写真を得るために彼女は頻繁に危険な場所に出むいている。これらの写真の背後には、彼女の人類学者としての強靭さと粘り強さがある。

　松岡正子女史の研究書が世に問われることを喜び、今後、女史が学術上一層大きな成果をあげられることを期待して序にかえたい。

　　　　　　　四川大学社会発展與西部開発研究院　　李　　錦
　　　　　　　　　　　　2017年3月　四川成都

青蔵高原東部のチャン族とチベット族
【論文篇】目次

序　　　四川大学　李　錦 …………………………………………… 1

序　章 ………………………………………………………………… 13

第Ⅰ部　チャン族

第1章　近年のチャン族に関する研究 …………………………… 27
　第1節　汶川地震後のチャン族研究の動向　　　　27
　第2節　羌族文化数字博物館　　　　29
　第3節　シピ文化研究　　　　35

第2章　汶川地震後のチャン族における貧困と移住 …………… 45
　第1節　汶川県龍渓郷直台村における漢族地区への全村移住　　　　47
　第2節　茂県雅都郷における移住　　　　63

第3章　汶川地震後のチャン文化 ………………………………… 97
　第1節　中国式復興モデル　　　　97
　第2節　汶川県におけるチャン文化の復興と禹羌文化　　　　102
　第3節　北川羌族自治県における民族文化の復興と観光資源化　　　　126
　第4節　四川チャン族における言語交替と母語の喪失　　　　155

第4章　羌年と祭山会 ……………………………………………… 177
　第1節　羌年と国民文化　　　　177
　第2節　羌年の観光資源化をめぐるポリティクス　　　　192
　第3節　祭山会の系譜——蔵彝走廊諸集団　　　　214

第 5 章　黒水チベット族················231
第 1 節　民国期の岷江上流の土匪　　　　　　　　233
第 2 節　小黒水と「獰猰子」伝承　　　　　　　　235
第 3 節　大黒水の社会　　　　　　　　　　　　　243

結語 I　災害復興と文化の力················255

第 II 部　四川チベット族

第 6 章　四川チベット族諸集団に関する先行研究················265
第 1 節　蔵彝走廊研究　　　　　　　　　　　　　267
第 2 節　石碉　　　　　　　　　　　　　　　　　271
第 3 節　川西南「西番」　　　　　　　　　　　　281

第 7 章　ナムイ・チベット族················297
第 1 節　冕寧県聯合郷のナムイ・チベット族　　　297
第 2 節　九龍県子耳彝族郷の〈西番〉　　　　　　321

第 8 章　アルス・チベット族················333
第 1 節　冕寧県和愛蔵族郷廟頂村のリル・チベット族　333
第 2 節　冕寧県和愛蔵族郷廟頂堡の概況　　　　　334
第 3 節　廟頂堡の親族集団と婚姻　　　　　　　　339
第 4 節　婚約、結婚、同居、分家のプロセス　　　346

第 9 章　シヒン・チベット族と木里蔵族自治県水洛郷の〈西番〉········357
第 1 節　木里蔵族自治県のチベット族と水洛郷の〈西番〉　357
第 2 節　シヒン・チベット族と〈西番〉における社会的紐帯　361
第 3 節　〈西番〉の新年「ヲシ」　　　　　　　　　373

第10章　四川と雲南のプミ語集団　　377
- 第1節　プミ語集団の概況と民族識別工作　　377
- 第2節　四川プミ・チベット族と雲南プミ族の比較　　383

第11章　四川と雲南のナシ語集団　　427
- 第1節　四川のナシ族　　427
- 第2節　俄亜村の婚姻と家族　　430
- 第3節　四川ナシの年中行事と神々　　446
- 第4節　四川ナシの祭山会　　454

結語Ⅱ　蔵彝走廊のチャン族と四川チベット族　　463

付　論

四川における1950～60年代の民族研究　　467
- 第1節　1950～60年代の民族研究　　469
- 第2節　李紹明が語る四川における1950～60年代の民族研究　　490

あとがき　　505

参考文献　　511

索引　　535

目　次

図表一覧

図2-1　茂県雅都郷と維城郷　66
図3-1　汶川県龍渓郷におけるチャン語使用状況　121
図3-2　北川羌族自治県の財政収入と政府からの補助金　134
図3-3　チャン語使用状況　159
図5-1　大黒水と小黒水　236
図6-1　四川チベット族の分布　266
図7-1　李Y家（ナムイ・チベット族）　324
図9-1　水洛郷の民族分布　360
図9-2　平翁組シヒン　査西家　363
図9-3　都魯組〈西番〉阿珍家　366
図9-4　都魯組〈西番〉阿珍家の経済状況　371
図10-1　白朗RQ家（プミ・チベット族）　396
図10-2　白朗RQ家の経済状況　397
図10-3　嘎長ZX家（プミ・チベット族）　399
図10-4　伍里ZX家（プミ・チベット族）　400
図10-5　達龍AQ家（プミ・チベット族）　401
図10-6　趙MQ家（漢族）　405
図10-7　楊ST家（プミ族）　407
図10-8　楊FQ家（プミ族）　408
図10-9　楊QX家（プミ族）　409
図10-10　楊LY家（プミ族）　411
図10-11　楊ST家の経済状況　412
図11-1　ナシ族の分布　428

表3-1　汶川県雁門郷蘿蔔寨村、索橋村、麦子村のチャン語使用状況　161
表4-1　理県・汶川県・茂県の祭山会　189
表4-2　汶川県龍渓郷阿爾村のリメジ（1940年代）　200
表4-3　汶川県龍渓郷阿爾村の羌年（2005年）　201
表4-4　汶川県龍渓郷直台村のリメジ（1940年代）　203
表4-5　邛崍市油搾郷直台村の羌年（2010年）　206
表4-6　邛崍市油搾郷直台村の転山会（2011年）　209
表4-7　邛崍市油搾郷直台村の羌年（2012年）　210
表4-8　西番諸集団の年中行事　216

表4-9	チャン族の年中行事	226
表4-10	ギャロン・チベット族と周辺諸民族の年中行事	227
表7-1	冕寧県聯合郷の人口（1993年と2003年）	298
表7-2	九龍県子耳彝族郷の概況（2003年）	322
表7-3	九龍県子耳彝族郷万年村の状況（2003年）	322
表8-1	冕寧県和愛蔵族郷の概況（2003年）	335
表10-1	木里県桃巴郷の行政村の概況（2000年）	387
表10-2	木里県桃巴郷の行政村の生産状況（2000年）	388
表10-3	蘭坪白族普米族自治県河西郷の概況（2000年）	392
表10-4	プミ語集団の年中行事	416
表11-1	木里蔵族自治県俄亜納西族郷の6行政村の概要（2006年）	432
表11-2	俄亜村1組の家族・婚姻・家庭経済	442
付表3-1	北川羌族自治県吉娜羌寨の家族構成と家庭経済	174
付表5-1	松潘ルート（灌州―威州―茂州―松潘―龍安）の「蛮子」と交易物資（1930年）	252
付表8-1	冕寧県和愛蔵族郷廟頂村廟頂堡の婚姻状況	354
写真3-1	汶川県県城の大禹像（2010年12月）	105
写真3-2	汶川県龍渓郷の五神廟（2010年12月）	117
写真3-3	北川羌族自治県吉娜羌寨（2009年9月）	141
写真4-1	邛崍市油搾郷直台村（2012年11月）	204
写真4-2	羌年を行うシピと長老たち（2012年11月）	210
写真4-3	羌年の実施を話し合う老人たち（2012年11月）	212
写真7-1	水力発電所の建設が進む雅礱江（2004年9月）	299
写真7-2	囲炉裏の五徳の3脚は男女の祖先神と火神を表す（2004年9月）	308
写真7-3	春節には新しい民族衣装を着る（2004年9月）	316
写真7-4	〈西番〉が暮らす海抜2200mの子耳郷N組（2004年11月）	323
写真7-5	〈西番〉の指路図「ツプリグ」	329
写真7-6	食前に囲炉裏の3つの石に酒を注いで祀る（2004年11月）	331
写真11-1	木里蔵族自治県俄亜納西族郷俄亜村（2007年9月）	434
写真11-2	占書によって相談に応えるダバのJG（2007年8月）	445

青蔵高原東部のチャン族とチベット族
2008汶川地震後の再建と開発

序　章

1．問題の所在

　本書には2つのテーマがある。第一は、2008年5月12日に発生した中国・汶川地震後の復興について、特に、3年間の復興政策が終了した後のチャン族地区における開発と課題について、政府側と住民側の双方の視点から考察することである。第二は、チャン族の社会と文化の形成について、蔵彝走廊地区[1]のチベット族諸集団等との関連を考えることである。これは『中国青藏高原東部の少数民族　チャン族と四川チベット族』［松岡2000］、『四川のチャン族――汶川大地震をのりこえて〔1950–2009〕』［李・松岡主編2010］に続く蔵彝走廊研究の一環でもある。

　筆者のチャン族研究は、1988年に四川大学に留学して、李紹明先生（四川省民族研究所）の指導のもとで阿壩蔵族羌族自治州のチャン族地区でフィールドワークを行ったことに始まる。松岡［2000］は、1989年から98年までの10年間に筆者がチャン族地区と四川チベット族地区において調査した結果をまとめたものである。そこで明らかになったことは、伝統的なチャン文化とされる「碉房」（石積み家屋）や「石碉」（数十mの石積みの塔）、白石崇拝、「祭山会」（山神を祀る年中行事）、シピ（チャン族のシャーマン）は、チャン族居住区全体にみられるものではなく、主に岷江上流域に残る文化的要素であること（以下、岷江モデルと記す）、特に石碉について

---

[1] 蔵彝走廊地区とは、費孝通が1980年前後に提起した歴史、民族、文化に関する新たな区域概念。岷江、大渡河、雅礱江、金沙江、瀾滄江、怒江の六大河が南北に流れる、四川省、雲南省、チベット自治区にまたがる地域をいう。本書第6章第1節参照。

は分布地域がかなり限定されること、また1990年代にはすでに伝来の祭祀活動やチャン語はかなり希薄化しており、比較的よく保持されているのは汶川県の雁門郷蘿蔔寨村や龍渓郷、理県の桃坪郷や蒲渓郷蒲渓村・休渓村、茂県の雅都郷などの高山峡谷部に限られていたことである。

　チャン文化の希薄化の背景には、次のような歴史的要因がある。第一に、チャン族地区全体が長期にわたって漢文化の影響をうけており、すでに中華人民共和国成立以前に多くの地域で漢文化と融合した文化が広くみられたこと、第二に、中華人民共和国成立後は民主改革や文化大革命によって伝来の文化が人為的に破壊され中断されたこと、第三に、1990年代以降は出稼ぎの恒常化で文化を受け継ぐべき次世代が村落内に常住しなくなったことなどがある。ただし、1990年代まではまだ1940〜50年代のチャン族社会を覚えている老人が存命であったため、中華人民共和国成立前後の社会や文化の変化を知ることが可能であった。

　一方、中央政府は、少数民族の伝来の文化に対して1970年代までは否定的であったが、1980年代以降は民族文化の重視に方向を大きく転換した。阿壩蔵族羌族自治州政府は、これをうけて1989年に農暦10月1日の秋の祭山会をチャン族伝統の新年とし、「羌暦年」（羌年）と名付けた。しかし収穫祭の意味をもつ秋の祭山会は地域によって数か月のずれがあったため、10月1日の羌年は多くのチャン族にとってあまりなじみがなく、普及しなかった。

　次の李・松岡主編［2010］は、中華人民共和国成立前後から2008年の汶川大地震直後までのチャン族の変化を写真資料と解説によって記録したものである。2000年代に入って阿壩蔵族羌族自治州政府はチャン族やチベット族の民族文化を資源とする観光開発を奨励し、新たなチャン族文化の創出を進めた。しかし、民族観光によってようやく経済的な豊かさの方向がみえ始めた頃、2008年5月12日マグニチュード7.9の汶川大地震が発生した。汶川地震の被害は、中華人民共和国成立以来最大級のものとなった。被災地は四川を中心に甘粛、陝西、重慶など10の省市におよび、死者6万9227人、行方不明者1万7923人、重軽傷者37万4643人、倒壊家屋約780万戸、半壊家屋約2億4500万戸、被害総額8450億元（約13兆円）に達した。震源地周辺に居住していたチャン族は人口の約10％を失い、特に、おから工事の校舎

の倒壊によって多くの児童、学生が犠牲となった。中央政府は、「三年基本恢復、五年発展振興、十年全面小康」（3年で復旧、5年で発展振興、10年で全面的にゆとりのある生活へ）をスローガンに掲げ、巨額の資金や人材、資材を投入して復旧・復興を主導した。政府は「対口支援」[2]を柱とした復旧を3年以内に終え、最短最高の成果を喧伝した。

　しかし、インフラを中心とした迅速な復旧が進む一方で、チャン族とチャン文化は様々な問題に直面した。チャン文化においては外部者の視点でこれまでにない新たな文化的要素をもつ新生チャン文化が創出され、確実に大きな変化が始まっていた。変化の大きさと速さを目のあたりにして、李紹明先生ら四川省民族研究所の諸先生と筆者は、チャン族がかつてどのような文化をもち、どのような変化があったのかという記録を早急に残しておくべきであることを痛感し、急遽、李・松岡主編［2010］を編集した。そこでは、1950年代以降のチャン族各地区の暮らしや文化的活動を写真で記してこの60年余りの変化の様子を語り、被災後の復興と再建における新たなチャン文化の創出が何を意味するのかを問うた。

　ところが、チャン族地区の変化は、3年間の政府による復興政策終了後、観光開発という市場の力によってさらに拡大し、新たな展開がみられる。そこで本書では、チャン族地区における復興から開発へのプロセスと課題、それに伴う文化の変化について分析した。

　本書では以下について論じる。その一は、政府の復興政策終了後に創出された新生チャン文化がチャン族の社会と伝来の文化に及ぼす影響についてである。その二は、被災後に強調されたチャン文化と、隣接するギャロン・チベット族をはじめとする蔵彝走廊のチベット族諸集団の文化との関係についてである。伝承によれば、「羌」は中国西北周縁部の遊牧民集団であったが、秦漢以降に南下して岷江流域に定住した。定住後、羌は先住民「戈」に農耕を学び、石積みの技術を習得して高さ数十ｍの石碉を築いた。では、史詩「羌戈大戦」で語られる羌に農耕を教えた「戈」とはどのような集団だったのか。従来、戈については、現在のギャロン・チベット族につながる集団で

---

[2]　一省が被災地の一県を担当して資金や資材人材を負担し、復興を支援すること。本書第3章第1節参照。

あり、ギャロン・チベット族を含む四川チベット族諸集団をチベット・ビルマ語派チャン語群に属する言語をもつ「古代諸羌」の末裔とする、汎羌論が提唱されていた。しかし、近年は汎羌論に対する批判がおき、戈は蜀の先住民である西南夷との関連が言及されている。本書では、チャン族の文化について、蔵彝走廊の民族集団における文化的類似性や継続性、各集団の形成と展開の視点から考察する。

２．研究の方法

　筆者がまず目標としたのは、フィールドワークに基づく各集団の民族誌の作成である。しかし筆者が中国で調査を始めた1980年代後半は、外国人研究者に対してようやく少数民族地区での活動が許可された時期であり、一地点での長期の滞在や調査は困難であった。そこでフィールドワークについては、定点での短期調査を長期にわたって繰り返すこととした。

　定点調査地として選んだのは茂県雅都郷と理県蒲渓郷である。チャン語は北部と南部の２つの方言区に大別され、雅都郷は北部方言区を、蒲渓郷は南部方言区を代表する地域である。文化の地域的特色は言語区分とほぼ重なってみられ、馬長寿は前者を漢化、後者を絨化（ギャロン・チベット化）の顕著な地域であるとする。両調査地はまさにチャン文化の２つの典型的な特色をもつ地域である。そして定点調査地での継続的なフィールドワークと同時に、比較のためにその他のチャン族地区を可能な限り走破し、ギャロン・チベット族の調査も進めた。

　フィールドワークにあたっては、まず、先行研究や文献資料を可能な限り収集した。中国には地方志など多くの文献資料があり、また蔵彝走廊地区はチベットに接する政治的にも重要な地域であったため、19世紀後半以降、国内外の関係者による多くの報告が残されていた。それらをふまえたうえで、現地では個人への聞き取りと多くの記録写真を撮ることに心がけ、記録性を重視した報告を作成し、それを継続的な調査によって積み上げるという方法をとった。また2016年４月～８月の５か月間には雅都郷に比較的長く滞在することができ、この20数年間におよぶ村の変化の大きさや移住、高齢化を

知ることができた (この時の報告は2017年秋に発表予定)。結果として、四半世紀におよぶ継続的な積み上げは、当時から現在にいたる彼らの暮らしぶりや村の変化をそれなりに可視化し、記録できているのではないかと思う。

　筆者は、李紹明先生をはじめとする四川省民族研究所の協力を得て、現在にいたるまでほぼ毎年、四川のチャン族地区やチベット族地区で現地調査を続けることができた。また雲南省での調査については、西南民族学会の郭大烈先生や黄琳娜先生の助力を得て実現することができた。1988年から2017年までにチャン族と四川チベット族の研究のために筆者が訪れた調査時期、調査地は、以下のようである（調査期間は平均1〜2週間）。〈　〉内は調査テーマ。特に記さないものは生活文化を主とする。

① チャン族：1988.11　四川省阿壩蔵族羌族自治州茂県県城・三龍郷〈「羌暦年」〉、松潘県鎮坪郷
② チャン族：1989.02　四川省阿壩蔵族羌族自治州茂県赤不蘇区中心村・赤不寨村大瓜子寨〈春節行事〉、黒水県瓦鉢梁子郷瓦鉢村
③ チャン族：1989.03　四川省阿壩蔵族羌族自治州茂県雅都郷赤不寨村〈火葬〉
④ チャン族：1989.05　四川省阿壩蔵族羌族自治州汶川県龍渓郷
⑤ ギャロン・チベット族：1990.08　四川省阿壩蔵族羌族自治州馬爾康県松崗郷松崗官寨・直波村、卓克基郷納足村、金川県観音橋郷麦斯卡村、小金県結斯郷大壩村等
⑥ 白馬チベット族：1991.02　四川省綿陽市平武県白馬蔵族郷羅通壩村等、阿壩蔵族羌族自治州南坪県勿角郷・馬家郷等
⑦ チャン族：1991.09　四川省綿陽市北川県青片羌族蔵族郷上五村等、阿壩蔵族羌族自治州黒水県維古郷・色爾古郷色爾古村・麻窩郷西爾村等、茂県黒虎郷小河壩村等、汶川県雁門郷蘿蔔寨村・綿虒郷羌鋒村・三江口郷河壩村
⑧ チャン族：1993.08　四川省阿壩蔵族羌族自治州理県蒲渓郷蒲渓村・河壩村
⑨ チャン族：1994.03　四川省阿壩蔵族羌族自治州理県蒲渓郷蒲渓村、茂

県渭門郷拿朴村〈「ガル」〉
⑩ ギャロン、ムニャ、アルス、ナムイ等のチベット族：1994.08　四川省甘孜蔵族自治州康定県六巴郷六巴村・麦崩郷磨子溝村・沙徳郷生古村、涼山彝族自治州冕寧県聯合郷庄子村・木耳村
⑪ ギャロン・チベット族：1995.03　四川省阿壩蔵族羌族自治州理県上孟郷塔斯村・緑葉村・木尼村
⑫ ナシ族・モソ人：1995.03　雲南省麗江納西族自治県太安郷天紅行政村汝寒坪村、寧蒗彝族自治県永寧郷落水村
⑬ チャン族：1996.08　四川省阿壩蔵族羌族自治州理県蒲渓郷蒲渓村・河壩村
⑭ ギャロン・チベット族：1997.09　四川省甘孜蔵族自治州丹巴県巴底郷木爾洛村・水卡村、阿壩蔵族羌族自治州金川県馬爾邦郷馬爾邦村・沙耳郷山埂子村・観音橋郷麦斯卡村
⑮ ナシ族：2000.09　雲南省麗江市
⑯ プミ・チベット族、シヒン・チベット族、〈西番〉：2001.03〜04　四川省涼山彝族自治州木里蔵族自治県桃巴郷桃巴村等、水洛郷東拉村等
⑰ プミ族：2001.07　雲南省怒江傈僳族自治州蘭坪白族普米族自治県県城・河西郷箐花村
⑱ チャン族：2002.03　四川省阿壩蔵族羌族自治州理県蒲渓郷蒲渓村・河壩村、甘堡郷熊耳村
⑲ ナシ族：2004.08　雲南省麗江市古城区、寧蒗彝族自治県永寧郷落水村、迪慶蔵族自治州香格里拉県三壩郷東壩村
⑳ ナムイ・チベット族：2004.09　四川省涼山彝族自治州冕寧県聯合郷木耳村・庄子村
㉑ リル（アルス）・チベット族：2004.11　四川省涼山彝族自治州冕寧県和愛蔵族郷廟頂堡村
㉒ ナムイ・チベット族：2004.11　四川省涼山彝族自治州木里蔵族自治県倮波郷乾海子村、甘孜蔵族自治州九龍県子耳彝族郷万年村
㉓ ナシ族：2007.08〜09　四川省涼山彝族自治州木里蔵族自治県俄亜納西族郷俄亜村

序　章

以下の基本テーマは〈被災後の復興、再建と開発〉。

㉔　チャン族：2008.09　四川省阿壩蔵族羌族自治州茂県県城・黒虎郷、理県県城・蒲渓郷・桃坪郷、汶川県県城・龍渓郷・雁門郷・綿虒鎮・映秀鎮、綿陽市北川羌族自治県旧県城

㉕　チャン族：2009.09,12　四川省綿陽市北川羌族自治県旧県城・擂鼓鎮猫児石村吉娜羌寨・桂渓郷

㉖　チャン族：2010.09,12　四川省阿壩蔵族羌族自治州理県蒲渓郷蒲渓村、汶川県県城、威州鎮布瓦村、雁門郷蘿蔔寨村、龍渓郷龍渓村・阿爾村・三座磨村・羌人谷、綿虒鎮、映秀鎮

㉗　チャン族：2011.10〜11　四川省阿壩蔵族羌族自治州茂県太平郷太平村、雅都郷通河壩村・赤不寨村、鳳儀鎮坪頭村、曲谷郷河西村、南新鎮牟托村

㉘　チャン族：2012.11　四川省邛崍市油榨郷直台村、南宝郷木梯村・金花村

㉙　チャン族：2014.03　四川省阿壩蔵族羌族自治州茂県県城、鳳儀鎮坪頭村・南庄村、雅都郷、維城郷、南新鎮牟托村

㉚　チャン族：2014.10〜11　四川省阿壩蔵族羌族自治州茂県雅都郷通河壩村・俄俄村・新木魚村・大寨村、鳳儀鎮坪頭村・南庄村

㉛　ギャロン・チベット族：2015.08　四川省甘孜蔵族自治州丹巴県梭坡郷莫洛村、中路郷克格依村・基卡依村、聶呷郷甲居村、革什扎郷布科村

㉜　チャン族：2015.08　四川省阿壩蔵族羌族自治州馬爾康県松崗鎮・卓克基鎮、理県桃坪郷桃坪村・木卡郷

㉝　ナムイ・チベット族：2016.04　四川省雅安市石棉県県城・蟹螺蔵族郷、漢源県県城・小堡蔵族彝族郷

㉞　チャン族：2016.05　四川省阿壩蔵族羌族自治州茂県県城・雅都郷赤不寨村大瓜子寨〈婚礼〉、黒水県瓦鉢梁子郷瓦鉢村〈火葬〉

㉟　アルス・チベット族：2016.05　四川省涼山彝族自治州甘洛県県城・蓼坪郷清水村、越西県県城・保安蔵族郷平原村、冕寧県回坪郷許家河村・横路村

㊱　チャン族：2016.06　四川省阿壩蔵族羌族自治州茂県鳳儀鎮〈観光開発〉

㊲　チャン族：2016.06　四川省綿陽市北川羌族自治県新県城、北川羌族民俗博物館、旧県城跡の地震遺跡・地震記念館、擂鼓鎮猫児石村吉娜羌

19

寨、禹里鎮、綿陽市平武県平通鎮牛飛村・鎖江羌族郷鎖江村等
- ㊳ チャン族：2016.07　四川省阿壩蔵族羌族自治州茂県県城〈陳妹子のライフヒストリー〉
- ㊴ チベット族：2016.08　四川省阿壩蔵族羌族自治州黒水県県城・知木林郷知木林新村・色爾古郷色爾古村・麻窩郷西爾村
- ㊵ チャン族：2016.08　四川省阿壩蔵族羌族自治州松潘県県城・小姓郷木耳辺村・鎮坪郷
- ㊶ ギャロン・チベット族：2017.03　四川省甘孜蔵族自治州丹巴県梭坡郷莫洛村・中路郷克格依村

3．本書の構成

　本書は、論文篇と写真篇から構成される。

　論文篇は、第Ⅰ部「チャン族」と第Ⅱ部「四川チベット族」に分かれる。前者は被災後の再建と開発における課題について論じ、後者はギャロン・チベット族と川西南チベット族に関する2000年代初期の調査報告をまとめた。

　第Ⅰ部「チャン族」は、5つの章からなる。第1章「近年のチャン族に関する研究」では、2000年以降のチャン族に関する研究の状況と問題点について述べる。チャン族研究は、被災後、政府の潤沢な資金をうけて全国的な研究項目となり様々な機関から多くの成果がだされた。特に、若手のフィールドワークに基づく詳細な報告などに注目すべき成果がみられる。

　第2章「汶川地震後のチャン族における貧困と移住」では、汶川地震後に雪崩を打つように進んだ高山部から都市部への移住について、茂県雅都郷と汶川県直台村の事例によってその意味と課題について分析する。移住による高山部村落の解体は、貧困からの脱却をめざす動きであるが、一方で、そこで維持されてきた伝来の習俗や祭祀活動、チャン語が消滅の危機に瀕していることを明らかにする。

　第3章「汶川地震後のチャン文化」では、汶川地震後の復興における新生チャン文化の創出と伝来文化の変化について述べる。中国政府は、中国式復興モデルによってインフラを中心として最速、最高の復興をとげたと喧伝す

る。しかし文化面では、幹線道路沿いの民俗村には新型の石碉や白石に代表される観光客用の記号化された民族文化が出現し、県城には大禹神像や古羌城のような新生チャン文化が政府の主導によって創出されている。その背後にある政府側の意図と住民の意識とのずれについて分析する。

第4章は、チャン族共通の新年として1988年に阿壩蔵族羌族自治州の祝日に制定された「羌年」について述べる。中央政府は、被災後、これを「緊急に保護する必要のある無形文化遺産」としてユネスコに申請し、2009年に認められた。しかしチャン族には元来、共通の新年というものはなく、新年に相当するものが秋の祭山会「リメジ」であり、それは中華人民共和国成立後、文化大革命までにほとんど消えていた。そのため「羌年」と名付けられたチャン族の新年はあまり普及しなかった。ところが被災後、政府によって民族文化を象徴するものとしてユネスコの無形文化遺産に申請して承認され、重要な観光資源となっている。また、これを機会に住民自身によって彼らの「リメジ」が復活されている地域もある。本章では羌年をめぐる地方政府や住民の多様な動きとその意味を分析する。

第5章では、1950年代の民族識別によってチベット族となった黒水県の黒水人の社会と道徳的価値観について述べる。黒水人は、チャン語北部方言を母語とし、生活文化や習慣が隣接する茂県チャン族とほとんど同じであり、むしろチャン文化の要素がよく残る地域であるという指摘が研究者によってなされた。しかし清朝期からギャロン・チベット族の土司の支配をうけたためにチベット仏教を信仰し、民族識別の時にはチベット族となることを強く望んだ。ただしかつて彼らは、ほかのチベット族から蔑視され、略奪殺人集団として怖れられていた。彼らの社会には独特の社会的価値観があったからである。本章では、その社会的価値観の形成と意味について分析し、民族化（民族になる）ということについて考察する。

結語Iでは、被災後の再建と開発について、特に政府による復興事業が終了した3年後の状況と背景について整理し、課題を明らかにする。

第II部「四川チベット族」は、第6章以下、6つの章からなる。第6章「四川チベット族諸集団に関する先行研究」では、四川チベット族諸集団研究の状況と課題について述べる。四川チベット族諸集団の研究は蔵彝走廊研

究の一環として位置づけられ、数量的には多くはないが、1980年代の調査記録を含む蓄積された研究報告「蔵彝走廊研究叢書」15冊（2007～2014年）や石碩ほか編『青蔵高原東部碉楼研究』（2012年）が刊行されている。本章では、四川における1950～60年代の研究も含めてその傾向と課題について論じる。

　第7章から第11章までは、蔵彝走廊の四川チベット族諸集団に関する1994年から2007年にかけての第一次資料に基づく報告である。本書でとりあげたナムイ（7章）、アルス（8章）、シヒンと木里蔵族自治県水洛郷の西番（9章）、プミ（10章）、ナシ（11章）の諸集団は民国期まで「西番」とよばれて「蔵番」や「康番」とは区別されていた。しかし、中華人民共和国成立後に「西番」は蔑称として廃止され、四川側はチベット族、雲南側はプミ族となった。ただし一部の集団では「西番」意識が肯定的な自民族意識として近年まで継承され、西番を名乗っていた。ここでは、2000年代初期のナムイ、リル（アルス）、シヒン、西番、プミのほか、雲南側のプミ族、「活きた化石」とよばれる木里蔵族自治県の俄亜ナシ族を含む雲南省のモソ人やナシ族も蔵彝走廊の諸集団とみなして、その概況や婚姻状況、祭祀活動を報告し、特に、祭山活動における文化的類似性について言及する。なお、ギャロン・チベット族と白馬チベット族については、『中国青藏高原東部の少数民族　チャン族と四川チベット族』に報告を収録しているため論文篇では述べず、写真篇においてその生活状況を記す。四川チベット族諸集団に関する筆者の近年の研究は2本の論文「ギャロン・チベット族における「碉」の記憶と資源化──四川省丹巴県の「碉」を事例として」と「祖先の記憶──四川アルス・チベット族のJOの伝承と再生」にまとめ、2017年秋以降に刊行の予定である。

　結語Ⅱでは、四川のチャン族とチャン文化の形成について、歴史的に遡ってギャロン・チベット族との接触と文化の導入を推測したうえで、諸集団における共通性、歴史的類似性について言及する。

　付論「四川における1950～60年代の民族研究」では、1950～60年代の研究が中国人類学における本土化問題との関連から注目されていることについて述べる。近年、中国民族学・人類学分野において当該期に関する論文が

増えており、四川では「民主改革與四川民族地区研究叢書」が刊行された。1950～60年代は民族地区においても激動の時期であり、当該期の民族研究は「民族政治」と深く関わりながらマルクス主義理論に基づく「民族政治学」という性格を強くもっており、その後の中国人類学の動向にも大きな影響を与えている。

　次に、別冊の写真篇は、論文篇と同様にチャン族と四川チベット族の2部で構成され、筆者が調査した1988年から2016年までのチャン族地区と四川チベット族地区の変化が映し出されている。

　第Ⅰ部「チャン族」は、筆者が25年あまり定点調査をつづけた茂県雅都郷と理県蒲渓郷を中心に地域別に編集し、四半世紀におけるチャン族全体の日常生活の変化や地域性がわかるような構成を意図した。また1980年代後半から90年代前半に行われた春節（茂県雅都郷1989年）や火葬（茂県雅都郷1989年）、ガル（理県蒲渓郷1994年）、茂県・理県・汶川県・北川県の県人民政府主催による第1回羌年活動（茂県県城1988年）の写真からは、大きな変化が起きる少し前のチャン族社会の様子がうかがわれる。2000年代に入ってからの変化は農村部における都市化の流れである。特に2008年汶川地震後は、復興と再建、開発をテーマに地域全体が大きく変貌し、農村における現代化都市化の典型的な過程をみることができる。

　第Ⅱ部「四川チベット族」は、集団ごとにギャロン、白馬、ナムイ、アルス、シヒン、プミ、ナシの順に掲載し、雲南省側のプミ族や四川から雲南に分布するナシ族も収めた。写真からは、2000年代前半まではなお旧来の姿がかなり残されているものの、近年、観光開発という外部の力によって地方都市とその周辺はすでに大きな変化の波に入っていることがわかる。四川チベット族諸集団の生活環境は、チャン族地区の復興による激変に比べてその動きはなお緩慢であるが、観光産業の発展とともに今後の大きな変化が予測される。

I

チャン族

第1章

近年のチャン族に関する研究

　中国四川省西北部を震源とする汶川大地震（2008年5月12日）が発生して後、中国政府は、「三年基本恢復、五年発展振興、十年全面小康」（3年で復旧、5年で発展振興、10年で全面的にゆとりのある生活へ）のスローガンを掲げて復興政策を推進した。チャン文化の復興については、ユネスコの無形文化遺産保護条約に基づく保護を進め、チャン族研究に対しても巨額のプロジェクト基金を準備して奨励した。その結果、汶川地震後、チャン族研究はこれまでにないほどの活況を呈し、幾つかの重要な成果が生まれた。本章では、このうち文化人類学を中心とした分野のなかから数点をとりあげ、その内容と問題点について検討する。

第1節　汶川地震後のチャン族研究の動向

　中国における少数民族研究は、チベット族やモンゴル族のように多くの内外の研究者が注目する国際的かつ全国的な研究を除けば、それぞれの地域の民族研究所や地元の大学を中心とした地域性の強い研究が多い。チャン族に関する研究も例外ではなく、中華人民共和国成立後は地元の四川省民族研究所や四川大学、西南民族大学、阿壩師範学院およびチャン族居住区の各県の文化館を中心に研究が進められてきた[1]。しかし2008年5月12日の汶川地震後、中央政府は地震後のチャン文化の保護と復興を国家的な文化政策の一つとしてとりあげ、多くの資金を投入してチャン族研究を奨励した。

1　中華人民共和国成立前のチャン族研究については、松岡［2000］第1章に詳しい。

民族文化保護政策の背景には、21世紀にはいって中国政府が中華文化の復興を柱に文化政策を大きく転換させようとしていたことがある[2]。政府は、まず、文化大革命時に徹底的に否定した伝統的な「中華文化」を「中華民族の優秀な文化遺産」として「中華人民共和国文物保護法」に明記した。さらに、2003年にユネスコからだされた無形文化遺産保護条約を批准し（2004年）、2005年3月「関於加強我国非物質文化遺産保護工作的意見」と同年12月「関於加強文化遺産保護的通知」を発布して、「非物質文化遺産」（無形文化遺産）は「各民族に代々伝えられてきた、人々の生活に密接に関連する伝統文化の表現形式である」とし、それに含まれる範囲を口頭伝承、伝統芸術、風俗活動・儀礼・年中行事、自然界と宇宙に関する民間伝統知識や実践、伝統的な手工芸などとした[3]。これは、漢族だけではなく55の少数民族すべての有形、無形の文化遺産を保護することを世界的な条約によって承認するものであり、そこで申請された文化遺産は、国内的には各民族の文化遺産であるが、対外的には中国という国家、すなわち中国国民＝中華民族の文化遺産ということになる。これは多民族国家中国において、国民＝中華民族という概念を各民族の上位概念として用い、国家の統合を図ろうとする中国政府の民族政策と合致するものである。

　中国政府は、少数民族の様々な無形文化遺産を国家級、省級、市級、県級、郷級など各級の文化遺産に指定し、世界遺産登録をめざした。チャン族の文化も2006年に「羌笛の演奏と製作技術」や「瓦爾俄足節」が「国家級非物質文化遺産名録」（国家級無形文化遺産一覧表）に入れられ、続いて「多声部民歌」や「羊皮鼓舞」「羌族刺繍」も登録された。地震後は「羌年」（チャン族伝統の新年）がユネスコの緊急保護無形文化遺産に認定された。羌年については、1950年代から20余年の活動停止や社会の変化をうけてその意味がかなり変わっており、活動の復活は限定的であるが、災害復興という政治的要因がこの認定に大きく働いたことは疑いない。

　被災後、まず汶川地震災害地図集編纂委員会・国家測絵局等編『汶川地震災害地図集』（2008年）など最新の技術を使った被災地の地図が出版され、

2　櫻井ほか［2011］参照。
3　加治［2008］参照。

地震のメカニズムや防災減災等が論じられた。被災地の現状や救済については、『北川"5.12"大地震抗震救災紀実』上下冊（中共党史出版社、2009年）や、被災地の県別の記録集、四川省"5.12"地震災後恢復重建委員会辦公室・中共四川省委宣伝部等主編の『山東・北川──再造新北川』（四川人民出版社、2011年）等、感恩叢書全18冊が刊行され、写真集やDVDも次々とだされた。

　チャン族研究は、中央政府などから多額の援助をうけた結果、一躍、全国区の研究テーマとなって全国の各大学や機関などが複数の研究プロジェクトを立ち上げた。このうち学術的成果として重要なものの一つに、李紹明・松岡正子主編『四川のチャン族──汶川大地震をのりこえて〔1950–2009〕』[4]がある。これは、中華人民共和国成立後の約60年間のチャン族を、約600枚の記録写真（複数の研究者が異なる時、異なる場所で撮影したもの）と日・中・英の3か国語の解説によって記した民族誌である。1956年から中国社会科学院民族研究所四川少数民族社会歴史調査組がチャン族地区で実施した民族識別調査時に写された約200枚の写真もある。1950、60年代という政治運動の激しい時期の一民族の写真がこれほどまとまって公開されるのは初めてであり、貴重である。またすべての写真に撮影者、時期、地域（村落単位まで）が明記されており、いつごろ、どこで、どのような変化が起きているのか推測することが可能で、文化人類学的には極めて貴重な資料である。

　以下では、主要な成果のうち、政府主導の官製のチャン文化をまとめた羌族文化数字博物館（第2節）と伝来の民間のチャン文化を代表するシピ文化研究（第3節）をとりあげる。

第2節　羌族文化数字博物館

　「羌族文化数字博物館」（チャン族文化デジタル博物館 http://qiang.ihchina.cn/showcase/index.htm）は、「中国非物質文化遺産網」（http://www.ihchina.cn/）の中国非物質文化遺産数字博物館に作成された。写真が多用され、説明文は

4　詳細な書評として塚田［2011］や金丸［2010］がある。

極力抑えてあり、見やすい形に工夫されていて、参考文献も付されている。一つの少数民族だけをとりあげた専門のデジタル博物館としては初めてであり、ネット上に掲載されたことで、今後、国内外の多くの人が目にすることになるだろう。しかも中央政府文化部の責任作成のため、国家によって公認されたチャン族文化ということになる。これからチャン族を知ろうとする者、チャン族文化研究を始めようとする者は、まずこれを見、多くの者がその内容の是非を疑うことなく、ここからスタートすることになるかもしれない[5]。なんといっても文化部公認であることから、多くの研究者が討論し、これまでの研究成果も十分ふまえた結果に違いないと考えるのが一般的である。しかし、後述のように、内容には学術的であるとは言い難い部分もある。以下では、羌族文化数字博物館の構成に従って、問題点を指摘していく。

　チャン族文化の保護については、無形文化遺産を管轄する中央政府文化部がチャン族文化生態保護区を定め、文化伝承者や伝習活動所を認定し、有形無形の文化遺産を特定したうえで被災区の文化生態保護を進めた。また中国無形文化遺産保護センターは、汶川地震直後の2008年6月24日に四川で無形文化遺産の専門家座談会を開催し、チャン族文化緊急救済方案を検討したうえで、羌族文化数字博物館を中国非物資文化遺産網の中国非物資文化遺産数字博物館に作成することを決定した。開通式は同年7月23日に行われ、中国無形文化遺産の機構を構成する中国文化部、文化部社会文化司（非物質文化遺産司）、中国芸術研究院、中国無形文化遺産保護センターの代表者、在京のチャン族研究者等が出席した。

　羌族文化数字博物館は、中国非物資文化遺産数字博物館の冒頭ページで特別テーマのトップにあげられた。これは、中国政府が被災後の救済と保護に力をいれていること、特に民族集団とその文化が存亡の危機に瀕している時に少数民族の文化を極めて重視していることを内外に強力にアピールするものである。またこのような少数民族文化の重視は、国内的には中央政府の民族政策の一環としての意味を有することをうかがわせる。

5　被災後の重要な成果の一つといえる黄承偉ほか［2010］においても第8章「非物質文化遺産保護與旅遊開発」（112–114頁）で文化風物の一部が引用されるなど、複数の章で羌族文化数字博物館の記述がそのまま引用されている。

羌族文化数字博物館は、広く国内外の一般にむけて公開されている。写真が多用され、説明は最小限となっていて、楽しく見ることができる。また項目によっては参考文献が付されており、より詳細な情報を求める閲覧者にも対応している。構成は、「羌族概覧」、「美好家園」、「文化風物」、「羌之印象」、「遺産保護」、「搶救重建」（緊急救済と復興）、「学術研究」、「新聞動態」（報道状況）の8部からなる。目次の名称には、遺産保護や学術研究などもあって、一見、学術的な感じをあたえる。しかし第2〜4部の美好家園、文化風物、羌之印象などの名称は、分類の意図がわかりにくく、内容を曖昧にさせる。四川のあるチャン族研究者によれば、羌族文化数字博物館はあくまでも政治主導のものであり、説明には不十分な部分や疑問が残る部分があり、研究者による編集ではないという。本節では、各章の内容からその問題点を考える。

第1部「羌族概覧」は、「悠久歴史」と「今日羌族」に分かれる。「悠久歴史」は、さらに「遠古羌人」「逐鹿中原」「古羌人何処去」「古羌聖賢」の4つからなり、「古代羌」の歴史を述べる。ここで描かれた古代羌は、羌族文化数字博物館のなかで編集側の意図が最も明確である。すなわち「遠古羌人」では、1970年代以来、岷江上流のチャン族地区で発見された文物をとりあげて黄河文明の仰韶文化などとの関連性を述べ、現在のチャン族の祖先がそれらの文化をもつ集団であるとする。現在のチャン族居住地には双耳罐などの新石器時代の文物や、秦漢以前と推定される石棺葬群、5000年前と推定される営盤山遺跡（2000年発掘開始）が発見されており、それらを担った集団がチャン族の先民、すなわち古代羌であるとする［林向2004］。しかし現チャン族には、岷江に移住した時に先民の戈基人と戦って勝利したとする史詩「羌戈大戦」が語られており、これらの文物についてはすでに農業を開始していた「戈基人」との関連をまず十分に検討する必要があるだろう。

また「逐鹿中原」「古羌人何処去」では、古羌は伝説の黄帝に対抗した炎帝神農の姜姓の羌人で、中原に入って華夏族と融合したとする。さらに「古羌聖賢」では、前述をふまえ、『春秋左氏伝』、『国語』「周語」などの記述を引いて共工や禹[6]が姜姓集団であること、『史記』などの「大禹興於西羌」

---

6 共工は帝堯の時に洪水を治めた官、禹は中国最古の王朝夏の開祖とされる伝説上の聖王で、黄河の洪水を治めたと伝えられる。

（大禹は西羌に生まれた）の記述に加えて、チャン族地区には大禹の遺跡が多くあり、現在のチャン族は大禹を崇拝しているとして、大禹は羌人であり、羌は華夏族の一支であるとする。また参考文献としてあげられた論文「汶川大地震——禹羌文化之殤」では、北川羌族自治県における甚大な被害をとりあげ、大禹記念館や禹穴など大禹に関する伝承や遺跡、北川羌族民俗博物館などが多大な被害をうけており、禹羌文化の壊滅の危機であるとしてその復興を訴える[7]。

　実は、古羌が華夏族の一支であるとなれば、漢・チベット語族のチベット・ビルマ語派に属するイ、リス、ナシ、ハニ、ラフ、アチャン、ペー、チノー、トゥチャ、プミなどの西南の諸民族も祖先が西北から移住してきた古羌系の民族であるとする伝説をもっているため、西南の多くの民族も同様に華夏族の一支ということになり、中華ナショナリズムを前面にだすには極めて都合のよい状況となる。56の民族集団の上位に中華民族をおき、それを国民と想定して国民国家を形成しようとする中国の民族政策に沿うものといえる。

　ただし西羌、古羌の「羌」には、集団の意味だけではなく、非中華、中華周縁の地域など広義の意味があることもすでに指摘されている［王明珂2003］。とすれば、大禹は西羌に生まれた古羌人であり、古羌人は現羌人（チャン族）の祖であるから、大禹はチャン族の祖でもあり、チャン族は華夏族の重要な一支系である、また古羌系とされる西南の諸民族も華夏族の重要な一支であるとする説の展開は、かなり濃厚な政治性をもつものといえ、羌族文化数字博物館の特徴の一つである。

　一方、現代のチャン族について述べた「今日羌族」は、「人口與分布」（2000年）、「環境（自然地理）與資源」、「文化與遺産」の3つに分かれ、理県桃坪郷や茂県黒虎郷、舞踏「薩朗」の写真と簡単な概説が付されている。しかし「文化與遺産」では、従来および今日の有形、無形の文化遺産が時間の経過による変化を考慮せずに並べられ、すでにほとんど行われていないも

---

[7] 本書第3章第2節参照。北川チャン族はかなり「漢化」した集団として知られており、すでに1980年代にチャン語など多くのチャン族文化の特徴を失っていた。そのため北川羌族自治県は、岷江のチャン文化をモデルに民族文化の収集と復興に努め、被災後の復興では、幹線道路沿いの家屋を中心に外観を石積みのチャン族伝統家屋型にして街並みをチャン化した。

のがあたかも現存し、現在も活動中であるかのように記されているため、注意を要する。

　第2部「美好家園」は、「雲中羌寨」（碉楼、碉楼民居、石砌房、黒虎寨、桃坪寨）、「絢麗霓裳」（綺服雲履、美艶羌繍）、「古老婚俗」（訂婚三儀、婚礼三儀）、「喪葬礼俗」（土葬の録画が付されている）、「宗教信仰」（多神崇拝、宗教祭司―釈比）、「民風習俗」（羌族禁忌）の6つに分かれ、衣住、冠婚葬祭、宗教、禁忌を写真と概説で記す。しかし、例えば衣については明確な地域差があるにもかかわらず、説明文には黒虎の女性の頭布の違いにふれたのみで統一的に記されており、写真には地名がない。「羌繍」（チャン族伝来の刺繍）もチャン族自身がみれば一目で各村の特徴が明確であるが、同様の統一的記述である。

　第3部「文化風物」は、「節日」（羌年、瓦爾俄足節、蘇布士）、「舞踏」（克西格拉、薩朗、羊皮鼓舞）、「音楽」（口弦、羌笛演奏及製作技芸、羌族多声部合唱）、「織繍」、「文物遺存」の5つからなる。まず前文で、現在のチャン族が、5000年前に中国北部および西北部にいた狩猟民族氐羌部族の末裔で最古の民族であり、中国の半数以上の民族集団が羌系であることを述べ、多くの旧来の習俗を保持しているとする。ここで強調されるのも華夏の民としてのチャン族という位置づけである。しかしとりあげられた年中行事は、多くが文化大革命などの政治運動を経て数十年間集団単位では行われなくなっており、復活は1980年代以降で、家庭単位で行われる小規模なものである。しかも集団型祭祀は、政府による経済的支援をうけた場合に限られて実施されており、継続的な復活ではない。

　例えば「羌年」は、本来、収穫を祝う「祭山会」で、5月、8月、10月など異なる日時で行われていた[8]。現在の農暦10月1日に定まったのは、1987年に阿壩蔵族自治州が阿壩蔵族羌族自治州にかわり、1988年に州政府が条例でこの日を州の祭日に定めてからである。写真に掲載された羌年は、政府の支援をうけて再現された大規模な集団型祭祀で、老シピを中心に従来型の再現が図られたが、政府の指導がかなり入り、娯楽的要素も加わったため元来の

8　本書第4章参照。

宗教的側面が弱まった。しかし政府の支援がない年はこのような大規模な羌年は行われていない。経費が調達できないことや、かつて祭りを主催した村の組織力が弱っているからである[9]。

　年中行事などが一時的な中断という形をとらざるをえなかったのに対して、舞踏や音楽は、個人の身体に技術として伝えられており、娯楽的な要素を強くもっていることもあって、様々な場面で人心を表出するものとして行われてきた。なかでも女性の手仕事である機織や刺繍は、高山地区のチャン族を中心に現在も母から娘へと伝えられており、被災後は女性の収入源として政府の支援と指導を受けている。「舞踏」以下の部分の写真や図に地域名が記されていないのが惜しまれる。

　第4部「搶救重建」は、「家園損毀」「遺産危機」「恢復重建」の3つからなる。まず「家園損毀」では、被災した人々の暮らしや、壊滅状態となった汶川県蘿蔔寨、倒壊した汶川県姜維城、理県桃坪郷や茂県黒虎郷の「碉楼」の被災状況など物質文化遺産の被害の写真が掲載されている。「遺産危機」では、茂県羌族博物館や北川羌族民俗博物館、汶川県文物管理所等の文物、年画で有名な綿竹の被害状況が写真で記されている。「恢復重建」は、胡錦濤総書記や温家宝首相など被災当時の党と国家の指導者が被災地を慰問する姿、国際社会の援助を特集する。また全国地震災区非物質文化遺産愴救済保護専門家座談会も掲載されている。

　以上、羌族数字博物館には、少なくとも2つの特徴が明確である。第一に、中華民族におけるチャン族の位置づけにみられる濃厚な政治性である。文化部は、古羌は西羌であり、大禹（華夏族）は西羌であるから、チャン族は華夏族の一支であり、また現存の古羌系と伝えられる西南諸民族も同様に華夏族の一支であるとする。すなわちチャン族および古羌系集団に華夏族イコール中国国民としてのアイデンティティを意識させることで、中華ナショナリズムの形成をめざすものである。

9　汶川県龍渓郷阿爾村では、2009年に中国無形文化遺産保護センターが来村し、「阿爾檔案」を書いて阿爾寨など4つの寨に経済的支援を行ったことで、村単位の集団型羌年が復活した。しかしその年以外には、経費、組織等の面で集団型を行う力が地域にはなくなっており、各家あるいはシピを中心とした村人の有志で行われる程度で、儀式も簡略化されている（本書第3章2節参照）。

第二は、チャン族文化について、地域的差異や時間的差異を考慮することなくほとんど統一的に記し、現在も古来の伝統文化がそのまま維持されているかの如く紹介していることである。政治性の強い、民族および民族文化の紹介であり、学術的資料としてそのまま引用する場合は注意を要する。

第3節　シピ文化研究

　シピ文化とは、シピおよびシピが行う儀式や経典等を含む。文化大革命期には迷信として否定され、各種の儀式は実施されず、シピ自身への弾圧や法具などの焼却が行われた。その結果、文化大革命後の1980年代初期には、多くのものが失われたうえに、シピの高齢化がすすみ、後継者はほとんどいないという状況であった。なによりも10年余りの否定と断絶は、シピとその文化に対する尊敬とそれを核とした伝来の社会秩序を弱め、1980年代以降は、シピ文化を復旧する力が多くの村落から失われてしまった。

　羌年は、1988年に阿壩蔵族羌族自治州政府が農暦10月1日をチャン族の新年として前後数日を州制定の祝日とし、羌年を祝うよう奨励したが、あまり普及しなかった。それは、羌年のもととなった祭山会が、かつて1940年代頃までは村落ごとに行われていた地域でも、1980年代には家庭ごとの活動にとどまり、全く行われない地域もあったからである。2000年代になって中央政府の文化政策が伝統文化の保護に転換された時、汶川県龍渓郷阿爾村、理県蒲渓郷休渓村などの地域で羌年が復活された。この2村はシピがなお生存し、シピ文化が比較的維持されていたからである。しかし復活した羌年はシピ主催という形ではあったが、地方政府がプログラムを決定し、経費を支援した地方政府主導の新たな羌年であった。そのため政府の経済的支援がなくなってからは、村落全体での羌年は組織的には行われず、シピを中心とした小規模の羌年にとどまっている[10]。

　このようなシピとシピ文化の現況を考えると、銭安靖編［1993］「羌族巻」は、1940年代から1990年代初期にかけての胡鑑民［1941］「羌族之信仰興習

10　2012年筆者の聞き取りによる。

為」や葛維漢、1980年代の李紹明、銭安靖、趙曦ら代表的なチャン族研究者の論文や報告の資料を収めており、また40年代からの貴重な記録写真も掲載されていて重要である。

しかしシピ文化の核心である経文については、文字をもたないチャン族はすべてを口頭で伝承しており、既存の幾つかの論文で中国語の抄訳が掲載されているのみで、全容が記されることはなかった。そのためチャン族のシピの経文およびその精神世界が国内外に知られることはほとんどなかった。20世紀初めのイギリス人宣教師の陶然士（T. T. Torrance）、1930年代のアメリカ人宣教師の葛維漢（D. C. Graham）、1940年代の胡鑑民などは早期にチャン族地区に入って重要な報告を残しているが、シピの経文についてはわずかの記録しかない。また、1950年代生まれの趙曦も、チャン族居住区の汶川県にある阿壩師範高等専科学校に勤務し、1980年代から精力的にチャン族居住区でフィールドワークを行って1980年代の貴重なシピの活動記録を収めた複数の論文をだしているが［趙曦2010］、経文そのものの記録は少ない。

しかし被災前後、経文の記録が精力的に行われ、大きな成果がうまれている。まず1980年代生まれの阮宝娣は個別のシピへの聞き取り調査を実施して経文を記録した。阮宝娣編著［2011］『羌族釈比口述史』、王治升説唱、阮宝娣・徐亜娟採録翻訳［2011］『羌族釈比唱経』は、質の高い調査記録である。これらの書では、各シピの経文が極めて個人的かつ閉鎖的に伝承され、各人の個性によって語りが少しずつ異なることを十分ふまえて収録されており、いつ、どのような場面で、誰によって唱えられた経文であるかが明記されている。

四川省少数民族古籍整理辦公室主編［2008］『羌族釈比経典』上下巻は、汶川地震後に刊行されたシピ研究の中で最も規模が大きく、最も重要である。これは、無文字社会で口頭によって伝承されてきたチャン族のシピの全経典を、初めて文字化しようとした画期的な試みである。文化大革命期における弾圧や改革開放以降の価値観の変化によってシピ文化の実質的な価値が薄れ、一方で父子伝承を基本とした後継者がほとんど途絶え、シピ自身の逝去や高齢化が進んでいる。シピ文化が途絶えるのも時間の問題となってきた近年、最も必要な作業であったといえる。

『羌族釈比経典』は、谷運龍の序言によれば、国家民族事務委員会によって「十五」（第十次五カ年計画）「十一五」（第十一次五カ年計画）全国少数民族古籍重点出版項目に指定され、四川省民族事務委員会および同委員会古籍辦公室の指導のもと、阿壩師範高等専科学校の蔵羌民族研究所（少数民族文化芸術研究所）が「羌族釈比経典研究」課題組を組織して作業を担当し、およそ6年の歳月をかけて2008年12月に完成し、2009年に刊行された。本書では、チャン族が居住する阿壩蔵族羌族自治州の汶川県や茂県、理県のシピ50名弱を実験室に招いて経文を唱えてもらい、それを録音して国際音標文字で記録するという方法が採用された。チャン語には北部と南部の2大方言の違いがあるうえに、さらに細かい土語の違いがあり、記録は大変な作業であったと思われる。

　さらに本書は、「三対照一付録」形式で記述されている。これは、一つの経文に対して3種類の記載法を採用したもので、第1行に国際音標文字によるチャン語の口語経文の原資料、第2行に漢語による逐語直訳、第3行に漢語による意訳があり、各経文の最後には中国語による全体の通釈がつけられている。500部あると伝えられていた経典は、主要なシピのうちすでに11名が亡くなっており、タブーなどの関係から記録できなかったものや、一部は名前のみであることなどがわかる。収録されたものは362部で、およそ300万字が記録された。これに費やされたであろう労力と時間に対しては、担当した方々に深い敬意を表したい。

　対象としたシピについては、『羌族釈比経典』上巻の冒頭に、5枚の写真と編纂委員会名簿の次に「羌族主要釈比名単」（チャン族主要シピ名簿）があり、主要なシピ49名をあげて、その名前や性別（すべて男性）、生年月日、伝承方式（世襲か師弟か）、居住地が掲載されている。年代別には1900年から1920年代生まれ（90歳以上）が13名（うち死亡11）、1930年代生まれ（80歳代）が15名（うち死亡1）、1940年代生まれ（70歳代）が7名（うち死亡1）、1950年代生まれ（60歳代）が12名（うち死亡1）、1960年代生まれ（50歳代）2名である。シピたちには90歳から53歳までの年齢幅があるが、生存するなかで文革以前のシピ文化を知るのは1940年代生まれまでの約20名にすぎない。現状では、40歳代以下の後継者はほとんど望めないという。

2005年に主に汶川県と茂県でシピを取材した阮宝娣によれば、経文を語ることができるのは両県ではすでに10数名にすぎないという。またシピの居住地をみると、汶川県24名、理県14名、茂県11名で南部方言区に集中しており、山間の交通が不便で、近年までかなり閉鎖的な環境にあった地域である。汶川県では綿虒鎮羌鋒村、雁門郷の蘿蔔寨村や通山村、龍渓郷の阿爾村や夕格村、理県では蒲渓郷の蒲渓村や休渓村、桃坪郷桃坪村、薛城鎮、茂県では永和郷納普村、黒虎郷黒虎村などである。北部方言区からは一人のシピも記されていない。

　本書の構成については、各地のシピが語る経文は内容が複雑で重複し、広い分野に及んでいて、それぞれの体系が同じではないことなどから、内容をもとに大きく次の22部門に分けたとする。史詩、創世記、敬神、解穢、祭祀還願、婚姻、喪葬、駆害、符呪、禁忌、法具、駆邪治病保太平（邪悪なものを祓って病を治す）、哲学倫理、戦争、天文暦算占卜、科技工芸、建築、農牧、祝福詞、郷規民約、釈比戯、医薬である。これらの名称からも明らかなように、シピの経文には信仰や冠婚葬祭のみならず、暦や生活全般、生業、社会秩序などチャン族の百科全書ともいうべき内容が含まれていることがわかる。

　ただ本書は、記録の方法に大きな問題がある。記録の基本は、いつ、どこで、誰が、どのように語ったのか、誰がどのように採取したのかということを明記することにある。本書では、どこでのみがはっきりしているだけで、その他の必要条件が全く記されていない。上述のように、各地のシピが語る経文は体系が一様ではなく、重複があって統一が難しい。シピによって異なる口述があったとすれば、それがどんなに膨大になったとしてもその言葉のままを記し、上記の基本条件をつけたうえで内容によって分類する必要があったのではないか。

　本書では、チャン文化における地域差、個人差ということがほとんど考慮されていない。各人の異なる表現をなんとか統一して記載しようとしたことは、文化人類学や社会学における学術的観点からは大きな損失である。本書によって、シピ経文の大要はわかるが、論文への個別の引用には不適である。またシピの経文は、どのような場面で唱えられるのかが重要であるが、

それについての記述もない。本書の形式は、1960〜70年代の民間文学研究における採録、修整、編集という文学的研究を思わせるものであり、文化人類学や社会学のそれではない。今後、各シピが語った原資料がシピごとにそのまま公表されれば、大きな学術的な貢献となると思われる。

　シピについては、一般に、チャン族の宗教職能者であるが、それのみを行う聖職者ではなく、普段は農民であり、必要な時に儀式や占いを行い、特別な報酬はないと説明される。しかしシピの経文の内容から明らかなように、チャン族社会におけるリーダー的存在であったことは間違いない。中華人民共和国成立後、選ばれて共産党のもとで学び、地方政府の幹部になったり村落の指導的立場になった者の中には、シピの家系の出身であったり、後にシピとして名を連ねている者も少なくない。

　また2012年11月、筆者が汶川県龍渓郷直台村の移住地を訪れた時、30数戸の村落の中でおよそ60歳以上の20数名の老人たちが集団で活動しており（以下、これを長老組とよぶ）、朝食後、広場に集合してトランプやおしゃべりをして過ごし、昼食後も同様であった。彼らは、移住前まではみなで早朝から山の草地でヤギを放牧し、夕方帰宅するという生活をおくっていた。移住先の現在の土地では、ヤギもブタも飼育することが許されておらず、彼らは「失業中」であった。長老組にはシピを名乗る老人が4人おり、それぞれが法具をもっていたが、明確な序列があった。長老組が組織した羌年では、最も有能なシピが経文を唱え、他の3人が羊皮鼓を打ったり供物を作ったりした。かつては老人の多くがシピの経文や儀式に関わる知識をもっており、長老組の主導で会主（祭祀の事務方責任者）が各戸から経費を集め、業務を分担して羌年など村全体での活動が行われていた。とすれば、シピという呼称は、儀式や生活に関する多くの知識をもつ老人たちの総称に相当するものとも考えられる。

　ところが白石崇拝などチャン族の生活や信仰の原形をよく残すといわれる北部方言区からは、経文の録音のために一人のシピも呼ばれていない。チャン族の北部方言を用いる者は、その約70％が茂県の北部に隣接する黒水県のチベット族であり、現在も隣接する雅都郷のチャン族と通婚している。筆者は、1990年代から北部方言区の雅都郷でフィールドワークを行っている

が、南部方言区でみられるシピのような存在をすでにほとんどみかけたことがなかった。ただし、当地の古老によれば40年代まではいたという。また北部方言区にはチャン族の移住の歴史を物語る「羌戈大戦」等も伝えられておらず、祭山会は農暦5月で、農暦10月1日ではなかった。また1990年に当地の赤不寨村で行われた火葬では、風水先生（漢語でそう説明を受けた）がよばれて火葬場で経文を唱えた。風水先生はチベット仏教を信仰していたが、葬儀のやり方は赤不蘇区のチャン族伝来の方法であった[11]。当地のチャン族はチベット仏教を信仰しておらず、彼らの白石崇拝や「転山会」（祭山会）は、むしろ四川西南部の蔵彝走廊に居住するチベット族諸集団のそれに類似点が多く、それはチベット仏教伝来以前のボン教を反映するともいわれている[12]。

　換言すれば、北部方言区と南部方言区のチャン族は、岷江上流域にたどりついた後、かなり異なる歴史をたどってきたのではないか。南部方言区には、すでに先住民「戈人」がいて、それを打ち破って彼らから農業など先進的な技術を学んだと伝える（史詩「羌戈大戦」）。また当該地区の汶川県雁門郷蘿蔔寨村や龍渓郷阿爾村には、黄河流域の様々な文明との関連を示す新石器時代以来の文物が発見されており、それは現在、巴蜀文化や長江文明との関連から研究されている[13]。

　近年、チャン族は華夏族系の重要な一部であるとする説明がよく語られている（羌族数字博物館など）。現存のチャン族は甲骨文字に記された古羌の末裔で、古羌は西羌であり、『史記』をはじめとする「禹興於西羌」の記述から、禹はチャン族の祖であるとする論である。確かに『羌族釈比経典』には、漢族の大禹治水伝説とほぼ同じ内容の「大禹頌」が収められており、汶川県と北川県には大禹に関わる史跡も残されている。しかしそれは大禹がチャン族であるからというよりは、むしろ南部方言区ではおそくとも漢代以前にチャン族が華夏族（大禹を祖先とする集団）と接触してその文化を取り入れたとみるほうが自然ではないだろうか。『羌族釈比経典』では、序言に

11　松岡［1990］参照。
12　何耀華［1991］、松岡［2000：242-246］参照。
13　江章華［2004］等。

おいて上述と同様の理由で大禹はチャン族であり、チャン族は華夏族の重要な一部であることを強調する。また冒頭の写真5枚は、碉楼と村落周辺の景観、3枚の「石敢当」であるが、石敢当は明らかに漢族の文化で、従来は漢化の象徴とされてきたものである。これもチャン族＝華夏族を強調するものなのだろうか。

　このほか『羌族釈比経典』の姉妹編として位置づけられる重要な刊行物に、阿壩師範高等専科学校少数民族文化芸術研究所編［2010］『羌族釈比図経』上下巻がある。前言によれば、チャン族自身はこれを「摩薩」(mosua)あるいは「刷勒日」とよび、文字をもたないチャン族が彩色画によって描いた経典である。『羌族釈比経典』編集中に、茂県のシピの手元に保存されていたのが発見された。体裁は、折り畳み式で、全長4.2ｍ（全開時）、表紙と裏表紙があり、両面に82幅（枚）の彩色画が描かれ、一幅は幅10cm、高さ16.5cm、綿布の上に貼られた紙に描かれている。発見時、図経全体はキバノロ（偶蹄目シカ科）の皮で包まれていた。内容は、婚姻喪葬、家屋の建築、農業狩猟、運搬渡航、祭祀などチャン族の生産生活全体に及ぶとある。

　また、前言および後記には、本書の発見までの過程が詳細に記されている。本書が最初に発見されたのは1930年代末であり、1990年代に茂県赤不蘇でこれとは別の版本がみつかった。「刷勒日」とよばれ、その解釈が『羌族釈比文化研究』（内部刊行）に報告され、冒頭の8頁に数十幅の黒白画が付されている。2003年、阿壩師範高等専科学校少数民族文化芸術研究所が『羌族釈比経典』編集作業のために某シピを採訪した時、シピが経文を記憶するのを助けるための図画書が民間にあること、茂県永和郷の龍国志老シピがかつて彩色画書を持っていたが大躍進の時に売り払ってしまい、そのなかの一冊が茂県溝口郷二里寨の老シピ肖永慶の手元にあるものの、破損がひどいことを聞いた。そして2009年5月、茂県永和郷永寧村の老シピ何清雲が完全な版本一揃いを持っており、彼がほぼ全容を解釈できることがわかった。

　何シピによれば、それは「摩薩」とよばれ、すでに16代伝えられている。折り畳み式で両面に彩色画が描かれ、上下部の2巻に分かれる。上部は綿布に貼られた紙に、チャン族の宗教祭祀や「卜卦」、婚姻、喪葬、生産生活等の場面が描かれている。下部は、綿布に直接描かれており、主に天文暦法に

関する内容である。何シピの『摩薩』は、もともと彼の師である張世清シピが所有していた。しかし文革時に張シピは家庭成分（出身）が悪いという理由で常に造反派から批判され、『摩薩』も破棄されそうになったため、何は真夜中に危険を冒して師を訪ね保管することになった。しかしその後、人民公社の生産大隊でシピなど封建迷信への批判がますます激しくなったため、『摩薩』は家屋奥の梁上から大樹の根元、さらに自留地の地中へと3度も場所を変えて隠さなければならなかった。何シピは、阿壩師範の研究者が訪問した当初、協力的ではなかった。それは、文革時に激しい弾圧を受けたからであった。訪問の意味を理解してからは、弟子の楊天栄とともに約20日間を費やして解釈してくれた、と記されている。

本書の成立時期については、馬洪江による序に千年前のチャン族の生活が描かれているとあるが、四川省民族研究所の李紹明は、絵画の役人の姿は清代のそれであろうとする。

小　結

本章では、汶川地震後のチャン族研究について、チャン族文化の復興が中国政府による非物質文化遺産保護政策のもとで政府主導で進められたことを述べ、被災後の成果のなかで今後のチャン族研究に影響を与えると思われる「羌族文化数字博物館」と「シピ文化研究」をとりあげ、その概要と問題点を検討した。

「羌族文化数字博物館」は、チャン族の概要や歴史、有形、無形の文化遺産を多くのカラー写真と説明文で語っており、見やすく工夫されている。しかも政府文化部作成による政府公認のチャン族文化の概説としてネットで公開されていることから内外の多くの人々が見ることになり、今後は一般人だけではなく、研究者もここからスタートする可能性が高い。

しかし少なくとも次の二つの問題が指摘される。第一に、四川チャン族をエスニックグループの上位概念である華夏族の子孫であると位置づけ、華夏族＝国民による国家形成という国家の民族政策に組み込もうとする方向が強く打ち出されていることである。すなわち四川チャン族は古羌（＝西羌）の

末裔であり、一方、華夏族の祖である大禹は西羌に生まれたとあることから西羌人であり、よってチャン族は華夏族の子孫であるという論の展開である。第二に、とりあげられた有形無形の文化遺産は地域や実施時期などが明確にされておらず、地域差および時間的変化についてほとんど考慮されていない。学術的記述という点からはかなり遠い。総じていえば、羌族文化数字博物館は、政治性の濃厚なチャン族およびチャン文化の紹介であるといえる。

「シピ文化研究」では、主に最大の成果である『羌族釈比経典』をとりあげた。無文字のチャン族にとって高齢化が進むシピたちの経文を可能な限り収録し、文字化することは緊急の課題である。この意味で国際音標文字と漢語、漢語の意訳の3種で記録した本書の貢献は極めて大きい。しかし50名余のシピが口述する経文を記録するにあたって、個人差や地域差を考慮せず、統一的な大要を記したこと、さらに誰が、どのように、どんな場合に経文を読むのかという要件が全く示されていないことは、文化人類学的視点からは大きな損失であり、引用資料としての価値がほとんど失われている。

また解説ではふれられていないが、対象とされたシピはすべて南部方言区のシピであり、本書は南部方言区のシピの経文の記録であるといえる。実は、シピ研究において、北部方言区の信仰については白石崇拝や祭山会のことは述べられるが、シピ的存在はあまり言及されることがない。またシピとともに祭祀活動を行う長老組（威望のある年長者のグループ）の存在も重要である。彼らは儀式や社会秩序、道徳概念などについての知識を伝承しており、かつてはその多くが簡単な経文を唱えることができたともいう。両方言区の違いについては、今後検討されなければならない課題であろう。

第 2 章

汶川地震後のチャン族における貧困と移住

　貧困は、中国西部辺境の民族地区がかかえる重大な問題の一つである。四川省阿壩蔵族羌族自治州のチャン族地区は、チベット高原東端の山間部に位置する、典型的な西部辺境の民族地区であるが、現在もなお貧困村が少なくない。21世紀に始まった西部大開発[1]は、これらの地域の貧困解決を目的の一つとしたもので、近年、退耕還林[2]などの施策によって貧困脱却に一定の成果をあげつつある。しかしチャン族の場合は、2008年5月の汶川地震で大きな被害をうけ、貧困は一層深刻となった。例えば、阿壩蔵族羌族自治州茂県では、一夜にして県総人口の80%以上が「貧困人口」（年平均純収入が2300元に満たない者）になった。

1　西部大開発とは、東部沿海地域と西部内陸地域の地域格差を縮小し、西部経済の発展を促進することを目指した国家的プロジェクト。対象地域は西部12省区市。2000年12月に国務院は「西部大開発の若干の政策・措置に関する通達」を発表し、重点政策として①インフラ建設の加速、②生態環境保護の強化、③農業基盤の強化、④産業構造の調整、⑤特色ある観光業の発展、⑥科学技術・教育・文化・衛生事業の発展の6点をあげる［王雷軒2010: 488–489］。
2　退耕還林とは、中央政府が1999年から実施した生態環境改善のための政策。その背景には、改革開放後の集団所有林の管理における生産請負制度の導入の結果、1980～90年代にかけて森林の伐採が加速化したことや、1998年に発生した長江や松花江での歴史的な大洪水などがある。黄河や長江の上・中流域を主な対象とし、傾斜25度以上の耕地の耕作をやめて植林による林地への転換、土壌の浸食防止、水源涵養の促進、水系の生態系の回復を目的とし、「退耕還林、封山緑化」（林地での放牧禁止と緑化の促進）、「以糧代賑」（農家に代替的な食糧を与えて実行を促進）、「個体承包」（造林とその管理は生産請負制）のスローガンをあげる。造林は生態林と経済林に分類され、前者を8割とする。退耕地一畝（0.067ha）あたり毎年食糧100kg（長江流域は150kg）支給し、生態林については8年間、経済林は5年間補償。苗木は一律に支給し、管理費として一畝あたり50元支給。2004年に一畝あたり160元の現金支給にかわり、2007年にさらに8年間の補償金の支給を決定（一畝につき生態林は90元）。また食糧増産と農家の自立のために傾斜25度以下の土地の改良や代替産業も奨励されている。登録数値の不正や、林間間作、耕作復活、耕作放棄など様々な問題も指摘されている［佐藤ほか2012参照］。

中央政府は、被災地再建のために巨額の経済的支援と多くの人的支援を投入した[3]。それは、再建復興がまさに貧困問題の解決であり、同時に、西部大開発の目標である生態環境の改善や農村部の都市化、農業の現代化などに直結していたからである。中央政府は、強力なトップダウン式復興策を展開して被災地のインフラを整備した。山間部の農村では道路網が整備され、家屋の台所やトイレが現代風に改修され、住民は生活環境が良くなったと語る。しかし、被災後最も目立つのは、生活環境が改善されたはずの高山部の農村から農民が都市部へ続々と移住し続けており、その数はすでに数千人に達していることである。

　被災後のチャン族の移住には、大きく2タイプがある。一つは政府主導による全村型移住で、いま一つは個々の被災民による自発型移住である。このうち前者は、政府が旧村の再建を不可能であると判断した場合に行われる。政府はまず移住先を決定したうえで住民に移住を勧告し、公的な支援や補助をする。住民は移住先を選ぶことはできないが、土地使用権付きの住宅や畑地は政府が無償で準備し、移住先の戸籍も取得する。典型的な事例が、汶川県龍渓郷直台村のチャン族と青川県の漢族総勢約1200名が邛崍市に移住した例である。これに対して自発型移住は、移住先を自由に選ぶことはできるが、一定額の補助以上の公的支援はない。補助は、原則として一家族3人以下の場合が1万6000元、5人以下が1万9000元である。最多の移民が移入する茂県県城（県政府所在地）の鳳儀鎮では、2008年から10年までの3年間に鎮の総人口約3万5700人に対して約4000人の移民が農村から押し寄せ、移住はなお継続している[4]。

　この2タイプの移住については、実地調査に基づいた論文や報告がある。全村型移住については、民族地区から漢族地区への移住による変化を経済活動や日常生活、羌年活動から分析する[5]。経済活動については、王俊鴻［2011,

---

3　被災後の政府の支援については本書第3章第1節参照。
4　茂県鳳儀鎮の静州村では2011年までに外来戸が600戸に達し、鳳儀鎮藍店坡村では、地震前は108戸にすぎなかったのが2011年4月には204戸に倍増したが、転入戸のうち20戸はいまだに戸籍が取得できていないという［耿静2012b: 30］。
5　張世均・徐全利・朱彬［2011］では、衣食住や冠婚葬祭、出生など様々な日常生活や儀礼において漢族文化の影響を強くうけ、老人の適応が困難であるとする。

2012b〕や田廷広・武瑋〔2012〕らの報告がある。王論文は、移住から3年目になっても農作物の収穫がないため収入は被災前に及ばず、出稼ぎや政府の補助に頼るしかないこと、現段階の貧困は小農経済から現代農業への転換過渡期に起こりうるもので、背景には政府による被災農民の非農民化策があることを指摘する。自発型移住について、耿静〔2012b〕は、茂県赤不蘇区を中心とした高山部からの自発的な移住が増加したのは政府が移住地での戸籍の取得を認め、補助したからであり、移住先は交通、教育、衛生とも高山の村より条件が良く、就業の機会が多いため、移民はますます増加し、その非農民化が進んでいると報告する。

さらに、張曦・虞若愚ほか〔2012〕では、政府主導型の邛崍市直台村と自発型の崇州市文昌村[6]の事例をとりあげ、両者はともに民族地区から漢族地区への移住であるが、移住先の選択や政府の支援の有無が両者の移住後の適応や発展の差異の背景にあること、自発型移住は、被災民が移住先を自分で選択し、親戚や友人を頼って土地を購入して家屋を持つが、政府の支援がないために移住先の戸籍を取得することができず、家屋使用権も土地請負権も補助金もなく、家屋の強制没収等に抵抗できない。しかし自己責任の意識が強く、問題に直面したときの対応力が政府主導型より強いとする。

本章では、第1節で政府主導の全村型移住の汶川県龍渓郷直台村をとりあげ、第2節で大量の自発型移住をだしている茂県雅都郷をとりあげ、移住の現状と課題について考察する。

第1節　汶川県龍渓郷直台村における漢族地区への全村移住

本節では、被災後の移住のうち、阿壩蔵族羌族自治州汶川県龍渓郷のチャン族800余名が、広元市青川県の漢族400余名とともに総勢1202人（285戸）の大集団を形成して2009年10月に成都市の県級市である邛崍市油榨郷へ移

---

[6] 阿壩蔵族羌族自治州の茂県雅都郷と黒水県瓦鉢梁子郷から崇州市済協郷文昌村に移住。移民の多くが移住先の戸籍を得ておらず、現地の政府は彼らを流動人口として管理する。文昌村の移民は協会を設立し助けあっている。37戸が協会に参加〔張曦・虞若愚ほか2012: 154-262〕。

住した事例をとりあげる。これは、被災後の政府主導型移住の中で、故郷から最も離れた地域への、最も大規模な移住である。しかも、民族地区から漢族地区への移住であり、チャン族被災民は地理的文化的に大きく環境の異なる土地でコミュニティを再建しなければならなかった。

筆者は、2012年農暦10月の羌年（チャン族の新年）に南宝山の新直台村を訪れ、3年経ったら以前より暮らしが良くなると政府に約束された4年目の移住村を調査した。本節では、政府主導型の移住を行ったチャン族被災民が漢族地区でどのようにコミュニティを再建し、直面する問題にどう対応しているのか、その行動の意味や背景、地元政府との関係について考察する。

1．直台村の全村移住はどのように決められたのか

汶川県龍渓郷は、汶川県城から北西へ31kmの山間に位置し、雑谷脳河（岷江系）の支流である龍渓溝に沿って9つの行政村（布蘭、龍渓、俄布、馬灯、阿爾、埡坡、直台、大門、聯合）が分布する。総人口の98％をチャン族が占め、特に山腹に点在する龍渓、阿爾、埡坡、直台の村々は、閉鎖的な環境が近年まで続いたため、シピや羊皮鼓舞の伝者がチャン族地区の中でもよく残っており、チャン語をはじめとする伝来のチャン文化がよく維持された地域である。

直台村は、郷人民政府所在地からさらに18km上流の海抜約2500ｍの直台山山腹に位置する。戸数86戸、人口445人で、3世代5人以上が同居する家庭が多い（2007年）。耕地面積は643畝（約43ha）で、トウモロコシを栽培してヤギやブタを飼う自給的な農業が主であったが、近年、ジャガイモや白菜を栽培して現金収入を得、伝来の漢方薬材（虫草や貝母等）採集の収入を加えると、一人あたりの平均年間純収入は1865元、一戸あたりの年収も2〜5万元に達し、少しゆとりのある生活ができるようになっていた。

長く書記を務めた李SQ（65歳・男性）によれば、移住は次のように決められた。2008年5月12日の汶川地震では、数人が犠牲になり、家屋の約8割が倒壊した。また道路が壊れて孤立状態となり、水道管が壊れ、畑が崩れた。被災後はテントやプレハブで暮らし、政府の援助を受けた。やがて地盤の危険性や恒常的な水不足などから全村移住の話が政府から提案された。村

では、まず各戸の家長が最も近い親族単位（5〜8戸）で相談し、「議話坪」[7]を通して代表者20人を選抜し、移住候補地の邛崍市油搾郷の南宝山旧労働改造農場に派遣して視察させ、その報告を全村の大会で検討した。その結果、現在地での村の再建は無理であり、先遣隊が移住地を確認したことをふまえて邛崍市油搾郷に移住することを決定した。ただし運び込むことのできる財産は限られており、移住地では家畜を飼うことが禁止されたので家畜は全部売り払った。2009年5月8日邛崍市魯川郷紅双子区の臨時避難地区に到着し、そこで約5か月暮らし、9月に新村に移った。

　全村移住を勧めた政府の動きについて、張曦・虞若愚ほか［2012］によれば次のようである。移住勧告がでた2009年4月頃、住民はすでに互助によって倒壊した家屋をほぼ建て直し、ジャガイモの収穫時期を迎えていた。若者は出稼ぎにでて、各戸あたり2〜3万元の年収があった。村民はすでに村の再建を目指していたため、当初、全村移住に賛成しなかった。そこで政府は、村支部書記と村長を通じて「思想工作」を行い、①移住に伴う家畜の売却への補償（一頭あたりブタ100元、ヤギ50元、ウシ150元）、②移住初期の6か月間、一人あたり毎月200元の補助、③新村の住宅の無償提供、④村民代表の調査組による新村の事前視察という4つの条件をだした。事前調査組は実地調査を行った後、子供の教育条件の改善、政府による新たな経済作物の導入と観光開発への支援を理由に移住を是とし、数名の老人を除く全員が全村移住に同意した［張曦・虞若愚ほか2012: 58-60］。

　以上のように、政府主導型の移住では、住民に移住地の選択権はなく、検討する時間が与えられるものの、旧村に残っても再建のための政府の援助はなく、残る者には補助金もでないと圧力をかけられた。結局、移住地についてほとんどわからないまま政府の勧告を受け入れるしかなかった。住民は、①家屋と耕地を所有すること、②農業をすること、③次世代の教育環境を改

7　議話坪とは、チャン族の伝統的な合議の仕組み。チャン族の村では、古くより、各戸から成年男子1人が参加して、村のリーダーである寨首や郷約を選出し、村規民約や祭祀活動、出兵、機闘、もめごとの調停など重要な事柄を合議で決める習慣がある。定期的に開かれ、合議事項は全村民が遵守しなければならない。議話坪とはその会議が開催される場所であり、会議そのものの名称でもある［李鳴2008: 243-249］。民国期には保長甲長や老民が主催し、重大事には周辺の関係の深い複数村にも呼びかけたとある［兪栄根主編2000: 539-540］。

善することを前提条件として移住に同意した。しかし3年を経過してこのうち果たされたのは①と③のみであり、②の農業はきわめて難しい状況であることが現地に行って初めてわかった。しかもこれが実質的には農民ではなくなることを意味するとは、誰も予想していなかった。

2．邛崍市油搾郷での直台村の再建と生活の変化
1）南宝山労働改造農場跡地に建設された小都市型新農村

　移住先の邛崍市南宝山労働改造農場跡地（以下、南宝山労改跡地と記す）は、かつての四川省邛崍監獄（労働改造農場）である。成都市市轄区から南へ約112km、邛崍市中心部から西へ約40kmに位置し、海抜700～2025ｍで、市内では海抜がもっとも高い。温暖で雨が多く、森林率が95％を超え、特に竹が多く、封山区[8]となっている。

　四川省政府は、南宝山労改跡地に道路や水、電気、通信などのインフラと医療所や広場などの公共施設を整備し、A区金花村（海抜1600ｍ、旧監獄部署）、C区木梯村（海抜1500ｍ）、D区直台村（海抜1200ｍ、旧監獄茶廠地）の3つの村を建設した（A・Cは南宝郷、Dは油搾郷）。移民は総数285戸、1202人で、漢族が青川県から141戸、528人（汶川県漩口鎮からの3戸を含む）、チャン族が汶川県龍渓郷の埡坡村と直台村から144戸、674人である。このうちチャン族は、旧直台村85戸、435人がD区新直台村に、埡坡村がA区に31戸、123人とC区に28戸、116人の2つに分かれた。

　王俊鴻［2011］によれば、中央政府は1.4億元を投じて南宝山労改跡地のインフラを整備し、四川省農業庁は「南宝山4500畝標準化茶園新植及復壮改造」に基づいて現地に適した農作物を指定し、高山生態茶や紫ジャガイモ、高山キウイフルーツ、高山生態野菜の生産を指導した。また観光開発を同時に進めることとし、四川省旅遊局は「南宝山郷村旅遊総体規劃」を策定して木梯村と新直台村を「邛崍南宝山新羌族村観光体験と国際山間リゾート観光地」に指定した。これに基づいて、南宝郷政府と油搾郷政府は両村に旅遊協会を設立し、チャン族風情を生かした観光と「農家楽」[9]を奨励した［王

8　封山区とは、山林の保護育成のために入山が禁止された地区。
9　農家楽とは、農村で自然や地産の食を味わい、農業体験やレクリエーションを楽しむこと、ま

俊鴻2011: 8-9]。

　D区の新直台村（以下、新村と記す）は、戸数117戸、人口435人で、旧直台村（以下、旧村と記す）の全戸が移転した。油搾郷政府から13.7km、市中心部まで38.7kmに位置する。道路は整備されているが、郷政府までは急勾配の曲がりくねった山道であり、大雨でしばしば崖崩れが起きて通行不能になる。総面積1.2km^2、耕地面積1093.68畝で、茶畑900畝とキウイフルーツ畑が新設され、一人あたり請負地2.52畝、薪用地0.35畝が分配された。

　新村建設にあたっては、インフラ整備や家屋を含む居住地の設計、いわゆるハード面での村づくりは地方政府が行った。基本方針は旧村の復元ではなく、全く新しい小都市型農村の建設であった。住民に聞くかぎり、設計の段階で意見を求められたことはなく、彼らが聞かれたのは何人家族用の家屋が必要かということだけであった。

　新村は2009年9月に完成した。居住地を1か所に集中させ、村の入口の斜面にキウイ畑を造り、森林を切り開いて茶畑を造成した。村内は、入口に「感恩塔」と広場があり、中心部に村民委員会と行政関係機関や診療所、図書館などの公共施設を集め、その前に広場がある。収容人数別の5タイプの現代的な新家屋が斜面に沿って建設され、幾つかの小公園が宅地間に点在する。都市計画に基づいて創られた都市型農村である。王俊鴻は、政府の意図が成都市の「統籌城郷」政策に基づく都市化された農村の創出にあったと指摘する［王俊鴻2012b: 109–110］。

　新村には、旧村を思い起こさせるものは何もなく、信仰の対象であった廟もなかった。チャン文化による観光開発を掲げながら、チャン文化の空間が排除され、一方で、家屋の壁には文字をもたないはずのチャン族の奇妙な「文字」が描かれた。他者によって建設された新村は、チャン族の生活習慣とは異なる空間であった。効率的な土地利用のために宅地と畑は分離され、宅地の周辺にはわずかな空間しか残されなかった。宅地まわりでの畑作業と家畜の飼育は代々続いてきた生活習慣であった。わずかな土地に自家用の野菜を植えたものの、家畜の飼育は不衛生であるという理由で禁止されていた

　　たはそれらを提供する農家や団体のこと。

ために諦めた。ただし神廟は、2010年に羌年が政府によって復活されたことを機に、全村をあげて旧村から白石を運んで神位とし、2011年にコンクリートで廟を建てた。

２）新村の運営

　新村は朱姓14戸、李姓20数戸、王姓10数戸、羅姓20数戸、何姓20数戸、陳姓8戸から構成されている。6つの姓のうち朱姓がもっとも古く、李姓は500年前に隣の理県から移住してきた。陳姓は龍渓郷勝利村から耕地不足を理由に移住してきた。婚姻が村内あるいは郷内で繰り返されたため、各姓間には密な姻戚関係がある。また村の祭祀活動や冠婚葬祭を主催するシピも朱姓2人、王姓1人、陳姓1人の4人で、5人の弟子がいる。

　村民委員会は、書記、会計、村長の3人の幹部からなる（2012年時は婦女主任が欠員）。村の幹部は、書記が陳XP（50代・男性）、会計は旧村で書記を長く務め1999年に退職した李SQ（65歳・男性）、村長はもと村長陳XLの長男の陳F（29歳）が2011年に選挙で選ばれた。

　このうち陳家は後発の一族で、数十年前までは最も貧しかったが、現在では村内でも富裕で、大きな発言力をもつ。その中心が陳XLである。陳XL（49歳・男性）は、17歳で村長に選ばれて12年間務め、四川省委員会副書記ら省内幹部とも繋がりをもち、公道や学校の建設などを実現した。退職後、骨董品売買を19年間し、漢方薬材売買や農家楽経営などで利益を得、村内で最も富裕になった。また家族は長男（29歳、中卒）が村長、次男（25歳、大専卒）が警察官になり、すでに誰も農業はしていない。収集したチャン族の伝統的な衣装や工芸品、文物などを展示した「爾瑪民俗風情博物館」を新村に開いており、新村の観光資源の一つにしたいとする。陳XL家は、非農民化によって富裕になった典型的な例である。成功の理由は陳XL個人の資質によるところが大きいが、豊かになったことで子供世代により良い教育やより有利な就職の機会を与えることができ、さらに発展の機会を得ている。

　村内は、5つの小組に分かれる。1組98人、2組104人、3組82人、4組79人、5組72人で、組長は各組の成員によって選出される。青年の多くが出稼ぎにでていることもあって、旧村の組長がそのまま選ばれた。5つの組は、旧来の5つの「議話坪」がそのまま引き継がれた形である。新村で

は、組長や村の幹部はほぼ各姓の実質的な代表者でもあり、村民の意思統一を図る場合はまず議話坪で構成員の意見や不満を汲み上げ、村民委員会に上げる。日常的には共同作業を管理し、毎週、組単位で村内の清掃を担当し、毎朝、各戸から1人がでて道路を清掃する。全村移住の新村においては、旧来の親族間の強い互助関係と、伝統的な議話坪の合議制がそのまま持ち込まれ、民族地区とは様々な面で異なる漢族地区にあっても比較的安定した社会が築かれたといえる。

3）チャン族移民が得たものと失ったもの

政府は、チャン族移民に無償で家屋を提供し、一人あたり野菜畑0.42畝と茶畑2.1畝の請負地を分配した。また各人は新村の戸籍を取得し、各戸に家屋使用権証や家屋土地使用権証、林使用権証などを取得した。このほか国家からの補助として3年間一人あたり毎月米30斤（1斤＝500g）と食用油6斤が支給され、定住1年目はジャガイモや茶樹の苗が無料で配給され、技術員が茶畑の管理経営を指導した。成都市からも最低生活保障費として一人あたり2009年に毎月45元、2010年60元、2011年から97元が支給されている。移住初期の生活がほぼ完全に保障されていることは政府主導型移住の特長であり、自発型との大きな違いである。

家屋は、チャン族にとって最も重要な関心事である。各家庭は自己申請によって家族数に応じて5タイプの家屋から選択できることになったため、分家や老親が別れて住むケースが増加した。その結果、地震前80数戸であったのが117戸に増え、1人用5戸、2人用5戸、3人用42戸、4人用33戸、5人用32戸が分配された。

家屋はすべて統一設計による2階建ての別荘風建築で、間取りも現代式である。しかし3年目にすでに外壁に大きなひび割れができていた。間取りの最大の問題は、居間に囲炉裏がなかったことである。かつて囲炉裏は、1年中消されることのない万年火で、そこにはシミ（3本脚の五徳）が置かれ、シミの3本の脚には火の神、祖先の男神と女神がそれぞれ宿るとされた。囲炉裏の火にあたってくつろぐ「烤火」は彼らの生活習慣の中心であった。そこで各家庭では、持ち運び可能な簡易炉を部屋の中央に置いた。また旧村では囲炉裏で調理していたが、新村の家には電気・プロパンガス・水道が完備

した台所が設置された。しかし水道・ガス・電気の経費が月額数百元になるため、家の前に石の竈を造り、そこで湯沸かしや煮炊きをしている。

　移住によって改善されたことの第一は子供の教育環境である。村には16歳以下が120人おり、うち90人が義務教育の小中学生である。油搾郷小学校に60人、火井初級中学校に30人が通う。月曜から金曜日まで学校の寄宿舎で暮らし、週末に帰宅する。寄宿舎暮らしは日常生活が漢語で進学には有利であるが、チャン語を使う機会が減り、将来的にはチャン語を話せなくなるのではないかと祖父母世代は案じている。2009年からは「9＋3」プログラムも実施されている。これは義務教育の9年を修了した者が技術を身につけるために専門学校に3年間通うもので、学費免除と生活費補助を受けることができる。近年は中卒程度の学歴では職業を見つけることが難しくなっているからである。直台村では、これまで21人が義務教育修了後に徳陽市や広漢市の専門学校に進学しており、2012年には第1期生が卒業した。一方、高校まで進学させた場合、学費は年間各期に1800元、生活費や小遣い、村に戻る交通費（毎週往復16元）を入れると年間5000元でも足らず、教育にかかる負担は依然として重い。

　一方、移住によって失くしたものの第一は、民族地区で受けていた計画生育などにおける少数民族優遇政策が受けられなくなったことである。子供は漢族と同様に1子に限られ、少数民族用の税制の優遇もない。また冠婚葬祭や儀礼にも地元の漢族社会の決まりや習慣を受け入れている。例えば、葬儀は旧村では土葬であったが、新村では邛崍市の規定に従って火葬を行う。また漢族との結婚が増加しており、すでに15〜16組いる（うち8組が漢族女性の嫁入り）。その場合は婚姻儀礼も漢族式で行う。

４）出稼ぎと高齢化

　村の年齢別構成は、総人口435人のうち15歳以下が120人（28％）、16〜60歳未満の労働人口が254人（58％）、60歳以上が61人（14％）で、すでに高齢化社会である。しかもなお農業収入がゼロであるため若者や中年の出稼ぎは恒常化しており、うち4分の1は年に1度しか帰郷しない。また義務教育中の子供たちは月曜から金曜まで油搾郷小学校と火井初級中学校の寄宿舎で学んでおり、村に戻るのは土日の週末だけである。その結果、日常的に村

で生活しているのは総人口の約半分に過ぎず、しかもそのほとんどが老人と中年以上の女性、幼子である。

　村に残る老人たちはあわせて60人（男性29、女性31）で、70歳代、80歳代もおり、比較的長寿である。しかし新村では老人の生活が激変した。陳XM（76歳）は、旧村ではヤギ30匹（子ヤギ10匹を含む）、ウシ2頭、ブタ3頭、ウマ7頭（他家と共有）を飼っていたので毎朝5時に起きてヤギを近くの山へ放牧に行き、山の湧水を桶に汲んで背負って家に運んだ。9時に朝食をとってふたたび山に登り、1日中放牧して夕方家に戻った。しかし移住後はヤギを飼えなくなったので何もすることがない。6時半頃起きて湯を沸かし、朝食後は村の広場に男性の老人たちと集まって、1日中おしゃべりをしたりカードをしたりして過ごしている。たしかに新村では生活の心配はない。収入はすべて国がみてくれ、年に約3000元が支給される。耕地保障が毎年900元、養老金が毎月55元、成都市の最低生活保障が毎月97元ある。米と油の食糧配給もあり、医療保険も政府が加入費用を負担してくれた。しかしここの気候は故郷に比べて雨が多くて湿気が強く、痛風を悪化させて南宝郷の病院に通う者が増え、胆石や炎症などで手術した者は40人を超えた。実は、老人のほとんどが故郷に戻りたがっており、夏に一時帰郷した者もいる。

　このような新村の問題の背景には、海抜千数百メートルの山間に都市型農村を造ってしまったことにある。労働改造農場跡地という土地は、全村移住のためには総面積としては十分であったが、農業生産に適した地理的環境には遠く、結局、食料も購入しなければならなかった。旧村では、ようやくやや余裕のある生活ができるようになって出稼ぎも減っていたのに、新村では収入が半減し、再び出稼ぎをしなければならなくなった。新村は明らかに農村の都市化、農民の非農民化を想定して建設されたものであるのに、住民の多くが農業の継続を期待して移住したため、非農民化に対する意識も技術も欠けていた。おそらく村の幹部にとっても想定を超えていたと思われる[10]。

10　村幹部は村の将来的発展には出稼ぎや観光開発が中心になることを了承していたが［張曦・虞若愚ほか2012: 98-100］、2012年の筆者のインタビューでは、前村長の陳XPは新村でのチャン族民族観光がかなり難しいことや農業収入がゼロであることは想定外であったと語った。

3．新村の経済
1）移住地における「土地流転」

　新村での最大の問題は、移住後3年経ってもなお農業収入がないことである。

　典型的な事例として、何Y（45歳・男性）家をあげる。何Y家は妻と3人の子供の5人家族である。2011年の家庭経済は、茶やキウイの収穫が全くないため農業収入はゼロで、次年の収穫も見込めない。そのため現金収入は、何Yが故郷の山に戻って採集した漢方薬材による約5000元のみである。政府からの補助をあわせて年収は2万元弱になるが、子供全員が学校に通っているため収入のほとんどが教育費で消える。教育費は、長男が職業高校生で年間1万元かかり、次男は徳陽市の職業高校生だが、「9＋3」プログラムによって国家から毎月300元の補助があるため親の負担は年間3000元ですむ。しかし油搾郷小学校に通う長女は年間4000元かかる。何Yの2人の妹（小卒）と弟（中卒）も農民戸籍のまま邛崍市で出稼ぎをしているが、臨時工であるため年収は1万数千元に過ぎず、必要経費を引くとあまり残らない。

　では、3年経ったら収穫可能になるといわれた茶やキウイは収穫が全くできず、この先の見込みもたたないという状況にどのように対処すればよいのか。李SQは、農民側の対応を次のように語る。茶栽培は、専門指導員から3回にわたって毎回7～15日間学び、みな技術は修得した。しかし曇りの日が多く、雨が多過ぎて3年経っても成長が悪い。茶畑には雑草もないほど手を入れており、有機肥料も使ってみた。2009年は大雨と凍害で補栽を1回、10年も凍害で葉が枯れた。11年は補栽を1回したが収穫はなかった。キウイは病虫害や自然災害がしばしばあるが、専門の技術指導者がいない。最も収穫を得た陳Xでさえ、2～3畝のキウイ畑からわずか2000元の収入であった。政府によれば、キウイは一畝あたり1.5万元、茶は1万元の収入を得られるはずだった。収穫がないのは技術が低くて栽培に慣れていないからではなく、新種の茶やキウイがここの気候に適していないのではないかという。

　しかし新村の周辺地域では、南宝山監獄（旧労働改造農場）が2005年に移転した後、西蜀王君茶業公司が土地を請け負って茶栽培が行われていた。

ただしそれは住民たちが望む個人経営ではなく企業による経営である。政府は当初からここでの生産コストの高さをふまえたうえで企業経営型の現代農業を目指していたのではないかと思われる。ただそのためには、各戸に与えた土地使用権を回収しなければならない。そこで政府は当初、A・C・D区の移民すべてに「土地流転」[11]を勧めた。しかし3村のうち土地流転を受け入れたのはC区木梯村のみで、D区新村は拒否し、A区金花村は一部のみが受け入れた。

　木梯村が受け入れたのは、当初から海抜の高さが農業生産には不適であることがわかっていたため、住民自身がチャン族民俗村としての観光開発を考えていたことによる。木梯村は、海抜1500mで新村より300m高く、キウイ栽培については栽培限界高度を越えていた。そこで一人あたり茶畑2畝と自給用の野菜畑0.33畝のみが配給された。ただし海抜や気候の点から茶栽培の困難さも当初より予想されたため、政府は茶畑の使用権を「江南雪茶廠」に貸し出す土地流転を勧めた。政府は、生産請負制の農業では現在の市場経済に対応可能な商品作物の栽培は難しく、企業経営による効率的な栽培と商品化なくしては当地の茶栽培は成り立たない、しかも土地流転によって村民は企業から一定の賃料を受け取ることができるだけではなく、企業の茶畑や製茶工場で臨時工として働くことができるので外部に出稼ぎにいく必要もないと説得したのである。

　成都の江南雪茶廠は、地震前は労働改造農場の茶葉を請け負っていたが、震災で被害を受け、被災後は政府が資金の一部を出して再建し、その事務所を木梯村に置いた。土地流転の条件は、一畝あたり年間使用料300元、17年契約である。畑は命の最後の保証であると考える農民にとってその使用権を

11　土地流転とは、農民が人民公社解体後に手に入れた土地の請負権と使用権のうち前者を維持しつつ、土地使用権を他の農家や組織に貸し出して一定の賃出料を得ること。1990年代、市場経済化のもとで農民の第2、3次産業への就業が進み、離村農民が増えて個人間の実質的土地流転や農地放棄が進んだことから、2004年に国務院は「関於深化改革厳格土地管理的決定」を発布し、「農地集体所有建設用地使用権可以依法流転」規定によって農民や集団が用地の使用権を法に基づいて流転することを認めた。土地流転政策は、農民の非農民化と農村の都市化を進めるものであり、「全国統籌城郷」政策（2007年6月）と表裏の関係にあって全国規模の農村改革として展開されている。チャン族の移住における土地流転の問題については、張曦・虞若愚ほか［2012］に詳しい。

手放すことは容易なことではなかった。しかし結局、反対していた村民も説得されて木梯村28戸全員と金花村の一部が土地流転に同意した。

　土地流転を受け入れた農民は、一人あたり年間賃料として600元を受け取る。また江南雪茶廠は農民に茶摘みの臨時工の仕事を提供し、3～4月の2か月間、1日7時から5時まで働いて80元の日当で、月に25日働いて2000元の収入になり、茶摘みの技術は製茶工場側が訓練するとした。これは一戸あたり年間1800～3000元の不労所得を手にするだけでなく、外部に出稼ぎにいく必要もなく、外部で働いた場合の年間純利に相当する収入を数か月で得られることを意味した。

　新村が土地流転を受け入れなかったのは、彼らが旧村では一戸あたりの平均年収がすでに2～5万元あって、少し余裕のある暮らしを始めており、新村でも新種の茶やキウイの栽培で同様の暮らしができることを期待していたからである。土地流転後の安定した仕事が政府から提供されなかったことも不安材料となった。土地流転による非農民化は出稼ぎの月収が2000元以上になると進むといわれているが、現在の新村ではよくても月収は1000元前後であり、「守田為保」（土地は最後の保証）という伝統的な農民の観念は変わりようがなかったといえる。

２）出稼ぎと政府の補助

　新村の広場の掲示板には、目標の一つに労働人口258人のうち256人を就業させると記されている。この就業とは「労務輸出」（出稼ぎ）のことである。村の幹部は当初より住民の非農民化を想定しており、今後の生業の中心に出稼ぎと観光を考えていたという［張曦・虞若愚ほか2012: 98-100］。出稼ぎは、2011年が106人で、総人口の4分の1、労働人口の半数弱に達し、幼児の世話をする母親と祖父母を除くほとんどが村外に出ている。なおこの半数強の50～60人は、戸籍は新村にあるが、常時、邛崍市や成都市などの外部の都市で働いており、新村には春節に帰ってくるだけである。

　しかし30歳代以上の多くは、旧村では交通の便が悪くて小学校に通うのが容易ではなかったため義務教育も満足に受けておらず、漢語もうまくない。技術も学歴もない村民は都市に出ても道路工事など低賃金の肉体労働の仕事しかなく、1日8～9時間働いても50～60元にしかならない。生活費

や交通費を除いたら、2～3か月働いても数百元しか持って帰れない者が少なくなかったという。

　李Z（34歳・男性、中卒）も、かつて道路工事の仕事で阿壩県や甘孜県に2～3か月、山東省に2～3か月行ったが日当はわずか60元で、交通費や生活費を引いたら数百元しか残らなかった。そこで2012年は故郷の山に漢方薬材採取に行ったが、近年は同様の者が増えたため、3か月で3000元ぐらいにしかならなかった。近年、このように故郷の山に戻って漢方薬材（虫草・天麻）の採取をする者も少なくない。2011年は新村から60人、木梯村から20人が故郷に行った。しかし故郷の住民は、彼らを龍渓郷から出ていった「よそ者」であるとして資源の減少を理由に入山に反対している。新村の幹部は、上級政府の幹部に頼んで現段階での入山を認めてもらっているが、将来の保障がないことは皆わかっているという。

　新村の村民は、農民でありながら農業収入がなく、出稼ぎの恒常化で実質的には非農民化している。しかし農業以外の安定した仕事が容易には見つからないため農民をやめることもできない。しかも新村での支出は、子供の教育費を筆頭に、都市住民なみである。村には小学校も幼稚園もなく、義務教育を受けるには月～金曜日まで郷の学校で寄宿生活をしなければならない。学費は免除だが、生活費や食費、交通費が年間数千元かかる。親世代は、子供の教育だけはなんとかしたいと思っている。しかし収入が激減しているのに光熱費は毎月数百元かかり、食料も配給の米や油以外は購入しなければならず、支出は旧村の時に比べて格段に増加した。

　しかし最も深刻な問題は、いまだに収入の約8割が政府の補助金によることである。政府からは、まず茶畑2.1畝と0.42畝の野菜畑が分配され、土地の請負権と使用権が与えられ、家屋も使用権が無償で与えられた。一日あたり米1斤と油2両（100cc）も支給されている。加えて、①成都市最低生活保障が2009年には月額45元であったのが、2011年から97元に引き上げられた。②養老金は毎月55元、③医療保険（新型農村合作医療制度の統一購入）は年間40元、④16～60歳に対する耕地保障（2010～12年）が毎年904元ある。このほか3年間は農業生産用品（樹苗、肥料、農薬など）や農業生産設備関係（キウイ棚の鉄資材）の無料配給がある。よって2011年の成人一人

あたりの平均年収は、政府補助に出稼ぎの平均年収685元を加えて約3400～4000元で、一戸あたりの年収は1万元前後になった。しかしほぼ完全な補助金依存型であり、補助もいつまで続くのか、打ち切られた場合はどうなるのか不安をかかえている。

3）観光開発

　政府は2010年当初、新村に爾瑪風情旅遊協会を設立し、成都―邛崃―平楽古鎮―天台村―新村「羌族風情村」を周遊する南宝山旅遊ルートを計画した［張曦・虞若愚ほか2012: 91-100］。そのためもと村長の陳XLは爾瑪民俗風情博物館を開館し（将来的には平楽古鎮に移転予定）、書記陳XPの甥陳Kは農家楽「羊角花羌寨」を開いた。しかし陳XLによれば、客は主に政府関係者やボランティアなど限定的で少ないうえに一定していない。筆者たちが訪れた羌年の数日間も観光客の姿はなく、羊角花羌寨は休業中であった。新村をチャン族の民族観光で売り出すにはかなり無理があった。外観には全く「羌寨」（チャン族の村）の風情がなく、雨天にはしばしば山間の道路が不通になる。なによりも陳家以外、村民の大部分が観光には関心が薄いようであった。

　これに比べて、移住当初から農業は無理と説明されていたC区の木梯村では、全村をあげて観光開発に取り組んだ。まず、邛崃市が設計した現代的な村落の景観に対して、村民委員会が羌寨風の外観への改修を提案した。外壁には石板を多数貼ってチャン族建築の石造り風にする、故郷から各家庭が白石を含む本物の石塔ナシを運び込んで屋上の中心に置く、羌寨風の寨門や広場、儀式用の石塔を新設するなどである。また邛崃市の篤志家の献金と汶川県龍溪郷東門の援助によって、村の丘の上に高さ数十mの石碉も新設された。木梯村は家屋の造りや配置は現代的でチャン族の旧来のものとは全く違っていたものの、住民たちの意志によって村全体が羌寨風の外観に変えられ、旅遊センターも村の入口に建てられた。

　またこれらの修復の仕事には村民が雇用され、日当として男性80元、女性70元が3～4か月間支払われた。木梯村が属する南宝郷には、以前から山麓に大きなホテルがあり、木梯村に続く山道の途中にも自然を楽しむ山荘があるなど昔から避暑地として知られており、木梯村はこれにチャン族

文化という新たな要素を加えた羌族民俗村としての観光開発を期待している。総戸数29戸のうちすでに5戸が出稼ぎの蓄えを使って家屋を農家楽にリフォームした。リフォームできない家庭も茶畑で茶摘みの臨時工をして毎年3、4月の2か月間、時給5元で毎日10時間働き、2000〜6000元の収入を得ている。すでに村民はほぼ非農民化し、その生活に慣れ始めていた。その成功例の一つが陳YJ家である。

　陳YJ家は、陳YJが村書記で、妻楊YQ（42歳）と子供2人、父の5人家族である。木梯村初の農家楽「羌妹山荘」を妻が2009年12月から始めた。2011年2月には1か月かけてリフォームし、バルコニー1.5万元、マージャン台3000元×2台、ベッド5000元などで約3万元かかった。農暦1〜2月はマージャン客、4〜5月は成都や邛崍市からの客がくる。外国人も少数いる。収入は2011年が1万元、2012年は村内に農家楽が増えて客数が減少したものの1万元余りの収入があった。出稼ぎにいった程度の収入にはなるという。

　一家の年収は、書記の給料1万2000元、農家楽1万元、茶畑賃料3000元、最低生活保障300元（5人分）、養老金1000元、耕地保障2万7204元（3人分）で5万3504元になり、一日一人あたり米1斤と油2両も支給される。年間の支出は、教育費約1万元（学費1800元×2人＋生活費3700元＋衣服1000元＋往復車費160元など）、交際費2000元（100〜200元×10回）、汶川県の親戚の葬式1000元（2010年2回、2011年1回、2012年1回＋車代）、医療費4000元、電気・ガス・水道数百元で約2万元になり、純収入は2万元余りになる。木梯村は、もとの汶川県龍渓郷夕格村が直台村より貧しく、移住によって木梯村と金花村に二分された。直台村より厳しい条件でスタートしたためにいち早く非農民化せざるをえず、住民全体の意識もその方向でまとまってスタートした。その結果、チャン族民俗文化と避暑地という2つの観光資源による観光化が徐々に進展しており、加えて出稼ぎによって総収入が向上している。

　小　結
　被災後1年半を経て完成した邛崍市南宝山の新直台村は、故郷から遠く離れた漢族地区の山間に造られた都市型農村である。移民には、電気・ガス・

水道設備を完備した現代的な家屋が無償で与えられ、政府から様々な補償や最低生活保障のほか米や油が支給され、2.1畝の茶畑とキウイ畑、0.42畝の野菜畑の請負権と使用権が渡された。チャン族移民は政府に感謝し、新天地での農業に期待した。しかし3年経っても農業からの収入はなく、出稼ぎと政府の補助によってようやく暮らしをつなぐ状態が続き、現在の貧困からの脱出がいつになるのかもわからない。しかも現代的な家屋と生活空間は、光熱費が毎月数百元かかり、家畜の飼育も禁止されたため食費など消費生活の負担は旧村の数倍になった。都市型農村は、「統籌城郷」（都市と農村の一体化）政策を一律に実施したものであるが、高山部の農村から移ってきた農民には不適で、チャン族住民にとっては資源の無駄な消費を強いられる、暮らしにくいものであった。

　しかし最も問題なのは、新村は各戸ごとの経営による農業生産が難しく、活路は土地流転と出稼ぎ、観光化にしかないことを政府側は当初から想定していたにもかかわらず、住民たちに十分な説明をしていなかったと思われることである。そのためもともと地理的環境が厳しい木梯村では、移住当初から住民たちが条件の厳しさを理解して土地流転を受け入れ、将来の方向が見えるようになったのに対して、新村では農業生産の可能性もあったため、土地流転を拒否した。その結果、現在もなお個人経営の農業に期待し続けている。しかも新村は、木梯村のような観光開発が期待できず、出稼ぎ仕事は不安定で賃金が低く、現状では新村農民が「守田為保」という伝統的な観念を変えて土地流転を実施する可能性はますます低い。張曦は、旧来の政府主導型移住では移民の政府への依頼心が強すぎ、自発型移住に比べて移民の危機意識が欠如していると指摘する［張曦・虞若愚ほか2012: 101-102］。

　現状では、新村は経済的自立の道がなお見えず、若い世代の長期の出稼ぎと学業による離村によって将来的には村としての存続も危うい。住民の自発的な動きこそが新村の存続と将来に大きな役割を果たすことは木梯村の事例でも示されているが、その契機を誰がどのように起こすのか、村幹部にそのようなリーダーシップが期待できるのか、なお課題であろう。

第 2 節　茂県雅都郷における移住

　本節では、被災前後に自発的な「大移住」が進んだ茂県雅都郷を事例として、移民を出す側の雅都郷と受け入れる側の鳳儀鎮の双方からその現状と問題点について分析する。本節の資料は、先行文献と2014年3月、10、11月の雅都郷と鳳儀鎮での筆者の聞き取り調査による。

1．茂県における貧困問題

　茂県は、県総人口10万9505人のうちチャン族がその92％を占める、中国国内で最大のチャン族集居地である。平均海抜が2000mを超える峡谷地帯に位置し、雨季には崖崩れが頻発して道路が遮断されるため交通の便が悪く、旱魃や雹害などの自然災害も多く、農牧業の生産が不安定で経済発展が遅れた。そのため茂県は「国家重点扶持貧困県」（国家重点貧困援助県）に指定されている。貧困人口は2007年には2万2737人であったが、被災後の2008年に8万2855人に増大した。2011年には県総人口の50％に減少したものの、なお43村が重点貧困村である。

　中央政府は、多数の被災民に対して巨額の費用を投資して復興対策、すなわち貧困対策を実施した。馮武によれば、それは従来の「救済式」とは異なる「開発式」貧困対策とよばれるもので、政府の主導と住民の自力更生を原則として、村のインフラを整備するとともに移住による生産生活条件の改善も奨励する、住民の素質を向上させる、産業支援によって収入の増加を図ることを主とする［馮武2012］。

　茂県の貧困対策は、第一に、生活環境の改善として「五改三建」（台所、家畜小屋、トイレ、屋内、洗面所の改造と、庭、エネルギー、村内道路の建設）を行う、第二に、「大骨節病」（カシン・ベック病、変形性関節病の一種。風土病）多発の村に対して自発的な移住を勧める、第三に、出稼ぎ者の能力養成、第四に、新たな農業生産技術の指導、第五に、企業＋生産基地＋農家の三者一体の経営方式によって特色のある産業を創出する、さらに観光開発を進めて就業機会を創出することである。以上に基づく施策が実施された結果、農民の平均純収入は2007年には2475元にすぎなかったのが、2010

年には3700元に向上したという。

しかし、馮は以下の問題点も指摘する。①資金が、主に上級政府と対口支援[12]の山西省に頼るものであり、長期的ではない、②実施においては、政府関係者の意向が優先されており、貧困者自身の参与が少ない、③資金の多くが自然資源の開発や産業の建設などの地域の開発に使われており、労働力の養成にはあまり向けられていない、④環境整備は、統一的かつ画一的で一過性の効果しかない、⑤移住の奨励は、大骨節病多発村に限られているが、むしろ生活や生産のコストが高い地域全体を対象とすべきである、⑥観光開発は、目下、鳳儀鎮の松坪溝、牟托村、坪頭村の3地区に限定されているが、これを全県的にいかに拡大するかが重要である、などである。

馮武［2012］は、茂県の貧困対策では、政府の強い主導によって村のインフラ再建や地域開発が優先され、住民の直接的な参与があまりなく、個人の能力開発に向けられていない、移住や観光開発の対策が不十分であると指摘する。しかし、ここでは具体的な事例や地域別の異なる状況については述べていない。現場には多様な展開があり、筆者の2014年の茂県雅都郷調査でも、被災地の村々では地元幹部が新たな経済作物の導入や移住に関して住民と共に巧みに政府の諸政策を活用する場面がみられた。また馮武［2012］では、西部大開発の民族地区に対する重要な貧困対策の一つである退耕還林政策について全くふれていない。退耕還林は、中央政府が1999年から実施した生態環境改善のための政策で、傾斜25度以上の耕地を植林によって林地に戻すとして生態林には8年間、経済林には5年間、世帯ごとに一定の補償金をだすもので、2007年にさらに8年間の延長が決定された。以下に述べるように、茂県雅都郷においても生産効率の悪い耕地に植林することで住民は一定の現金収入を得ることができ、農民にとって最も実効性のある貧困対策の一つとなっている。

12　対口支援については本書第3章第1節参照。

2. 茂県雅都郷における変化の諸相
1）雅都郷の被災前後の概況[13]

茂県雅都郷は、県西北部に位置し、チベット族が居住する黒水県や理県に隣接する。海抜1780～4664mの高山峡谷地帯にあり、赤不蘇河が東西に流れて岷江に合流する。年平均気温10度、年平均降水量550mmで、年間を通じて冷涼で乾燥している。しかし昼間は比較的暖かく、昼夜の温度差が大きいため、リンゴやブドウなどの果樹栽培に適している。総面積は165.93km^{2}で、うち森林52％、灌木20.5％、河川敷18.6％、荒地6.5％で、耕地や牧草地はそれぞれ2％にみたない。高山には麝香や熊胆、牛黄、虫草、香菌などの漢方薬材が豊富で、古くより住民の重要な収入源である。

当地は、清代の乾隆17年（1752）以前は理県の雑谷土司の蒼旺（チベット族）の支配下にあったが、中華人民共和国成立後の1952年に雅都郷が設立され、66年に人民公社化、84年に郷が復活した。2005年には河谷部に通河壩と赤不寨、山腹部と高山部に木魚、俄俄、四寨、雅都、大寨、俄口の8つの村があり、さらに18の村民小組に分かれる（図2-1）。総人口は2868人、うち98％をチャン族が占め、残りはチベット族と漢族である（2005年）。漢族は1964年には郷政府関係者を中心に136人いたのが、90年に44人、2005年には10人に激減した。現在、郷政府関係者はほとんどがチャン族である。チベット族は1964年に4人、90年も6人にすぎなかったが、2005年に48人になり、被災後も増加している。彼らは隣接する黒水出身のチベット族である。黒水チベット族は言語がチャン語北部方言であり、赤不寨村大瓜子寨はもともと黒水県所轄（58年に雅都郷に帰属）で両地では婚姻が頻繁に行われており、現在も通婚関係が密である。

1988年、筆者が初めて雅都郷を訪れた頃は県城までの定期バスは1日わずか1本で、赤不寨村に発着場があった。高山部の住民が県城に行くには、まず荷物を背負って山を下り、数時間かけて発着場まで歩いた。交通が不便で人や物資の往来が限定された山間の貧困地域であったが、逆にそのような閉鎖的な環境であったがために外部との接触も制限され、伝来のチャン文化

---

[13] 四川省茂県地方志編纂委員会編［2010: 65-68, 470］。

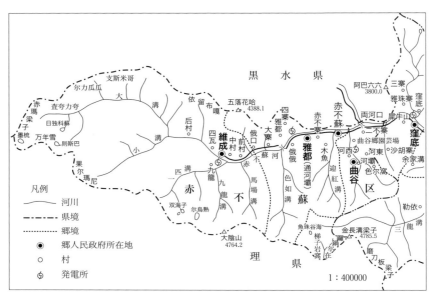

図2-1 茂県雅都郷と維城郷
出所：茂汶羌族自治県地名辦公室編絵「茂汶羌族自治県地図」（1997年）より。

が色濃く残されている。日常語はチャン語北部方言であり、石積み家屋には白石が奉じられ、火葬も行われている。

　しかし2000年代に入って当地は大きく変わった。被災後は西に隣接する維城郷が合併された。王書記によれば、郷は、震災後、西隣の維城郷との合併で行政村が5増えて13に、小組も17増えて35になり、総人口は10年前のほぼ倍の4549人、総戸数も1605戸になった（2014年3月）。しかし維城郷との合併は特殊である。維城郷は平均海抜2500m超の高山部にあり、住民は約14万畝の草地でヤクを放牧し、わずかな耕地でソバを栽培し、自家用に土蜂を飼い、漢方薬材を採取して生活をたててきた。しかし震災で土地の崩落や家屋の倒壊に遭った後、住民の90％が麓の村や県城周辺に家屋を購入して移住した。村落再建の困難さや将来の不安に直面し、中学校から県城に寄宿して学ばなければならない子供たちの教育を考えてのことだった。移住先で耕地を取得することは困難であったが、茂県内であれば戸籍がなくても義務教育の学費は免除された。そのため移転世帯の約80％が戸籍を故郷に

残したまま、退耕還林による一畝あたり260元の補償金を受け続け[14]、残った耕地にジャガイモなど手のかからない作物を栽培して収穫期に村に戻ることにした。

その結果、雅都郷では合併後に増えた人口の80％弱が戸籍はあるものの日常的には不在で、ほとんどの家屋が空き家状態で残されている。しかも彼らは本籍を旧村に残したままの村民でもあるので、行政上の手続きや補償、社会保障などはすべて旧村単位で行われており、旧維城郷の幹部はそのまま仕事を継続し、必要に応じて移出した住民とスマホで連絡をとっている。移住した人々も、年末に開かれる村民大会や村で葬儀が行われるときには必ず帰村して参加する。戸籍を残したままの移住は、自発型移住に多い。移住開始の頃は戸籍を新村に移して新村の家屋権を獲得しようとしたが、やがて、戸籍を移すことは旧村の畑地を失って失地農民になることを意味していることに気づき、戸籍を移さない「移住」を選択する者が増加した[15]。

2）雅都郷における経済状況の変化

『茂県志1988-2005』[16]や2014年3月の現地での聞き取りによれば、この70余年の郷の経済状況の変化は次のようである。

かつて郷内では、トウモロコシやジャガイモを食料として栽培し、ヤギやブタを飼育する自給自足的な農業が行われた。ジャガイモや小麦、豆類、チンクー麦やソバも栽培した。また主な収入源は高山の漢方薬材の採取であったが、1940年代はほぼ全郷でケシを栽培し、それらを背負って旧山道を歩き、理県県城に運んで食料や日用品を持ち帰った。80歳代の老人によれば、

---

14 『茂県志』によれば、郷内での退耕還林は、不正防止のために開始後すぐに「雅都郷人民政府関於退耕還林苗木的管理法」（2000年4月）が作成されたが、退耕面積が水増しされて登録と実際があわない、管理が悪いために家畜に踏み散らされて活性率が低い、復耕や間作があるなど様々な問題が頻出した。しかし退耕の補償が2000年からは食糧補助、2004年からは現金で補助240元/畝（一斤あたり中央0.7元＋省0.1元）、医薬教育補助20元/畝、苗木補助50元/畝となったため、次第に普及した［四川省茂県地方志編纂委員会編2010: 432-437］。

15 耿静［2012b: 166-170］は、県城周辺に移住した住民へのインタビューを実施し、被災直後の移住は、移住先に戸籍を移して購入した家屋使用権の安定などを優先したが、失地農民の立場になることの不安や、戸籍を残して退耕還林の補償をうけたほうが経済的利益を得ることなどがわかり、戸籍を移さない者や、両者の利点を得るために祖父母や妻は旧戸籍のままで、戸主や若者を新戸籍にするという方法も現れていることを指摘している。

16 四川省茂県地方志編纂委員会編［2010: 65-68, 470］参照。

自分を含め当時は多くの者がアヘン採取のためにケシを栽培し、同時に吸煙者でもあったという。トウモロコシ栽培を主とした自給的な農業は2000年頃まで続いた。当時、トウモロコシの作付面積は全耕地の約3分の1を占めた。トウモロコシは1980年代には粗放耕作や種子の退化、自然災害などのために70〜130kg/畝にすぎなかったが、2000年には517kg/畝に改善された。また1990年代後半から、新たに都市向け野菜の栽培が始まり、高山部の木魚村ではタマネギ、赤不寨村ではシシトウガラシの栽培が導入された。

　このほか、雅都郷も県内の他地域と同様に、1960年代からリンゴとサンショウの栽培が導入された。リンゴ栽培は1964年に始まり、74年には雅都郷の紅冠と金冠が全国一の評価を受けた。サンショウ栽培も62年から山腹部を中心に始まった。しかしサンショウやリンゴの樹木は90年代後半から老化が顕著となり、収穫量が減少した[17]。そのため郷政府は2003年に河谷部の2村でリンゴにかわってブドウの栽培を導入し、県内に誘致したワイン企業と結んでその生産基地とした。一方、政府は、高山部にはサンショウにかえて青脆李の栽培を奨励し、苗木を無償で配給した。青脆李の苗木は3年を過ぎたころには一戸あたり千元以上の収穫をもたらすようになり、栽培に乗り気でなかった住民も次々に始めるようになった。

　このように雅都郷における貧困からの脱却は、地元政府主導による商品作物の生産の成功が契機の一つである。1960年代から90年代にかけてのリンゴとサンショウ、2000年代のブドウと青脆李である。特に、河谷部の2村では、2005年から企業と結んでブドウ生産基地となったために交通網が整備され、ブドウ栽培は基幹産業として順調に定着し、それにともなって商店や雑貨店、食堂などの第3次産業がうまれている。また2007年からは俄口村にも260畝のブドウ園が建設された。ブドウ栽培農家の一戸あたりの年平均純収入は2006年で5800元になったと報告されている[18]。

17　1990年代末からサンショウやリンゴの木の老化と品質の低下は全県的な問題となった。その現状と対策については、何富全［2007］、張曦・虞若愚ほか［2012: 28-30］、鄭亜平ほか［2012］等に詳しい。
18　三郎俄木ほか「茂県雅都郷葡萄喜穫豊収」『阿壩日報』2007年11月15日。

3）茂県雅都郷塩化工場による環境汚染

順調に生産基地として発展していくと思われた雅都郷のブドウ栽培は、2009年に大きな危機を迎えた。雅都郷の赤不蘇河上流に誘致された塩化工場による環境汚染で、すべてのブドウの樹木が枯れてしまったのである。上級政府は、農村の工業化と資源利用のために茂県の赤不蘇河に水力発電所を次々と建設し、さらに塩化工場を誘致した。茂県雅都郷塩化工場は2007年に建設が開始され、2009年には操業を始めた。しかし操業開始とともに臭気を排出し、汚水をそのまま赤不蘇河に垂れ流した。やがて赤不蘇河が枯渇して周辺の植物が枯れ、日常の飲料水にも事欠くようになった。さらに当時ようやく軌道に乗り始めたブドウの樹が枯れて収穫がゼロになった。住民は工場の汚気汚水が原因であるとして操業停止を要求したが、工場側は関与の証拠はないとして操業を続けた。

爾瑪卟濼のブログ（2011.12.10）では、工場の汚水や煙突からの排煙、工場を取り囲む老若男女の住民などの写真が掲載され、400～500人の武装警察や民兵に守られて工場労働者が工場に送り込まれ、村民30～40人が騒乱を起こしたとして警察に捕えられたと伝える[19]。逮捕事件の後、州と県の人民政府が間に入って工場側との調停が行われ、工場側がブドウ栽培農家に一戸あたり6800元/年の補償金を5年間支払うことで両者は和解した。2013年3月に筆者が調査した時には、工場周辺には排気ガスや汚水の垂れ流しはみられず、河畔の桜が満開だった。しかし赤不蘇河は枯渇気味で日常用水の不足も相変わらずで、工場の操業が長期的には健康になんらかの影響を及ぼすのではないかという不安はなくなっていない、と住民は語る。高山部の住民が次々に鎮周辺の村に移住していったのは、この塩化工場の公害も要因の一つとなっている。

3．雅都郷における被災後の再建と移住

被災後、雅都郷の8村は、各村の地理的条件や被災状況によって存続形態

---

19 新浪博客 爾瑪卟濼(2011.12.10)「化工廠給百姓帯来的傷害1《望更多的正義人士転載此日志～譲更多的人知道偏遠山区人民的痛苦與求助》」http://blog.sina.com.cn/s/blog_9654afdd0100v08k.html（2014年8月最終アクセス）。事件関連の写真23枚も掲載されている。

が大きく異なった。高山部の村落は、家屋や田畑がかなりの被害を受けたため、半倒壊した家屋には一律5000元の再建補助がだされ、村内の道路や水道電気などのインフラの再建が山西省の対口支援で進められた。しかし、高山部での生活に見切りをつけて都市部に移住する者が続出した。また、生活条件が一層悪くなった村落に対しては、政府が全村移住を勧めた。

以下では、移出側と移入側の双方における移民の状況を明らかにしたうえで被災後の再建と多様な「移住」の意味について考察する。事例とするのは、移出側は、異なる形態の移住を示す高山部の木魚村、雅都村、大寨村、俄俄村の4村、移入側は、主な移住先の一つである茂県鳳儀鎮の南庄村である。

1）政府主導によって全村が移住した木魚村

木魚村は木魚寨45戸と雲紅寨33戸からなる。前者は海抜2800m、後者は2700〜2800mでともに高山部に位置する。高山部は大部分が森林と草原で、土地は広いものの農業生産には不適で、生活条件は厳しかった。被災後は土地の崩落が激しく、再建が困難であると判断され、政府主導によって、全村あげて郷内河谷部の荒地に建設された新村へ移住した。

(1) 木魚寨

木魚寨の陳J書記（42歳・男性）は村の変化を次のように語る。木魚寨は、45戸のうち30戸が陳姓で、祖先は黒水から移ってきた。このほか楊姓が6戸、董姓が9戸である。被災後、45戸のうち14戸は親戚友人を頼って鳳儀鎮周辺の村に旧家屋を買って移り、1戸が娘の嫁ぎ先の都江堰に移った。残りの30戸は、国家の「異地重建」策によって赤不寨村赤不蘇寨の河谷（海抜2000m）に土地を与えられ、家屋建設用地として各戸に80m²が分配され、一戸あたりに1万元の補助がでた。家屋の建設は全村民による共同作業である。チャン族の男性はみな石工の技術をもっており、建設時には各戸から手伝いを出し、石積み家屋を築く。家屋の外観は、政府の指示により村全体で統一することになっていたため、支給された資材を使って、外地の職人に頼んで外壁を装飾した。

新木魚寨では土地が不足していたため居住部分のみが分配され、耕地は移住後も高山部にある。旧村の総耕地面積は約1900畝、うち1320.3畝を退耕還林し、約600畝にエンドウやジャガイモを植え、農繁期に旧村に戻る。か

つて主な収入源はサンショウ栽培で、一戸あたり平均1000〜2000斤収穫したが、2009年に塩化工場の環境汚染ですべて枯れた。近年、地元政府の奨励によって沙枝（漢方薬材の一種）の栽培を始めたが、収穫するまでに5〜6年かかる。家畜は、被災前は各戸平均で黄牛2頭、ヤギ20数匹、ブタも飼育していたが、被災後、老人や子供以外のほとんどが出稼ぎにでて人手がなくなったために売り払い、激減した。被災後は出稼ぎが主な収入源である。数人がグループになって装飾品の行商をする場合が多い。このほか各種の補償がある。一戸あたりの年平均補償額は退耕還林2000元、草原補償100余元、食糧補償が一畝あたり12元、集団林の使用権100元で合わせて約3000元になる。総収入の10数％を占める。

郷内の新村に移住したのは、主に最多一族の陳姓で、旧来の村民関係がほぼそのまま保たれている。チャン族社会では、元来、親戚姻戚間の精神的経済的な相互扶助の観念がとても強いが、被災後、戸籍はそのまま残すものの外地に家屋を買って移った者や、実質的には一年のほとんどを外地で暮らす者が増えた時に、かえってそれはさらに強調され可視化された。例えば、行商に行く者は、主に四川省内を活動範囲としており、省外にはほとんど出ない。それは、村内で葬式があるときには必ず間に合うように戻って手伝わなくてはならず、遅れたら村の成員としての責任を問われるだけではなく、被災後は罰金が科せられるようになったからである。また外地に家屋をもって暮らす場合も戸籍がある者は、春節の村民大会の時に必ず帰村する。村民としての義務を怠ることはできない、という。

新村での暮らしは、同郷内であり、赤不寨村にも親族関係者が少なくないことから、日常生活の違和感や不便はあまりない。本郷を離れて県城に行った者より精神的なストレスははるかに少ない。また彼らは赤不寨村の住民ではないが、当地での義務的労働作業、例えば用水路の補修や道路の補修工事には必ず参加し、葬式や結婚式にも参列する。しかし、新村では家畜を飼う余裕がなく、農地も高山部にあるので、農作業を毎日行うこともできず、農民としての暮らしは大きく変化したという。

書記の陳J（42歳）は、母（72歳）と妻（42歳）、娘（16歳、中等専門学校）、息子（11歳、茂県八一中学）の5人家族で、当地の典型的な家族構成

である。妻は同じ村の出身で、「娃娃親」（幼児期に親が決めた結婚）である。2人の子供は、中学校から茂県県城で寄宿して学んでいる。また妹2人のうち上の妹（38歳）は都江堰に出稼ぎにいった時に漢族と知り合って結婚し、下の妹（32歳）は東隣の曲谷郷のチャン族に嫁いだが、成都で働いている。若い世代は男女とも県城の中学校で義務教育をうけ、ほとんどが漢族社会での出稼ぎ経験をもつ。漢族との結婚もすでに特別なことではない。「娃娃親」や漢族との結婚など新旧の結婚形態が1970〜80年代生まれの40歳代以降の年代で併存していることは、チャン族の変化が2000年頃から始まったことを示している。

　家庭経済は、被災前は高山部に20畝余りの畑があり、10畝を退耕還林にし、残りにジャガイモを栽培していたが、収穫量は少ない。被災後も高山部の畑をそのまま維持し、退耕還林などの補償を受けている。また、村内では老人や子供以外のほとんどの者が出稼ぎにでているなかで、村幹部は村の運営にあたるため出稼ぎにでることはできない。そこで通河壩村の知り合いから耕地1畝余りを2万8000元で購入し、ブドウ栽培を始めた。購入にあたっては口頭で話し合い、現金で支払って土地の永久使用権を得た。一家5人の年収は、書記の給料1万8000元とブドウ栽培による7000元のほか、補償金が3850元（退耕還林2600＋草原600＋集団林600＋食糧50余）で総収入は2万8850元、補償金が総収入の13％を占める。出稼ぎにでていた時の年収は3万元を超えていたので、現在は減収である。主な支出は、冠婚葬祭の交際費が約1万元、2人の子供の教育費が約6000元（国家から長女に3600元、長男に1680元の補助がある）、酒代4000元、米代、日用雑貨、衣服費などで、収入が支出をやや上回る程度であるが、旧村よりも生活水準が上がったという。なお陳Jによれば、彼の収支は村の平均的な数値である。村民全体からいえば、暮らしはようやく少し余裕のある状態に近づいてきたが、行商の収入は不安定であり、出稼ぎ先では宿泊や食事をできるだけ節約した生活をおくって貯蓄に努めているが、持ち帰る現金は十分ではないという。

(2) 雲紅寨

　雲紅寨は、海抜2700〜2800mに位置し、麓までは狭い山道を歩いて4〜5時間かかり、交通は極めて不便である。被災によって家屋の40％が倒壊、

60％が損害を受けた。旧村では今後の発展が難しいことから再建を断念し、政府の指導のもと、全村あげて家屋だけを河谷部に移すことにし、戸籍はそのままで、畑のトウモロコシやジャガイモの農繁期だけ旧村に戻ることになった。2010年に全33戸のうち7戸（都江堰市1、茂県県城4、崇州市1、綿陽市安県1）が戸別のツテで郷外に移り、26戸の80数名が河谷部の赤不寨村赤不蘇寨に移った。新村では、一戸あたり80m²の土地が与えられ、家屋は政府の計画に従って一律に建設された。新村26戸のなかで郷外にさらに家屋を購入した者はいない。

　家庭経済は、被災前は漢方薬材採取やサンショウ栽培が主な収入源であったが、サンショウはすでに枯れて老化し、収穫高が激減した。漢方薬材採取も高山の奥まで4～5時間登らなければならないため、体力のある若者にしかできない。よって被災後の生計は、主に出稼ぎによる。被災後は再建工事の仕事があり、1日80元の収入があった。若者は出稼ぎで外地に行くが、月に2000元程度の収入しかない。新村には畑もなく、補償もいつまで続くか不明である。安定した生活をおくるにはなおほど遠いという。

　楊S（43歳・男性、中卒、組長）は、妻（44歳、本村出身）と両親（76歳と72歳、ともに本村出身）、子供2人の6人家族である。子供たちは茂県県城の中学校で寄宿して学んでおり、教育費は年間6000元かかる。畑は旧村の高山部に11畝あり、うち7畝を退耕還林（4畝にクルミ）し、年に6000元の収入がある。残った4畝の畑でジャガイモやトウモロコシを栽培していたが、近年、政府の奨励をうけて沙枝にかえた。4月には「羊肚菌」（アミガサタケ）、7、8月には羌活や五甲皮などの漢方薬材を採取に行く。組長の手当てや退耕還林および様々な補償を加えて、年収は約2万元あるが、交際費や教育費などの必要経費でほぼ収入を使ってしまう。

　楊Sには4人の姉妹がいる。2人の姉は曲谷郷と本村のチャン族に嫁いだが、その子供たちはみな雅都郷を離れ、成都や都江堰で働いている。上の妹は出稼ぎで漢族と知り合って結婚し、都江堰におり、下の妹も茂県で働いている。30歳代以下の改革開放後に生まれた者はほとんど郷外で出稼ぎの経験があり、そのまま県城や都江堰、成都で暮らす者も少なくない。出稼ぎの若者は12月26日の村民大会には必ず戻ってくるが、普段はいない。義務

教育中の子供たちも中学校から県城に寄宿しており、週末に帰宅する。筆者が10月の午後、新村を訪ねた時も、村内は現代的な新築の2階建て家屋が並ぶなかでほとんど人気がなく、老人たち数人に会っただけで閑散としていた。現在、常住人口の約4割が高齢者である。そのために春節以外の年中行事はほとんど行うことができなくなったという。

　以上のように、木魚村の2つの寨はともに旧村での再建を断念し、政府から河谷部に土地を与えられ、家屋の再建費用も補助されて全村で移住した。移住先は郷内の河谷部であり、住み慣れているだけではなく、交通や教育、医療に関していえば高山部より良くなった。また戸籍は新村に移したが、河谷には移入者に分配できる土地はなかったため、高山部の畑をそのまま所有して退耕還林し、補償も受けている。各戸は平均10数畝を退耕還林し、平均補償額は3000元を超える。また残りの畑でジャガイモなど栽培に手間のかからない作物を栽培して自家用としたが、最近は、政府の指導をうけて沙枝の栽培にかえた。しかし新村では作物栽培のための耕地がなく、すでにほとんど農作業をすることができず、生活していくためには行商などの出稼ぎにでるしかない。

　政府主導の移住は、移住後の精神的なストレスが少なく、緩やかな移行といえる。しかし農村部から農村部への移住でありながら、これまで代々行ってきた農作業や家畜の飼育はできなくなり、旧来の土地は所有しているものの、もはや実質的には農業従事者ではない。一戸あたりの平均年収は2～3万元あるが、主に若者の行商などの出稼ぎによっており、不安定である。

2）都市部に分散して移住した雅都村

　被災前、雅都村には哈哈寨60戸と雅都寨59戸があり、移住はすでに2000年初期から始まっていた。

　哈哈寨は、海抜2750mの山腹斜面に位置していたため、農業生産には不適であった。また2003年には土石流で夫婦2人が生き埋めになって亡くなり、土地の崩落現象もひどかった。そのため被災前にすでに全戸の自発的移住が決まっていた。村では、まず450畝の耕地すべてを退耕還林として一畝あたり260元の補助費を受け、一戸あたり年間平均2000元弱の収入とした。また家屋は解体して木材を移住先に運び、再建用とした。移住先は、郷内の

第 2 章　汶川地震後のチャン族における貧困と移住

通河壩村に移る 5 戸以外は、茂県鳳儀鎮の南庄村に 28 戸、龍同溝 8 戸、坪頭村 2 戸、水巷子村 10 戸で、このほか崇州市 6 戸、郫県安徳 1 戸である。

雅都寨は、海抜 2300m で哈哈寨よりやや条件が良かったため、震災前の移住は半分以下の 20 戸だった。彼らも戸籍は残したまま郷内や県城周辺の村に家屋を購入して移り、約 120 畝を退耕還林にして補償を受け、50 畝はジャガイモや青脆李を栽培して必要な時に村に戻って農作業をした。しかし被災後、土地の崩落がひどくなって将来の見通しがたたなくなったことから、残りの 39 戸もついに移住を決断し、全戸が山を下りた。移住先は親戚友人や先に移住した者をたよって郷内に 5 戸、県城鳳儀鎮の水巷子村 12 戸、南庄村 17 戸、崇州市 5 戸である。また、耕地の多くを退耕還林にして最低限の収入を確保するとともに、約 50 畝に青脆李を栽培した。

雅都村の移住先には特徴がある。全 119 戸のうち約 80％が茂県県城の鳳儀鎮に移り、うち 45 戸が南庄村、22 戸が水巷子村に集中しており、集団移住によって新たな分村を形成した形である。移住先は子供の教育や医療、交通などには便利であるが、水源が不足しているという。

雅都寨の L 書記（43 歳・男性）は、村民のほとんどが戸籍を残したまま移住したため、郷人民政府のある通河壩村に家屋を購入して残り、行政事務を続けている。村民は年末に開催される村民大会や村民の葬儀には必ず村に戻って出席する。平時は書記がスマホで連絡をとり、有事には県城内の住民の家で会議を開く。L 書記は、5 人兄弟の末子で、母親（86 歳）と同居している。妻（43 歳、雅都寨出身）と息子（20 歳、川北医学院）と娘（16 歳、茂県八一中学）の 5 人家族で、2003 年に通河壩に土地を買って 05 年に家屋を建て、09 年から山を下りて住んでいる。家屋は 7 部屋ある 2 階建てで、別棟には神棚と囲炉裏のある広間で、数十人が一緒に「鍋庄舞」[20]が踊れる

20　鍋庄舞とは、春節や祝い事の夜に、男女が「鍋庄」（囲炉裏）の周りで演ずる踊り。男女が交互に歌をかけあいながら、手をつなぎ、足でリズムをふんで、右回りに徐々に速度をあげながら踊りつづける［李・松岡主編 2010: 258］。また、沙朗舞（薩朗舞）は、広場で男女に分かれてそれぞれ列を作り、歌をかけあい先頭の者に率いられて焚火の周囲を回りながら踊る。
被災後、汶川県人民政府は政府庁舎近くに「鍋庄広場」をつくり、人々に鍋庄舞やダンスする場を提供している。毎夕 6 ～ 7 時になると 100 人以上の人々が三々五々集まって楽しんでいる［朴永光主編 2012: 224-225］。また国内唯一のチャン族自治県である北川羌族自治県では、1950 年代にすでに鍋庄舞などチャン族の伝統的な文化の多くが失われていたが、2000 年代以

広さにした。彼らは、移住先では、客を迎える部屋や一緒に踊って歌える広間のある独立した家屋を建てたいという。村は解体したが、移住先でも親類や友人を迎えてもてなすことを当然とする。踊りや歌は幼少時から個人の身体に刻みこまれた伝来の記憶であり、人々が集まる様々な場面で酒を飲みながら演じられる。村の解体によってかえって共同体としての紐帯が強く意識され、可視化されている。

またL書記の3番目の兄で、県農牧局に勤めるLX（48歳）は、雅都村の耕地の「土地流転」を行うために、友人3人と共同で「西羌苗木培育合作社」の設立を計画し、すでに郷政府の許可を得ている。雅都村では、退耕還林にだした耕地以外の約100畝に住民がそれぞれ青脆李を栽培しているが、放置された状況での栽培のため十分な収穫は望めない。そこで、この合作社が農家と正式に「農村土地流転合同」の契約を交わして農家に一畝あたり100元の借地料を支払い、苗木栽培を行うという。有効な貧困対策になることが期待される。

3）村落再建後、村民のほとんどが移住した大寨村

大寨村は、郷政府から西北へ約13km、海抜2300～2800ｍの山腹にある。戸数65戸、人口248人で、上房寨（27戸、100人）と下房寨（38戸、148人）からなる（2014年）。全員がチャン族で、王姓が95％を占め、郷内他村出身の陳姓と楊姓もいる。自給自足的な半農半牧と高山の漢方薬材採取で生計を立ててきた。山頂近くの山腹という閉鎖された環境であったが、1990年代にようやく車の通行可能な山道が麓から本村まで通じた。ただし、山道は狭くて急で、雨時には崖崩れで道路がしばしば遮断されたため、普段は荷物を背負って郷政府のある河谷まで歩いてバスに乗った。

被災後の大寨村については、直後の2009年の状況が韓偉［2009］に報告されている[21]。韓偉［2009］によれば、本村では地震の被害は家屋の半壊が

降、特に被災後、義務教育の学校でチャン族の歌舞を学ぶカリキュラムが導入された。また観光資源として村単位でチャン族の歌舞を練習したり、文化センターでの講座が設けられたりしている［松岡2014a: 258-261］。なお李紹明・松岡編『四川のチャン族』には、1980年代、被災前の2000年代の鍋庄舞や、1950年代の沙朗舞の写真および解説が収められ、貴重な資料である［李・松岡編2010: 116-119, 227, 241, 252, 258-260, 288等］。

21　韓偉［2009: 45-46］参照。

主で、人的被害はなかったが、従来の貧困がさらに深刻になった。2009年の平均純収入は2300元で茂県の平均2460元より低く、ほぼ全員が貧困レベルである。「低保戸」（生活保護受給世帯）が5戸、「五保戸」（食糧、衣類、住居、医療、葬儀の5つの保障を受ける世帯）が6戸ある。収入は出稼ぎが主で、退耕還林の補助と漢方薬材の採取で補っており、ほかに収入源はない。被災直後は出稼ぎ者が帰村して家屋の修理にあたったため、出稼ぎによる収入が激減した。また「空掛戸」（戸籍はあるが誰も住んでいない家）は12戸あり、人口流出が進んでいる。直面する問題として、道路の劣悪さ、飲料水不足、単一的で自給的な農業生産、エネルギー源不足、深刻な貧困をあげる。ただし、村民は村規民約を遵守し、村民の結束力がとても強いと記されている。

　しかし被災から6年半後の2014年秋に筆者が村を訪ねた時には、状況は大きく変わっていた。韓偉［2009］で指摘された点について、王村長は次のように答えた。道路は、「土路」（未舗装の狭い山道）が1989年に河谷の郷政府所在地から隣の雅都村まで通じ、さらに1991年に本村まで延びた。被災後の2009年に、村民の人力と県政府から支給された6000元と2トンの爆薬で道路は整備され、大風雨による崖崩れですぐに道路が遮断されるという状況はかなり改善された。飲料水は水源である湧き水以外に、1980年代に政府から支給された水道管で山頂から水道を引いたが、水道管が老朽化したため2006年と被災後の2010年に新しくした。電気は、1980年代に麓に小型発電所ができて毎日数時間使えるようになり、90年代末の「農網改造」によって24時間使えるようになった。なお被災後、再建した家屋は9戸、一部補修は56戸である。

　以上のように、2014年までに道路は舗装され、山腹を蛇行しているため幅を広げることはできず片側通行ではあったが、麓の郷人民政府まで車では約10分で行けるようになった。村民委員会の建物も改修され、広場には新しい運動用具が設置された。電気水道ガスも使用可能で、家屋は外壁が修復され、台所には新しいガスコンロや調理台、食器棚が置かれ、ガラス戸付きの洗面室兼トイレも各戸に新設された。ところがそれらは実生活ではほとんど使われていない。調理は従来のように主に室内中央の囲炉裏で行い、トイ

レも昔の家畜小屋に設置した汲み取り式を普段は使うという。

　さらに驚いたのは、外観が一新された村内にほとんど人の気配がなかったことである。王村長によれば、2010年までに65戸のうち61戸が移住し、貧困のために外地に家屋を購入することができなかった4戸のみが残った。主な移住先は、都江堰市に約半分の30戸、残りは鳳儀鎮の較場壩村19戸、坪頭村4戸、南庄村5戸、大河壩村3戸などである。住民は、政府から一律の援助を受け、親類や友人のツテで旧家屋を購入し、親戚姻戚単位でまとまって移住した。ただし、水神節（水神祭）や村民大会、葬儀の時など年に数回は必ず大寨村に戻ってくるという。

　では、大寨村の住民は、被災後に一旦は村を再建しながら、なぜほとんどが移住したのか。王村長によれば、被災後は全農地約1364畝のうち退耕還林を803.8畝とし、残りの560畝でトウモロコシやジャガイモ、チンクー麦、小麦等を生産した。しかし海抜が高いために農作物は生産量が少なく、自給用にしかならなかった。そのため男性が行商や道路工事等の出稼ぎをして現金収入を得、村内に残った老人や女性が自給的な農業と家畜の飼育をした。2009年までに人口の約8割が一家をあげて出稼ぎにでるようになり、出稼ぎ農民とその家族は一年の大部分を村外で過ごし、都市郊外に家屋を購入した。それは仕事上に便利であるばかりでなく、子供の教育や老人の医療にとっても都合がよかったからである。

　教育と医療は農村と都市の大きな格差の一つであり、彼らが移住を決断する大きな理由でもある。しかし近年の政府の施策は格差の是正ではなく、機能を都市部へ集中して水準の向上をはかることを第一としている。例えば農村部の教育については、かつては義務教育の普及をめざして小学校の増設を柱とし外部資金による希望小学校[22]の建設も進められていた。しかし2000年代以降、辺境の分校（3、4年生までの小学校）や希望小学校は郷の中心小学校に次々と統廃合され、都市部への教育機能の集中が進められている。2000年に入って政府が推進した「普九」（小学校6年＋中学校3年＝9年間の義務教育の普及）[23]は、民族地区での漢語教育強化のために村の分校を郷

22　全国からの寄付を基にする「希望工程」によって建設された小学校。
23　2003〜2008年の調査によれば、茂県赤不蘇中学校においては、義務教育が政府の経済的援助

の中心小学校に統廃合するものである。また中学校は郷中学校を県城の幾つかの中学校に統廃合して、地方都市における義務教育の普及と水準向上の効率化をめざしている。そのため高山部など辺境の民族地区の児童は、小学校あるいは中学校から月〜金曜日までの間は郷人民政府のある中心村や県城の学校で寄宿舎生活をしながら学んでいる。

　小中学校の統廃合については、汶川県龍渓郷阿爾村のように反対する地域もあった。幼少より都市で暮らすことは、チャン語から遠ざかることである。龍渓郷や雅都郷のように村内でチャン語が常用されている地域は年々減少しており、これらの村においてもチャン語を聞いて理解することはできても上手く話せないという若い世代が増えている。親世代も出稼ぎが恒常化したことで外地での経験が増え、より条件のよい仕事につくには漢語の水準をあげ、より上の学歴か一定の技術が必要であることを痛感している。親世代は子供たちが漢語を習得することを望んでおり、子女教育に対する意識は概して高い。子供を労働力や親を扶養する者としかみなかった前の世代までとは意識が大きく変わっている。

　大寨村農民の典型的な事例として王X家の事例をあげる。王Xは、45歳で、学歴は中学校卒、2014年に村長に選出された。家族は母（73歳）と妻（45歳、小学校卒）、長男（23歳）と長女（21歳）である。長男は中学校卒業後、成都で働いて2年になる。年に1万元を家に入れ、週末には移住先の都江堰の家の祖母に会いにいく。長女は阿壩州中等職業学校を卒業後、茂県溝口郷文化伝習所に入り、茂県県城の「古羌城」で踊りを演じて5年になる。月給は2000元である。王Xは、装飾品の行商で成都、都江堰以外に吉林や長春、大連、内蒙古、広西、江西など全国をまわった。10〜20人が一緒になって動き、各地の小売市場のような決まった場所で管理費70〜80元を払って商売し、月に1000〜2000元の純利があった。村長に選ばれてからは村内に常駐しているため減収である。耕地は5.4畝で、麓にあるので土地流転はしていない。被災後は青脆李を栽培して2013年には約1万元の収入

によって普及した2005年以降は中学校の卒業率は100％に達しているが、「普九」以前に義務教育適齢期であったチャン族の15歳以上の女子のなかには貧困のために中学校を中途退学した者が少なくなかったとし、普九の効果を指摘する［方濤ほか2010: 147–149］。

があったが、14年には雹害のために4000元に減収した。退耕還林は9.6畝で、油松（*Pinus tabulaeformis*、マンシュウクロマツ）を栽培して10年余りになる。被災後の2008年9月に従兄の紹介によって都江堰で旧家屋の土地使用権を3万8000元で購入し、同年11月に230m²の四合院を7万元で新築し移住した。当時は、2人の子供のうち1人はすでに都市で働き、もう1人も都市で学校に通っており、また老母の医療や、自身が成都や都江堰を中心に行商をしていたこともあって、都江堰への移住を決めた。移住して1年目は母親も自分たち夫婦も都市での生活に全く慣れなかった。今では少しずつ慣れてきたが、やはり親、夫婦とも村の生活の方が好きだという。

　被災後の全村規模の移住は、村に大きな変化をもたらした。

　第一に、耕作者がいなくなったことで、畑の約8割が放置された。そこで村民委員会幹部はこれらの放棄地を「土地流転」で活用しようとした。2011年初め全村大会で土地流転のことが諮られ、総耕地560畝のうち放棄されていた約80％を王Tと王M（村民委員会書記）が請け負うことになった。契約期間は26年間、経済林の収穫が可能となる4年後から年間一畝あたり退耕還林の補償額と同じ260元を農民に支払う。2人は、2011年3月中旬から資金を投入して土地に手を入れ、「茂県維雅蔬菜種植専業合作社」を設立した。青脆李や紅脆李、ニンニク等の野菜を栽培し、七彩山鶏の飼育も行う。合作社で働くのは、経済的理由から村に残るしかなかった中高年の10数人で、月給1100元に食事付きという雇用条件である。合作社による共同農場型の経営は、政府の農業の大規模化という方針に基づく全国的な傾向であるが、ここでは村民に就業機会をあたえるという福利的役割も担う。合作社は、年間純収入が2013年には1万元になったが、2014年は雹害やイノシシ、熊の被害に遭い、4000元に減った。村民委員会と住民によるボトムアップ式の動きとして注目される。

　なお土地流転されなかった20％の畑は、河谷部にあり、収穫高もやや良いので、耕作者は農繁期に村に戻って栽培を続けている。王村長もその一人で、利益は少ないが、可能な限り農地を手放したくないという。農地は最後の財産であるという農民の伝統的な意識が根強いことがわかる。土地流転は、実質的には農地を貸し出したことで自分では農業をやらず、農業以外の

仕事に就くことを意味するが、農民自身は先祖代々の土地を失うわけではないので、失地農民になったとは思っていない。

　大寨村では、約80％の住民が村を出たが、戸籍は本村に残したままであり、それぞれの畑の使用権と付近の高山での漢方薬材採取の権利は失っていない。都市近郊に移住した農民は、畑と退耕還林の補償という農民の権利と実利を維持したまま、都市で非農業部門の仕事に就いて現金収入を得ている。現状では、最も現実的な対処法であろう。彼らにとっては、移住先で新しい戸籍を得ていないので、家屋を購入したとはいえ土地使用権はなく、万一、政府から強制立ち退き令が出ても対処できないという不安がある。しかしそれでも都市戸籍のメリットと失地農民になることのデメリットを比べた時、彼らが選択したのは農民のまま都市周辺で暮らすことであった。なお住民に対する社会保障や医療補償、退耕還林の補償等、住民管理の業務はすべて旧村の村民委員会を通して行われており、村幹部は村営業務と村の防災や家屋等の管理のために交代で村に常駐する。

　第二に、農民の就業構造が変わった。かつてチャン族は自給的農業の傍ら、農閑期に道路工事や建築現場にでて現金収入を得た。その中から一部の者は技術を身につけ、小規模の建築組をつくり、仕事を請け負う者も現れた。しかし近年、成功して富裕になるのは、ほぼ一年を通して行商に従事し、そこで稼ぎを増やすというパターンである[24]。村を出て地方都市に家屋を買った住民は、日常的には行商をして子供を都市の学校に通わせ、老親の世話をする。子供たちは、学校卒業後は多くが都市でそのまま仕事をみつけて働き、村に戻って農業に従事することはほとんどない。高山部の農民における非農民化は、被災後に都市部へ集団移住したことを機に出稼ぎが恒常化して、一挙に進んだ。

　第三に、移住後、村全体で行う水神節を復活させようとする動きが住民の間からうまれ、2014年には第1回水神節が住民の手によって挙行された。すでに2015年の第2回も予定されている。雅都郷の村々は、近年までチャン族の伝来の行事や習慣がよく残る地域として知られていた。しかし木魚村

24　張曦・虞若愚ほか［2012: 71-102］参照。

では、移住後、活動の中心となる年代の男性がほぼ年間を通して出稼ぎにでているため、村落全体での行事だけではなく、家ごとの年中行事も春節以外のほとんどを行わなくなった。また雅都村に至っては、年に一度の村民大会も全員が集まりやすい県城で開かれており、春節にも村民が旧村に戻ることが少なくなった。

　そのような中で、大寨村では、多くの者が春節前の農暦12月23日の竈神節に村に戻って年越しの準備を始める。一家で一人は除夕に墓掃除をして祖先を祀り、村民大会に出席する。清明節にも墓参りのために戻る。このほか農暦4月15日の水神節、農暦5月5日の「瓦爾俄足」、農暦10月1日の「羌年」（チャン族の正月）にも戻る。また村人の冠婚葬祭が行われる時、特に、葬儀は村で行われるため必ず一家に一人は戻り、葬儀の手伝いをする。そうしなければ村人とは認められないという共通した意識が根強くある。

　農暦4月15日の水神節は、大寨村独自の年中行事である[25]。2014年には全村あげての水神節が雅都郷長や郷内の他村長なども招いて大々的に実施された。これは本村が自発的に計画したもので、複数の長老が中心となってかつての式次第で行われた。総経費は10万元で、村民は一人あたり200〜3000元を供出し、さらに住民の動きを認めた郷政府から5万元、茂県文化体育局から3万元の補助を得た。水神節は、かつては全村あげての行事であったが、中華人民共和国成立後は家庭単位の活動となり、文化大革命中は迷信排除の政治運動のもとで数戸のみが秘かに続けた。王村長らによれば、2014年は中華人民共和国成立後初の村全体での水神節であり、今後はこれを復活の第一歩として、毎年、同様に行うつもりであるという。韓偉［2009］でも、住民の共同体意識が強いという指摘があったが、確かに、大寨村では村民委員会の主導で土地流転による農地の集中化と合作社の設立、村に残る高齢者を雇用した農作業の共同化が進められており、他村との違いが際立っている。換言すれば、大寨村では、被災後、他村に先がけてボトムアップ式の自主的な祭祀活動が行われたといえる。

　では、なぜ大寨村住民は他村に較べて強い紐帯をもって自主的な祭祀活動

25　大寨村のパンフレット「大寨村―水神節」参照。

ができたのか、それはどのように形成されたのか。まずあげられるのは、移住後の新たなコミュニティの形成の違い、さらには水神を祀る水源の存在である。大寨村では、移住した60戸のうち半数の30戸が都江堰市に、残りが鳳儀鎮の較場壩村19戸をはじめとした同鎮内の村に集中している。村が大きく2つの地域に分かれて移住したことは、他村の移住先が分散の傾向が強いのに比べて意見の集約がしやすく、実質的な集会が開きやすい。またチャン族の村では、一般に背後に神山があり、山上には神を祀る塔があって農暦5月あるいは羌年にはそこで村落全体で祭山会を行った。しかし中華人民共和国成立後の70年間に一旦廃れ、近年、政府主導によって復活したものの、住民側からの自発的な復活ではなかったため、以後は種々の事情によりかならずしも持続されてはいない[26]。それに比べて水神を祀る水源の湧き水は村内の中心にあって常に人々の生活に密接に関係し、政治運動の最中にあっても途切れることなく秘かに祀られてきた。水神の祭祀内容は、聞き取りによれば山上の塔における祭山会の内容とほぼ同じである。村と村人の象徴として、かつてもこれからも水神節が果たす役割は小さくないといえる。

4）半移住の俄俄村

　俄俄村は、戸数77戸、人口302人、瓜里（1組）38戸、俄俄（2組）26戸、卡窩（3組）13戸の3つの寨（組）からなる。このうち俄俄寨は、海抜2200m前後の村内で最も高い山腹斜面にあってチャン族の従来の暮らしが続けられている。郷人民政府所在地に比較的近く、麓から村までは車1台がようやく通行可能な細い山道が蛇行しながら続いているが、被災後舗装され、外部との往来が便利になった。

　組長の趙MJ（56歳・男性）によれば、俄俄寨は、1970年代に1組から9戸が移ってきて形成された村で、現在は26戸103人である。平均家族数は4〜5人で、核家族や3世代同居の直系家族が多い。呉姓12戸と趙姓14戸からなり、互いに通婚して分家してきた。実の兄弟姉妹も3代を経たら結婚できるとされ、寨内や村内での婚姻、特に娘と母方兄弟の息子との婚姻を優先するイトコ婚の慣習が行われてきた。麓の雅都村からも鄭姓1人と戴姓1人

26　本書第4章第2節参照。

が婿入りしている。なお住民の多くはチャン語と漢語の2つの名前をもつ。漢名は1964年に俄俄村中心小学校ができてから教師につけてもらった。そのため60歳代以下はチャン語と漢語の名前をもつが、70歳代以上で漢名をもつ者はいない。漢族との接触が人民共和国以降であったことがわかる。

　経済状況は、2008年の地震を境に大きく変わった。地震前は、気候がサンショウ栽培に適していたため寨全体で年間30〜40万元の収入があり、一戸あたりの平均年収も1万元を超えた。収穫期には周辺の村から手伝いが来た。また高山には漢方薬材も豊富で、虫草や大黄、羌活などの採取で一戸あたり年間1000元前後の現金収入になった。トウモロコシやジャガイモを植えて自家用とし、米は購入した。1990年代にはトウガラシや朝鮮大根を栽培したが、輸送が不便であったため、やがてやめた。退耕還林は2002〜03年に始まった。岷江柏（*Cupressus chengiana* S.T.Hu）が一律に配給され、2010年には480畝で植樹された。07年から一畝あたり260元の補償に減額されたが、一戸あたりの年平均補償額は数千元になる。また家畜も多く、一戸あたりの平均はヤギ数十匹、ブタ3〜5頭で、ウシは数戸で2〜3頭（2頭で1本の鋤を引く耕法のため）所有した。

　しかし2000年前後にサンショウの樹木は老化が進んで収穫高が激減したうえに、09年には塩化工場による汚染の影響を受けて多くが枯れてしまった。現在では最盛期の10％しか残っていない。かわりに地元政府は青脆李の栽培を奨励して苗木を配布し、総耕地面積の約半分の400畝で栽培されている。一戸あたりの平均年収は2012年に1万元、多い者は数万元に達する。被災後、家畜は激減した。村内に常住する者が減って人手がなくなったからである。ヤギは2戸以外がすべて売り払い、ブタも10戸が平均1〜3頭になり、ニワトリはどの家でも飼って数百羽いたのが、3戸のみになった。

　被災後の最大の変化は、全26戸のうち15戸が村外に家を買い、村に常住しなくなったことである。残りの9戸は費用の都合がつかず買いたくても買えなかったという。被災後、政府は道路を舗装し、水道などのインフラを整備して村の外観を一新した。また家屋を再建する場合には一戸あたり5000元を支給する一方で、一部修復の家屋にも台所にガスや食器棚を設置したり、窓を新設したり、トイレやシャワー室を作って環境整備を進めた。ただ

し、新築したのは1戸のみであった。新築には数十万元が必要であったが、多くの者が09年に発生した塩化工場の環境汚染を忘れてはおらず、作物への害は少なくなったものの健康への影響が不明であったため、このまま村にずっと住み続けるべきか迷った。結局、子女の教育のためや、青壮年の多くが外地に出稼ぎにでており、村内に新築しても後継者が故郷に戻らない可能性も高いことなどから、15戸が旧村での新築をやめ、県城周辺や他都市周辺の旧家屋を親戚や友人のツテをたどって購入して改築し、移住した。移住先は、鳳儀鎮の村に7戸、汶川県7戸、灌県1戸である。

しかし村外に家を買って移住した者も戸籍はそのまま村に残している。背景には、移出先では農地を獲得することが難しいこと、村に戸籍があれば退耕還林の補償を受け続けることができ、高山の漢方薬材採取の権利もあって経済的な最低限の保障になること、都市部に移住した者も体が動く間は、農繁期に戻って農業を続けたいと思っていることなどがある。俄俄寨では、毎年、農暦12月26日に村内で村民大会が開かれる。1年間の村での出来事や作業についての総括、次年度の農作業の開始時期、春節期間中の防火防犯、出稼ぎ者への注意事項などが話し合われる。村外に居住している者も、出稼ぎにでている者も、村に戸籍のある者はすべて村に戻って大会に出席しなければならない。また村内で葬儀が執り行われる場合は、通知が出てから3日以内に必ず戻ってきて手伝わなくてはならない。戻れない場合は1000〜2000元の罰金が科せられる。これは被災後にできた規則である。そのため外地に出稼ぎにでる者は、緊急時の帰村を考慮してほとんどが四川省内で行商する。コミュニティが成員に求める規制は震災後、一層強く意識されるようになった。

以下、移住の理由が異なる50代と40代の戸主の事例をあげて生活様式や意識の変化を考える。

呉XL（50歳・男性）は、家族は妻（50歳、俄俄村出身）と息子（25歳）、娘（22歳）である。息子は高校を卒業して彭県で働いており、まもなく同県出身の漢族と結婚する予定である。娘も師範学校を卒業して茂県県城で働いている。耕地は22畝（うち20畝は開墾による）で、12畝が退耕還林で、一括配給された岷江柏を植え、年に補償費が3120元になる。08年から青脆李を5

畝植え、2012年は9000元、14年に1万元の収入があった。残りはトウモロコシやジャガイモを自家用に栽培する。若い時には4〜5月に漢方薬材を採取して数千元の収入があったが、今は高山に登るのがきついので行かない。

　被災後、鳳儀鎮の波西村に旧家屋を購入して改修し、移住した。購入と改修にかかった34万元のうち11万元を親戚から借り、すでに返済した。波西村に移った理由は、子供たちがすでに高校以上の学歴を得て都市で農業以外の仕事をしており、俄俄村の家屋を新築しても次世代は村に住まない、将来子供たちと暮らすには都市近郊に住むしかない、兄や妹もすでに移出し、親族も次々に村を離れ、3番目の姉も今年移って村内に近い親戚がいなくなったことをあげる。現在は1年のうち俄俄寨と波西村に半分ずつ暮らす。波西村では、復興景気のおかげで県城を中心に家屋の建築現場や道路工事の仕事が多く、月に平均して1000元超の収入がある。年収は3万元を超える。支出は冠婚葬祭等の交際費が最もかかり約1万元になるが、これはとても大事なことだ。子供の教育費がかからなくなったので純収入は1万元を超える。村では余裕のあるほうで、体力の続く限り村に戻ってきて農業を続けたいと思っているという。

　呉XLは、50代以上の典型的な例である。彼らは故郷の村でトウモロコシやジャガイモを栽培する自給型農業を行う一方で、改革開放後は政府から奨励されたサンショウやリンゴなどの経済作物を栽培した。また農閑期には道路工事やチベット地区の家屋現場での出稼ぎにも行って現金収入を得、村の生活に不可欠な冠婚葬祭などの交際費と子供の教育費にあてた。その結果、子供たちは義務教育、あるいはそれ以上の学歴をつけ、都市で仕事をさがし、故郷に戻って農業をする者が激減した。彼によれば、被災後の再建にあたって国から再建費用が援助されると聞いた時、同じ費用を使うなら村の家屋はそのままにして、県城近くに家屋を購入すれば、将来、子供の家庭と同居する際に都合がよい。チャン族は老親との同居を当然と考えているからだ。でも村の生活のほうが好きだともいう。

　楊JX（42歳・女性）は、夫（42歳）と長男（13歳、茂県八一中学1年生）と長女（9歳、雅都郷中心小学3年生）、実家の母の5人家族である。中心小学校の食堂で働いて月給1500元（実働月のみ）を得る。夫は出稼ぎにで

ているが収入は一定しない。耕地は8畝で、退耕還林に3畝、青脆李を5畝栽培しているが、植えたばかりなので2013年は1000元の収入しかなかった。夏休みに高山に登ってキノコを採取し、収入の足しにする。支出は、交際費に約1万元、教育費は主に県城の中学校に通学する長男に年間2000元かかる。生活は苦しい。しかし被災後、県城内の南豊小区に130m²のアパートを買った。子供たちはこれから10年余り茂県県城で中学、高校に通わなければならないからだ。手持ちの現金はなかったが、親戚から10数万元、銀行から4万元借りて20万元の購入費にあてた。中学校は学費だけは無償だが、寄宿費や食費、雑費など様々な経費がかかり、2人の子供を上級学校に進学させるには、将来、ますます教育費の負担が重くなる、返済は容易ではないが、子供の将来のためには仕方がない。母が県城で同居して子供の世話をしているという。

　40代以下の者は、1990年代以降の市場経済期に成人になっており、出稼ぎは農閑期だけではなく、年間を通じて行う者も多い。まさに子育て期の彼らは、漢族社会で働いた経験から教育の必要性を強く感じ、少数民族の前に立ちふさがる漢語と学歴の壁を次世代には乗り越えさせようとしている。都市部への移住は子供の教育のためであり、親戚友人から借金してでも県城に部屋を買う。チャン族社会では、本人に経済力がなくても親戚が可能であれば援助し援助されるのは当然とされており、助け合うという絆はとても強い。このような伝統的な社会慣習や観念は、被災という共通の災難を受けて一層強まり、表面化した。

　幼少期から漢語環境で暮らすことは、一面、民族言語の消失を意味することでもあるが、親は必死であり、漢語学習を優先させる。その一方で、中学校ではチャン族の民族服と通学服が支給されており、「鍋庄舞」を習う活動もある。政府は漢語教育の徹底を行い、その結果、民族言語の存続が危うくなるという状況をうみだしながら、一方で民族文化の重視もうちだす[27]。し

27　中央政府は、近年、各民族の伝統的な言語文化が深刻な存続の危機に瀕しているとしてシリーズ「中国少数民族会話読本」を中国社会科学院創新工程学術出版資助項目、国家社科基金重大委託項目として始め、チャン語については『羌語366句会話句』（2014）が刊行された。汶川県龍渓郷阿爾村のチャン語使用と教育については本書第3章第2節に詳しい。

かし学校教育における民族文化の保護は、文化の画一化という一面もあわせもっており、なにより民族言語の消滅は民族文化保護の対極にあるものであり、大きな矛盾であることには違いない。

　俄俄寨は、高山部のなかでは海抜が比較的低く、かつてはサンショウ栽培に適し、被災後も青脆李の生産や退耕還林の補償などで一定の収入が得られた。また被災後には道路の舗装などのインフラ整備や台所、トイレの改造が進み、生活条件や経済条件は他の高山部の村に比べてよい。しかしそれでも40代以下は県城や都市に働きに行き、実質的な離郷が進んでいる。そのため親世代は被災後、村内の家屋の新築は行わず、将来の子供との同居をみすえて県城周辺に家屋を購入して移り、農繁期にだけ村に戻る。村内での農業生産は自分の世代で終わると思っているからである。俄俄寨のように交通の便が比較的よく、農業生産で一定の収入が得られる地域においても、被災後の都市部への移住や村民の非農民化が急速に進んでいる。ただし村に残った中高年にとって耕地を手放すことは考えられず、農繁期には必ず村に戻る。しかし子供の高学歴化が進めば、中心世代の非農民化や都市部居住の傾向は一層強まり、将来的な村落の解体も予想される。現状でもすでに常住者の減少のために、村全体の行事は年末の村民大会のみとなり、春節以外の従来の伝統的な年中行事はほとんど行われなくなっている。

5）高山部から鳳儀鎮に移住したチャン族

　では、移民を受け入れた側はどのような状況なのだろうか。雅都郷から最多のチャン族が移入した鳳儀鎮南庄村の状況を紹介する。

　鳳儀鎮は、県城とそれを囲む前進、南橋、禹郷、静州、順城、水西、坪頭、甘青、回龍、龍洞、南庄、南店坡の12の行政村と内南、外南の2つの居民委員会からなる。歴代の州治、郡治、県治の地で、チベット地区に通じる川西北高原の軍事拠点でもあった。民族別人口は、1958年に総人口5694人のうちチャン族が58％、漢族が34％であったが、2000年には総人口2万7751人のうちチャン族72％、漢族18％となった[28]。被災後は、高山部のチャン族が数千人規模で移入し、チャン族はさらに増加して80％を超える「羌城」

28　四川省茂県地方志編纂委員会編［2010: 36-39］。

となっている。近年、県城内ではチャン族の民族衣装を着た中高年の女性をよくみかける。高山部から移ってきた住民だという。

『茂県志』によれば[29]、鳳儀鎮など「小集鎮」（地方小都市）では2001年より「統籌城郷、農村城市化」（都市と農村の一体化、農村の都市化）のスローガンのもと北京清華城市規劃設計研究院の計画案に基づく大規模な都市化が進められた[30]。また阿壩蔵族羌族自治州条例では、民族的特色を突出させ、「一郷、一鎮、一村一特色」という方針のもと、茂県県城を含む九寨溝観光ルート沿線では新築建造物は公共機関から個人の家屋に至るまでチャン族の特色をもたなければならないと定められた。そのため被災前に、すでに県城のホテルには石碉風の建物が造られ、屋上にはチャン族の白石崇拝を表すコンクリート製の白い山型の飾りが置かれ、壁面には「羊角」（山羊の角）などチャン族風の模様が描かれた。

被災後、県城の復興ではチャン文化の表象化が一層強調された。北京清華城市規劃設計研究院のプランによれば、茂県県城は空間の景観によって3つに分けられた[31]。山軸に沿った風情羌城、水軸に沿った半島羌文化公園、城市文化景観軸に沿った旧城伝統商業区である。このうち風情羌城として創出された「古羌城」は、一つの区画全体に歴史上の「古羌」社会を再現するものである。そこでは、古羌社会を首長と複数の部族からなる部族社会とみなして、石積みの巨大な古城と「神碉」が小高い丘の上に建設された。古城前の広場では各郷から集められたチャン族男女2人ずつの舞踏の名手が毎朝開園時に踊りを披露して観光客を城に招きいれるというショーも用意されている。また隣接する全国初の羌族博物館では、学術的にチャン族の歴史や考古、民俗を学ぶことができる。このほか踊りの広場やホテルも併設されている。県政府はここに30以上の企業を誘致して工芸品製作などを含むチャン文化を商業化し、国内最大規模の「羌文化産業園」を建設するとし、それが羌

---

29 四川省茂県地方志編纂委員会編［2010: 523-526］。
30 陳振華・陳姍姍［2012］参照。
31 新たな茂県県城「新羌城」は総面積約2.15km²、居住者の予定は戸数1000戸、人口4000人で、「古羌文化休閑体験」を中心とした世界的な羌文化保護と羌文化観光の中心地の建設をめざすとする［胡静2012: 104］。陳振華・陳姍姍［2012: 59-61］。

文化保護の最良の方法であり、羌文化伝承の最も有効な手段であるとする。

また羌文化については、茂県人民政府等はチャン族を大禹の末裔とする「禹羌文化」[32]を強調する。大禹を羌の祖とする言説は、大禹が西羌に生まれたとする『史記』などの記述に基づくもので、大禹伝説の残る汶川県や北川県では、被災後、全国的な注目度が上がったことからこれを観光資源として売り出そうとする動きが目立っている。この背景には、漢族と55の非漢族の上位に「中華民族」という概念をうちだして、中華民族＝国民とし、中華民族による国民国家の建設をめざすとする中央政府の意図が推測される。被災地では大禹の銅像や大禹廟が各地に建てられ、茂県県城では、さらに古羌城の奥に聖帝堯、夏の大禹、西夏の太祖の三帝の廟が建てられ、それぞれに三王の像が祀られている。

しかしこのような観光化および商業化による羌文化の保護や伝承については、現状を過度な商業化として案ずる声が研究者を中心にだされている。また羌文化の保護が主体者であるチャン族自身から発せられたものでなく、トップダウンの指示であった場合、文化の画一化が進んでしまうことは、北川羌族自治県の民俗観光村の例からも指摘されている[33]。

一方、県城周辺の鳳儀鎮の農村では、農地の住宅区化や商業区化による都市化が顕著である。耿静［2012b］によれば、藍店坡村では「都市化」によって農地は住宅地や商業地などに転用されて激減し、多くの村民が農業をやめて商業部門などに就業している[34]。南庄村についても、村内は実質的に県城の延長上にあって商業区と住宅区に変貌していた。移民の新しい居住地は、所々に農地がみられ、南庄村の旧農地の転用であると思われ、旧来の住民の居住区とは一線を画している。建設途中の家屋があちこちにあって、一戸ごとの敷地面積は狭く、隣家とも密接している。明らかに区画単位の計画的な建設ではなく、購入者が規制のないまま自由に建て、それが周辺の山腹斜面に向かって延びている。また特徴的であったのは、移民居住区を訪ねた時、男性の多くが出稼ぎで不在であり、見かけたのは老人や中高年の女性、

32　禹羌文化については本書第3章第2節に詳しい。
33　本書第3章第3節参照。
34　耿静［2012b: 29-30］参照。

小学生の姿がほとんどで、雅都郷旧村の状況に似ていることだった。
　南庄村では、2人の女性が生活の様子を語ってくれた。王WZ（49歳・女性）は、四瓦村中村寨から移ってきた。幼少時に父が亡くなって貧しかったために小学校に行っていない。最初の夫との間に3人の娘をもうけたが、2004年に癌で夫に先立たれ、生活が困難となったために2006年に再婚した。前夫は漢方薬材の行商をしていたが、今の夫は県城のホテルで保安係をしており、月に1700元の収入がある。旧村の畑は10畝を退耕還林し、年間2600元の補償がある。生活は楽ではない。長女（26歳）は貧しかったために小学校も卒業できなかったが、県城で働いている時に漢族男性と知り合って結婚し息子がいる。崇州市に住んでいる。次女（23歳）は聾唖者で、傷碍者証明書を政府からもらい、月に200元の支給がある。崇州市の姉の所によく遊びに行く。三女（20歳）は、中学校卒業後、成都の茶館で働いている。現在の夫との間に生まれた四女（小学2年生）は被災後、崇州市の長女の家にしばらくいたので漢語もチャン語も話せる。
　王WZ家が南庄村に移住してきたのは、2014年である。2013年に16万元で2階建て家屋を購入したが、全部払っていないため2階部分（3DK）しか使用権がない。この家屋は被災後に維城郷前村の者が土地使用権を手に入れて新築したが、その一家には手狭であったために彼女に売って、同村の別な場所に広い家を建て直した。王WZは、実は旧村を出たくなかったが、旧村の親戚や友人が次々に移住したためにやむなく長女から2万元借りて親戚たちが住むこの村に移ってきた。家の周りに親戚がいるので、日常生活に大きな問題はない。戸籍は旧村にあるので、四瓦村の村民委員会から様々な連絡を受けている。南庄村の村民委員会とは全く関係がない。戸籍がないので、南庄村の住民ともほとんど接触がない。
　楊ZM（41歳・女性、名前はチベット語のみ）は、雅都郷に隣接する黒水県曲瓦村から移ってきたチベット族である。言語は、雅都郷のチャン語北部方言で、雅都郷のチャン族とは昔から通婚関係がある[35]。学校に行ったこ

35　松岡［1994: 145］参照。

とはないが、夫と一緒に各地を行商したので漢語も少し話せる。夫（41歳）は中卒で、共産党員である。漢方薬材や工芸品を行商している。主に四川省内をまわる。今は楽山県にいる。娘（9歳）は鳳儀鎮小学校3年生で、一緒に行商に連れてまわっていたので漢語がうまい。戸籍は全員黒水県にある。親戚が小学校の教師をしているのでその紹介で茂県県城の学校に通うことができた。旧村では20数畝の畑を退耕還林し、楊隗樹を植えている。5畝にジャガイモやチンクー麦、小麦を栽培していたが、農作業に戻れないので2012年にやめ、将来は青脆李を植える計画である。

　黒水県曲瓦村では、被災後200戸余りの半分が自主的に移住した。楊ZM自身は移住したくなかったが、子供が小学校に上がる年齢になったので子供のために都市部に移住することにし、各地を検討した結果、南庄村に決めた。知り合いはいないが、周りはみな雅都郷や維城郷出身者ばかりで言葉も同じであり、互いに助け合うことができるので助かっている。2012年に9万元で3分（約2a）の土地を購入し、13年に3階建て家屋を建て始めた。まだ内装は終わっていない。経費は全部で30万元かかり、10数万元を親戚から借りた。これから収入がはいったら少しずつ内装を行う。外観は現代風だが、内装はチベット風にする予定だ。設計は都江堰市の漢族の建設組がこちらの要求を聞いて行い、3階建ての外枠建設に4か月かかった。この建設組は当地ではほかに数軒の建設を同時に請け負っている。建設中の家屋は3階建てで3人家族には広すぎるが、曲瓦村の家と同様の大きさにした。家が完成したら親戚たちも泊りに来るからだ。1か月の生活費は約1000元で、食費などの生活費と冠婚葬祭の交際費が主である。両親が生きていた頃は、春節には必ず帰村して親と一緒に過ごしたが、亡くなってからは春節にも戻っていない、春節は商売の稼ぎ時だからだ。ただし夫は共産党員なので会議のために年に数回は村に戻る。曲瓦村は以前よりずいぶん便利になった。舗装された道路が家まで通じている。子供が成長して自分たちも年を取ったら故郷の村に戻りたいという。

　2人の話によれば、茂県県城は昔からチャン族が多く住むところであり、移民居住区では同じ言葉を話す雅都郷や維城郷出身者が集中して住んでいるために、移住後の不便やストレスはかなり軽減されている。またチャン族は

伝統的に互助の習慣が強く、同じチャン語方言を話す、複数の異なる村の出身者が他地では同郷者となって一つの新たなコミュニティを形成していることがわかる。しかしそれは民間レベルであり、公式の組織ではない。戸籍上はそれぞれが出身村の管理と指示を受けており、現地組織とは全く関わりをもっていない。近い将来、移民がますます増えた時には、このままの行政組織では追いつかないことが予想される。

小　結

　近年、西部民族地区の高山部では、出稼ぎの恒常化とそれに伴う非農民化、都市部への移住が顕著である。そこには中国西部民族地区が抱える多様な貧困問題が凝縮されている。

　2008年汶川地震後のチャン族地区における大移動は、その典型的な事例である。チャン族地区における高山部から都市部への農民の移動は、出稼ぎが増大した1990年代にすでに始まっていた。そして2008年の被災後、政府の移住奨励策を背景に都市部への移動は移住にかわり、地元政府のコントロールを超えた数量と速度で進行した。移住は、再建を断念した村だけではなく、対口支援によって再建された村でも進み、この5年間で数千人規模となり、多くの高山部の村が無人化し、解体状態である。

　農業活動の発展がこれ以上のぞめない高山部の村では、すでに労働人口の出稼ぎが恒常化している。雅都郷では、若者は行商や都市でのサービス業、中年は道路整備や家屋の建設現場での肉体労働に従事し、都市の低所得者層の一部を形成している。また義務教育中の次世代は、学校の統廃合が次々と進められるなか、小学生は自宅から郷の中心小学校に通うが、中学は県城にしかないため中学校以降の学業は寄宿して学ぶ。漢語教育の徹底をめざした義務教育の普及は、次世代における教育水準の向上と学歴の向上、都市部での就業という変化をもたらした。将来的に、次世代が親世代のように民族地区の高山部で農業に従事する可能性はかなり低い。そのため親世代は、土地への強い執着をもちながら、将来をみすえて高山部から都市部への移住を決意した。

　このような貧困地域における出稼ぎの恒常化と非農民化の背景には、政府

による農業の現代化や「小都市大戦略」（新都市化）[36]政策がある。農業の現代化とは、土地流転による農業活動の大規模化や農村の余剰労働力を小都市（鎮）に移して、農業以外の仕事に従事させるものである。西部大開発における退耕還林政策は、その過渡期における貧困対策として非農民化した住民に経済的補償を与え、一定の効果をあげている。また移住後放置された畑や退耕還林地の管理を目的として、大寨村や雅都村では合作社が設立され、土地流転が進行している。

　一方、新都市化政策は、農村部を対象として農民を県城などに移住させ、その大規模な発展を通じて農村部の新しい都市化を推進するもので、農村戸籍と都市戸籍の統一化、居民戸籍の創出などをめざしている。鳳儀鎮は、被災後の復興において小都市大戦略政策のもとで「古羌城」建設をめざした都市化が進められ、周縁農村部の農地は次々に商業区や工業区に転用されて減少し、すでに周縁農民の多くが農業従事者ではない。

　さらに被災後は、自発的な移民として大量の農村労働力が農村から移入し、先住の農民から転用畑地や旧家屋を購入して県城周縁の農村に集住している。南庄村の移民居住区の場合は、先住農民と移民との話し合いによって家屋が自由に売買されており、地元政府の制限等を受けていない。ただし家屋の土地使用権をもっていないため政府の強制立ち退き命令に対しては無力である。総じていえば、移民居住区は県城の建設計画外に出現したものであり、家屋は密集し無秩序な建設が進んでいる。今回聞き取りを行った家族の場合は、都江堰の漢族の請負業者が4〜5軒を一挙に請け負って施主の希望をいれながら建設しているが、建物は現代的な家屋で、チャン族風ではない。

　移民の戸籍問題もなお流動的である。チャン族移民は、移住開始初期には、子供の教育や老人の医療のために家族みなが鳳儀鎮の都市戸籍に変更し、購入した家屋の土地使用権を確保した。しかし出身農村の戸籍をなくすことは先祖代々の農地を失うことであり、旧村で得ていた退耕還林の補償金数千元がゼロになり、漢方薬材採取のための入山も難しくなることがわかっ

36　小都市大戦略は、農村部において郷鎮企業の構造を調整して小都市の建設を推進するという構想をもち、1998年に正式に提起されて全国規模で進められた新たな都市化である（『人民中国』2013年8月号、30頁）。

た。そこで多くの移住者が非農業部門の出稼ぎ収入がまだ不安定なことも加わって、経済的には農村戸籍のままの方が有利であるという計算をした。結局、家族の一部のみ、例えば、教育を受けている子供と医療が必要な老人だけを都市戸籍に変更する例も少なくない。

　さらにその後も、数百人単位で移入民が増え続けたために受け入れ側での処理が難しくなり、鳳儀鎮では戸籍の変更手続きを中止した。現在では、多くの者が戸籍を旧村に残したまま都市部周辺に家屋を購入して居住する一方で、様々な行政上のサービスは旧村民委員会のもとで管理されている。移住民たちも、スマホでよく連絡をとりあっており、葬儀や婚儀には必ず一家の誰かが帰村する。バイクやマイカーを所有する者が増え、県城と旧村との往来も一日で可能になった。羌年や水神節を現在も旧村で行う地域では、村民が戻って活動に参加する。準備を手伝い、ともに飲食して鍋庄舞を踊ることで村民間の紐帯を確認しあう。被災や移民を経ることで村民としての意識が強められたかのようである。

　しかし都市部への移住の実態は、すでに新村形成の規模にも匹敵するまでになっている。今後は、都市周辺部で肥大化した移民群に関して社会補償や土地管理など行政上の様々な問題が顕在化することが予想される。現地組織と交渉できる新しい公的な組織が必要な段階に至っていると考えられる。

第3章

汶川地震後のチャン文化

第1節　中国式復興モデル

1．対口支援方式

　2008年5月12日、中国西部で、四川省阿壩蔵族羌族自治州汶川県映秀鎮を震源としたマグニチュード7.9の大地震が発生した（以下、汶川地震と記す）。被災面積約50万km²、被災地は四川を中心に甘粛、陝西、重慶など10の省市におよび、死者・行方不明者8万7150人、倒壊家屋780万戸、半壊家屋2億4500万戸、被害総額8450億元（約13兆円）に達し、中華人民共和国成立以来、最大級の被害となった。チャン族は総人口の10％にあたる約3万人を失った。

　被害の9割が集中した四川省では、建物の倒壊によって6万人を超える人々が亡くなった。綿陽市北川羌族自治県（以下、北川県）県城では、建物のほとんどが倒壊して常住人口3万人の半数以上が犠牲となり、総人口1万2000人の映秀鎮では、生存者はわずか3000人にすぎなかった。特に悲惨だったのは、安全なはずの学校で約7000棟の校舎が倒壊し、一万数千人の児童生徒が犠牲になったことである。すぐに校舎建設における「豆腐渣工程」（おから工事）が指摘され、地方政府と業者の癒着、腐敗が背景にあるとの批判が報道された。しかし中央政府は徹底した実態解明をなさないまま遺族の悲憤を封印した。

　中央政府は、温家宝首相の陣頭指揮のもと数十万の人民解放軍を被災者救助にあて、仮設住宅を建て、被災者には3か月間、毎日一人あたり米500gと生活費10元を支給した。同時に、6月8日「汶川地震災後恢復重建条例」

を発令して、「3年でほぼ復旧し、5年で発展振興、10年で全面的に「小康」（ややゆとりのある生活）へ」のスローガンをたてた。この指示を受けて、地方政府は2年余というさらに短縮した期間での任務遂行を宣言した。「日本10年、台湾6年、中国3年」、これは復旧にかかった時間である。日本は1995年阪神・淡路大震災から復旧するまでに10年、台湾は1999年9・21地震から6年かかったのに対して、中国は汶川地震からわずか3年で世界最速の復興を成し遂げたと誇る。復旧復興における規模の巨大さ、驚異的な速さ、一新された水準の高さは「汶川の奇跡」とよばれ、社会主義国家の優越性を示す「中国式復興モデル」と喧伝された。

　被災地の復旧復興は、苛酷な条件のなか突貫工事で進められた。それを可能にしたのが「対口支援」方式である。対口とはペアを組むという意味で、一つの省が一つの地域を担当して支援にあたる。すでに1970〜80年代から上海など東部の経済的に発達した地域がチベット自治区や新疆ウイグル自治区などの民族地区や三峡ダム地域、その他の貧困地域などにこの方式で援助をおこなってきた。汶川地震のような大規模災害で実施されたのは初めてである。国務院は6月18日、「汶川地震災後恢復重建対口支援方案」を発し、全国19の省市に対して重度被災地への3年間の対口支援を求めた。今回は、山東省が北川県、上海市が都江堰市、広東省が汶川県、北京市が什邡市というように、被害を受けなかった地域の省が行政上1級下にあたる被災地の県とペアを組んだ。支援側は、財源としてそれぞれの前年財政収入の1％を下回らない資金を提供し、さらに人員や資材、設備なども出して、学校や病院、文化社会福祉施設、家屋などの建設、道路や橋、排水設備などのインフラ整備をすすめ、就業や産業振興支援もおこなう。支援項目は、被災地の地方政府の要望に従って支援側との協議で決められ、地域によって異なる多様な項目が企画された。

　対口支援方式には、主に二つのメリットがある。第一は、担当責任の明確化による復旧の迅速化である。実施にあたって、支援側はまず自省内の各市に行政上1級下の被災地の郷鎮を割り当てた。例えば汶川県を支援した広東省は、広州市と汶川県県城、珠江市と綿虒鎮、東莞市と映秀鎮などのペアを作り、それぞれ担当した市の資金と人材、資材、技術などをもちいて支援項

第3章　汶川地震後のチャン文化

目を完成させ、完成後のモニュメントには担当市の名を記して、政績を明らかにした。支援側の熱意や能力が支援項目の「成果」に直接反映され、評価されるという仕組みである。そのため被災地の郷鎮単位では支援省内の市が互いに競いあい、県単位では各省が競うことになり、工事の迅速化とより見栄えのするモノの建設が進んだ。またチャン族やチベット族など少数民族の居住する山間の貧困地区においては、老朽化した学校や病院などが一新され、道路や水道排水施設なども新設されてインフラが一挙に充実するという効果がもたらされた。

　第二は、財源の明確化である。従来の被災地支援では、財源は主に中央財政からの資金を振り分ける形であったが、今回は支援省市が自らの財政収入を直接使うことになった。財源が自らの資金であったことで迅速かつ柔軟な動きをとることが可能となり、工事で常態化していた腐敗も比較的少なかったという。また自省内の企業に工事を受注させる国内版ODA方式が実施され、利益を支援側の地元に還元することもできた。さらに中央政府は、対口支援での拠出額に応じて支援省市に対して税収面での優遇を与えたともいう。

　しかし今回の対口支援方式には、検討すべき課題もある。チャン族の居住地である汶川県を例に説明しよう。チャン族は総人口の1割にあたる約3万人が犠牲となり、チャン文化消滅の危機とも報道された。そこで中央政府は、被災後すぐに「チャン族特有の文化の保護」を指示し（2008年5月22日）、チャン文化の再建と保護を復興計画の大きな柱の一つとした[1]。汶川県を支援した広東省は、半年前倒しの2年半での任務完了を宣言した。支援項目は702におよび、支援総額は112億元に達した。このうち県城を担当した広州市は、県城を広州の衛星都市と位置づけ、近代的な少数民族の都市づくりをめざした。県城入口には住民用の近代的な高層アパート群を建て、中心部には総床面積9071m²の巨大な汶川博物館や最新の設備と200床を有する汶川県人民医院、4500人収容の汶川体育館、最先端の教育機器を備えた汶川第一小学校などを建設した。またチャン文化の特色をだすために、博物館

1　「汶川地震災害復興重建条例」2008年6月10日、温家宝「保護羌族文化遺産応納重建規劃」2008年6月25日。

や学校にはチャン族独特の石碉様式を導入し、チャン族風と古蜀風を合わせた家屋がならぶ西羌文化街や、住民が自由に集まって踊ることのできる鍋庄広場、チャン族の石臼などを並べた公園を造り、ビルの壁にはチャン族の刺繍模様を描いた。新しい県城には巨大都市なみの大規模で最新式のハコモノが立ち並び、被災前とは比べようもないほど立派な近代都市に変身した。しかし総人口十数万の地方小都市にこれらのハコモノが本当に適切であったかどうかは疑問である。現地の病院ではベッドよりも医師不足が深刻であり、学校では施設よりも教師の不足や質のほうが問題だったからである。人材育成こそが今後の発展の大きな鍵であることは支援側もよく承知しており、これまでも人材養成のために何度か交流会が開かれ、長期支援の意思も示されている。

　しかし実際の建設では、支援側は「より速く、より優れたモノを」のために、財源以外に資材や人材、管理運営マニュアル等をもちこみ、労働者まで自省から呼び寄せた。着手する段階での支援側の見込みでは、技術は支援側、建設は被災地（地元）側としていたが、被災地では政府や企業などほとんどの分野で人材や資材が不足し、管理運営水準も低かった。現場の労働者についても入手不足で賃金の高騰が激しく、地元住民は建設現場での苛酷な労働条件を嫌って短期で辞めるなどの状況がでたため、現場の労働者を含めてほぼすべてを支援側で担うという方針に変更されたという。そうでもしなければ中央政府の３年という期限には間に合わなかったからである。その結果、支援項目はほとんどが支援側によって完成され、地元は「結果」のみを受け取ることになった。建設過程で可能であったかもしれない地元住民の技術や管理制度など諸分野での育成が後回しになった。また完成されたモノも、結局、支援側の視線と水準に合わせたものになった。立派すぎるハコモノや西羌文化街のような外部の視線によるチャン文化の展示、空店舗が目立つ大きすぎる商店街などがそれである。

2．トップダウン方式

　今後の復興について、被災地の省・県の地方政府は、チャン族やチベット族の民族文化や古蜀の地域文化、地震遺跡（震災遺構）、自然生態を資源と

する観光開発を経済発展の柱に位置づけた。汶川県の場合は、被災後にチャン族文化生態保護実験区に指定され、すでに県級や国家級の歴史文化名村などに認定されている雁門郷蘿蔔寨村や威州鎮布瓦村、綿虒鎮羌鋒村、龍渓郷阿爾村などで「羌禹生態文化体験景区」を建設するとした。羌禹の禹とは、中国最古の王朝夏の開祖で中華民族（漢族）の聖王、治水の英雄神として知られる大禹である。大禹の故郷が西羌であると『史記』等に記されていることから、研究者は西羌に居住するチャン族は大禹の子孫であるとし、大禹にまつわる歴史や伝承を羌文化にとりこんだ「禹羌文化」を提唱し、政府も多民族国家中国における漢族と少数民族との融合を象徴するものとして奨励する。そこで広州市は、県城入口に高さ16m、重さ30ｔの巨大な大禹の銅像を造り、顔をチャン族の風貌にして民族融合を演出し、中華民族の不撓不屈の精神を被災地復興のシンボルとした。しかし問題は、チャン族の多くが大禹についてほとんど知らず、自分たちにかかわるものとは意識していないという点にある。

　政府が主導したチャン文化の再建には、しばしば住民の意識とのズレがみられる。龍渓郷の「羌人谷」もその一例である。龍渓郷高山部の村々は、複数のシピが現存し、伝来のチャン文化がよく残された地域として知られている。しかしそこは海抜二千数百ｍの交通不便な山間にあって、観光開発には不向きであった。そのため県政府と対口支援の湛江市は観光客向けに郷の入口に「羌人谷」を建設した。そこには石碉やチャン族文化展示館、公園などが配置され、公園には石や樹木で表した白石神や樹神、寨神が並び、大禹や共工氏、神農氏を加えた「五神廟」が置かれた。しかし五神廟の神々はチャン族にとってこれまで全くなじみのないものであり、羌人谷は、当事者である高山部の村幹部や住民がほとんど関与することなく創出されたチャン文化であった。

　しかも、保護されるべきチャン文化を残す高山部の阿爾村などには一律の補助金以外はほとんど支援の手が伸びなかった。家屋再建のための借金、失った農地や家畜、収入の激減など問題は残されたままである。農村の場合、倒壊した家屋の再建に必要な約20万元は、家族数に応じて政府から援助される数万元以外、すべて自分で工面しなければならなかった。農地を

失ったために経済的困難に直面し、子供を中途退学させた家庭もある。清華大学公共管理学院の報告によれば（2009年）、中国史上最多となった義捐金761億1200万元（当時の日本円で約1兆6100億円）は約8割が各地方政府の懐にはいったと噂され、残りは使途不明で、住民に配られたという話も聞かない。

また対口支援で改修された郷完全小学校（1～6年生）[2]は、収容人数500人で規模が大きすぎたため、郷内の村小学校（1～3年生）が強制的に併合され、小学生は1年から郷小学校の寄宿舎にはいることになった。阿爾村の親たちは、郷小学校のある村はすでに漢語生活圏となっており、子供たちがそこで寄宿舎暮らしをすればチャン語を話せなくなってしまいチャン語が消滅すると危惧した。村小学校の廃校と郷小学校への統合、郷小学校での一斉授業と寄宿舎制導入は、被災地の学校で広く進められている。それは教育の効率化と水準の向上をもたらす反面、民族地区では普通話（共通漢語）教育の低学年化が徹底されることで、民族言語の存続が危ぶまれている。

結局、外部から与えられた「民族文化」や「より良いモノ」には、その文化を担うべき主体者自身の意志があまり考慮されておらず、住民の関心も概して低い。今後、それらがどのように活用されるのか、課題であろう。

第2節　汶川県におけるチャン文化の復興と禹羌文化

汶川地震が発生して3年。この3年という数字は、被災地にとって重要な意味をもつ。被災直後に、中国政府は再建のための特別支援を3年間に限定し、一つの省が一つの被災県を担当して援助する対口支援を19の省市に要請した。そして各省市は2年半をめどに復興事業の完成をめざし、2年半を待たずに多くの地域で復興項目の完成と支援の終了が宣言された。

被災地の復興再建は、中国政府が国の威信をかけ、その強い主導のもと他に類を見ないほどの速さで進められた。特に道路や電気水道、学校や病院な

2　中国の行政区分は、中央政府のもとに4つの直轄市、23の省と2つの特別行政区があり、その下に市（地級）、県、郷鎮、村と続く。郷小学校は1年生から6年生までの完全小学校だが、村小学校は一般に1年生から3年生までしかなく、4年生から寄宿舎にはいって郷小学校に通う。

どのインフラの復旧は、対口支援を担当した各省が規定を上回る資金と優秀な人材、最高水準の技術を投入してその速さや立派さを競った[3]。また中央政府および地方政府は、経済的に立ち遅れた地域を多く含むチャン族地区に対して観光開発を地域経済復興策の一つにすることを推奨した。観光開発は、西部大開発以来、産業資源に恵まれない民族地区の貧困脱出法としてすでに各地で推進されており、四川省阿壩蔵族羌族自治州ではチベット族とチャン族の民族観光が観光資源の一つとされた。

　阿壩蔵族羌族自治州の汶川県は、綿陽市の北川羌族自治県とならんでこの地震で最も大きな被害を受けた県である。被災後、チャン族文化生態保護実験区に指定されると、チャン文化の保護と観光開発による経済発展を復興の柱にすえ、観光資源としてチャン族民族文化や地震遺跡、大禹の故郷、パンダ園をとりあげた[4]。このうちチャン族民族観光については、西部大開発で提唱されてすでに10数年を経ており、民族観光とエコツーリズムを結びつけた雁門郷蘿蔔寨村や威州鎮布瓦村などが持続可能な観光地として発展している。地震遺跡については、市街地全体が壊滅的被害を受けて再建が断念された北川県旧県城や汶川県映秀鎮などが被害時の形状を残したまま整備され、九寨溝観光と結ぶ地震観光が企画されている。

　大禹文化については、汶川県県城の対口支援を担当した広州市が夏王朝の開祖大禹の巨大な銅像を県城入口に建て、珠海市は綿虒鎮に大禹祭壇園区を造った。大禹像は、復興のシンボルというだけでなく、チャン族は大禹の後裔であり、中華民族の一であるとする「禹羌文化」を象徴するものである[5]。その理論的裏付けとなったのが費孝通の中華民族多元一体構造論である。

　本節では、被災後のチャン文化の変容を理解するために、汶川県で提唱されたチャン族民族文化と禹羌文化をとりあげ、それらが被災後の復興政策の

3　支援省市は規定を大きく超えた支援金や人力、資材等を投入した。山東省120億元→北川県、江蘇省101.3億元→綿竹市、上海市82.6億元→都江堰市、広東省82億元→汶川県、浙江省76.8億元→青川県、北京市72.5億元→什邡市など（「四川災後重建三年全国十八個対口省市援建概況」『晩霞』2011年10期）。

4　国家旅遊局・四川省人民政府『四川汶川地震災後旅遊業恢復重建規劃』2008年7月。

5　禹羌文化は費孝通の中華民族多元一体構造論を理論的裏付けとする。徐明波・晋超［2010］、鄭柳青・邱雲志［2011］など。

中でどのように創出されているのか、国家や対口支援の省市、被災地政府、被災民はどのように関わっているのか、今後のチャン文化にどのような影響を及ぼすのかを考察する。

汶川県は総人口が11万118人で（2004年）、県南部に漢族、県北部にチャン族、県西部にチベット族が集住し、それぞれ総人口の56％、28％、14％を占める。本県はすでに漢代に中国王朝の版図内にあり、元来はチャン族を主とした少数民族地区であった。しかし吐蕃に対する前線基地が置かれ、漢方薬材や材木の産地として知られるとともに漢族が増加し、清末民初には大量の漢族が移住してきて、1949年には漢族が総人口の70％を占めた。そのため本県のチャン族には、祖先を漢族とするものも少なくなく、また県城や幹線道路の沿線地域では長期にわたって漢族と共住してきたため、汶川チャン族は一般に「漢化」が深いとされる。

本節では、漢族との接触が最も多い汶川県県城と、チャン族伝来の文化をなお色濃く保持する高山部の龍渓郷阿爾村をとりあげて、異なる環境にあるチャン文化の復興の状況と問題について分析する。なお対象地域に関する資料は、特に記さない場合は筆者の2008年9月と2010年9月の現地での調査による。

1．禹羌文化と復興政策
1）汶川県の2つの大禹像

2010年、被災後の汶川県に2つの大禹像が出現した［王恩漢2010；夢佳2010］。ともに高さ約16m、重さ約30tの巨大な銅像である。一つは、国道231号から汶川県県城（威州鎮）に入る入口にそびえ、2010年3月に完成した。県城の像は笠と蓑を着けて鋤を手にした農民の姿で人民の英雄を模し、チャン族の外貌をもつ（写真3-1）。いま一つは、県城西南の綿虒鎮羌鋒村にある石紐山山麓の剗爾坪に建つ。手に鋤、腰に漁網をさげた平民の姿であるが、外貌は古代の聖王画をモデルにした帝王の威風をもつとする。わずか数キロしか離れていない2か所にほぼ同様の大禹像が出現したのには、汶川県の対口支援にあたった広東省が、県城を広州市に、綿虒鎮を珠海市に担当させ、両市がともに大禹を復興のシンボルとして銅像の建造を競ったことに

第3章　汶川地震後のチャン文化

ある。

では、なぜ大禹が復興のシンボルになるのか。大禹は伝説の最古の王朝夏の開祖であり、治水事業[6]で知られる不撓不屈の精神をもつ中華民族の国民的英雄である。一方、汶川は「禹興於西羌」(『史記』六国年表序)の大禹が誕生したという西羌の地であるから大禹の故郷である。ゆえ

写真3-1　汶川県県城の大禹像(2010年12月)

に中華民族の英雄である大禹は、汶川の英雄でもあり、汶川の復興の力を示すという論である。特に、県城の大禹像がチャン族の面貌であることは、チャン族が大禹の後裔であり、中華民族の一員であることを可視化するだけではなく、それを政府が公認したことを意味する。

広州市は、汶川県県城を近代的な都市に作りかえようとして高層アパート群や汶川博物館、汶川県人民医院や汶川第一小学校など、総人口10数万の地方小都市に巨大都市なみのハコモノを建設し、西羌文化街などを新設して街並みをチャン族風にした。しかしそこに出現したチャン文化は、チャン族自身が語るそれではなく、他者がチャン文化の幾つかの要素を抽出して組み合わせたモノである。

これに対して珠海市は、大禹文化の再建による観光開発をめざした。石紐村刳爾坪は、県城から南20kmの綿虒鎮羌鋒村の石紐山麓にあり、大禹生誕の地として知られる(揚雄『蜀本紀』、常璩『華陽国志』)。『汶川県志』によれば、当地にはかつて禹王廟や社稷壇があったが、今は飛沙関(石紐村刳爾坪)の絶壁に刻まれた石紐山の文字と清代道光11年(1831)建立の禹王宮の舞台が残るのみである[7]。羌鋒村は費孝通によって「西羌第一村」と命名され

---

[6]　治水にあたった30年間、家の前を三度通ったが一度も家には寄らなかった(『史記』夏本紀)。
[7]　四川省阿壩蔵族羌族自治州汶川県地方志編纂委員会編[1992: 725, 727]。荘春輝[2006]に、大禹遺跡はすでにほとんどなく、県政府主導で観光資源が創出されているとある。

た地である[8]。そこで珠海市は、綿虒鎮を「大禹故里、西羌門戸」として発展項目の中心にすえ、大禹故郷風景区の建設を企画した。刳爾坪に大禹像のほか、禹王宮や禹王廟、大禹祭壇など漢族様式の大禹遺跡を再建し、大禹生誕の日とされる農暦6月6日に「大禹誕辰祭祀典礼」を実施した。しかし、大禹故郷風景区は観光地としては不発となった。成都―汶川県県城の高速道路が綿虒鎮の上方に建設されたために九寨溝への観光ルートから完全にはずれてしまったからである。

大禹像の面貌についていえば、聖王を模した刳爾坪の方が一般的である。大禹伝承は、四川省以外に、大禹が葬られた会稽山のある浙江省や塗山のある安徽省、禹城市のある山東省などに伝えられているが、各地の地方政府も禹廟の修復や農暦6月6日の大禹誕辰祭礼を公祭にして復活させるなど夏禹文化の観光化に努めている[9]。しかし大禹文化に関する活動は、四川のチャン族地区以外ではすべて漢族地区で漢族様式によって行われており、大禹は漢族の英雄である。この点において、汶川県県城の大禹像をチャン族の面貌としたことには、多民族融合の表象であるとする発信者側のメッセージがこめられているといえる。

２）四川における禹羌文化

近年、四川における大禹研究は、研究者と地方政府が一体となって、禹と少数民族チャン族を結びつけた禹羌文化を推進する傾向が顕著であり、四川以外の地域の大禹伝承が漢族のそれであるのとは異なっている。では、夏朝漢族の祖である禹と少数民族の羌はどのように結びつくのか。中国最古の王朝夏は、長い間、考古学的に実証できなかったため、文献上の伝説の王朝とされてきた。しかし1959年に徐旭生が「夏墟」探索中に発見した二里頭遺跡（河南省偃師市二里頭村）が、複数の研究者によって夏の王都遺跡とさ

---

8 費孝通によって1996年に命名されたことで、現在のチャン族がかつて中国西北部で殷朝に対抗した西羌（古羌）の末裔であると公認された形になり、西羌文化の語はチャン文化の歴史的側面を強調する場合、しばしば用いられるようになった。

9 近年、各地方政府は、夏文化研究を進める研究者とともに大禹文化による観光開発をめざしている。なかでも紹興市では、会稽山麓にある大禹陵が全国重点文物保護単位になり、紹興の姒氏による私祭も市主催の公祭大禹陵活動とされた［陳志勤2010；孫遠太2010: 182–183］。

れ¹⁰、続いて1977年には王城崗遺跡（河南省登封市告成鎮）も夏禹期の「陽城」故址ではないかといわれ、一挙に実在の王朝として注目された。史学界でも、1980年代に復活をはたした中国先秦史学会が『夏史論叢』（1985年）を編集し、大禹および夏文化研究学術研討会が四川や浙江、河南、山西、安徽、山東などの各地で開催された¹¹。

なかでも「禹興於西羌」の記録に基づいて禹の故郷を主張する四川では、活発な議論が展開された¹²。しかし禹の生誕地と伝えられる西羌や石紐の特定は容易ではなかった。西羌の語が唐代以前は現在の地域や集団よりかなり広い範囲を意味しており、また『水経注』沫水で石紐とされた広柔県も現在の都江堰、汶川、理、北川、什邡の各県を広く含む地域とされているからである。実際、石紐の地名は西北部の岷江上流域や涪江上流の湔江一帯に複数分布し、禹廟、禹欠などの大禹関連の地名も汶川県飛沙関や理県通化郷、北川県禹里郷、什邡県九聯坪、都江堰市龍池など、かつての広柔県圏内に広く見られる。

そのため生誕の地の石紐についても、石紐村刳爾坪のある汶川県と、石紐は石泉（北川県の旧名）であるとする北川県がそれぞれ正当性を主張する¹³。それは、地方政府が大禹出生地の有無を地方の経済文化建設と観光開発の鍵としているからである。北川県では、禹里郷に石紐や甘泉、禹王廟、神禹故里坊など多数の大禹関連の遺跡があるだけでなく、石紐山は、漢代より「夷入営其地」とする地で古くより夷人にも崇められており、ここに逃れて3年間捕まらなかったら免罪となったと伝えられており（『華陽国志』蜀志）、唐

---

10 二里頭遺跡は、夏の地理的分布や年代と重なり、その後も重要な文物の発見が続いている。最古の青銅容器、回廊に囲まれた宮殿址、作坊遺址、陶窯、墓葬などが中国科学院考古研究所によって発掘されている［鶴間2000: 230］。

11 中国禹州網「大禹文化研究綜述」http://www.yuzhou.net.cn/a/xiayi.html 参照（2016年12月最終アクセス）。

12 1995年に第1回四川省紀念大禹学術研討会（都江堰）、97年4月に第2回が開かれ、四川省歴史学会夏禹文化研究専業委員会（97年農暦6月6日設立）は98年農暦6月6日に都江堰で大禹誕辰記念会と四川夏禹学術研討会を開催し、『夏禹文化研究』（2000年11月）を刊行。

13 大禹伝説については、2009年1月、四川省第2回非物質文化評審会に汶川県（汶川県文化館）と北川県（北川羌族自治県文化旅遊局）から提出された［李祥林2010］。汶川県と北川県における大禹に関する文献資料、民間伝説、遺跡の詳細な比較がある［周書燦2008］。

代から民国24年（1935）まで禹廟で農暦6月6日の祭祀が行われた（『帝王世紀』）［北川県志編纂委員会編1996: 698-699］。ただし、禹里郷は唐代から民国までの県城であり、最も漢族との往来が頻繁であった地で、唐代以来の禹廟での祭祀は漢文化の影響によるとも記されている［北川羌族自治県概況編写組2009: 179］。また地元出身の研究者である徐平も、汶川県でも綿虒鎮の剱爾坪や禹王宮にみられる大禹伝承は漢文化の強い影響であるとする［徐平1993: 242-243］。よって少なくとも地元では、大禹伝説や大禹遺跡は漢文化由来のものであり、チャン族との関連では語られていなかったようである[14]。

　しかし四川の研究者たちの主要な論点は、禹と羌の繋がりを明らかにすることにあった。まず四川大学の徐中舒は、現在のチャン族は殷代の甲骨文字に「羌」と記された古羌、すなわち文献上の「西羌」の末裔であると主張する［冉光栄・李紹明・周錫銀1985: 1-2；周書燦2008］。西羌や大禹関連の地域には少数民族チャン族が2000年あまり暮らしており、またチャン族には、先祖が敵対集団に追われて西に逃げ、一部が南下して岷江流域に定住したとする史詩「羌戈大戦」が伝えられているからである。さらに四川省民族研究所の李紹明らは、徐説をふまえ、近年の様々な発見をもとに禹と羌の歴史的な関係を検証したうえで、チャン族を夏禹の後裔であるとする禹羌文化を提唱し、四川省大禹研究学会、四川省歴史学会の夏禹文化研究会を設立した。以下では、考古学、歴史学、文化人類学の視点から論じられた李紹明「"禹興西羌"説新証」を中心に、禹羌文化がどのように展開されているのかを考える。

　考古学の分野については、岷江上流に分布する新石器文化遺跡が注目されている。2000年から実施された岷江上流調査によれば、この一帯の新石器文化遺跡は5000年以前に遡り、代表的な遺跡である茂県営盤山には黄河や長江上流の新石器文化、甘粛の馬家窯文化、成都の宝墩文化（古蜀文化）などの異なる文化の要素がみられる［江章華2004］[15]。また林向は、夏の二里頭

14　張澤洪［2003: 93-95］にも、岷江流域定住後、漢族との接触を経て大禹崇拝と神話のチャン化があったと記す。

15　新石器文化遺跡は理県龍袍寨、汶川県龍渓寨、黒水県色爾古寨など広い範囲に及ぶ。2000年、

文化は劉家文化の姜戎墓葬を継承したもので、姜と羌は同族であることから夏と古羌の関連を指摘し、三星堆（古蜀文化）で出土した青銅器および青銅樹の龍は大禹を神龍とする夏の青銅器文化につながるとして夏、古蜀、古羌の関連を指摘する［林向1991］。

　また夏王朝と四川の関係については、徐朝龍も類似の仮説をたて、良渚文化（BC 3500～BC 2200）は洪水で崩壊した後、一部が北上して黄河中流域で夏王朝を興したが、東夷后羿部族に倒されて一部が北西に逃れ、のちに四川盆地に移住して三星堆文化を築いたとする［徐朝龍1998: 74–77］。徐説では、北西部から四川盆地へのルートやチャン族にはふれていない。しかしこの移動ルートについては、費孝通が1978年以来、中華民族多元一体構造論の中で岷江を含む六江流域を「蔵彝走廊」と呼んで注目しており、チャン族はそれを代表する集団の一つで、岷江下流の成都盆地と長い交流の歴史をもつとする［李紹明2008a: 1–16］。これらによれば岷江流域では、少なくとも新石器文化や夏文化、古蜀文化、古羌文化をもつ集団が移動したことが知れる。

　しかし、これらからは夏と古蜀、古羌の移動地域や文化の重層構造は推測されるが、年代的な関係は不明である。そこで馬長寿はこの点について、石紐のチャン族は後発の民であり、彼らが討ち負かした先住民戈人が古蜀人で、大禹時代にチャン族は岷江流域には至っていないとした［馬長寿1984: 90–99］。これを受けて李学勤は、「禹生石紐」伝説について次の3つの仮説をたてる。その一は、羌人が岷江に至る前に蜀人が伝えた、その二は、西戎出身の古羌人が四川に移入したときに戎の地にいた禹の伝説をもってきた、その三は、夏禹は四川の石紐に生まれ、北上して中原に至ったが、伝説はそのまま残って、後発の蜀人と羌人によって伝えられたとする［李学勤1996(1993)］。さらに、先住集団「戈人」も同じ羌系集団で、従来の戈人＝古蜀人説をふまえて、羌人と戈人、蜀人は同じ系集羌団が時期を違えて移動したとする説もある［林向2004］。しかしこのような「汎羌論」に対して、石碩らは、戈人は「西南夷」の一で、『後漢書』南蛮西南夷列伝では夷、羌、氐

　成都市文物考古研究所は『四川省文物地図集』編集のために岷江上流と黒水河、雑谷脳河の調査を行い、茂県営盤山、松潘県東裕村、汶川県高坎、理県猛古村、黒水官納若など53か所の新石器時代遺跡を発見した［江章華2004］。

が明確に異なる集団であるとする［石碩主編2005: 128-130］。

　歴史学的視点からは、2004年3月に重慶市雲陽県旧県坪で発見された後漢の景雲の碑文が注目されている[16]。碑文によれば、碑の作成年は後漢の霊帝熹平2年 (173) で、景氏の先祖は顓頊・大禹の後裔であり、汶川の石紐から楚に遷ってきたと記すことから、大禹が石紐に生まれたという説は漢代にすでに広く知られており、大禹の後裔が一族を率いて西から東へ移動したことを示すものとする。

　文化人類学の分野では、茂県の土門や鳳儀で演じられる花灯戯の演目「竹馬花灯」に大禹治水の「三過不入」伝説があり、そこに大禹が「耶格西」というチャン語名で登場し、歌詞もチャン語の表現方式であること、また茂県や汶川県で演じられる花灯戯はチャン族のシピの慶壇戯から発展したものとみられることなどから、花灯戯の大禹故事は古くからチャン族の経典に伝わるもので、チャン族にも大禹への信仰が古くよりあったとする[17]。

　チャン族と大禹に関する伝承は、シピが古チャン語で語り継いだ経文『羌族釈比経典』上の史詩篇には4部の史詩が収められており、「羌戈大戦」「木姐珠與斗安珠」「遅基格布」に続いて大禹伝説の「頌神禹」がある[18]。大禹はチャン語名「Jytci」で登場し、「石紐投胎」「出世不凡」「塗山聯姻」「背嶺導江」「化猪拱山」「功徳水垂」の6節からなる。また民間から収集された大禹王伝説にも、「石紐出世」「塗山聯姻」「背嶺導江」「九頂鎮龍」「化猪拱出」などがあり、題名や内容、登場人物もシピの経典の語りとほぼ同じである[19]。

　シピの経典はチャン族の精神文化を集約したものとして評価されているが、漢族との一千年以上におよぶ頻繁な接触を考慮すれば、シピの伝承は

16　2004年3月、三峡ダム建設のための調査で吉林省文物考古研究所三峡考古隊が重慶市雲陽県旧県坪で後漢の巴郡朐忍令景雲碑を発見。巴蜀古代史に関する重要な新資料であるとされる［徐学書2012b］。
17　1979年から国家の主導によって全国的に展開された『中国民族民間文芸集成』（十部）の調査による。
18　四川省少数民族古籍整理辦公室主編［2008: 190-226］。詳細は本書第1章第3節参照。
19　張旭剛捜集整理［1988］、袁珂［1989: 315-320］、李明［1994］、中国民間文学集成四川巻編輯委員会ほか編［1998: 91-96］に所収。

すべて口頭であり、「竹馬花灯」に入れられた大禹伝承が逆にシピの経典に入る可能性も否定できない。なぜなら経文には玉皇大帝や漢族由来の神々の名もチャン語で語られており、「頌神禹」については内容やシピの儀式との関係が他の3つの史詩とはやや異なっているからである。「羌戈大戦」「木姐珠與斗安珠」はチャン族の最高神阿巴木比塔や始祖の男女と移住を語るもので、シピが願掛けや願解きの儀式を主催するときによまれる。「遅基格布」は、チャン族の英雄「遅基 Tshctci」が父母の仇討ちのために兵馬を率いて成都の敵を攻め勝利する話で、駆邪の儀式でよまれる［四川省編輯組1986: 168–181］。また登場するチャン語の地名は現在の地名に相当し、中国王朝の官吏との戦いの記憶が語られているとされる。それらに対して「頌神禹」は、チャン族伝来の儀式で語られたことをほとんど聞いたことがない。助けを得て水路を知り、山を崩して開くといった内容も四川に流布する漢族の大禹伝説によく似ている。また漢族の大禹伝説との違いは、名称などにとどまっている。例えば、聖王舜が天神木比塔に、大洪水を起こした顓頊と共工の争いが水神と火神に、禹が熊に形を変えて働き正体を知られて石になる部分が妻の塗山氏が猪に変身するなど、話の本筋に関わるものではない[20]。

また注目されるのは、語られる地域が主に汶川県と北川県で、そこには大禹遺跡があり、長期にわたって漢族と共住してきた地域である点である。一方、チャン族はかつて岷江下流の都江堰にも居住しており、漢代以来、岷江（長江上流）の治水工事では堤防の石積み人夫として働いたことが『漢書』に記されている。チャン族自身に洪水の記憶が語り継がれていて、漢族との接触を経て早くにシピが大禹治水伝承をとりいれた可能性も否定できない。洪水伝承に関しては、多くの民族がその記憶をもつとされ、堯舜禹の洪水伝承もかつての洪水の記憶が政治道徳と結びついて成立したともいわれる［出石1953: 267–280］。李祥林は、「頌神禹」も、漢族の大禹治水伝説を借りて禹を羌の祖先とすることでチャン族が自らの地位を確立しようとしたものではないかとする［李祥林2010］。

近年、禹羌文化は、チャン族研究の重要なキーワードになっている。その

20　袁珂［1989: 1–41］など。

背景には、多元一体化理論によって少数民族の国民化をめざす中央政府と、チャン族の「地位」向上を願う地方政府の意向がみえる。すなわち、1990年代半ばに始まった愛国主義教育キャンペーンは国民＝中華民族としてその意識の涵養をめざしたものの、そこに示された中華民族を政府が黄帝・炎帝の子孫とうたって中華民族＝漢族の方向を示したため、少数民族においては、黄帝・炎帝の敵とされた蚩尤を祖とするミャオ族がこれに反発し、他の少数民族においても国民意識の涵養にはほとんど至らなかった。その中で21世紀に入って中央政府の文化遺産保護政策下で民族文化の調査採集が展開され、被災後の復興が注目されているチャン文化が夏禹文化と接点をもつことが諸分野で論じられていることは、禹羌文化を提唱し、チャン族の中華民族化＝国民化を推進する政府にとって格好の趨勢といえよう。

２．汶川県龍渓郷阿爾村における民族文化の現状と復興
１）チャン文化における岷江モデル

岷江上流域に位置する汶川県は、茂県や理県とともにチャン族文化の中心とされる地域である。そこにはチャン文化を表象する高さ数十ｍの石碉や碉房（石積み家屋）、シピとその儀式、神々を表す白石、「羌繍」、「羊皮鼓舞」（ヤギ皮を片面にはった太鼓をもってシピが儀式で舞う踊り）や「鍋庄舞」（囲炉裏の周りで人々が踊る舞）、「羌笛」（チャン族伝来の横笛）などが残されており（以下、これらの要素をもつチャン文化を「岷江モデル」と記す）、西部大開発以来、チャン族の民族観光の資源となっている。

被災後の再建では、建築資材やデザインが無償で提供され、岷江モデルの普及が顕著である。特に白石と羊角の装飾は公共機関だけでなくホテルや商店、一般家屋やガソリンスタンド、ゴミ箱に至るまで奨励され、チャン族地区のほぼ全域にみられる。壊滅した汶川県映秀鎮も石積み風の低層の瀟洒な別荘街に一新され、住民の満足度も高いという。また幹線道路沿いに新たに作られた民俗観光村では民族衣装をまとったチャン族が歌舞を演じ、女性たちは羌繍の土産物作りに励んでいる。このうち交通至便という理由から民俗観光村に選ばれた北川羌族自治県擂鼓鎮の吉娜羌寨（旧猫児石村１、２組）は、外観は石碉と石造り風家屋のチャン族村に一新されたものの、住民の約

8割が漢族であるため生活習慣は漢族式で民俗村の風情がなく、被災後しばらくは観光客もまばらであった。しかし、旧県城が地震遺跡として一般公開された2010年から団体旅行の休憩・食事場所としてツアーに組み込まれたことで観光客も増え、現在では総戸数80戸のうち70％弱の50数戸が農家楽や土産物売りで生計を立てている。

 地方政府による岷江モデルの普及は、北川県のように、漢族との共住が長期に及んだために1950年代にはすでにチャン語やチャン文化がほぼ失われていた地域においては、チャン族意識の涵養やチャン文化の再興に効果があったとされる。特に北川県政府関係者はこの点を自賛する。しかし北川県は岷江流域よりかなり湿潤な地であり、伝来の石造りのチャン族家屋が高床式になったり、木材の使用頻度が高くなったりしたことは、その土地の風土にあわせた変化であった。そのような地域で、民族文化の復興を名目に岷江モデルの石積み風家屋をそのまま家屋の再建モデルとしたことは、画一的にすぎたとも思われる。村全体が岷江モデルの外観に一新された北川県吉娜羌寨では、対口支援で再建された新家屋は雨水が漏れやすく、湿気がきついと住民が不満をもらす。

 一方、中央政府は、2000年に入ってユネスコ理論を導入し、文化遺産保護の全国展開を始めた。チャン族地区でも岷江モデルを代表する阿壩羌寨群や「羌笛の演奏と製作技術」（茂県）、「瓦爾俄足節」が全国重点文物保護単位に認定された。汶川県でも4つの村落が県級から国級までの文化遺産にランク付けされた。県級では「羌繡之郷」の綿虒鎮羌鋒村と「羌族シピ原生地」の龍渓郷阿爾村、省級に「歴史文化民俗村」の雁門郷蘿蔔寨村、国級に「黄泥群碉」の威州鎮布瓦村が選ばれ、シピや羊皮鼓の踊り手らが非物質文化の伝承者に認定された。このように岷江モデルは、岷江流域各地の新たな要素を吸収しながら再生産されるとともに、国や地方によるランク付けによって着々と「正統化」されている。岷江モデルを基にした正統的なチャン文化が示され、それの普及という統一化が進行しているといえる。

２）龍渓郷阿爾村巴奪寨の歴史と羌文化

 龍渓郷は、汶川県県城から雑谷脳河（岷江系）に沿って北西へ約15km、龍渓溝に沿った海抜1500〜2800ｍの峡谷に位置し、9つの行政村が分布す

る[21]。郷政府は、入口の東門口から約5 km北の聯合村三座磨にあり、郷完全小学校もある。郷内は、郷人民政府を境に下流の傾斜の緩やかな土地に聯合、布蘭、大門の3村が、上流の山間部に龍渓、俄布、勝利、直台、埼坡、阿爾の6村が分布する。

　郷内の最上流にある阿爾村は、郷政府から約8 km北上した海抜2200〜2800mにあり、阿爾、巴奪、白家奪、立別の4寨がある。総戸数207戸、総人口774人で、平均年収は860元（2009年）。阿爾村では、1976年に郷政府までの道路が通じ、86年に龍渓郷水力発電所、91年には村民の投資で西羌二級水力発電所が建設され、日常生活に電力が普及した。さらに94年には政府の指導で白菜や朝鮮大根などの都市向け野菜栽培が始まって現金収入が増え、衣服や日用品、テレビや家具、トラクターなどを購入するようになった。かつては山腹の畑にトウモロコシやジャガイモ、ソバ、チンクー麦を栽培し、虫草や貝母などの漢方薬材採取によって現金収入を得るという自給型農業であったのが、94年以降は野菜栽培で収入を得る一方、食糧生産が減って米を買うようになり、生産と消費の両面で大きな変化がおきている。

　阿爾村は、龍渓溝上流の閉鎖的な山間部にあって防御にすぐれた地形であったため、外部からの移住が古くより続いた。阿爾村周辺からは、新石器時代の文物だけではなく西周の青銅罍や青銅剣も出土している（1989年）。また唐代以降、郷入口には王朝側の吐蕃に対する前線基地が置かれた。そのため龍渓郷のチャン文化には異なる要素の融合がみられる。阿爾村も伝来のシピ文化がよく保持される一方で、その民俗には漢文化の要素が少なくない。例えば、年中行事では、チャン族独自のものは農暦10月1日の「羌年」だけで、このほかの農暦1月春節、3月清明節、5月端午節（害虫駆除）、7月半では7月13日に画符を神棚の上段に貼り、紙銭を燃やしながら先祖

21　龍渓郷の9つの行政村（18の村民組）は、聯合村（東門口、三座磨、石座磨）、布蘭村（布蘭、瓦哥）、大門村（大門、馬房）、龍渓村（龍渓）、俄布村（俄布、地里）、勝利村（馬灯）、直台村（直台）、埼坡村（埼坡、夕格）、阿爾村（阿爾、巴奪、白家奪、立別）。行政上は、清代に理番、民国に理県、1963年から汶川県に属した［四川省阿壩蔵族羌族自治州汶川県地方志編纂委員会編1992: 75］。龍渓郷は西のチベット族との接点である理県に隣接しており、郷入口の東門口には、北宋のときに壩州（羈縻州）が置かれ、明代には「堡」（砦）が設けられて王朝側の対チベット前線基地であった。龍渓溝上流への交通は、かつては崖沿いの山道を歩いて3時間余りかかった［何斯強・蒋彬主編2004: 1–3］。

の名を呼んで祖先祭祀を行い、8月15日中秋節（月菩薩を祀る）は、みな漢文化のそれである。葬送儀礼においてもチャン族は古来より火葬を行い、代々各姓が固有の火墳（火葬場兼墓地）をもつ。火墳は巴奪寨に2、白家奪寨に1、阿爾寨に1ある。しかし清代に地方政府が土葬を奨励したために、現在では60歳以上は土葬、60歳未満は中華人民共和国の法律に従って火葬であり、共通の墓地もある。

　しかしなおチャン族の新年である羌年には、伝来の習慣が残されている。羌年は全寨で行う秋の祭山会である[22]。農暦10月1日に住民はシピに率いられて山神廟で白石神、玉皇、寨神（村々の神）を祀り、白石神と玉皇大帝を最高神として豊作感謝を行い、村規民約を確認する。またサイコロの勝者を会首に選出し、会首は山羊や鶏、蝋燭や爆竹などを買い揃え、住民も1斗の食糧を提供して全寨で経費や運営を負担した。しかし文化大革命期に祭山会は禁止され、寺廟が破壊されて家屋には白石も祀らず、シピの活動もできなかった。ただし各戸では家内の神棚や山上の白石を祀る場所で鶏や山羊を犠牲にして祀った。文革後も祭山会は復活せず、廟も壊されたままである。村ごとの羌年が復活したのは2009年からで、中国無形文化遺産保護センターが来村して「阿爾檔案」を書き、白家奪寨に1600元、巴奪寨に1600元の資金援助をしたことによる。シピは農暦10月1日に白家奪寨、2日立別寨、3日阿爾寨、4日巴奪寨の順でまわり儀式を行ったが、儀式は簡略化され、かつてほど盛大ではなかった。

　改革開放後、中央政府は徐々に文化政策の転換を始め、民族文化の保護をうちだした。阿壩蔵族羌族自治州政府も1988年に羌年をチャン族独自の祝日として農暦10月1、2日を州の法定祝日とし、茂県、汶川県、理県、北川県の順で各県人民政府主催の祝賀会が開催された。21世紀に入ると国家は民族文化や地方文化の保護を進めると同時に、「中華文化の復興」を全国

22　祭山会には集団祭と私祭の別がある。神山には雨乞いの山、天に還願をする山、冠婚葬祭に祀る山の別があって、封山や願解きを行う。「Chua ze Wo」はみなが一緒に儀式を行う意味、「Ze Wo」は家族あるいは一族で儀式を行うことで、新築や結婚など一年中いろいろな場面で行う。家屋の新築時には、神棚の神やNaxi（白石を祀った家屋屋上の塔）を祀る。神々には、地方神（3か所）、白石神、水神、樹神、火神（火圏＝シミの3本の足にそれぞれ神がいる）、草神、家屋の四方神、玉皇（民間道教の玉皇大帝）などがある。本書第4章参照。

的に展開した。2005年には茂県曲谷郷の農暦5月5日「瓦爾俄足節」を国家級非物質文化遺産に登録し、2008年には羌年も国家級とした[23]。また汶川地震後はチャン族に世界的な関心が集まったことから、政府は2009年に中国無形文化遺産保護センターを派遣して羌年の世界遺産への登録を申請し、2010年に認められた。

3）巴奪寨における汶川地震後の復興

巴奪寨は、平均海抜が2200mで郷内最北に位置し、村人民政府や阿爾完全小学校がある。総戸数54戸、総人口232人、婚入した2名の漢族女性以外はすべてチャン族である（2006年）。朱姓と楊姓が多数を占め、少数の馬姓と余姓が200〜300年ほど前に移ってきた。伝説によれば、唐代末、張姓の2兄弟が初めてこの地に来て石積み家屋と9基の石碉を建てて村を形成したが、民国期に戦争と疫病が原因で途絶えた。朱姓は、元末明初の「湖広填四川」[24]のときに両湖の紀石碑などの地域から遷ってきたという伝承をもち、厳格な輩字（一族の同世代の者の名前に共通する字）をもつ。大房（16戸）とその後に来た小房（数戸）がある。楊姓（大房10数戸と小房5戸）も後発で、輩字もある。張姓が途絶えた後、朱姓と楊姓は互いに通婚しあい、村内で政治的経済的な権力をもった。かつては為政者側から村の管理や税の徴収を委託され、1951年の民主改革後も、村の運営に力をもつ［何斯強・蒋彬主編2004: 102-104］。これらの伝承によれば、張姓は岷江モデル型文化をもつチャン族であるが、朱姓と楊姓は祖先の出身や輩行の存在、石碉を築かなかったことなどから元来は漢族であった可能性が高い。

被災直後の2008年8月の調査によれば、巴奪寨では人的損失はなかったが、家屋は58戸中35戸が倒壊し、その他の家屋も亀裂が入り、耕地の約30％が失われた。国家からは一戸あたり家屋再建費1万7000元の支給が決まったものの実際は支給がなく、対口支援の広東省湛江市の具体的項目も未定であった。龍渓郷では住民の約80％が移住を望んだが、政府の許可が

---

23 政府の文化政策の転換については、櫻井ほか［2011］、チャン族の文化遺産および羌年については李・松岡主編［2010: 240-259］、松岡［2008a: 155-162］参照。
24 元末明初の張献忠の乱、明末清初の呉三桂の乱によって人口が激減した四川に出現した、数百万に及ぶ大移住で、湖南、湖北、広東（主に客家）からの移民が多数を占めた。

得られなかった。ところが2009年6月に県と郷の幹部は、専門家による山崩れの危険通告を受けて突然、郷全体に1日以内に玉龍へ移るよう指示した。2度と戻らないといわれた住民たちは家畜やトウモロコシを低価で処分して移ったが、1週間後再び帰村を指示された。村幹部と住民

写真3-2　汶川県龍渓郷の五神廟（2010年12月）

は、県の移動命令で経済的損害を受けたとして省政府への直訴を図ったが、副県長から命令に従わなければ今後いっさいの公的支援をしない、3か月間の政府支援（一日一人2斤の米と2.9斤の食用油。1斤＝500g）も支給しないといわれたため、やむなく全員が村に戻った。結局、住民には県政府に対する強い不信感と不満が残った［賈銀忠主編2009: 88-89］。

　2010年12月、筆者は四川民族研究所のG研究員とともに龍渓郷を訪れた。郷政府は、広東省湛江市の対口支援を受けて、チャン文化と生態観光をあわせた「羌人谷」を建設した。三座磨以南は道路が整備され、新設の建物やモノが並び、入口の大門横の公園には白石神や樹神、寨神などの神々が様々に具現化された。ただし白石神以外の神々は元来目に見えない存在であり、表出された神々の形態の由来は不明である。なかでも「五神廟」は異様であった（写真3-2）。付された解説によれば、共工氏や神農氏、大禹、「無戈愛剣」、「阿巴白構」を古羌の聖賢として祀るチャン族五神伝説によるという。阿巴白構はシピの経典に登場する神で住民もよく知っているが、共工氏や神農氏、大禹はまさに漢族の神話伝説の神々で、住民にはほとんど知られていない。大禹については、もう一人のチャン族の英雄「遅基格布」だという者もいる。無戈愛剣も『後漢書』西羌伝に登場する西羌の英雄で一般のチャン族はほとんど知らない。この解説の出所は少なくとも住民ではない。地元住民や村幹部は、そもそも龍渓郷入口の神々やその他をだれが創ったのかすらよく知らなかった。

しかし郷政府周辺に新設された羌族文化展覧庁は、シピ（宗教職能者）の図経「刷勒日」や法具、織機や衣装、日常生活用具など実物を多く収集展示しており、貴重な展示である。ただし外観は展覧庁前の羌族文化展示広場ともども現代風である。県政府は、チャン族民族文化と恵まれた自然環境を組み合わせた観光開発をめざすとしているが、羌人谷の奇妙な神々や近代的なハコモノ群は異質な感じである。なにより問題なのは、このチャン文化再建はトップダウン方式で行われ、文化の担い手である地元民がほとんど参加していないことにある。2010年末時点では龍渓郷を訪れる観光客はあまり多くなく、客は郷政府の「農家楽」[25]で食事するくらいで、上流の阿爾村まで行く旅行客はあまりいないという。

　郷内の復興は、三座磨以北が以南に比べておくれている。道路は修復されたが、家屋はなお復旧途上であり、加えて農地を失ったことで経済的困難に直面する家庭も少なくない。借金を重ねてなんとか家屋を再建したが返済は重く、失った畑地についても未解決であるという。湛江市の対口支援項目は、すでに終了宣言が出され、支援のモニュメントも完成しているが、支援は三座磨以南に集中した結果となった。

　巴奪寨では、被災後、移住した家庭はない。しかし村内の立別寨18戸約100人のうち16戸は、水源欠乏と白家奪水力発電所建設ために移住をよぎなくされ、親類を頼って巴奪寨に移入し、発電所建設による補償費を使って1畝あたり3万2000元で土地を買い、家屋を建てた（1畝＝0.067ha）。新家屋は、伝統的な石積み家屋で、伝来の竹製貯蔵棚や穀物干し棚があり、屋内には囲炉裏がある。移住家庭の多くは、巴奪寨では地震で畑地の約30％を失ったこともあって十分な畑地がないため、今後は観光業をしたいとする。しかし上流山間部での観光開発はかなり難しい。郷政府からの道路がなお季節によって不安定であること、山間の村では自然環境には恵まれているが、チャン族伝来の石積み家屋は多くが倒壊し[26]、高さ30ｍで九層あったという石碉

25　本書第2章注9参照。
26　国家文物局によって指定された伝統家屋は、朱姓は金龍、金勇、中正、新火、宗樹、応華、光玉、光亮の8戸、楊姓は廷発、俊清の2戸、馬姓は正徳、治安、中徳の3戸、余姓は世国、世栄の2戸、何世徳が1戸で、国家に買い上げられ、国費で修復される予定となっている。

第3章　汶川地震後のチャン文化

も1974年に生産隊が上部3分の1を壊し、その石材を使ってジャガイモ貯蔵庫を作ったため、12mほどしか残存していない［焦虎三2007: 38］。シピの活動や羊皮鼓舞以外に民族観光資源となるものがほとんどないのが現状である。

　住民の生活復旧も容易ではない。巴奪寨の余Sは、被災前と後の生活状況を次のように語る（2010年12月聞き取り）。余姓は巴奪寨では後発の集団で、当地に来て10代、約250年を経る[27]。余Sは、祖父の余M（1921年生まれ、逝去）が村内最高齢のシピで、長男の余Zや妹婿の朱G（1950年生まれ）もシピである。1男3女がおり、長男一家（妻と1男1女）と同居。長女と次女は北京在住で、三女は県城の汶川中学1年生。被災後は北京の長女のもとで1年余り暮らし、09年9月に帰宅。地震で旧家屋は2階がなくなり、1階に亀裂が入って半壊したが、文物保護単位に指定されて買い上げられたため、総面積170m²の新家屋を建てた。費用20万余元のうち国家から2万2000元、香港紅十字会から2万5000元、特殊党費3320元、特別困難補助2000元で、全体の約4分の1を支援費用にたより、残り十数万元を自己負担し（長女8万元、叔父たちから6〜7万元）、銀行から2万元借りた。

　耕地は、被災前は約5畝あり、白菜、キャベツ、ジャガイモ、トウガラシ、トウモロコシを栽培し販売して年に4000元になり、虫草や雑薬材、「羊肚菌」（アミガサタケ）の採集で6000元、出稼ぎとして長男が下流の一級水力発電所に1年おきに働きに出て月500元の収入があり、年収はあわせて1万数千元だった。しかし被災後、耕地は1.2畝を大岩の落下で失ったので4畝に満たない。収入は漢方薬材1000〜2000元、出稼ぎ2000元、野菜4000元で、あわせて8000元余りに減った。支出は、冠婚葬祭の交際費に1万元、汶川中学に通学する三女の教育費が年間8000元、さらに食糧費も必要で、収入をはるかに超える。

　対口支援側の湛江市は、龍渓郷に巨額の経済支援を行い、学校や病院、道路などのインフラを整備し、観光開発を将来の経済発展の核として、観光資源を創出した。しかし支援側と県政府によるトップダウンの計画であるた

27　余SY（63歳）によれば、余家の輩字は「天芝華善永、成明世正仁、朝廷光有維、万代耀元宗」で、最初に漢名をもったのが余TLで、19世紀半ばであるという［焦虎三2007: 90–93］。

めに、復旧復興のスピードは速いものの、政績の高評価を得やすいハコモノが目立ち、地元の現状や住民側の希望とのズレがかなりある。さらに、観光開発が難しい上流部では、被災後3年以上たってようやく家屋が再建されたが、年収が40％あるいはそれ以上に激減し、借金を背負った家庭も少なくない。家庭経済の建て直しは容易ではない。

4）チャン語の危機

汶川県文化体育局の報告「汶川県羌族語言及文化搶救、保護状況彙報」（2010年10月26日）によれば、汶川県ではチャン語がまさに消滅の危機に瀕している。日常生活でチャン語を話す地域は、県内では龍渓郷高山部の村や雁門郷蘿蔔寨村、綿虒鎮羌鋒村などにすぎない、若い世代は義務教育の普及や進学、出稼ぎや商売で都市に出て生活する者が増え、日常語として漢語を使用する機会が多くなっていることから、次第にチャン語を話せなくなっているという。

チャン語消滅の危機は、龍渓郷全体においても同様である。図3-1は、龍渓郷における2003年のチャン語の使用状況である[28]。三座磨を境に、以北の山間の村ではチャン語が日常語としてほぼ100％使用されているのに対して、以南の村では、17歳以下の若い世代はすでにほとんどが漢語しか話せなくなっている。18歳以上の場合も女性はなお85％以上が話せるものの、男性はすでに老人しか話せない。国道沿いの黄家壩に至っては、男女を問わず、ほとんどが話せない。

30数km圏の同一河流沿いに暮らす同一民族の中で、なぜ、このような大きな差がみられるのか。龍渓郷では、三座磨を境として以南と以北では地理的条件が大きく異なっており、それが外来漢族との交流の違いとなった。最北の阿爾村は、風雨によってしばしば道路が不通になるなど閉鎖的な環境にあって外部との往来が稀であり、従来の生活環境があまり変わらずに続いてきた。そのため複数のシピが存命でその祭祀活動も残っており、「羌族無形文化遺薩伝承者調査名簿録（表一）」に記された国家級13名のうち8名（阿爾寨7、巴奪寨1）が阿爾村出身で、巴奪寨には国家級の余SRと省級の朱

---

28 龍渓郷におけるチャン語と文字に関しては、余永清［2006: 12-13］、何斯強・蒋彬主編［2004: 218-224］参照。

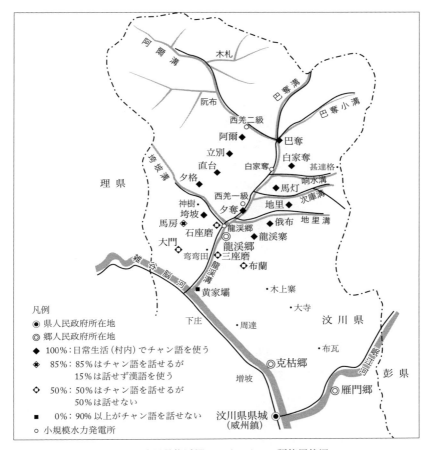

図3-1　汶川県龍渓郷におけるチャン語使用状況
出所：何斯強・蔣彬主編［2004］『羌族——四川汶川県阿爾村調査』雲南大学出版社、221頁、表8-2「龍渓郷所属各村寨羌語使用情況統計表」より筆者作成。

JL（羊皮鼓舞の国家級伝承者）などもいる。また余ZGはチャン族の踊りやチャン語の古歌を次世代に教える活動をしており、チャン語がチャン文化の伝承と深く関わっていることがわかる。

　しかし被災後、チャン語については別な要因から深刻な事態に直面している。子供たちの教育環境の変化である。阿爾村は、もともと校舎や教員数などの教育環境が劣っており、2003年には教育ボランティアの四川大学学生

が支教公益同盟から派遣された。2007年には深圳松河慈善基金会に組織された阿爾村の児童16名のチャン族児童合唱団が、深圳で龍崗区濱海休閑旅遊節に参加してチャン語で「美好羌寨」を歌って感動を与えたことから、大地通信連鎖公司から寄付30万元を得て羌族希望小学校が建てられた。被災後の2008年6月16日には、小学生84名が深圳市の複数の集団公司の支援を受けて卓雅小学校に疎開したが、阿爾希望小学校は汶川県政府などの支持を受け、東方家園や大地通信連鎖公司などからの資金援助でりっぱに再建された。設備は郷の完全小学校なみになり、パソコンやソフトウェア、ピアノ、箏、机など教具一式と服務用具が設置され、8名の教師用の部屋や事務室、台所、トイレ、太陽エネルギー温水器、学生食堂もつくられた。

　しかし龍渓郷完全小学校が、湛江市の援助で収容人数500名という実際の児童数を大きく超える規模に再建されたため、県教育局は阿爾村小学校を吸収合併する決定を下し、阿爾小への教員の派遣を中止した。そのため阿爾小では09年の2か月間、教員は校長とボランティア大学生の2人だけになり、1～5年生は教師なしの授業もあり、2009年後期にはパソコン施設を県教育局に没収された。2010年には、校舎はあるものの1年生と学前班（就学前クラス）のみとなり、設備もすべて運びだされた。2年生以上は寄宿舎に入って郷の完全小学校に通い、週末のみ帰宅するようになった。

　住民たちは危惧した。阿爾村の子供たちがもし6歳から郷政府のある龍渓郷完全小学校で学ぶことになれば、郷政府周辺の村ではチャン語を話せるチャン族はほとんどいないうえに、子供たちが月曜日から金曜日まで寄宿舎に入ってチャン語を日常語としない環境の中で毎日をおくることになり、やがてチャン語を話せなくなってしまう、と。実は、親たちは、被災直後に子供たちが深圳に疎開した3か月間についてもチャン語を話さない環境で長く暮らすことでチャン語の能力が落ちるだけでなく、大都市の子供は「西洋化」しているので、チャン族の子供たちが大都市で暮らせば「半漢化」「半西洋化」してしまうのではないか、そうなれば自民族の伝統文化を軽視し、チャン文化の伝承者がいなくなってしまうと案じていた。結局、阿爾村の家長たちは、郷政府に二つの条件を出して子供たちが郷小学校へ転校することを受け入れた。条件の一つは、龍渓完全小学校が学校の車で責任をもって

子供たちを金曜日に村に送り帰し、日曜日に迎えにくること、いま一つは、外部の人々から支援してもらった教育設備を阿爾小学校に返還することである。

阿爾村の家長たちの提案については、まだ解決に至っていない。しかし小学生を村小学校から郷小学校に集めて寄宿舎から通わせるという形態は、被災後、龍渓郷だけではなく、チャン族地区全体で広く進められている。これは双語教育の開始を小学校低学年に引き下げるという「中華人民共和国民族区域自治法」(1984年公布、2001年改正。以下「民族区域自治法」と略す)の方針に沿ったもので、その目的は普通話の普及を図り、民族を超えた「国民」としての意識を育てることにある。この方針は、愛国主義教育開始以来の少数民族教育対策の一つとして、今後一層強められるはずである。しかし民族言語の保持という点からは危機的状況である。

さらに被災によって家庭経済が困窮していることは、子供たちの教育にも影響を及ぼしている。巴奪寨では、被災後、8〜9戸が経済的困窮のために教育関係費を負担できなくなり、子供たちが義務教育の中学校を退学した。義務教育では小中学生は学費や書籍費は免除であるが、中学校の場合は、中学校が県城にあるため寄宿舎に入らなくてはならず、生活費が毎週100元、週末帰宅の交通費が片道15元、さらに小遣いを加えると毎月の必要経費が600〜700元に達し、補習費200元や学習資料費120元も加えると年間の教育関係費は、中学生で7000〜8000元が必要となり、それだけで巴奪寨では一家の年収に相当する。義務教育とはいえ負担は少なくない[29]。

小　結

汶川地震後のチャン族地区およびチャン文化の復興には、幾つかの特徴がみられる。

第一は、政府側のトップダウン方式による急速な復興が進むなか、被災民

---

[29] 被災前、阿爾村では、若者の多くは中学卒業後、村に残って都市向け野菜を栽培し、出稼ぎにはあまり出なかった。しかし被災後、高卒以上の学歴をもつ約20名は広東や四川に移って学業を続けたり、あるいはそのまま出稼ぎを続けたりで、故郷に戻った者はいない。大学に進学した4名（西昌農業大学大学院1、阿壩師範大学2、四川師範大学1）もそのまま外地で学業を継続している。

側とのズレがあることである。中国政府は、対口支援の効果によって被災後３年以内で基本的復興を達成したことを喧伝している。確かに被災地の復興はめざましく、道路や学校、住宅などは被災前とは比べようもないほど立派になった。しかし対口支援の省市と被災県地方政府の主導で進めた都市化、特に大都市並みの大規模で最新式のハコモノ建設は「政績」を示すには十分であったが、貧困地域を含む民族地区には過度であるものが少なくない。現地の病院ではベッドよりも医師が不足し、学校では施設よりも教師の不足や質の方が問題であった。なによりも村レベルの幹部や地元住民が復興計画の企画や建設の段階にあまり参画していないことはズレをうむ要因の一つだったのではないか。また対口支援側は被災地側の人材や技術、管理運営等の水準が低すぎることを現地側不参加の理由にあげるが、復興の速さを重視するあまり、時間を要する被災地の人的水準の向上が後回しになったことは否めない。

　第二は、禹羌文化の推進である。汶川県では、禹羌文化、チャン族民族文化、震災遺構、自然環境を柱とした民族文化の復興と観光開発が提唱された。このうち禹羌文化は官学一体となって進められた。汶川県県城の対口支援を担当した広州市は、復興のシンボルとしてチャン族の顔をもつ大禹銅像を造り、中華民族の不撓不屈の精神を表すとした。これは四川の歴史学界と中央政府の民族政策にとって大きな意味をもつ。四川の学術界にとっては、夏王朝に関する考古学上の発見が続く中で「大禹生石紐」（大禹は石紐で生まれた。『史記』夏本紀）を証明し、夏文化と古蜀文化、西羌文化の関係性を明らかにすることは大命題であり、この大禹像によって、羌は禹の子孫で、禹は華夏の子孫であるから、羌は華夏の子孫＝中華民族の子孫であるとする論を可視化することができる。また中央政府にとっては、チャン族が大禹の子孫であり、中華民族の一員であることを可視化して主張することは、多民族の融合による中華民族という中華ナショナリズムを普及させる正当な理由となる。

　しかしながらチャン族自身が大禹を自民族の祖であると認識しているかどうかは、疑わしい。大禹に関する伝承や遺跡は漢族との共住地域に多く、内容も漢族様式そのものだからである。チャン族地区の地方政府の中で大禹遺

跡の観光化に最も熱心な北川羌族自治県ですら、県志の記載では禹羌文化を大禹文化と羌文化に分けており、禹＝羌という認識でとらえているようにはみえない。その一方で、被災後の復興過程の中で禹羌文化の具現化プログラムが登場し、汶川県龍渓郷の「五神廟」のように大禹と共工氏、神農氏とチャン族伝来の英雄「阿巴白構」などを結びつけた伝説をチャン族自身が旧来からもっていたかのように記し、その神々の姿まで創出されている。大禹と羌を一体化することは、すでに学問的実証を超えた政治的判断ともいえる。

　また文化政策におけるトップダウン方式は、村小学校の郷完全小学校への統合による漢語教育の低学年化を徹底させ、一方でチャン語消滅の危機を強めている。中央政府は民族言語と民族文化の保護をうたう一方で、漢語教育の徹底を「文明化」として推進しているために、少数民族の若い世代の中には母語や自民族文化を反文明とみる傾向がみられる。

　第三は、民族文化の発掘と保持という名目のもとで、チャン文化が「岷江モデル」に統一される傾向にあることである。石積み家屋と石碉、屋上の白石は、対口支援によって新たに建設された学校や病院、住宅には必ずつけられ、一般の再建家屋にも材料の無償配布という形で奨励された。岷江モデルは確かに典型的なチャン文化であるが、すでにそうではなくなっていた北川県や汶川県には、元来、漢化というだけではなくそれぞれの自然環境に適した家屋が造られていた。岷江モデルの普及の一方で、チャン文化の中の地域性が失われていく状況がみられる。

　以上のように、被災後の民族文化の復興においては、地方政府の主導のもとで民族文化のモデルがトップダウン方式で提示され、その文化を担う主体者抜きで文化が語られ、創られていく傾向がしばしばみられた。また一方で、中央政府は国民文化形成を目的に普通話学習の徹底をはかり、若年層世代の母語の喪失、民族文化の継承危機という状況をうみだしている。チャン族自身がチャン文化のどれを、どのように継承していくのか、現状ではなお不明である。

第3節　北川羌族自治県における民族文化の復興と観光資源化

　本節では、重度被災地の一つである北川羌族自治県を事例として、復興を主導する国家および地方政府がどのような意図のもとでどのように民族文化を立てなおし、資源化しているのか、被災民のチャン族および漢族にとってそれはどのような意味をもつのか、一方、彼ら自身はどのように生活を再建し、政府の民族文化復興政策に対応しているのか考える。

　北川羌族自治県は中国国内で唯一の羌族自治県である[30]。四川省綿陽市に属し、総人口は15万9964人で、うちチャン族は9万1953人（県人口の57.5％）、漢族6万3591人（39.8％）、チベット族3893人（2.4％）で、総人口の88％が農民である（2005年）。四川盆地西北部に位置し、総面積は2869km^{2}で、山地がほとんどを占める[31]。汶川地震では、北川県は死者・行方不明者が約2万人に達し、再建不能となった旧県城には現在もなお多くの犠牲者が眠る。旧県城は2010年5月12日から地震遺跡として一般公開され、新県城が旧県城から南に約20kmの安県永昌鎮に新設された。

　北川県は特殊な歴史をもつ地域である。中華人民共和国成立直後にはチャン族はわずか25人にすぎず、1982年まで漢族が県総人口の98％を占めた。それは、北川県が少数民族と漢族とが接する境界にあって、両者の戦いに敗れた先住のチャン族が中国王朝に土地を占有され、「漢民」に編入されたからである。しかし1980年代の「民族回復」[32]によって漢族からチャン族に戻った北川チャン族は県総人口の40％を占めるまで激増し、2003年には羌族民族自治県が成立した。

30　羌族自治県としてはかつて茂県、汶川県、理県を併合した茂汶羌族自治県（1958年7月成立）があったが、1987年に阿壩蔵族自治州が阿壩蔵族羌族自治州に改称されたために茂県に戻った。北川羌族自治県は2003年に成立、3つの鎮（曲山、擂鼓、通口）と16の郷、桃龍蔵族郷からなる（2009年）。

31　北川県は東は龍門山脈、西は岷山山脈に囲まれ、東南部は海抜1000～1500m、中部は海抜1000～2500mで、西北部の自然保護区には海抜4796mの揷旗山がそびえる。亜熱帯山地湿潤季節風気候で、年平均降水量は1002mm［北川羌族自治県概況編写組2009: 1–5］。

32　民族回復とは、非漢族が歴史的要因などによって漢族とされ、中華人民共和国成立後も民族的差別を逃れるためにそのまま漢族を名乗っていたのが、1978年以降の民族政策の変更によって本来の民族への帰属変更を求め、それが政府によって承認されたことをいう。

第3章　汶川地震後のチャン文化

　結局、1980年代から90年代にかけて民族回復したチャン族は、北川県で約10万4000人、平武県で3万6586人で、チャン族総人口の約46％に達した（2000年）。しかし北川県と平武県のチャン族は1980年代にすでにチャン族民族文化の多くを失っていた。彼らは歴史的にチャン族であるとは認められるものの、チャン語を話すことができず、可視的なチャン文化をすでにほとんど失っていた。
　では、民族文化が早期に失われていた北川県で被災後に復興されるべき民族文化とはどのようなものなのか。本節では、北川羌族自治県におけるチャン文化の再建と創出について、1980年代の民族回復期から2009年の汶川地震後の復興に至るまでの約30年間における北川県政府と北川チャン族の動きから、民族文化の復興と資源化に関する過程と課題について考察する。
　北川チャン族に関する先行研究は、北川チャン族の多くが1980年代以前は漢族であり、羌文化がほとんど失われているとみられていたため、従来のチャン族研究ではほとんどとりあげられていない[33]。よって本節では、主に1991年9月、2009年9月に筆者が現地調査で得た一次資料と、『羌族調査材料』（1954年）、『北川県志』（1996年）、『北川羌族自治県概況』[34]（2009年）に記された資料に基づいて分析する。

１．北川チャン族における民族回復と民族自治県の成立
１）北川チャン族における民族回復

　北川の地は、かつて「番民」の居住する地域であり、漢族は後発の集団であった[35]。しかし1950年代初期、北川県では人口のほとんどが漢族として

33　「研究文献目録」［松岡2000: 377–397］。
34　『北川羌族自治県概況』は、2005年から始まった国家事務委員会「民族問題五種叢書」修訂再版事業の「中国少数民族自治地方概況叢書」の一冊である。2003年成立の北川羌族自治県は、1987年以降成立の16の民族自治地方の『概況』と同様に新編である。修訂再版本は、改革開放以降の民族自治地方の社会的経済的発展を補充するとして旅遊などの項目が新設されたが、構成は前書とほぼ同じである。『北川羌族自治県概況』は、1980年代までの記述は『北川県志』（1996年）をほぼそのまま引用し、それらに1990年代以降の情報を加筆したものである。
35　北川のチャン族については文献資料には漢代から明清まで「羌民」「羌戸」と記されており、統治側は「夷」「番」「蛮」「羌番」とよんだ（『読史方輿紀要』巻73）［西南民族大学西南民族研究院編2008c (1954): 273, 283–286］。

127

登記されており、チャン族はわずか25人にすぎなかった。中華人民共和国政府が民族の平等を謳い、非漢族の自己申告を求めた時にも、北川県の非漢族のほとんどが漢族であることを選択した。県政府によって民族地区に認定されたのは、かつて茂県土門区白馬郷に属していた青片河流域の麻窩自治郷（1952年成立）や1951年に茂県から編入された白什郷や馬槽郷のみであった。麻窩郷では、老人たちは依然としてチャン語を話しており、かつて自分たちが「番民」であったことを記憶していたからである［西南民族大学西南民族研究院編2008c（1954）: 274］。よって1953年にはチャン族とチベット族は1757人にすぎず、1980年代初期まで民族構成に大きな変化はなかった。

先行の文献資料によれば、この地における王朝側の進出と非漢族である先住民との対立は次のようである[36]。北川県が初めて置かれたのは北周時代の保定4年（564）である。唐代の貞観2年（628）には石泉県に改められた。宋代以降は対立の記録が頻出する。宋代の熙寧8年（1075）、政和7年（1117）に王朝側は「番民」が南下するのを防ぐために茂州と石泉の間の道を塞ぎ、さらに石泉と安県の間に九堡を設け、軍を駐留させた。元代の至元29年（1292）には番民との戦いの後、彼らの習俗に従って盟約を交わし平定。明代の天順4年（1460）に「羌番」が県城を襲ったことから境内に屯絨の兵を置くも、正徳〜嘉靖年間（1506〜66）には羌番がますます盛んに活動したため増兵、なかでも嘉靖22〜26年（1543〜47）には大規模な白草番の乱がおき、羌番は大量に虐殺されて平定され、生番から熟番に変えられた［西南民族大学西南民族研究院編2008c（1954）: 285］。清代の康熙2年（1663）には青片の上下五族を平定、康熙42年（1703）に改土帰流を経て「漢民」に編入される[37]。乾隆30年（1765）には石泉知県が青片や白草の番寨を視察して、番民がなお漢族と異なる文化をもつものの漢文化も学んでいるとし、火葬を土葬に

36　冉光栄・李紹明・周錫銀［1985: 213-328］、李紹明・松岡主編［2010: 354-359］参照。
37　中国王朝は、西南の民族地域において少数民族の首長に中国式の官職（土官や土司）を与えてその世襲的統治を認めた（土司制度）。しかし土司の反乱が頻発したことなどから、18世紀から土司を廃止して中央政府派遣の流官による直轄統治を行い（改土帰流）、漢化を進めた。なお『石泉県志』［1933: 441戸口］には、白草河東番民1647戸、河西1577戸、男女1万8384丁口とあり、青片には客戸（漢民）235戸、男女757丁口に対して、番民135戸、男女371丁口と記されている。

改めさせた。清代道光12年 (1832) の『石泉県志』には番民3549戸、男女1万9583丁口とあり、約2万人の番民が記されている。

　このように、北川の地は中国王朝側が「番民」に対する防衛線として重視した地域であり、王朝の版図を確定するための最前線であった。一方、先住の羌民にとって、王朝は侵略者であり、土地の境界と帰属をめぐって度々争い、明清時代には大規模な戦いを起こしたが、破れて徐々に制圧されていく。中国王朝は長期にわたる争いを経て版図を確定すると同時に、同化政策によって番民を熟番とし、漢民に編入した。四川西部のチャン族やチベット族に広く伝えられている諸葛孔明の神箭の伝説は、中国王朝側の進出を非漢族がどのようにとらえていたかを語り継ぐものである[38]。伝説によれば、チャン族は、かつて南は郫県西門橋、東は彰明県（現在の江油県）「蛮坡渡」一帯に広く分布していた。しかし諸葛孔明との争いに敗れ、土地の境界を定めることになって、箭を射た地域までを漢族側が占有することになった。孔明は前夜のうちに遠くの土地に箭を挿しておき、広大な領地を騙し取ったという。境界の決定は、王朝側にとっては諸葛孔明の叡智による戦果であるが、少数民族側にとっては巧妙な陥穽によって、土地を奪われたという侵略の記憶にほかならなかった。

　その後、王朝側は先住民に対する同化政策を着々と進め、「羌民は漢姓に改め、漢服を着て外面を変え、漢文化を学び」［北川県志編纂委員会編1996: 174］、その結果、2万余の番民は、1950年代初期の民族識別時にチャン族やチベット族であることを名乗らず、ほとんどが漢族であることを選択した。北川の非漢族は、かつて番民とよばれて漢族とは区別されていたことや、1950年代にもなお漢族から差別されていることを記憶していたため「蔑視や迫害を避け、漢族と同等の権利（科挙への応試が番民には認められなかった）を得るためにもとの民族に戻ろうとしなかった……1953年の人口センサス時には、チャン族やチベット族はなお（統治者側に）不信感をもっ

38　諸葛孔明の神箭伝説は漢族と戦った記憶をもつ西南中国の非漢族の間に広く伝えられている。打箭炉の旧名をもつ康定（甘孜蔵族自治州州都）や綿陽市平武県の白馬チベット族［四川省民族研究所編1980: 120］がそうである。これに対して雲南の非漢族には孔明崇拝伝説も少なくない［郭漢林1992；傅光宇1995］。

ており、漢族であると申告することで不利益をさけた」という［北川県志編纂委員会編1996: 174–175］。

このように北川チャン族の人口は、1982年には3688人で、県総人口のわずか2％にすぎなかった。しかし1985年には一挙に3万9722人（県人口の27％）に激増し、87年には5万2783人（同35％）、90年に5万8116人（同37％）、2000年に9万2818人（同56.9％）と増え続けた。これは明らかに「民族回復」による人為的な増加である。ではなぜ、1950年代には拒否した自らの民族区分を80年代になって名乗るようになったのだろうか。50年代との違いはどこにあったのか。

大きな違いの一つは、中央政府の民族に対する方針の変化であろう[39]。中央政府は、文化大革命後に民族政策を見直し、1984年に「民族区域自治法」を公布した。これは初の体系的な民族法であり、少数民族の政治的権利を重視した内容が盛り込まれた。例えば、自治機関の民族化を推進するとして、全国人民代表大会代表における民族出身者の比率を定め、立法機関の首長か副首長のどちらか、行政機関の首長は民族出身者が就任する、自治機関の公務員には民族出身者をできるだけ採用するとした[40]。もちろん民族出身者に相応の漢語能力が求められていたことはいうまでもない。しかしこれによって民族幹部の採用が進んだ。少数民族幹部については、郷鎮人民代表大会代表は、1956年には20名（全体の2.8％）、81年46名（3.1％）、84年69名（4.7％）にすぎなかったが、87年には一挙に490名（43.8％）に増加した。県人民代表大会代表も1981年に9名（全体の6.15％）であったのが98年には92名（62％）に増え、党代表大会代表も79年15名（3.8％）が98年115名（47.7％）となり、少数民族人口の増加がほぼ代表数に反映されている。2003年の羌族民族自治県成立時には、チャン族幹部は人民代表大会常

---

39 1979年夏、北川県民族事務委員会はもとの民族郷に調査組を派遣して、文革中に誤った処遇を受けた幹部の名誉回復を行い、法律にのっとって民族郷が元来受けていた政策上の優遇を復活させ、住民の信頼を回復したとある［北川羌族自治県概況編写組2009: 78］。王柯はこれを「償いの時代」とする［王柯2006: 246–257］。

40 民族自治地方に対して6つの自治権（独自の自治条例を制定する立法権、自治体財政の自主管理権、自治区域の教育・科学・文化・衛生・スポーツ事業の自主管理権、国家の許可で地方公安部隊を組織する権利、公務中の少数民族言語の使用権）を与えた［王柯2006: 250–251］。

務委員会主任（県書記兼任）と、副主任5名中2名、県長、副県長8名中4名を占めた。

　北川県政府による民族回復工作は次のようである。1981年から民族構成の審査を始め、まず麻窩蔵族自治郷（1956年成立）の主体住民をチベット族ではなくチャン族であるとして、青片羌族自治郷に名称変更した。85年の春夏には、四川省民族事務委員会（以下、省民委と略す）がチャン族居住区で住居、言語、習俗や宗教信仰などの項目について調査を進め、青片河流域と白草河流域の集団にはチャン族の特徴が十分に認められるとした［北川羌族自治県概況編写組2009: 66］。これを受けて1985年から全県規模の民族回復が始まった。関連文件を通達して民族成分審査小組を発足させ、民族回復の申請は本人自らにより、上級機関の審査を経て県政府が批准するとした。1987年8月に審査終了となった時点で、チャン族5万2783人、チベット族3170人が認定された［北川県志編纂委員会編1996: 174–175］。

　また同時に、民族郷の設置も進められた。1984年に青片河沿いの白什、馬槽、壩底から始まり、1985年に墩上および白草河沿いの片口、外白、小壩、桃龍、開坪、小園、禹里、1986年には白泥河沿いの金鳳、白坭、南華、漩坪、治城、青石、1988年に都壩河沿いの都壩、貫嶺、太洪の各郷に及んだ。各民族郷の分布は、1950年代の調査で歴史上のチャン族の居住地とされた地域とほぼ対応しており、近年までチャン族が集中して居住してきたことが明らかとなった。チャン族が集住しているのは県を東西に流れる湔江の北部にあり、南部に比べて海抜が高い山間部である。これに対して湔江の南部および東南部は江油県や安県に隣接しており、河谷および道路沿線の漢族を主とした居住地である。

　北川チャン族が統治者側への根強い不信をもちつつも政府の民族回復の方針を受け入れた背景には、次のような事情があった。政府の民族幹部についていえば、1950年代の初めに北川県の多くのチャン族が漢族とされたのは「地方幹部の歴史知識が不足」していたからだとする［北川羌族自治県概況編写組2009: 77］。また筆者の2009年の調査でも、県の民族幹部の一人は、チャン族としての自分たちの歴史は改革開放後に四川省民族研究所の研究者から初めて詳細を学んだと語った。換言すれば、地方政府の民族幹部です

ら1980年代になってようやく自民族集団である先住の非漢族の歴史を知り、中央政府の新たな方針を理解したうえで地方幹部自身が民族回復をし、民族側知識人らとともに熱心に説得して民族回復工作を進めたことがうかがわれる。一方、チャン族自身の側からいえば、かつては羌番の多くが漢民に編入された後も彼らだけで一村落を形成していたために、村落には羌人集団としての慣習が伝承されており、集団として祖先の系譜をたどることができたために、集団で民族回復をすることができたことがある。

さらに住民たちは、20の民族郷が成立するにつれてこれまで「抑圧されてきた民族意識」が強く呼び起こされたという［北川羌族自治県概況編写組 2009: 66］。北川の羌番集団は「漢民」を名乗る集団ではあったが、本来の漢族集団からは言語も習慣も異なる別の集団であるとして低くみられてきたからである（2009年筆者の聞き取りによる）。つまり漢民でも羌民でもなく、さらに漢民からは蔑視された人々であった。

2）民族自治県成立とその意味

北川県政府にとって、チャン族やチベット族の民族回復から民族自治郷成立にいたる一連の動きの最終的な目標は、民族自治県成立にあった。1984年の「民族区域自治法」の公布以来、県政府はすぐに民族自治県成立の準備にとりかかり、86年1月には「関於申請建立北川羌族自治県的報告」、さらに「関於申請建立北川羌族自治県的報告」を上級機関に提出した。そして省人民政府から、チャン族とチベット族が県総人口の30％を占めているか、82年人口センサス以後の少数民族の激増は正常であるかという2点を問われると、県政府は、86年4月に中共四川省民族工作委員会や省民委のもとで省民族研究所や四川大学の専門家などによる調査を実施して「関於北川県少数民族状況的調査」を報告した。報告では、青片河、白草河、白泥河一帯の多くの住民はほとんどがチャン族であり、チベット族が一部含まれていること、彼らは集住していて民族の特徴が明らかであること、よってこの数年来の人口の増加は正常で、歴史と科学に適合しており、民族自治県成立の要求は憲法に完全に適合している、とした。さらに省民委は86年6月に中国社会科学院民族研究所語言研究室の専門家に青片などの民族言語の調査を依頼し、多くの老人がなおチャン語を用いており（「打郷談」地元の言葉で話

すこと）、現地の漢語の中に多くのチャン語の語彙や特徴が残されていることを報告した。これらにより87年11月に省政府は、88年1月より少数民族自治県待遇とすることを決定し、以後、少数民族を擁する県として政治的優遇を獲得し、2003年7月には国務院により北川羌族自治県が批准された［北川羌族自治県概況編写組2009: 66–67］。

では、民族自治県となることの最大のメリットは何だったのか。それは、政治的優遇と経済的支援の両者の獲得にあった。北川羌族自治県においては、まず「民族区域自治法」の立法権に基づいて「北川羌族自治県自治条例」（以下、条例と略す）7章70条が作成され、2006年10月25日から正式施行された。条例では、林業、インフラ施設、交通運輸、環境保護、医療などでの税収の返還や流用における種々の優遇が決められ、教育面における経費補助や義務教育段階での学費・雑費の免除、寄宿制学校の設立、貧困学生への生活補助が定められた［北川羌族自治県概況編写組2009: 74–76］。この条例に盛り込まれた内容は、地方政府の現状をよく表している。従来の税制では、人件費を含む行政管理費が支出のかなりの比重を占めていたため具体的な施策のための予算が不十分であり、特に教育部門の劣悪な環境の是正は大きな課題であった[41]。

北川県は、内陸部山間に位置し、農業を主な生業とする経済的に遅れた地域であった。県の経済的基盤は弱く、県政府の財政収入は少なかった。補助金は1980年代に年平均50〜80万元に増えたものの不足であることにかわりはなかった。民族自治県待遇になってからは88年に165万5000元、89年からは年間152万元に増加した[42]。また少数民族の中等専業学校（6年の義務教育修了後に進む実務教育の学校）以上の受験生に入試合格点上の優遇を与え

---

41 神宮・李［2007］参照。チャン族地区では、特に郷村以下の校舎施設や教材の環境、教員の質が劣っており、上級学校への進学を希望する郷村児童の親は小学校から児童を県城の学校へ通わせている（筆者の理県での調査による）。
42 1980年代から各民族郷が受けた支援は、①四川省民族特需補助費（1982〜89年、省から各郷へ年2000元、祝祭日や文化事業）、②民族教育専項補助費（1982〜99年、省から県に年12万元、民族地区の学校運営）、③老少辺窮不発達地区発展資金（1984〜97年、県に年40〜65万元）、④民族地区発展資金、⑤中央民族教育専項補助費（1991〜92年、北川県民族中学と壩底中学が15万元で図書室と教員宿舎の改築）などである。

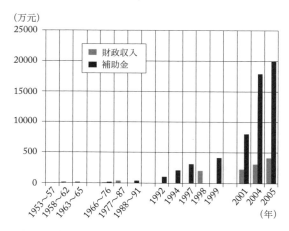

図3-2 北川羌族自治県の財政収入と政府からの補助金
出所：北川羌族自治県概況編写組［2009］『北川羌族自治県概況』
民族出版社、157, 158頁より作成。

たことで、1984〜97年に1664人が合格（年平均119人）し、合格者全体の68％を占めた。さらに民族自治県となった2003年からは、従来の支援に加えて、「三州開発資金」として毎年100万〜200万元、校舎建設用に100万〜200万元、2003〜06年は水資源費等からの流用額が5935万元あり、年間収入は1500万元を超えると推測される［北川羌族自治県概況編写組2009: 157, 158］。図3-2によれば、中央政府からの補助は、1953年から1987年までは数十万元にすぎなかったが、88年に民族自治県待遇となってからは一挙に増加して財政収入を上回り、90年代は財政収入の1.5〜2倍、2000年代からは補助金が収入全体の80％を占め、羌族自治県となった直後の2004年には補助金自体が倍増した。県の財政収支は、政府による民族地区への財政支援の大幅増によってようやく成立しているといえる。

　財政収入の内容は、87年までは工商税がほぼ70％以上であったが、88年に天然林の商業的伐採が禁止されたために、農民にとっては実質的な現金収入の一つでもあった伐採が禁止され、伐採企業は生産停止、木材関連の加工業も大きな打撃を受けた。かわって90年代からは「退耕還林・天然林保護」政策が始まり、林業関係は収入増となったが、これは補助金による増加である。一方、財政支出の内容は、かつても現在も第1位は行政管理費（行政職員の給料と経費）、すなわち人件費である。行政管理費は、1950〜52年は63.1％を占め、2005年に至っても行政管理費および退職者支払い分が18.6％で第1位であり、教育費や医療費関係もかなりの部分が人件費であり、比率

は変わっても「吃飯財政」的体質はそのままであった[43]。

では、このような財政支援は、住民の生活にどのように還元されているのか。北川県は農業人口が約88％を占め（2005年）、農業人口の平均年純収入は、1949年52元、57年83元、78年113元にすぎず、1980年代の半ばから出稼ぎにでるようになって87年に301元に増加した。90年代半ば以降に出稼ぎが一般化してようやく増え、97年1120元、2003年1922元、06年2476元に達したが、省平均より低い[44]。また政府の退耕還林政策は、元来少なかった耕地がさらに減り、それによる余剰人口を出稼ぎ者として都市部への労働力供給に転化することを一層促進した。現地での聞き取りによれば（2009年）、傾斜のきつい斜面の畑を生態林や経済林に変えることは歓迎だ、数年間だけだが食糧と現金の補償があり、生活が一挙に底上げされた感じがした、きつい農作業から解放され、元手不要の働きで現金収入を得られることは楽だ、という。

以上のように、1980年代からの民族回復、民族自治県の成立、自治条例の制定は、北川県に政治的優遇を実施する機会と経済的支援を与えた。さらに自治県内に10年以上居住するチャン族以外の民族にも特権を適用するとした（第63条第2款）。これは、民族自治県の優遇政策を、従来は主体民族に限定して少数民族優遇政策の一環としていたことから、民族自治県県民全体の権利に変換したものであり、大きな方針の転換である。政府側の「民族間の平等を実現するために」という理由の背景には、民族自治県における漢族人口の増加への配慮がある。

2．北川羌族自治県における民族文化の復興

北川羌族自治県においては、この百年余りの間に民族文化の復興が大きく

---

43 塚本［2007: 58-64］参照。「吃飯財政」とは、地方政府の財政支出のほとんどが職員の給料などの人件費で占められることで、貧困県の特徴の一つといわれている。

44 2000年の四川省の農民一人あたりの純収入は1904元、都市民は5849元（四川省統計局『四川統計年鑑―2001』中国統計出版社、2001）。北川県の非農業人口は2005年で198万人（12.3％）、その収入は1949年60元、57年126元にすぎなかったのが、78年に314元、87年に805元、97年に2995元、2003年5885元、06年に6640元で省の平均よりは少ないが、農民の収入と比べて約3倍である。支出では農民の第1位が食であるのに対して都市民は衣が第1位である［北川羌族自治県概況編写組2009: 82-83］。

2回行われた。1回目は、1980年代から90年代にかけての「民族回復」の時である。そこでは、チャン族民族文化の消失が指摘されるなかで、民族回復の根拠を示すチャン文化の収集が進められた。2回目は、北川羌族自治県成立を機に、民族文化を観光資源として利用しようとするこの10数年の動きである。背景には、阿壩蔵族羌族自治州政府が経済発展の手段として民族観光を奨励したことがある。汶川地震後の民族文化の復興は、2回目の文化復興の延長上にあり、県人民政府と対口支援の山東省側の主導のもと、民族文化のシンボルを強調した計画が立案された。

1）北川羌族自治県におけるチャン族文化の復興政策と民族観光

北川羌族自治県における1950年代以降のチャン文化の状況は次のようである［西南民族大学西南民族研究院編2008c (1954): 273–289, 424–425］。1950年代、青片河沿いの麻窩（現在の青片郷）、白什、馬槽、壩地堡はかつて茂州所轄下のチャン族居住地であり、麻窩郷上五村では老人は麻布の服を着てチャン語を話しており、住民は「夷族」とよばれていた。しかしこれ以外の北川チャン族については、白泥河周辺から都壩河あたりまで「伏羌堡」などチャン族との戦いを伝える地名が残っていることから歴史上のチャン族居住地であるとは認められるものの、チャン族人口は不詳であった。それは明清時代に漢民に編入されて以来、住民は漢姓を名乗り、漢族と同じ衣服を身に着けて蔑視や科挙などでの不利益を避けたため、1950年代初期にはすでにチャン語を話す者もなく、外見的なチャン族の特色もほとんどなくなっていた［北川県志編纂委員会編1996: 174–175］。

1980年代の記録でも民族文化の消失が記されている［北川羌族自治県概況編写組2009: 185］。それは比較的交通の便のよい河谷地域を中心とした、主に言語や衣服、家屋などにみられる「漢化」である。しかし擂鼓鎮猫児石村に嫁いできたチャン族女性によれば、実家のある都壩や白坭の山間のチャン族集落では、1900年代前半生まれの老人世代はチャン族の衣装を身に着け、伝来の「羌繍」を刺し、チャン語を話す者もいたと語る。つまり北川チャン族は、漢族との接触が比較的多い河谷や鎮などでは、住民は自発的に「漢化」を進めて漢族の生活習慣を導入していたが、山間に居住する集団は、土地の自然条件などに適応しながらチャン族の生活習慣を維持してきたとみ

られる。

　2000年以降については、「この数十年来の交通条件の改善や文化教育事業の発展により、東南部では外観的なチャン文化の特色を完全に失っている」とある［北川羌族自治県概況編写組2009: 185］。しかしこれについては次のような疑問がある。北川県東南部は、主に漢族が居住する地域であり、漢族地区の安県や江油県に接している。外観的なチャン文化を失ったのではなく、そもそもほとんど存在していなかったのではないか。

　ともかく、1950年代に北川県政府の民族幹部たちが模範とした「岷江流域の伝統的なチャン文化」（岷江モデル）はすでにほぼ全県的に少なくなっていた。しかも1950年代には、「民族幹部も含めて民族文化の消失に対する危機の意識がなく」、1960〜70年代の文化大革命時には民族あるいは民族文化そのものが否定された。1980年代以降、中央政府の民族政策が逆転したのにともない、北川県の民族幹部は、北川県が経済的に出遅れ、漢族地区に隣接していて民族的な特色も薄く、このまま放置すれば民族文化はいずれ消失してしまうという強い危機感をもつようになった。そこで民族回復のための調査とともに、民族文化の発掘と収集整理が進められた。県の文化部門は、1982〜83、85〜87年に民族の民間文芸や民間文学を調査して舞曲や酒歌、器楽曲を収集整理し、「鍋庄」や「花灯」などの舞踊については『北川舞踏資料集』、民間文学については『中国民間文学集成・北川県資料集』を編集した[45]。

　1990年代に入ると、中央政府は経済発展を優先して西部大開発政策を進め、民族地区では観光産業を貧困脱出の柱の一つにすえた[46]。阿壩蔵族羌族自治州政府も、これに沿って州内の九寨溝などの自然景観や、チベット族およびチャン族の民族文化を観光資源として活用する方針をたてた。その結果、1996年から2004年にかけて観光客は約30倍の550万人、観光収入も32倍の40億元に達した[47]。また文化遺産への登録による観光地のランクアッ

45　北川県志編纂委員会編［1996: 187-189］。
46　中国の民族観光については、高山［2007］、加治［2008］、兼重［2008］を参照。
47　観光客と観光収入はそれぞれ1996年に18万4000人、1億2300万元であったのが、2004年に550万5200人、39億3900万元に増加。九寨溝では農民の年収が200元（観光開発前）から4000元（98年）になった［北川羌族自治県概況編写組2009: 259-278］。

プも積極的にはかられ、九寨溝や黄龍、四川パンダ棲息地がそれぞれ1992年と1996年にユネスコの世界自然遺産に登録された。また国家級物質文化遺産に卓克基の「土司官寨」(清代の土司の役所)、直波の「碉楼」、松潘の「古城墻」(県城の旧城壁)が、2003年には国家級非物質文化遺産として「羌笛の演奏と製作技術」、「瓦爾俄足節」(茂県曲谷郷の祭山会)が認定された。

　チャン族の民族文化については、茂県を「西羌の郷」、汶川県を「大禹故里」「古羌文化の地」、理県を「蔵羌文化走廊」と名づけ、茂県の古羌城や羌年、瓦爾俄足などの年中行事、理県桃坪郷の石碉、初の民営民俗村である汶川県雁門郷蘿蔔寨村などを宣伝した。また元来、宗教的な意味をもっていた白石は、時代の経過とともにその意味を失い、1990年代初期には茂県赤不蘇区や理県蒲渓郷など以外ではあまり見られなくなっていた。しかし観光開発が叫ばれるようになった2003年頃から、白石や羊角はチャン文化を代表するシンボルとされ、これらを模した飾りを新築家屋につけることが政府によって奨励された。以来、各県城の政府機関の建物や学校などの公共建築物、ホテルなどによくみられるようになった。

　北川羌族自治県では、これをさらに強調した民族観光が展開されている。チャン文化保護という名目のもとに専門家を招いて制定された「北川羌族自治県城鎮規劃建設導則」では、都市と農村の家屋におけるチャン族文化の特色の表現について以下のように記す。対口支援の担当機関は全県各郷鎮の学校、病院、その他の公共建築物においてチャン族の特色を具現化すること、新県城ではチャン族の伝統的なシンボルを建築に採用し、現代的な理念にもとづく設計や新しい建築材料を広く採用して近代的なチャン族の県城を建設すること、新県城と旧県城を結ぶ沿線では建築物をチャン族風に改装し、擂鼓鎮猫児石村の69戸はチャン族伝統の石造り風の現代的居住区・吉娜羌寨(吉娜チャン族民俗村)に作りかえること、チャン族文化の保護と展示では、新県城に羌族民俗博物館や民俗演舞場、民族文化村のような活きた民俗博物館やチャン族の生産生活状況の動態的展示などを作ること、実際のチャン族の生産生活を保護するために民族文化が残っているとされる青片河上流地区を重点保護区として政策的経済的に支援することなどである[北川羌族自治県概況編写組2009: 283–284]。

隣接する安県安昌鎮郊外に建設された新県城と旧県城を結ぶ道路は、新たなチャン文化と「黒色旅遊」(被災地と震災遺構見学をテーマにした旅行)の観光ルートとして整備されつつある。沿道の村々では、政府の援助と無利子の融資[48]をうけて家屋が修復されており、従来のレンガ造りの漢族式家屋をチャン族の石造り家屋に仕上げるために、外壁には一面に雲南産の石材を貼り、屋根には白石を象ったセメント製の飾りを置く。ただしこの一帯は、チャン族自治県に併合されたとはいえ、住民のほとんどが漢族である。これが、政府が進めている「現代的なチャン文化」の一例である。

県政府の試みは、チャン族文化を伝来と現代の2種に分け、伝来のチャン文化を青片郷の小溝子[49]に限定し、県内のほぼ全域を、元来の漢族居住地の外観から現代的なチャン族地区に一新して観光資源にしようとするものである。すなわち県内に白石や羊角を模したシンボルを普及させ、現代的な建材とチャン文化を強調した家屋を奨励してチャン文化を表象化し、それをチャン族だけではなく、総人口の40％以上を占める漢族も担う。北川羌族自治県の観光開発計画では、幹線道路沿いの村や河谷地域の交通網整備や開発が優先されているが、そこで民族観光を担うのは漢族の村である。ただしこのような全域的な「現代的チャン文化の創出」は、政府によるトップダウン方式が政府にとっても住民にとっても当然とされる中華人民共和国にあって、はじめて可能であったといえる。

2)汶川地震後の吉娜羌寨建設

吉娜羌寨建設は、被災後の復興計画のなかで、中央政府と北川県政府が最も力をいれて主導した現代的チャン文化創出の事例である。以下では、吉娜村建設にいたるプロセスと現状、住民の動きから、住民にとっての民族文化復興について考える。

---

48 国家は経済支援として一戸あたり、家族人数1～3人に1万6000元、4～5人に1万9000元、6～7人に2万2000元を支給。支給は2度にわけ、1度目は基礎工事開始後、2度目は鉄筋の梁を渡して、検査に合格した後(耐震強度8級)。また国家は無利子で5万元貸し出し、1年目に5％、2年目に15％、3年目に残額を返済するとした。

49 青片郷小溝子は自然景観区として知られた地域であるが、景観は岷江の伝統的なチャン文化とはやや異なり、チャン族民俗村としての特色はほとんどないと報告されている[蔣娟・蘇智先2009]。

(1) 吉娜羌寨の概況

　吉娜羌寨は、旧称は北川羌族自治県擂鼓鎮猫児石村1、2組で、新しい村名の吉娜は、羌族の伝説の中で最も美しい女神の名前である。猫児石村は擂鼓鎮の南部に位置し、南隣の安県から北川羌族自治県に入るときに最初に通過する村で、「北川第一門」とよばれる。総人口は616人で、5つの組からなる。このうち吉娜羌寨と改称された1組と2組は、戸数71戸、人口296人で、80％以上が漢族である。

　2009年の調査では、71戸のうち王姓が46戸で最多である（付表3-1参照）[50]。姜、陳、馮、蘇、洪、周の各姓も古くからの住民で、趙、劉、張、肖、黄は別の村から嫁いできた女性が寡婦となって戸主になった家（うち3戸は王家に嫁いだ）で、沈、宋はチャン族男性が婿入りした家である。王姓は陳、馮、姜の各姓と代々婚姻を結んでおり、王姓およびそれと姻戚関係にある家は全村の約90％を占める。村内のほぼ全戸が何らかの親類関係にあり、1950年代以前は、大晦日には菩薩を祀った五仙廟に村人全員が集まって一緒に年越しのごちそうを食べて祝った。しかし1950年代後半からは、人口増加のために住民は近い親類関係に分かれて会食するようになり、十数戸ずつのグループが日常的にも新築や冠婚葬祭時に最も協力しあう単位である。

　民族構成は、漢族245人とチャン族51人である。このうちチャン族51人は、外部から嫁いできた親世代が19人、漢族とチャン族の夫婦の間に生まれた子供たちが32人で、この村が本来は漢族の村であったことがわかる。親世代は、夫が漢族で妻がチャン族という組み合わせが17組、夫がチャン族で入り婿の場合が2組である。嫁いできたチャン族は、みな1984、85、88年に羌族自治郷となった村の出身である。禹里1人、白坭3人、漩坪4人、東渓2人、蘇宝2人、五星4人、都壩1人である。ただし彼らはみなチャン語が話せず、漢語を日常語としており、嫁ぎ先での生活様式も漢族式である。

　また子供世代の民族区分については、両親の民族が異なる場合はどちらに

50　王姓には忠・孝・誠・仁・義……の輩字があり、現在も用いられているので、輩行（世代順）がすぐわかる。婚姻は同姓不婚が原則で、かつては親が決めていたが、現在は自由恋愛である。しかし王家と陳家の30歳代の夫婦は、「娃娃親」（幼いもの同士を親が婚約させる）であり、旧来の習慣も根強く残っている。また村の慣習法では、葬儀には家同士が不仲であっても参加し、対立を解消しなければならないとされている。

第 3 章　汶川地震後のチャン文化

属してもよいとされるが、この村では習慣的に母親側の民族で登録するため、母がチャン族であればチャン族として登録されることが多い。夫がチャン族である 2 戸は、1 戸は息子と娘をともにチャン族とし、別の 1 戸は息子を漢族、娘をチャン族に登録し

写真3-3　北川羌族自治県吉娜羌寨（2009 年 9 月）

た。村民の一人（男性・20代・漢族）は、母親がチャン族だが本人は漢族である。彼は、少数民族には上級学校の入試に加点があって有利になるから、自分の子供は成績が良ければチャン族にするが、成績が良くなければ特に必要がないので漢族でいいという。

　上級学校の入試での加点は、少数民族に対する優遇政策の一つとしてよくとりあげられる。しかし猫児石村のような、あまり豊かではなかった民族自治県内の村民にとって入試時の加点が子供の民族決定の大きな動機になるのは、近年のことである。村長によれば、1980年代には、児童全体の学業成績が上級学校に進学するほど良くなかったし、親には学費を出す余裕がなかったため、ほとんどの児童は小学校までであった。特に女子は小学校に行けない場合や中途退学も少なくなかった。1990年代に政府が「普九」（9 年間の義務教育の普及）を始めてから、原則として全員が中学校に進学できるようになり、また出稼ぎが盛んになって生活も安定してきたので、高校への進学者もでてきた。2007年からは義務教育がすべて寄宿舎制になって学費だけでなく宿舎費や教科書代も無償になり、家長の負担は生活費や雑費として毎月100元程度に軽減された。生活困窮家庭にはその経費も支給されている。近年、多くの親は子供の進学を望んでいるため親が少数民族であれば子供を少数民族として登録し、夫婦ともに漢族の場合も子供の学業成績がよければ近親者に少数民族がいないか探して民族名をチャン族にするという。

　村のインフラは、1958年に車の通行可能な道路が通じ、村と道路を結ぶ橋は2000年に綿陽日報社の寄付で修復され（到富橋）、被災後は山東省済南

141

市の対口支援で新設された（猫児石大橋に改名）。吉娜羌寨は綿陽市など南部の大都市と県城を結ぶ沿線に位置し、県内でも交通至便の地の一つである。電気は1971年に響水川の水力発電所から引かれ、1981年からは国家の電線設置によって供給されている。水道は、各戸がそれぞれ響水川から引いていたが、2005年に国家の支援で給水タンクが設置され、全戸に給水されるようになった。燃料は、地震前はすべて薪で、薪を裏山に取りに行くのは女性の重要な仕事であった。被災後はプロパンガスが全戸に設置されたが、燃料費のかからない薪を使い続ける家庭も少なくない。

猫児石村1、2組は、1980年代までは経済的に遅れた村であった。蘇宝河に面した河谷にあったが、耕地の多くは斜面にあって面積も少なく、食糧が不足した。出稼ぎにでる男たちもいた。WF（男性・82歳・漢族）は、1958年に道路が開通するまでの20数年間、農閑期には木材を川に流して運び[51]、安県で売買して現金収入を得、油塩や食糧を買った。当時は10数人が同じ仕事をしていた。前村長陳K（男性・60歳・漢族）[52]によれば、1960年代はトウモロコシを主作物とし、ジャガイモ、ソラマメ、エンドウマメ、小麦を栽培した。出稼ぎにでる者はいなかった。花椒坪に集団経営の茶園100畝があり、初めは年間数千元の売り上げがあったが、次第に茶葉の品質が低下したので雑木に植え替えた。

1981年夏に生産請負制が始まり、一人あたり平均1.2畝の耕地が分配された[53]。出稼ぎは1986年頃から始まり、1990年代から多くなった。家庭経済がようやく楽になったのは退耕還林政策開始後である。3年間1畝あたり200斤の食糧（米とトウモロコシの混淆）が支給され、1畝あたり230元の補償を受けた。余った食糧は売って現金化し、より多くの労働力が出稼ぎにむかった。また1999年には村経営の金果園プログラムが進められ、傾斜地380

51　毎年、5月から翌年2月までの河川の水量が多い時に水路を開き、3〜4月に農作業をした。1回の放流は2〜3日で、1月に約9回出かけた（2009年9月聞き取り）。
52　陳Kは1970年に入党、1981年から2003年まで村長を務めた。祖先は湖北・湖南から来たと語る。
53　猫児石村は1970年代まで4つの小組に分かれていたが、82年から5つの組になった。土地分配後、3、4、5組は村民の生死によって分配地を毎年調整しているが、1組と2組は1度も調整していない。

畝にいろいろな果樹を栽培した。当初の収穫はよかったが、管理が悪く、次第に品質が低下して栽培しなくなった。

以下は、この村の典型的な農家の事例である（2009年9月現地での聞き取りによる）。

事例1　王孝Q（50代・漢族）の場合：妻（50代・チャン族）と1男2女の5人家族。80年代に5畝の畑と7〜8畝の斜面の荒地が分配され、トウモロコシ、油菜、小麦、大豆、ジャガイモ、サツマイモを自家用に栽培した。トウモロコシは一部をブタの飼料にし、残りを売って（1斤0.4〜0.5元）農業税200元を納め、残りで米を買った。90年代に7〜8畝を退耕還林し、サクランボを植えたが育たず、2005年にアケボノスギやハクヨウなどの雑木にかえた。90年代からブタを飼い、毎年3頭（1頭あたり1000〜2000元）売った。今回の地震では畑も樹木も家畜もすべて失った。出稼ぎは、80年代はトウモロコシの収穫や運搬などの農作業の手伝いであったが、賃金はトウモロコシ100斤につきわずか4元であった。90年代半ばから麻柳湾の炭坑[54]で働いている。月給は初め400〜500元であったが、最近1000〜2000元になった。現在はこの村でレストランを営む長男一家3人と同居。長男（29歳・漢族）は高校を2年で退学し、炭坑で働いたこともある。湖北省でコックとして10年働き、被災後、帰郷してレストランを開店。村内では家畜の飼育や農作業が禁止されているため、食材は母が採集する山菜や友人に生産委託した「猪膘」[55]、地元の野菜である。レストランの収入は、現在は月にわずか1000元だが、旧県城が地震遺跡として一般開放されたら必ず観光客が増えてもうかるようになると信じて待っている。

事例2　王孝H（40代・漢族）の場合：5男1女の末弟。1994年に結婚して、妻（40代・チャン族）と2人の娘、両親（80代・漢族）の6人で暮らす。妹が2人いる。高卒後、擂鼓鎮の建成工業公司で働く。月給は90年

54　麻柳湾炭坑は民国期に開発されたが、1930〜40年代に停止され、50年代には農閑期に採掘された。80年代に国営になり、87年には労働者109人、年間5728トンを生産。90年代半ばに民営企業になる。
55　豚の乾燥肉。肉を生のまま天日乾燥させる。干す前に肉に塩や香辛料をすりこむこともある。毎年、数頭を殺して作り（「年猪」という）、保存食として年間を通じて調理に使う。冠婚葬祭時の贈答品として必需。猪膘を多く貯蔵する家庭ほど富裕であるとみなされた。

代にはわずか数十元だったが、現在は1000元になり、毎日バイクで通勤する。2004年から村長。1981年に10.4畝の畑を分配されたが、すべて斜面にあって労働はきつく、トウモロコシの生産量は少なかった。80年代は全村が経済的に苦しく、家では肉は週に3回しか口にできなかった。擂鼓鎮の学校に通うためのバス代1角を節約して歩き、学校での食費2回分にあてた。結婚後、人手が増えたので飼育するブタを増やして売った（1頭あたり700～800元）。妻によれば、当時は農作業がきつくて現金収入も少なかったが、被災後は、畑や家畜がなくなって農作業をやめたために身体が楽になった。家屋が村の入口付近にあって立地がいいので茶葉やチャン族の刺繍製品などの土産物を売る店を開いた。

　これらの事例によれば、自給型農業と出稼ぎ、ブタやニワトリの飼育と売買という組み合わせが、地震前の典型的な家庭経済である。出稼ぎは、1990年代以来、現金収入の柱となった。しかし当時は住民の平均的な教育水準が小卒か中卒であったため、街にでても肉体労働がほとんどで賃金は低かった。仕事としては麻柳湾炭坑で働く者が多く、現在も20人余りの中高年の男性が毎日通う。危険だが月収は約2000元になる。2000年に入ってこのうちの3戸が廃品回収業を始めた。回収業は被災後とくに順調で、年収は数万元ある。若者は、男性は遠くの都市に行き、女性は隣接する安県の飲食店などで働くことが多い。被災後は出稼ぎが定着化する一方で、村の外観がチャン族民俗観光村に一新され、居住区での農作業や家畜の飼育も禁止されたので、土産物店や刺繍製品を売る店、レストランや民宿を開く者が続いた。県政府主導のもとで農業村から民俗観光村への転換がはかられているが、住民のほとんどが漢族であるため、チャン文化への関心は概して低く、チャン族民俗村の雰囲気はほとんどない。

(2)　吉娜羌寨におけるチャン文化の復興

　では、吉娜羌寨のように漢族が多数を占め、本来、チャン文化がなかった村では、どのようなチャン文化が展開されようとしているのか。北川県人民政府幹部は、岷江上流域のチャン文化を民族文化のモデルとして、レンガやコンクリート、雲南産石材を用いて石造り風の家屋や石碉などの伝統的な建築群をたて、屋上にコンクリート製白石の飾りを置いてチャン文化の雰囲気

を強調するとともに、「鍋庄舞」（チャン族の伝統の舞踊の一つ）や羌繡を村民に教育するプログラムをたてた。また観光客にみせる村であるから美しく清潔でなければならないとして村内でのニワトリやブタなどの家畜の飼育や農作物の栽培を禁止し、もし観光業が立ち行かないならば出稼ぎで生計を立てるよう指導した。

　猫児石村は、汶川地震では総人口616人のうち26人が犠牲となり、ほとんどの家屋が倒壊した。このうち1組と2組は河谷の幹線路沿いに位置していたが、戸数71戸のうち69戸が全壊、残りの2戸が危険家屋とされた。被災後、北川羌族自治県の中国共産党県委員会および県人民政府から「農房重建工作試点示範村」（農村復興モデル村）に指定され、国家から数百万元という莫大な経済的支援を受けて再建が開始された。2008年7月7日に着工し、20組の施工隊、700人の施工人員、50余人の管理職員が投入されて12月26日に完工、年末には69戸、280人が新居に移った。

　猫児石村がチャン族文化復興のモデル村に選ばれたことについて、張C（男性・60代、北川羌族自治県政治協商会議委員）は次のように語る。猫児石村は北川羌族自治県南端のチャン族と漢族が接触する境界の地に位置し、チャン族の特徴はあまりない。しかし民族自治県の窓口に位置し、新県城につながる沿線上にあって交通が便利であること、チャン文化の運命が全国的な注目を集めており、中央政府は被災後の復興の成果をわかりやすい場所に、わかりやすいものを造って示す必要があったために猫児石村にチャン族建築群を建設することになった、という。

　完成した吉娜羌寨は、外観や家屋は岷江上流の伝統的なチャン族村風である。居住区は、山から流れ込む小川をはさんでA区とB区の2つに分かれる。A区側の人工の斜面に2つの石碉があり、中央には広場を設け、白石を置いた祭祀壇を作って観光の拠点とした。ただし祭壇で儀式を行う時には、村内にシピがいないため外部のシピを招かねばならない。家屋は、外壁には雲南産の石板が貼られ、屋上の四方にはコンクリートでかたどった白石の飾りが置かれ、チベット様式の窓枠には白石が積まれた。内部は現代的である。すべての家屋に給排水、電気、テレビ施設、プロパンガスが配置され、電化製品や新しい家具が並ぶ。村内には、新たに6軒のレストランや6～7

軒の土産物店、6軒の民族服店、数軒の民宿が開業し、広場には小屋掛けの土産売り場が6～7軒並んで、民俗観光村として出発した。

　しかし2009年秋に筆者が訪れた時、吉娜羌寨は閑散としており、観光地の賑わいはほとんどなかった。広場で土産を売る女性は、毎日の純利益は5元にみたないという。時おり車で来る観光客は観光案内所や説明板がなく人影もまばらであるため、村内をひと通り歩き、レストランで食事をして帰っていく。レストランのメニューは、「羌菜」（チャン族の伝統的な食事）というより、地元の山菜や猪膘を主とした地元料理である。この村ではすでに農作物を作っておらず家畜もいないため、山菜以外の材料は村外から購入する。働ける者のほとんどは生活費の捻出と借金返済のために、被災前と同様に出稼ぎにでている。また被災後、学童はすべて学校の寄宿舎に入ることになったために週末しか戻らず、昼間は老人のみが残る。村長によれば、2010年5月に旧県城が公開されるまでは、観光客はほとんどこないだろうという。またチャン文化を観光の中心にするには経費が不足していること、例えば祭祀を行うには、別の村からシピを招かなくてはならないがその経費がない。観光案内所もなく、大型の観光団体を受け入れることができない。被災後失われた土地の分配も未解決である。しかしなによりも、多くの住民がチャン文化に対して冷淡であることが問題だという。

　では、この村の漢族はチャン族やチャン文化に対してどのような意識をもっているのか。王孝C（男性・20代）は、吉娜羌寨にはチャン文化の雰囲気がない、ここでは、かつて「羌暦年」[56]（羌年、チャン族の新年）は行われたことがなく、住民の多くは2003年に羌族自治県が成立し、全県規模の催しが政府主催で行われるようになってはじめて羌年や羌繍などを知ったという。また王孝H（村長）は、これまで多くの住民がチャン文化というものを意識することがなく、あるいは意識する必要もなかったため、吉娜羌寨が完成して外観がチャン族村になっても、住民の多くにはチャン文化を学ぶと

56　かつてチャン族は固有の暦をもち、新年を地域によって農暦8月や10月、冬至にそれぞれ行っていたが、中華人民共和国成立前後から次第に行われなくなった。阿壩蔵族羌族自治州政府は1988年に農暦10月1日をチャン族の新年と定めて「羌年」と呼び、茂県では祝賀会が開かれた。2008年には国家級非物質文化遺産に登録された［松岡2008a: 158-161］。

いう意識がない。住民は、観光で生計を立てることに反対ではないが、チャン文化観光の観光地になるためにはチャン文化を学ばなくてはならないという意識がない。県政府が主催した鍋庄舞や羌繡などの習得プログラムにもあまり熱心ではない、という。

　鍋庄舞は、チャン族伝来の踊りであり、祝日や冠婚葬祭には必ず演じられる。また地域によって独特の舞があり、チャン族には娯楽の一つでもあり、観光客にはチャン文化ショーのプログラムとして人気がある。この村で鍋庄舞の練習にとりくんだのは、村長夫人TQ（禹里郷出身のチャン族）である。彼女は、擂鼓鎮文化館の助けを得て、1996年頃から農閑期に村の女性を集めて始めた。初めの頃は、村人から排斥されたり笑われたりして参加者も少なかったが、TQと書記夫人がコンテスト出場のためにチャン族の民族衣装12人分（1枚150元）や太鼓など楽器購入の経費を負担し、1997年に12人がコンテストに出場して2位になってからは、参加する人も次第に増え、少なくとも嘲笑されることはなくなった。

　チャン族の民族衣装は、民族観光が奨励されてから、鍋庄舞組に参加する者やレストランや土産物店など観光業に関わる者が街の商店で購入するようになった。チャン族女性は一種の誇らしさを感じながら着るといい、漢族女性も衣装は華やかで美しいが、どれも一様で、素材は化学繊維で薄いため冬季の着用や日常着にはむかないという。

　羌繡は、チャン族の女性にとっては必修の技術である。技術は母から娘へと伝えられ、刺繡入りの布靴「雲雲鞋」は恋人や嫁ぎ先の両親親類に贈るために必ず自分で作った。被災後、羌繡はチャン文化を代表する土産物として知られるようになり、チャン族女性にとっては新たな現金収入源として広まった[57]。北川県政府も、将来的に「北川山東工業園」建設計画の中に「羌繡園」も入れるとして、県城に羌繡訓練班を組織し、講習費や交通費も政府

57　理県では、2008年7月に理県政府と成都文化基金の支持のもとに阿壩州羌族婦女就業センターが立ち上げられ、羌繡技芸訓練と羌繡生産の体制が作られ、理県桃坪村の女性を中心とした活動が行われている。茂県では、国家非物質文化遺産の羌繡伝承者である李興秀（チャン族女性・47歳）が1994年に初の民間羌繡企業「羌寨繡荘有限公司」を興し、数百人のチャン族家庭女性を組織した。被災後は1万人を超えるチャン族女性に技術を指導し、経済収入の手段を与えた（2009年現地での聞き取りによる）。

が負担して村の女性たちの羌繍技術の習得を支援した。しかしこの村で訓練班参加後も続けて練習しているのは6～7人にすぎず、販売されている作品は、岷江地域の羌繍の水準にはるかに及ばない。

このように吉娜羌寨の漢族住民は、チャン文化の鍋庄舞や羌繍、民族衣装などに対して冷笑することはなくなったものの、村の観光発展にとって必要だという意識が薄く、まして学ぶということがほとんどない。それは、異文化に対する漢族の態度としては当然であるかもしれないが、経済的にも目前の生活が出稼ぎによってある程度安定しているため、どうしても観光に頼らなくてはならない状況にないことが大きい。彼らの思い描く観光村は、土産物店やレストラン、民宿を開くことであり、それぞれ元手が必要である。それに対して「出稼ぎは元手がいらず、労力さえあればすむから、出稼ぎのほうが楽だ」（女性・30代・漢族）という。これは大多数の考え方を代表している。経済的発展は歓迎であるが、特に老人を中心として生活習慣や意識上の大きな変化は好まない、という意識はかなり強い。

一方、少数者であるこの村のチャン族は、漢族の集落であるこの村と実家のチャン族の集落との違いを感じている。30～50歳代（1980年代以前の生まれ）の3人の村民は、実家のあるチャン族の村の記憶を次のように語る。

事例3　TQ（女性・40代前半・チャン族）の場合：禹里郷出身、中学校卒業。禹里では、女性はみな羌繍をし、刺繍入りの布靴をだれもが作る。鍋庄舞は10代で自然に覚えたが、系統的ではなかった。嫁いでから、擂鼓鎮文化センターの先生に教えてもらってきちんと踊れるようになった。ここでは集落の再建にあたって大変もめ、だれもが不満を言ったが、実家のチャン族の禹里だったら話し合いでこれほど紛糾することはない。

事例4　DD（女性・36歳・チャン族）の場合：都壩郷出身、小学5年生で退学。親戚の紹介で結婚。実家では幼い頃から放牧をしていたので農作業は複雑で慣れない。夫の両親が農作業をする。羌繍も鍋庄舞も実家で覚えた。ここの羌繍は都壩の羌繍とはかなり違っている。祖母は1990年代に80数歳で亡くなったが、生前は襟に刺繍のある長い上衣に前掛けというチャン族の衣装をずっと着ていた。

事例5　WC（男性・29歳・漢族）の場合：母（50代）が白坭郷出身の

チャン族。チャン族の親戚が茂県にいる。3人の子供たち（全員1980年代生まれ）はだれもチャン族ではない。チャン族である母は耳に穴をあけて銀の耳飾りをつけ、銀の胸飾りを好んでつける。母自身はチャン語を話せないが、祖父母はチャン語を話し、母はそれを聞いて理解できる。母は実家で羌笛を吹いて歌をうたい、放牧した。幼い頃、ここに叔父（母の兄弟）が訪ねてくると、いろいろな決まりごとを守っている叔父と一緒にいるととても窮屈だった。漢族の父とチャン族の母は、生活習慣はそれほど違わない。漢族とチャン族の違いは、漢族とチベット族の違いほど大きくない。

　以上の語りによれば、1980〜90年代の北川県のチャン族は次のようである。都壩や白坭などのチャン族村は山間にあって放牧を主な生業とする。チャン族独自の慣習法があり、猫児石などの漢族村より厳格に遵守されている。羌繍はチャン族女性の必修の仕事であり、鍋庄舞や羌笛も伝えられている。祖父母の代（民国期の1910〜40年代生まれ）は、なおチャン語や民族服などのチャン文化を保持していたことがわかる。これに対して、近年、40歳代以下の世代が受け継ごうとしている羌繍や鍋庄舞は、政府の文化センターが整理編集したものである。それは政府という「官」が承認したもので、従来の地域性をもった「民」のものとはやや異なる。近年は、整理され統一された官製の歌舞や羌繍が、チャン文化復興政策のもとで小中学校の音楽の教科や余暇活動にも取り入れられ、次世代に伝えられている。

　実は、漢族とチャン族の夫婦の間に生まれてチャン族とされた子供たちの多くが、主に漢族から構成される村や鎮（農村部の小都市）で暮らしている。また2007年から義務教育が寄宿舎制になったため、子供たちは、週末以外の時間は漢語を話す、現代的な集団生活の中ですごしており、日常生活でチャン文化を体験することがほとんどない。一方、県政府は、全国唯一の羌族自治県として全県的に民族文化の普及と保護に努めている。それは桂渓郷中学のように生徒の多くが漢族であるところでも同様で、授業でチャン族の歌や踊りを学び、発表会などで演じるという。政府の関係部門によって整理されたチャン文化が、特定民族の文化という枠を超えて、自治県民の生徒たちの共通知識の一つとして統一的に伝承されている。

　ところで吉娜羌寨の住民は、モデル村となったことで周辺のどこよりも早

く新家屋を手に入れ、周囲の環境も整えられた。しかし同時に幾つかの問題も抱えることになった。

　第一の問題は、家屋の再建資金である。各戸は、建築費用の総額10数万元のうち、国家補助を1万6000〜2万2000元受けたが、なお銀行から多額の借入をした。県政府幹部の方針は、村民の自主再建という建前をつらぬくために村民の銀行からの借入は必須であるとした。しかし村民は銀行から借金するという習慣がなく、不安を感じるとともに返済は重い負担であった。建設計画の段階からこれは大きな問題であり、村内で激しくもめた。しかし経費を用意できなければ入居することができず、村を離れるしかなかったため、結局、住民のほとんどが数万元の借金を背負った。ただし第1年目の返済日が来ても、まだ1人も返済していない。形式的には政府が肩代わりしている状態で、返済猶予が黙認されている[58]。

　第二に、生計をどのように立てるかという問題である。新しい吉娜羌寨は観光村として建設されたために、村人は農業を行うことができず、観光業で生計が成り立たない場合は出稼ぎにでるほかはない。たしかに被災直後は道路工事や建築現場などの臨時仕事が多く、地震前は1日の賃金が20〜30元にすぎなかったのが、地震後は50〜60元になり、現金収入を得るのが容易だった。また復興再建のために外部から多くの労働者が来て宿舎が不足し、地元では貸間の需要がおきた。吉娜羌寨では月額200元、周辺の集落でも月額100元で部屋を貸し出した。しかしいわゆる復興工事は2008年間から3年間というのが政府の基本方針であり、この景気は数年で収束する。元来、基本的な生計は1980年代後半から一般化している出稼ぎと自給型農業であったが、被災により畑地をほとんど失った。出稼ぎと観光業を組み合わせるか、あるいは他の方法を考えるか。2009年11月の現地での聞き取り調査では、住民の多くは、ともかく2010年5月に旧県城が公開されるまでは出稼ぎで生計を立て、観光業については様子をみるという態度であった。これに対して県政府幹部は、旅行専門業者に観光村の運営を委託し、村人がその株式を持つことが望ましいとしている。

---

[58] 2016年の聞き取り調査によれば、借入れ後2〜3年でほぼ全員が返済したという。

第三は、全村の設計や家屋群の配置、家屋の広さはすべて県政府が中心となって決め、住民の意見が聞かれなかったため様々な不都合がでていることである。政府は住民の実際の生活をあまり考慮せずに観光開発の視点で村を再建し、美観と衛生を第一としたために、村内には畑は残さず、家畜の飼育も行わないとした。そのため主食の米や小麦だけでなく、日々の野菜や果物なども購入しなければならなくなった。ただし2009年12月の筆者の調査時点で、敷地内の空地や歩道の花壇などで野菜栽培がかなり行われており、奥の数戸はヤギやニワトリも飼育していた。村の幹部も黙認している。さらに屋外にテントを張ってそこに台所を移す家庭も10軒を超える。プロパンガスは経費がかかるので、従来の薪を燃やす竈にしたという。また家屋の広さは家族数によって決められ、一人あたり30m^2で、さらに40m^2が加算されたが、民宿にするには狭いという不満もある。

　B区に分配されたもと2組の住民は、A区には石碉や広場があって観光客が参観できるようになっているが、B区は住宅のみであるため将来的には観光による利益が見込めない、村の幹部はみなA区に住んでおり不公平だという。しかしB区では、週末になると、街の学校から帰ってきた子供たちが集まって遊び、大人は、夜、道路の真ん中で焚火を囲んでおしゃべりに興じている。B区は、観光客用に家屋が配置されたA区と違って、通りをはさんだ両側に家屋が配置され、通りそのものが住民のコミュニケーションの場に活用されており、区画整理で分断された近所づきあいの復活がみられた。住民の「自発的な改善」がB区では顕著である。

　以上のように、吉娜羌寨が観光村として発展するには、住民の意識に大きな問題がある。住民にとっては、ともかく新しい家屋を手に入れたことで基本的には満足している。また借金については、実質的に返済が猶予されているため、最終的には政府が何とかしてくれると期待している。ともかく2010年5月に旧県城が一般公開するのを待って、観光客が増えるかどうか見極めようとしている。

　しかし、住民の意識が低いという背景には、そもそも政府がトップダウン方式によって漢族の村にチャン族村を作ったことに原因がある。民族観光として成功するには、単に外観が民族的であるというだけでは観光客の視線に

は応えられない。チャン族の歌舞や祭り、民具やチャン族風の食、羌繡などだけではなく、そこで生きるチャン族の生活や民族意識そのものも重要な民族観光資源である。しかし県政府は、岷江流域の伝統的なチャン族の村をモデルとして、他の土地で産出した石材やコンクリートによって「ホンモノよりも美しい村」を作りあげたものの、その文化を担うべき主体を住民とはせず、民俗村の経営を外部の業者に委託して利益をあげることを提案している。

　これに対して、北川県における民族観光の成功例としてあげられる青片河流域の五龍寨は、山間の幽美な自然景観に恵まれたことに加えて、住民が1950年代からチャン族であることを意識している。青片郷正河村党支部書記の楊HW（男性・47歳・チャン族）がリーダーとなって民族歌舞団を作ったことから、年間約10万人の観光客を迎え、観光収入も数百万元に達した。村民はかつての農民から、観光案内所で働く者や遊覧の馬を引く者、土産物店を営む者に変わり、出稼ぎにでる者もほとんどいなくなった。村民の平均年収は5000元を超え、北川県だけでなく四川省農民の平均年収をはるかに超えた。またチャン族の歌舞や衣装、生活様式などを観光資源として収入を得るようになったことで、住民は自民族の文化を再認識し、かつて行われていた祭山会や龍灯会、チャン族式結婚式、羌笛や口弦などを復活させた［北川羌族自治県概況編写組2009: 187；王大悟2009: 58-59］。汶川地震では大きな被害を受けて、民族歌舞団はいったん解散したが、政府の援助を受けて北川羌族芸術団として再結成され、約30人の団員（国家級非物質文化遺産の羌笛の演奏者2人を含む）は北川県だけではなく茂県や理県、松潘から民族文化伝承の熱意をもった若者が集まった（2009年現地での聞き取り）。吉娜羌寨や五龍寨の事例は、民族文化および民族観光を担うのは誰であるかということが重要であることを示している。

　小　結

　四川のチャン族は、1980～90年代の民族回復を経て様々なチャン族を含む民族集団となった。従来のチャン族は、岷江流域の茂県、汶川県、理県などに居住する集団であり、そこには「伝統的」なチャン文化があった。しかし民族回復によってチャン族となった北川県や平武県のチャン族は、総人口

の約半分を占めるが、清代以来、漢族あるいはチベット族とされてすでに百年以上を経ていたため、ほとんどの者がチャン語を話すことができず、伝来のチャン文化はほぼ失われていた。

　北川県では、「失われたチャン文化」を復興するための大きな動きが2回あった。1回目は、1980〜90年代の民族回復期で、「意識を変えた」県政府および民族幹部が民間に残る民族文化を民族回復の根拠を示すものとして発掘し、収集整理した。調査の結果、白石や石造りの家屋、石碉などの岷江モデルに相当する伝統のチャン文化はほとんどなかったものの、歌舞や民間故事、日常用具、麻服、装飾品、羌繍、慣習法などが残っていることが報告された。これは「面従腹背」といわれたチャン族の性格をよく表している。可視的、表面的に「漢化」を表す一方で、事例4で30代のチャン族が語るように、山間部に居住していたチャン族は集団の内面的な特質を日常的な習慣としてよく伝えていたとみられる。

　2回目は、2000年以降の民族観光奨励期で、県政府の主導のもと、伝統的な岷江モデルの要素をとりいれた「現代的」なチャン文化の創出がめざされた。四川省では、90年代の西部大開発で民族地区の観光開発がかかげられたことによって、阿壩蔵族羌族自治州でもチベット族とチャン族の民族文化を観光資源とした民族観光政策が始まり、観光資源の県級、省級、国家級遺産というランク付け、世界遺産への申請が進められた。

　北川県においても、2003年の民族自治県成立を機に、県政府の強力な指導のもと、チャン族の民族文化が観光資源として利用されていく。まず民族文化のシンボルとして白石や羊角のデザイン、石碉などが選ばれ、全県民にむけて普及を奨励した。特に、2008年汶川地震被災後の復興計画では、これらのシンボルを都市や農村の家屋、全県各郷鎮の学校病院その他の公共建築物に採用すること、新県城と旧県城を結ぶ沿線では建築物をチャン族風に改造すること、さらに新県城ではこれらのシンボルを建築物に採用し、現代的な設計や建築材料によって近代的なチャン族の県城を建設することが方針としてだされた。これらは中央政府からの巨額の財政援助と山東省各県からの対口支援をうけて着々と実施された。県政府は、チャン文化のシンボルを突出させることで従来の「伝統的チャン文化」よりいっそう華麗な「現代的チャ

ン文化」の建設をめざし、ハコモノの完成によって政治的業績を誇示した。

しかしトップダウン方式のハコモノ建設には、大きな問題がある。北川羌族自治県では、チャン族と漢族の人口比率が6：4（2000年）で漢族の比率が高く、彼らは主に南部の交通至便の土地に集住している。被災地復興計画では民族観光を柱の一つとしているが、発展の可能性を考慮すれば交通至便の地域に民族観光のハコモノを建てざるをえない。その結果、トップダウン方式によって、新県城と旧県城を結ぶ沿線の漢族の村々に、一斉に同じようなチャン族風の建築物が建てられることになった。

その典型的な事例が、岷江流域のチャン族村を真似た、投資額数百万元とも噂される吉娜羌寨である。ところが吉娜羌寨では外観はチャン族風に変わっても、住民の80％が漢族であるためチャン文化に対する住民の意識は極めて低い。住民は、チャン族風の住居に住んで出稼ぎで生計を立てながら、2010年5月に旧県城が地震遺跡として一般公開され、観光客が押し寄せるのをじっと待っている。そこで住民側か提供できるのは、外部から仕入れた土産物や簡単なチャン族の刺繍品、地元の食材を使った食事、マージャン店などにすぎないが、多数の観光客が来れば十分に採算がとれるし、うまくいかなかったらこれまでどおり出稼ぎをすればいい、という。これは新奇な異民族の生活を覗きたいとする観客側の視線に応えて民族文化をみせる「民族観光」からは遠く、民族観光による経済発展という地方政府の目標からも大きなズレがある。原因は、民俗観光村を担うのは住民自身であるという視点が、建設を指導した県政府側に欠けていたからであり、同様のことはトップダウン方式になれた漢族住民側にもいえる。

これと対極にあるのが、チャン族自身が民族観光の主体者となった同県西部の五龍寨の事例である。北川チャン族は、大部分がチャン語を話せず生活様式も漢族式で、いわゆる漢化が進んでいる。しかし本節で示したように、漢族とは異なる、「面従腹背」の祖先の記憶はなお伝えられており、不可視の自民族意識は強く存在している。県政府が主導する「現代的」な、「官」の、「民族自治県的」なチャン文化は今後も増えていくに違いないが、五龍寨の例のように、新しい世代のチャン族自身によって新たなチャン文化が創られていく可能性も決して低くないと思われる。

2016年6月、筆者は再び北川県を訪れた。2009年と比べての変化を簡単に述べておく。

第一に、新県城が大変美しく建設されていた。街並みは広い道路と街路樹、小河で計画的に区切られ、現代的な博物館や学校、広場、観光街や大禹橋、高層住居、有機植物栽培園などが並ぶ。ただし人口はかつての県城の70％弱ともいわれ、週末には観光客がくるというが、アパートや商店には空き家が目立つ。第二に、旧県城が地震遺跡として整備されて一般公開されていた。近くには地震記念館や観光センターが建ち、土産物店や飲食店が並ぶ市場ができていた。地震遺跡はできるだけ当時のままの形が残され、詳細な説明板が付されていて、非常に心をうつものであった。第三に、吉娜羌寨が、チャン族村の景観を残したまま地産地消の郷土料理を提供する農家楽や土産物店を開いて、安定した観光村になっていた。旧県城が地震遺跡として一般公開された2010年5月以降、旅行社と結んで昼食と休憩の地として観光客を迎え、2012年がピークではあったものの、平均して多くの観光客が訪れるようになったという。なお観光化の過程や直面する問題等については政府の支援が終了した後の住民の自発的な動きが多々あり、今後検討したい。

第4節　四川チャン族における言語交替と母語の喪失

中国は56の民族からなる多民族国家である。中華民族とはこの56民族の上位に位置づけられる概念で、国民を意味する。ただし中国の主体民族は漢族であり、国民の実体は漢族を主とするものである[59]。よって56民族を中華民族に統合して国民国家を形成するためには、主体民族・漢族の言語である漢語をすべての民族に習得させることが前提であり［新保2012b: 133］、中央政府は、1990年代以降、学校教育における漢語教育の徹底を推進している。しかし漢語教育の徹底は、同時に少数民族における母語の喪失という状況をひきおこしている。

特に、南方の少数民族においては、総人口が数十万、あるいは数万以下の

59　費孝通は『中華民族多元一体格局』で漢族を「凝集する一つの核心」とし、そのネットワークを「多元一体構造」の骨格とする［費孝通編著2008 (1989): 49–50］。

比較的規模の小さい集団が多く、同一民族内でも母語の地域差が大きいために共通化された民族言語がない。そのため徹底した漢語教育をうけた者たちは、容易に「より有力な言語へ話者が乗り換える」という言語交替をおこし、母語に疎くなる。しかも文字をもたない集団が多いために、再び獲得しようとしても学ぶべき母語の記録がない。

　チャン語は、地域差が大きく、文字をもたないという典型的な南方少数民族の言語の一つであり、近年、若い世代における母語の喪失と漢語への言語交替が顕著である。本節では、チャン族における言語交替と母語喪失の過程と背景を分析し、その意味と今後の課題について考える。

　本節中で用いる資料は、主に、チャン語の使用に関する近年の詳細な調査報告[60]と筆者の調査（2008〜2014年）である。また言語交替については、稗田乃の言語交替論を参考にする［稗田2006: 141-142］。稗田によれば、放棄される民族言語Aがターゲット言語Bに交替する過程では両者が並行して話されているバイリンガリズムの時期があり、両者が並行して用いられる安定的バイリンガリズムと交替してしまう同化的バイリンガリズムがある。Aが死語となるのは後者であり、そこには何らかの社会的要因があって、両者の使用領域の偏りが変化していくとする。チャン語の場合は、まさに中華人民共和国成立後の70年の間に言語交替が終わってしまった例と言語交替の途中にある例が併存する。本節では、チャン語と漢語の同化的バイリンガリズム状態がどのような社会的政治的要因で形成されてきたのか考える。

1. 四川チャン族における言語交替の状況とその背景

　チャン語はシナ・チベット語族チベット・ビルマ派チャン語群に属し、南部方言と北部方言に大別され、前者はさらに大岐、桃坪、龍渓、綿池、黒虎、三龍、較場の7つに、後者は雅都、維古、麻窩、蘆花、茨木林の5つの方言グループに分かれる。ただし北部方言の7つが互いに会話ができるのに対して、南部方言の5つは差が大きいために、それぞれの地域での使用に限

---

[60] 王小琴［2009］、阮宝娣［2012a, 2012b, 2012c］、呉定初・張伝燧・朱晟利［2011］、耿静［2012a］、蔡文君［2008］、申向陽［2011］、張天明［2012］、葉小軍［2014］、宝楽日［2008］等、参考文献参照。

定される。また南部方言区では、多くの地域で漢語が第一言語となっているのに対して、北部方言区では茂県西北部の赤不蘇区や隣接する黒水県チベット族区（約4200人）において現在も日常語として使用されている。

1）チャン族における言語交替

　チャン語に関する使用の年代的変化は、蔡文君［2008］や申向陽［2011］などの報告によれば、次のようである。1950年以前、すなわち民国期までは、チャン族人口の約90％がチャン語を話すことができた。1950年代の状況について四川省民族研究所の李紹明は、50年代初期、茂県県城の住民は漢族や回族と共住しており、漢文化の影響を深く受けていた、また南部方言区のチャン族は多くが漢語を理解できたが、北部方言区のチャン族は漢語を聞き取ることができず、ギャロン・チベット族やアムド・チベット族も同様に通訳が必要であったと報告する［李紹明口述2009: 144–146］。

　チャン語の使用率は、1980年には62.3％まで下がり、2010年にはついに43.3％にまで減少した。これは、母語を話せないチャン族が1950年代には約10％にすぎなかったのが、1980年には約40％になり、2010年には60％近くに達したことでもある。これに対して、漢語は、1950年代は漢族との接触の多い幹線道路沿いの村や県城、鎮などで話される程度にすぎなかったのが、1980年には93.1％、2010年には99％のチャン族が漢語を話し、現在ではほぼ100％が漢語を話す。換言すれば、1950年からの30年間に漢語が次第に普及し、さらに1980〜90年代を境に第一言語としてのチャン語と漢語の位置が逆転して言語交替が進み、90年代以降、言語交替が加速するとともに母語が失われていったことがわかる。

　ただしこの母語喪失には、1980年代から90年代にかけての民族回復に伴う特殊な要因がある。チャン族総人口の40数％を占める北川県や平武県のチャン族は、1980年代になって漢族からチャン族に民族回復した人々である。北川チャン族は明清時代に王朝軍に敗れて「漢民」に編入され、1950年代の民族識別では「漢族」と自己申告した。1950年代には第一言語は漢語であり、ほぼ全員がチャン語を話すことができなくなっていた。つまり1980〜90年代に民族回復した人々は、すでにチャン語を失ったチャン族であった。

では、民族回復がほとんど行われなかった地域、すなわちずっとチャン族地区であった岷江流域部において言語交替はどのように進んだのか。先行研究に基づいてチャン語の使用状況を郷鎮単位で記せば、図3-3のようである。日常的にチャン語を使用するチャン語圏を80％以上の使用率地域と仮定すれば、チャン語圏は茂県および松潘県の北部方言区に集中しており、南部方言区では海抜が比較的高い山間部に限られている。共通点は、海抜が高く、交通が不便で半閉鎖的な環境に村が位置していることである。例えば、総人口の大部分をチャン族が占める茂県では、北部方言区のほぼ全域で80％から100％の使用率であるのに対して、南部方言区では80％を超えるのは黒虎、三龍、白渓、窪底にすぎない。

　ただしチャン語使用率が100％の曲谷郷でも、実際に村内で日常的に話すのは女性では30代以上、男性でも40代以上に限られ、30代男性は62％、30代未満は男女とも33％に減少する。すなわち言語交替は最も典型的なチャン語使用圏でも進んでおり、1960年代以前に生まれた男性、あるいは1970年代以前に生まれた女性は日常生活でチャン語を話すが、1980年代以降に学校教育を受けた世代、特に90年代以降に生まれ、徹底した漢語教育を受けた30代未満は、すでに第一言語は漢語である。とすれば、言語交替は30代以上には1980年代以降の経済成長下の出稼ぎが、20代以下には1990年代からの漢語教育が大きな影響を与えているといえる。

　年齢別のチャン語の使用状況について、申向陽［2011］によれば、60代以上はほぼ聞いて話すことができ、40～50代の中年も多くが聞いてわかり、漢語四川方言もできる。しかし20～30代は、1980年代以降の経済成長期に生まれて1990年代に義務教育を受けた年代である。彼らの心の中には、経済の急激な発展という社会的状況のもとでは仕事や進学にチャン語は役に立たないという母語に対する否定とコンプレックスが形成されている。彼らの主な言語は漢語四川方言で、普通話もできる。20代未満は学校の統廃合によって義務教育開始期から漢語圏で暮らしており、漢語四川方言だけでなく普通話も堪能であるが、チャン語との接触が少ないために、チャン語は聞いて多少わかるが話せない、あるいは聞くことも話すこともできないという者が少なくない。

第 3 章　汶川地震後のチャン文化

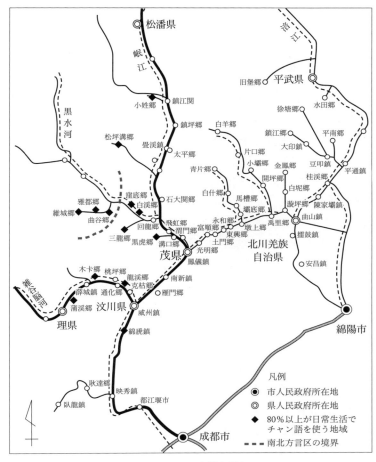

図3-3　チャン語使用状況
出所：申向陽［2011］「古老羌語：従弱勢走向瀕危——阿壩州羌語生存現状調査」『阿壩師範高等専科学校学報』第28巻第2期などより筆者作成。

　チャン語への関心については、40代以上は学校での双語教育を含む次世代への伝承を望むが、30代以下は関心が薄い。なお汶川県県城にある阿壩師範高等専科学校の大学生229人へのアンケート結果によれば、平均年齢20歳の地元のチャン族学生は、90％がチャン語を話すことも聞くこともできず、10％がごく簡単な会話が可能であるにすぎず、母語喪失が高学歴者に顕

159

著である［申向陽2011］。しかし学生たち全員がチャン語学習を学校教育に導入して母語を学ぶことに賛成している。教育水準の高い者ほど民族アイデンティティを意識し、チャン語やチャン文化への関心が高い。

　また県単位の言語状況については、茂県では、2007年には、総人口9万8386人のうち幹線道路沿いの村や鎮を中心にチャン語を全く理解できない者が30％に達しており、完全に話せる者は20数％にすぎない。鎮や県城のチャン族のなかでチャン語を話せるのは、県人民政府のある鳳儀鎮で10％、南新鎮2％、畳渓鎮0％で、すでにほとんどがチャン語を話せず、第一言語は漢語である。また岷江東側の石大関、富順、光明、土門、東興のチャン族もほぼ0％である。

　汶川県の場合は、チャン族人口3万6705人のうち70％がチャン語を話せるとあるが、綿虒鎮羌鋒100％、白土郷76％、龍渓郷81％、雁門郷72％以外の多くの村ですでに第一言語は漢語である。汶川県は、清代嘉慶10年（1805）には「番戸八百、人一千余口」と番民（チャン族）1000人程度であったが、清末に大量の漢族が移入し、彼らと結婚した番民とその子孫もすべて漢族を名乗るようになった。その結果、1949年は総人口4万723人のうち漢族人口が72％、チャン族20％、チベット族7％、回族1％となった。1980年代半ば以降、ようやく漢族60％となり、2010年にはチャン族も26％になった。しかし、依然として汶川県では漢族が過半数以上を占めており、早い時期からチャン語と漢語のバイリンガルが存在し、漢語が第一言語となるのは自然のことであったともいえる。

　理県は総人口1万4337人、うち56％がチャン語を話すことができるとされるが、チャン族居住地は県城より東で、西側はチベット族居住地であることから、共通言語は漢語である。日常的に使うチャン語圏は蒲渓郷100％と木卡郷95％だけで、チャン族の民俗観光村として有名な桃坪郷ではわずか25％で、隣の通化郷は21％にすぎない。

　松潘県は総人口7346人のうち73％がチャン語を話せるが、チャン語圏は小姓郷100％と鎮坪郷65％にすぎない。

　以上のように、漢語の使用はチャン族地区全体に及んでおり、1990年代を境に漢語への言語交替はますます加速している。これに対してチャン語

は、南部方言区では一部地域を除いてほぼ喪失の危機にあり、これまで日常的に用いられてきた北部方言区でも小学校低学年あるいは学前班の段階から漢語教育を受けるようになった結果、30代を境に漢語の第一言語化が顕著である。

2）汶川県雁門郷におけるチャン語使用の変化

しかし郷単位での使用状況図は、必ずしも現状を正確に反映しているとはいえない。同一郷内でも交通の便のよい幹線道路沿いと半閉鎖的な高山部では大きな違いがあるからである。阮宝娣の報告によれば、汶川県雁門郷は総戸数1581戸、総人口6591人で9村からなり、チャン語使用状況によって安定型、衰退型、危機型の3タイプに分けられる［阮宝娣2012a, 2012b, 2012c］。9村の中から安定型の蘿蔔寨村、危機型の麦子村、衰退型の索橋村をとりあげてまとめると、表3-1のようである。

安定型の蘿蔔寨村は、村内は完全なチャン語圏で、すべての年代がチャン語と漢語を話し、仕事や外地では漢語四川方言を用いる。6〜19歳は、日常生活の中でまずチャン語を覚えるが、漢語普通話を漢語圏にある郷中心小学校で小学1年から学ぶために普通話が流暢となり、仕事や外部では普通話で話す。親世代はチャン語に対して強い愛着心をもってはいるが、これからは漢語が重要であると考えているため家庭内で子供や孫世代と話すときには漢語を使うようにしている。また口頭伝承によるチャン語の歌や物語を演ず

表3-1　汶川県雁門郷蘿蔔寨村、索橋村、麦子村のチャン語使用状況

年齢（歳）	村名	人口(人)	熟練(%)	普通(%)	不可(%)
6–19	蘿蔔寨	256	100.0	0.0	0.0
	索橋	236	0.0	24.0	76.0
	麦子	180	0.0	0.0	100.0
20–49	蘿蔔寨	462	100.0	—	—
	索橋	422	17.8	80.8	1.4
	麦子	352	4.3	0.6	98.0
51–	蘿蔔寨	180	100.0	—	—
	索橋	159	95.0	5.0	0.0
	麦子	112	0.9	6.2	92.9

出所：阮宝娣［2012a, 2012b, 2012c］。

ることができるのは60代以上で、語るのを聞いたことがあるのは50代以上に限られている。

阮報告では、蘿蔔寨村でチャン語が維持されてきた理由を二つあげる。第一は、村が海抜の高い山腹にあって山道が急峻で狭く迂回し、長期にわたって閉鎖的な環境にあったこと、第二は、人口の99％がチャン族で、村内婚が多かったことである。ただし近年は日常的に漢語を使う機会が増加している。背景には、村外から婚入する者や漢族との婚姻が増えたこと、就学や出稼ぎで外地に行く者が増えたこと、学校教育やメディア、政府部門での公用語は漢語であること、さらに1990年代以降、観光開発が進んで漢族観光客が増えたことなどがある。ただし村民のチャン語に対する愛着心は強く、チャン語が維持される可能性の最も高い地域とされている。

危機型の麦子村では、村民のほとんどがチャン語を話すことができず、第一言語は漢語四川方言である。耕地が少なく自給自足が困難であったため、古くより都江堰や成都に出稼ぎにでていた。60代以上の者もチャン語の物語を聞いたことがないといっており、1940年代までにすでに母語が失われ、漢語への言語交替が終了していたと思われる。50歳以上でチャン語水準が「普通」の者は、チャン語を日常語としていた月里村が1962年に人民公社で同じ大隊に編制された後、月里村の住民との交流のなかでチャン語を習得した者である。またチャン語水準が「熟練」の15名は、改革開放後に外部のチャン語圏の村から婚入した女性たちである。しかし彼女たちは村内では漢語を話し、子供にもチャン語を教えない。本村ではすでに母語の伝承はほぼ完全に途絶えている。

安定型の蘿蔔寨村と危機型の麦子村に対して、まさに言語交替の過渡期にあるのが衰退型の月里村と索橋村である。2村ともに全員が漢語を話すことができる。月里村では、20歳以上（1980年代以前の生まれ）はチャン語水準が「熟練」で、20歳未満も「普通」程度が約40％を含めており、ほぼ全員がチャン語を話す。これに対して索橋村は、チャン語水準は、50代以上は95％が「熟練」で、村内は1950年代までは日常的にチャン語を話す、いわゆるチャン語圏であった。しかし20〜40代は聞くことはできても話せず、20歳未満は76％がチャン語を聞くことも話すこともできない。第一言語に

第3章　汶川地震後のチャン文化

ついては、月里村では20歳以上はチャン語で、20歳未満は漢語である。変化は1990年代以降に顕著であり、特に若い世代の言語交替は急であった。索橋村では、第一言語を漢語とするのは40歳前後が約50％であるのに対して、20歳未満は最も高い比率である。住民によれば、言語交替はこの40年間に進んだという。

　阮報告では、チャン語衰退の原因を二つあげる。第一は、改革開放後の産業構造の変化と人口流動である。経済発展のもとで大量の青壮年が出稼ぎにでて、運送業やレストランなどのサービス業、建築工事などに従事するようになった。索橋村では、隣村の蘿蔔寨村の影響をうけて観光業も始まり、月里村に比べて母語の衰退はより深刻である。1950年代には雁門郷人民政府所在地となって外地との往来も多くなり、漢語がチャン語に代わって第一言語となった。また道路が整備され、個人で車を買う者が増加して閉鎖的な環境が改善されるとともにチャン語のコミュニケーション言語としての機能が弱まった。第二は、チャン語が「文化的ではなく」「遅れた言語」とみられるようになったことである。索橋村では1950年代以前にすでにチャン語しか話せない者は蔑視され、漢語を話せるかどうかが個人の能力を示すものとされた。その結果、多くの者が次世代にチャン語を伝えることを放棄し、30歳以下は、チャン語は話せるが流暢ではない、聞くことはできるが話せない、全く話せないという状態になっている。

　月里村も衰退型であるが、状況は索橋村とはやや異なる。最も辺境の大寨子でチャン語の衰退が最も顕著である。12歳以下は漢語を第一言語とし、6歳以下はまず漢語を習う。1950年代初期に小学校が建設された時、教師が漢語しかできない漢族であったため、チャン語のモノリンガルであった大寨子の子供たちは小学校を卒業することが難しく、中途退学が多かった。そのため30歳以上の文化程度は低く、外地で出稼ぎや商売をする時に大変困った。そのため親世代は学校教育および漢語習得を重視し、家庭内でも漢語を使うようにした。その結果、若い世代のチャン語能力が弱まった。

　以上の過渡期にある2村の状況によれば、ともに50歳以上は、安定的バイリンガリズムの言語交替を経て漢語を第一言語としている。つまり若い時期にチャン語圏で育ったために母語が自然に身についており、漢語とチャン

語を操るバイリンガルとなることが可能であった。しかし義務教育を受けた若い世代は、学校における徹底した漢語教育の結果、極めて短い同化的バイリンガリズムを経て急激に母語を失いつつある。

　言語交替における外的要因と内的要因は互いに絡まりあって次のような三つの状況がみられる。第一は、中国全体の経済発展のなかで西南の辺境に暮らすチャン族も出稼ぎや経済作物の生産などによって漢族社会のなかで生きざるをえなくなったことである。その過程で彼らは従来の漢語力ではよい仕事を得ることも公務員になることも不可能であることを思いしり、自発的に次世代に対して母語の習熟よりも漢語の習得を優先させた。漢語への言語交替は、チャン族の親世代の希望であり、選択である。第二は、90年代からの義務教育普及と2000年代からの漢語教育の早期化と徹底化である（後述）。

　第三は、生活圏における漢語圏の拡大である。それは、経済、生活（婚姻、移住、交通）、文化の三つの面での変化として現れている。経済面では、出稼ぎにおける職種と範囲の変化がある。1980年代から90年代の出稼ぎでは、多くの者が技術も学歴も低かったために県内や州内で木材伐り出しや、家屋建築での石工、道路工事現場での肉体労働に従事し、賃金も安かった。しかし90年代後半から若い世代は何人かでまとまって装身具などの行商で省内外をまわり、あるいは都市でホテルやレストランの従業員として働き始めた。また2000年の西部大開発で民族観光が重点項目となり、幹線道路沿いのチャン族民俗村には多くの漢族観光客が訪れ、あるいは漢方薬材や高原野菜、ブドウの生産基地となって内地の企業と結ぶ農村も出現している。

　生活面では、漢族との共住が進んでいる。外地に出稼ぎにいくようになって漢族との結婚が増えており、都市部周辺の農村への移住などによって漢語が生活言語となったばかりでなく、婚姻や生育儀礼でも漢族式が増えている。また文化面では、若者がチャン語やチャン文化に民族的コンプレックスを抱きがちであることが大きい。若者は県城や大都市に行って、あるいはテレビや映画から現代文化や現代生活を知り、都市の現代文化や漢語を文明的で進んだものとし、「チャン語は何の役にもたたず、金儲けもできず、「土」（田舎者の言葉）である」と感じているという［張天明2012: 15］。元来、漢族社会には歴史的な少数民族蔑視があり、文化大革命期にはシピの祭祀活

動を中心としたチャン文化が迷信であるとして徹底的に批判された。現在ではシピはチャン族地区全体でわずか48名にすぎず、シピによる宗教活動も激減し、冠婚葬祭も簡素化している。若者はシピの存在や宗教活動を価値がほとんどないもの、金にならないものとして学ぼうとしないため、後継者もほとんどいないという。経済的効率の優先や都市の現代文化への憧れがチャン文化やチャン語の否定となり、母語の喪失と漢語の第一言語化を促している。

2．民族教育と言語交替

民族政策における漢語教育は、4つの時期に大別される。第1期1950〜60年代は学校教育と双語教育の推進、第2期文革期は漢語のみの教育、第3期1980〜90年代は義務教育の普及、第4期2000年代以降は漢語教育の徹底化および民族団結教育の強化である。

呉定初ほかの報告によれば、民国期まで学校教育を受けたことのあるチャン族はほとんどいなかった[61]。そこで中華人民共和国政府は、まず学校を建設して小学校教育の普及をめざした。70年代末までに村ごとに初級民族小学校（1〜3年生）、郷ごとに完全小学校（1〜6年生）を設けるとし、辺境の子供に対しては寄宿舎制を導入し、チャン語の補助で漢語普通話を学ぶ双語教育を開始した。その結果、例えば茂県では、小学校は1950年に42校だったのが1976年には234校になった。ただし、うち154校が主に文革期に急増した民辦教員（正式の教員免許のない教員。中卒程度であったが教師不足のために教壇にたった）で、教師や施設の水準に問題があったため、文革後徐々に統合され、1980年代後半には188校に減少した。また入学率も1950年の4％から1990年初期には90％まで上昇したとする。

これによれば、1970年代までは一村に一小学校の建設という量的推進であったのが、90年代には統廃合によって質的水準の向上に転換され、入学率もほぼ0から90％にあがっている。漢語教育は、初期はチャン語を補助とする比較的緩やかな双語教育で、教員は四川方言を話していたが、文革期

---

61 チャン族の義務教育に関する資料は主に呉定初・張伝燧・朱晟利［2011: 237–326］による。

には民族言語の授業が廃止されて漢語のみとなった[62]。さらにシピが激しく批判されてチャン語によって伝承されてきたチャン文化の種々の活動も中断された。筆者の調査によれば、当時派遣された教師は漢族で、授業は漢語で行われた。学生は授業を理解できず学習意欲をなくす者が少なくなく、貧困のために親の教育に対する意識も高くなかった。50歳以上の男性は多くが初級小学校（小学3年生）までや小学校卒である。40歳以上の女性の場合は、学校に行けなかった者も少なくなく、1990年代初期の「掃盲」運動（成人のための漢字識字活動）で漢字の読み書きを少し学んだが、概して漢語はあまりうまくない。女子の義務教育における中途退学率の高さは、現在でも課題である[63]。

　1980年代は、チャン族総人口約10万3千人のうち90％超が漢語を話し、うち漢語しか話せない者が38％、チャン語を話せる者は全体の62％にまで低下した。呉報告によれば、茂県三龍郷の場合は、1950年頃はほぼ全員がチャン語を話せたが、1951年に小学校ができて漢語での教育が始まり、70年代初めには公路（車の通行可能な道）が開通して外部との交通が便利になって以降、村内での第一言語は漢語になった。チャン語は家庭内や知り合いの間だけでの言葉となり、2000年には若い世代を中心に30％がチャン語を話せなくなった。

　さらに1990年代には、チャン語と漢語の位置が逆転し、総人口19万8千人のうち母語喪失者が半数を超えた。その大きな原因は、改革開放後、チャン族の経済活動が漢族社会と密接につながるようになったことにある。1990年代は市場経済の導入に伴って交通網の整備が始まり、人や物資の往来が盛んになって、多くのチャン族が都市部へ出稼ぎにでるようになった。同時に、漢族の商人も漢方薬材や稀土（レアアース）などの資源や、特産のリンゴやサンショウ、都市向け野菜を求めてチャン族地区に頻繁に来るようになった。鎮や幹線道路沿いの村だけでなく山間の農村でも漢語が共通言語と

62　岡本［1999: 93］によれば、文革期には少数民族教師が迫害されて民族語による授業がなくなり、民族学校が廃止され、民族語学習率が1.7％まで低下して、民族語の読み書きだけではなく会話もできないという児童が続出したとする。
63　方濤ほか［2010: 147–148］。

して使われるようになった。さらに2000年には西部大開発が始まり、岷江流域が九寨溝観光ルートにあることからチャン族地区では民族観光が経済発展の柱の一つとされ、各地にチャン族民俗村がつくられた。県城や各民俗村では観光客の接待のために漢語が必要とされた。巨大な石碉を観光資源とする理県桃坪郷桃坪村では観光客のために漢語が日常的に使われるようになり、母語を話すことができるのは中高年を中心とした20数％に減った。このように1990年代以降は、市場経済の導入によって漢族がチャン族地区に押し寄せ、チャン族自身も生活圏が広がり、チャン族地区内に漢語圏が拡大した。

　一方、1990年代以降には、民族教育における漢語学習の徹底化も進められた。1993年から開始された「普九」（義務教育の普及）の浸透や、被災後加速された小中学校の統廃合と義務教育開始期からの寄宿舎制度導入である。学校の統廃合では、村の初級小学校が廃止されて郷あるいは鎮の小学校に統合され、児童は義務教育開始期から「チャン語圏」の親元から離されて「漢語圏」の中心小学校で学び、生活する。北川県では1992年に278校あった小学校が2006年には96校に統合され、被災後は山東省の「対口支援」[64]によって食堂付きの立派な寄宿寮をもつ小中学校が幾つも再建された。汶川県龍渓郷阿爾村では、被災後、学童が対口支援の広東省の都市部に半年以上集団疎開したうえに、村小学校が郷中心小学校に統合された。大人たちは子供たちが漢語圏に移されることでチャン語を忘れることをおそれて反対したが、県政府は統合を強行した。村では月曜から金曜までは子供たちが不在で、青壮年の出稼ぎも日常的であるため、村に残っているのは中年以上の女性や老人、幼児ばかりである。

　しかし多くの親世代は、子供たちがより良い教育環境で学び、漢語普通話に習熟することを希望している。上級学校へ進学し、より良い仕事をえるための第一歩だからだ。ただし子供たちを寄宿舎にいれることに親は不安である。食費や雑費、毎週の往復交通費など経済的な負担も少なくない。そこで被災後目立つのは、一家あるいは一族あげての県城および周辺の村への移

64　対口支援については本章第1節参照。

住である。筆者の2014年の調査によれば、被災後、政府は支援金をだして、高山部からの移住を奨励した。その結果、茂県雅都郷の高山部の村々では被災後、経済的余裕のない者も親族友人から借金して都市部周辺に家屋を購入して移住する例が続出した。主な理由は、子供の教育と親の病気治療である。現在の義務教育では早い者は小学校から、遅い者でも中学校から必ず県城の学校に通って寄宿生活をしながら学ばなければならない。県城の家では祖母あるいは親類の誰かがまとめて子供たちの世話をしている。

なお親族が集中して県城周辺に移住する状況は、家庭内および周辺ではチャン語圏が継続されることを意味する。現在の移民区では、無計画に土地使用権が売買され、家屋が建てられており、住民のほとんどは元の村に戸籍を残したままで、行政的処理はすべて旧村が行う。居住地での行政的援助はないため、居住地での様々な問題に対しては、同じ母語という紐帯で助け合いが行われている。

また以上のような漢語教育の徹底化が制度的に子供たちの言語交替をうみだしていることに対して、親世代は歓迎するとともに母語の喪失を惜しんでいることも確かである。中央政府はこのような不満に対して、民族団結教育という理論によって漢語教育の正当化を図っている。民族団結教育とは、少数民族学生に対して「中華民族としてのアイデンティティを強め、各族学生の民族団結、そして国家統一を維持すること」を求めるもので、「学校民族団結教育指導要綱（試行）」（2008年）に基づいて正規の教育課程に組み込まれている［新保2012b: 133］。少数民族の次世代は、学校教育において民族団結という思想と漢語習得という実践的技術によって巧みに「中華民族化」されているといえる。

3．汶川地震後におけるチャン語復活の試み
1）チャン語の学校教育への導入

被災後、チャン語圏の縮小と漢語の主言語化が進むなかで、チャン語およびチャン文化の復活が学校教育を通して試みられている。

チャン語の学習を学校教育へ導入しようとする試みは、かつて1990年代に行われたことがあった。1984年、四川省民族事務委員会は、政府が無文

字の少数民族における新文字作成を奨励したことをうけて、拼音（ピンイン、ローマ字による中国独自の発音表記）による新文字創作の検討を始めた。チャン語の場合も羌族拼音文字創制領導小組が組織され、1990年に北部方言の茂県曲谷郷のチャン語をもとにした「羌族拼音文字方案」が完成した。そして93年に「羌文教材」「羌文師資培訓教材」「羌文中小学教材」が編集され、96年から茂県では21か所の小中学校で小学3年生から中学2年生までの授業にチャン語教育が毎週2時間導入された。しかし、この羌族拼音文字方案は国家による正式な承認を得られないまま、経費不足や教材不足等のために2002年に停止された［王小琴2009；張天明2012］。葉小軍［2014］は、チャン語のピンイン文字表記化が普及しなかった理由を、基準とされた曲谷郷のチャン語が他地域にとって標準音ではなかったこと、つまりチャン語には各地域の土語があるのみで標準音はないこと、そのため曲谷以外の地域で拒否されたとする。当時、曲谷方言を基準音と決めた委員会で指導的役割を果たした孫宏開によれば、これはチャン語方言の違いやチャン語の実際の使用と必要状況に基づいて度重なる調査と検討会を経て、北部方言を標準音とすること、南部方言に近接する北部方言として雅都語の曲谷方言を選定したと述べる［孫宏開・劉光坤2014: 6］。しかし、他地域から強い反発があったということは、1990年代初期はまだ政府による徹底した漢語教育が始まる前であり、各地のチャン語がまだ日常的に話されていたこと、また漢語等の影響の少ない、本来のチャン語に近い方言として学者が学術的な判断で選んだ曲谷方言が、南部方言区のチャン族にとっては辺鄙な、田舎者のチャン語とみなされていたことをうかがわせる。

　被災後、チャン語は再び教学課程に導入された。2010年、茂県の小中学校では、かつてと同様に小学3年生から中学2年生まで、汶川、理、松潘、北川、平武の各県でも小学校3年生から5年生まで、毎週1時間のチャン語課が設定された。教材は新しく編集された「沃布基的故事」で、子供の日常生活を通してチャン文化を理解する内容であるという。しかし張天明［2012］は、設置された学校が極めて限定されているうえに、時間数が少なく、教材内容も表面的で実践的ではないとする。またCY（35歳・女性、雅都郷出身、小学校教師）によれば、そもそも基準音とされた曲谷方言を教えることので

きる者が少ない、つまり教師不足のためにチャン語授業は実質的に運営できないのだという。

　かつてのチャン語教育の失敗について、葉小軍［2014］はその原因を三つあげる。第一は、羌族拼音文字方案の標準音となった曲谷方言が、他地域のチャン族に拒絶されたことである。県城や鎮のチャン族にとって曲谷のそれは「農村の土語（田舎の言葉）」であり、他地域のチャン族にとっては違いが大きすぎたという。第二は、国家がチャン語およびチャン語による漢語の双語教育を正式の教育体系に導入しなかったこと、第三は、チャン語に社会的地位や経済的地位が欠けていることを指摘する。

　葉の指摘には説得力がある。第一の原因は、南方少数民族の多くの言語に共通する課題である。南方少数民族の民族言語は概して地域差が大きいために統一的な標準音を決めることが難しく、結局、当時は同様の理由で他民族のピンイン新文字もことごとく失敗している。また第三の言語の社会的地位については、1990年代に羌族拼音文字方案が結局、国家によって承認されなかったために正式の教育課程に導入されず、さらに法的措置もなされなかったために経費や教材、教師の不足が深刻であった。また2008年の被災後も、政府は「汶川地震災後恢復重建総体規劃」の中にチャン文化の保護は入れても、チャン語そのものの保護は入れておらず、漢語以外の民族語の重要性が政策責任者や学者のなかで十分に認識されていないと指摘する。

２）チャン語会話本の出版

　2014年２月から刊行されたシリーズ「中国少数民族会話読本」は、母語が若い世代を中心に失われつつあるという危機感のもと、国家プロジェクト「中国少数民族語言文化研究」として進められている。その目的は、民族言語の保護と民族言語文化知識の伝承であり、55の少数民族の日常会話366句を選び、１日１句、１年間で366句学ぶという実用会話形式で編集されている。すでに『羌語366句会話句』など19民族の会話集が出版された。また、母語を喪失した若者の教育だけでなく、当該民族以外の中国国民や海外の人々への認知と普及もめざすとして、漢語、英語、日本語、ロシア語の対訳が併記されている。

　『羌語366句会話句』は、1990年代の方案と同じく茂県曲谷のチャン語を

もとにする。編者の2人は、チャン語研究の黄成龍とチャン文化研究の趙曦で、ともにチャン族出身の研究者である。2人の当該民族出身の研究者が、かつて他地域のチャン族には受け入れられなかった曲谷方言を標準音として提示していることは、北部方言の曲谷チャン語を標準音として受け入れざるをえない現状であることを示している。20数年を経てすでに若者の多くが母語を喪失し、チャン語生活圏として残されているのはほぼ北部方言区の一部のみになっている。

　小　結
　チャン語が直面する最大の危機は、外的および内的要因によって母語を話せない若い世代が急速につくりだされていることである。外的要因とは、政府による漢語教育の徹底化、特に漢語学習の開始を制度的に小学校1年生からとするもので、その傾向は就学前の幼児教育にも及んでいる。子供たちは、より良い教育環境の中で学ぶために親元を離れて県城に集められ、多くの日常的な時間を漢語圏のなかで過ごす。そのため漢語に習熟する反面、次第に母語を忘れていく。それは、低い教育水準のために十分な就業先がなかったという経験をもつ親世代が切望する選択肢でもある。中国社会はすでに高校教育が標準化されており、標準以上の教育水準なくしては公務員や教員はおろか収入のよい働き口もない。貧困から脱出するためのすべてのスタートは漢語の習得にあるとチャン族の親たちのほとんどが信じている。そしてこのような漢語の経済的優位性は、特に若い世代の思考のなかで漢文化の文化的優位性にすり替えられ、自らの言語は「文化水準の低い、田舎者の言語」であり、自らの文化は「遅れた、水準の低い文化」だと思わせている。これは漢語に習熟した「中華民族」をつくるという民族教育の成果でもある。
　中国の少数民族における言語交替は、同化的バイリンガリズムを経た母語の喪失を伴う。彼らの言語交替は、民族教育政策によって創出されたものであるが、最終的には話者の選択による。チャン族の場合は、20歳以上にとっては貧困からの脱出という極めて現実的な選択であり、20歳未満にとっては選択肢の存在すら知らされない選択である。20歳未満の者は、自民族文

化の伝承にほとんど興味をもつこともなく、母語の喪失が自民族文化の衰退につながることもほとんど意識していない。

　チャン語が直面する状況は、南方の多くの少数民族でもほぼ同様であろう。問題は、民族言語の喪失が民族文化の衰退としてあまり意識されていないことにある。被災後のチャン語の保護についても同様であることが、耿静[2012a]によって指摘されている。耿によれば、チャン語は文字をもたないチャン族にとって民族言語によって伝承されてきたチャン文化と密接な関係をもつ。しかし「汶川地震災後恢復重建総体規劃」ではチャン文化の総合的な保護が述べられ、チャン族文化生態保護実験区では無形文化財の保護を主とするとされているにもかかわらず、一部の学者はチャン語の保護をその中に盛り込む必要はないとする。しかし、カナダにおいては法令のもとで原住民代表と政府の役人、学識者からなる「原住民の遺産、言語、文化理事会」が設立され（1990年）、経済的支援をうけながら民族言語の保護に効果をあげているとし、消滅の危機に直面しているチャン語にも同様の法的措置や専門委員会および専門基金の設立、学校教育における人材や教材の開発、家庭におけるチャン語伝承の協力などが必要であるとする。

　実際、中国政府の文化保護政策には民族言語保護に関する視点が欠けている。政府は2000年に入って各民族の文化遺産の保護にのりだし、様々な無形文化を国家級、省級、市級、県級、郷級など各級の文化遺産に指定し、ユネスコでの世界遺産登録をめざしている。チャン文化も2006年に「羌笛」（演奏と製作技術）や「瓦爾俄足節」が国家級の非物質文化遺産とされ、続いて「多声部民歌」「羊皮鼓」「羌族刺繍」も国家級に登録された。さらに被災後は「羌年」（チャン族伝統の新年）がユネスコの緊急保護非物質文化遺産に認定された。これらのことは、観光資源として経済的な実利につながるだけではなく、チャン族自身に自文化を再発見させる契機にもなっている。しかし民族言語の登録には至っていない。ユネスコの無形文化遺産リストへの記載が現実的で効果的な保護措置の一つであることには違いないが、民族言語の保護が漢語への言語交替による中華民族化という民族政策と矛盾する面をもつことも、登録申請の難しさの一因となっている。

　結局、民族文化の将来を決定するのは民族自身の選択であり、民族自身に

よるボトムアップの力である。この点で、茂県のチャン族が組織する「爾瑪協会」の活動は注目に値する。爾瑪協会は、茂県県城のチャン族知識人を中心に2009年6月26日設立された、チャン文化の保護、救済、発掘と伝承を目的とする民間の文化活動組織である。会員数は1800余名（2014年）、茂県委員会および県政府の指導のもと様々な接待活動を行い、羌年や瓦爾俄足節などチャン族伝統の年中行事活動、チャン語普及のための諸活動を行い、各地の歌舞を発掘保護し、民族服飾や伝統の体育活動の普及を推進する。将来的には、茂県の爾瑪協会を阿壩蔵族羌族自治州、四川省、中国の爾瑪協会に発展させたいとする［陳金龍2012: 1-9］。毎年農暦10月1日、茂県県城で開催される羌年は盛会で、各郷から多くの組織的な参加がある。陳金龍会長は、若い世代の会員が少ないこと、活動経費の確保のむずかしさ、チャン語とチャン文化に対する保護意識がまだ一般に十分浸透していないことなどを問題としてあげる。しかしすでに第一歩を踏み出し、活動に着手していることは、大きな希望である。

付表3-1　北川羌族自治県吉娜羌寨の家族構成と家庭経済

No.	戸主名	家族数(人)	労働力(人)	家族構成 老人	家族構成 戸主	家族構成 子供	家族構成 孫	備　考
1	王孝L	3	1		▲＝○	○*		○*は大学生
2	王孝H	4	3		▲＝●	▲＝○		
3	王孝Q	7	6		▲*＝◉	▲**＝●/○/○	○	▲*は炭鉱①、▲**は食堂②
4	王孝J	5	2	△＝○	▲＝●	□		▲は炭鉱
5	王孝X	4	3		▲＝●	●/△		
6	王孝M	2	2		▲＝○			▲は炭鉱
7	王孝G	3	2		▲＝●	□		▲●は食堂
8	王孝S	4	3		▲＝●	△/●*		●*は食堂、マージャン店
9	王孝C	6	4	▲＝○	▲*＝●*	●/△		▲は村長、●*は土産物店
10	王孝D	3	3		□*＝∅*	□＝∅**/●		□*は廃品回収 ※∅*、∅**は地震で死亡
11	王孝S	4	3		▲＝◉	△/●		△は大学生
12	王孝K	5	2	△	▲＝●	△/●		▲は炭鉱
13	王孝Q	4	3		▲*＝●	▲＝○		▲*は炭鉱
14	王孝W	4	3		∅＝▲*＝○*	▲●		○*はNo.58 ○*と同じ ※戸主夫婦はともに、地震で相手を失い再婚
15	王孝L	1	0		▲			
16	王孝D	4	3		▲＝●	●/△		
17	王孝M	6	2		▲＝○	○＝▲/○*	◎	○*は大学生
18	王孝H	1	0		▲			
19	王孝Y	5	3	△	△＝●	▲＝●*		▲●*は綿陽市で商売
20	王孝C	4	3		▲＝●	△*/△**		△*は軍人、△**は高校生
21	王孝H	4	3		▲＝◎*	◎/◎		◎*は土産物店
22	王孝Q	4	3		▲＝◉	◉*/◉**		◉*は教師、地震で死亡 ◉**は村外で働く
23	王孝M	3	1	△＝○	▲			▲はマージャン店
24	王孝A	1	1	△				
25	王孝Z	4	3		▲＝●	●/△		
26	王成B	3	3		▲＝●	◉		
27	王成Y	5	4		▲＝○	●/▲＝○		
28	王成J	2	1		▲＝●			▲は土産物店
29	王成Y	5	4		▲＝●	▲/▲	△	
30	王成Y	4	3		▲*＝○	▲＝●		▲*は炭鉱
31	王成L	7	4	△＝○	▲＝◉	△/◉/◉		▲は炭鉱
32	王成W	4	1		▲＝○	◎/○		▲は炭鉱
33	王成X	5	1	△	△*＝◉	□/□		△*は病気
34	王成J	5	3	●	▲＝●	△/○		▲は炭鉱→廃品回収
35	王成J	3	3		▲＝●	△		▲は炭鉱→廃品回収
36	王成R	4	3		▲＝●	●/△		△は大学生
37	王成F	4	4		▲＝◉	□/●/●*	△	▲は炭鉱、□は軍人、●*は土産物店
38	王成F	4	3		▲＝●	▲＝●		
39	王成F	4	4		▲＝●	●/▲		

第 3 章　汶川地震後のチャン文化

No.	戸主名	家族数(人)	労働力(人)	家族構成 老人	家族構成 戸主	家族構成 子供	家族構成 孫	備　考
40	王成G	4	4	▲*	▲＝◎	◎		▲*は雑貨店
41	王成X	5	2	△	▲＝◎	□／◎		▲は炭鉱
42	王成M	6	3	△	▲＝◎／▲	◎／□		
43	王吉Z	8	3	△＝○	▲*＝○	△*／○／●＝▲		▲は退職教師、△*は大学生
44	王吉F	4	4		▲＝◎	◎／▲*		◎は土産物店、▲*は軍人
45	王F	5	3	△	▲＝●	◎／○		
46	王Y	2	1		⊿＝∅	●	○	※父母は地震で死亡
47	馮徳B	4	2		▲＝○	▲／○		▲は電気工、木工
48	馮Y	6	2	△＝○	▲＝◎	◎	●	▲は炭鉱、◎は土産物店
49	姜J	5	4		▲＝○	●＝▲*／◎		◎は土産物店、▲*は木工
50	姜X	4	1		▲＝○	△	◎	
51	陳開D	7	6		▲*＝◎	◎＝▲／◎ ●＝▲／◎	○	▲*は炭鉱、◎はマージャン店
52	陳開G	4	3		▲＝○	●＝□		▲は炭鉱
53	陳Y	4	2		▲＝○	▲＝●		●は土産物店
54	陳S	4	2	△	▲＝●	○		
55	肖Y	5	2		□＝●	△／◎*／◎**		◎*は学生、◎**は婚出
56	黃	2	2		⊿＝●	□		
57	趙Q	2	2		○	△		
58	劉X	3	2		(⊿＝○*)	○＝▲／●		○*はNo.14▲*と再婚、●は食堂
59	蘇之M	6	2	△＝○	▲＝●	△／△		▲●はヤギを飼育
60	蘇之Q	3	3		▲＝◎	▲		
61	蘇之B	5	2	△	▲＝◎	□／◎		▲は炭鉱→廃品回収、◎は土産物店
62	蘇之D	5	4		▲＝◎	□*＝○／□		◎は土産物店、□*、○は食堂
63	洪G	3	1		▲＝◎	○		▲は炭鉱、病気療養中
64	周X	4	2	△	▲≠○	△／○		離婚後▲は老人と子供と暮らす
65	林Y	4	3	△＝●	▲≠○	○		
66	沈Z	5	4	△	▲＝○	▲＝○		
67	宋G	4	1	○	▲＝◎	⊿／△		※⊿は北川中学生、地震で死亡
68	廖K	3	3		▲＝○	▲		
69	李S	4	3		▲＝◎	□*／□		□*はアメリカ留学中
70	張D	4	1		▲＝○	○／○		
71	呂A	7	5		▲*＝○	▲**＝● ▲***＝● ▲****		▲*は検疫所勤務、▲**、▲***夫婦は村外で自動車修理店、▲****は学生

凡例：△漢族・男（▲出稼ぎ）　　□チャン族・男（■出稼ぎ）
　　　○漢族・女（●出稼ぎ）　　◎チャン族・女（◉出稼ぎ）
　　　＝は夫婦関係　　≠は離婚　　⊿は死亡

注：①「炭鉱」は擂鼓鎮麻柳湾煤鉱で石炭採掘に従事。
　　②「食堂」（レストラン）「土産物店」「マージャン店」は観光客用に村内で開店。
出所：2009年10月・12月、現地での聞き取りにより作成。

第4章

羌年と祭山会

第1節　羌年と国民文化

　羌年（羌暦年ともいう）は、阿壩蔵族羌族自治州人民政府（以下、阿壩州政府と記す）が制定したチャン族の新年である。これは、「国民文化」[1]構築と民族文化保護をめざした国家の方針をうけて制定されたものである。本節では、羌年の制定がチャン族にとってどのような意味をもつのか、制定に至る過程、政府側の意図とチャン族側の意識の違いを通して考察する。

　1988年10月、阿壩州政府は、農暦10月1日をチャン族の新年「羌年」とし、10月1、2日を全州の正規の祝日と定めた。阿壩州政府は、80年代に入って各地のチャン族代表と協議し、そのうえでこれを決定し、「阿壩蔵族羌族自治州自治条例」に基づいて「関於羌暦年放暇的通知」を発布した。これをうけてチャン族が集中する茂県、汶川県、理県、北川県の4県の人民政府は、88年から順に「羌暦年慶祝会」を主催し、伝統文化芸術会や経済貿易交流会、学術討論会を開いた。筆者は茂県で開催された1988年の第1回羌暦年慶祝会に参加して、会場で主催者側の熱気を体感した。

　しかし当時、この日を伝統の新年として祝ったチャン族はごく一部にすぎなかった。羌年という言葉についても、90年代初期に筆者が調査した各地のチャン族の多くがこれを知らず、現在（2006年）もその状況はあまりか

---

[1] 周星は、「国民文化」を各民族あるいはエスニックグループ、地域および方言集団を超えて国家アイデンティティの意識を強化するものとし、4つの特徴をあげる。第一に政府の主導、第二に普通話、第三に電子メディアと印刷物メディアの影響力、第四に国際的文化共有現象の全国化、政府によるメディアを通した社会的コントロールの強化とする［周星2008: 277-294］。

わっていない。これは、政府が認定した羌年が多くのチャン族にとってはあまりなじみがなく、その制定にはなお問題があることを示すものであった。

１．羌年の制定
１）定義
「羌年」という用語は、1980年代になって頻繁に用いられるようになった。管見の限りでは、70年代以前の資料にはほとんど見あたらない。『羌族詞典』には、次のように記す。本事典は、四川省で長期にわたって民族工作に従事してきたチャン族出身の政府関係者と複数のチャン族研究者が執筆したもので、阿壩州政府の公式見解ともいえる。

(1) 羌年はチャン族伝統の新年で、最も盛大に行われる年中行事である。
(2) チャン語では「日美吉」（リメジ）という。「好日子」「過年」を意味し、俗に「小過年」とよばれて漢族の春節「過年」と区別された。
(3) 目的は、収穫後に神と祖先に感謝し、「還願」（願解き）を行い、一家団欒をする。
(4) 起源は秦漢以前に遡り、１年を10か月とする「羌暦」の太陽、月、星、辰（十二支）の運行にもとづく。
(5) 期日は地域によって異なる。汶川県綿虒郷一帯では農暦８月１日であるが、その他の四川省、貴州省では農暦10月１日で、北川羌族自治県では冬至に行う。一般に３〜５日間行われ、７〜８日間の地域もある。
(6) 活動内容は地域によって異なるが、一家団欒と山神への収穫感謝の二つに大別される。汶川では、初日に一家で宴を開き、第２日目からは一族が互いに招きあう。大晦日には、ソバ粉製の刺股型の蒸餃子、小麦粉製の牛や山羊、鶏、馬型の「饃饃」[2]を供えて祖先や諸神を祀り、五穀豊穣や人畜繁栄を願う。全住民がシピに率いられて、村の神樹林にある白石を置いた石積みの塔の前で牛や山羊を犠牲にし、塔に血をたらして牛・山羊の頭骨を供える。その後、４人の男性が白石を担いで村中をまわる。各人に犠牲の肉が分け与えられ、一家で祝う。

2 　トウモロコシや小麦の粉を水で溶いて鉄板で円盤状に焼いたもの。チャン族の主食。

(7) 活動単位は、かつては一村あるいは複数の村で行われたが、中華人民共和国成立後、集団としての活動は中止され、家単位で行われた［羌族詞典編纂委員会編2004: 387-388］。

(1)〜(7)の記述は、先行研究の成果に基づいたものであるが[3]、さらに次のような検討が必要である。

第一に、羌年は、はたして「伝統の新年」なのか。かつて最も盛大に行われてきた年中行事は「祭山会」[4]で、チャン語では「ナヘシ」「モトシ」、漢語では「山王会」「塔子会」「石碉会」「還願会」「祭天会」という。政府が制定した羌年は、従来の研究では祭山会、祭天会として記されている。両者の違いはどこにあるのか、政府の定義は何によるのか。

第二は、羌年制定の背景である。祭山会は中華人民共和国成立前後から多くの地域で集団としては行われなくなっており、80年代には家単位でも衰退していた。にもかかわらず、なぜ政府はこの日を新たな祝日としたのか。一般のチャン族は、これをどのように受け止めたのか。

第三は、羌年の内容である。政府が奨励する羌年の内容は、従来の秋の祭山会とはやや異なる。県人民政府が主催した羌暦年慶祝会では、山神に祈るという元来の宗教的側面がほとんど消え、歌舞や経済交流、学術討論会を主としたプログラムになっている。これには政府側のどのような意図、メッセージがあるのか、またチャン族にとってこの変化はどのような意味をもつのか。

第四は、日にちについてである。秋の祭山会は、かつて地域によって農暦の10月1日と8月1日、冬至の三つの異なる日に行われていた。そのなかでなぜ10月1日が選ばれたのか。そもそも政府のいう羌暦とは何なのか。

---

[3] 胡鑑民によれば、羌民の新年は夏暦の10月1日であるが、ちょうど収穫の時期にあたるため、新年はまた収穫祭でもあり、新年の宴を「収成酒」とも呼ぶ……10月1日に収穫祭を行うのは茂県の三斉十八寨（三龍郷）、新番旧番二十余寨（三龍郷）、汶川県の上水里（雁門郷）、克枯郷と龍渓郷、理県の城関区と桃坪郷などである［胡鑑民1944: 569；銭安靖編1993: 569-573］。

[4] 山神を祀る祭山会は、四川省西部の「蔵彝走廊」に居住するチベット族諸集団に広く共有される年中行事である。本章第3節参照。

2）制定の背景

　農暦10月1日は、元来、チャン族伝統の祭山会が行われた日である。しかし祭山会は80年代初期にはすでにほとんど行われなくなっていた。1930〜40年代の混乱期に規模が縮小され、さらに中華人民共和国下では迷信活動とされることを恐れて50年代後期からはほぼ自主的に中断された。その結果、90年代になっても復活した地域はあまり多くなかった［西南民族大学西南民族研究院編2008c（1954）；松岡2000: 135］。かつて盛んに行われていた理県蒲渓郷でも、10月の「還願」や2月の「許願」（願掛け）はシピや60代以上の老人が記憶しているにすぎず、30年余りの中断の結果、50代以下の世代はリメジを体験したことがない。しかもシピや老人は高齢化あるいは死亡しており、次世代へ伝承できる者が激減している。古老らによれば、この祭りには多額の経費が必要であるため負担が容易ではないという［松岡2000: 227-229］。

　では、阿壩州政府は、なぜ、多くの地域ですでに30年以上も中断していたリメジを新年（羌年）として復活させたのか。

　これには、1986年の阿壩蔵族羌族自治州の誕生が関わっていると考えられる。歴史を遡れば、四川省西部はチャン族やチベット族の居住地であり、大渡河東部は中華人民共和国成立後の53年に阿壩蔵族自治区、55年に阿壩蔵族自治州になり、58年には全国初のチャン族自治県である茂汶羌族自治県が成立した。しかし清末以降に漢族が大量に移入した結果、1950年の人口比はチベット族51.5％、チャン族10.4％に対して漢族は35.6％に達した。これに対してチャン族は、1950年には総人口が3万6866人にすぎず、54年には黒水県のチャン族がチベット族に変更されたためさらに減少した。しかし80年には8万8394人（州総人口の12.54％）に増え、90年までに55年の5.6倍の約13万人、全州人口の17％にまで増加した。ただしこの増加には民族改正による人為的増加が多く含まれている。84年の民族区域自治法により政府機関要員に一定分の現地民採用が義務づけられたこと、民族区に居住する少数民族に対して一人っ子政策や大学入試で加点が行われたことなど、80年代から少数民族優遇の諸政策が進められた結果、特に、北川県や平武県を中心に漢族からチャン族に民族改正を申請する「民族回

復」[5]が相継いだ。90年の人口増加は約6割が民族変更による人為的増加である［松岡2000: 69-78］。

　阿壩蔵族自治州から阿壩蔵族羌族自治州への改称は、このような民族回復現象に連動している。改称は三中全会後から民族代表の意見を聞きながら検討され、86年には民族区域自治法に基づいて四川省人民政府に申請され、87年7月24日に国務院の批准を受けて正式に決定された。阿壩蔵族自治州の名称に羌族が加えられたことは、チャン族にとって自民族集団の存在が国家によって大きく認められたことをアピールするものであり、民族の誇りを表すシンボルでもあった。

　そして一年後の88年には「阿壩蔵族羌族自治州自治条例」の第1章第6条、民族独自の言語や風俗習慣、伝統行事を尊重するという方針に基づいて羌年が制定された。これは、まさに政府に主導されたチャン族の民族意識の高揚と団結を象徴するものである。換言すれば、羌年の制定は、国家が進めた少数民族優遇政策の一環ともいえ、これによって羌年は政府が奨励する国民文化の中の民族文化として公式デビューをはたしたといえる。

　3）チャン族にとっての「羌年」

　では、一般のチャン族は羌年をどのように受けとめたのか。

　王明珂は次のように報告する。多くのチャン族はかつて「羌年」という習俗はなかったと思っている。北川県の老人によれば、87年には茂県など各県のチャン族はそれぞれ数人の県代表を成都に派遣して成都のチャン族たちと農暦10月1日の羌年を祝った。その後、88年は茂県、89年は汶川県、90年は理県、91年は北川県において羌暦年慶祝会を行い、新しい「伝統」を作った。しかし一般のチャン族はこのような羌年に多少の違和感をもっている。すなわち、多くのチャン族の記憶の中では、羌年は伝統的なものではなくむしろ逆である。チャン族にとって羌年が始まった時とは、経済が好転し、観光客が増えて伝来の歌や踊りをいつも演じられるようになった、一つの新しい節目を感じた時であった。羌年についていえば、一般のチャン族にとっては、突然、上の方から新しい祝日として奨励されたもので、農暦10

5　本書第3章注32参照。

月1日以外に祭山会を行っていた地域では、活動にも用語にもなじみがなかった。少なくとも北川県のチャン族にとってはほとんど覚えのない新年であった［王明珂2003: 346–347］。

　しかし羌年の制定にあたっては、複数の「羌族代表」が参加し、意見を述べたとある。『羌族詞典』によれば、「（州人民政府は）中共第十一期三中全会後、各地のチャン族に意見を求め、茂県や汶川、理、松潘、北川の各県のチャン族の代表が協議をし……」とある［羌族詞典編纂委員会編2004: 388］。

　ではこの羌族代表とは、どのような人々なのか。例えば張永年（1929–）は、茂県出身のチャン族で、茂県内の郷長や副県長、県人民代表大会代表、州政協副主席を歴任し、チャン民の信望が厚い。彼は、94年のインタビューで、三龍郷の年中行事について農暦5月の祭山会と農暦10月1日の羌年を明確にわけ、前者は封山を規定し、後者は収穫を祝うとともに盗難や公益活動などの「郷規民約」（村人が守るべき決まりごと）を協議すると語る［俞栄根主編2000: 512–513］。実は、このような祭山会と羌年を区別する説明のしかたは一般のチャン族にはほとんどない。彼のような国家によって育てられた民族幹部あるいは教師のような知識人であってはじめて可能である。チャン族代表として羌年制定を検討した民族幹部は、一般のチャン族の意見というよりは、むしろ民族エリート自身の意識を代表している。民族エリートは「国民」としてのチャン族という立場にたち、民族の「利益」を考えて政府側の考え方を人々に普及させる役割を担っていた[6]。

　このように羌年をめぐる政府側の意図と一般のチャン族の意識の違いは、民族エリートと一般チャン族の意識のズレであったともいえる。何をチャン族のシンボルとするか、という点でのズレである。民族エリートは、汶川県や理県東部で農暦10月1日に行われてきた秋の祭山会にチャン族の新年という概念を加えて羌年という新語をあたえた。しかし羌年という新たな新年の概念は、前述の地域以外の者にとっては唐突であり、すでに漢族の春節が

---

[6] 中華人民共和国政府によって養成された民族幹部は、政府のコントロール下での民族の将来と利益を考えて動くが、それは時には結果的に一般大衆の考え方とは異なる場合がある。例えば冕寧県出身の民族エリートM氏は、1980年代まで西番族を名乗ったナムイ・チベット族をチベット族に改めることを強く提言した。しかし九龍県子耳彝族郷のナムイの一部は、それに反発した［松岡2005b: 128–129］。

新年として普及していたことなどから受け入れにくかった。また仮に秋の祭山会を受け皿にするとしても、日にちの点で他地域の人々にとっては不服であった。

　さらに政府は「鍋庄舞」と「収成酒」を活動の中心として奨励した。しかし王明珂の報告によれば、この鍋庄舞は、民族の伝統の踊りではなく、隣接するギャロン・チベット族の影響を受けたチベット的な跳躍の動作を伴う比較的新しい踊りである［王明珂2003: 347-349］。古老によれば、チャン族が古来伝える踊りの中に跳躍はなく、回るという動作だけである。近年、若者が外部から持ち帰り、89年以降チャン族知識人がこれを熱心に奨励した結果、催し事には必ず踊られるようになり、若者の娯楽としても受け入れられているという。

　また従来この日を祭山会として祝ってきた者にとっても、内容的に大きな変化があった。羌年では祭山活動など宗教的部分がカットされ、新しい歌舞が活動の中心にすえられた。しかし従来の農暦10月1日は、山神に対して収穫を感謝し、様々な災害から住民を守って人畜の繁栄を願うことを中心とする活動であった。そしてそれを主導したのがシピであり、シピが伝える儀式や口頭伝承こそチャン族の伝統文化を代表するものであった。少なくとも中高年以上の住民は、シピを中心とした様々な伝承が彼ら独自のものであることを理解していた。しかし文化大革命で多くのシピが批判され、ウルピ（白石）やシピの法具など宗教的なモノが焼かれ、失われてしまった。80年代に改革開放が叫ばれ、文革中の政治運動は終了したといわれても、80年代当時、なお人々は政府がどのように方針を変更したのか、迷信とした宗教的部分をどこまで容認するのか疑心暗鬼であった。筆者の調査では、90年代半ばになっても人々の記憶から文革期の出来事は消えておらず、特にシピおよびその子孫の態度は極めて慎重だった。

　そのため、羌暦年慶祝会で文化芸能が中心とされたことは、政府が容認する少数民族の民族文化とは宗教色を消したものであると受けとめられた。かつて少なくとも1940年代までは、農暦10月1日に汶川県や理県東部においてウルピを安置した石積みの塔ラシの前で天神や山神を祀ることが行われていた。しかしこれらの儀式は50年代に中断されたまま次世代に伝承されて

いなかった。政府が「国民文化」の範疇で奨励したチャン族の新年「羌年」の概念は、中高年世代にとっては祭りの本質である信仰部分が失われており、若者世代にとっては、新年はすでに漢族の春節であり、ほとんど記憶のない伝統の新年を上から言い渡されたということであった。

ただし新しい世代にとっては、政府の指定した内容のほうが受け入れやすいともいえた。鍋庄舞は隣接するギャロン・チベット族の影響を受けた新作の舞踏であるが、伝統のそれより華やかであり、若者は娯楽活動として受け入れた。すなわち羌年は、伝統の新年の復活ではなく、政府主導による新しい文化の創出として受けとめられたといえる。

2．羌年と祭山会
1）羌年と冬至歳首暦

では、羌年とは一体何なのか。そもそもチャン族に独自の暦というものはあったのか。阿壩州政府の公式見解ともいえる『阿壩州志』上巻は、次のように記す。羌年の習俗は、史詩「木姐珠」（ムジジョ）に由来する[7]。天帝ムパの末娘ムジジョはチャン族青年トアジュと結婚して下界に降りた時に天帝ムパから樹木や食糧の種、家畜を贈られ、それによって人間が繁栄した。それを天帝に感謝した日が羌暦10月1日である。しかしやがて「古羌暦」はシャーマンの占い時に用いられるだけになり、新年は漢族の農暦10月1日に行われるようになった。またこの日は「還大願」（願解き）ともよばれた［四川省阿壩蔵族羌族自治州地方志編纂委員会編1994: 463-464］。史詩「木姐珠」で強調されているのは、「古羌暦」というシャーマンが用いる独自の暦、天帝ムパ系の伝説、還願の3点である。

では、古羌暦とは何か。チャン族は固有の文字はもたないが、儀式や物事を決める時にシャーマンが太陽や月、星などの運行や自然現象から事柄の

---

7 「木姐珠」は「木吉卓」とも記され、「羌戈大戦」とならぶチャン族の代表的史詩で、シピの経典に伝えられている。人間界のチャン族斗安朱が天界の仙女木吉卓と結婚するために天帝から幾つもの難題を出され、木吉卓の助けを得て乗り越えていくという難題婿モチーフがみられ、その難題解法は焼畑農耕の習得を反映したものである。「木吉卓」は新年を迎える時に語られており、史詩を通じて焼畑耕作という生業の方法や日常の慣習が代々、語り伝えられている［四川省編輯組1986: 161-166］。

吉兆を占い、日にちを決定した。いわゆる日読みによる民間暦である。日読みは生活の技術の一つであり、古老によっても伝えられた。伝説で語られたシャーマンの古羌暦とはこの日読みのことではないか。農暦のように日にちを固定した暦は広く普及し、支配者側が民衆を統治するには不可欠な国家行政の基礎である。しかし固定された暦は時の経過とともに太陽や月の動きとのズレが大きくなり、実際の季節とは合わなくなる。そのため民間で実際の農事や儀式を行う時には自然界の動きを見定める日読みによることが少なくない。

　史詩「木姐珠」は南部方言区のチャン族が伝える伝説である。この伝説には「ム」すなわち火、天の火＝太陽が重要なモチーフとして登場しており［四川省編輯組1986: 161-166］、天から遣わされたというシャーマンの暦にも太陽の運行との繋がりが推測される。『茂汶羌族自治県志』には、羌暦は最も早期の太陽暦であり、古羌人は羊角で時を決めた、羌年は1年を10か月に分けたが、秦漢以後、次第に12か月に分ける漢族の農暦に替わった［四川省阿壩蔵族羌族自治州茂汶羌族自治県地方志編纂委員会編1997: 677］。ただし太陽暦であるという羌暦の具体的な記述はない。

　1年を10か月とする羌暦は、族源で近い関係にあるとされるイ族の10月太陽暦との関連を連想させる。イ族の10月太陽暦は、1年を10か月に分けてひと月を36日とし、「過年」の日として5〜6日を加え、1年を365.2422日に数える。また太陽の運行に従って1年を寒暑に大別し、冬至から2日間を「過小年」、夏至から3日間を「過大年」とする。火把節は後者をイ族の新年としたものである［陳久金・盧央・劉尭漢1984: 166-169］。これにならえば、チャン族の羌年は前者の冬至を新年とするものであり、羌暦10月1日がその日にあたる。

　「還願」の儀礼については、対応する「許願」も考えなくてはならない。理県蒲渓郷蒲渓村では、2月に許願、10月に還願を行う。蒲渓村の王シピによれば両者の活動内容はほぼ同じである。ソバ粉で作った鳥獣あるいは人形を砕いて害獣や災いの駆逐を願い、鶏や山羊、牛などの家畜を犠牲にして五穀豊穣を願いあるいは感謝して山神に祈る。特に2月の許願では、耕牛の背に小枝で作った犂型を乗せてチンクー麦の種を天に向かって撒く予祝を

したり、崖から吊るした羊肉を銃で撃って年占を行ったりする。また村人が祖先の移住の歴史物語を演じて集団への帰属意識を確認する［松岡2000：229–235］。このように彼らの許願と還願には農耕儀礼との密接な関係がみられるとともに、彼らが1年を2月から9月までの農繁期と10月からの冬の農閑期によって二分する生活サイクルを行っていたことを示している。

　これに対して王明珂は、以下の理由からチャン族固有の暦の存在について否定的である。①チャン語には、月や年の概念はなく、1年は暖かい日（春と夏）と寒い日（秋と冬）に二分されるだけである。②チャン族には、牛や山羊を犠牲にする「還願」の儀式があったが、これは地域によって10月1日、8月1日、6月1日あるいは冬至に行われていた。③1940年代にTorranceや胡鑑民が汶川県や理県東部で10月1日の「還願」をみて収穫祭とし、伝統の新年と記した。しかしこれは現地では「牛王会」とよばれ、あるいは冬至と混乱して「過小年」ともよばれた。「牛王会」も「冬至」も漢族の習俗である。ともに「漢化」の深い農業地域で行われたもので、西または北の半牧畜地域では牛王会は簡単であるか、あるいはほとんど行われていない。④チャン族の新年としては、20世紀にすでに漢族と同じ春節が行われていた。以上のことからTorranceや胡鑑民は漢族から導入した10月1日の牛王会を伝統の新年と誤解しており、チャン族には伝統の新年などなかったのではないかとする［王明珂2003：345–346］。

　しかし王明珂のあげた理由については、別の解釈も可能である。王は、チャン族が1年を暖かい日と寒い日に二分するだけで月や年を表す言葉をもたないことから「暦」はなかったとする。また羌年の日が10月1日だけではなく、6月、8月の1日および冬至などいくつもあることに疑問を呈している。しかし1年を寒暑で二分することこそ、太陽暦の最も原初的な1年の観念である。また6月、8月、10月という数字は、羌暦をイ族の太陽暦に類似したものと仮定すれば互いに関連をもった数字であることがわかる。彝暦では1年を寒暑で二分し、10月の冬至と6月の夏至をその節目で過小年と過大年とする。またこれは、漢族の民間暦「九九消寒」[8]のとらえ方にも似

8　明清時代に流行した「消寒図」は、梅の81の花弁を毎日1弁ずつ塗りつぶし、すべて色づいた時には啓蟄後5日、すなわち2月初旬となって寒さが尽きるとする民間暦である。これは全

ている。九九消寒とは、太陽の日照時間が最も短くなる冬至から数えて九九＝81日目までを寒い時期とする民間暦で、冬至から寒さが厳しくなり、やがて立春をすぎて暖かさにむかい、81日目頃に農耕の開始（春耕）を迎える。これは冬至を1月1日とする冬至歳首暦に基づくもので、冬至を過年とする点において彝暦や羌暦と共通する。

　古羌暦があったと仮定した場合、古羌暦は1年を冬至によって寒暑に二分する冬至歳首暦に類するものと推測される。とすれば10、6、8は冬至歳首暦に関わる基本的な数字である[9]。冬至は、太陽を直接に観測することによって求め得る日であり、太陽の蘇りが人の命の蘇生と結びつけられて1年の初めとされたもので、冬至歳首暦はユリウス暦など古くより世界の各地でみられた［青木1982: 74–101］。中国においても「中国の暦では、冬至11月中を暦元の日とする」とされて周代に行われ、秦代では始皇帝が受命改制度の思想に従って年始の朝賀を10月朔に行った［藪内1990: 22–23, 277］。民間でも明代の土木の変（1449年）頃まで春節と同様に盛んに行われたという［中村1988: 222–249］。北川県のチャン族は、漢族と比較的早くから接触し、漢文化を受け入れている。彼らが羌年を冬至に行ったというのは、王明珂のいうような混乱ではなく、かつて漢族の民間で行われた冬至歳首暦の影響であり、チャン族側にもその受容の素地として冬至歳首暦の記憶があったのではないかと推測される。

2）10月1日の祭山会と牛王会

　では、古羌暦10月1日は、なぜそのまま農暦10月1日に移行されたのか。これは、チャン族がどのように農暦を受容したのかに深く関わっている。

　岷江流域のチャン族は、考古文物や史料によれば、おそくとも紀元前に中国西北の辺縁部から南下して現在の土地に移ってきており、史詩「羌戈大

　　国に広くみられるが、宋の頃の風習に起源するといわれ、周遵道『豹隠紀談』に呉地方の九九の数え歌「尽九歌」が記されている［中村1988: 230–231, 247–248］。明代万暦年間には「司礼監刷印〈九九消寒詩図〉」という官版印本も現れ、年画として残されている［王樹村1991: 35–36］。
9　羌年8月1日説については根拠がはっきりしないが、八一が暦法の基本定数であること、漢の武帝の改暦による太初暦が一朔望月の長さを29と81分の43日にしたことから八一分法と呼ばれていること［藪内1990: 21–25］、中国の民間暦の一つである九九消寒図も九九＝八一を基本定数としていることなどがわかっている。

戦」によると、先住民戈人と戦って土地を奪い、彼らに農業を学んで定住した。そしてさらに灌県（現在の都江堰市）まで南下して漢族と接触するようになった。特に理県東部や汶川県の南部方言区のチャン族は、収穫後の10月から成都平原の漢族地区に井戸掘りや荷担ぎ、堤防修理の人夫として出稼ぎにでて春耕に戻るという農閑期の生活サイクルをすでに漢代から行っていた［冉光栄・李紹明・周錫銀1985: 203-213］。かつて毎年農暦10月に都江堰（灌県に紀元前から築かれた大灌漑施設）の修理が開始されていたからである。清代の康熙48年（1709）、都江堰の「歳修」（毎年行う補修）はそれまで各県に人夫が割り当てられていたのが、人夫1人につき銀1両を供出する「折納銀制」にかわり、雇われた「蛮夫」の中にチャン族がいたという［南1992: 97］。筆者の渭門郷での聞き取りでも、1930〜40年代の主な出稼ぎは灌県一帯であった。

　これらによれば、チャン族は岷江流域への定住を境に牧畜を主とした生業が、茂県北部の北部方言区は半牧半農型、その他の南部方言区は農業中心型へと大きく変わった。さらに南部方言区のチャン族は、漢代から冬の農閑期には漢族地区へ毎年定期的に出稼ぎにでており、漢族側が農閑期に入る10月は彼らの生活サイクルを決定する必要条件となっていた。農閑期の出稼ぎはチャン族にとって漢族世界という異なる生活習慣をもつ社会に通じる窓口であり、そこに出入りするには当然、その社会の言葉や暦などを「共通言語」とする必要があったからである。

　10月1日という数字は、羌暦と農暦の双方にとって重要な日である。チャン族にとっては伝統の祭山会が行われた日である。各地におけるチャン族の祭山会は、開催時期は異なるが、活動内容はほぼ似ている（表4-1）。石積みの塔ラシの前で犠牲獣を捧げ、シピが山神や祖先の力を借りて経文や行為の呪力によって自然や山の鳥獣の管理を願い、人々への加護を祈る。また13歳になった男子をムラの正式な構成員として認める儀式を行う。開催の日にちは、南部方言区の春秋2回の場合と北部方言区の5月あるいは6月に1回行う場合がある。このうち南部方言区では、さらに生業の中心である農業に深く関わる内容がみられ、害獣の駆除や豊作祈願の予祝、収穫感謝等を春の許願と秋の還願に行う。

表4-1　理県・汶川県・茂県の祭山会

地域名	日時	祭場	神	犠牲・供物	内容
①上水里	10/1	広場 神樹林	白石神	山羊・酒	シェグの舞い、山羊の血を白石にかける。
②龍渓	10/1	小高い所	玉皇 寨神、山神	牛・山羊・鶏 ソバ粉製の鳥獣	小麦粉製の獣を刀で刻んで穴に埋める。
③中三枯	10/1	ナヘシ 神樹林	白石神	鶏・山羊	外部の者は入村不可。
④新番旧番二十余寨	10/1	ナヘシ	白石神	豚（家ごと） 白旗	出稼ぎ者との送別の宴。
⑤三斉十八寨	10/1	ナヘシ	白石神		1日目は外出しない。2日目から一族内で招き合う。出稼ぎ者との送別の宴。
⑥上三里後二枯	10/1	牛王廟	牛王神	鶏	
⑦立木基季瓦	8/1	神樹林	白石神 山王	白旗つきの杉枝 白雄鳥・黒山羊 小麦粉製の山・鶏・杯	チンクー麦を撒く。小麦粉製の山や鶏等を粉々にして撒く。
⑧九子屯木宅寨	8/1	洞窟	山王	山羊・酒	山羊を殺して血を撒く。鍋庄舞、社戯。
⑨三叉寨坪石頭	8/1	洞窟	山王 白石神		社戯、史詩を唄う。
⑩乾渓溝寨	8/1	廟 洞窟	白石神 山王	山羊・鶏 ソバ粉製の山・鶏 杯（水）	チンクー麦を撒く。小麦粉製の山などを粉々にして撒く。
⑪雁門郷蘿蔔寨	8/1	神樹林	白石神 東岳廟 玉皇	山羊・鶏（一族ごと）	村人はシピにトウモロコシの種を投げ、地面に落ちた種を鳥に食わせる。
⑫綿虒郷簇頭	8/1	神樹林	白石神	山羊・鶏 ソバ粉製の鳥獣	チンクー麦の種を鼓上に撒いて豊作を占う。
⑬三龍郷	5/5	神山のナヘシ	山神	山羊・雄鶏 チンクー酒	

出所：①〜⑩は胡鑑民［1944］「羌民的経済活動型式」、⑪⑫は1991年現地での聞き取り、⑬は四川省編輯組［1986］「羌族的祭山会」『羌族社会歴史調査』197-199頁より作成。

　一方、四川の漢族農村では、農暦10月1日は「牛王誕」（あるいは「牛王会」）の日であった。牛を農事から解放して労う儀式を行い、農閑期に入る。『灌県志』18巻（1933年）や『華陽県志』44巻（1816年）には、農暦10月1日に糯米を搗いて「糍粑」を作り、牛の角にかけて牛を労ったとある。興味深いのは、南部チャン族地区の祭山会では集団で山神を祀った後に、この漢族の牛王会が家庭単位の行事として導入されていることである。例えば理

県蒲渓郷では、午前から午後にかけては集落全体で祭山会を行い、その後、夕方から牛を共同所有する数戸で牛王会を行う。当日、神棚の牛王菩薩には豆腐などの供物を供え、牛の角に粳米で作った糍粑とチンクー麦で作った饃饃を掛ける。牛は終日村内に放って自由にさせ、牛の共同所有者間で次年度の使用の順番などを相談する［松岡2000: 138-139］。換言すれば、定住農耕を主な生業とするようになった南部方言区では、現地のチャン族に婿入りした漢族や来村した漢族との接触によって農業の様々な技術、とりわけ犂牛による耕作法を導入し、10月からの出稼ぎによって現金収入をえた。このような漢族社会との接触を通して農暦の牛王会や春節は次第に導入されていったのではないか。

　また中国王朝側の支配を比較的深く受けた南部方言区では、王朝側からの農暦による統治も無視できない。『汶川県志』によれば、民国時代には、毎年立春の時に県政府主催の「迎春典礼」が行われた。春官に扮した県吏を先頭に紙製の春牛と紙花を手にした農民が春場壩に行き、皆で「芒神」を捕らえて打ち、めでたい言葉をのべるとともに、シピが羊皮鼓を打って穢れを祓う。その後、春官が「春牛年表」（暦）を各戸に配る［四川省阿壩蔵族羌族自治州汶川県地方志編纂委員会編1992: 797］。

　しかし南部のチャン族は、完全に王朝の支配を受け入れ、農暦に従ったわけではない。筆者の聞き取りによれば、チャン族は、歴史上の記憶として、北上する漢族に長年にわたって居住地を奪われて現在の山間部に追われたと伝えており、一方で、現実の記憶として、かつて徴兵や徴税のために常に苦しい生活を余儀なくされ、日常的に差別され蔑視されたと語り継いでいる。そしてこのような歴史と現実の記憶は、清代以降の王朝側との戦いに敗れるたびに、彼らに統治者側に対する「面従腹背」という態度をとらせるようになった。新年についても、漢族との共存を示すシンボルとして春節を行うと同時に、1950年代頃までは10月1日あるいは8月1日を地域独自の新年として行っていた地域も少なくなかったという。

　　小　結
　羌年は、1988年10月、阿壩蔵族羌族自治州政府によって制定されたチャ

ン族の新年である。阿壩州政府は、10年余りの年月をかけ、チャン族代表の意見を聞きながら農暦10月1日をチャン族の本来の新年であるとした。しかし一般のチャン族にとって羌年という言葉は初めて聞く用語であり、10月1日という日にちも南部方言区以外のチャン族にとってはなじみの薄いものであった。しかも多くのチャン族地区ですでに新年を漢族の春節で行うようになっていた。そのため2000年代初めに至っても伝統の新年としての羌年はあまり普及していない。

　政府側は、次のような政治的意図をもって羌年を制定したと考えられる。改革開放後、中央政府が少数民族優遇の諸政策を進めるなか、阿壩蔵族羌族自治州においてはチャン族の「復権」が推進された。背景には、チャン族の急激な人口増加があった。チャン族の人口は80年代の民族回復によって急増し、90年までには55年時の約5.6倍、州の総人口の約17％を占めるに至った。そこでまず1986年に阿壩蔵族自治州が阿壩蔵族羌族自治州に改められ、88年には自治州条例の民族独自の言語や風俗習慣、伝統行事を尊重するという方針に基づいて羌年が定められた。すなわち羌年は、政府の公認を得て、「国民文化」の一つとして公式デビューを果たしたといえる。しかしこの決定に参画したチャン族代表は、いわゆる民族幹部や民族知識人であり、その理想は民族のために尽くすことであるとはいえ、党の教育をうけて養成された人々であったため、民衆の感情とはややずれていた。

　また制定された羌年は、この祝日の原型である伝統の秋の年中行事リメジとは内容的に違いがあった。伝統のリメジは、シピの主導によって山神や天神に犠牲を捧げ、一年の収穫に感謝して新年の平安と稔りを祈るという宗教的側面を強くもっていた。チャン族の伝統的な考え方によれば、山間の厳しい自然環境におかれた彼らの暮らしは、山神に代表される超自然的な力によって守られており、それに背く者は災いをうける。そのため毎年定期的に神を祀った。しかしこれは中華人民共和国下の度々の政治運動のために50年代以降はほぼ自主的に中断され、シピも厳しい批判を受けてほとんど活動しなくなっていた。

　ところが羌年では、一家一族においては団欒、民族集団としては新しい歌舞を中心とした文化芸術会、経済貿易交流会、学術討論会が主な活動とさ

れ、従来のシピを中心とした宗教的側面については文化大革命期に厳しく批判されたまま、再認されることなく放置された形となった。そのため羌年は一般の若いチャン族にとっては、彼らの生活向上の時期と重なる新しい祝日であり、中高年にとってはなじみのない祝日としてとらえられた。羌年は、近年はむしろ重要な観光資源の一つとしてシピによって観客用に演じられている。

「羌年」は、確かに現在の世代にはほとんどなじみがない。しかし彼らの生活サイクルや伝承をたどれば、1年を冬至によって寒暑に二分する冬至歳首暦に類似した古羌暦の存在が推測される。10月1日のリメジに代表される山神祭りの活動は、日読みに基づく古羌暦の存在や、南への移動によって先住民族と接触して農耕を学ぶなかでその農暦や儀礼を導入していった過程をうかがわせる。

第2節　羌年の観光資源化をめぐるポリティクス

羌年は、1988年阿壩州政府が秋の収穫を感謝するリメジ（祭山会）をもとに制定したチャン族の新年である。2008年汶川地震後、政府は、羌年をチャン文化復興のシンボルとし、被災地の経済復興のためとして観光資源化を進めた。その手法の一つが文化遺産化を目的とした観光資源の評価付けである[10]。羌年は地方政府の推薦をうけて省級文化遺産とされ、次に中央政府によって国家級に認定され、汶川地震後の2009年にはユネスコの「緊急に保護する必要のある無形文化遺産の一覧表（危機一覧表）」にも登録された。しかし中央政府と地方政府が観光資源化を進める羌年は、地域社会にあった伝来のリメジとは次第に乖離していく。

本節では、阿壩蔵族羌族自治州汶川県龍渓郷の2つの村、直台村と阿爾村における被災の前と後の羌年活動の変化を事例として、政府側が羌年の普及と観光資源化を進めるなかで、羌年が地域社会の伝来のリメジと次第に乖離していく過程と様相を明らかにし、地域社会側の視点から羌年の意味を検討

10　高山［2007: 22–23］参照。

する。

　事例とする汶川県の直台村と阿爾村は、ともに近年まで閉鎖的な高山部にあって交通が不便で経済的にでおくれていたが、かえってそのために複数のシピがなお活動しており、シピを中心としたチャン文化が比較的よく維持された村であった。またともに2000年代初めに政府の支援をうけて羌年を復活させたものの、その後、持続して実施していくことができなかった。さらに被災後、再び政府主導の羌年が両村で実施されたが、その後の継続的実施については、2つの村で住民の対応に違いがみられた。原因は、被災後の環境の違い、すなわち直台村は遠くの漢族地区に全村移住を余儀なくされたのに対して、阿爾村は原住地にとどまったことによる。

　本節では、被災後、異なる環境におかれた両村における羌年活動の展開を比較し、その違いと、背景にある政府の意図および住民の動きを分析する[11]。

1．被災前後の羌年に関する研究[12]

　羌年は、被災後、チャン族の無形文化遺産のなかで最も重視され、2008年に「国家級非物質文化遺産名録」（国家級無形文化遺産一覧表）に入れられ、2009年にはユネスコの「緊急に保護する必要のある無形文化遺産の一覧表（危機一覧表）」に登録された。また四川省芸術研究院編著［2013］『羌年』のような、21世紀に政府主導で復活した羌年を記録した写真集も複数刊行された。ただしそれらは概して地域や時期が特定されていないため、研究上の資料としてそのまま引用することはできない。

　近年、注目されているのは、被災後増加し続ける高山部から城鎮周辺部への移住やそこでのチャン文化の継承に関わる問題である。典型的な事例としてあげられるのが2009年に阿壩州汶川県龍渓郷から邛崍市油榨郷南宝山に移住した直台村と木梯村である。これは、震災後では最も遠く最も規模の大きいもので、チャン族地区から漢族地区へという文化的に最も変化の大き

11　筆者は四川省民族研究所の研究者とともに2011年農暦10月に阿爾村を、2012年農暦10月に移住後の新直台村を訪れ、聞き取り調査を行った。本節で用いる資料は主にこれらの調査と被災後の先行報告による。
12　被災前の羌年研究については本章第1節、被災後については本書第1章参照。

い、政府主導型の移住であった。張世均・徐全利・朱彬［2011］では、移住地が漢族地区にあることから日常生活の衣食住や冠婚葬祭、出産生育など様々な儀礼に中心文化である漢文化的要素が否応なく急速に導入されていく状況や、老人たちがなかなかそれに適応できないことが報告されている。また松岡［2014b］では、邛崍市直台村についてコミュニティの再建という視点から移住の問題点を分析する[13]。さらに高屯子［2013］『羌在深谷高山』には、直台村と夕格村における全村移住決定前後の住民の混乱と苦悩の様子が写真と文章で詳細に記されている。

　移住地では2010年に政府主導の全村型羌年が行われた。その報告として直台村については田廷広・周毓華［2011］、田廷広［2011］、任萍［2011］、任萍・李萍［2011］があり、任萍・李萍［2011］が最も詳しい。木梯村については周毓華・孫婷婷［2011］に祭祀の準備段階に関する記録が写真とともに記されており、詳細である。木梯村の楊シピは、存命のシピのなかで最も能力の高いシピとして知られており、貴重な資料である。王俊鴻［2012a］は、移住前後の羌年を比較し、2010年羌年では移住前の伝来部分の再演によって、被災と移住で消沈していた村民がアイデンティティを強く感じることができたことや、移住後の政府参与による新作部分と伝来部分の融合による新たなチャン文化がマスコミを通じて宣伝され、移住村の観光開発に寄与したとする。

　ただし、これらの報告は、2010年までの調査に基づくものであり、2011年以降はさらに異なる展開がみられることや、同様の状況が他の地域でも起こっていることについてはふれられていない。張曦・虞若愚ほか［2012］『移動的羌族──応用人類学視角的直台村與文昌村』には、羌年活動も含めた2011年までの諸方面にわたる直台村の調査記録があり、自発型移住の文昌村についても報告されていて重要である。

2．政府による羌年の創出と観光資源化

　21世紀に入って、中央政府は新たな文化政策として無形文化遺産の調査

13　本書第2章第1節参照。

第4章　羌年と祭山会

と保護に力をいれた。ユネスコ理論を導入し、各民族の「伝統文化」をランク付けし、さらにそれらを観光資源とする観光開発を全国的に展開した［櫻井ほか2011］。これをうけて中国無形文化遺産保護センターは各地に調査団を派遣し、チャン族の村々でも調査が行われた。その結果、2006年には「羌笛の演奏と製作技術」や「瓦爾俄足節」が国家級無形文化遺産一覧表に入れられ、続いて「多声部民歌」や「羊皮鼓舞」「羌族刺繡」も登録された[14]。

　さらに2008年5月12日の汶川地震後の復興政策は、チャン族とチャン文化にとっては新たな発展の契機ともなった。中国政府はチャン文化の復興に巨額の資金を投入し、旧来の復活ではなく、新しい現代化されたチャン文化の創出をめざした。羌年は復興のシンボルとして、文化遺産の第1位にランク付けされ、観光資源化されていく。2006年には阿壩州と綿陽市がチャン族共通の伝統の新年として四川省に共同申請し、「四川省首批非物質文化遺産」に入れられた。また2008年には茂県・汶川県・理県・北川県が国家に共同申請し、「第二批国家級非物質文化遺産」とされた。さらに中国政府は復興の象徴としてこれをユネスコに申請し、2009年10月には「緊急に保護する必要のある無形文化遺産の一覧表（危機一覧表）」に登録された。

　ところが、羌年は1988年に創出されて以来、2000年初めまで村単位では一度も行われていない。羌年は、全村型のリメジを原型にした新年である。かつて一部地域のリメジは、9月30日から10月1日の午前にかけて全村あげての収穫感謝の集団型活動がシピの主導のもとで行われ、その後、家庭や「牛親家」（耕牛を共有する数戸）単位で神への感謝と一家団欒が行われた。しかし中華人民共和国になってシピやシピを中心とした様々な活動が迷信として批判されたため、集団型リメジは中断され、やがて家庭単位でもごく一部で行われる程度に衰退した。1980年代になってようやく一部の地域において家庭単位で復活したものの、全村あげての集団型は2000年代に入って

14　羌笛は、チャン族が秦漢の頃、西からの移住とともに伝えたとされる独特の竹製縦笛。瓦爾俄足節は、茂県曲谷郷西湖寨で毎年農暦5月5日に行われる女神沙朗を祀る祭山会で、シピと女性たちが参加する。羊皮鼓舞は、シピあるいは弟子が羊皮鼓（祭祀で用いる片面羊皮の鼓）を持って特別の日に踊る宗教的舞。多声部民歌は、阿壩州松潘県小姓郷の村などに伝わる男性二重唱、最古の歌は冠婚葬祭や接客時の酒歌とされる。無文字のチャン族は情歌や酒歌などに生活を詠みこむ。女性二重唱、男女の合唱対唱もある。

195

も行われていなかった。

　そこで政府の中国無形文化遺産保護センターは、シピが複数残る汶川県龍渓郷阿爾村や理県蒲渓郷休渓村に経済的支援と人的指導を与えて羌年を実施させた。このうち汶川県阿爾村では、記録映像を撮るためとして、かつての実施時期よりも数か月早い2005年8月に行い、内容の一部を省略した。村人だけではなく、政府関係者や研究者、マスコミも集めて盛大に実施された。しかし阿爾村のシピや老人たちは、同年10月1日にもう一度リメジを行いたいと希望した。8月のリメジは他者に見せるもので「真正」ではないという意識があったからである。結局、人的経済的動員ができずに断念せざるをえず、以後も行われていない。理県休渓村でも同様で、政府支援の羌年が行われた後は再演されていない。

　その一方で、理県桃坪郷桃坪村や茂県南新鎮牟托村、茂県鳳儀鎮坪頭村などのチャン族民俗村では、近年、農暦10月1日に羌年の一部が観光客用に演じられるようになった。ユネスコ承認の世界遺産という付加価値がついたからであろう。ただしそこで儀式をとりしきるのは、汶川県阿爾村や理県休渓村などの高山部から招かれたシピたちである。シピはすでに一部の村にしか残っておらず、高齢化している。羌寨風に改修された交通の便のよいチャン族民俗村には、すでにシピはいない。シピおよびシピ活動の資源化であり、シピにとっては技術を生かした出稼ぎである。

　このように羌年は、幹線道路沿いのチャン族民俗村にとっては経済的効果があったものの、山腹に位置する村においては羌年活動の復活はおろか、観光化には程遠く、地域活性化の手段にもなりえていない。シピたちは、チャン族民俗村で演じる羌年は観光客用の出稼ぎ仕事であって、自分の村で行う「真正」の羌年ではないと思っている。その一方で、住民参加の羌年活動は村では復活しておらず、阿爾村の老人たちは、羌年を迎えるというのにシピが出稼ぎにいって不在で相談もできない、村民委員会の書記も動いてくれない、また今年もリメジはやれないのか、と焦っていた（2009年の聞き取りによる）。

　また政府主導の盛大な羌年が行われたことによって、一般のチャン族がシピやその法術を再認識してシピを中心とした祭祀が復活したり、シピの後継

者が現れたりという効果はほとんどなかった。例えば、2010年に政府参与で羌年が行われた木梯村の楊Gシピは、2012年の筆者のインタビューに次のように語った。彼は龍渓郷では最も優れたシピであったため、震災前は毎年50回以上の法事を汶川県・理県・茂県すべての土地で行った。しかし移住地では全く招かれていない。葬儀はかつては土葬で、死者を導く道など多くの決まりごとがあってシピは不可欠であったが、移住先の漢族地区では法律によって火葬しかできず、亡くなった村人はみな火葬場におくられる。伝来の葬儀を行う者はいない。2人の息子がいるが、実利がないからといってシピを継ぐ気はない。村ではチャン文化を観光資源にしようとしているが、チャン文化は一日一晩で語りつくせるものではなく、文字もないので伝承は難しい。観光資源にするためには、チャン文化について指導する者と資金が必要である。

　以上のように、政府は多額の経費を援助して羌年の観光資源化をめざした。しかしほとんどの場合、政府主導の羌年は一過性でおわり、全村型の羌年を継続することは困難であった。以下では、2村の事例からその原因を考える。

3．汶川県龍渓郷の阿爾村と直台村における集団型羌年の復活とその後
1）龍渓郷阿爾村の被災後の状況[15]

　阿爾村[16]は、龍渓郷の高山部、海抜2200〜2800mの斜面に位置し、巴奪、阿爾、白家奪、立別の4寨からなる。村民委員会のある巴奪寨は、総戸数54戸、総人口232人で（2006年）、朱姓（16戸）と楊姓（15戸）が大姓で、朱姓は元末明初の「湖広填四川」[17]時に遷ってきたと伝える。このほか、近代に移住してきた馬姓と余姓がいる。

　被災直後の2008年8月の調査によれば、巴奪寨では人的損失はなかったものの、58戸中35戸が倒壊してほとんどの家屋に亀裂が入り、耕地の約

15　松岡［2012a］および2011年11月阿爾村での調査資料による。
16　阿爾村は、唐代末、張姓の2兄弟がこの地に住み着いたことに始まる。張姓はチャン文化の特徴である石積み家屋と9基の碉楼を建造したが、民国期に戦争と疫病によって途絶えたという。
17　本書第3章注24参照。

30％が失われた。住民の約80％が移出を望んだ。一旦は移住が決定し、数日間のうちに移住という県政府の指示があったために住民は家畜や売れるものはみな売りはらったが、すぐに移住指示は撤回された。住民はこの県政府の指示の混乱によって数万元を損失したとして省政府に訴えようとしたが、県政府の説得と「脅し」をうけて断念した［賈銀忠主編2009: 88-89］。

　2010年12月筆者が龍渓郷を訪れた時、郷入口付近は「羌人谷」に一新されていた。広東省湛江市の対口支援をうけて、道路の整備や郷小学校の改修、行政機関の現代的な建物、羌族民俗館が完成し、郷入口の公園にはチャン族の神々とされる神像が設置されていた。現地関係者によれば、これらは汶川県人民政府や湛江市側の関係者によって主導されたもので、郷長や住民は参画していない。県政府や対口支援側という外部者による観光客向けのチャン文化が創出されていた。

　阿爾村は、チャン文化をよく残す村として知られている。2006年6月25日には、汶川県人民政府により汶川県文物保護単位「釈比文化伝承地」に認定された。余SH（65歳・男性）によれば、被災後、立別寨の16戸が白家奪水力発電所建設のために1畝3万2000元で土地を買って移入してきた[18]。巴奪寨の伝統的な木材と組み合わせた石積み家屋16戸が国家文物保護単位に指定され、国費によって修復されたことから、巴奪寨の観光開発に期待したという。しかし龍渓郷を訪れる観光客は多くなく、高山部の阿爾村に来る者はさらに少ない。余SH自身も一族に複数のシピがおり、家屋も文物保護単位に指定されたが、観光業による収入はない。阿爾村は幹線道路から離れた高山部に位置し、道路も狭くて急なために交通の便が悪く、観光による発展はあまり望めない。

　2）龍渓郷阿爾村におけるリメジと2005年の羌年、およびその後
(1) 1940年代までのリメジ
　最高齢のシピである余AH（1912-2006）が語る1940〜60年代頃の村廟やリメジは次のようである[19]。
　巴奪寨は大寨、河西寨、河東寨の3つの小組からなり、それぞれに阿烏

18　移住してきた16戸は朱姓8戸、楊姓2戸、馬姓3戸、余姓2戸、何姓1戸である。
19　焦虎三［2007: 139-142］参照。

且、沙打且、歳格且（且は菩薩、天上の神の意）とよぶ3つの玉皇廟（山王廟ともいう）と2つの城隍廟があった。家々には神棚があって祖先等を祀った。しかし1960年代の文化大革命期に5つの廟は破壊され、馬家と余家の4人のシピが批判され、シピの帽子や神杖などの法具が焼かれた。

　リメジは、第1日目に全村で収穫を感謝する儀式を行い、2日目に各戸で行う。全村型はシピとガバが主催し、1940年代まで行われた。ガバとは村内の祭祀活動を主催する役職者の組織で、祭祀活動は表4-2のように行われた。余シピの話や表4-2によれば、阿爾村のリメジの基本型は次の①から⑧の順で行われる。①ガバが儀式の供物や法具を準備する、②シピがガバと村人を山上のナサ（白石を祀る塔）に率いる、③ナサの前でシピが経文を唱え、山羊や雄鶏を犠牲にして神に捧げる、④共食、⑤害獣駆除の儀式、⑥シピが全村会議「議話坪」[20]を開催、⑦男性たちによる歌舞、⑧各戸が祖先と屋上のナサを祀る。うち最も重要なのが③である。

　余シピによれば、かつて村内にはガバとよばれる祭祀組織と議話坪などの行政組織があった。このうちガバは、毎年4～5戸が選ばれ、全戸が輪番制で担当する。人手とその手配、資金を負担する。供物として6匹の山羊と7羽の雄鶏、蝋燭や爆竹などを買い揃えるが、山羊は高額なので、ガバ以外の住民も1斗の食糧を提供して補う。シピのために酒席を設け、神山の廟と村までの道を清掃し、当日まで神山への入山を禁止する。祭祀活動には多くの決まりごと（慣習法）があり、ガバはその慣習法を伝える。議話坪では「郷規民約」を制定し（立法）、調停や裁定を行う（司法）。12歳以上の男性が参加する。巴奪寨は3つの小寨に分かれる。それぞれ同族を中心に構成されていて、各小寨に議話坪がある。議話坪は同族会議に相当する。日常の様々な活動や生産活動は慣習法の範囲内で個人や一家族、近い親戚姻戚の単位で行われるが、冠婚葬祭や家屋の建設、土木事業、村外との交渉や調停、特に村外の上部行政組織との関係については寨や村が単位となり、議話坪で相談され、実行される［龠栄根主編2000: 365-366；李鳴2008: 243-249］。

20　議話坪については本書第2章注7参照。

表4-2 汶川県龍渓郷阿爾村のリメジ（1940年代）

9/30午前	①ガバが廟を儀式仕様に整える。
午後	②シピが、山羊や雄鶏、法具を携えたガバや12歳以上の男性を率いて山上の廟へ。チラ（杉の枝、玉皇神の憑代）を廟の両脇に立てる。 ③廟でシピが経文を唱え、山羊を清める。 　山羊に水をかけ、山羊が身体を震わせると神が受け取ったとする。 　還願の儀式：読経して山羊を殺し、各寨の山王、牛王神、穀王に捧げる。 　雄鶏を青苗廟、火神、地脈神、路神、川主、路傍土地神、橋梁神に捧げる。
夕	④犠牲の肉を各人に分配して共食する。
夜	⑤害獣駆除の儀式：廟でシピが読経し、小刀でリチ（小麦粉で作った野獣）を刻む。ガバがこれを山の洞窟に運んで埋め、泥土と石で封じる。シピが「封じたか」と問い、ガバが「ちゃんと封じた」と答える。 ⑥シピの主催で全村会議（議話坪）を開いて一年の村人の行為を評し、次年の郷規民約を決める。 ⑦銃声を合図に、各戸が火をおこして食事の準備を始める。 　夜通し、男性たちが山上で飲み、踊る。
10/1朝	⑧各戸で神棚の祖先と屋上の白石を祀る。 　鶏肉や「猪膘」（豚肉の燻製）を煮込んで食す。耕牛の角にラードを塗って「饃饃」（小麦粉製マントウ）を掛け、一日休ませる。 　牛王神、門神、囲炉裏のシミ（五徳）の神、竈神を祀る。

出所：焦虎三［2007］『雲端的阿爾村——一個羌族村寨的田野記録』重慶出版社、139-142頁より作成。

(2) 2005年の集団型羌年

　2005年には、中央政府の中国無形文化遺産保護センターの要請をうけて「羌年」が実施された。60年ぶりに再演された全村単位の集団型のリメジである。政府の目的は、羌年を国家級の無形文化遺産に申請するために記録映像の資料をとることであり、本来の農暦10月1日ではなく、8月11日（農暦7月）に実施された。祭祀は表4-3のように行われた。

　表4-3によれば、2005年の羌年では、かつて9月30日から10月1日朝にかけて行われていた項目が当日午前に集中してほぼそのまま演じられたが、30日夜の呪的要素の強い害獣駆除の儀式は演じられていない。超自然的な神を信じる者にとって、神と人との約束はそこに住む人々が毎年決まった時に決まった順に行わなければならないとする考え方は根強く、特に災いを除

第4章　羌年と祭山会

表4-3　汶川県龍渓郷阿爾村の羌年（2005年）

8/11	①シピがガバと村人を率いて神山の「祭坪」（神林前の広場）に行き、ナサ（白石を祀った塔）の前に集合。 ②余シピがナサの前で経文を唱え、柏香樹の煙で山羊や雄鶏、供物、村人を清める。 ③余シピが羊皮鼓を打ちながら天神、山神、地神、牛王神に4匹の山羊を捧げる経文を読み、山羊に水をかける。耳に麦の種をつめ、山羊が震えると神が受け取り、次年の豊作が約束されたとする。 余シピが羊皮鼓を打ちながら神羊を捧げる経文を読み、跪く。ガバが山羊を殺して角を神に捧げる。 ④朱シピが男性たちを率いて羊皮鼓舞を演じ、村の男女が歌いながら沙朗舞を踊る。山羊の肉を各戸に分配する。

出所：焦虎三［2007］『雲端的阿爾村——一個羌族村寨的田野記録』重慶出版社、144-147頁より作成。

く儀式などは軽々とは行わない、新たな災いを引き起こすかもしれないからである。8月の羌年は、少なくともシピたちにとってあくまでも他者に見せるためのものであり、本来のリメジとは違うものと意識されていた。彼らはその年の農暦10月1日に再度、自分たちの羌年を行おうとしたが資金が足りず実施できなかった。そこで余シピと朱シピは9月30日午後、2家族だけで山上の山神廟跡にいき、余シピは白山羊、朱シピは紅雄鶏を準備して、ナサの前で2005年8月の①〜④の儀式を行った［焦虎三2007: 148-149］。

その後、巴奪寨では3年間、全村型羌年は行われなかったが、被災後の2009年、中国無形文化遺産保護センターの援助をうけ、阿爾村のシピたちが10月1日から順に4つの寨をまわって、羌年を実施した。

しかし全村型羌年はこれ以降行われていない。復活しない理由について、楊MHはガバ制がなくなったからだといい、楊SYは若者のほとんどが出稼ぎにでていて村には老人と子供しか残っていないからだという。確かに、阿爾村では常住人口700人に対して出稼ぎ人口は1000人を上回っており、巴奪寨でも常住人口250人に対してほぼ同数の300人が出稼ぎで不在である。またほとんどの児童が阿壩州令で休日とされた羌年の3日間を、伝統の新年の休日であるとは意識しておらず、単なる連休だと思っている[21]。阿爾村のよ

21　焦虎三［2007: 15］参照。

201

うにチャン族地区の中でも最もシピ文化が残る地域ですら、中年以下の村人にとってリメジは遠い祭日である。

　また楊MHの指摘は、祭祀活動の核心をついている。2005年のそれは、チャン文化のためという大義名分があるとはいえ、期日を変えるという点で、地域住民やその社会に対する配慮がなされているとはいえず、シピは当然ながらそれを従来の「真正」の「還願会」（願解き）とはみなしていない。また2005年だけでなく2009年も資金援助は村民委員会へ託され、祭祀活動そのものはシピがしきったものの、活動全体は村民委員会が上級単位の許可をうけて行った。換言すれば、羌年の実施には村民委員会および郷政府の認可が不可欠であり、その内容は行政の意向に左右される。しかし従来、チャン族の祭祀活動はガバが住民共通の意志のもとで行ってきたものであり、行政組織は関与していない。確かに中華人民共和国成立後、従来の住民組織は消失し、すべての活動が村民委員会のもとに集約されたかにみえる。しかし人民共和国下の村民委員会は、政府の意思をトップダウンで村民に伝える行政組織であり、祭祀活動のような住民のボトムアップ型の活動を続けるのは難しい。実際、村民委員会の幹部は比較的若く、たとえ村出身者であったとしても祭祀活動には疎い。政府側は、祭祀活動に関してはシピとその活動内容をみるのみで、それを運営してきた全村民による組織の存在や住民参加という点については注意を向けていない。

　さらに、30余年間に及ぶ祭祀活動の中断は次世代への伝承を困難にしたばかりでなく、リメジの意味そのものをほぼ否定することになった。祭祀が中断された数十年間、表面的には、村は神と人との結びつきが断たれた状態の中で日常の生産活動や安全が維持されたからである。現在、すでに神の加護と神への感謝を可視的に意識することなく成長した「六〇後」（1960年代生まれ）以下の世代が総人口の80％以上を占め、村の中心層を形成している。活動を担うべき次世代の者が民族の祭祀活動の意味をほとんど理解する機会をもたないまま成長し、その多くが出稼ぎにでて村には常時いないために伝承すらも難しい。

3）汶川県直台村における羌年の変化
(1) 汶川県龍渓郷直台村での羌年

　龍渓郷の直台村（以下、旧直台村と記す）では、シピたちによれば、かつてリメジは、ガシムが主催して表4-4のように行われた。阿爾村の表4-2とほぼ同じである。しかし、中華人民共和国成立後の1950年代から文化大革命期にかけて、旧直台村ではリメジの集団型も家庭型も行うことができなくなった。上級政府の意向をうけた村民委員会は村落の行政的な運営を担当するとともに、祭祀活動も全村型のそれを管理下におき、迷信とみなして行わなかったからである。全村型は1980年代になっても復活せず、家庭型もシピや年長者のいる一部の家庭では復活したものの簡略化し、戸主が出稼ぎで不在の家庭などでは何もしなくなった。

表4-4　汶川県龍渓郷直台村のリメジ（1940年代）

9/29	①ガシムが村人をまわって募金し（金額は自由）、山羊6匹と鶏、様々な供物を購入する。
9/30	②ガシムはシピのために酒席を準備する。 ③シピは広場で柏香樹を燃やした煙で山羊の穢れを払い、山羊や雄鶏、供物をもったガシムと村人を山上のナサに連れて行く。 ④ガシムが山羊に水をかける。山羊が身体を震わせると神が受け取ったとする。シピが読経し、山羊を殺してナサの山王と牛王、穀王に捧げる。 ⑤羊肉を各戸に分配する。
夜	⑥シピは夜通し羊皮鼓を打って読経、男性たちが鍋庄舞を踊る。
10/1 朝	⑦儀式終了後、シピは会首家で昼食をとる。各戸では神々（12尊神）に家族の保護を祈る。神棚に線香と蝋燭をあげ、猪膘と太陽型と月型の饃饃を捧げて、皆で会食する。

出所：2012年、現地での聞き取りにより作成。

(2) 邛崍市油榨郷直台村が直面する問題

　油榨郷直台村（以下、新直台村と記す）は、総人口435人で、総戸数は移住前の85戸から117戸になった。家屋が家族単位で割り当てられたため、分家する家庭が増えたことによる。新直台村は油榨郷政府から13.7km離れた山上にある。道路は整備されていたが急勾配の曲がりくねった山道で、雨が降ると崖崩れが度々起きて通行不能になった。総面積1.2km^2、耕地面積は

写真4-1　邛崍市油搾郷直台村（2012年11月）

1093.68畝で、茶畑900畝とキウイフルーツ畑が整えられた。一人あたり野菜畑0.5畝と茶畑2.1畝の請負地が分配され、新直台村の戸籍、および各戸に家屋使用権証、家屋土地使用権証、林使用権証などが与えられた。さらに国家から補助として一人あたり毎月米30斤と食用油6斤が3年間配給され、成都市からは最低生活保障費として2011年から一人あたり毎月97元が支給された（2009年は45元、10年は60元）。

　四川省政府は高山型の茶やジャガイモ、野菜、キウイフルーツの生産を奨励し、3年後からの収入を約束したが、3年経過した2012年になってもほとんど収穫がなかった。技術的な問題ではなく、新直台村の土地や気候そのものが農業にはあまり適していなかったと住民は思っている。また家畜の飼育も非衛生的として禁止されており、農業によって生計をたてることは難しかった。地元の南宝郷政府と油搾郷政府は旅遊協会を設立して「羌族風情」を生かした観光と農家楽を奨励したが、新直台村は道路状況が悪く、外観は現代的な都市型農村で羌寨の風情は全くなく、観光業の将来も見込めなかった。現状では、出稼ぎと政府の補助が収入の中心であるが、チャン族移民は学歴が低く、特別な技術もないため収入のよい働き口はなく、家庭経済は苦しかった。

　一方、受け入れ側の邛崍市政府は、インフラ整備や家屋を含む居住地の設計などすべてを市側が決定し、山間に現代的な家屋が並ぶ小都市型農村をつくりあげた（写真4-1）。家屋は間取りも現代式で、かつての家屋の中心であった囲炉裏がなく、神棚の場所も考慮されていない。電気ガス水道完備の台所や洗面室があるものの、電気・ガスなどすべてに経費がかさむため、住民は入口の前に石で簡易竈を手造りして使っている。また作物の収穫がほとんどないため、配給された米と油以外の食料は購入しなければならなかっ

た。さらに新直台村は漢族地区にあるため、民族地区で受けていた計画生育や大学入試での加点などの少数民族優遇政策が受けられず、子供は漢族と同様に1人に限られた。葬儀も旧直台村では土葬であったが、新直台村では邛崍市の規定に従って火葬となった。漢族との結婚はすでに15組に達しており、婚姻儀礼も漢族式で行っている。周辺の漢族村から孤立しないために、漢文化への適応や導入が急速に進んでいる。

　李SQ（60代・男性）は、直面する問題について次のように語る。老人たちは新直台村の多雨多湿の気候が寒冷乾燥の高山で暮らしてきた身体にあわず、リューマチや胆石などで病院に通う者が増加し、旧直台村に戻りたがっている。農業収入が3年間ゼロで農民として自立できる見通しがたたない。そのため男性は現金収入を得るために長期の出稼ぎにでており、村に残るのは老人や中年の女性、幼児だけである。児童は漢語圏の学校と寄宿舎のなかで義務教育を受けているが、現状では漢語の授業についていくのが大変である。やがて漢語は上手くなるが、逆にチャン語が話せなくなり、チャン族の風習も知らないまま大人になってしまうと老人たちは案じている。また、家庭収入の減少で義務教育後の進学が減っており、たとえ高校に進学しても下の兄弟のために退学するケースが頻出していることや、民族地区では受けられた大学入試時の加点が移住先の漢族地区では認められないことなどが指摘されている［彭陟焱・田廷広2013］。

(3)　2010年の羌年

　2010年、移住後初の羌年が実施された。60年ぶりの全村型リメジの再演である。従来との大きな違いは、現地の油搾郷人民政府が人的経済的に積極的に関与したことである。郷政府の目的は、移住地の順調な発展と「羌年」というチャン文化による民族観光の展開を中央政府や国内外にアピールすることにあったと思われる。陳XP村支部書記ら村の幹部は、郷政府の要請を受けて1週間前から準備を始めた。祭祀活動については、60代未満の者はすでに羌年の記憶がないことから、シピや老人たちを中心に従来どおり行うこととし、あわせて現地政府の指導者や来賓を招いて住民による民族舞踏などの文芸公演を行う、当日の宴席には邛崍市南宝郷から漢族コック30数名をよんで漢族式の料理で85卓用意する、文芸公演は婦女主任の陳WHが担

表4-5 邛崍市油榨郷直台村の羌年（2010年）

9/25	臨時廟の設置：旧直台村の神廟（玉皇、山王、川主、老君、観音、城隍の六神を祀る）のかわりに、神々を象徴する白石を旧直台村から搬入し、村の入口の感恩塔広場に臨時の廟を設置する。
9/29	ガシムが法具や供物を準備：陳J（78歳）が白紙と細竹でY字形の白旗を作る。ガシムがチラ（杉の枝、玉皇神が宿る）を山から伐り出し、弓箭や釈比帽子、羊皮鼓、山羊3匹と雄鶏2羽を準備、紅布や対聯は油榨郷で、チンクー酒や猪膘、トウモロコシ、山羊等は故郷の汶川県で購入。
9/30	シピが会首家で食事、ガシムが神廟を整える。神廟に紅布を掛け、香をたき、白酒を捧げる。村人が村内を清掃する。シピが食事を終えてから村人は食事をとる。沿道の樹木に紅布や灯を掛け、迎賓門を立て、家々にはトウモロコシを掛け、入口に対聯を貼る。
10/01 04：00	①邛崍市南宝郷のコック30名が村に到着し、宴会（85卓）の準備をする。
07：30	②ガシムが廟の広場に祭場を設営：焚火をたく。羊皮鼓や銅鑼、「咂酒竿」（竹製の管）、柏香樹、白旗、紅布、線香蝋燭を廟台に置き、紅布を白石と酒甕に掛ける。台の左側に大白旗、酒甕とチラに白旗をさす。
08：20	③ガシムが羊皮鼓と銅鑼を鳴らし、チンクー酒やハラ、線香蝋燭、柏香樹、白旗、爆竹、紅布を持ち、シピと山羊を迎えに村に戻る。
08：30	④シピが山羊を清め、ガシムや村人一行を率いて廟へ行く： 村民委員会前広場に山羊3匹と雄鶏2羽が引きだされ、陳シピと朱シピが柏香樹や法具、羊皮鼓、神帽をもって登場。爆竹がなり、何Zが「神棍」をもって入場。 陳シピが羊皮鼓を打つ。ガシムが線香蝋燭に点火。 陳シピが右手に燃えた柏香樹をもって経文「烏経」を唱え、柏香樹で空中に円を描いて会場を清める。 朱シピが柏香樹の煙で山羊3匹を清める。爆竹を合図にシピと楽隊、供物をもつガシム、村民の一行が廟へ向かう。

当し、村民を動員して鍋庄舞を練習し、羌繍の展示を行うなどを決めた。

　任萍・李萍の報告によれば、2010年の新直台村での羌年活動は、9月25～29日の事前準備と10月1日の祭祀活動、文芸公演の3部に分かれ、表4-5のように行われた［任萍・李萍2011］。表4-5によれば、祭祀活動は従来のようにシピとガシムが主催し、村人が参加した。ガシムは、村民委員会の要請を受けて60代以上の者で構成されたが、全戸の輪番制は復活しなかった。現状では、60年間の中断によって50代以下の者には集団型リメジの記憶が

08:54	⑤シピが廟の広場で犠牲を神々に捧げる儀式を行う：
	陳シピが羊皮鼓を打ち、村民庇護、風雨順調、豊作祈願等の経文を念じて舞う。雄鶏を玉皇菩薩に捧げる。
	陳シピが羊皮鼓を打ち、ガシムがチラ3本と大小の白旗を廟横に置く。柏香樹、線香蝋燭に点火し、酒を注ぐ。雄鶏から毛4本をぬく。喉を刀できり、血を神台や白石にたらし、毛と線香を3つの火盆にさす。爆竹がなり羊皮鼓が終わる。白山羊を山王菩薩に捧げる。
	陳シピが座して読経し羊皮鼓を打つ。立って舞う。表情が一変し大白旗が燃える。跪いて経文「勒日卡経」を読み、羊皮鼓を打つ。ガシムが山羊の喉を切って血を盆に集め、台に置く。
	陳シピが立ち上がり、羊皮鼓を打ち経文を念ずる。白山羊を牛王菩薩と青苗土地神に捧げる。朱シピが読経しながら羊皮鼓を打ち、山羊2匹を殺して角を白石の上、腸を白石の前に置く。
09:30	⑥酒甕をあけて皆で飲む：最年長者が、柏香樹の煙で酒甕の周囲を清め、吉辞を唱える。竹管で酒を地面に撒き、甕にさして飲み、村人が続く。
10:30	⑦ガシムが村を一周して入口で除災の儀式を行う：
	ガシムが羊皮鼓を打ちながら広場をまわり、ハラをもち、鶏毛を空中に撒きながら小道に沿って村を東から一周する。
	西南の出口でチラを地面にさし、線香をたく。鶏の喉を切って血を白旗や線香にたらし、鶏毛を旗にさして血をつけ、さす。村に戻る。
11:00	⑧民族衣装を着た村民が羊皮鼓舞や鍋庄舞、「推杆」を広場で演ずる：
	郷政府関係者等の来賓が到着し、感恩廊を参観して来賓欄に紅布をかけ、「咂酒」（トウモロコシ酒）を飲み、村民委員会前広場に入場。朱シピが酒甕を開き、酒を飲む。13:00プログラム終了。
夜	⑨村民が広場に集まり、焚火を囲んで山羊肉を焼き、共食する。

出所：任萍・李萍［2011］「震後羌族異地重建社区羌年節調査報告」『阿壩師範高等専科学校学報』第29巻第3期より作成。

ないうえに、青壮年のほとんどが出稼ぎで外地にいるため祭祀活動の運営を継承させることも難しい。2010年の羌年は、祭祀活動はシピと老人たちが行ったものの、村民委員会が政府からの人的経済的支援を管理し、その管轄下で運営された。また地方政府が関与したことから、従来は村民のみが神と共食して神へ歌舞を捧げたが、政府関係者やマスコミ等の外部者が加わったことで、観光発展を意識した、他者に見せるための文芸活動や饗宴が加えられた。例えば、公演のための歌舞を練習したことで、若者にもシピの羊皮鼓

舞や一般の種々の歌舞が伝承されたが、一方で、民族衣装は汶川県城でお揃いのものが買い揃えられて統一化され、歌舞にもより華美にみせるための改作がなされた。

⑷　2011年の転山会

　2011年には、羌年は行われていない。かわりに直台村村民委員会は「邛崃市油搾郷首届転山会」を計画した。張らの報告によれば、村民委員会は、村内に設立された邛崃市油搾郷爾瑪風情旅遊協会とともに、郷政府社区公共服務資金管理処に「邛崃市油搾郷首届転山会」の申請書を提出し、資金を得た。内容は、2011年8月18日、新直台村の観光発展と邛崃市温庭社区との友好関係を深めるために邛崃市温庭社区と油搾郷直台村の住民が登山競争や歌謡祭、羊肉スープの共食など楽しむことである［張曦・虞若愚ほか2012］。

　2011年の「転山会」は、村幹部による事前準備、シピと老人が主催する祭山会、漢族とチャン族の住民が参加する登山競争等の娯楽の3部からなり、表4-6のように行われた［張曦・虞若愚ほか2012: 133-136］。表4-6によれば、転山会には社区の漢族住民が招かれ、チャン族の祭山会にも参加した。村民委員会はこれをチャン族と漢族による新たな社区活動と位置づけ、神に両者の共存と繁栄を祈った。そのため日時は従来の農暦10月1日ではなく、漢族の七月半（祖先祭祀を行う漢族の盂蘭盆）に近い農暦7月17日とし、名称もチャン族的な羌年や祭山会ではなく転山会に変えて娯楽色を前面にうちだした。また同時に、祭山会への参加を漢族にも拡大したことはチャン文化の宣伝を意図したものであろうが、市政府主導の2010年の羌年にもなかったことである。

　全村移住による新たなコミュニティの出現が地元民と移民との対立や確執の要因にならないよう、市や郷、新直台村の政府関係者は様々に気を使っている。チャン族側の村民委員会が羌年を転山会という名称にかえ、本来、自民族のみが参加する祭りを共存のための一つの手段としてうちだしたことは、羌年の新たな展開といえる。2011年の転山会開催は、少なくとも両民族の共存のための第一歩となった。2012年の長老組による羌年には、麓の村の漢族たちが見物に来ており、ともに飲食して語りあう光景がみられた。

第4章　羌年と祭山会

表4-6　邛崍市油搾郷直台村の転山会（2011年）

8/11〜	シピと老人たちがナサを建て、転山会の進路を画定。村民委員会は山羊2匹と鶏2羽を準備し、色旗、灯籠、気球などを購入。村人に当日8時の集合を通知。
8/18 06:00	①老人たちが山羊2匹を廟に引く。シピが廟で跪いて紙銭を燃やし読経。爆竹を合図にシピが刀で山羊の頸動脈を切り、血を皿にとる。雄山羊の角を山神に、雌山羊の角を観音菩薩に捧げ、皮を剥ぎ内臓を煮る。
08:00	②民族衣装を着た村人が広場に集合。書記の講話後、爆竹を鳴らす者、シピ、雄鶏を持つ者、チャルメラ、銅鑼、酒と線香を持つ者、村民と社区住民の転山隊とシピが羊皮鼓を打ち、山歌を歌いながら山上の白石塔に向かう。 ③山上の塔の奥と手前でシピが羊皮鼓を打ちながら読経。老人が塔の白石に紅布を掛け、線香に点火し、鶏を殺して血を紙銭と塔に垂らして拝する。シピが跪き、羊皮鼓を打ちながら読経。隊とともに下山。
昼	④書記が登山競争の開始を宣言。省監獄管理局副局長と村長が「幇扶協議」を締結し、貧困戸10戸に200元ずつ配布。歌謡コンテストが行われ、各人に山羊スープ1杯を配る。

出所：張曦・虞若愚ほか［2012］『移動的羌族——応用人類学視角的直台村與文昌村』学苑出版社、133-136頁より作成。

(5) 2012年の羌年

　新直台村における羌年は、シピや老人のいる家庭では、太陽型や月型の「饃饃」（小麦粉製マントウ）を作って神と祖先を祀るが、何もしない家庭も増えている。なによりも、農暦10月1日は阿壩州では祝日であるが、移住先の邛崍市では祝日ではなく、学校に通う子供たちや出稼ぎ者が帰宅して一家団欒することができず、新しいコミュニティでは意味をなさなくなった。筆者が訪れた2012年の羌年も、村内には羌年という祝日の雰囲気は全くなかった。

　しかし9月30日の午後、老人たちが寄付を募って村内をまわる姿がみられた。村民は数十元をだし、筆者も100元だした。誰がいくら寄付したという会計記録はしっかりと記されており、その資金で買い出しに行くという。2012年の羌年は村民委員会とは関係なく、シピと老人たちが相談を重ね、自発的に表4-7のように行われた。主な参加者はシピと老人たちのほか、村に残る女性と幼児、近所の漢族である。

　2012年の羌年は、経費不足で山羊を用意することができず雄鶏のみを

表4-7　邛崍市油榨郷直台村の羌年（2012年）

9/30	長老組が村内をまわって募金する。雄鶏2羽や飲料、菓子類を油榨鎮で購入し、チラや白旗、法具を用意する。
10/1 9：00	①シピと長老組が、羊皮鼓や銅鑼を鳴らし、チラや雄鶏、線香蝋燭、柏香樹、白旗、爆竹、紅布を持って廟にむかう。廟横の広場で焚火をおこし、廟台に供物などを置く。 ②陳シピが廟前で、羊皮鼓を打ちながら読経して羊皮鼓舞を演じ、雄鶏を神に捧げる。弟子がチラを地面に、白旗を供物台、右壁、泥中にさす。線香蝋燭を点け白石前に置く。陳シピが読経して酒を注ぐ。鶏の喉を切り、血を白石にたらして鶏毛と線香を火盆にさす。朱シピが読経しながら羊皮鼓を打つ。陳シピが跪いて羊皮鼓を打ち読経する。 ③儀式終了後、陳シピが幼児の頭に触れて神の加護を与える。 ④犠牲の鶏肉を広場で煮て集まった人々と共食する。10：30終了。

出所：2012年、現地での調査により作成。

写真4-2　羌年を行うシピと長老たち（2012年11月）

捧げたが、祭祀の核心部分はしっかり行われた（写真4-2）。これは、規模が縮小されても、シピとそれを支える長老組がいて、長老組がかつてのガシムのような住民の祭祀組織を形成すれば、政府の支援がなくても集団型羌年を十分行うことができることを示している。政府主導の羌年は一見、盛大であるが、2010年の羌年や他地域のそれにみられるように観光開発のための商業的要素が濃厚に演出され、住民自身の参加意識が希薄になっていく傾向が顕著である。新直台村のようなチャン文化の中心地から離れた孤立的な地域にあって、しかもチャン文化が観光資源になりにくい条件にある場合は、老人たちが危惧するようにチャン語やチャン文化の消失は時間の問題であろう。シピの活動や羌年は、政府が示すようにチャン文化の核心部分であり、それを住民自身がどのように自発的に維持していくかが民族文化の伝承には重要である。2012年の長老組による羌年の実施は、伝来の

⑹　ガシムと長老組

　羌年活動を含むシピ文化の伝承において、住民の祭祀運営組織であるガシムが今後も重要であることはすでにのべたとおりである。では、そのような運営組織を住民の自発的な意志で復活させ継続させるためには、誰が、どう動けばよいのだろうか。チャン族社会では、これまで公的な祭祀活動や村の行政は男性の仕事とされ、ガシムへの参加は男性に限られていた。このような考え方は現在も根強い。そこで以下では、ガシムの主要メンバーであった男性年長者たちの長老組の動きに注目する。ここでいう長老組とは、戸主の座を次世代に引き継いだ61歳以上の男性たちをさす。新直台村では総人口435人のうち61歳以上が61人おり、うち男性が29人、女性が32人で、全体の約14％を占める（2012年）。女性たちは、新直台村に来て家畜の世話や農作業が減って身体は少し楽になったが、日常的には旧直台村の時と同様に、出稼ぎにでている子供世代にかわって孫の養育や家事をしたり、時間ができたら刺繍をしたりと相変わらず忙しい。

　一方男性たちは、新村では失業状態であり、暇を持て余している。陳XM（76歳）はその典型的な例である。彼は旧村ではヤギ30匹、ウシ2頭、ブタ3頭、ウマ7頭を飼っており、毎朝5時に起きてヤギを山に放牧し、山の湧水を桶に汲んで背負って家に運んだ。9時に朝食をとって再び山に登り、一日中放牧して夕方家に戻った。しかし移住後はヤギを飼えなくなったため何もすることがない。6時すぎに起きて湯を沸かし、朝食後は他の年長者らと広場に集まって、一日中おしゃべりをしたりカードをしたりして過ごしている。新直台村では生活の心配はないが仕事はなく、気候にも慣れず病気がちだ。できれば故郷に戻りたいという。

　新直台村には、現在、李、何、陳、朱、王、羅など12の姓氏集団がある。各集団は、年月をかけて互いに通婚を重ねてきたため、村内には複雑で密な親族関係が形成されている。現在では、構成員数や経済力、政治的発言力、社会的地位からみて、李、何、陳、朱の4姓が有力で、一般に、婚礼は李家が、葬儀は何家が主催し、政治的には村民委員会の書記、主任、婦女主任を陳家が、会計と民兵連隊長を李家が独占している。

写真4-3　羌年の実施を話し合う老人たち
（2012年11月）

なかでも陳家は、数十年前まで最も貧しかったが、いち早く商売を始めたことで村内では最も富裕になり、発言力をもつ。その中心人物である陳XL（50代）は、17歳で村長に選ばれて12年間つとめ、四川省委員会副書記ら省内幹部とも繋がりをもち、旧直台村では公道を建設し、学校を設立した。退職後19年間、骨董品売買をし、漢方薬材売買や郫県での農家楽経営などで利益を得た。また家族も長男（29歳、中卒）が村長、次男（25歳、大専卒）が警察官になり、すでに農業はしていない。また彼はチャン族文化の伝承に熱心であり、収集したチャン族の伝統的な民俗品を展示した「爾瑪民俗風情博物館」を新直台村に開いて、村の観光資源の一つにしたいとする。

新直台村は5つの小組に分かれているが、旧来の5つの寨がそのまま編制され、議話坪も引き継がれている。組長も各組の成員によって旧直台村の老組長がほぼそのまま選ばれた。新直台村では、村民委員会の幹部や組長が各姓の実質的な代表者であり、60歳以上の男性たちは、青壮年が出稼ぎで不在のため、現在もなお小組の組長として末端の村落運営の責任者を担っている。

2012年農暦9月、広場には10数人の老人が集まって羌年について相談していた（写真4-3）。朱X（78歳、もと第3書記）、朱S（75歳）、陳X（76歳）、陳M（67歳、組長）の4人のシピと5人の弟子（すべて60代）、さらに李C（81歳、鉄盤算）、李Z（68歳、3代続く喞納演奏者で弟子はいない）、李H（羊皮褂製作者）と、朱X（77歳、もと第2書記）、李J（組長）らである。彼らは、かつてガシムを担当した者たちであり、シピ文化の継承者である。

旧直台村では、シピは冠婚葬祭や病人の治療において重要な役割を果たしていた。しかし移住後、シピの活動は大きく変わった。陳Xシピは次のよう

に語る。陳家は、1955年民主改革時に木扎寨（勝利村）から土地がなかったため旧直台村に来た。陳銀子―陳万清―陳独勝―陳興明の順に代々シピを世襲している。陳Ｘは11歳から父についてシピのことを学び始め、三壇経はほぼひととおり少しずつできる。地震前は、この10年余の間に打火、踩鏵頭、招魂など（ともに災いを除くための呪法）を村内での活動を中心に年間40〜50回行った。謝礼は酒が多く、金をもらうことは稀である。移住後は招かれて法事をすることが減り、2011年は20〜30回で、治療、招魂、踩鏵頭、葬礼等を行った。上壇経は2010年の羌年に１度読んだ。安神、婚礼、各家の願解きには88段を読むが、一晩かかる。下壇経は葬儀で読む。法具は鏵頭、神封、神帽、羊皮褂などで、脚絆は使わなくなった。弟子はいない。

　長老組は、シピ文化の継承者であり、祭祀活動を担うガシムを構成しうる人々で、中年や若者が新直台村に戻ってくれば、長老人口は今後確実に増加する。新直台村は、幸いにも旧直台村が分断されることなく全戸が一つの移住コミュニティを構成し、行政上の基層組織には従来の議話坪がそのまま残されており、合議制という伝統が継承されている。シピ文化の復活と伝承は、これらの長老組の自発的な意志と行動力にかかっているといえる。

小　結

　移住コミュニティである新直台村は、青壮年の長期の出稼ぎと次世代の学業による離村によって、将来的には村としての存続も危うい。そのようななかで、チャン文化を担う長老組が従来の祭祀運営組織ガシムに相当する活動を自発的に組織して、2012年に集団型羌年を実施し、神々を故郷から新直台村に迎え入れようとしたことは重要な意味をもつ。これは、漢化が急速に進むなかでの自発的なチャン族意識を従来の祭祀組織によって表象したものであり、羌年という祭祀活動が村民の紐帯として継続的に実施できる可能性をも示すものである。新直台村の老人たちがチャン族地区に残る阿爾村の老人たちより積極的な動きをとることができたのは、彼らが漢族地区に突然入れられてチャン族自身の存在すらも危ういという強い危機感に直面したことによる。長老組の活動は新直台村の存続と将来に大きな役割をもっている。

　シピの経文や儀式、様々な法術はチャン文化の核心である。これらの保護

と研究は、特に汶川地震を契機に政府や研究者によって積極的に進められているが、それらは文化の内容に対する保護であり、文化を主体的に担う地域の組織や住民に向けられたものではない。自発的な動きのあった新直台村でさえも、チャン族意識と村の存続に対する危機感を共有できるのは40〜50代までであり、将来、村の運営を担うべき40代未満が新直台村に定住するか不明である。2012年の羌年は、老人たちが主体的に動き、従来のガシム制度に相当する組織を自ら担ったという点で、現実的な対応であった。今後、確実に増えていくのは60歳以上の高齢者であり、村の運営を担うべきはこの長老組であろう。民族の文化を主導し維持していくのは、地域政府の関係者や村民委員会のような行政側ではなく、住民自身でなくてはならないことは、これまでの政府の支援がほとんど一過性で終わってきたことで十分証明されている。高齢化する地域の住民組織をどのようにつくりなおすのか、高齢者自身がどのように参画するのか、再考すべき課題であろう。

第3節　祭山会の系譜——蔵彝走廊諸集団

本節では、蔵彝走廊[22]における最古の民族集団の一つであるチャン族と、チャン語群の言語[23]をもつとされる川西南チベット族やギャロン・チベット族、プミ族、隣接する四川省木里蔵族自治県（以下、木里県）俄亜郷俄亜村のナシ族をとりあげる。川西南チベット族は、康定以南に居住するムニャ、アルス、シヒン、ナムイ、プミ、チョユの6つの下位集団からなり、文献上では初め「某羌」と称され、唐代以降は康番や蔵番と区別して「西番」とよばれた諸集団である。

これらの諸集団については、言語上の近似性のみならず、白石崇拝などの共通の文化的要素が指摘されている[24]。筆者の調査によれば、共通の文化的

22　本書序章注1参照。
23　孫宏開・胡増益・黄行主編［2007: 836］によれば、チベット・ビルマ語派チャン語群には13種の言語が含まれる。これらは南と北に大別され、前者は爾蘇語組（爾蘇語・納木依語）、貴瓊語組（貴瓊語）、扎壩語組（却域語・扎壩語）に分かれ、後者は西夏語組（西夏語）、羌語組（普米語・羌語・木雅語）、嘉絨語組（爾襲語・嘉絨語・拉塢戎語）に分かれる。
24　孫宏開［1986］。

要素としてまずとりあげられるべきは、以下に示すように、白石崇拝を包括する祭山儀式であり、それは木里県俄亜村のナシ族にもみられる活動であり、祭山会の系譜の分布はチャン語群圏を超えて蔵彝走廊に拡がっている。

本節で注目するのは、これらの集団の祭山会にみられる共通の要素と多様な差異である。この差異は、異なる集団間でみられるだけではなく、同一集団内にも存在する。チャン語群諸集団は、西のチベット文化と東の漢文化の間にあって両者から様々な影響を受けている。祭山会における各集団間の差異については、各集団の置かれてきた歴史的地理的状況や他民族との関係における部分（parts）の変応自在な「節合（articulation）」と仮定される。これは、James Clifford の、「（文化は）自然な形態の一体性をもちあわせたものではなく」「（別々な parts の）寄せ集め（assemblage）、結び合わせ（alliance）」で、「とり外したり、再び継ぎ合わせたりできるもの」とする視点による[25]。

本節では、祭山会における類似と差異の分析を通して、蔵彝走廊におけるチャン語群集団の祭山会の系譜と意味について考察する[26]。

1．祭山会の要素と意味

蔵彝走廊のチャン語群集団は、それぞれが独自の言語や文化的特徴をもつ。しかし同時に高い類似性がみられる。表4-8は筆者が1990年代初期から2007年までに調査した蔵彝走廊地区に居住するチャン族やギャロン・チベット族、川西南チベット族（西番、シヒン・チベット族、プミ・チベット族、ナムイ・チベット族）、プミ族の年中行事をまとめたものである。これによれば、すべての集団に共通するのが祭山会である。祭山会は、新年や季節の節目、農作業の開始と終了、封山と開山などに山神を祀り、その加護を祈るものである。山間に居住する彼らは、集落ごとに固有の神山をもち、神山の山神が地域の気候や山水を支配し、山の鳥獣や鉱植物資源を管理すると信じた。そこで神山の山頂や家屋の屋上に祭場を設け、集落や家族単位で山

---

25 「インタビュー 往還する時間――『文化の窮状』の過去と新たな未来」の James Clifford の言葉による［クリフォード 2003 (1988): 505-506］。
26 本節でとりあげた対象集団についての資料は、出所を明示したもの以外はすべて筆者が1998年から2007年までに実施した現地調査で得たものである。詳細は本書序章参照。

表4-8 西番諸集団の年中行事

月	民族 地域	西番 木里県水洛郷	シヒン・チベット族 木里県水洛郷	プミ・チベット族 木里県桃巴郷	プミ族 雲南省蘭坪県箐花村
11		年猪を解体	年猪を解体	年猪を解体	
12		9 ヲシ① 13 祭山会②	9 ヲシ① 13 祭貢嘎山神②	8 ヲシ① 9 祭山会②	年猪を解体
1		春節③	春節③	春節③	1 ヲシ① 5 祭山会②
2					
3			4 嘗新節④		
4					
5					
6					
7					12-14 戒肯⑤
8					
9					
10			10 嘗新節④		

凡例：☐はチベット族諸集団伝来の行事。〈 〉はチベット仏教の行事。《 》はイ族、無印は漢族の行事。月は農暦、表中の数値は日付。

注：①ヲシは伝統の新年。大晦日に屋上の竹竿や経文旗、鉄三叉を交換し、1日目に山神（屋上）、祖先（3本脚のシミ）、水神（水源）を祀り、初水を汲む。2日目から宗族単位で宴会をし、鍋庄舞をおどる。
　　②5日目に全住民が神山にのぼって山神を祀り、競馬を行う。祭山会では、西番、シヒン、プミ、ナムイのチベット族およびプミ族は「煙祭」を行う。「煙祭」では、松の枝をもやして煙をあげ、煙にチンクー麦の種、黄酒を注ぎ、法螺貝を3回吹き、読経、小麦の種をまく。
　　③「春節」は、西番、シヒン・チベット族は法定の3日間のみ、プミ・チベット族は現在は従来の「ヲシ」より「春節」の方が盛ん、プミ族は「春節」を「ヲシ」とよび、春節の内容はヲシと同じ。

神を祀った。これは、諸集団に共有する意識である。

　諸集団の祭山会には、以下のような特徴がみられる。

　第一は、祭場の空間構成である。チャン族の場合、祭場は石積みの塔、白

第 4 章　羌年と祭山会

ナムイ・チベット族		ギャロン・チベット族	チャン族	漢　族	カム・チベット族
九龍県子耳郷	冕寧県聯合郷	丹巴県梭坡郷	理県蒲渓郷	木里県桃巴郷	
ソシュ⑥	祭山会⑦				19–29〈尼都〉
年猪を解体	年猪を解体		年猪を解体	年猪を解体	
春節⑧	春節⑧	春節 5　廟会 8　祭山会	春節	春節 1　祭山会	3–24〈黙朗欽波〉
			ガル （祭山会）		
			19　観音会	清明節	4〈牛埝〉
		15　転山会	5　端午節	5　端午節	
16 17《火把節》	24《火把節》		19　観音会		
		10　祭墨爾多神山		七月半	
		15　亜巴会	15　中秋節		
			19　観音会 メルメ （祭山会）		
					25〈昂曲〉

　　④「嘗新節」は宗族ごとに行う。三脚鼎（鍋庄）に収穫したばかりの作物（3月は大麦、10月はトウモロコシ）と黄酒を供え、煙をあげて祖先を祀り、バター茶を3回飲む。
　　⑤村の入口で12日に祖先を迎え、14日に送る。
　　⑥ナムイの伝統の新年は農暦12月。
　　⑦木耳ナムイの祭山会は、毎秋、一族単位で行い、3年に一度ムラ全体で、10年に一度地域全体（複数のムラ）で行う。
　　⑧ナムイの春節はプミやシヒンなどのヲシと内容が似ている。大晦日に屋上の白石を祀り、1日目に祖先、水神、3日目に山神を祀る。
出所：1991年8月、2001年3月、2004年11月、2005年9月、現地での聞き取りにより作成。

　石、樹木の枝あるいは竹で構成される。白石は、深山から運んできて神を表象する。石積みの塔は、高さ約2ｍ、幅約1ｍで、神山の山頂や神林、広場、家屋の屋上などに築かれる。石塔には白石を置き、3～7ｍの杉や柏香樹

（ヒノキ科の常緑樹）あるいは竹の枝を挿す。樹木の枝は成人男性が毎年1本ずつこれを持って山頂に上り、挿し替える［松岡2000: 149–154］。すなわち白石は山神の依代であり、枝は個人と神を繋ぐもの、石塔は神の聖域を表象したものといえる。

同様の祭場は、チャン語群集団に広くみられる。1980年代の調査報告に収められたムニャ、ジャバ、ナムイ、パムイ、リル、タシュ、グイチョン、アルス、ギャロンに関する10の事例のうち9例にこの空間構成がみえる［銭安靖編1993: 461–481］。そこには、チャン族と同様の白石や家屋の屋上に築かれた石塔、紅黄青白の旗あるいはそれに経文を印刷した旗を付けた数メートルの枝という3点からなる祭場が記されている。また甘孜蔵族自治州康定県沙徳区の木雅のように、現地では白石をほとんど産しないため石灰で塔を作ったとあり［孫宏開1986］、彼らにとって石塔と白石のイメージが重要であったことを示している。

さらに、四川の俄亜ナシ族にもほとんど同型の石塔、白石、竹枝の組み合わせがみられる。筆者の2007年の調査によれば、俄亜では、神山の山腹に3つの石塔が縦に並び、石塔間は黄青緑の旗を結んだ紐で繋がれる。石塔には複数の白石のほか竹枝が何本も挿され、正面下部には柏香樹の枝を燃やすところがある。同様の小型の石塔と白石、竹枝の組み合わせは、現在も村内の10数戸の屋上にみられる。これはかつてほとんどの家屋の屋上にもあったが、文化大革命時に壊され、80年代以降もトンパ（東巴。ナシ族の宗教職能者）の数戸と希望した家しか復活しなかったという。しかしこのような形態は、筆者が茂県赤不蘇区のチャン族や木里県水洛郷の西番で見たものとほぼ同様であり、祭山会の系譜が蔵彝走廊区南端の四川ナシ族にまで続いていることを示すものといえる。

ここで重要な点は、祭場の空間構成が、チベット仏教を受け入れなかったチャン族と、チベット仏教を受け入れたギャロン・チベット族や川西南チベット族に共通していることである。祭場は信仰において重要な要素である。にもかかわらずチベット仏教の導入の如何に関わりなく共通していること、しかもチベットや青海、甘粛などのチベット族にみられるマニ堆の形態がこれを彷彿させることは、これがチベット仏教導入以前の形状であること

を示唆している。

　第二は、祭祀法である。チャン族やギャロン・チベット族は、山頂の祭場の白石塔に神を招き、柏香樹の枝を燃やして煙を天にあげる。樹木の枝を燃やして煙をあげ、チンクー麦やトウモロコシの種を撒き、酒を注ぎながら経文を唱える形は、各集団に共通してみられる。彼らは家屋の屋上の石塔においても毎朝、あるいは毎月1、15日に日常的にこれを行う。これは、まさにチベット族の「煙祭」である。山口瑞鳳によれば、チベット人はチベット仏教を信仰する以前から山神や地神を供養するための儀礼「煙祭」を行っており、煙祭は、仏教の薫香の儀と重なり、語義に浄化の意味があったことから今日まで広く行われてきた。このほか祭山会の祭祀法には、山羊や牦牛などの動物を犠牲にして血の祀りを行い、犠牲獣の頭骨や角を石塔にかけるという特徴がある［山口1987: 319］。チベット仏教導入以前の形がチャン族に残っていることは、第一の特徴と同様、古い型の信仰が一帯に共通してみられることを示唆する。

　第三は、固有の宗教職能者シャーマンの存在である。諸集団には土着の信仰が伝えられており、それぞれの宗教職能者がさまざまな儀礼をとりしきる。宗教職能者は、チャン族ではシピ、ナムイ・チベット族ではパピ、プミ族ではジャバ、西番ではアーイ、ナシ族ではトンパとよばれ、かつては集落ごとに数人おり、あるいはその活動の一部を行うことのできる老人が数人はいたという。彼らは日常的には農業などの生産活動を行うが、定期的に儀礼を主催し、葬儀を行い、住民の求めに応じて病人の治療や占いを行った。彼らは、それを専門の職業人としてではなく、仲間に対して当然なすべき無償の行為として行う。ギャロン・チベット族ではラマがすでにこれに代わっているが、川西南チベット族ではいまだにシャーマンあるいはそれに準ずる者が健在であることが多く、シャーマンは主に祭山会のような伝来の行事や死者の魂を祖先の土地に送る葬儀を行い、ラマが治療にあたる。シャーマンとラマはなすべき仕事が区別されている［松岡2006a: 227-234］。

　第四は、祭山会が行われる時期である。祭山会は特に彼らの「新年」で定期的に行われており、新成人を承認する場ともなっている（表4-8）。彼らには固有の暦があったと考えられ、1990年代の筆者の調査によれば、新年

は、川西南チベット族の西番、シヒン、プミ、ナムイの場合は農暦12月初旬で、チャン族は農暦10月1日（羌年）である。

　各集団の固有の暦については不明な点が多い。ただ羌年については、成立は秦漢以前に遡り、太陽や月、星辰に基づいて1年を10か月としたとある［羌族詞典編纂委員会編2004: 387-388］。族源を同じくするとされるイ族の彝暦との相対的な比較からいえば、イ族が新年を夏至に設定して火把節を行うのに対して、羌暦10月1日は農暦の冬至に相当すると考えられる［松岡2008a: 158-171］。川西南チベット族においても、同様の地理的族源的条件をもつことから暦もイ族やチャン族のそれに類似する可能性があり、太陽など天の運行に基づく冬至歳首暦に近いものではないかと推測される。このほかギャロン・チベット族や理県蒲渓郷のチャン族の2～3月のように農事の始まりにも祭山会が行われる。

　以上によれば、チャン語群集団における祭山会については、儀礼の要素として白石と石塔、樹木の3点によって構成される祭場の空間、煙祭と動物供犠、固有のシャーマン、独自の暦における新年との関連があげられる。またこれらはチベット仏教の受容の如何に関わりなく伝承されていることから、チベット仏教伝来以前のチベット族の信仰を構成する要素でもあったと推測される。また川西南チベット族やギャロン・チベット族においては、吐蕃による政治的支配とともに伝来したチベット仏教が土着の信仰の上にそのまま重層的に導入されたと推測され、そのような受容形態であったが故にチベット仏教伝来以前の祭山会がよく残されているのではないかと考えられる。

2．祭山会における変化と差異

　以下では、前項で祭山会の核心的要素としてあげた祭場の空間構成や祭祀法、独自の暦における新年との関連を中心に、その変化と差異、形成の背景について分析する。

1）祭場の空間構成と祭祀法

　祭場の空間構成には、異なる民族間での違いだけではなく、同一民族内でも地域差や時間的な違いと変化がみられる。

　チャン族の場合、白石や石塔、樹木の枝などは、現在ではチャン語北部方

言区の茂県赤不蘇一帯や隣接する黒水県でみられるにすぎない。赤不蘇では、家屋を新築した時にはこれを屋上の中心にすえ、毎月1、15日の早朝のほか新年や冠婚葬祭時に柏香樹の葉を燃やして祀る。しかし文化大革命を境にシピや石塔などが減り、1980年代以降は新築家屋にこれらを設けることが少なくなった。これに対してチャン語南部方言区の汶川県や理県では、すでに白石は20世紀中頃に非常に少なくなった。当該地区では、清代中期の改土帰流[27]以降、チャン族支配層が率先して漢族の習俗を取り入れており、例えば旧来の火葬は支配層の奨励をうけて次第に土葬にかわっていった。また漢族の進出が増えて漢族式の廟が建てられるとともに、玉皇大帝や山王、川主などの神像が導入された。1940年代には、まず神々の筆頭に山神や天神に代わって玉皇大帝が位置づけられ、やがて石塔が廟に、白石が神像に代わり、杉の枝が消えた。また家屋内の神棚には「天地国親師位」や道教の神々の名を記した紅紙が祀られ、春節や端午節、清明節、中元節などの漢族の年中行事も行われるようになった［松岡2000: 149–154］。

このように直接の政治的支配者として進出してきた漢族のもとで生きていくために、信仰面においてチャン族式から漢族式に取り替えられたものが少なくない。それは、清代の改土帰流後、政治的強者であった漢族との接触を通して彼らが自ら選びとった、選択の余地のない選択であった。ただしそれは信仰の内容を大きく変えるものではなく、むしろ表面的な同化を演出したものであったといえる。

しかし中華人民共和国下では、文化大革命期までに、漢族式に替えられた祭場をふくむ祭山活動やシピなどほとんどの信仰的要素が全面的に否定され、表舞台から消えた。改革開放後も一部の地域で廟が再興されるなどの動きがみられたが、もはや伝来の祭山会の復活は難しく、時代にも合わなくなった（表4–9）。20数年間におよぶ信仰儀礼のほぼ全面的な中断は、かつての表面的な変化にとどまらず、内面的な消失も意味し、それは旧来の儀礼や信仰にかかわる固有の文化を次世代へ伝承することを形式的にも心情的にも難しくしている。

27　本書第3章注37参照。

その背景には、シピが否定されたためにシピが伝えていた民族の文化を継承するものがほとんどいなくなったこと、およそ一世代の中断を経て、過去を知る世代の高齢化や死亡によって祭山会に関するかつての記憶が住民から消えようとしていること、さらに全国的な経済発展のなかで豊かになるためには漢族社会に参入することが必須となり、漢語だけではなく新たな知識の習得が必要となっていることなどがある。また多くの若者が出稼ぎにでるようになったために活動を担う次世代が不足するという現象も起きている。すなわち近年の経済発展は、文革期までの旧文化の破壊にひき続いて、人々の生活様式や意識を大きく変えるものとなっており、「伝統」文化の復活ではなく、新たな文化の創出が必要とされているといえる。その意味で、観光資源の一つとして旧来のチャン族型の祭山活動が復活されようとしていることは注目される。

　これに対してチベット仏教を受け入れたギャロン・チベット族や川西南チベット族では、彼らの土着信仰を融合したボン教が普及したために、むしろ従来の信仰の形態や内容が目に見える形で残された。ボン教は、金川事変後の黄教（チベット仏教ゲルク派）の強制的な普及に続いて、中華人民共和国になってからは信仰活動が否定され、多くのものが消失した。しかしギャロン・チベット族の場合は、過去の2度の宗教的受難においても内々では根強くボン教を信仰していたといわれ、80年代以降のチベット仏教の復活は表面的にも明らかである。かつての勢力にはおよばないものの、仏教寺院が再建され、出家する者も途絶えてはいない。また新築される家屋も旧来の形を踏襲しており、家屋屋上の白石や石塔の祭場も引き継がれて、煙祭も日常生活の中で行われている（表4-10）。木里大寺を擁するプミ・チベット族や水洛郷のシヒン・チベット族も同様の状況である。彼らはチベット仏教を深く信仰したことで、それ以前の信仰の形も保持することができたといえる［松岡2005a: 196-199］。

　川西南チベット族は、ギャロン・チベット族よりも土着の信仰形態を色濃く残す。ナムイ・チベット族やリル・チベット族の場合は、宗教職能者には土着信仰のシャパとボン教のシュアがいる。前者は葬儀で「指路経」を読み、病人の治療にあたる。後者はチベット文字を読むことができ、チベット

第 4 章　羌年と祭山会

文字の経典を年中行事や冠婚葬祭で読む。
　特にナムイ・チベット族は、独特の自集団意識をもつ。甘孜蔵族自治州九龍県子耳彝族郷のナムイによれば、ナムイは千数百年前にインドを発ってチベットに住んだが、吐蕃との戦いに負けて逃げ、9 世紀頃に四川にたどりついたという。さらにナムイの葬儀で唱えられる「指路経」および「指路図」では、ナムイと嘎米（吐蕃）はともにインドから経典を持ち帰ったが、ナムイは帰路で嘎米に欺かれたために経典をなくした、と語る。木里県俄波郷のナムイのパツ（シャーマン）は、彼らの信仰こそ真のチベット人のそれであるとする。ナムイ集落の多くが地理的に極めて閉鎖的で不便な山間にあったために、彼らが行ってきた祭山儀礼には比較的古い形態が維持されてきたと考えられる［松岡2006a: 221-235］。
　80年代の報告［何耀華2008（1982）］および近年の筆者の調査によれば、ナムイにも白石と石塔、煙祭と動物供犠の祭祀法が伝えられていた。しかし涼山彝族自治州冕寧県聯合郷のナムイでは、文革を境に白石が消え、2002年前後には住民の多くが麓に移住したために集落が解体し、集落単位の祭山会も2002年が最後になった。また麓では漢族式家屋に住むようになったために家屋の祭場がなくなり、日常的な煙祭も行われていない。現在の祭山会は、新年や治療の時、シャーマンに祭祀場と日時、犠牲を占ってもらい、個別に山神を祀るだけである。しかし近年、移住して祭山会を行わなくなった都会のナムイ集団が都会で祭山会の儀礼を再現したという。これは、ナムイにとっては伝来の重要な儀礼であった祭山会についても消滅や再現が目的に応じて自在に行われるものであることを示している。
　以上によれば、祭山会の諸要素は民族間の政治的関係や近年の経済的環境によって自在に組み合わされて変形し、消滅や再現が繰り返されてきたと考えられる。
　2）祭山会と年中行事
　祭山会は、特に諸集団の新年行事において重要な活動である（表4-8）。新年は、生活サイクル＝暦を表象するものであり、諸集団には固有の暦があった。しかし暦は王朝の交代とともに替わり、政治的権力と統一を象徴するものでもある。そのため各民族集団の新年は支配王朝の意図、あるいは民

族間の政治的力のバランスによって変化してきた。蔵彝走廊の諸集団は、地理的にチベット族・チベット文化圏と中国王朝・漢文化圏の中間に位置していたため、歴史的に両者の衝突の緩衝地帯として温存される一方で、各集団は両者の力のバランスの変化によって政治的立場を変え、また文化的宗教的に両者の影響を受けてきた。両者の影響は、新年に代表される暦、すなわち年中行事の導入において顕著である。

蔵彝走廊の諸集団には固有の暦があり、漢族やチベット族とは異なる新年があった。川西南チベット族諸集団は新年を農暦12月とし、チャン族は農暦10月1日とした（表4-8）。中華人民共和国下の社会では国家暦は新暦で、公の機関や学校はこれによって活動する。しかし、中国の新年が農暦の春節であることは旧来のままであり、旧来の年中行事も農暦で行われている。

チャン族の場合、春節の導入は比較的早い。チャン語南部方言区のチャン族および理県や金川県のギャロン・チベット族では、清末にはすでに漢族の年中行事である春節をはじめとして清明節や端午節、中秋節なども行われた（表4-9）。ただし1950年代頃までは独自の新年リメジも並行して行い、春節とリメジの内容や祀りの空間はほとんど同様であった［松岡2000: 135-154］。しかし中華人民共和国下では旧来の年中行事の多くが迷信とされ、文化大革命後も春節以外の行事はあまり行われていない。現在の新年は春節で行われているが、チャン族伝来の活動内容や節食はなお保持されている。例えば茂県赤不蘇では、新年（春節）には伝来の習慣に従って「猪膘」（豚の乾燥肉）やチンクー酒を必ず用意し、屋上の白石やシミ（鍋庄、囲炉裏におかれた3本脚の五徳）で表される祖先を祀り、トウモロコシ粉製のノロを銃で撃ってその年の豊作豊猟を占う。

川西南チベット族も同様である。ナムイ・チベット族はかつて新年を農暦12月7日としたが、中華人民共和国になって学校や役所関係の機関が春節を新年として休みを設け、外地に出ていた者もこの時に帰郷するようになったため、次第に春節に新年を行うようになったという。また木里県のプミ・チベット族も、本来「ヲシ」（吾昔）とよぶ固有の新年を農暦12月に行っており、中華人民共和国成立当初は春節よりも盛んであったが、やがて春節が主となり、90年代後半にはごく一部の家庭で行われるのみになった［松岡

2003: 459-467]。ともに節食は猪膘とチンクー麦あるいはトウモロコシの酒マリマサである。

　すなわち彼らが漢族から導入した春節は日時を同じくするにすぎず、活動の内容はほぼ旧来の形を踏襲している。表4-8からも明らかなように、川西南チベット族の新年の諸要素はよく似ている。山神、鍋庄の祖先神・家神・火神、水神などの神々をまず家ごとに神棚や屋上の白石、水源で祀り、新年の1日から15日までの毎朝、柏香樹を燃やし、神を迎える言葉を唱えて祈る。さらに一族あるいは集落全体で、関係する山々の神々の名前をシャーマンが読み上げて山上で祀り、共食して競馬をする。成人に達した若者を迎え入れる儀式も行う。

　以上のように、諸集団は、一年のうちで最も重要な新年についても漢族の春節を導入し、漢族社会での共存を図ってきた。しかしそれは自身の選択による日時の組み換えであり、内容は集団固有の形を残したままの柔軟なものであった。

　年中行事におけるこのような自在な入れ替えは、新年だけではなく他の行事においてもみられる。漢族の年中行事については、改土帰流後からの民族上層部の積極的な導入と一般への緩やかな普及、中華人民共和国下での政治的圧力のもとで迷信とされてからの消失を経て、改革開放後に彼らの年中行事のなかに残ったのは春節である。これは、諸集団側の漢族行事に対する適応がその時の権力の方向を見据えたものであったことを示している。

　同様のことは、川西南チベット族のイ族への対応にもみられる。イ族は、百年ほど前に大頭人のもと圧倒的な武力を背景にしばしばナムイの居住地に侵入し、定住するようになった。冕寧県聯合郷のナムイは、イ族が集落周辺の山頂に移ってきた後、イ族の行事であった火把節を行うようになった。ただしイ族が6月24日から3日間続けるのに対して、ナムイは1日のみ簡単に行う。しかし、麓に下りて漢族と共住するようになってからは火把節を行っていない。漢族と暮らすようになったので意味がなくなったからだという。これは、火把節をイ族との共存を表す一つとして利用したこと、他民族の年中行事の導入は「場合」に応じて取捨選択されるものであることを示している。

表4-9　チャン族の年中行事

地域/月	理県 蒲渓郷蒲渓	汶川県 三江口郷河壩	汶川県 綿虒郷羌鋒	汶川県 雁門郷蘿蔔寨	茂県② 渭門郷卡爾	茂県② 黒虎郷小河壩	茂県② 三龍郷卡窩	茂県② 雅都郷赤不寨	北川県 青片郷尚武	黒水県③ 石碉楼郷俄爾
12				8 臘八 23 祭竈					8 臘八 23 祭竈	
1	1-15〈春節〉	〈春節〉	〈春節〉	〈春節〉	〈春節〉	〈春節〉	〈春節〉	〈春節〉	〈春節〉④	〈春節〉 5 祭山会
2	(戌) ガル 19 観音会①		15 老君会 19 観音会	2 龍抬頭 19 観音会		2 龍抬頭			2 龍抬頭 19 観音会	
3		3 娘娘会	20 娘娘会 山神会					青苗会	青苗会 3 娘娘会 28 東岳会	15 敬山神菩薩
4	〈清明節〉	〈清明節〉	〈清明節〉 8 仏爺会 28 薬王会	〈清明節〉 20 東岳会	〈清明節〉				〈清明節〉 8 喇嘛会 28 薬王会	
5	5〈端午節〉		5〈端午節〉 13 単刀会 15 魯班会 23 龍王会	5〈端午節〉 8 青苗会	5 祭山会	5 祭山会	5〈端午節〉	5 祭山会	5〈端午節〉 13 単刀会 23 樟山会	1 耍河壩
6	19 観音会	19 二郎会 28 闘刀会	6 山王会 19 観音会 24 川主会	19 観音会 24 川主会	24 川主会	20 川主会	1 晒龍袍		6 晒龍袍 19 観音会 24 祭山会	22-24 座山会
7	7 ラセ 15〈中元節〉	15〈中元節〉	7 土地会 15〈中元節〉 30 山王会	15〈中元節〉	15〈中元節〉	7 青苗会 15〈中元節〉	15〈中元節〉		15〈中元節〉	
8	15〈中秋節〉	〈中秋節〉	1 祭山会 15〈中秋節〉 山神会	〈中秋節〉	〈中秋節〉	〈中秋節〉	〈中秋節〉	15〈中秋節〉	15〈中秋節〉	
9	19 観音会		19 観音会	9 重陽節 19 観音会		9 重陽節	9 重陽節		9 重陽節 19 観音会 28 薬王会	
10	1 メルメ 牛王会		1 牛王会 16 山神会 18 地母会	1 羌暦年 牛王会	1 羌暦年 牛王会	1 羌暦年 牛王会	1 牛王会		1 牛王会 18 地母会	
11			19 太陽会							

凡例：□はチャン族伝来の行事。〈 〉は漢族の主要な行事、無印は漢族のその他の行事。月は農暦、表中の数値は日付。

注：①観音会をはじめとする漢族の行事は主要なもの以外すでにあまりない（1990年代）。
　　②茂県では「祭山会」の期日が地域によって異なる。水西では2月2日、較場は4月、土門の「吊狗会」も4月、曲谷は5月5日に行う。
　　③黒水県の「チャン族」は1950年代の民族識別でチベット族となった。老年層を中心にチベット仏教を受容しており、「耍河壩」や「座山会」などの行事に隣接するチベット族と同様のものがある。
　　④5日と30日に白石で表された玉皇大帝を祀る。
出所：1994年、現地での聞き取りにより作成。

表4-10　ギャロン・チベット族と周辺諸民族の年中行事

民族 月\地域	ギャロン・チベット族							チャン族	漢族	阿壩州 チベット族
	馬爾康県 卓克基郷	馬爾康県 松崗郷	馬爾康県 党壩郷	大金県	小金県 結斯郷	理県 上孟郷	汶川県 草坡郷	理県 蒲渓郷	牧畜区	灌県
1		春節		春節	春節	春節	春節 9 祭山会	春節 祭白石神	春節	15〈蔵暦年〉 17〈摩耶会〉
2		〈唖叭会〉	13 祭山会① | 18	9 上九会 15 天灯会		15〈廟会〉 15 祭山会	10 耍龍灯	8 ガル		
3	祭山会	〈打叉叉〉		8〈打叉叉〉 清明節 祭山会		祭山会	清明節	祭山会	19 観音会	清明節
4										
5				13〈唖叭会〉 13 単刀会	15 念経 | 17	〈廟会〉 〈唖叭会〉 5 端午節 13 単刀会	5 端午節	5 端午節 13 単刀会	5 端午節	〈念"嘛呢経"〉 11 登堡
6				4〈唖叭会〉 23〈三聖会〉			6 晒龍袍	19 観音会		8〈廟会〉
7	看花節			10 祭「朝木耳采」 | 15		15 鬼節	15 鬼節 30 牛王節	7 祭青苗土神	秋苗会 7 乞巧 15 中元会	
8						15 中秋節	15 中秋節	15 中秋節		
9							19 観音会		9 重陽節	
10				念経		1 牛王節		1 メルメ 牛王節	1 牛王誕	
11	7〈廟会〉	21〈喇嘛会〉	13 過年	13 過年	13 過年					30〈燃灯節〉
12	12〈糍粑年〉	28〈糍粑年〉			15〈廟会〉 | 20	21 過小年 8 臘八粥	8 臘八粥		8 臘八粥 23 祭竃	29〈廟会〉

凡例：□はギャロン・チベット族伝来の行事。〈　〉はチベット仏教関連。無印は漢族の行事。月は農暦、表中の数値は日付。

注：①この地の山神の名前は「日角爾都」神、「阿美日客」神。
出所：1991年現地での聞き取りと四川省編輯組編写［1985a］『草地社会情況調査』『四川省阿壩州蔵族社会歴史調査』、四川省編輯組編写［1985b］『嘉絨蔵族社会情況調査』『四川省阿壩州蔵族社会歴史調査』、何耀華［2008（1982）］「冕寧県聯合公社蔵族社会歴史調査」、李紹明・童恩正主編『雅礱江流域民族考察報告』民族出版社、『増修灌県志』などより作成。

このように年中行事においては、彼らは、関係を避けられない強大な民族あるいは支配者側の政治的変化に対応して、その年中行事を取り入れたりはずしたり、自在に自己の内容と組み合わせ、あるいは入れ替えている。それはまさに、弱小集団である彼らが強者集団の行事を導入することで「同化」を演出して生きぬくという姿を物語るものである。

　しかしチベット仏教の受容については、受容の程度によって異なる展開をみせている。ギャロン・チベット族のように深く帰依した場合は、表4-10にも明らかなように、80年代以降も廟会をはじめとして寺院やラマ僧との結びつきは強く、様々な場面でラマ僧が招かれる。言語や族源からいえばチャン系、あるいは西南夷に属するともいわれるが、チベット仏教を深く受容したことで民族としての帰属意識はチベット族である。ただしチベット仏教ゲルク派ではなく、かつてそれに対立したボン教であることに大きな特徴がある。宗教上の異文化の受容は人々の内面意識に影響を及ぼすものであり、チャン族の年中行事の導入にみられたような戦略的な受容とは異なる力をもっている。ただし川西南のナムイ・チベット族のように、自集団の信仰はチベットにチベット仏教が普及する以前の信仰であり、チベット仏教に対抗するものであるという伝承をもつ集団においては、チベット仏教はあくまでも外来文化の一つにすぎず、取り替え可能な文化のパーツの一つにすぎなかった。これは、蔵彝走廊のチャン族やギャロン・チベット族、川西南チベット族に共通してみられる祭山会が、ボン教が引き継いだとされるチベット仏教伝来以前の信仰を解き明かす重要な鍵であることを示唆するものといえ、興味深い。

小　結

　本節では、蔵彝走廊のチャン族やギャロン・チベット族、川西南チベット族、プミ族、ナシ族における祭山会の系譜について、以下の点を明らかにした。

　第一に、祭山会は、これらの諸集団においてかつて最も重要な活動であった。その核心的要素として白石と石塔、樹木の枝の3点から構成される祭場、煙祭と動物供犠を行う祭祀法、独自のシャーマン、固有の新年との関連

第4章 羌年と祭山会

などがあげられる。これらの要素は、チベット仏教の受容の如何に関わらず対象集団において広く共有されており、チベット仏教伝来以前の信仰の形態を示すものと推測される。換言すれば、外来の宗教であるチベット仏教は彼らの土着の信仰形態の上に重層的に導入されたものであり、それゆえにチベット仏教を深く受容した集団において従来の形態が現在も残されていると考えられる。

　第二に、祭山会については、蔵彝走廊の南に位置する四川省木里県俄亜村のナシ族にもほぼ同様の形態と活動がみられる。俄亜ナシ族は、明代に四川に移住して以来、長期にわたって他民族との接触を極力避ける環境をつくりあげてきたため、そこに伝えられた習俗や儀礼はかなり古く、少なくともナシ族が漢文化を深く受け入れる以前の形態を残しているのではないかと推測される。そのため俄亜ナシ族の祭山儀礼とほぼ同様の形態と祭祀法を伝えるチャン族やチベット諸集団のそれも原初の形態に近いものではないかと考えられる。

　第三に、諸集団の祭山会における差異については、異なる集団間だけではなく、同一集団においても時間的、地理的差異としてみいだされる。その差異は、同一集団においては、強力な他集団との政治的関係などの外的要因に起因することが少なくない。例えば漢族との接触の違いによって様々に変容してきたチャン族の祭山会は、支配側の集団との共存を意図した、戦略的かつ自発的な選択による諸要素のパーツの組み替えである。祭山会の諸要素は、漢族を主体とする政治的動きによってパーツを漢族式にかえたり、それが政府によって否定されれば導入したものを放棄したり、観光資源として見直された近年には従来のチャン族式の祭山会を再現しようとする。伝統の祭山会も各パーツの組み替えが可能な文化の一つにすぎないことを示している。

　また近年の急速な経済発展下では、民族集団側が経済的な豊かさを求めて代々居住してきた山を下り、麓の村あるいは都会で漢族と共住するようになった。それは社会の変化に起因するとはいえ、最終的には自らの選択によって従来の生活様式を捨て、伝統の祭山会などの儀礼を行わなくなることを意味している。しかし西昌に移住したナムイ・チベット族のグループは都

会で新たに祭山儀礼を行ったとも伝えられている。それは、集落の解体や移住によって行わなくなった祭山会が消滅ではなく中断であったこと、祭山会における集団の紐帯としての意味が民族のなかに記憶として伝承されていることを物語っている。

第5章

黒水チベット族

　本章では、四川省の黒水チベット族（以下、黒水人と記す）社会の慣習について、「獿猁子」（ボロズ）伝承の検証を通して考察する。黒水人は、四川省西部の海抜3000ｍを超える高山部に居住し、民国期には略奪殺人集団「獿猁子」として怖れられた。しかし、この伝承は被略奪側の、主に漢族によって創出されたもので、黒水人側の言説はほとんど含まれていない。問題は、この伝承が黒水人の社会や文化を「自分たち（漢族）よりも劣るもの」として創りだされ、その意識や当時のイメージが現在も黒水人に対する評価に影響を及ぼしていることにある。そこで本章では、これを黒水人側の視点から見直し、他者が語る「略奪殺人」が黒水社会ではどのような意味をもっていたのか、彼らの異なる価値観とは何なのか考える。

　ところで、黒水に関する資料は管見の限りではあまり多くない。それは、四川の黒水が政治的に微妙な地域であったことによる。黒水地区は、民国期には国民党政府や軍閥にとって統治側の法律が通用しない「無法地帯」であり、黒水人以外の外部者は現地に入ることすら難しかった。さらに中華人民共和国成立後も黒水を支配する蘇永和土司が新政府に抵抗して戦ったため、抗戦が終了するまでに3年を要した。また1950年代の民族識別調査では、政府側調査組が彼らをチャン族としたのに対して、黒水人自身はチベット族であることを望んだため、検討の結果、チベット族に認定された[1]。その後も、「好戦的」な気風をもつ黒水チベット族は、宗教問題も絡んで微妙な存在で

1　1950年代初期の調査では、黒水人はチベット族とチャン族の境界地域に居住し、チャン語北部方言を母語とし、生活習慣や宗教等にチャン族との共通点が多く、チャン族であるとされた［西南民族大学西南民族研究院編2008c (1954): 274, 277, 280–281］。

あった。

　周知のように、中華人民共和国成立後、チベットや新疆などでは政治的宗教的課題が継続した。さらに1950〜60年代の全国的な少数民族社会歴史調査では反右派闘争前後から様々な制限が加わり、政治経済以外の項目、特に宗教や旧来の生活習慣については記録を残すことも難しかった[2]。ただし、中国西部地域については、民国期の1920〜40年代に実地調査がかなり行われていた[3]。中国東北部の陥落以降、西部の開発は南京政府にとって直近の重要課題であったからである。「"開発西北"是"失掉東北"後指示青年動向的標的」（中国西北の開発は中国が東北部を失った今日、青年が向かうべき目標である）という荘学本［2009a (1937)］の言葉は当時の状況をよく表している。

　黒水地区についても、民国期には于式玉の「記黒水旅行」「麻窩衙門」「黒水民風」［2002a (1943)；2002b (1945)；2002c (1945)］および蔣旨昂［1944］「黒水社区政治」をはじめとする詳細な報告がある。荘学本［2009a (1937)］の多くの写真と報告、東亜同文書院第27期生巴蜀岷涪経済調査班［2006 (1931)］による外国人の記録も貴重である。しかし1950年代以降は、『黒水県志』（四川省阿壩蔵族羌族自治州・黒水県地方志編纂委員会編［1993］）以外、公表されたものはほとんどない。その意味で、黒水県建県60周年を記念して2013年に刊行された『黒水文史選輯之一（歴史文化集錦）』（黒水文史選輯編輯委員会［2013a］）と『黒水文史選輯之二（民間民俗文化）』（黒水文史選輯編輯委員会［2013b］）には多くの文献が引用され、語り手も明記されており、重要である。そこで本章では、清末から民族識別前後までの先行文献と2013年刊行の2冊、および1991年と2016年の筆者による黒水調査の結果を主な資料として分析する。

2　1950年代に実施された少数民族社会歴史調査は「院系調整」（1952年）や右派運動の頃から経済政治を中心とする調査となり、風俗習慣や宗教関係の記述が削除されていった（本書付論の第2節参照）。

3　中国西部地区に避難した研究者たちを中心に調査が進められ、当時の雑誌『辺政公論』『蒙蔵月刊』『康導月刊』『旅行雑誌』『辺疆通信』などに現地の様々な状況が報告された。

第1節　民国期の岷江上流の土匪

　四川省西部の岷江上流域およびその支流の峡谷は、古くから南の漢族地区と北や西のチベット族地区を結ぶ主要な交通交易路である。南の灌県（現在の都江堰市）から北の松潘県を経て甘粛や青海へ通じる岷江北路と、灌県から威州（現在の汶川県県城）、理番（現在の理県）を経て西のギャロン・チベット族地区に向かう雑谷脳河西路の2つの交易ルートがある。民国期、北の草原地帯からは毛皮や漢方薬材が、南の成都平原からは茶や米、綿布等が険しい峡谷の狭道を「背夫」や馬によって運ばれ、商人や軍閥に巨利をもたらした［松岡2014c］。

　また当時の岷江流域は、アヘン採取のためのケシの一大産地でもあった。民国初年（1912）、軍閥は多くの兵を養い軍備を増強するために民間にケシ栽培を奨励した。ケシ栽培は瞬く間に岷江上流一帯に広まった。四川内陸部の安岳や楽至、遂寧一帯からも漢族が続々と入って栽培を始めた。その結果、民国期の岷江上流域は「銃多、烟多、匪多」といわれる状態になった。「銃多」とは、軍閥間や土司による抗争が頻発したことで、民国初年から21年までに四川軍閥間の抗争は480回余り、茂県だけでも民国5〜10年に対甘粛軍や対黒水を含めて6度の大きな戦いがあった。またケシ栽培が蔓延し（煙多）、その利益で多くの武器が購入されて軍閥も土匪もさらに武装化され、貧困を背景に土匪が横行した（匪多）[4]。

　この一帯の土匪とはどのような集団だったのか。岷江上流域は、古来、非漢族が居住する地域であり、青蔵高原東端に位置する海抜1000〜3000mの高山部には、「蔵人、番人、絨人、羌人」（現在のカム・チベット族、アムド・チベット族、ギャロン・チベット族、チャン族）が居住した（後掲図6-1参照）。彼らは、中華人民共和国の民族識別以前は「蛮子」「番子」「夷人」と総称され、特に清末から民国期にかけては漢族が居住する県城を頻繁に襲った。茂、理番、汶川、松潘、北川の県城では数百人規模の土匪が役所

4　耿少将［2010: 391-410］には、民国期における大小軍閥の混戦、「匪患」（土匪による被害）、頻発する自然災害、ケシ栽培の蔓延、地方軍閥や官吏による搾取、それに対する各地の羌民の闘い等が記されている。

や商店、民家、行商人を襲い、山林には襲撃された行商人や郵便配達夫の遺体が散見された[5]。また1905年、黒水人を中心とした3400〜1万人が官塩制に反対して茂州を襲い、1911年には官膏制（アヘン専売）に反対した沙壩や黒虎等の羌民が茂州を襲った。四川第16行政区[6]では、四川第28軍が、甘粛の軍閥の侵入に対抗するとともに、金沙江まで進出していた西蔵のチベット族に備えるために松潘県県城や茂州県県城、畳渓に屯署を置いた［冉光栄・李紹明・周錫銀1985: 285-287］。

　これらの蛮子のなかで最も強力な戦闘集団として怖れられたのが黒水人である。黒水（当時は蘆花）は阿壩蔵族羌族自治州（以下、阿壩州と記す）のなかでも最も貧しい地域であった。1935年の報告によれば、彼らは「夷匪」とよばれ、その数は約3万人、多くが生産活動は行わず、他者の金銭や食糧を略奪することで暮らしをたてていた。1933年の畳渓地震後には、山間の耕地がほぼ陥没してさらに生活が困窮したため、善良な夷民までが徒党を組んで略奪集団となり、茂県西南の街区に住む一般の漢人まで被害を受けたとある[7]。黒水に隣接する茂県赤不蘇区の古老によれば、黒水人はみなかつて土匪だった、主食のチンクー麦やソバは収穫量が少なく、穀物は酒の原料としても使われたのでいつも食糧が足りなかった、ケシがほとんどの畑で栽培されるようになるとさらに食糧が不足し、いつも餓えていたという（筆者の2016年の調査による）。

　四川第28軍（1912〜1935）は、黒水人を制圧するために民国20〜22年（1931〜1933）に3回黒水に出兵したが、ことごとく失敗した[8]。1930年に岷江ルートを走破した東亜同文書院第27期生巴蜀岷涪経済調査班もこの地で多様な「蛮子」（非漢族）を見聞している（付表5-1参照）。学生たちはこれらの蛮子が黒水人や羌民、嘉絨人、西番などと異なる名称で区別されていることは知らなかったようであるが、茂州県城で松理懋茂汶屯殖督辦署の劉

5　土匪が最も頻繁に発生したのは北川県一帯で、数百人規模で県城や周辺の鎮郷を襲ったとある［耿少将2010: 399-400］。
6　四川第16行政区には灌、汶川、茂、理番、松潘、懋功（現在の金川）、靖川（現在の小金）の7県が含まれる。
7　「茂県黒水夷民出巣搶掠」［2006 (1946)］。
8　黒水文史選輯編輯委員会［2013a: 189-201］には1924〜1932年に3度の討伐があったと記す。

督辦から聞いた蛮子はまさに黒水人である。劉督辦は「蛮子は付近の山間に住み、騎馬に巧みにして又精鋭なる銃を輸入し、射撃には偉大なる手練を見せ、山谷を走る事恰も野獣の如し」と語ったという[9]。黒水の頭人たちはアヘン売買の利益で武装を強化させ、万を超える民兵を動員して攻撃範囲を小金周辺まで拡大し、村の食糧や家畜をすべて略奪したことから「黒蛮」「十蛮九賊」とも呼ばれた［西南民族大学西南民族研究院編2008c (1954): 306］。

また他の西番集団が周辺地域で略奪行為を行う時には、あえて「厚い毛織の毪子の上着と短いズボン」を着て獳猠子に扮したとある［黎・王2004: 147］。当時、土匪とは黒水の獳猠子であり、略奪殺人集団であるというイメージがかなり定着していたことがわかる。

第2節　小黒水と「獳猠子」伝承

1．大黒水と小黒水

1950年代の西南民族学院（2003年から西南民族大学）の調査によれば、黒水には大黒水と小黒水の別がある（図5-1）。大黒水人は、黒水県（かつての理番県に含まれる）の55溝半のうちの49溝（谷間）に居住し、人口約2万3600人で、県総人口の94％を占める。小黒水人は松潘県の小黒水溝の4部落約6700人である。清末から1953年に中華人民共和国に入れられるまでギャロン人の梭磨土司蘇永和の管轄下にあり、大黒水は5人のギャロン人の頭人が、小黒水は4人の羌民の土官が治めた［西南民族大学西南民族研究院編2008c (1954): 279-281］。また「黒水夷情略記」にも、黒水は黒水河流域の大黒水とその支流の小黒水溝の小黒水に大別され、前者は理番県に、後者は松潘県に属する、「内地」では多くが黒水人を「獳猠子」とするが、実は、獳猠子は小黒水の2000戸余りにすぎない、すなわち、略奪集団「獳猠子」は、本来、小黒水人の呼称であると記す［邊政設計委員会編1940b］。

9　学生たちは、官道には一定間隔で関や堡が設置され、そこに多くのアヘン中毒の漢民が来て食堂を開いたり、「背子」になったりしているとも記す［藤田2002a: 228; 2002b］。1930年代後半に同ルートを歩いた荘学本も、岷江沿線の住民は多くがアヘン中毒の漢人で、女性は纏足であったと記す［荘2009c: 上188］。

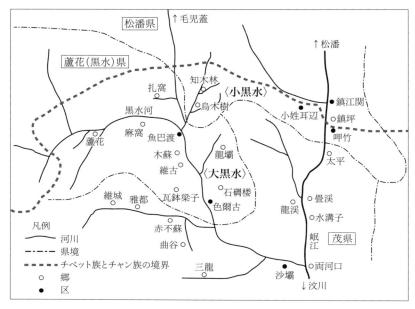

図5-1　大黒水と小黒水

出所：西南民族大学西南民族研究院編［2008c（1954）］「羌族調査材料」『川西北蔵族羌族社会調査』民族出版社、289頁の図（1950年代初期）をもとに筆者作成。

　さらに王明珂によれば、彼ら自身の語りでは大黒水と小黒水は違う系統である。前者「察合基」は「牛脳穀」（牛部落）で自称は「麦茲」、牛を殺して牛の頭蓋骨を屋上に飾る。これに対して後者「博合基」は「羊脳穀」（羊部落）で、自称は「麦尼」、羊を殺して羊の頭蓋骨を屋上に飾る。ただし、大黒水の麻窩の古老は大黒水と小黒水の区別を逆に語る。しかし、混乱があったとしても、大黒水と小黒水が異なる系統であることは知られていた。特に、小黒水は阿壩州の最貧困県である黒水県のなかでもさらに貧しい地域であり、大黒水と小黒水の間では土地（山林も含む）の資源をめぐる争いが頻繁にあった。そのため大黒水人は小黒水人を蔑視しつつも怖れていた、とする[10]

10　茂県三龍やチャン族地区最西北の松潘県小姓溝、黒水等の古老の語りによれば、かつてはチャン族とチベット族地区には牛部落と羊部落という分類があったが、現在では知る人もほとんどいなくなったという。

［王明珂2003: 55-62］。

以上によれば、大黒水と小黒水は、黒水以外の者からは黒水人として同一視されがちであったが、黒水人内部においては、両者は互いに明確に区別しあっており、大黒水は小黒水を一段低い者とみなしていたことがわかる。

2．小黒水の社会

民国期に四川省西部を調査した黎光明・王元輝や荘学本は、ともに理番県の黒水（大黒水）に行くことはできなかったが、松潘城内で「猼猓子」に会い、「事情をよく知る人」に聞き取りをした［黎・王2004: 147-157；荘2009c: 上173］。

黎光明・王元輝の1929年の報告[11]によれば以下のようである。松潘では「猼猓子」という語を聞くや、だれもが顔色を変える。猼猓子が殺人と略奪を好むからだ。略奪の対象はまず漢人、次に西番と雑谷民族[12]（羌民）で、境界を侵した他村の猼猓子もその対象だ。松坪溝から畳渓にかけての土地を通過する漢人は必ず襲われ殺された。最近、黒水地区に行った兵隊たちはみな銃を奪われ、2人が殺された。だが、黒水の成年男子にとって略奪は副業でもある。農作業や薪集め、狩りの時にも目標を発見するや略奪する。彼らの服の色は岩の隙間に身を隠しやすい。略奪はその対象が強奪に値するかどうかは問題ではない。鎌しか持っていない者も、銃をもつ3～4人の旅人も対象である。単独で襲う時もあるし複数の時もある。松潘城内に出稼ぎにきた猼猓子の2人の女性はわずかの金しかもっていなかったが、昼は隠れ、夜になって移動する。他村の者に対しては、持ち物の有無を問わずに襲うのが猼猓子のやり方だと知っているからだ。略奪後すぐには殺さず、縛って高い木にぶら下げ、口に棒を咥えさせたまま放っておく。森の奥にはこのようにして死んだ旅人のミイラが時折発見される。漢人も西番も皆が彼らを怖れ蔑視し、自分たちとは同種ではないという［黎・王2004: 147-157］。

11　黎・王［2004］『川西民俗調査記録1929』の序によれば、黎光明と王元輝は民国17年（1928）に調査を行い、民国18年（1929）に報告を書きあげた。しかし報告書は中央研究院に保存されたままとなり、2004年王明珂の編校を経てようやく公刊された。

12　王明珂によれば、雑谷民族は当時の四川西北部の理県雑谷脳河流域の非漢族で、「西番」でもない集団。後に羌族とされた（黎・王［2004: 149］の編者注）。

黎・王報告で明らかなのは、略奪の対象地域が岷江上流の灌県―松潘交易路の黒水周辺の河谷部を含む地域、および自己の村落の境界に限定されていることである。これは、彼らの社会が黒水地区と認識している地域であり、外部者に対しては「黒水」が内外を分ける境界であり、黒水人内部では自己の村落の範囲、多くは溝が村同士の境界であることを示す。よって略奪の対象は、この境界を侵す者である。とすれば、漢人が略奪とよぶ行為は、黒水人にとっては正当な行為であるともいえる。

　また、荘学本の1937年報告も次のように記す。猓猓子の社会では略奪が奨励されている。絶壁に潜んで通行人を待ち伏せ、金槌等の鉄器を用いて素早く頭を殴り殺す。漢、番、羌、戎も兵隊も、皆これを恐れる。彼らは敏捷なので、旅人が銃をもっていても役に立たない。猓猓子の男は略奪して村に戻ると、皆が彼を「英雄」として尊敬する。宴を開いて上座に招き、殺しと略奪の話には皆が賞賛の声をあげる。略奪や殺人を多く行った者ほど一族に尊敬され、美しい女性を娶ることができる。盗みも殺人もできなかった者は一人前の男性ではなく、村に戻っても誰にも会わないように帰宅して入口の前で跪き、家長から足で首をけられ罵られてようやく家に入ることを許される［荘2009c: 173］。

　荘報告は、彼らが略奪殺人行為を行うのはその社会の価値観によると指摘する。では、その価値観とはどのようなものか。彼らにとって「内」の者とは自己の村民である。通行人は「外」の者であり、外部者に対する略奪は社会が認める正当化された英雄的行為であり、成員としての義務である。また手に入れた物品は平等に分配されて彼らの暮らしを支える、これが略奪は副業であるという意味である。略奪殺人ができない者は彼らの社会を支えることができないため成人とはみなされず、本人のみならず一族の恥である。小黒水社会のこのような価値観は、村落を単位とした原初的な共同体の観念といえ、漢人側の政府や国家といったものとは無縁である。

　このような社会慣習はどのような地理的、社会的条件のなかで形成されたのか。2016年8月、筆者は小黒水地区の阿壩州黒水県知木林郷維多村・河壩村を訪れる機会を得た。維多村は、戸数112戸、人口350人で、維多、維爾、卡谷の3つの寨からなる。小黒水の村落は、外部とは隔絶された海抜

3000m前後の高山峡谷地帯の高山部に散在している。2008年汶川地震後、政府は交通の不便な高山部の村落に対して住民の移転を進めた。彼らはすでに多くの者が外地に出稼ぎにでて生計を立てており、多くの村が山を下りて麓に新村をつくった。筆者たちは、まず山頂から河谷へ移住したという河壩村へ向かったが、そこは黒水河の幹線道路から山崖の狭い道を上った先にあり、確かに容易にいける場所ではなかった。

維爾寨のHE（67歳・男性）らは小黒水社会の慣習について次のように語った。かつて小黒水の成人男性が行うべきことは「喝酒」（酒を飲む）、「打戦」（戦う）、「共同作業」であった。「打戦」はかつては頻繁に起こり、村落間の境界侵犯や村民の誰かが外部の者と争った時には必ず戦いに参加しなければならなかった。戦いでは仲間であるという意識と結束、義気が尊重された。男子は幼時から高山での運動能力、銃を使う技術、騎馬の技術を重んじることを教えられ、馬に乗れるようになった若者は毎年農暦8月15日の敬山菩薩会の競馬に参加してその巧みさを競った。15歳（数え年）になったら銃をもち、男性が行うすべての活動に参加できるスキルをもつことが成人の証であり、できない者は成人としては認められなかった。

彼らの社会では、現在も村民としての相互扶助、義務の負担、帰属意識がなお強く維持されている。冠婚葬祭には少なくとも一家から一人は参加しなければならない。特に、葬儀には出稼ぎにでている者も連絡を受けて必ず村に戻り、様々な仕事を分担する。遺族は兄弟等近い親族の助けを得て経費を負担するだけで、必要な諸事はすべて村人が受け持つ。火葬では必ず各戸が籠一杯の薪を供出する。葬儀に参加できない者には罰金が科せられる。1年目は1000元、2年目は3000元、3年目は5000元支払う。4年目も参加しない者は村から除籍される。ただし、これまでこれに該当して罰金を払った者はいない。

また民国期に調査を行った黎光明や荘学本は、猼猓子の性質について次のように記す。彼らは荒々しく粗野だが、素朴で我慢強い。野蛮で、知識程度は極めて低く、チベット仏教が彼らの思想の発展を阻害していて様々な面で愚かであるが、系統的な思考があり、もし彼らと本当の信頼関係を作ることができれば、相手のために死も厭わない。独自の文化はなく、「西番」のチ

ベット仏教を信仰する［黎・王2004: 155；荘2009c: 173, 194］。ここで黎や荘がいう文化や知識に対する観念では、文化とは漢文化のそれであり、チベット仏教や土着の信仰という異文化を文化とは認めず、野蛮で知識程度が低いとする。しかしそこに一定の秩序や系統的な思考、義気があることは認めている。

　黎や荘は獞猓子の生活や農閑期の出稼ぎについても次のように記す。小黒水人は、小黒水地区の峨彌喜、七布、麦雑、毛革の4部落、56の寨に居住し、総戸数1722戸、総人口4380人で、土官は同じ民族出身である。集落は隔絶した高山峡谷の山腹にあり、絶壁と深い峡谷に挟まれ、山道は危険で険しい。森林が多く畑が少ない。ソバやトウモロコシ、チンクー麦、瓜類、トウガラシ、良質な蜂蜜を産する。野生のキバノロやサルが多い。ブタを飼い、ニワトリも飼うが鶏肉や卵は食べず、鶏卵1個で縫針1本、ニワトリ1羽と縫糸1束を交換する。1日3食で、朝昼はソバ粉で作った「饃饃」、夜は麺だが、穀物は酒の原料にも使うので常に足りない。衣服は男女とも夏は麻布、冬は「毪子」（ヤギやヤクの毛で織った毛織物）の上着で、男性は短いズボンを穿く。雪が降っても帽子は被らず靴も履かない。強靭な身体をもち、幼い時から年中裸足なので足裏の皮膚が厚く、崖や絶壁を鷹やサルのごとく素速く登る。石積みの「碉房」に住む［黎・王2004: 148-149；荘2009c: 173］。

　また、小黒水人は食糧がなくなる農閑期の半年間、一家で松潘に移動して出稼ぎをする。黎報告では、彼らは力が強くて簡単な農作業ができるので、漢人は喜んで雇う。毎年3、4月から8、9月までその数は700〜800人に達する。城内ではまず空部屋のある漢人の家を探し、主人に蜂蜜やトウガラシなどを贈って寝る場所を確保し、主人の囲炉裏を借りて自分たちの饃饃を焼き、野草を食用にする。家賃は払わないが、家主は彼らを雇う優先権を持ち、雑用がある時に働く。鼓楼のあった十字街に朝から立って雇主を待つ。雨の日や仕事のない日は「毪子」を織り、毛縄を綯い、薪を集め、雑草を刈って売る。運よく小金をためて木綿や糸を買って帰ることができた者は周りから賞賛された［黎・王2004: 152-153］。

　これは、略奪集団として怖れられた小黒水人が他者のテリトリーではその

社会の規範の中で共生していたこと、毎年大麦の収穫後の9月から3月までは食糧も多少あり、不足分は外部者から奪って自分たちの村で暮らし、3月に種まきを終えたら食糧もなくなるため松潘に移動してそこで何とか食い扶持を稼いで生き延びていたことを物語る。彼らは決して無秩序な集団ではなく、彼ら自身の社会の中では伝来の慣習を重んじ、「郷規民約」を厳しく遵守する集団であったといえる（後述）。

3．「猼猡子」伝承の形成

「猼猡子」は、中華人民共和国成立後、ケモノ偏が蔑称であるとされ「博俸子」に改められた。清代の張澍撰『蜀典』巻五には「播羅子」とあり[13]、民国の毛筠如は「俸夷、猼俸子、俸羅」と記す。このうち張の「男即負棗核椒鸎于市、女為人家供薪汲、呼播羅子」（男性はナツメやクルミ、トウガラシなどを背負ってきて市で売り、女性は他家で薪運びや水汲みをする）は当時の羌民の一般的な状況と合致するが、小黒水の「猼猡子」ではなく、大黒水人ではないかと推測される。小黒水人は交通路の関係から、民国期までは松潘に行くことはあっても茂州にはほとんど行っておらず、成都平原方面も同様に出稼ぎの範囲ではない。とすれば、清代の「播羅子」では大小黒水は区別されておらず、黒水人の総称として使われていたと思われる。そもそも「Bolo」は、漢字をあてた音訳であり、清代は「播羅」と表記したが、民国期には Bolo に関する情報が増えたことから意味が加えられ、「bo」にはチベット族の自称で用いられた「博」「猼」をあて、「lo」は裸足という彼らの外見的特色を示して「裸」にしたのではないかとも推測される。

では、清末から民国にかけて播羅子に関してはどのような情報が加えられたのだろうか。清代の2度の金川事変（1746〜1749、1771〜1778）は清朝にとって少数民族との最大規模の戦いであった。清朝は四川の大金川土司（嘉絨人。以下、ギャロン人と記す）を最終的に制圧したとはいえ、兵士10万人以上と人夫約15万人を動員し、軍費7000万両銀を費やした。清朝側の死傷者は5〜6万人に達し、大小金川のギャロン人も総人口4〜5万人であっ

---

13 『羌族史』では、多数の羌人が毎年川西（成都）平原へ出稼ぎにでており、特に明清代に増加して漢化を深めたとする［冉光栄・李紹明・周錫銀1985: 263］。

たのが6000人にまで激減した。一方で、金川事変では対ギャロン人の用兵として西南の倮羅（ロロ、現在のイ族）が徴兵された。ロロは四川と雲南の大小涼山地区および雲貴高原に居住する西南中国では最も闘争的な集団の一つであり、ケシ栽培の利益によって武装力をさらに高め、周辺の漢族や他民族を捕獲して奴隷としたことで知られている[14]。

　この頃、黒水の獕猤子を西南の倮羅と同種とする伝承が広まったのではないか。両者は呼称の音や字形が似ており、その闘争的な性格が重なっている。黎報告によれば、岳国公（岳鐘祺）は金川事変の時に多くのロロ兵を率いて戦ったが、事変後に生き残った6人をこの地（黒水）に封じて守備にあたらせた。ロロ兵はそこの土地が農業に適していなかったので岳国公に何を生業とすべきかたずねた。すると岳国公は「打槍」（狩猟をせよ）と答えた。しかし彼らは槍を搶と聞き違えたために、「打搶」（略奪をせよ）と言われたとして、以後、略奪を生業とした。また「六」の音は松潘では「猤」の入声であるため六が「猤」に変わったという［黎・王2004：150］。1930年代にロロを調査した毛筠如も、松潘県西境の雅爾隆河一帯に「倮夷」数千人がいて「獕猤子」と呼ばれ、伝承では金川で「番人」が叛乱を起こした時に「倮羅」を徴兵し、事変終了後にこの地に留め、その末裔が烏木樹、茨木林、澤壩、悟花に住んだといわれると記す［毛編著1937］。

　しかし、黎も毛も黒水の獕猤子と西南のロロを同一種とすることは疑わしいとする。2度の金川事変は乾隆年間（1736～1795）であるが、4つの獕猤子（小黒水）部落のうち2つが清朝に帰順したのは康熙42年（1703）なので年代があわないこと、また川南のロロとは言語が全く異なることを理由にあげる。とすれば、清代の張澍の「播羅子」には略奪殺人のことが記されていないことから、金川事変のロロ集団の伝聞が広く知れ渡った後に、頭人の統率のもとで武装集団として広範囲に他者を襲うようになった獕猤子の行状と重なり、恐怖のイメージが増幅されていったのではないかと考えられる。

14　王明珂によると、倮羅とはかつて漢人が川西南滇北部（四川西南から雲南北部）に居住する非漢族につけた蔑称であり、後の民族識別で多くがイ族とされたとする（黎・王［2004: 149］の編者注）。

第3節　大黒水の社会

1．大黒水と羌民

1940年代、于式玉は、黒水調査のために茂県政府と専員公署の「護照」（通行証）を取得した。しかしこの護照は黒水行にはほとんど役に立たず、案内人をみつけることも難しかった。民国期の黒水は、国民党政府や軍閥の力がほとんど及ばない治外法権的地域だったからである。ようやく黒水出身で中央軍学校辺疆隊卒業後に理番県政府職員となった王啓新が案内人を引き受けてくれることになり、1943年1月20日（農暦12月15日）灌県を出発して蘆花に至り、3月16日（農暦2月11日）理番に戻った。

于［2002c（1945）］は、これまでの草地（アムド）チベット族地区やチャン族地区での調査をもとに、大小黒水人の民俗的側面を羌民のそれと比較し、多くの類似点を指摘して彼らを「羌民」であるとした[15]。于が指摘する類似は以下のようである。

言語は、十六区の羌民が居住する「屯」とほぼ同じチャン語方言を使う。黒水人のルーツは、同系の羌民が茂県―松潘―沙壩の北路、雑谷脳―馬塘―亜克夏山越えの南路、理番県城からの峡谷路の3ルートを移動してきた可能性がある。家屋は石積みの「碉堡式」3階建てで、1階で家畜を飼い、2階は人が暮らす、中央に「鍋庄」（囲炉裏）があってシミ（鉄製五徳）が置かれ、入口の対極に神棚がある。3階は平屋根で、中央に白石を置いた塔がある。白石は窓や入口の上にも置く。経堂はない。なお屋内の壁に白灰で卍模様を描くことや2階の外壁にトイレを置くのはギャロン人の影響である。生業はトウモロコシやソバ、小麦を生産する農業で、高山部のため作物は一期作で生産性が低く、食糧は常に足りない。主食はトウモロコシの粥や饅頭、ソバ、チンクー麦のツァンパ、ジャガイモで、酒をよく飲み、飲めば「鍋庄舞」（囲炉裏を囲んでする舞）を踊る。衣服は、素材は男女とも自家製のヤギ毛の「毪子」で、男性はチベット族と同様に右袖をぬいで肩にかけ、短刀と銃を帯びて飛ぶように歩く。女性はギャロン式で、珊瑚や緑宝石をつけた

15　于の報告では、種族・言語・宗教、飲酒と娯楽・性格、衣食住、交通、婚姻葬儀、森林、工芸、貿易、教育に分けて記されている［于2002c（1945）］。

装飾品を好む。銅器や珊瑚、玉石、布など外来の物品のほとんどは西北の回族商人が持ってくる[16]。針や糸、煙草、白酒は成都や灌県、茂県の県城で買ってくる［松岡2000: 39–154］。

　これらによれば、地域性が強く表れる食住はチャン族とほぼ同じであるが、周辺の影響を受けやすい衣服や装飾品等に支配層のギャロン人や回族商人との交易の影響がみられる。しかし宗教面のような深層部分は土着的な要素が根強い。彼らは、山神を白石で表し、農暦5月には神山の塔で祭山会を行う。屋上や窓、山上の塔にも白石を積む。頭人の統治後、山神の塔や経塔には白石を置くとともにルンタを掛けるが、黒水のチベット仏教受容は表面的だといわれる。出家者は多いがすべて在家であり、日常的な読経は稀で、チベット文字を読める者も少なく、学問のある高僧もいない。経典の印刷所もなく、書写は外部のラマに頼む。正式な教育機関がないため子供が字を学ぶにはラマになるしかないが、ラマ寺院も3〜5か所しかなく、平日は無人で、祭祀日に数人が読経する程度であり、土司の役所横の寺院も荒れている。20〜30名のラマが常住する蘆花寺院では正月に「跳神」の儀式が行われる。

　以上のように、黒水人は地域性や精神性に関わる民俗的側面ではチャン族との類似点が多くみられる。ところが、彼ら自身は、自らはチベット族であるという意識を強くもつ。清代の頭人制度、特に清末から民国期にかけての蘇永和大頭人を中心としたギャロン人の政治的支配の影響とされる。黒水人のチベット族意識の背景には、彼らが羌民を含む周辺集団から明確に区別され、闘争的な略奪集団として怖れられるとともに蔑視されていたことから、彼ら自身もチャン族を含む周辺民族とは異なるという意識をもっていたこと、また現在の黒水チベット族がよく口にする言い方であるが、チベット族は四川では最強の集団であることが考えられる。

16　于式玉によれば、回民はイスラム教の教えに基づいて勇敢剛毅、冒険心に富み、勤勉である。甘粛省臨潭県県城の馬教主家西道堂のように厳密な組織と学徒式の訓練、豊富な資本をもつ……頭人には十分な物を渡す。例えば、銅器売りは7000元余りの子羊の毛皮をつけた絹の上着、布売りは十ヒロの緞子、珊瑚売りは絨毯2枚と珊瑚数枚を贈る。頭人は交換に宿と食糧の小麦粉やツァンパ、薪、ジャガイモ、油・塩などを与え、彼らの商いを認める［于2002c (1945): 557–563］。

2．大黒水社会の組織と慣習法

大黒水はどのような外的、内的要因のもとで、またどのような過程を経て略奪殺人集団といわれるようになったのか。

まず、主な外的要因としてあげられるのは、ギャロン人を支配層とする頭人制と巨利をもたらしたケシ栽培であろう。前者によって略奪が広範囲に拡大され、後者によって武装が強化されてより強力な戦闘集団になったからである。大黒水は、清初は雑谷土司に属したが、雑谷土司が殺害された後は梭磨宣慰司の管轄となり、清末に梭磨宣慰司が途絶えると5人の大頭人、上蘆花、龍壩、黒水（二水）、木蘇、文玉寨（後に途絶える）に分割された。蘇永和（羅基邦譲・多吉巴桑、1909–1981）は、二水頭人であった兄の死後、兄嫁と結婚して二水頭人となり、さらに木蘇の女頭人とも結婚して木蘇頭人を兼任した。また姉や息子、娘の婚姻によって龍壩頭人や蘆花頭人と姻戚関係を結び、大黒水全体を統括し、1952年の解放まで人民政府に抵抗し続けた[17]。

1950年代初期の調査によれば、「黒水頭人為緩和内部矛盾並拡充勢力、鼓励百姓向外搶劫」（頭人は内部矛盾の緩和と勢力拡大のために人々に外部での略奪を勧めた）とあり、略奪の範囲は、西は梭磨や卓克基などの異なる頭人のギャロン地区、南は赤不蘇や沙壩、三龍、渭門、東は松潘鎮江関などの周辺羌民地区に及んだ。襲撃の回数も多く、黒水の瓦鉢梁子は隣接する茂県雅都村との間で山の資源の権利をめぐって対立し、50数年間で120回戦った。またその略奪法は「目にしたものすべて」とされ、維城郷の羌民は300頭の牛をすべて奪われた。そのため襲われた村の住民は彼らをひどく憎んだ。ただし、略奪品はその場で分けられたため黒水人は頭人を支持した［西南民族大学西南民族研究院編2008c (1954): 306］。略奪品のその場での分配は慣習法に基づくもので、貧困という内部矛盾の緩和であったといえる。

では、彼らの社会では、「内」の成員たちの道徳観や価値観はどのように形成されたのか。以下では、筆者が1991年9月と2016年6月に黒水県の色爾古

17　蘇永和は1952年人民政府に投降後、阿壩州副秘書長、政協副主席に任命されたが、1956年叛乱に参加して捕縛された。チベット族上層部への影響を考慮して釈放されたが、インドに出奔し、1980年帰国して四川省政協常務委員を務めた［西南民族大学西南民族研究院編2008c (1954): 298–312；田利軍2010］。

郷色爾古村、麻窩郷西爾村で行った現地調査の第一次資料をもとに考える。

事例1　色爾古郷色爾古村は、戸数111戸、人口479人で全員がチベット族である（1991年）。上寨と下寨からなり、数百年の歴史がある。白石を屋上や窓に飾った2階建ての石積み家屋が並ぶ。岷江沿いの幹線道路に近く、漢族との交流も比較的長い。男性は多くが漢語四川方言を話すことができ、各戸は漢族式の姓をもつ。大姓は上寨では何（30数戸）と王（46戸）、下寨は白（26戸）と陳（20戸）である。婚姻は村内のみで行われ、同姓不婚であるが、3代を経た同姓婚は可能である。村民同士はほぼ親戚姻戚関係にある。息子がいない場合は婿を迎え、婿は実子と同じ財産継承権をもつ。民国期、主な副業はケシ栽培で、3月に植えて7、8月に収穫した。松潘や阿壩の蔵人や漢人がここに来て、銀や衣類、塩、草履とアヘンを交換した。1元の銀製腕輪と7銭のアヘン、米50斤と5銭のアヘン、塩1斤と0.5銭のアヘンが交換された。男性の20％がアヘンを常飲したためほとんどの家庭が貧乏になり、豊かになったのはわずかであった。伝来の石工技術をもつ男性たちは、一人の棟梁が20人余りの弟子を率いて北西の若爾蓋や紅原のチベット地区に出かけ寺院や家屋を建てた。成都や茂県に漢方薬材やサンショウの行商に行く者もいた（10数人）。しかし当時は土匪が出没したので、外地に行く者は多くなかった。

　村内には伝来の「郷規民約」があり、内容は次のようである。村民共有の畑が5～6畝あり、交替でチンクー麦を栽培してチンクー酒をつくり、祭山会で山上の塔の菩薩神を祀る時に使ったり、来村した頭人をもてなす時に使ったりした。葬儀や婚姻時には一族を中心に村民全員が手伝う。葬儀は火葬で、姓ごとに火葬場がある。各戸は火葬のための薪を籠一杯供出しなければならない。家屋の新築にも各戸から必ず手伝いをだす。男性は山から木材を伐り出し、女性が石や泥、水を準備する。石工への謝礼は銀あるいはアヘンでする。完成後に戸主が宴を設けて村民に酒肉と饅饅をふるまう。村と村の境界は双方の頭人が話し合って決め、境界石を置く。境界石は動かしてはならず、境界を越えて活動してはならない。境界を破って山林の資源を取った者は、その者の所属する頭人が出て酒や銀、アヘンで償う。村落間の戦いがある場合は、頭人が各村からだす兵数を決め、各戸が順番に担当する。

第 5 章　黒水チベット族

　事例 1 によれば、村落の日常生活は相互扶助が原則で、代々の郷規民約によって村長が祭山会や冠婚葬祭、道路工事などの共同作業を指揮し、村民間のもめごとの調停などを行う。複数の村落を統括する頭人は、他村との境界をめぐる争いや「外」との戦時の徴兵を行い、種々の調停を承認する。

　事例 2　麻窩郷西爾村は、人口584人、戸数122戸で、全員がチベット族であり、9つの宗族に分かれる（1991年）。それぞれ山上に固有の「山神菩薩」（村民は神のことを菩薩とよぶ）をもち、農暦正月 3 日に祀る。春の農作業開始は農暦 3 月15日、各戸から男性 1 人が出て、全員で山上の石積みの塔の前で山神菩薩を祀る。病人がでたら各戸で山神菩薩を祀る。虫害が発生した時は全村民が山上の塔で山神菩薩を祀る。全村活動では公地（村民共有の 1 〜 3 畝の畑）で栽培したチンクー麦の酒を使う。頭人が栽培者を決める。かつて各土司の間では常に土地や百姓、官名をめぐって争いがあった。武闘時には各戸から最低男性 1 人（年齢は不問、銃や刀を使える者）を出す、男性労働力がない場合は毎日10斤の食糧を出す。河流や谷を境に界碑を立てて境界を定める。村長（「宗蘇格勒」）は世襲で、頭人が任命し、全村の活動や各族間のもめごとを調停した。アヘンは全耕地の 3 分の 1 で栽培され、3 月に植え 8 月に収穫した。アヘン 1 両と銀製腕輪10元、7 〜 8 両と牛 1 頭、10両と銃 1 丁、20〜30両と馬 1 頭が交換された。漢族商人や回族商人が松潘や茂県、甘粛や青海から来た。麻窩人は松潘や茂県に出稼ぎにでて布や食料を手に入れた。

　事例 2 によれば、事例 1 と同様に、麻窩も相互扶助と共同作業の共同体である。頭人が任命した村長が祭山会などの全村活動を指揮してもめごとを調停するとあるが、能力と人望を必要とするこのような職は世襲とあることからもわかるように、頭人制以前からの慣習であった。2016年の筆者の調査によれば、かつて黒水には村ごとに山神菩薩が祀られ、「納斯巴」（ナスバ）とよばれる組織が全村の祭祀活動を主催した。納斯巴は、人望と能力が成員から認められた比較的年齢の高い 4 〜 5 名が選ばれ、村長とともに郷規民約の実施を見守った。

　事例 1 と 2 は、黒水の社会が祭祀活動と村落運営活動をそれぞれ担う 2 つの組織をもっていたことがわかる。前者は選ばれた者たちが村落全体の山神

菩薩を祀る様々な活動をしきる。後者は慣習法である郷規民約によって内外の問題に対応し、成員は相互扶助を原則としてそれを遵守する。村民は納斯巴と郷規民約の2つの慣習が代々伝えられることで共通の価値観を形成していったといえる。

民国期の黒水の郷規民約については、婚姻、森林、民事の紛糾と調停に関して次のように紹介されている［黒水文史選輯編輯委員会2013a: 205-206］[18]。

黒水は、人口は少ないが規則が多く、各地区の郷規民約は大同小異である。婚姻は両親が決め、土司、大頭人、小頭人、百姓が同階級間で行う。異なる階級の婚姻は同一階級の反対と蔑視、社会的叱責を受ける。森林に関しては、各村、各寨にはそれぞれに属する森林と薪用の林があり、それを他者が勝手に伐採してはならない。違反した者は頭人や寨首（住民の中から選ばれた能力の高い者）、郷約（寨首の部下）、百姓から譴責を受け、さらに金銭や食糧、チンクー酒を供出する罰則が課せられる。井戸周辺の樹木や火葬場の樹木を伐採してはならない。違反したら、前者は雹が降り、後者は作物が虫害に遭う。違反者には食糧や銀を供出する罰則が課せられる。

民事の紛糾と調停では、もめごと、喧嘩、酔っ払う、人を罵る、牛馬を盗むなどが家人間、村落間、親戚間で起きた場合、寨首が全村民を招集して会議を開き、十分に話し合い、罰すべきであると意見が一致したら頭人の承認を経て、違反者家族を排斥してその家族のすべての「政治的権利」を剥奪する。その方法は、全寨民による大会議を開催して、全員で酒を飲んで「呪詛」し、寨首が該当家族はこれよりすべての政治的権利を剥奪されることとその理由を説明する。寨内のすべての老若男女はこれより当該家族との往来や話を交わすこと、物品の借用、同行が禁じられ、その期間は1～3年間とされる。期間を満たし、当該家族に反省の態度がみられたら、当該家族の親族が寨首と住民に排斥の解除と政治上の名誉の回復、食糧や金銀による償いを一族の者が共に担うことを求める。寨首と住民が同意したら、それが許可され、全寨民による大会議で解除と回復が宣言される。以後、当該家族は村のすべての活動に参加することができる。しかしその後も違反が続いたら、

---

18 「解放前黒水的一些郷規民約」『黒水県志通訊』第12期（1985年12月20日）からの引用とある。

第5章　黒水チベット族

大会議と頭人の承認を経て排斥の期間が延長され、さらに反省しない場合は当該家族の当主が死刑に処せられる。

　以上によれば、村落内では、郷規民約の「内」の違反者に対して金銭や食糧の供出という物質的な処罰以外に、社会的な蔑視や叱責、排斥（「村八分」）があった。また日常の村落運営は、住民から選ばれた寨首および郷約、住民が出席する寨民会議の合議によって行われ、この形は現在も寨主が村長に変わっただけで同様である。さらに集団の祭祀活動に関しては、「納斯巴」とよばれる数名の信望のある長老からなる祭祀団のあったことが2016年の現地調査でわかった。これらは、黒水社会が村落を単位とした原初的な共同体社会を民国期まで維持していたことを物語るものであり、その伝統は近年も受け継がれている。

小　結

　民国期、四川辺境の黒水人については、彼らを略奪殺人集団「猼猻子」とする伝承が流布していた。しかしこの伝承は、彼らと対立する統治者側、すなわち岷江上流域に後発集団として入ってきた漢族側が創りだしたものであり、対象となった黒水側自身の語りはほとんど含まれていない。

　本章では、まず民国期の報告から黒水社会の実態を推察した。民国期の報告は、漢族の「偏見」がみられるとはいえ、記録者にとっての「事実」をそのまま記しており、結果的に多様な「事実」が語られている。東亜同文書院第27期生巴蜀岷涪経済調査班［2006（1931）］の松潘灌県ルートに関する報告も例外ではなく、基礎的知識の不足はあるものの、おそらく唯一の外国人の記録として彼らが記した「蛮子」は非常に多様であり、その特徴が書き分けられている。本章では、民国期の報告を再検討したうえで筆者の近年の第一次資料を加えることで、自ら外部者に対してはほとんど語る機会のなかった黒水側の視点から「猼猻子」伝承を分析し、黒水社会がどのような社会であったのか考察し、以下の点を明らかにした。

　第一に、統治者側がいう「猼猻子」の略奪殺人行為は、黒水人社会では成人男性の義務とされるものであり、英雄的行為とし賞賛された。黒水人は、

自身が所属する「内」とそれ以外の「外」を明確に区別し、その境界を侵す外の他者に対して武力によって対処した。彼らにとって「内」とは、一般に、居住する村落が代々、村落の範囲として認識する空間であり、居住部分だけではなく周囲の森林、溝などを含む日常の生活圏である。原則として、略奪されるのは彼らの圏内に入ってきた「外」の他者であり、そこで他者に適用されるのは彼らのルールであり、いわゆる王朝や国家の法は適用されない。

　第二に、「内」なる黒水社会においては、祭祀を行う「納斯巴」と、村落の運営を行う政治的リーダーと村民会議という2つの組織があった。後者については、代々継承されてきた「郷規民約」とそれを運営する組織の決定を成員は遵守しなくてはならず、違反者には罰則が課せられ、社会的制裁が加えられた。成人男性には、成員として共に酒を飲む、戦いに参加する、公共の仕事を分担するという義務があった。戦いとは、一般に、「外」を対象としたものであり、自己の村と他の村の間、自村の者と他村の者の間で行われるもので、戦いへの参加とそこで功績をあげることは成人男性であることの証であり、幼児期からの日常生活はそれに備えた訓練の場でもあった。成員に求められたのは団結、義気、英雄という価値観である。筆者は2016年の調査時にその価値観が現在も引き継がれていることを強く感じた。

　第三に、「野蛮」で貧しいが頑強で勇敢であるという黒水人に対する評価が、略奪殺人集団「獚猓子」という悪名にほとんど変わってしまったのは、民国期ではないかと考えられる。民国初期、黒水ではケシ栽培が始まり（煙多）、その利益で頭人は銃器を購入して武装力を高め、蘇永和大頭人の指揮のもと周辺民族の地域や漢族が居住する城鎮などを広範囲に襲撃して勢力の拡大を図った（銃多）。襲撃される側からいえば、彼らは漢族社会の法が通用しない「夷匪」集団であり、その行為は略奪と殺人である（匪多）。実際、蘇永和大頭人が支配する黒水は、政府も軍閥もほとんど制圧することのできない治外法権的世界で、その抵抗は1952年まで続いた。ギャロン人の支配者による治外法権的黒水は、清朝に大きな打撃を与えた金川事変を想起させ、強力な武装集団であった黒水人に対する恐怖は金川事変時の最強の戦闘集団ロロと重なって強まり、略奪殺人集団「獚猓子」伝承が誇張されていったのではないかと考えられる。

今後の課題としては、黒水チベット族を複数の異なる民族集団の境界に居住する集団として研究する視点が必要である。黒水人はチベット族とチャン族の境界に居住し、チベット仏教を信じているが、その信仰は表層的であり、言語や生活習慣などにチャン族との類似が指摘されている。しかし1950年代の中央政府による民族識別ではチャン族ではなく、彼ら自身の選択によってチベット族に認定された。黒水のような事例は、以下を明らかにするうえで重要である。第一に、成員自身の民族認定に関する意識や民族識別後の「民族化」[19]とその背景について、第二に、羌民の風俗習慣や宗教がよく保持されているとされる黒水人が外来のチベット仏教をどのように受容したのか、信仰面における異なる文化の接触と変化についてである。

19　王明珂［2012］参照。

付表5-1 松灌ルート（灌州―威州―茂州―松潘―龍安）の「蛮子」と交易物資（1930年）

期日	地 名	海抜(m)	戸数(戸)	「蛮子」の呼称	交易物資
7/21	灌州	890		苦力（漢）、背子（漢、チャン、ギャロン）	石炭、コークス、薬草、馴鹿の角
	娘子嶺	1780			コムギ、トウモロコシ、タバコ
	映秀湾		30	馬子（ギャロン）	羊角、薬材
7/22	東界県				
	銀杏坪		10		
	桃関				
7/23	沙壩			苦力（チャン）	
	汶川城（綿虒鎮）		70	蛮子（ギャロン）キャラバン隊	
	板橋		12		
7/24	磨刀渓		20		
	七盤溝		30		米・茶・酒
	威州（汶川県城）	1590	200		コウリャン（モロコシ）
	過街楼		5、6		
	雁門				サンショウ、クルミ、ナシ
	青坡		30		
	古鳳毛坪				
7/25	白水				クルミ
	石古				サンショウ、クルミ、ナシ
	宗渠			土人（漢）	サンショウ
7/25〜27	茂州	1960	1万人	蛮子（黒水）、漢人、西蕃人（チャン）	サンショウ、貝母、除虫菊、松茸、金、朱沙、硝石、石炭
7/28	渭門関				
	溝口				
7/29	花紅				
	小仏寺				
	木樗舗		10		
	石代関		10		
	大定里		15、16		
	馬老坪				
	水苦子鎮				
7/30	白馬官関				コウリャン（モロコシ）
	畳渓		50	蛮子（チャン）	
	平羌溝			蛮子（チャン）	
	沙湾			蛮子（チャン）	
	普安		10		
7/31	太平				
	平定堡		17、18		麻、大麦、コウリャン
	清坪		15		北から狗皮、羊毛、羊皮、薬草、南から茶、紙、布、油、酒、草鞋、雑貨
	鎮坪		15、16		
	平夷鉢		16、17	土人（漢）	
8/1	平蕃夷		20		
	鎮江間		30		
	北定関		20		
	帰化		25		

第5章　黒水チベット族

期日	地　名	海抜(m)	戸数(戸)	「蛮子」の呼称	交易物資
8/2	新陶関			蛮人	
	得勝堡		25、26		
	安順関		30		
	雲東堡		15		
	西寧関		20		ケシ
	俊渓店		40		
8/2〜6	松潘	3650		漢族、蕃族、蕃人、黒蛮民、蛮人、西番（以上、草蔵）	獣皮、羊毛、薬草、木材、ケシ、金、銅、錫、石炭、鉄、硫黄、硝石
8/5	漳腊			蛮子、蕃人（草蔵）、漢民	砂金、狗皮、羊毛、薪
8/7	水冷関		2	蕃人、蕃女（草蔵）	
8/8	風洞関		1	蛮家（草蔵）	
	［雪山］			蛮人（草蔵）	硫黄

↑　岷江流域
↓　涪江流域

期日	地　名	海抜(m)	戸数(戸)	「蛮子」の呼称	交易物資
8/8	福溝		9		
	［黄龍寺］			蛮人（草蔵、西蔵族、蒙古族）、背子（漢）	粉米
	三舎		5、6		
8/9	（小鎮）		3		
	鎮源		2		
	（小鎮）		2		
	施家堡		20数		
8/10	四完堡		20		
	龍灘堡		15	蛮人（草蔵）	食糧
	北街		2		
	小河城		40余		
	峯岩堡		7		麺粉、花紅
	木瓜墩		30		(平武県)
	葉塘		7、8		
	水唱堡		40		
8/11	拍子園		10		(水田)
	水進站		30余		
	潤達壩		50余		
	全切堡		6、7		
	梯子易		5、6		鉄
	伯庄壩		7、8		
8/12	蚕黄廟		8		
	鉄龍堡		5、6		
	平武（龍安）			苦力（漢）、背子（漢）、土人（漢）	

凡例：漢は漢族、チャンはチャン族、ギャロンはギャロン・チベット族、草蔵はアムド・チベット族、黒水は黒水チベット族。

注：本表では灌州（現在の都江堰市）から威州（汶川県城）、茂州（茂県県城）、松潘、龍安（平武県県城）までを記す。

出所：藤田佳久［2002a］「成都から松潘へ入る（抄）」（『中国を記録する』大明堂、東亜同文書院第27期生巴蜀岷涪経済調査班［2006 (1931)］「青海を望みて」（東亜同文書院編『東亜同文書院大旅行誌』第22巻 東南西北、愛知大学）をもとに筆者作成。

253

結語 I　災害復興と文化の力

　第 I 部「チャン族」では、被災後のチャン族とチャン文化の状況について分析し、災害復興における文化の力について考察した。
　チャン族地区の復興における特徴は、大きく 2 点に集約される。第一は、復興が政府の主導によって行われ、移住の奨励によって地域社会の再編が進められたこと、第二は、チャン族文化の復興をスローガンとしてあげ、民族文化を資源とした観光開発を生活再建の柱としたことである。
　第一の政府主導による復興は、「より速く、より優れた」復興として称賛され、被災地の茂県や汶川県、北川羌族自治県の県城は美しい近代都市に生まれ変わった。しかし、チャン族地区全体の復興は幹線道路沿線や河谷部の村には手厚く行われたが、高山部の村に対しては道路網の整備や家屋の復旧にとどまった。中央政府が、高山部の多くの村に対して移住を奨励したからである。その結果、高山部の数千人に及ぶ住民が山を下り、高山部の村は空洞化し、地域社会の再編成が進んだ。復興と移住は次のような過程で行われた。
　2008 年 5 月 2 日に発生した汶川地震は、死者・行方不明者が約 8 万 8000 人に達し、中華人民共和国成立以来最大級の被害となった。震源地に居住していたチャン族は総人口の約10％を失い、北川羌族自治県県城では 3 万人の常住人口のうち約半数が犠牲となった。しかし被災後、チャン族は、中央政府の復興政策によって中国西部の少数民族の中で最も「現代化」が進んだ集団の一つとなった。被災地では、「三年基本恢復、五年発展振興、十年全面小康」のスローガンのもと、支援側の中央政府が国家の威信をかけて巨額の復興資金と多くの人員を投入し、対口支援の各省も積極的に経済的人的技術的支援を行うとともに、支援される側の地元政府と住民も人的活動の一部

を担うことによって3年をまたずに被災前を超える生活環境が整えられ、都市化が一挙に進んだ。茂県や汶川県の県城、北川羌族自治県の新県城は最新の設備をそなえた病院や学校、博物館、公共機関が並ぶ近代的な美しい都市に生まれかわり、幹線道路沿線にはチャン族文化を強調した民俗観光村が並んだ。中央政府は「より速く、より優れたモノを」というこのトップダウン方式の復興を「中国式復興モデル」として喧伝した。

　しかし高山部の村では、被災後、大量の住民が県城周縁の農村や都市部に移住し、村落の消滅が急速に進んだ。四川のチャン族地区では、すでに1990年代後半から出稼ぎが恒常化し、地域社会内部の崩壊が始まっていた。最大の課題であった脱貧困については、西部大開発で実施された「退耕還林」の補償金が効果を発揮し始めた矢先に汶川地震が起こり、貧困県を多く抱えたチャン族地区では貧困が一層深刻化した。しかし、政府による被災後3か月間の米や現金の支給、その後の補償や対口支援によるインフラ面での素早い復旧対策によって個別の生活水準が徐々におしあげられた。さらに政府は、高山部の再建不能と判断した村に全村移住を勧告した。ただし政府による再建不能の判断は、必ずしも現地住民の判断とは一致しない場合があった。汶川県龍渓郷直台村のように、移住の決断までに幾度も一族会議や村民大会が開かれ、最後は政府の強制的な「勧告」によって決行された事例もある。政府主導の全村移住は、移住地と家屋が無償で分配されたが、邛崍市に移住した直台村の場合は移住地が労働改造農場の跡地で農業生産にはあまり適しておらず、3年たっても農産物の収穫がほとんどなかった。また茂県雅都郷木魚村のように、同郷の河谷部に移住したものの農地が確保できなかったため、高山部の農地を耕作しながら出稼ぎを継続するしかないケースもあった。結局、全村移住とは、出稼ぎを継続し、非農民化することを意味した。

　さらに、政府による経済補助を伴う移住奨励は、移住勧告を受けていない高山部の住民の移住も促した。彼らは子供の教育や老人の病気治療のために自主的に雪崩をうつように山を下りて都市周辺部に移り、その数は茂県県城周辺だけでも数千人に及んだ。教育や病気治療の環境は、明らかに都市周辺部がすぐれていたからである。移住の形態は、初期には、家屋の土地借用権

を購入して戸籍も移したが、収入は以前より良くなったものの誰もが成功して富裕になるわけではなく、結果的には、多くの者が出稼ぎを続けるという不安定な状況のまま都市周辺部の低所得者層を形成することになった。そこで、近年の移民の多くは、出稼ぎを続けながら都市部あるいはその周辺に部屋を購入して居住するものの、戸籍は旧村に残して農地を持ち続けるという選択をするようになった。農地は最後の財産であるという伝統的な農民の考え方は大変根強かった。

移住先では、出稼ぎが収入の中心であるため、働き手の青壮年は出稼ぎにでて不在で、中年以上の女性や子供、老人が残されるという旧村と同様の状況にあった。また移民は戸籍がないため地元政府の管理や援助を受けておらず、農地の転用によって建設された家屋は無秩序に並び、移住地の既存のコミュニティとは冠婚葬祭に関してもほとんど接触することがない。彼らの日常の交流範囲は、一緒に移住した親戚や村民、同じチャン語方言を話す周辺の数戸との間に限られている。移住先の県城周縁部にはすでに多くの移民が集住しているにもかかわらず、そこでは自治的なコミュニティは形成されていない。移民たちは旧村の成員であるという意識を明確にもっており、旧村で葬儀や結婚式、村民大会が行われる時には必ずどの家庭も一人は帰村する。茂県赤不蘇での調査によれば、被災後、戸籍を残したまま村を離れる者が増加してから、各村では葬儀の際に帰村できない場合は罰金を科す等の条項を申し合わせたが、これまで違反した者はいない。村が実質的に解体された後、旧村には村長など村民委員会が残って空き家を管理し、移住した村民には社会保障その他の連絡事項を随時スマートフォンで連絡する。換言すれば、解体後、日常的にはスマートフォンで連絡をとり、葬儀や婚儀などの非日常時には帰村することによって「虚構」の旧村共同体が再生、継続されているといえる。

第二のチャン文化の復興と民族観光とは、政府が創出した新生のチャン文化を観光資源として民族観光を展開することである。これは、政府が主導して民族の「文化」の力によって危機に瀕した民族を再生させ、民族文化を観光資源として活用することで経済的な利益を生みだし、民族文化の伝承をめざすことを意味する。

新生のチャン文化として創出されたものは、主に3つである。一は、伝統のチャン文化の特徴とされる石碉や碉房、屋上の白石を表象化して、それを模倣した飾りやハコモノ、二は、1980年代に伝統の新年として制定され、2009年にユネスコの「緊急に保護する必要のある無形文化遺産」に登録された「羌年」活動、三は、復興のシンボルとして建てられた中国最古の王朝夏の開祖、大禹の聖像である。政府は、これらによってチャン文化とは何かをチャン族に教示し、忘れられようとしていたチャン族の民族文化を人々に想起させて伝承を促し、さらに大禹の子孫であることを示して中華民族の一集団としてのアイデンティティを自覚させようとしたといえる。

　岷江モデルによる民族観光は、阿壩蔵族羌族自治州政府によって、「農村の新都市化」政策と並行して2000年代初めから行われていた。州政府は、まず岷江流域のチャン族文化をチャン文化の統一的なモデル（岷江モデル）とし、その特徴である碉房（石積み家屋）や家屋屋上の四隅に置かれた白石、高さ数十ｍの石碉などを岷江モデルの記号として、それらを模ったモノやデザインを新築家屋に取り入れることを推奨した。被災後はこの方針がさらに強化され、定型化されたデザインの提供や建材の無償配布によって、チャン文化を強調した統一的な街づくりが進められた。政府機関の建造物や学校、博物館、ホテル等には石碉型の建物が取り入れられ、屋上には白石を模ったコンクリート製の飾りが置かれた。茂県県城の「古羌城」は国家級のチャン文化センターの建設を目的としたものであるが、古羌城ではチャン族の盟主が居住する官寨を中心として炎帝や大禹の神廟、石碉、城門、広場などが配置され、羌族博物館や非物質文化遺産学習センター等が併設されている。広場では、開門時に伝統の鍋庄舞が演じられ、農暦5月5日瓦爾俄足節や農暦10月1日羌年には、伝統行事が県文化局の指導を受けて華麗に演出され、地元のチャン族によって演じられる。民俗観光村でも、鍋庄舞や「推杵」（棒引き競技）、羌笛のほか、シピ（チャン族のシャーマン）を高山部の村から招いて羌年を行う。羌年は被災後にユネスコの「緊急に保護する必要のある無形文化遺産」にも認定されており、チャン文化は、世界遺産にまでランクアップされた民族文化として観光客に紹介されている。

　また被災区は、成都から観光地として人気の高い九寨溝に向かう観光ルー

トの通過点でもあり、被災後には高速道路を中心に交通網が整備され、2010年には北川羌族自治県旧県城の地震遺跡も公開されて、幹線道路沿線の民俗観光村は九寨溝観光や災害遺産観光の食事休息や宿泊の地として観光ルートに組み込まれている。民俗観光村に変貌した沿線の村落は、多くが被災前にすでに漢化されてチャン族村の特徴を失っていたり、北川羌族自治県の吉娜村のように住民の多くが漢族であったりしたが、観光ルート上に位置して交通の便が良いことからチャン族の碉房風家屋や石碉が新設されて民俗村に建て替えられた。住民は新しい家屋だけではなく、飲食店や土産物店、マージャン店、雑貨店などの観光に関わる経営で新たな収入源を得ることになった。

　しかし、次のような問題も明らかになった。一は、新生チャン文化は、住民にとって「真正」のチャン文化とは受け止められておらず、自民族文化として維持されていないこと、二は、高山部にかろうじて伝承されていたチャン文化が地域社会の崩壊とともに消えようとしていることである。

　新生チャン文化のうち、伝統の祭山会に基づく羌年は、伝統の新年として1988年に政府によって認定され、阿壩蔵族羌族自治州は農暦10月1日を祝日とした。しかしチャン族には元来、共通の新年というものはなく、秋の祭山会「リメジ」が新年に相当するものとして地域によって8、10、12月などに行われていたが、文化大革命頃までにほとんど行われなくなっていた。1988年に政府によって「羌年」と名付けられて復活されたが、一般にはほとんど普及しなかった。ところが被災後、政府はこれを民族文化としてユネスコに申請し、「緊急に保護する必要のある無形文化遺産」に認定された。政府は資金を提供して、シピが残る高山部村落で羌年を実施し、住民にも歓迎されたが、ほとんどがその年限りで終わり、その後は行われていない。

　持続できない理由を、地元では経費の問題とする。しかし、汶川県龍渓郷直台村から邛崃市に全村移住した新直台村では、シピを中心とした長老組が住民から資金を集めて鶏を犠牲にするだけの簡素な祭山会を自主的に行っており、むしろシピや祭祀集団の存在が重要であることがわかる。実際の羌年を経験した高山部の老人にとって、県城や民俗村で演出される「羌年」は観光客向けであり、「真正」の文化ではない。祭山会は1950年代からほぼ30～

40年以上の断絶の時代があり、全村型の羌年の経験者は70〜80歳以上に限られており、世代を超えた記憶の共有は困難である。大禹像を復興のシンボルとする禹羌文化についても同様である。汶川県県城等2か所に巨大な大禹像が建てられ、茂県県城の「古羌城」にも炎帝や大禹などの巨大な銅像を奉じた聖王廟が建立されているが、多くのチャン族にはほとんどなじみがない。

　換言すれば、「記憶」が伝承されていないものを自民族文化と意識するのはかなり難しい。では、1950年代以降の断絶の時代を経て、被災後もチャン族に継承されている「文化」とはどのようなものなのか。

　一は、日常生活に身近な鍋庄舞や歌である。現在でも、村では人が集まって酒を飲めば必ず踊る。室内には囲炉裏を囲んだやや広いスペースがあり、被災後の新築でもそれらは当然のように作られた。結婚式前夜に全村民が招かれる宴では飲食しながら焚火を囲んで踊りの輪ができ、子供たちは大人の踊りと歌を見ながら覚えていく。筆者も何度もそのような場に居合わせた。また、茂県の古羌城で毎日演じられる鍋庄舞やショー用の踊りに合わせた古歌、茂県鳳儀鎮坪頭村のチャン族民俗村の羌笛と口弦の演奏などには伝来の型式がそのまま演じられている。鍋庄舞や古歌は、一部に新しい要素が加えられながら共通の娯楽として伝承されており、人々に「真正」のチャン文化であると認知されている。

　二は、葬儀に関わる慣習である。それは、葬儀に関わる決まりごとだけではなく、葬儀を通して成員間で共有される意識も含む。被災後、高山部では多くの村が移住によって実質的には解体したが、戸籍を旧村に残し家屋も空き家のままあるため、移住者は旧村の成員であるという意識を強く持っており、葬儀にはほとんどの者が必ず帰村して手伝う。葬儀や婚儀における相互扶助が彼らの伝来の「文化」の一つであり、紐帯であることがわかる。

　以上のように、被災後、離散した村民を繋ぎ、コミュニティを再生させたのは、「官」が主導した新生チャン文化ではなく、伝来の慣習法であった。

　さらに、被災後の課題とされるのは、高山部村落の解体に伴ってそこにかろうじて残されていた伝来のチャン文化、特に、チャン語が消滅の危機に瀕していることである。現状では、40歳以上の者は多くが地元で教育を受け、

山腹以上の村民はチャン語を日常語として使い、伝来の生活圏におけるチャン文化を体験している。しかし次世代の30歳代以下は義務教育を郷人民政府所在地や県城という漢語圏で受けており、チャン語やチャン文化に対する感覚が前の世代とは大きく異なる。彼らは漢語の標準語である「普通話」を小学校低学年から寄宿生活をしながら学び、県城の小・中・高校では「漢語習得による文明化」という標語のもとで徹底した「普通話」教育を受ける。普通話の習得は、彼等に就業の機会を増やし経済的利益をもたらすことを意味するが、漢語＝文明化という言葉が母語＝遅れた言語という意識をつくり、チャン語使用圏の縮小とともに母語の喪失という状況に至っている。その傾向は被災後、村小学校の統廃合が進んで、一層加速されている。

　第Ⅰ部では、このほか第4章「羌年と祭山会」第3節「祭山会の系譜」と第5章「黒水チベット族」において、チャン族研究からみたチャン族と蔵彝走廊のチベット族集団との関連について論述した。

　「祭山会の系譜」では、山神信仰がチャン族だけではなく、蔵彝走廊のギャロン・チベット族や川西南チベット族諸集団、プミ族、ナシ族にも広くみられ、各集団の祭山会の様式には高い類似性がみられることを明らかにし、同一の基層文化の存在および長期にわたる文化接触を指摘した。これらの諸集団にみられる類似性は、石碉の分布についても指摘されており、従来は汎羌論によってチャン語系文化ともいわれてきた。しかし、近年は、従来、チャン文化の特徴とされてきた石碉や碉房、白石が、実はギャロン・チベット族に最も濃厚に伝承されていることや考古学上の発見などから、「羌」集団が岷江に至る以前の土着集団「西南夷」との関連も提起されている。

四川チベット族

第6章

四川チベット族諸集団に関する先行研究

　四川のチベット族は、人口149万6524人（2010年）で、チベット族総人口の23.8％を占め、チベット自治区の43.2％に次ぐ人口を擁する。13の下位グループに分かれ、主に四川省西部の甘孜蔵族自治州（以下、甘孜州と記す）、阿壩蔵族羌族自治州（以下、阿壩州と記す）、涼山彝族自治州木里蔵族自治県（以下、涼山州木里県と記す）に集中して居住する。彼らの言語は、漢・チベット語族チベット・ビルマ語派に属し、さらにチベット語群とチャン語群の2つに分かれる。前者にはアムド・チベット族（以下、アムドと記す）、カム・チベット族（以下、カムと記す）が属し、四川チベット族人口の約90％を占める。後者はギャロン・チベット族（以下、ギャロンと記す）、白馬チベット族および主に康定以南に居住するグイチョン（貴瓊）、アルス（爾蘇）、ダウ（道孚）、ジャバ（扎巴）、ムニャ（木雅）、ナムイ（納木依）、シヒン（史興）、チョユ（却域）、プミ（普米）の9つのチベット族集団である[1]。

　ギャロン以下の諸集団は、民国期まで嘉絨夷（ギャロンイ）と「西番」とよばれていたが、中華人民共和国成立後の民族識別によってチベット族とされた。しかし集団の形成の歴史や習俗、言語等からみれば、チベット自治区のチベット族や四川のアムド、カムよりも、むしろ東に隣接するチャン族のそれに近く、7世紀以前にこの一帯に居住していた「古羌」諸集団、あるいは「西南夷諸集団」[2]の基層文化の存在を推測させる[3]。またこの諸集団には、

1　四川省西部のチベット族諸集団の名称（漢字およびカタカナ）表記は池田［2003］による。
2　石碩主編［2005］参照。
3　李紹明氏（2007年）、石碩氏（2015年）らへの筆者のインタビュー、および松岡［2000: 239-246］参照。

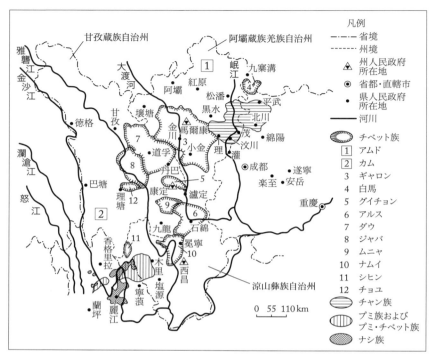

図6-1 四川チベット族の分布

出所：四川省人口普査辦公室編『四川藏族人口』（中国統計出版社、1994年）4-6頁、孫宏開「六江流域的民族語言及其系属分類」（『民族学報』1983年第3期）、郝時遠『中国少数民族分布図集』（中国地図出版社、2002年）等をもとに筆者作成。

チベット仏教伝来以前のチベット族の土着宗教とされるボン教が伝えられていることでも注目される。

　本章では、四川チベット族のうち、ギャロン以下のチベット族諸集団（以下、四川チベット族諸集団と記す）をとりあげる。四川チベット族諸集団に関する研究は、費孝通が提唱した「蔵彝走廊」研究の一環として進められている。本章では、四川チベット族諸集団の研究の現状と課題について、蔵彝走廊研究、川西南（四川西南部）「西番」、碉楼の3点から検討する。

第6章　四川チベット族諸集団に関する先行研究

第1節　蔵彝走廊研究

「蔵彝走廊」とは、費孝通が1980年前後に提起した歴史、民族、文化に関する新たな区域概念である。費孝通は、中華民族多元一体構造論を展開するにあたって、中国を北部草原、東北部高山森林、西南部青蔵高原、雲貴高原、沿海、中原の6区域と周辺部を縦断する蔵彝、西北民族、南嶺の3つの「走廊」（回廊）から形成されるとして、走廊に居住する民族の流動性や多様な歴史文化の蓄積を指摘した［李紹明2010］。

蔵彝走廊は、地理的には四川、雲南、西蔵（チベット）の3省が隣接する山脈部と高山峡谷部からなる横断山脈区域で、岷江、大渡河、雅礱江、金沙江、瀾滄江、怒江の6大河が南北に貫流する。厳密にいえば、青蔵高原東部の高山峡谷区、河西北高原区、滇西北横断山脈高山峡谷区と滇西高原区の一部であり、行政的には四川省の甘孜蔵族自治州、阿壩蔵族羌族自治州、涼山彝族自治州と攀枝花市、雲南省の迪慶蔵族自治州（以下、迪慶州と記す）、怒江傈僳族自治州と麗江市、チベット自治区のチャムド地区などが含まれる。そこには、漢・チベット語族チベット・ビルマ語派のチベット語群、チャン語群、イ語群に属する言語をもつチベット族、イ族、チャン族、ペー族、ナシ族、リス族、プミ族、トゥロン族、ヌー族、ハニ族、ジンポー族、ラフ族、チノー族等の民族集団が居住し、総人口1000余万人のうち約530万人が少数民族で、残りの470万人が漢族である。歴史的には、チベット・ビルマ語派の諸民族が南下して、北上したミャオ・ヤオ語派の民族と接触し融合した地域であるとされる[4]。

すなわち蔵彝走廊は、四川省の少数民族地域および雲南省西部をほぼ覆い、そこに居住する民族集団個々の研究だけではなく、民族集団間の交流や文化の受容などを考えるうえで有用な概念である。そのため四川や雲南で民族研究を行う李紹明らの研究者たちはこれに素早く反応した。そして、当該区の研究には行政区域を越えた総合的な民族調査が必要であるとして、費孝通や馬耀らの支持をうけて1980年、中国西南民族研究学会を設立し、1982

4　李紹明［2008a: 1–16］参照。

年5月に六江流域民族総合科学考察隊を結成した。同隊は四川省民族研究所の李紹明を隊長、四川大学の童恩正と雲南大学の何耀華を副隊長とし、各分野から70余人が参加した。82年と83〜84年に調査が行われ、その成果は『雅礱江下遊考察報告』『独龍族社会歴史総合考察報告』『滇蔵高原考察報告』『雅礱江上遊考察報告』にまとめられた（内部刊行）。さらに古代西南シルクロードや蔵彝走廊の民族言語、康巴（カム）文化、金沙江文化、ヤクの経済と文化、禹羌文化、岷江上流の考古発掘と研究、彝族ピモ文化、茶馬古道、昌都地区、ナシ族トンパ文化、三江流域の自然と文化、カワカブ雪山地区の生態と人文等をテーマとした調査研究が進められた。

　学術シンポジウムの開催やその論文集刊行も継続的に行われた。2003年11月には国内初の「〈蔵彝走廊〉歴史文化学術討論会」（成都）が開かれ、その成果は石碩主編［2005］『蔵彝走廊——歴史與文化』にまとめられた。本論文集には巻末（355-472頁）に1949年以前の蔵彝走廊に関連する研究論文索引が付されており、2000年代初期までの研究成果と当時の研究水準を知るうえで有用である。その後、四川大学蔵学研究所は、2005年8月にアメリカのオハイオ州立大学人類学系と国際シンポジウム「蔵彝走廊的族群互動」（成都）を共催した。また四川省民族研究所は、2006年3月にアメリカのワシントン大学と攀枝花社区の追跡調査を行い、同年6月には台湾中央研究院と蔵彝走廊共同調査、同年7月に四川省民族研究会と「羌文化学術研討会」（四川省汶川県）を開催した。

　1960年代から討議されている四川省綿陽市平武県の白馬チベット族の民族識別についても検討が進められた。まず四川省民族研究所は2005年10月に四川省民族研究会と「蔵彝走廊東部辺縁的族群互動」（四川省平武県）を開催し、袁暁文・李錦主編［2006］『蔵彝走廊東部辺縁族群互動與発展』を刊行した。また中山大学人類学系は、2006年に四川省民族研究所や平武県との共同で同県に「教学與研究実習基地」を置いてフィールドワークを行い、2007年10月には四川省民族研究所とともに「蔵彝走廊族群與区域文化研討会」（平武県）を開催し、劉志揚ほか編［2012］『蔵彝走廊里的白馬蔵族——習俗、信仰與社会』をまとめた。

　さらに2008年雲南省昆明市で開催された世界人類学民族学大会は、蔵彝

走廊研究にとって飛躍の契機となった。この大会のために「蔵彝走廊研究叢書」が2007年12月より刊行されたからである。本叢書は、これまでの蔵彝走廊研究に関する内部刊行物も含めた基本的な調査報告および論文をほぼ網羅しており、今後の研究にとって極めて有用である。なお2008年世界人類学民族学大会では、蔵彝走廊分科会が設けられ、その報告集が袁暁文主編［2010］『蔵彝走廊──文化多様性、族際互動與発展』上下巻にまとめられている。

「蔵彝走廊研究叢書」全14冊の内容は、大きく3つに分けられる。その一は、蔵彝走廊に関する1980年代の研究報告で、重要かつ未公刊のもの。馬長寿主編・李紹明整理［2007］『涼山美姑九口郷社会歴史調査』、蔡家麒［2008］『蔵彝走廊中的独龍族社会歴史考察』、李紹明・童恩正主編［2008(1982)］『雅礱江流域民族考察報告』である。これらは当時内部資料とされて公刊されなかった。しかし、1980年代初期という時期は経済的開発がまだほとんど始まっておらず、閉鎖的な環境のなかでかつての社会や文化の状況が比較的よく保持され、1950年代以前のことを記憶している古老も存命であったため、当時の記録の資料的価値は極めて高い。

その二は、李紹明や李星星らの指導のもとで四川省民族研究所を中心に進められた2000年初期から近年までの調査報告である。四川チベット族諸集団のなかでもアルス、ムニャ、ジャバなどこれまでほとんど報告されたことのないチベット集団が調査対象とされ、調査地や調査時期が明記され、詳細な報告がなされている。李星星［2007］『蟹螺蔵族──民族学田野調査及研究』、李紹明・劉俊波編［2008］『爾蘇蔵族研究』、馮敏［2010］『扎巴蔵族──21世紀人類学母系制社会田野調査』のほか、雲南のモソ人とナシ族を対象とした李錦［2008］『民族文化生態與経済協調発展──対瀘沽湖周辺及香格里拉的研究』、蘿蔔寨村チャン族の民族誌である耿静［2014］『汶川蘿蔔寨田野調査報告』、四川省の塩源県9村と紅原県1村の生態移民を前期と近年に分けて分析した李星星・馮敏・李錦ほか［2007］『長江上遊四川横断山区生態移民研究』がある。

その三は、蔵彝走廊研究関連の論著で、李紹明［2008a］『蔵彝走廊民族歴史文化』と李星星［2008］『李星星論蔵彝走廊』の2冊が刊行されている。

このうち前者は、民族歴史文化研究の第一人者で、1980年代以来蔵彝走廊研究をリードしてきた李紹明の代表作27編を収録する。蔵彝走廊および民族走廊学説に関する総論と諸説、当該地区の主要民族および古代民族を対象とした個別のテーマに関する歴史文化的考察が述べられており、蔵彝走廊に関するこれまでの研究状況と水準を総括的に知ることができる。後者は、李星星の蔵彝走廊に関する論考と調査成果が収められており、3部からなる。第1部は中国全体の民族走廊という視点から述べ、第2部は個々のテーマについて交通路、地理、民族歴史などから論じる。第3部はフィールドワークの日誌と考察記録が収められており、フィールドワークの視点や方法、プロセスを知ることができる。

　最後に、蔵彝走廊研究の今後の課題として、「蔵彝走廊研究叢書」総序では以下の8点をあげる。第一は、民族学的理論が不十分であること。第二は、地理的範囲が明確ではないこと。第三は、考古学上の発掘と研究が不十分であること。特に、雅礱江や金沙江、瀾滄江、怒江流域の発掘が岷江や大渡河流域に比べてはるかに少ない。岷江と大渡河流域に関しても5000年前の茂県営盤山遺跡と古代の馬家窯文化との関係、多出する石棺葬との関係についてもなお不明確である。第四は、民族史における古代民族の氐、羌、戎、土着民、その他に関する統一見解がないこと。第五は、各民族集団の言語分類に対する意見が統一されていないこと。第六は、民族文化に関して、厳密な民族誌が欠けているため通時的にも共時的にも集団間の比較ができないこと。第七は、新たな視点として生態民族学からの考察が必要であること。例えば生態環境が経済活動の変化や伝統社会へ及ぼす影響などのテーマである。第八は、民族学的視点からの民族経済と発展に関する研究の必要性である。

　以上に指摘された課題は、蔵彝走廊という概念が西南中国における民族学的分析に有用であると同時に、その有用性が曖昧性に起因していることを示している。そのため、蔵彝走廊の研究には、学説や理論に基づくマクロなトップダウン的分析よりも、詳細な民族誌に基づくミクロなボトムアップ的分析を積み上げていくほうが必要かつ有効ではないかと思われる。また当該地区でも経済発展や観光開発の影響を受けて急速に民族言語の衰退や生活の

変化が進んでいるため、民族言語調査や民族誌の作成、民族文化遺産の保護が急務となっている。

第2節　石碉

　石碉は、高さが十数mから数十mの石積みの巨塔で、蔵彝走廊のチャン族と四川チベット族諸集団の地域に分布する、歴史文化遺産である。歴史資料によればその起源は紀元前に遡るが、分布が広範囲で形態が多様であること、文献資料が少ないことなどから、これまで十分な研究がなされていなかった。しかし石碩・楊嘉銘・皺立波［2012］『青蔵高原碉楼研究』により、石碉研究は大きく進展した。

　同書は、内容上3つに大別される。第1部（第1章）は先行研究の分析で、従来の研究や報告を可能な限り収集してその成果と問題点を明らかにする。第2部（第2、3、4章）は従来の成果と2005年以降の執筆者らの現地調査による資料を加えてまとめられた青蔵高原碉楼の基礎的データである。同書の約3分1の分量を占め、主に考古学と歴史学、建築学からの資料に図表や写真を加えて説明し、全体像を明らかにする。第3部（第5章以下）は執筆者らの新たな分析である。同書は2011年の国家哲学社会科学成果文庫にも選ばれ、高い評価を得ている。以下では、同書に沿って碉楼に関する資料を整理したうえで、同書に提起された課題について若干の検討を加えたい。

　『青蔵高原碉楼研究』は、序言と12の章からなる。序言では、同書の特徴と学術上の意義を以下の4点にまとめる。第一は、同書は全面的で系統的な研究であること。青蔵高原の碉楼は、分布地域が広く分散しており、類型が多様であるうえに文献資料が少ないため、全面的かつ系統的な研究が欠けていた。特に、従来は調査対象が青蔵高原東部地域に偏っており、チベット地区やその他の地域についてはほんど報告されていなかった。第二は、青蔵高原の碉楼を材質や平面形態、内部構造、特徴などに基づいて、横断山脈系とヒマラヤ山脈系の2つに分けたこと。これは近年、チベット地区の資料が追加されたことによる。第三は、碉楼の起源について、従来は戦争に関わる防御性のみがあげられていたが、民族誌やフィールドワーク等の資料から、原

初の形態として人と神とを結ぶ祭祀性を指摘する。また碉楼の文献上の初出の呼称である「邛籠」の「邛」が、チベット語の「瓊」（大鵬鳥、ボン教の「瓊鳥」）と同音であり、碉楼の密集する地域がボン教の盛んな地域とかなり重複していることから、ボン教との関係も示唆する。第四は、地域の歴史文化との関係である。碉楼は孤立した文化遺産ではなく、地域の住民や社会と密接に繋がっており、それは地名や成年儀礼、駆邪逐魔、建築上の禁忌などの民俗事象との関連からうかがうことができる。さらに権力や財富、祖先、家業等を表象する象徴性をもつことも指摘する。

　以上の特徴で注目されるのは、調査が進むチベット地区および周辺のヒマラヤ山脈系碉楼の成果である。特にこれまで数量が少なかったためにあまり扱われなかった土碉が多く発見されており、これによって従来の石碉を中心とする横断山脈系との異同や関連性を分析し、全面的かつ系統的な碉楼研究が可能になる。このほか歴史学や考古学が中心であった従来の研究に宗教学や民俗学の視点が加えられて、ボン教や石棺葬、地域の民俗との関連が示されている点も重要である。

　なお、同書には巻頭に「康定古碉群地理位置示意図」「青蔵高原碉楼分布図」「青蔵石棺葬分布図」が掲載され、さらに12枚の表と241枚の写真、図録が収められている。これらの図表、写真は先行研究と2005年以来積み重ねられたフィールドワークの成果であり、詳細で多くの内容を含んでおり、高い資料的価値をもつ。

　以下、各章を先行研究、基礎データ、分析の3つの部分に分け、課題をまとめる。

　先行研究に関わる第1章「緒論」では、碉楼の概説、先行研究、同書の研究と意義について述べる。碉楼は、文献記録の初出は『後漢書』南蛮西南夷列伝で、岷江上流の冉駹部落の「邛籠」とあり、『北史』附国伝では「㻶」と記されている。分布地域はヒマラヤ山脈系と横断山脈系の2つに大別される。前者は青蔵高原のチベット自治区チャムド地区、ヤルツァンポ河以北の林芝などと雲南の迪慶州、後者は青蔵高原東部のチベット族・チャン族地区で、特にギャロン・チベット族地区に最も密集し、数量、類型ともに最多である。碉楼の類型は、材料によって石碉と土碉の2種の別があり、形態によ

第6章　四川チベット族諸集団に関する先行研究

れば四、五、六、八、十二、十三角形の6種、機能によれば家碉、経堂碉、寨碉など数種に分かれる。碉楼は、清代乾隆年間（1736～1795）の2回の金川事変によって国内に広く知られるようになった。当該地域はギャロン・チベット族の中心地で、碉楼群の攻略に苦戦した清朝は、北京の香山に碉楼を建てて攻略を演習した後、7年余をかけてようやく勝利したが、ギャロン側だけでなく清朝も多大な損失を被った。そのため碉楼は「軍碉」のイメージが強かったが、2005年に碉楼群の景観をもつ甘孜州丹巴県の村が中国で最も美しい古鎮の一つに選ばれたことで観光客が増加し、2006年には中国政府の「世界文化遺産預備名録」（世界文化遺産予備一覧表）にも入れられ、観光資源として注目されている。

　先行研究については、1949年以前は任乃強や馬長寿、荘学本らの専門的な研究以外は、多くが紹介にとどまる。任乃強［2000 (1929)］はその建造技術を「西番建築物之極品」と評価し、馬長寿［2003a (1941)］は漢の「冉䮾」、唐の「嘉良夷」とギャロン・チベット族との族源上の関係を指摘した上でギャロン地区を碉楼の発祥地とする。荘学本［1939］は丹巴県中路郷一帯の碉楼の分布を詳述し、現地の住民によれば、漢族はこれを金川事変時の遺構というが、碉楼は金川事変以前からあり、一村あるいは一族がそれぞれ防御のために造ったと語る。

　1949年以後は、民族地区では民主改革や民族識別工作、政治運動が続いたため、調査研究が再開されたのは1990年代以降である。歴史学、民族学、建築学等の視点から行われ、内容は起源と機能、分布や類型および文化的意味、建築技術の3つに分けられる。起源については、ギャロン・チベット族説とチャン族説の2説がある。従来は、史学研究における「汎羌論」の影響を受けて西北と西南の古代民の祖をすべて「羌」とし、古碉の建造者も「羌」とする「羌族説」が主流であったが、近年はギャロン「土着説」が優勢である。チャン族説は、任乃強［2000 (1929)］が古代の「鐘羌」によるものとし、孫宏開［1986］は言語学的視点からチャン語群集団と密接に関係するとする。一方、ギャロン説は、まず馬長寿［2003a (1941)］が提唱し、鄧廷良［1986］は石棺葬との関連をいい、楊嘉銘［1988］は丹巴県中路郷で新石器時代の石積み建築が発掘されたことをうけて、ギャロンのなかでも小金

川と丹巴が起源地で、巴県中路人が初めて造ったとした。徐学書［2004］は漢代に南下してきたチャンに備えて冉駹が造ったとし、石碩［2012］は冉駹を嘉絨夷とする。ギャロン説優勢の背景には、丹巴県に最も多く、最も多様な碉楼が集中していることに加えて、丹巴県中路郷罕額依で新石器時代の石積み建築が発掘され、壁石の技術と碉楼の石積み技術との関連が注目されたことによる。

　機能および目的については、多くの研究者が軍事的防御とする。馬長寿［1984］、王明珂［2003］、徐平・徐丹［2001］らがそれで、唐代の唐蕃戦争、清の金川事変、土司との闘争、官兵や土匪、冤家との間の絶え間のない戦いに備えて、一族に一つ、一村に複数造られ、見張りや貯蔵、避難、攻守などの機能を有した。しかし総戸数に相当するほど碉楼が密集した地域もあることから、近年は、軍事性以外の機能も注目されている。楊嘉銘［2005］は、丹巴ギャロンは高碉の下で成年式や喜事を行った、牟子［2002］は、早期には戦時と民家の両用であったが、後に敵に備える防御性が主となった、駱明［2000］は、戦争が減少した後は権勢や財富の象徴に変化したとし、石碩［2008a］は、原初は人と神を繋ぐ祭祀性をもっていた、とその神性を指摘する。

　分布については、近年、ようやくチベットを中心としたヒマラヤ山脈系の調査が進んでいる［夏格旺堆2002］。構造や類型については、チャン族には民家型と軍用型、兼用型（民家の上に碉楼を重ねる）があり、ギャロンにも民家型と軍用型があり、前者はさらに一般人の民家と土司らの官寨（役所）に分かれ［張昌富1996］、経堂型もある［才旦2000］。横断山脈系の構造や技術等については、荘春輝［2004］、宋興富ほか［2006］等があり、建築技術に関しては季富政［2000］が詳しい。

　近年は、碉楼が内蔵する文化的意味も注目されている。徐学書［2004］は石碉の歴史文化的背景を分析し、楊嘉銘［2005］は丹巴碉楼における伝説や民俗事象との関連を示し、多爾吉［1996］はギャロンの碉房（石積み家屋）の分析から歴史文化的背景を述べる。この他、フィールドワークによる報告も増えている［鄭莉・陳昌文・胡氷霜2002等］。

　以上の先行研究をふまえて、従来の青蔵高原碉楼研究の欠点として3つあげる。第一は従来の研究が四川省西北部のギャロン地区に偏っており、チ

ベット自治区についてはあまりなされていないこと。第二は系統的、総合的な研究が欠けていること。各分野がそれぞれに研究を進め、異なる分野間の交流や整合性がない。第三は内包された歴史文化的意味の検討が足りないこと。碉楼は孤立した文化遺産ではなく、現地の民族や社会、歴史、文化と関連させて調査研究する必要があるという。そして同書は、ヒマラヤ型碉楼の調査研究の展開、各分野を総合させた学際的な研究、現地の社会や歴史、民俗を重視した碉楼の歴史文化的研究をめざすとする。

　次に第2、3、4章では、青蔵高原碉楼に関する基本データを考古学資料と地域ごとの分布表、133枚の写真や図でまとめる。第2章は碉楼全体に関する分布や機能、類型、特徴を述べ、横断山脈系を第3章で、ヒマラヤ山脈系を第4章で詳述する。

　第2章について、第1節の分布では、巻頭の「青蔵高原碉楼分布図」によって概観が示されている。横断山脈系は阿壩州に75基が現存し、表1「阿壩州現存碉楼建築一覧表」（成都文物考古研究所陳剣先生提供）には名称、位置、時代、材料、平面面積、高さ、保存状況、層数が記され、すべてが石碉で、製作年が清代、多くが四角形であること、チャン族の37基は多くが高さ10数mから20数mであるのに対して、ギャロン・チベット族の38基には30〜40mを超えるものがあることがわかる。甘孜州も石碉が主であるが、阿壩州のような一覧表はなく、全体数は不詳。ただし丹巴県には562基が現存し、うち梭坡郷175基、中路郷81基とある（2002年）。康定県については巻頭の「康定古碉群地理位置示威図」で名称と分布位置はわかるが、表1のような一覧表はなく、詳細は不明。土碉は雲南寄りの金沙江流域や涼山州木里県、雲南省迪慶州に残存する。ヒマラヤ山脈系については、表2「西蔵境内石碉主要分布一覧表」と表3「西蔵境内土碉主要分布区域一覧表」からチベット自治区の碉楼調査が途上であり、特に土碉はこれまで注目されていなかったために調査が遅れていること、総数は少なくとも2000〜2500と推測されるとある。

　第2節は類型と機能について記す。まず類型については、建築材料、形態、所有者によって分類し、代表的な碉楼を記す。建築材料から石碉、土碉、土石碉に分けられ、土碉は版築法を用いる。形態には四、五、六、八、

十二、十三角形の 6 種があるが、四角形が最古、最多であることから母型とみなされ、最も広範囲に分布する。ヒマラヤ山脈系もほぼ四角形であるが、横断山脈系は四角形のなかでも正方形が多い。八角形は丹巴に比較的多い。

　所有者によれば家碉、寨碉、土司官寨碉、宗堡碉の 4 種に分けられる。家碉は戸ごとに、家屋に連結させて家屋より高く造る。日常的には貯蔵室として使われ、戦時には防御を目的にする。大金川・小金川のギャロン地区には、男子が生まれたら石と泥を準備して碉楼を建て始め、完成したら嫁を娶ることができるという慣習がある。寨碉は一つあるいは幾つかの自然村の単位で、リーダーあるいは土司や頭人が住民を組織して建てる。村の入口や周辺の小高い場所に独立して建てられ、村のシンボルというだけではなく、侵入者を防ぐ防御碉であり、烽火碉、眺望碉などでもある。土司官寨碉は、四川の土司制度下で土司や頭人等が住民を動員して建てた碉楼である。官寨や守備衛署の一角に 2 本同時に建造し、官寨の左右や前後、あるいは官寨と交通の要衝に配した。戦時には防御の堡塁、平時には権力と地位のシンボルであり、そこで祭祀や占トを行った。碉楼の大小、高低は建造者の身分によって決められる。宗堡碉は明代チベット地区の「宗」制度（地方行政組織）下に建てられた碉楼で、防御壁、地下道、水道路などと一体化された城堡が築かれた。

　次に機能については、軍事的防御と宗教性をあげる。軍事的防御については、高山峡谷という自然環境や諸集団が分立し紛争が絶えなかったという社会歴史的要因をあげ、多くの碉楼が眺望のきく高所や軍事的要所あるいは村落の中心に配されていること、入口が地上から 5～10m 上にあり、各層に通風と眺望、射撃用の穴があるという構造の特徴をあげる。宗教的機能については、チベット仏教ゲルク派の「米拉日巴九層殿」と経堂碉、風水碉（清中晩期に建造、八角形が多く、鎮邪など土着信仰に関わる）をあげる。

　第 3 章横断山脈系碉楼については、丹巴および康定の報告が注目される。また 2008 年汶川地震での被災後、伝統工法で修復された汶川県威州鎮布瓦村の土碉と、横断山脈系に属するチベット自治区林芝の石碉に関する報告もある。丹巴に関しては、大金川河・小金川河、大渡河の両岸の山腹に民家とともに自然環境と整合しながら分布しており、清代の明正土司の統治との

関連も考えられること、最も密集している梭坡郷と中路郷では海抜1900〜2900mに分布しているが（主には2300〜2700m）、そこはギャロン・チベット族の伝統的農業区である2200〜2600mの二年三毛作区で、河床から500〜600mの緩やかな台地で水源に近く、新石器時代の遺跡や石棺葬の分布区（2200〜2700m）と重なっているとする。

また他地域と比較した丹巴碉楼の特性について以下をあげる。第一に入口が2層以上に設けられ、底部は固い地盤の上に巨石が積まれ強固であること。第二に男子誕生後、毎年1層ずつ積み上げて18歳で完成させ、碉楼の下で成年式を行い、女子も17歳になったらそこで成年式を行っていたこと。第三に家碉と戦碉のほか、多様な機能をもつ碉楼があること。第四に碉楼には多くの伝説故事があること。第五に碉楼は民家と密接な関係があり、建築材料や技術が同じであるだけでなく、家碉は民家に連結して一層高くしたものであること。これに対して康定の碉楼は、発見されたものが石碉32基（うち完全保存26基）、多くが明清期に建てられ、1030年が最古とされる（同書表5）。四角形と八角形が主で、八角形の内部が円形なのが特徴である（同書図105）。海抜3100〜3800mに分布し、ほぼムニャ・チベット族居住区にある（同書図102）。

第4章ヒマラヤ山脈系碉楼は、主にチベット自治区のロカ地区とシガツェ地区に分布する。ロカ地区には石碉と土碉がある（2007年8月現地調査および文物調査）。石碉は河岸や交通の要所、村落、寺院の周辺などに広く分布し、洛扎県に最も多い。単体碉、家屋や外壁等を付帯した碉、寺院建築の一角にあって防御性を有する宗堡碉に分かれ、ほぼ四角立体形で頂上は凹型と平面型がある。現存する碉楼群遺跡は数十か所あり、単体碉は200余基とされるが、宗堡碉ともども、調査はなお継続中である。土碉は粘土を用いた版築法で造られ、ロカ地区のツォ県とルンツェ県に集中する。版築法はすでにラサやチャムド、シガツェなどに広く普及しており、民間の技術もかなり高く、5、6層の高層建築が可能である。

シガツェ地区には土碉、石碉ともあり、分散して分布する。大部分が清の2回の廓爾喀戦争時にネパールや四川ギャロン地区から来た兵によって造られた軍碉である。ニャラム県澎曲河一帯百余kmには大碉1と小碉4〜5の

組み合わせが 1 km ごとに 1 基ずつ並んでいるという。また官寨や宗堡、寺院と連結して「碉寨」を形成しているものもある。

　続く第 5 章以下は今後の展開が期待されるテーマについての分析である。5、6、7 章は碉楼の起源に関するもので、5 章は防御を目的とするという通説の否定、6 章はボン教との関連、7 章は先行文献でもすでに指摘された石棺葬や石積み建築との関連を整理する（執筆担当：石碩）。8 章は清の金川事変、清・ネパール戦の 3 回の戦いにおける碉楼の意味と清軍に及ぼした影響について言及しており（皺立波）、碉楼の軍事的機能の盛衰と背景が詳述され、大変参考になる。9 章は先行研究や民族誌等にある民俗学的資料を整理分類したもので、碉楼建造伝説として大鵬鳥巣穴説、祭祀天神説、鎮妖駆魔説、戦争防御説、民俗事象として成年儀礼や婚姻対象の選抜に関わる習俗、碉楼に関係する地名、象徴性を示すものとして権力や財富、性別、家業や祖先の記憶の事例を紹介する（陳東）。10 章は碉楼の建築技術が詳述されている（楊嘉銘）、11 章は碉楼に関する比較研究の可能性をさぐるもので、ヒマラヤ山脈系と横断山脈系、四川チベット族とチャン族、青蔵高原とヨーロッパ、青蔵高原碉と福建土楼、広東開平碉楼を比較する（楊嘉銘）、12 章は青蔵高原碉楼文化の価値と保護に関する概説である（蒋慶華）。以下では、新説が展開されている 5 〜 7 章を紹介する。

　第 5 章では、碉楼は防御のために造られたとする従来の説に対して、原初は天神を祀るためで、神性をもつものであると論ずる。まず通説に対する疑問として、炭素 14 年代測定によればチャン族地区、ギャロン地区および康定、九龍、木里、チベット自治区コンポギャムダ県に現存する碉楼の建設は 13 〜 15 世紀に集中しているが、碉楼の目的が戦いのための防御であるとすれば、これらの地域、特に碉楼が最も密集するギャロン地区は最も戦いが頻繁におき、また一千年以上もの間、戦いが連綿と続いていたのかと問う。そして蔵彝走廊地区で最古の習俗を残す鮮水河流域のジャバ・チベット族を事例として、当該地では民家と碉楼が連結され、碉楼は神性をもつものであり、伝説では碉楼は天神を祀るために造られた神の居る場所であること、碉楼の角数は神性や権力、財富を象徴することを報告し、さらに蔵彝走廊で発見された石棺葬や石積み家屋などにみられる石崇拝、神山信仰や史詩「羌戈

大戦」、屋上のナサなどに象徴される高所と神性との関連から、原初の意味は神を祀ることにあると論じる。

多くの研究者にとって碉楼の目的が防御にあるというのは、碉楼研究の前提ともいえるほどの疑いようのない通説であった。それは『北史』などの歴史文献にすでに防御のことが記されていることや、碉楼が中国国内で広く知られるようになったのが清代乾隆年間の金川事変以降であり、一貫して防御に関わっていたことによると思われる。金川事変では高山峡谷地帯という地理的条件と難攻不落の碉楼のために清軍は大きな被害をだした。しかしそこでの攻略法は新たな戦術となり、その後の清・ネパール戦ではチベット地区に碉楼による防衛線を建設した。その後、重火器等の発達によって戦闘の形がかわり、碉楼は軍事的機能を失い、朽ちるがまま放置され、現在に至っている。最も本質的な問題が石碩らによって再検討されたことの意義は大きい。

石碩の論に大きなヒントになったのが度々引用されている劉勇・馮敏［2005］のジャバ・チベット族の民俗事象である。ジャバ・チベット族についてはさらに馮敏［2010］もある。石碩は民族誌の必要性を指摘する。この点については、筆者も同感である。ただし、民俗関係の資料は、ジャバに関するもの以外にもすでに報告されている。何耀華［2008（1982）］によれば、冕寧県廟頂のリル・チベット族では、碉楼を「ア」とよび、10年に一度、山神を祀る活動を行っていたこと、筆者の2015年の調査でも、丹巴では家碉には碉神がいる、屋上で4神を祀るなどと語られていること、チャン族のある地域では、祭山会が「石碉会」とも漢訳されていることなどである。これは、家碉に関する調査が不可欠であることを示すものである。

第6章は、碉楼とボン教との関連を論ずる。碉楼が最も密集するギャロン地区は、元来ボン教の盛んな地域で、金川事変後、チベット仏教ゲルク派への改宗が強要されたものの、人々のボン教への信仰は現在も篤い。ボン教には卵生説話が多く語られており、ボン教寺院や民家の経堂には大鵬鳥の絵や彫刻があり、ギャロンの土司はみな祖先の卵生説話を伝える。さらにナシ族トンパ教の経典や送魂図にもこの大鳥が描かれ、蔵彝走廊のアルス・チベット族の送魂図には碉楼が描かれていることから、広範囲の伝搬を指摘する。

これらをふまえて、碉楼はチベット仏教伝来以前の青蔵高原の原始宗教であるボン教と密接に関係し、ボン教の大鳥を象徴するものではないかと推測する。ボン教について筆者は門外漢であるが、本章の内容は碉楼の神性を主張した第5章に続くもので、大きな構想をもつ説得力のあるものである。

　第7章は、考古学上の資料から、石碉の分布が石棺葬の分布と極めてよく対応していること、共通の石崇拝や石積み建築の技術の存在が推測されることを指摘する。石棺葬は、青蔵高原地区に分布する考古墓葬遺跡の一種で、石板あるいは石を積み上げた墓室をもつ。新石器時代晩期から前漢末年まで行われ、後漢以降急速に消失した。1938年馮漢驥が岷江流域の蘿蔔寨で発見して以来、蔵彝走廊地区の岷江、大渡河、鮮水河等の河岸段丘で大量に発掘されている。特に、丹巴県中路郷では石棺葬に加えて新石器時代の石積み家屋跡も発見され、石碉と石棺葬に繋がる石積み技術が注目されている。碉楼に内包された歴史的文化的意味を探るために、より多くの考古学上の発見が期待される。

　以上、5章から7章までを紹介したが、続く12章までは、青蔵高原碉楼研究において今後とりあげられるべきテーマを系統的、学際的視点から選択して編集されたものである。歴史学、考古学、宗教学、建築学、文化遺産保護等の視点から総括的に論じられており、全体像をとらえるうえで参考になる。しかし文化人類学的視点からのフィールドワークとその分析はほとんどみられない。例えばギャロン・チベット族という一つの集団にも地域性があり、それぞれ異なる背景がある。一つの民俗事象には、まずそれが行われている地域環境のなかでの意味が他の事象との関連から分析されなくてはならない。2015年8月、筆者は丹巴県と馬爾康県でギャロン・チベット族調査を行ったが、各村での碉楼に関する伝承や意識はかなり異なっていた。碉楼の神性についてもそれに関わる慣習が強く伝えられている地域もあれば、それを気にしない地域もあった。文化人類学的フィールドワークも急務であることを痛感した。また青蔵高原の碉楼群は、確かにかつての軍事上の防御性という機能は失っているが、現在の急速な観光開発においては決して過去の歴史的遺産ではなく、重要な観光資源として再生産されている。同書に補充するべき点があるとすれば、青蔵高原の碉楼を現在に生きる文化遺産として

扱う視点、家碉を中心とした村落での聞き取り調査の徹底ではないかと思われる。

第3節　川西南「西番」

1．「西番」の歴史
1）「西番」という呼称

「西番」とは、かつて中国西部に居住した複数の民族集団に対して用いられた名称である。しかし時代や地域、誰が用いるかによって含む範囲が異なり、また中華人民共和国成立後は民族識別工作で蔑称であるとされ、公の名称から排除された。

「西番」は「西蕃」とも記す。山口瑞鳳は次のようにのべる。唐代の漢人はチベットを「吐蕃」と呼んだ。「吐」は「南」をいう「lho」の音訳である。「蕃」は、元来の「發」の代わりに、彼らが「ポン」教徒であったことから蔑称として採用されたものである。「發」は「ピャー」（Phyva 不夜）の音訳で、チベットの支配階級が用いる部族名の美称である。ヤルルンの王は隋に朝貢した「附国」から「南のピャー」とよばれ、音訳で「吐發」とされ、Tüppat から「チベット」に訛り、蔑視の意味をこめた「吐番」にいいかえられたのではないかと推測する［山口1987: xvi–xvii］。

また R. A. スタンは、「蕃」は古音が「B'iwan」であることから、「（Bod は）チベット人が自分たちの国を指して呼ぶ Bod（今日、中央チベットの口語ではプゥと発音される）の称」で「7世紀以来チベット人に関する情報に非常にくわしかった中国人たちが Bod を蕃（古音 B'iwan）という文字で音訳した」とする［スタン1973（1962）: 16］。『木里蔵族自治県志』には、蔵族という名称は漢語の呼称であり、蔵族の自称は「蕃」あるいは「博」（ba あるいは bo）で、統称を「蕃（博）巴」とするとある［木里蔵族自治県志編纂委員会編1995］。現代チベット語では、「ba」は「…の人」を意味する。

以上のように、bo（あるいは ba）は人の意であり、「西番」あるいは「西蕃」とは、元来「西のピャー」「西の人」を意味する音訳であり、蔑称ではない。しかし漢族が「Xibo」を「番」「蕃」等で漢訳したことが、「西番」の

語に侮蔑的な意味をもたらすことになった。すなわち「番」には、自称である「bo」を音訳した「吐蕃の遺民」という意味と、「番」の漢字がもつ「蛮子」の意味があり［方国瑜ほか2002 (1954): 8；林耀華ほか2002 (1954): 11］、ここに明らかに中国側の意図が推測される。

2）「西番」の歴史[5]

「西番」の語は、西晋・張華『博物志』異魯に初めて「蜀中南高山有西番部落」と記され、四川省南部の高山に居住する民として登場する。宋代には、『宋史』巻49蛮夷4に「至黎州……入西蕃求良馬以中市」とある。地域は当時の沈黎郡、現在のアルス・チベット族（以下、アルスと記す）が居住する、大渡河流域の四川省涼山彝族自治州甘洛県から漢源県に至り、漢族と馬の交易を行ったことを記す。元代には、周致中の『異域志』阿丹に現在の四川省塩源県、木里県、雲南省寧蒗県一帯の「番」が記されており、プミ・チベット族の居住地に重なる。プミ語集団は、7世紀頃までに木里河流域に達し、13世紀には元軍が金沙江を越えて雲南西北部に入った時に一部が従軍して麗江や永寧、維西に移住したとされる。清・余慶遠『維西見聞記』には、先住のナシ族から「巴苴」とよばれ、あるいは西番といい、姓氏がなく、モソ人に近い習俗をもつとも記される。これらにより、「西番」の地域が、中国王朝の西南地域への版図拡大とともに広がっていたことがわかる。

明代には、「西番」の範囲はさらに広がる。『明史』四川土志に、四川西部には「西番種」が居住し、首領が土官となって馬を朝貢したとあり、西北部の甘孜州や阿壩州の「番」も包括する。また『明史』巻330西番諸衛には「西番即西羌、族種最多、自陝西四川雲南西徼外皆是也」とあり、広く甘粛や青海、西蔵のチベット族まで含む集団の呼称ともなったが、祖先を「西羌」とするという点は従来の「西番」と共通する。

清代には、チベット系集団は「番」と総称され、「番」の下位グループはさらに「蔵番」「康番」「西番」の3つに分けられた。「蔵番」は現在の西蔵チベット族、「康番」は西康省のカム、「西番」は成綿松茂道の松潘鎮（阿

---

[5] 「西番」諸集団の歴史や分類については本書第9章参照、言語分布については池田［2003］に詳しい。

壩州松潘県）の土司（『清史稿』巻525藩部84や巻53土司2）、および松潘のアムドとカムである（乾隆『西番訳語』）。また従来の南方の「西番」土司からも、馬が度々朝貢されたとある（嘉慶『四川通志』巻9表備忘・辺防）。1896年5月に現在の阿壩州馬爾康県梭磨を旅したイザベラ・バードは、住民は自らを梭磨・卓克基・黒水とその他の諸部族に分けており、梭磨族は北東の西蕃族と南方の卓克基族を憎んでいると記す［バード2002（1899）: 223］。この西蕃は松潘の草地（アムド）チベット族と推測されるが、巻末に付された地図では、西蕃は西康省のアムドやカムまでも広く含んでいた。

民国時代には、1934年1月、チベット東部のカム[6]に西康省が建てられた［四川省編輯組1986: 1］。しかし西康省は1955年10月、金沙江以西がチベット自治区に、以東が四川省に分割された。このうち四川省に入れられた西康特区14県が現在の四川チベット族居住地である。西康の民族は、清代のそれを踏襲して主に漢族とチベット系「番」に分けられ、「番」はさらに「蔵番」「康番」「西番」の3つに区別された。「蔵番」は西蔵チベット族、「康番」（康蔵）はカム、「西番」には清代以来の土司および土民が含まれる。懋功県（現在の阿壩州小金県）の場合は漢、回、蔵の3民族以外に「番民」と呼ばれる集団がおり、この地の各土司および土民を西番とした［邊政設計委員会編1940e: 3］。川西南「西番」については、甘洛県、漢源県の土司の項に土民や番民の名称で登場する（嘉慶『四川通志』巻91）。また「西康特区十四県最近調査表」によれば、四川省九龍県には14県の「種族」の記述の中で唯一「西番族」が明記されている。九龍には漢族、蔵族、西番、猓夷、苗族の5種がいて、言語も5種あり、苗族以外の4種はそれぞれ独自の文字をもつという。蔵族と西番はともにラマ教を篤く信じ火葬を行うが、言語や服飾が異なる。西番の服飾は男女とも漢民と同じだが、女性は裸足で、盛装時には袖口に刺繍をしたゆったりした上着に長いスカートをつけ、頭は巻き上げて布でとめ銀飾りをつける［邊政編1930: 100–102］。九龍県の〈西番〉[7]は、1980年代に民族識別調査が再開されるまで〈西番〉（Xibo）を名乗って

---

6 チベット人は、自らの土地を西部のガーリー、中央チベット（東のウーと西のツァン）、北東部のアムド、東部のカムに分ける［奥山1989］。
7 以下、「西番」は文献上に記載され広範囲に使用された言葉、〈西番〉は特定集団の自称を表す。

おり、自分たちこそチベット仏教伝来以前の真のチベット人であると語り伝える[8]。

2．「西番」に対する民族識別工作
1）民族識別工作の原則と過程

中国における民族政策は、①民族間の政治的、経済的平等、②民族区域自治政策、③民族・宗教リーダーとの統一戦線の3つを基本原則とする。民族識別工作は、この民族政策の基礎となる作業であり、国家は、民族を認定し、各民族の発言権の保証を目的とした各級の人民代表の定員をわりあてた。識別の基準は、共通の居住地域、経済生活、言語、民族の意識と感情に加えて、民族名称や民族の来源、歴史上の周辺民族との関係などが考慮された。また族称は自民族に決定権があるとする「名従主人」の原則に基づいて、大衆と「愛国上層人士」の意見が尊重された［黄光学ほか2005: 81-103, 284］。

「西番」に対する民族識別工作は、上記の3つの基本原則に基づいて行われた。まず第一の民族平等政策については、「西番」という名称は蔑称であり改めなければならないとされた。これは、差別的な民族呼称や地方名の廃止を目的とした1951年の「中央人民政府政務院関於処理帯有歧視或侮辱少数民族性質的称謂、地名、碑碣、匾聯的指示」による。

第二の民族区域自治については、「西番」と総称された集団が西康省（1939～1955）、四川省、雲南省にまたがって分布していたためやや複雑であった。四川と雲南にまたがったプミ語集団、さらに康定以北のカム、アムド、ギャロンと川西南「西番」諸集団とでは状況に違いがあった。プミ語集団については雲南側、四川側の順に調査され、前者がプミ族、後者がチベット族に2分されたため、1980年代に再調査が行われた。またカム、アムド、ギャロンと川西南「西番」については、チベット仏教への帰依の深さが異なってい

---

[8] ナムイ〈西番〉は、雅礱江流域の冕寧、木里、九龍の県境の山間に集中して居住する。筆者の1994年から2004年までの調査によれば、ナムイにはボン教（黒教）と土着の信仰がみられるが、前者の「和尚」や後者のシャーマン「パピ」はすでに激減し、木里蔵族自治県俄波郷周辺には一人しかいない。パピが葬式で唱える「指路経」にはナムイ〈西番〉の由来を描いた絵巻物が伝えられている。なお〈西番〉は九龍県子耳郷や木里県水洛郷にも現存する。本書第9章参照。

た。前者は、チベット仏教が住民の精神的支柱として日常生活や行動規範に深く浸透しており、ラマ僧は冠婚葬祭に不可欠で、寺院への寄進や男子の出家も少なくない。そのため60年代の民族識別調査時には自己申告によって自らをチベット族であると申請して認められた［松岡2000: 239–246］。これに対して後者の川西南「西番」は、民族や言語が複雑で統一的なものがなく、しかも「西番」として蔵番や康番と区別されてきたためにチベット族であるか否か、という点から議論が始められた。

　第三の民族・宗教リーダーとの統一戦線とは、民族を代表する旧来の上層部を「愛国上層人士」として温存し、現地新政権のトップにすえて、解放後も政治的宗教的に大きな影響力をもち続けている彼らによって民族地区を平和的間接的に統治しようとするものである。特にチベット仏教を深く信仰する多くの「西番」にとって、仏教界上層部の動向は大きな影響力をもつ。すなわち民族工作において現地の意見を重視することは、実は宗教上および政治上の民族上層部の意見を聞き、彼らを説得することであった。そこで中央政府は、旧上層部の意識改革をはかるために中央から慰問団や政府関係者を派遣して彼らの説得工作にあたらせた。さらに旧上層部を地方政権幹部に登用し、内地の都市を参観させた。政府側についた旧上層部によって反政府「土匪」の壊滅を図るとともに、新たな民族幹部の養成、人や家畜に対する医療と防疫の提供のほか、食糧や衣料の無償配布などの貧困対策も実施した。

　民族識別工作は4段階を経て進められた。第1段階は、中華人民共和国成立から1954年までで、「名従主人」の原則にそって53年の第1次人口センサス時に申請された民族は400を超えた。そこで中央は各民族地区に訪問団を派遣して民族識別の宣伝と民族調査を行い、まず38の民族を認定した。第2段階は、54年から64年までで、広範な民族調査と識別工作が進められ、15の民族が追加認定された。雲南側の「西番」がプミ族に認定されたのがこの時期である。第3段階は、65年から78年までで、65年にロッパ族が認められた後は、文化大革命によって識別工作は10数年間中断した。第4段階は、78年から90年代までで、まず79年にチノー族が認定され、55の少数民族が確定した。さらにこれまでの識別工作において未解決であった数十種、百万人を超える集団の再調査が開始された。「西番」のプミ語集団であ

る四川のプミ・チベット族と雲南のプミ族についても重点課題としてとりあげられた。また少数民族への様々な優遇政策の実施を背景に、民族地区の漢族を中心に少数民族への民族改正を求める者が激増し、82年から90年までに約500万人が「民族回復」した［黄光学ほか2005: 104-117］。例えば四川のチャン族は、人口が82年には約10万人にすぎなかったのが、民族回復を経て90年に約20万人、2001年には約30万人に達した。民族回復は少数民族の人口を激増させた。しかし彼らは1950年代に自己申告した際に漢族と認められた人々で、当時すでにほとんどの者が母語である民族言語を話せなくなっていた。すなわち1980〜90年代に民族回復した500万人の少数民族は、ほとんどが母語を失った少数民族であった。

2）雲南「西番」と四川「西番」

「西番」は四川だけではなく、雲南西部にも分布していた。そこで、まず雲南側の調査が1954〜64年にかけて行われ、雲南「西番」は1960年10月に正式に一つの独立した民族とされた。民族名称は、自称の「普英米」（蘭坪県）や「普日米」（寧蒗県）に基づいてプミとされた。識別にあたっては、蘭坪、寧蒗、永勝、麗江の「西番」が調査され、共通の言語であるプミ語が中甸のチベット語とは方言の域を越えて異なる言語群に属すること、暦や成年式など風俗習慣および宗教に独自のものがあること、民族自身が単一民族の認定を望んでいることなどが選定の理由とされた。

一方、四川側の「西番」は、雲南側がプミ語という言語を共有する集団であったのに対して民族や言語の下位グループが複雑であり、居住状況も高山地帯に数戸ずつが点在していた。四川省民族事務委員会工作委員会は雲南側のプミ族決定を受けて調査を開始し、張全昌が「四川西番識別調査小結」を報告した。張報告によれば、四川「西番」は、居住地域を康定以南の木里、塩源、九龍、甘洛、越西、冕寧などの各県で、総人口は約2万4000人、そのうち約70％が木里県に集中し、自称集団はプミ（約90％の2万1000人）、アルス、タシュ（さらにミナとジスに下位分類される）、ナムイ、リルの5つがあり、民族名称については、自称集団が複数あるためどれかにすることは難しい、住民たちはチベット仏教を深く信仰しているために、チベット族となることを望んでいる、しかしチベット族とは異なる独自の土着宗教や生

活習慣をもっていることから今後の再調査が必要であるとした。

　民族識別の再検討が始まった1980年代には、費孝通もこの一帯を民族構成の複雑さから「民族走廊地区」とよび、再調査の必要を認めた［費孝通1995 (1980): 342-345］。また孫宏開は、彼らの言語を漢・チベット語族チベット・ビルマ語派チャン語群に属するとして、チベット語とは異なる言語系統であるとした［孫宏開2011］。このほか80年代には四川省民族研究所等の雅礱江流域調査、何耀華の宗教調査、孫宏開の六江流域の民族言語調査、蒙黙の族源研究なども行われ、自称集団は従来の5つにロス、ムニャ、シヒンを加えて8とされた。何耀華はこれにパムイを加えて9とし、白石崇拝や石塔、山神祭祀、シャーマンなどの宗教上の共通点を指摘した。さらに四川「西番」の調査は康定以北にも拡大され、グイチョン（魚通話）、ダウ（道孚話）、ジャバ、チョユの4つの自称集団が追加された。池田巧は従来の諸説を検討し、孫宏開説の一部を改めて自称集団を13とする［池田2003: 79］。

　以上によれば、四川の「西番」諸集団における民族識別では、各集団の居住地や言語を完全に確定できないまま、チベット仏教を信仰する集団であることからチベット族を民族名称に採用したと考えられる。その結果、かつて民国時代の県志でチベット系「番」の下位集団とされた「蔵番」「康番」「西番」はみなチベット族となった。しかし「蔵番」と「康番」がそれぞれ西蔵チベット語、カム・チベット語を国家が認める民族言語と認定したのに対して、「西番」は各自称集団が異なる言語をもっていたために共通の民族言語を特定できず、漢語が共通言語となった。そのため「西番」諸言語は使用がほぼ自グループ内に限られ、将来的には消滅の可能性も指摘されている。

3）川西南「西番」の民族識別

　川西南のチベット族諸集団は、明清以降「西番」とよばれ、民国期には康番（カム）と区別された「西番」であった。彼らは、チベット語方言ではなくチャン語群に属するとされる言語をもち、チベット仏教伝来以前の独自の白石信仰やシャーマン、冠婚葬祭の儀式を伝えている。そのため中華人民共和国下の民族識別では、チベット仏教を深く信仰するギャロンなどとともに一律にチベット族とすることができず、1950〜60年代の民族識別では暫定的にチベット族とされ、未定の集団については「西番」のままであった。

複数の下位集団からなる「西番」の民族識別に関しては、3つの問題があった。第一に、「西番」の用語は蔑称であるため族称としては使えないが、「西番」内には少なくとも4つ以上の言語を異にする下位集団があるため、新たな族称を決めるのは難しい、第二に、「西番」で最多の人口を擁するプミ語集団は、雲南側のプミが1961年にプミ族に認定されたことから、四川側のプミもプミ族とするべきという政府調査団の動きがあった、第三には、〈西番〉のナムイのように〈西番〉を名乗ってきた集団をどう識別するのか、族称をどうするか、という問題である。

　当該地の1980年代の第2回目の識別調査は、このような〈西番〉からの要請で始まったという。劉輝強［2002 (1982)］によれば、涼山地区と雅安専区の一部の〈西番〉が党の指導部などに自らの民族識別を度々求めた。そこで雲南省民族事務委員会や四川省民族研究所、西南民族学院、涼山州の関係機関は工作組を組織して1981年8月25日から10月27日まで西昌や冕寧、甘洛、越西、喜徳、塩源、木里、石綿、漢源などの県で29の生産隊を調査し、〈西番〉の民族幹部や住民らと20数回の座談会を開き、1143人と面談した。

　劉報告では、自称、人口分布、言語、歴史、経済、宗教と習俗について次のようにまとめる。

　「西番」には、ナムイ（納木依）、タシュ（多須）、リル（里汝）、アルス（爾蘇）、ロス（魯須）、ムニロ（木尼洛）、シュミ（須迷）の7種の自称がある。他称には、漢族が呼ぶ「西番」、西教、イ族が呼ぶオツ（俄祖）がある。総人口は2万862人（プミとボパは含まない）、主に大渡河以南から金沙江以北の地域に自称集団ごとに集落をつくり、イ族や漢族と共住する。各県の分布は、石綿7000人、木里3200人、冕寧3584人、甘洛2748人、越西1800人、漢源1695人、西昌600人、塩源159人、喜徳76人、九龍にもアルス、ムニャ、リル、ナムイ、シヒンがいるが詳しい調査はまだなされていない。

　言語は、それぞれの自称集団が固有の言語をもっており、複雑である。アルス、タシュ、リル、ロス、ナムイはチベット・ビルマ語派チャン語群に属し、暫定的にアルス語とする。ムニロもチャン語群に属すが、康定のムニャの方言である。シヒンはチベット語の方言でもプミ語の方言でもなく、更なる調査が必要である。またどの言語にも固有の文字がない。チベット文字は

第6章　四川チベット族諸集団に関する先行研究

ラマ僧と少数の上層部のものが使うだけで、一般人はこれを「ラマ文字」とよぶ。宗教は、かつては主にボン教と土着の「原始宗教」の2種であった。これらは並存しているが、木里や九龍に隣接する冕寧や石棉ではボン教が主であり、その他の県では「原始宗教」が主である。またどの地域でも白石神を祀り、祖先を崇拝する。

　社会の基本単位は父系の家庭で、家庭ごとに姓がある。複数の同姓が血縁関係を紐帯とした一族を構成する。婚姻は一夫一妻制で、父母が決める。イトコ婚を優先する。葬礼は火葬と土葬があるが、元来は火葬である。女性の衣装は、白や黒の布を頭に巻き、額には銀の飾りをつけ、耳飾りをする。衣服は白、黒、赤などの色のコントラストが鮮やかである。刺繍や切り紙が巧みである。歌舞に優れ、儀式では法螺貝を吹く。誠実で素朴、よく働き、浪費しない、開放的で明るく、客をよくもてなす。集団は共通した強い一体感をもつとする［劉輝強2002 (1982)］。

　政府工作組の学者たちは以上の調査結果をふまえて、「西番」には、隣接するカムとはやや異なる特徴がみられること、特に言語がチベット語の方言ではなく、むしろチャン語群に近いことを指摘した。しかし民族を決定するにあたって最も重視されたのは住民の意思であり、それはすなわち住民の意思に大きな影響力をもつ民族幹部の意向であった。結局、住民および住民代表の希望を尊重して〈西番〉はチベット族になったという。

４）民族幹部・穆文富

　当時、〈西番〉の民族決定に際して最も大きな発言力を示した一人が、涼山州政治協商会議副主席の穆文富である。穆文富は、西康の冕寧県の旧上層部出身の「西番」で、西康における中華人民共和国建国に尽力し、涼山州や甘孜州の政府の要職を歴任した。彼は冕寧や木里では地元の人々から「穆大爺」とよばれ、絶大な信望を得ている。2004年9月、四川省涼山彝族自治州西昌での筆者の聞き取りによれば、穆文富は、自身の略歴について次のように語った。

　穆文富は、80余歳、冕寧出身のナムイ・チベット族である。祖父は冕寧県瀘寧区の土司で、かなりの名声があった。父は国民党政権下で郷長を務めた。3人兄弟の長男で、弟のうち一人は当時の習慣に従ってラマになった。

省立小学校を卒業し、家内の私塾で多くの古書（経書）を学んだ。21歳の時に国民党政権下で自衛団を組織した（『冕寧県志』16頁には西南自衛団副団長とある）。しかし中華人民共和国成立以前から当地の共産党指導者鄭某の紹介で解放軍と連絡をとって冕寧の解放を助けた。中華人民共和国成立後は進学を希望したが、党からの要請で地元の民族地区の指導者を歴任した。1950年11月まで民族幹部学校の責任者、同年12月から冕寧県の協商会議副主席、さらに木里県に移って51年2月まで民族和解工作、同年3月に冕寧に戻り、再び木里に戻って木里での和平工作に従事し、民族委員会副主任を務めた。53年に木里蔵族自治県人民政府成立後、州都の西昌に戻って州人民政府工商科副科長、54年に民政科第一副科長、省政協委員、55年に省民族委員会副主任となった。66年の文化大革命では批判されて馬の飼育や運搬等をした。文革終了後復帰し、76年に省政協常務委員、78年に涼山州政協副主席、副州長、州人民代表大会副主任等を歴任して退職した。

　以上のように、穆文富は主に出身地の冕寧県と隣接する木里県で民族幹部として一貫して現場で民族工作に従事してきた。特に自らが属する〈西番〉に関して中華人民共和国下の四川省西南部における民族工作の状況を最もよく知る人物の一人である。

　穆文富によれば、プミ「西番」の民族識別に関して政府の調査組と現地の民族幹部との間に次のような激しいやりとりがあったという。

　1980年代に民族識別に関する再調査が行われた時、四川省民族委員会の工作隊（隊長は馬金輝）は、四川プミは雲南のプミ族と言語を同じくすることから、雲南〈西番〉がプミ族を民族名称としていることにならってプミ族に改め、木里蔵族自治県も木里普米族自治県に変更することを中央に提議した。国家民族委員会が1982年5月11日に出した「関於民族識別工作的幾点意見」では、当時、識別が必要とされた数十種の集団、約100万人は、①漢族か少数民族か、②単一の少数民族か別の少数民族か、③1つの民族か2つの民族か、という3つの状況に分けて提起され、四川木里のチベット族と雲南寧蒗一帯のプミ族についても③の同一民族か否かという事例としてとりあげられた。

　しかし四川のプミ「西番」は、60年代から「暫定的に」チベット族を名

乗っており、80年代に政府側の調査組から言語の一致を理由にプミ族に改めるべきという提議がなされた時、地元側から強い反対がおきた。穆文富は、地元の意見として次のように語った。

　まず、プミ「西番」出身の当時の木里県書記が不満をもち、反対した。なぜならプミは、実は「蕃米」(bomi) といい、bo はチベット族であることを示すものである。すなわちプミはかつてチベット族であり、言語はチベット語とは異なるが、生活習慣や婚姻習慣はチベット族とほぼ同じである。中央政府は、言語の違いに依拠した学者たちの意見を取り入れてプミをチベット族ではなく独立したプミ族とみなそうとするが、それは間違っている。言語の差というのであれば、チベット族内にも漢族内にも複数の下位分類がある。確かに言語の差は大であるが、バター茶に代表される飲食習慣の一致やチベット仏教に対する深い信仰という点からいえば、チベット族とみなすべきである。特に木里の大ラマの地位は、ダライ・ラマ、パンチェン・ラマについで第3位であり、プミ族に改めることについては、パンチェン・ラマも反感をもっていた、とする。

　穆文富は、学者が指摘する言語の違いに対して強く反対し、チベット族とすべき理由について次のように語った。涼山州には約6万人のチベット族がおり、11種に下位分類され、それぞれが独自の言語をもつ。このうち木里にはシヒン、ガミ、プミ、リル、ナムイが約3万人、冕寧にはナムイ、タシュ、ミナ、リルが約2万5000人いる。これらの下位集団は、地理的原因から長期にわたってそれぞれが隔絶された状態におかれていたため独自の言語が形成された。例えばナムイの言語は、前蔵・後蔵、甘孜のチベット語とは異なり、「地脚話」（地方の方言）といわれる。言語の差をいうのであれば、チベット語にも漢語にも複数の下位集団があり、違いがあって当然ではないか。むしろみなラマ教を信仰していることが重要である。ただし冕寧のようなイ族や漢族との雑居地区では、寺院はすでに清朝期にはなくなっており、50年代には冕寧の廟頂にしか残っておらず、信仰の程度は異なる。また民族名称についていえば、かつて「西番」の「番」には侮蔑的な意味が含まれており、ナムイは「西番」と呼ばれることに反感をもっていた。漢族は我々を「爛西番」と呼んだが、我々は漢族を「爛漢族」と呼んだ。西番とい

う呼称は改めるべきである、と。

　穆文富は、学者による言語差を重視した見解が現地の住民感情にあわないと強い反感を表している。彼の認識では「西番」はチベット仏教徒である。彼自身もチベット仏教を篤く信仰していたからである。しかし筆者の調査によれば、大西番とよばれたナムイの中心地の九龍県子耳彝族郷では、自民族独自のシャーマンを擁して葬式や治療には独特の経文や儀式を伝えており、自分たちこそチベット仏教成立以前の固有の宗教をもつ本来のチベット族であり、西番族という名称はそれを表すものであると意識する集団もあった。しかしその一方で冕寧県聯合郷木耳村の老人は、かつて出稼ぎにでて喧嘩したときに漢族から「お前たちは蔵番ではない、西番だ」と蔑まれたという[9]。〈西番〉の居住地は、一般に2000～3000ｍの閉鎖的な山間にあって、2000年に入ってからもなお往来が不便である集落が少なくない。漢族との接触頻度の少ない地域では、依然として西番を「西の人」の意味としていたかもしれない。穆文富のような旧上層部で民族幹部でもある者は、早い時期から漢族と接触しており、西番と呼ばれ蔑視された体験をもっていたのだろう。民族幹部と一般住民、また住民の中でも漢族との接触度の違いによって西番の名称に対する認識に差があったのではないかと思われる。

　結局、四川のプミ「西番」は、地元の反対によってチベット族となることが正式に決定された。涼山州木里県桃巴郷桃巴村には村全体をみおろす山上に木里チベット仏教ゲルク派の総本山である木里大寺がそびえており、400年以上に及ぶチベット仏教の支配を象徴している。チベット仏教の信仰は依然として彼らの精神的支柱であり、民族識別によってチベット族であることが決定したことは、彼らの信仰が認められたことを意味するものであったといえる。

---

[9]　2004年9月、冕寧県聯合郷木耳村での聞き取りによる。西番という語については、60余歳の男性がかつて街でいわれたことがあると語ったが、すでに多くの者がほとんど知らなかった。

小　結

　本章では、四川に居住するチベット族のうち、大集団であるアムド・チベット族とカム・チベット族以外のチベット諸集団を研究対象としてとりあげた。これらの集団は、人口は四川チベット族全体の約10％を占めるにすぎないが、言語に基づいて11の集団に分けられ、さらに、広域に居住するギャロン・チベット族と独特の白いフェルト帽を被って涪江上流に居住する白馬チベット族、川西南チベット族の3つに分けられる。彼等にはアムドやカムとは異なる言語系統や習慣、宗教などが指摘されているが、なお調査が十分ではなく、未解明の部分が少なくない。

　周知のように、中国西部の少数民族、特に四川チベット族は1950年代の民族識別工作によって民族名称を付された人為的な集団区分であり、歴史的には様々な集団が移動や異なる集団との接触によって複雑に形成されている。「蔵彝走廊」という概念は、まさに歴史的に複雑に形成された四川西部の少数民族をマクロな視点から研究するために適した概念である。指摘されているように蔵彝走廊の地域は曖昧であるが、それ故に現在の行政区を容易に超えることができ、この11集団のチベット族と周辺の民族、特に四川省のチャン族や雲南省北部のナシ族やプミ族を含んだ広域の関連性を考えることが可能である。

　本章では、これらの集団に共通する広域的な視点として碉楼と西番の2点をとりあげ、先行研究の状況と課題を述べた。まず碉楼については、従来は、青蔵高原のチャン族やギャロン・チベット族の文化的特色としてとらえられてきたが、近年の発掘調査によりチベット自治区にも広くみられることが報告されており、今後の更なる分析が待たれる。またそれを最初につくったのはどのような集団であるかという問題は、岷江のチャン族の形成にも深く関わる重要なテーマである。

　次に西番については、川西南チベット族を対象としてその概念の歴史的変化をとりあげた。川西南チベット族の研究については、1980年代のそれに比べて近年の調査は地域や量的にかなり少ないが、各県の蔵学学会の活動は活発化している。蔵学学会のチベット族は、退職幹部や当該地区の知識分子

が主なメンバーであるが、本来は自分たちの土地であった地域において歴史的に自民族の人口減少が続いていることに危機感をもっており、チベット族としてのアイデンティティを求める気持ちや民族文化の将来に対する危惧を強くもっている。その背景には、近年、彼らの本来の居住地である大渡河流域や雅礱江流域の高山部の村落が、政府の低地への移住奨励策を受けて、2000年以降次々に解体され、民族文化の維持に大きな影響を及ぼしていることがある。彼らの従来の生活様式や習俗、社会の慣習制度といったいわゆる民族文化は高山部の村落という生活圏のなかにかろうじて維持されてきたものであり、それらはいわゆる為政者の歴史とは異なる基層の文化であった。十分な調査がなされない前にその「場」がほとんどなくなろうとしている。

以上のような調査地の大きな変化をふまえて、今後は、以下の2つを主な研究テーマとしたい。第一に、ギャロン・チベット族の調査を集中的に行い、岷江上流域のチャン族との比較を通して、「古羌説」と「西南夷説」があげられる碉楼をつくった集団に関して考察し、岷江定着以降のチャン族の形成について再考すること、第二は、漢族を含む蔵彝走廊地区の民族における「移住による変化の動態と適応」についてである。

最後に、1980年代から中国の西南民族研究を主導してきた中国西南民族研究学会が建会30周年を記念して刊行した袁曉文・陳国安主編、李錦分冊主編［2014］『中国西南民族研究学会建会30周年精選学術文庫 四川巻』をとりあげて中国における蔵彝走廊研究の現状と課題について紹介する。同書は、同学会員から28名の研究者が選ばれ、各自が一人1篇の論文を自薦し（李紹明のみ2篇）、それらを内容によって「民族歴史與考古研究」「民族社会、文化、経済研究」「蔵彝走廊研究」の3つに分けて収めたものである。3部門に収められた論文は、順に12篇（1963～2011年）、9篇（1984～2008年）、8篇（1999～2012年）の計29篇である。

蔵彝走廊研究については、林俊華［2014 (1999)］は多民族社会の形成、石碩［2014 (2000)］はチベット族始祖神話の解析、任新建［2014 (2004)］は康巴（カム・チベット族）文化、李星星［2014 (2005)］と李紹明［2014 (2005)］は蔵彝走廊の理論、馮敏［2014 (2006)］はジャバ・チベット族の母系制と走

婚について論述しており、その一部は2008年刊行の蔵彝走廊叢書に収められている。李錦［2014 (2012)］の山神信仰をめぐる地域の紐帯、および袁曉文［2014 (2012)］のタシュ（アルス）・チベット族の文化的帰属意識の論文は新たなテーマである。これらの論考は、すべて丹念なフィールドワークと文献資料の分析に基づいていることに特徴がある。このようなフィールドワークに基づく歴史人類学的傾向は本学会の発足当初からの特徴であり、中国における文化人類学の「本土化」にとって不可欠の要素である。

第7章

ナムイ・チベット族

第1節　冕寧県聯合郷のナムイ・チベット族

ナムイ・チベット族（漢語では「納木依」。以下、ナムイと記す）は、人口約1万5000人（1994年）、雅礱江中流域の海抜2000m前後の山間部に集中して居住し、分布地域は甘孜蔵族自治州九龍県の子耳彝族郷や涼山彝族自治州木里蔵族自治県（以下、木里県と記す）の俅波郷、冕寧県の聯合郷、和愛郷、健美郷などの3県にまたがる。伝承ではこの地に来てすでに千年以上を経ており、ナムイ内部の通婚を繰り返すことで強い自集団意識を保持してきた。

本章で事例とするナムイは、涼山彝族自治州冕寧県聯合郷山間部の木耳村に居住し、伝統的な生活や宗教がよく維持された集団である（以下、木耳ナムイと記す）。しかし近年、西部大開発の名のもと麓に水力発電所が建設されて地元の経済が発展し、その影響を受けて山腹の住民が次々と村を離れて麓に移り、従来の生活環境が一変した。山腹の木耳村1組も例外ではなく、住民の多くが山を下りて村は解体した。本章では、木耳ナムイがどのような状況の中で集落の解体という選択をしたのか、麓の村で漢族と共住することによって彼らはどう変わったのか、ナムイ意識や集団の伝統を表象する「祭山会」はどのように継承されているのか、何耀華［2008（1982）］と筆者の実地調査（1994年、2004年）の資料をもとに、この20年間の木耳ナムイの変化について考察する。

1. 冕寧県聯合郷と西部大開発

　冕寧県聯合郷は、漢族とチベット族、イ族が共住する地域である[1]。2003年の統計によれば、戸数544戸、人口2450人のうち、チベット族とイ族、漢族がそれぞれ47.7％、31.1％、21.2％を占める。3つの民族は庄子、木耳、核桃、大川毫の4村でそれぞれの集落を形成し、住み分けている（表7-1）。麓の庄子村には漢族が、山腹の木耳村と核桃村では異なる集落にナムイとイ族が、山頂の大川毫村にはイ族が居住する。彼らは、日常的な接触を通して互いの言語も理解するが、原則として通婚することはほとんどない。

　伝承によれば、先住の民はナムイであるが、300年ほど前に漢族が麓に住みつき、百年ほど前にはイ族が先住のナムイや漢族を武力で追って山頂近くから山腹にかけて定住した。さらに中華人民共和国成立後は、共産党政府がこの地域の新たな政治勢力となった。ナムイにとっての最初の変化は、人民公社化による山腹での定住である。彼らはかつて山腹に住居をもちながら、冬には牛や馬を麓の河谷に移動して放牧していたが、人民公社化によって自由な移動が禁止され、山頂放牧場を共同で使用することになった。また

表7-1　冕寧県聯合郷の人口（1993年と2003年）

項目 村名	総戸数		総人口		民族（2003年）		
	1993年	2003年	1993年	2003年	チベット族	イ族	漢族
庄子	168	249 (+81)	806	1,049 (+243)	49	89	667
木耳	104	92 (-12)	543	450 (-93)	271	272	0
核桃	98	104 (+6)	451	482 (+31)	129	307	15
大川毫	106	99 (-7)	510	469 (-41)	41	433	36
計	476	544 (+68)	2,310	2,450 (+140)	490 (21.2%)	1,101 (47.7%)	718 (31.1%)

注：（+）は増、（-）は減の数字、（％）は総人口に占める割合。庄子村には、モンゴル族が1名いる。
出所：1994年、2004年の現地での聞き取りにより作成。

---

[1] 雅礱江中流域に位置する冕寧県は、西部大開発の「西電東送」の拠点である。電力資源開発のために13基の水力発電所建設が予定されている［松岡2006b］。

1966年には香港資本の導入によって雅礱江中流域に位置する聯合郷の庄子村1組に摩哈溝発電所が建設され、冕寧県県城と結ぶ公路も通じた。1972、73年には全村に電気の無償提供が始まった。しかし水力発電所は従業員の多くが外来漢族であり、就業に関する地元への利益還元はほとんどなかった。

写真7-1　水力発電所の建設が進む雅礱江
（2004年9月）

1990年代後半に西部大開発政策下で進められた電力開発は、郷を大きく変えた。特に水力発電所が新設された庄子村は、1990年代半ばから幹線道路沿いに宿や飲食店ができ、資材を運ぶ運輸業者も現れた。多くの若者が出稼ぎにいき、地元のサンショウを売って県城から雑貨や食料を仕入れる商いを始めた。また庄子村にいた漢族は、続々と県城に移住した。県城では建設ブームのなか工事建設等の需要が多く、商いの機会も増えていたからである。さらに2000年にはいって麓の水力発電所周辺は、一層活気を帯びた。錦屏二級発電所が2003年から352億元の国家投資で準備工事に入り、2007年からは375kWhの磨房溝二級発電所とともに10年間の正式工期が予定されたからである。

郷の変化は、第一に外来人口の激増と村の都市化である。2003年には投資者や労働者として郷の総人口の約2倍にあたる5000人が来郷した。道路がさらに整備され、銀行の支社も2つできた。沿道には宿が15軒並び、飲食店も25軒以上に増え、さらに建設中である。

第二は、地元農民への経済的効果である。1966年の水力発電所は地元への経済的還元がほとんどなかった。しかし近年の電力資源開発計画は大きな経済的効果をもたらしている。外来人のための宿や飲食店はほとんどが地元民の経営であり、年収10万元以上の者もいる。郷内のトラックは郷所有が1台であるのに対して個人所有は19台に達し、砂やセメント、鉄筋を冕寧

や西昌から運んで数万元の年収を稼ぐ者も現れた。個人所有のバイクが若者のステイタスとなって道にあふれ、麓から車で5分ほどの郷人民政府との間をバイク便として往復している。また農民にとっては、水力発電所建設のための道路工事や馬による資材の運搬、砂利採取などの現金収入の道が増え、野菜や肉の売買による臨時収入も加えると一人あたり年平均5000元以上の現金収入源となっている。しかし外来人口増加にともなって食糧の物価が上昇し、米は1斤1元から1.5元になった。

　第三は、農民の余剰労働力が出稼ぎ労働者に転換され、非農民化が進んだことである。農民は道路工事等の単純肉体労働のなかから簡単な技術を学び、土木建設組を組織して工事を請け負うようになった。外地の「老板」（経営者）による賃金不払い問題が頻発していたからである。

　余剰労働力は、国家の農業政策の転換によってさらに増加している。90年代まで耕地面積拡大を方針としていた農業政策は、2001年からは退耕還林政策[2]による縮小に転じた。当地は、急傾斜の畑地が多く、耕地も十分ではない。1982年に16歳以上の成年に1.5畝、10～15歳には0.75畝が分配されて生産請負制が始まり、1992年からは政府が土地の開墾や土質改良を進め[3]、93年に土地の再分配が行われた。そのため住民は退耕還林に対してはじめは消極的であったが、1畝あたり200斤の米と20元の現金が経済林（桑やサンショウ、クルミ等）には6年間、生態林には8年間補償され、苗木が無料で配布されることがわかると、積極的に還林に応じ、割当面積の拡大さえも求めるようになった。その結果、山腹の住民も毎日米飯が食べられるようになり、一戸あたり平均600～700元以上の現金収入となっただけではなく、余剰食糧は売却して現金化することができた。また2004年からは、従来の一畝あたり12.85元の農業税が廃止され、逆に7.47元の補助が始まった。経済的に出遅れていた山腹の農民にも、ようやく「温飽」（衣食が足りていること）水準並みの生活保障が手当てされるようになった。

2　本書第2章注2参照。
3　聯合郷では、奨励金として一畝あたり開墾には60～70元、土地改良には80元が与えられた。そのため山腹の住民は、麓の村で田畑を買い入れなくても、自助努力による開墾を条件に移住が可能となった。また2003年の統計では、退耕還林面積は聯合郷全体で1250畝（一戸あたり2.3畝）、うち庄子349.9（1.4）、核桃300.1（2.9）、木耳250（2.7）、大川毫350（3.5）である。

第7章　ナムイ・チベット族

　以上のように、聯合郷では政府主導の電力開発政策や退耕還林政策によって収入が増加した反面、農民の余剰労働力は肉体労働や運輸などきつくて低賃金の労力供給に転換されて非農民化が進んでいる。その結果、経済発展の波に乗れた者とそうでない者との経済格差が広がっている。
　さらに、経済的に発展した90年代初頭からの10年間に、郷内では大きな人口移動が発生し、村の解体と再編成が進んだ（表7-1）。郷内の人口移動には次のような特徴がみられる。
　第一に、郷全体では戸数が約70戸、人口も約140人増加したが、漢族とイ族の総人口がほぼ横ばいであるのに対して、チベット族が約120人増で、増加のほとんどを占めている。第二に、増加は麓の庄子村に集中しており、核桃が31人（6戸）の増、大川毫と木耳がそれぞれ41人（7戸）、93人（12戸）の減少である。第三に、庄子村では243人（81戸）の増で、このうち50戸が山から下りてきたチベット族40戸とイ族10戸である。90年代に入って庄子村の漢族は次々に冕寧県県城や西昌などの郷外の都市に移っていった。現金収入を得る機会が多いこと、子供を県城の水準の高い学校に入れることを理由にあげる。そして麓の庄子村の空き家に山腹のナムイやイ族が家屋と耕地を買って移ってきた。これは1993年頃から始まり、2001年から2003年にかけて最多となった。
　木耳村では、1993年頃から住民が山を下りて麓の庄子村に移り始め、2003年まで続いた。木耳1組では、1994年に16戸あったのが、2004年には10戸が一家あげて山を下り、さらに4戸は家族の一部が分家して1組を出た。その結果、1組はほぼ解体状態となった。そして山腹集落の空家には、さらに外部から複数の家族が移入してきた。ナムイの集落へは、同じナムイで木耳よりも条件の劣る木里県の倮波や三桷椏から木耳の親戚をたよって来た。理由は、耕地の条件は以前の村とあまり変わらないが、ここのほうが放牧用の草地がよく、電気も無料であるからだという。
　このように、聯合郷では、90年代初頭からの10年間にさらに有利な経済環境を求めて玉突き的な人口移動が進んだ。麓の漢族が外部の都市に移り、その後に山腹からナムイとイ族が入り、山腹には外部の悪条件の村から同じナムイやイ族が入ってきた。その結果、山腹部では、従来どおりナムイとイ族

が住み分けているのに対して、麓では3つの民族が共住する状況になった。

2．木耳ナムイの選択

木耳村は、郷内では最も古い村である。6つの組からなり、1、4、5組は主にナムイ、2、3、6組にはイ族が暮らす。伝承によれば、この土地に最初に移ってきた一族は1組の李で、インド、ラサを経てこの地に至り、すでに49代、1200年以上の歴史をもつという。ナムイは、かつて「Xibo」（西番、西から来た人の意味）とよばれた集団であり、西方を故地とする祖先の物語はパピ（ナムイのシャーマン）が口頭で唱える葬式の指路経「ツプリグ」に伝えられている［松岡2006a: 227-233］。また強い自民族意識をもつことでも知られており、現在も婚姻関係はほとんどが村内や郷内および周辺のナムイ同士で行う[4]。

1組は、木耳村内でも最古の集落である。麓の村から狭くて険しい山道を3〜4時間ほど歩いて登る。1994年には、山腹斜面に16戸が集居し、家屋を囲むように畑が開かれ、山上に放牧用の草地がある。ほぼ全戸が李姓で、親族関係にある。集落全体で冠婚葬祭を行い、10年に1度、周辺のナムイとともに大規模な祭山会「オピ」を実施する。しかし「オピ」は92年を最後に行われていない。

1組では、1995年頃から一家で山を下りる者が現れ、2002年までに全16戸のうち10戸が1組を離れた。残留6戸のうち半数も将来の下山を希望している。麓の庄子村と山腹の木耳村は、距離では歩いて数時間しか離れていないが、麓は漢族の地で、山腹より上はナムイとイ族の地という明確な区別が、これまでの住民の意識にあった。

1）山を下りた人々

金のある者は山を下りた、と彼らはいう。麓に移るためには、麓の村で家屋と田畑を所有していなければならず、それには相応の資金が必要だからである。山を下りた10戸には、1995年の先発組3戸と98年以降の後発組7戸

---

[4] 82年の何耀華の調査によれば、木耳堡子（現在の1組）は12戸、約80人で、王、藍、吉の3つの姓があり、互いに婚姻関係を結んでいるため全戸が親戚、あるいは姻戚関係にある。1994年の筆者の調査では、麦地から康の3戸が転入していたが、大きな変化はなかった。

の別があり、後発組は先発組の成功をみて最終的に決断した。後発組の一人である元村長の李Ａ（68歳・男性）は、筆者が訪れた1994年時には山を下りることを考えていなかった。妻を亡くしたばかりで、息子のために母屋の隣に家屋を新築しており、一方で住民の離婚調停に忙しかった。村には子供の姿もあり、活気があった。

　下山組に共通しているのは、1994年時に平均年収が残留組より高かったことである。残留組が1000元前後であったのに対して下山組はほぼ3000元を超えていた。当時１組では、平均５人家族に畑が３畝しかなく、土地もやせており、食糧の自給にも事欠いていた。住民は不足の食糧を買うために出稼ぎにでたり、サンショウを街へ売りにいったり、ヤクの毛の敷物を織って現金にかえた。それでも一年中ほとんど毎日ジャガイモやトウモロコシしか食べられなかった。

　しかし90年代に入った頃から馬やラバで発電所関連の物資を運搬したり、道路工事などの臨時仕事をしたりした。下山組が残留組に較べて多くの現金収入を得ることができたのは、当時20～40代の男性の働き手が家族に複数いたからである。また先発下山組の李Ｙ家や李Ｚ家はヤクを10頭以上所有しており、冠婚葬祭や子供の進学などで大金が必要な時には家畜を売ることができた。改革開放後の10数年間にすでに経済的な差ができていた。さらに李Ｙ（31歳・中卒）と李Ｚ（28歳・中卒）は県城の中学で学んだことがあり、外部の動きや情報を読んで将来の見通しをたてることができた。村は、地理的に外部との日常的な交流が稀で、テレビやラジオもほとんどなかった。外部の情報をもたらすのは人であった。

　李Ｙの場合は、早くから出稼ぎにでて仕事をおぼえ、現在は土木建設組の老板として塩源県三灘の発電所の工事（道路や築堤）も請け負っている。家族は妻と３人の子供の５人で、妻も麓の華龍稀土冶煉工場で働く。水田２畝と少量の畑は人に委託して収穫の半分を受け取っており、すでに農業はしていない。住居も稀土工場の宿舎である。年収は10万元を超えるという。弟２人の家族も1995年に一緒に山を下りて庄子村にいる。妹２人は、一人が庄子村の漢族に嫁ぎ、もう一人は磨房溝発電所で働いている。

　李Ｚの場合は、1994年からラバ２頭で発電所建設資材のセメントや砂、

鋼筋を運んで毎回600～700元を得た。またヤクやブタを売って、10年前にすでに5000元の年収があり、組内では豊かなほうだった。現在も運搬で1万元以上の収入があるほか、水田2.8畝と畑3.8畝で3200斤の米とサツマイモや大麦を収穫し、ヤクも12頭所有する。余剰の米やブタを発電所の従業員向けに売り、年収は10年前の3倍になった。農業を主としながら、地元で現金収入の副業をするという典型的な麓の農民になった。しかも麓では水田を手に入れて米の自給が可能になり、畑では発電所の従業員用に野菜を栽培する。食糧を自給できるようになっただけではなく、余剰米や野菜によって農作物の現金化も可能になった。

　以上のように先発組は、いち早く発電所関連の臨時工や物資の運搬を始めて経済的に豊かになり、仕事もおぼえた。彼らは若くて積極的であり、平均して数万元を用意して新しい家屋と田畑を購入し、一家をあげて麓の庄子村の住民になった。

　これに対して後発組の7戸は、戸主が当時40代以上で、すでに外部に出稼ぎにで、サンショウの売買や運搬もしていた。年収も3000～5000元で組内でも豊かなほうである。しかし学齢期の子供や老親がいたために当初は離村を考えておらず、決断が遅れた。

　李B（60歳）は、雑貨店を開き、ビデオを上映したり、サンショウの売買をしたりして5000元の年収があったが、長男（39歳）が獄中にあった。1998年に長男が出所したのを機会に、分家した次男一家とともに山を下りた。1年目は水田1畝（米120斤）と畑2畝（トウモロコシ1000斤）を開墾し、2年目は土地を改良して1000斤の米を収穫した。長男は出所後、2001、02年には鉱山で保安員をしながら道路工事を請け負い、妻は雑貨店を開いている。住居は発電所から無償で支給されており、家電や家具も揃っている。2004年の年収は12万元で、最も成功した例である。

　李Z（31歳・男性・中卒）は、父が亡くなったために長男である李Zが一家の柱になった。錦屛発電所で臨時工をした後、道路の普請などに関する工事技術を学び、土木建設組をつくって基礎工事を請け負う。妻と3人の子、母と妹、叔父の8人家族で、妹は西昌に出稼ぎにいっており、1、2か月に一度帰宅する。家屋に3万7000元、耕地2.5畝に3400元かかり、数千斤の食

糧を親戚から借りた。2003年にはさらに0.7畝を買い増した。頭の働きがよく、金儲けがうまいと評判である。年収は1994年には1000元だったのが、2004年には1〜2万元になった。

　李W（31歳・男性）は、木耳村の書記であったため山を下りたのは組では最後で、2002年だった。妻と3人の子供の4人家族。家と畑を5500元で売って、新しい家を自分で建て約4万元かかった。水田はなく、開墾した畑が2畝、村の漢族の水田2畝を請け負い、肥料や種は土地権所有者がもち、耕作して収穫を折半する。主にラバで発電所建設用の資材を運ぶ。稀土公司（レアアース採掘鉱山）保安係（800元）や書記の給料（年間1200元）、ヤクやウシなどの家畜を売って現金収入を得る。年収は約2万5000元で以前の5倍になった。

　このように山を下りるという決断の背景には、労働力となる青壮年の男性が複数あり、経済的にやや余裕があること、出稼ぎや学業などで外部との接触があり世間の動きに敏感に反応できたことなどの理由がある。また山を下りて故郷を離れるといっても日常的に往来していた麓の鎮に移るのであり、距離的な近さが離村を比較的容易にしたともいえる。

２）山に残った人々

　山に残ったのは、経済的な余裕がなく、下りたくても下りられないという事情がほとんどである。それは、戸主が高齢で現金収入を稼ぐための男手がない、子供が幼く数が多いことなどによる。そのため改革開放後の経済発展の流れにのれず、現在も年収は下山組の4分の1ほどしかない。

　李H（70歳）家は、当時、戸主である李Hがすでに60歳を超えていた。加えて子供3人が17、13、10歳と若く、現金収入を得るための男手がなかった。そのため年収はブタや卵、サンショウを売って1000元しかなかった。その後長男が離婚し、さらに次男の結婚のためにまとまった支出が必要となった。現在の年収は、道路工事の出稼ぎや卵を売ってようやく3500元にすぎない。李Z（55歳）家も当時、3人の子供が若く、家畜もなく、年収はわずか500元だった。現在はラバと馬での運搬をして5000元になった。李X（42歳）家は、妻と4人の子供の6人家族。第4子の出産で「計画出産」に違反したため罰金数千元を払った。そのため麓に家を買う資金を作ることが

できず、山を下りられなかった。

　山を離れることについては、年代によって考え方が異なる。李Ｚ（62歳）家は、次男一家が結婚後分家して、2003年に山を下りた。三男も2003年に運送業をはじめ、3年後に5000～6000元貯めたら山を下りるつもりである。しかし親たちはここでの暮らしに慣れているので下りたくないという。また李Ｂ（64歳）家は、妻と長男夫婦の4人家族で、主な収入は長男が2匹のラバで物資を運び、年収が約1万元ある。経済的にはまずまずだが、父親の李Ｂは何年も山の村から出たことがなく、麓は人が多すぎるので下りたくないという。そのため長男夫婦は、親が存命中は山に残るつもりでいる。

　このように残留組の中でも高齢者は山でそのまま暮らしたいと望み、青壮年は下山を希望している。山を下りるといっても距離的にはわずか数時間の移動にすぎないが、山腹はナムイの世界であるのに対して、麓は漢族を主とした漢族社会である。青壮年がいう便利な生活とは漢族式の暮らしのことで、高齢者にとってはあくまでも異なる生活習慣であり、慣れることは容易ではない。しかし残留の5戸のうち4戸が山を下りるために運送などの副業で必要資金を準備している。彼らは、このまま山に残ったらますます下山組との経済格差が広がり、貧しさから抜け出ることはできない、子供の教育や病気のときのために山を下りなければならないと確信している。

3）生活環境の変化

　木耳ナムイにとって、山を下りて漢族と共住するとはどのようなことなのか、暮らしにはどのような変化があり、それは彼らにどのような影響を及ぼしているのか、山を下りた者たちは次のように語る。

　変化の第一は、現金収入の増加と消費型生活への移行である。麓では水力発電所関連の運搬や建設工事の仕事の機会が多く、また市場に近いことから野菜や鶏、卵などを日常的に売買して現金収入を得る機会が増えた。一戸あたりの年収は平均2万元を超え、山にいた時の4～5倍である。これまで自給自足ですませてきた肉や衣服を買い、ソファーやベッドなどの家具類、電気釜やテレビなどの電化製品も購入するようになった。消費型生活の始まりである。

　第二は、生業形態の変化である。山では食糧の自給ができず、出稼ぎの収

入で不足の食糧を購入した。麓では水田を手に入れて米の自給が可能になり、かつての主食であるジャガイモは生産しなくなった。トウモロコシは畑の土質がよいため畝あたりの生産量が倍以上になり、主に飼料にする。普段は米をつくり、冬季に野菜を栽培して街の住民に売る。農業が主であることにかわりはないが、自給自足型から自給プラス商品栽培型に変わっている。

また90年代から道路工事などの仕事をしてきた者の中から土木建設組を組織して外地の仕事を請け負い、専業になった者もいる。彼らはすでに農業従事者ではない。聯合郷では、人口に較べて農地が少なく、一人あたりの農地は1畝に満たない。そのため改革開放後は農地の開墾や改良が奨励されたが、2000年に入って退耕還林政策によって山腹斜面の条件の悪い耕地は樹木地への転換が求められた。その結果、農民の余剰労働力がさらにうみだされ、水力発電の建設現場やサービス業などの労働力に転換されている。

第三は、教育、交通や情報、病院の便が格段に良くなったことである。麓には完全小学校（1〜6年生まである小学校）があり、中学校に通学するにも便利である。かつては小学3年で村の分校をおえたら、4年生以上は麓で完全小学校の寄宿舎に入らなければならず、生活費や雑費の負担があった。また住民の中には子供によい教育を受けさせるために一家をあげて県城に移る例もある。上級学校へ進学するためには、教師の質や学校設備のよい県城の学校で学ぶことが第一歩だからである。

また病院が近くにあり、通院にも便利である。住民によれば、車が通る道路の建設がほとんど不可能な山腹の村に較べて交通の便は格段によく、外部に出やすい、テレビが見られるようになって多くの情報を得、世界が広がる、これまでなかった男女平等の考え方にも接した、かつては男性と客人が先に食事し、女性と子供は後だったが、現在では皆で食事する、男女は同等に学校教育を受けることができるようになった、ただし経済的な負担が問題になった時にはやはり女性を先に退学させる、という。

第四は、食生活が豊かになったことである。主食は山腹ではジャガイモやトウモロコシであったが、麓では米である。また漢族式の食習慣をとりいれて野菜も食べるようになった。食卓には3種の副菜がならび、多種類の野菜（ニンジン、白菜、カボチャ、ナス、四季豆）を食べる。肉も一日置きに

写真7-2　囲炉裏の五徳の3脚は男女の祖先神と火神を表す（2004年9月）

買って食べる、正月には「シラモ」（ブタの乾燥肉）を作るが、酒はもう造らず、店で買う。ヤクや綿羊を売って水牛を飼い、ブタの数を増やして自家食用だけではなく、市場で売る。

第五は、住環境である。1組では80年代に多くの家屋を建て替えた。家屋の多くは、石を積み上げて泥土でつないだ瓦葺きの平屋であった。ただし形態や間取りはほとんど従来と同じで、屋根には祖先や山神を表す白石を置き、入口の上部には毎年正月に鶏を犠牲にしてその羽を飾った。冠婚葬祭や遠出をする時には必ずこの白石と出入口上部の神を祀る。屋内の中心には囲炉裏をきり、3個の石か五徳を置く。3個の石あるいは五徳の3本の脚は男女の祖先と火神を表す（写真7-2）。また部屋の奥の壁には神棚を設け、そこに白石や杉の枝、ヤギの毛などを置く。それらは、集団で祭山会を行った時にもらってくるものである。しかし麓では漢族の家屋を買い取ったために居間の中央に囲炉裏はなく、屋根や出入口上部に白石を置くこともない。従来の神棚もほとんどない。そのためそれらにまつわる儀式も行わなくなった。これは非常に大きな変化である。

第六は、ナムイ以外の民族と結婚する者が現れ始めたことである。かつてナムイは自身を「大西番」であると意識し、漢族やイ族だけではなく他のチベット族とも婚姻関係を結ばなかった。しかし都市へ出て学校に通い、農民以外の職業に就くようになった若者から変わり始めた。我々はその変化を止められない、と老人はいう。

一方、山腹の1組においても麓の4分の1にすぎないとはいえ年収が増え、生活も向上した。住民によれば、以前はジャガイモとトウモロコシしか口にできなかったが、今では肉や油、米も買える、どの家でも毎年400斤の肉類をとる、一年中同じ服を着ることもないし、ツギの当たった服を着る必

要もない、自分で布を織ることもない、漢族に学んで歯も磨くようになった、病気の時、かつては「アシェ」（チベット仏教の僧）に占ってもらったが、現在は病院にも行く、かつて女性には何の権利もなかったが、妻と家庭のことを相談しあうようになった、子供たちにはよく勉強していい生活がおくれるようになってほしい、という。

　以上のように生活環境の変化は、山腹の１組では旧来の生活様式を基盤とした生活条件の向上であるのに対して、麓に移った者たちにとっては生活様式の「漢化」であり、漢族世界への移住であった。それは一見、様式の変化にすぎないかのようであるが、日常的な祖先や山神に対する信仰は住空間に具現化されており、その環境がなくなることは、伝来の信仰が薄れ、次世代への伝承が難しくなることを意味する。若いナムイは漢族社会に入ることに積極的であり、ほとんど抵抗感がない。生活環境の向上や豊かさを意味するからである。

　また政治的にも改革開放後の幾つかの少数民族優遇政策は、少数民族側だけではなく、民族地区に住む漢族にも影響を与えている。各級の人民政府に必ず一定の非漢族が採用されていることは、漢族と非漢族双方にあった、旧来の優劣の上に意識された民族感情を大きく変えている。ただし公務員になるため、あるいは収入のよい仕事に就くには漢語の習得が必要であり、そのためには早い時期からの漢語学習や漢語環境が必須であることもナムイは理解している。ただしそれが母語の衰退に繋がることはまだほとんど意識されていない。

３．祭山会

　集落の解体は、ナムイ伝来の祭山会や他の年中行事にも影響を及ぼしている。住民によれば、木耳ナムイの主な年中行事は１月の春節と６月24日の火把節、秋の祭山会である。その特徴は、第一に、秋の祭山会は伝来の最も重要な年中行事である。10～12月のいずれかの１日を選んで行う。第二に、春節は漢族の新年で、中華人民共和国成立以後に次第に普及したものであり、ナムイには独自の新年（以下、ナムイ暦）があったという。以下では、近年の集落の解体によって、伝来の祭山会などがどのように変わったのか分

析する。

1）祭山会が表象するもの

　ナムイの祭山会は、毎秋10〜12月のある1日を選んで、山上の石積みの塔「アルプ」の前で行われる。彼らは、万物には霊があり、人がこれを祀れば福を与えられ、これに背けば災いがあるとし、それらを統括する山神に犠牲を供えてその加護を求めた。また祭山会は、イ族の脅威にさらされてきた彼らが自集団の結束や共同防衛の意識を確認する機会でもあった［何耀華 2008 (1982): 22］。

⑴　山神が降臨する処、山神を招く者

　祭山会では、「ムプ」（白石）や「ウルプ」（屋上の石積みの塔）、「アルプ」（山上の石積みの塔）、石碉「ア」に神を招き、憑依させる。ナムイは、不可視な霊を可視の白石や山、樹木などの自然物によって表し、ウルプ、アルプ、アには必ず白石ムプが置かれる。

　何耀華［2008 (1982)］によれば、ムプは山神を表し、人跡稀な高山から採取する。家屋の棟の東端に3個（あるいは5、7個）を大小の順に並べ、鉄製の「羊角叉」で固定する。棟の両端に綿羊の毛で作った縄をかけ、赤、緑、白、藍、紫の布をたらす。石の下には1枚の木板を敷き、そこに供物を置く。普段から神に捧げるために雄鶏やヤク、綿羊を飼っておく。祭祀法は、パピが雄鶏を抱え、ヤクや綿羊は庭に敷いた木板にくくりつけ、家畜に結んだ縄をパピが屋上までのばす。これらを犠牲にして肉をムプに捧げる。新年や遠出の時に祀り、病人がでたら、神が犠牲獣に不満だからとしてさらに家畜を犠牲にする。筆者の1994年の調査によれば、文化大革命を境にムプは使わなくなったが、新年を迎える時に雄鶏を犠牲にして鶏血をつけた毛を入口のドアの上に置く習慣はなお続いている。

　「アルプ」は、山頂あるいは山頂の菩薩林の中に作られた小塔である。石を1mほどの角錐形に積み上げ、上にムプを置く。同様のアルプは、高山の山道の途中にも必ずある。チベット族はここを通るたびに石を積み上げ、香を焚いて叩頭し、樹枝を1本挿す。「ウルプ」はアルプと同型で、縮小した塔であり、家屋の上に置く。

　石碉「ア」は、四、六、八、十二角形の20数層（階）の石積みの塔である。

最高階層ではアシェが10日あるいは半月に1回読経したり、柏香樹の枝葉（以下、柏香樹と記す）を焚いたり、パピが方術を行う。その他の階層は、共用の武器や食糧、重要な物を置く倉庫になっている。ひとたび戦争が起きたら、全住民がここに避難する。外地で戦った場合は、凱旋時に勝どきをあげながらこの周囲をまわり、山神の助けに感謝する。石碉は、一般に防御のために造られたとされるが、当地の習俗によれば石碉の神性は明らかである。

　古老によれば、鑼鍋地区にはかつて3つの「ア」があったが、今はすべて倒壊した。木耳と瓦廠の間にも高さ38mの塔があったという。伝説によれば、三国時代に諸葛孔明がこの地に至ってチベット族と戦い、一発で壊した。後に住民はアを修築した。その時には、神々が喜んでここに降臨するように積み上げる石は必ず人跡まれな深山から取り出し、住民が一個一個手渡しで運んだ。積み上げる時には、中に板を組み、石の間を泥土で繋ぎながら一層一層積み上げた。すべて積み終わったら頂上から下に向かって矢を射、地面に突き刺さったら、うまく修築できたとした。矢が地面に刺さらなかったら、山神はじめ諸神は決してここには降臨しないので、別にまた作らなければならなかったという［何耀華2008 (1982): 22–24］。

　ナムイにおけるムプ（白石）とウルプ、アルプ、「ア」は、まさにチャン族におけるウルピ（白石）とラシ（屋上と山頂の石積みの塔）、石碉であり、このような白石で象徴される山神信仰は、広く蔵彝走廊の西番（チベット族諸集団）に共通するものである［松岡2000: 149–151, 243–245］。

　山神を招くシャーマン「パピ」の存在も西番に広くみられる。ナムイの宗教職能者には、パピとアシェの2種がある。パピは祭山会や葬式などナムイ固有の信仰に基づく儀式を主催し、アシェより社会的地位が高い、アシェはチベット文字を読みチベット仏教を解する者で、病を治したり災いを祓ったりする術を行う。パピは冕寧県に一人、木里県に一人いる。なお明代の『九夷考』や『冕寧県志』には西番はラマ教を信じると記されているが、それは黒教（ボン教）である。黒教は西番諸集団の「原始宗教」を利用したとされるが、黒教そのものに自然崇拝や鬼魂崇拝、祖先崇拝の要素が含まれていた［何耀華2008 (1982): 29–35］。

　パピは、中華人民共和国下の政治運動によって否定され、激減した。また

次世代の者は、学校教育の普及や科学技術を強調する政府の政策のもとで育ったためにパピに関心が薄く、その技術は高齢化したパピとともに消えようとしている。1組でもパピは亡くなって久しい。1組ではこの20年余り李R（68歳・男性）がパピの仕事を代行してきた。彼は、聡明でリーダーシップがあったため長く木耳村の村長を務めた。また妻方が代々パピの家系であったことから身近で常にパピの活動を見ていた。本人もパピの仕事に興味をもっていたため、やがて結婚や葬式、家屋の新築や遠出に関する日読みや病気の治療、葬式時の指路などのパピの技術を覚えた。90年代前半には、ナムイだけではなく周辺の漢族やイ族からも招かれ、一年に20～30回の儀式を行ったという。現在もなお彼に対する住民の信頼は厚い。付近の村には若いアシェがいるが、若すぎてあまり信頼できない、病気や葬式の指路にはやはり彼に頼むという者が少なくない。

(2) 祭祀の主体と活動内容、日時の選定

祭山会には、一家あるいは一族で行う私的なものと、村全体や周辺の複数の村で行う公的なものがある。私的な祭山会は、個人や一家、一族のためのもので、一年の無事と繁栄を願う春節や豊作の祈願と還願を目的とする農作業の開始期と収穫後、遠出の時、家人が病気になった時に行われる。

一族で行う祭山会は、1組では全住民が同じ李の一族であるため、組全体で行う。日時は、もと村長で、長年パピの仕事を代行してきた李Rが占って決める。1993年は10月5日に行った。全戸から30元ずつ徴収して犠牲にする家畜、酒などを購入する。当日は、早朝に一族の男性がみな山頂に上る。13歳以上の女性は参加できない。山頂には石積みの塔アルプがあり、その前で鶏と白山羊を犠牲にして、柏香樹を燃やす。その後、供物の肉や酒をみなで共食する。2002年は10月1日に祀った。2002年は1組から麓への移住がひと通り終わって組が解体した直後の年であったが、下山組の一部は組に戻って共に祀った。当日1組に戻らなかった者は、アシェに場所を占ってもらい、各戸で山神を祀った。李C家では、発電所近くの山頂で、一家の男性だけで鶏や白山羊を殺し、柏香樹を燃やして祀った。李B家は、山頂のマニ堆の前で、鶏1羽を犠牲にし、酒と紙銭、香、人民元1、2元を供えた。

1組の祭山会は、組の解体とともに一族の紐帯としては行われなくなった

が、家族ごとの私的な祭りとして、毎年秋に継続されている。現在、彼らが山神を最も身近に感じるのは難病にかかった時である。山神は、その絶大な力ゆえに不興をかったり犯したりすると災いが降りかかり、病にかかると信じられた。そこでかつては、病気になった時には必ずアシェを招いて祈った［伍呷2008a (1982): 96-100］。今日、西洋医学がかなり普及したとはいえ、山腹の住民にとって麓の診療所への通院は容易ではない。また大病の場合は多額の医療費を負担して都市の病院に通わなければならないが、必ずしも治るわけではない。現在でも、病院で治らなかった病気や非常時の災害に対しては、山神に供物を捧げて霊力の強いアシェに災いを祓ってもらう。

　筆者の2004年の聞き取りによれば、李Ｇ（69歳・男性）家では、2003年8月、李Ｇが西昌の病院に入院して1万元かかったが治らなかった。そこで人から勧められて山羊を1匹（180元）と酒5斤（10元）を買い、塩源県のピモ（イ族のシャーマン、謝礼20元）を招いて、家の近くの山腹で山神を祀った。また2004年に次男が殴られて病気になった時にも山神を5回祀ったが、効果がなく死んだ。陳Ｙ家（漢族）では、家人が病気になった時にアシェを招いた。豚1頭を殺し、病人の服を着せた藁人形を作り、捨てた。山神の力は、人々にとってなお非常の際に不可欠な存在である。またシャーマンは力量さえあればどの民族でもよいという考え方である。多民族が絶えず接触して生きてきた環境をよく示している。

　一方、公的な祭山会は、村全体では1～3年に1度、地域合同の場合は10年に1度行われてきた。木耳村の6つの組のナムイが合同で行う祭山会は、3年に1度、ナヲポ山のアルプで行われる。ナヲポ山は鑼鍋底と瓦廠の間にある。尾根に菩薩林があり、若松と灌木の茂った中に石を積み上げた高さ約1ｍのアルプがある。ここに山神を招く。祭山会ではアルプの前でヤクや綿羊、鶏などの家畜を犠牲にし、柏香樹を燃やして煙をあげる。

　また「オピ」は、10年に1度、地域の複数の村がアベ山の「ア」に集まって共に行う。1992年に行われたのが最後で、2002年には祭りを主催するパピが亡くなっていたのでできなかった、今後も行われることはないだろうという。かつてのオピについては、80年代の報告に次のように記されている。各村には人口数に従ってヤクや綿羊、牛、豚、鶏の数量が割り当てら

れ、各戸が平等に負担する。日にちは10〜11月の一日をパピが決める。当日は、まずパピがアの前で経文を5日間読み、すべての犠牲獣を殺して肉を分ける。周辺の山頂のウルピにも菩薩肉（犠牲獣の肉。祭祀に関わるものを菩薩某とよぶ）を供え、ムプを置いて柏香樹を燃やす。神を表すジャウ（菩薩人）が頭上から足先まで真っ白の衣装を身に着け、神刀などを手に持って参会者の先頭に立ち、アの周りを9周した後、アの祭壇に神刀等を置いて9日間祀る。終了後は再び岩穴に戻す。なおジャウは世襲で、代々、神矢や神牛角、神刀などの法具を高山の岩穴に置いて祀る役目をおう。日常は農作業を行うが、鋤を肩にかけてはならないなどの禁忌がある。神に扮する人である［何耀華2008 (1982): 22-24；陳慶華2008 (1985)］。

　オピの中で最も重要な儀式は「拴線」（綿羊の毛を一人ひとりの服に結びつける）である。ジャウの立会いのもとでパピが経文を唱えながら、参会した住民に菩薩肉とチンクー麦粉などの供物を与える。さらに一人ひとりの衣服に綿羊の毛を結び、赤布や白布（ハタ）、チベット文字を刻んだ1本の柏香樹を送る。これによって山神の加護を受けたことを表す。9日間の祭祀が終了したら、各戸の代表者は綿羊の毛や紅白の布、柏香樹を一つに包み、ヤク皮と布でくるむ。これを「ナタ」といい、弓矢をこれに挿す。新年や年中行事の際には、必ずこれを神棚に置き、柏香樹をあげて祀る。ナタに挿された弓は、山神の霊験がこめられた神の矢とされ、戦時にこれを身につけると敵の矢は貫通しないと信じられた［何耀華2008 (1982): 23-24］。

　「拴線」の儀式は、パピが占った特定の日に神から力を分け与えられるものである。では特定の日とは何なのか。龍西江によれば、パピが伝える木耳ナムイの天文暦法では天空を4分割し、太陽と月、五星と二十八宿を観察する。木星は禍福を降す星で、12年で太陽の周囲を一周する。二十八宿は昴星を起点とし、月と昴星とから吉日を選ぶ［龍西江2008 (1982)］。ナムイは、月の運行に基づく朔（新月）の1日と望（満月）の15日に山神を祀る。また年間サイクルは太陽の運行を基にする。パピが選ぶ10〜12月のうちの一日とは冬至を示唆する可能性が高い。冬至は、太陽の日照時間が年間で最短となる日で、さらに再び日照が増える起点でもある。日本や世界の各地には、この日を神から新たな魂をもらう、生命の甦りの復活の日として祀る風

習が伝えられている。漢族においても、漢代以前は冬至を一年の始まりとする冬至歳首暦を使用していたとされ、民間では明代頃まで冬至の儀式が春節と同様に盛んに行われていた[5]。

ナムイの祭山会が冬至を基軸としたものであるとすれば、それは神から新たなエネルギーをもらう、新しい一年の始まりを意味している。同様のことは、四川チベット族諸集団と類似の文化的要素をもつチャン族においても秋の祭山会が固有の新年として20世紀半ばまで行われており、チャン族では10月1日「羌年」が伝統の新年であるとして州の祝日となった［松岡2000: 141-149］[6]。ナムイにおいても秋の祭山会がナムイ暦の新年である可能性が考えられる。近年、西昌で都市に居住するナムイが祭山会を復活させたことは、これがナムイ集団のエスニック・シンボルであることを物語っている。また石碓「ア」、パピ、ジャウ、命の復活という設定は、「オピ」が古い形式を伝えていることを示唆している。

2）ナムイ暦と春節、火把節

(1) ナムイ暦と春節

春節は漢族の行事である。木耳ではかつて新年は農暦の12月7日であったが、中華人民共和国になって学校や役所関係の機関が春節を新年として休みを設け、外地に出ていた者もこの時に帰郷するようになったため、新年は次第に春節で行われるようになった。前述のように、ナムイ暦新年を冬至と推測したが、本来、毎年少しずつずれるはずの新年が農暦12月某日に一定化されているのは、四川西南部のナムイ以外のチベット族諸集団も同様で、固有の新年を12月のある一日としている（前掲表4-8参照）。例えば木里県のプミ・チベット族は、本来ヲシとよぶ固有の新年を農暦12月に行っており、1950年代頃までは春節よりも盛んであったが、やがて春節が主となり、ヲシは90年代後半にはごく一部の家庭で行われるのみになった［松岡2003: 459-467］。

ただし、新年として春節をナムイが漢族から導入したのは日時だけであり、活動は旧来のままであるという。木耳ナムイの新年は、2006年には次

5　宮田［2006: 85-95］、中村［1988: 222-226］参照。
6　本書第4章参照。

写真7-3 春節には新しい民族衣装を着る（2004年9月）

のようであった。

　李Z（31歳・男性）らによれば、1組ではまず12月27日に各家が豚を殺して「猪膘」を作り、一年間のタンパク源として保存する。猪膘は蔵彝走廊地区の少数民族に多くみられる豚肉の保存法であり、地域に共通した食物保存の知恵である。このほか鶏を殺し、魚を買ってきて正月の食事の準備をする。正月1日には、近くに住む息子や孫の家族とともに過ごし、他家とは往来しない。2、3日には嫁いだ娘が実家に戻ってくる。2日からは一族が交代で夕食に招く。1組では、もともと全戸が一族であったために全10数戸が相互に招きあった。しかし近年は離村する者が増え、山を下りた者は最も近い親族ごと移住したため、新年に1組に戻ることはない。彼らは山を下りる時、先祖の墓にむかってもう墓参りにくることはないが、死んだら村に埋葬してもらうといったという。

　このような一家団欒や一族の関係は漢族のそれと類似している。しかし新年には、これ以外に神々を祀って一年の加護を祈るという習俗があり、これがナムイ伝来のものである。神は、居間の左奥の壁の上方に設けられた神棚のナタや白石ムプに迎えられる。松の枝葉や柏香樹も置く。新年の1日から15日までの毎朝、柏香樹を燃やし、迎える文言を唱えて祈る。ムプは入口のドアの上方にも置かれ、新年には犠牲にした鶏の羽と血をここに捧げる。5日早朝には、家長が神棚の前で柏香樹を燃やし、それを家屋の外の樹木にかけて神を送り出す儀式Kushibuを行う。「鍋庄」（囲炉裏。「鍋庄菩薩」ともいう。以下、鍋庄と記す）の3個の石も祀る。3個はHasagalu（火神）、Gasagalu（家神）、Galuwai（親戚友人を守る神）を表し、この順に柏香樹を焚く。新年の元旦から3日間、毎朝食事の前に鍋庄の3つの石に酒や豚肉、トウモロコシ粉、チンクー麦粉を供え、線香と柏香樹を燃やす。鍋庄はどの

家庭にも必ず置かれ、様々なタブーがある。火神は家族を守るだけではなく富をもたらすから跨いではならない、脚をかけてはならない、唾を吐いてはならないなどである。ナムイにとって鍋庄に宿る神は家族を守護するものなので家神といい、祖先霊であるという。また家人を様々な危険から守り、暖をあたえ食の調理に不可欠な火の神であるので、祭日や遠出する時には必ずこれを祀る。

15日には、山上にある各戸のシャシュポ（菩薩樹）の所に行って柏香樹を焚き、樹神を祀る。シャシュポは山腹の常緑樹の大木から各戸が選び、家人を守護するものとなる。子供が生まれた時や、家人の誰かが全身が麻痺したり身体の一部が腫れたりした時にも鶏や山羊の肉を供え、アシェに読経を頼んで祀る。病の原因は神の怒りをかったからだと考えるからである。

またかつて各戸には先祖伝来の5枚のタンカがあった。横1m縦2mで、菩薩や家畜、山羊や兎、龍、虎、象、白猿、金鶏などが描かれていた。タンカは「菩薩」とよばれる。春節の時に居間の中央の壁に貼り、5日目に柏香樹を燃やして祀り、その後はしまう。これはチベット仏教の影響を受けたものである。文化大革命時にほとんどが焼かれて失われた。

このように新年は、ナムイにとって重要な神々である山神や祖先神、家神、火神を一家および一族で祀る時である。しかし山を下りて漢族の家屋を買ったナムイには、家内に鍋庄はなく、鍋庄の神を祀る機会が失われた。家屋の屋根の白石への信仰も同様である。山を下りた者は、日常生活の中から神を可視化するものが消えてしまったために伝来の神々を祀る儀式を行わなくなった。そのため年長者は、麓で成人する次世代は神々への祭祀を見聞する機会がなく、祖先から伝えられた神々への信仰を知らないまま成長するので神の加護を受けられなくなってしまうのではないかと危惧している。

(2) 外来行事の導入

聯合郷は、ナムイとイ族が山腹に、漢族が麓に住み分けて暮らす多民族地区である。先住の民であるナムイは、かつては武闘に優れたイ族の侵入に怯え、イ族をはじめとする共住の他民族の年中行事を導入して共存するという戦略的手段をとる一方で、自集団を最も高貴であるという「大西番」意識をもち、他民族とは通婚しないという方法でナムイ集団を維持してきた。ナム

イは様々な方法によって生存の道を探ってきたといえる。そして現在は豊かさを求めて自らの意志で山を下り、漢族社会で暮らす。

　イ族の火把節を自分たちの年中行事に導入したのは、その戦略的手段の典型的な例であろう。火把節は、百年ほど前にイ族がこの地に移ってきて共に暮らすようになってからナムイも行うようになった。ただしイ族が6月24日から3日間続けるのに対して、ナムイの活動は2日のみである。当日は、2本の松明をもって鍋庄のある部屋を一巡した後、家族の人数分の松明を外の畑に挿して終了する。またイ族が各戸だけではなく、居住する集落あるいは幾つかの集落で共同して大規模に行うのに対して、ナムイは各戸ですませる。

　かつて冕寧県では、イ族が大頭人の統帥のもと圧倒的武力を背景にしばしばナムイの居住地に侵入した。郷内には、数十年前、イ族に捕らえられたために数代住んでいた土地を棄てて逃げてきたと語るナムイの家庭が複数戸ある。ナムイにとってイ族との共存は死活問題であり、火把節の導入は共存を表出する一つであったかもしれない。また山腹の主な栽培作物であるチンクー麦や燕麦、ソバの収穫が7月であり、直前の6月の行事は駆邪逐悪や豊作祈願の目的に合致していたこともある。しかし現在、麓に下りたナムイは火把節を行っていない。漢族と暮らすようになったので意味がなくなったからだという。これは、火把節の導入と中止がともに戦略的な選択であったことを示している。

　一方、漢族との共存は春節の導入に象徴される。四川西南部において漢族が本格的に転入し始めたのは清代の改土帰流[7]以降である。漢族は主に麓の幹線道路沿いに居住し、ナムイやイ族は山腹に暮らして麓とも自由に往来し、互いに居住空間を住み分けてそれぞれの生活サイクルで暮らした。しかし中華人民共和国下では政府は彼らの居住地を固定して自由な移動を禁じ、様々な政策を末端の村にまで進めた。少数民族が国家暦、すなわち漢族暦を受け入れることは選択の余地のない選択であった。ただし、中華人民共和国が公式に採用したのは中華民国期に導入された新暦であるが、民間の年中行事ではなお農暦が行われており、国家全体の年中行事としても春節をはじめ

7　本書第3章注37参照。

とした農暦で行う。そのため、ナムイは漢族暦＝農暦で年中行事を行うと同時に、国家暦（官暦）も受け入れている。

　木耳ナムイにおける外来行事の導入は、戸主の意向に大きく左右される。例えば1998年から麓で暮らす李Ｒ家では、李Ｒ自身がシピの代役をしていたことから他民族の年中行事にも詳しく、漢族の年中行事も複数行う。「過年」（年越し）は大晦日30日から始まって15日までの毎朝、山神を象徴する神棚の白石を祀る。2月8日は土蝉会で、山神や諸々の神を祀って苗の順調な成長を願う。2月21日は清明節で、祖先や死者を祀る。墓参りをすることもあるが、紙銭は燃やさない。4月28日は薬王会で、鶏を犠牲にして山腹で祀る。5月5日は端午節で、肉を煮てご馳走を作る。6月24日は火把節である。7月15日は鬼節で、麓に下りてから漢族にならって行うようになった。8月15日中秋節と9月9日重陽節は特に何もしないが、いつもよりご馳走を食べる。10月1日は漢族の年中行事である牛王会で、鶏を犠牲にして山神に家畜の順調な成育を祀る。10月から12月までの一日を選んで山神を祭る。李Ｒ家では、年中行事はナムイ自身の秋の祭山会以外、漢族とイ族の祭りをとりいれ、日時は同様であるが、祀る神は山神で、内容もナムイ式である。しかし1995年に山を下りた李Ｇ（69歳・男性）家ではすでに春節と祭山会以外は行わない。

　以上のように、ナムイにおける外来行事の導入は、居住地社会での共存を対外的に個別にアピールするものであり、環境の変化に応じて取捨選択される戦略的なものといえる。少なくとも聯合郷内での様々な環境の変化は、祭山会を消滅させるまでには至っていない。現在の戸主の世代、すなわち山で暮らした経験をもつ30代以上の者にとっては祭山会を行うことは習慣化されており、それを通して漢族やイ族と自集団を自然に区別している。しかし祭山会がさらに私的化して外部に向けた公的な機能をほとんど失ってしまえば、次世代に継承されるかどうかは不明である。

小　結

　聯合郷では、1990年代後半から西部大開発のかけ声のもとで水力発電所の建設が進み、地元では発電所景気ともいうべき経済発展が進行した。住民

の年収もこの10年間で平均して約3倍となったが、麓で年収数万元の者が続出する一方で、山腹では車の通行可能な道路の開通が難しいために経済的に取り残され、旧態依然とした生活が続いている。その結果、山腹の住民は山を下りるという決断をし、多くの村が解体に向かった。その一方で、麓では高収入を得た漢族がより生活環境のよい県城などへ移出し、麓の空家に山腹のナムイが移入するという玉突き移住が進んでいる。1組でも全16戸のうち10戸が山を下り、さらに4戸が移る準備をしている。

　麓で漢族と共住するようになったナムイは、年収の増加とともに衣食住や教育、交通等の面で便利な生活環境を手に入れた。しかしそれは旧来のナムイ式の生活様式をすてて漢族式生活を受け入れることでもあった。特に多くのナムイが空家となった麓の漢族の家屋を買って定住したために、かつてナムイの家屋のあちこちにみられた信仰的要素、例えば山神を表す白石ムプや屋上のウルピ、祖先神や家神、火神を表す鍋庄、ナタや柏香樹などを置いた神棚が目の前から消え、多くの家庭で復活の様子はみえない。それとともに春節や遠出の時に行われてきたそれらを祀る儀式もなくなった。山腹での新年は、春節の日にナムイ伝来の行事を行っていた。しかし麓での春節は、神の加護を祈るという側面が薄まり、一家団欒を主としたものに変わってきている。

　さらに村の解体によって、組全体や複数の村で行われてきた公的な祭山会も行われなくなった。本節では、祭山会は、毎年パピの日読みによって冬至が占われ、太陽の甦りを生命の復活とみなして神から新たなエネルギーが与えられる日、すなわちナムイの新年（ナムイ暦）と考え、祭祀を行っていたのではないかと推測した。山神の大祭オピで演じられた「拴線」の儀式や、神から与えられたナタや神の矢はまさに新たな生命を象徴するものであり、それはまたナムイ意識を表象するものでもあった。近年における集団での祭山会の断絶は、環境の変化に対応した自らの選択によるものであるが、結果的には、ナムイ独自の表象が希薄になることを意味している。

　しかし近年、西昌で都市のナムイグループが祭山会を再興させたことは、漢族を主とする多民族社会で生きるためには、結局、ナムイの表象の放棄ではなく再生産が必要なことを都市に移住したナムイ自身が感じていることを

示している。換言すれば、祭山会というナムイのエスニック・シンボルは決して固定的なものではなく、最終的には彼ら自身の選択によって目的やパーツを組み替えて多様に変形させ、消滅や再生を繰り返していくものであること、経済水準の向上が祭祀の再生に関わっていることが示されている。

第 2 節　九龍県子耳彝族郷の〈西番〉

　川西南（四川西南部）の「西番」は、1960年代の第 1 回目の民族識別を経てチベット族となった。しかし九龍県子耳彝族郷（以下、子耳郷とも記す）の〈西番〉だけは、西番の名称をそのまま使うことを望み、1980年代の第 2 回目の民族識別まで西番族を名乗り続けた。本節では、彼らの西番意識について考察する。事例とするのは、四川省の甘孜蔵族自治州九龍県子耳彝族郷万年村N組（2004年11月）と同州冕寧県聯合郷木耳村 1 組（1994年 8 月、2004年 9 月）、涼山彝族自治州木里蔵族自治県倮波郷乾海子村P組で（2004年11月）、これらはナムイ・チベット族が最も集中する地域にあり、それぞれが異なる西番意識をもつ。

1．子耳彝族郷N組の〈西番〉における西番意識

　かつて漢族は、西番の語を罵りの言葉として用い、街へ出たナムイはしばしば西番と呼ばれて蔑視された。冕寧県聯合郷木耳村 1 組の李A（68歳・男性）によれば、「中華人民共和国成立以前、外地の漢族は我々を「西番」と呼び、彼らともめごとを起こした時には、しばしば西番という語で罵られた。だから西番は1950年代の民族識別でチベット族となることを望んだ」という。しかし九龍県のナムイだけは改称を望まず、自らを「大西番」と称して他の西番とは異なるとして誇り、1980年代の第 2 回目の民族改正まで西番族を名乗り続けた。1964年の人口統計では、九龍県は総人口 2 万4519人、うちチベット族5155人、〈西番〉272人で、〈西番〉は子耳郷（117人）と八窩龍郷（103人）に集中する[8]。しかし1980年代の第 2 回目の民族識別工

8　県内の西番は、ナムイのほかにパムイ、ムニャ、ガミ、リル、アルスがいて、それぞれ異なる言語をもっていた［伍呷2008b（1982）: 573–591］。

表7-2 九龍県子耳彝族郷の概況（2003年）

項目 村名	海抜(m)	小組数	戸数(戸)	人口(人)	漢族(人)	イ族(人)	チベット族(人)	モンゴル族(人)	年収(順位)
廟子坪	1800	2	79	436	436				2
万年	2200	6	212	1,073	482	329	261	1	3
杜公	2000	3	58	286	25	31	230		1
麻窩	2500	3	109	539	126	413			4
銀廠湾	2600	4	178	885	46	551	288		5
計		18	636	3,219	1,115	1,324	779	1	

出所：2004年11月、現地郷人民政府での聞き取りにより作成。

表7-3 九龍県子耳彝族郷万年村の状況（2003年）

項目 組名	海抜(m)	戸数(戸)	人口(人)	漢族	イ族	〈西番〉
尼瑪堡子	2000	38	194			●
海子	2230	40	184		●	
小堡子	1900	35	182		○	○
碉楼湾	1900	33	217	◎		△
磨子溝	2000	35	150		○	○
海子2	2230	31	145		●	
計		212	1,072			

凡例：●は60％以上、◎は約50％、○は約30％、△は約10％。
注：尼瑪堡子の西番25戸は李が17戸、朱が6戸、伍と文が各1戸。
出所：2004年11月、現地村民委員会での聞き取りにより作成。

作では、冕寧出身のナムイで民族幹部でもあった穆文富の主導で、九龍ナムイもついにチベット族となった。九龍ナムイの約半数はそれを認めたが、子耳郷ナムイだけはなお西番族であることを主張したという［松岡2005b：128-129］[9]。

　九龍県子耳彝族郷は、西番族を名乗るナムイが最も集中する地域である。郷内は、漢族とイ族、チベット族がそれぞれ34.6％、41.1％、24.2％居住する。西番族を名乗るのは、万年村にすむチベット族で、村人口の約4分の1を占める（表7-2）。万年村は、元来はチベット族の居住地であったが、約

9　本書第6章第3節参照。

第7章　ナムイ・チベット族

300年前に漢族が、約100年前にイ族が移ってきた。6組に分かれ、〈西番〉はN組に最も多く居住する（写真7–4）。

子耳郷N組は、人口194人、戸数38戸で、〈西番〉とイ族、漢族が共住する。38戸のうち〈西番〉は最多の25戸、イ族7戸、漢族6戸で、組の中心部に〈西番〉、周縁部にイ族と漢族が住む（表7–3）。古老によれば、〈西番〉は700年前にこの地に最初に定住した集団である、N組は子耳郷の中では最も〈西番〉が集中しており、長い間、〈西番〉だけが住んでいたが、中華人民共和国成立後に周辺地域からイ族と漢族が移ってきた。3つの民族は互いに婚姻関係を結ぶことはないが、日常の関係は悪くないという。

写真7-4　〈西番〉が暮らす海抜2200mの子耳郷N組（2004年11月）

2004年11月N組で複数の住民に「あなたは何族ですか、チベット族ですか」と聞いたところ、回答した住民はみな、自分たちは西番族でチベット族ではないと答えた。九龍ナムイは、1950年代の民族識別では西番を民族名であると主張して暫定的に認められたが、1980年代にはチベット族とされた。ところがN組の住民はさらに20数年後にもなお独自の西番意識を持ち続けていた。

しかし実は、西番意識が変わっていなかったというのではなく、ほとんどの住民がチベット族に改正されたことを知らなかったということがわかった。M村の党書記（漢族・男性、50代）によれば、80年代の〈西番〉の民族改正は、当時、民族幹部として信望のあった穆文富の主導で決められており、住民に直接、諮ったわけではないという。換言すれば、チベット族への改正は彼らの日常生活にはほとんど影響がなく、日常の生活圏内では従来どおり〈西番〉という名称が慣用的に通用していた。

確かに、外観的には、彼らの生活は80年代に較べてそれほど大きく変わっていない。N組は、依然として急勾配の斜面を数時間歩くか馬で行くしかな

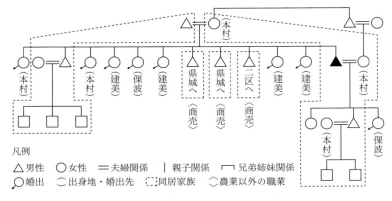

図7-1　李Y家（ナムイ・チベット族）
出所：2004年11月、現地での聞き取りにより作成。

い辺鄙な山間にあり、外来者が来ることもまれである。何百年もの間、ほぼ変わることなく自給自足的な暮らしが続いており、新しい電化製品といえば電気釜くらいで、テレビもほとんどない。また婚姻も従来の習慣のまま、ほとんどが近隣の〈西番〉との間で繰り返されている（図7-1）。ただし市場経済化の影響を受けていなかったわけではない。多くの若者が農閑期には現金収入を得るために外地に商売に出ており、そのまま山を下りて春節にしか戻らない者も少なくない。〈西番〉の25戸のうち8割以上が外地へ働きに出ている者が家族内におり、一年の大部分を老人と嫁と孫だけで暮らす、あるいは老人が孫の世話をして息子夫婦を出稼ぎにだすという家庭も稀ではなかった。

　現地での聞き取りによれば、西番意識は、むしろ教育水準の比較的高い者や外地に出る機会の多い者ほど強く、自民族への関心が高いという傾向がみられた。例えば最も強く西番族であることを主張した一人である小学校教師のZX（32歳・女性）は、父はもと教師で、兄や弟も県城で商売をし、妹はN組で唯一の大専卒で県の観光局で働いている、いわゆる比較的裕福で外からの情報も得やすい一家の者である。また教師が強い西番意識をもっているということは、当然、次世代の子供たちへの影響も少なくない。N組の住民にとっては、西番族の末裔であるという意識は単なる歴史の記憶ではなく、集団の構成員であるための共有された認識であった。

2.〈西番〉における祖先の歴史

では、彼らは何によって自らを西番族と意識しているのか。N組のSD（65歳・男性）によれば、彼が属するSha（漢名で李）一族には口頭で祖先の歴史が伝えられており、この地に至ってすでに41代を経ているという。SDの一家は、Sha一族の中でも〈西番〉のシャーマンであるパピを代々輩出してきた家系で、母方と父方の双方の祖父がパピであった。このように数十代にわたる家譜が口頭で伝承されていることは、西番の中でもナムイやナムイに近いリル・チベット族にみられる特徴であり、これ以外の川西南チベット族にはあまりみられない。SDによれば、Sha家の歴史は次のようである。

祖先は、まず印度を発って後蔵（チベット自治区シガツェ市）に至った。故地は、後蔵の普姆娜の谷である。しかし勃興してきた吐蕃と戦って敗れ、東へ逃れて西康省徳格県に至った。徳格で2代を経た後、一族会議が開かれて西方と南方の二手に分かれることになった。南に向かった一団は、雅礱江に沿って南下し、ついに九龍県子耳郷M村N組の地にたどりついた。九龍県は、三国時代に諸葛亮が8年にわたって地元の蛮族と戦った土地である。この戦いで住民のほとんどが根絶やしにされ、「蜀山蛮」の幾つかの集団のみが生き残った。ナムイはその後にここに至り、一部はさらに周辺の冕寧県や木里県に移った。また、初めてこの地に来た時、家畜がほとんど死んでしまったので、木製の道具を使って焼畑をし、ソバやチンクー麦を作った。漢族は300年ほど前にここに移ってきたが、彼らから水稲や大豆の栽培、養蜂、豆腐の作り方を学んだ。この地に来てからの41代は次のようである[10]。

ジョガムリ→ジョリ→ジュリ→ツリ→ヤワ→カイハイ→ザー→アンラ→チャント→クブ→ヲヤオ→ビシェ→ラエ→ムヒ→クヒ→ガンア→シュト→ヲフ→ヤア→ヲブ→ハカン→アビ→ブイリ→アダ→ドリ→ヨジュピ→パミ→ヤチュ→ジョチュ→マオピ→ナカ→ヤビ→ヤゴカ→フザ→アト→

---

[10] 冕寧県里庄区聯合郷鑼鍋底のナムイは45代の家譜を暗誦することができる。里庄にきてから25代、およそ750年余りを経ており、里庄からさらに一部が九龍などに移住したと伝える［伍呷2008a (1982): 89］。

ニマザ→ソンゴビ→ニマンマン→サダビル→ヲガ→ソゴジャ

　Sha家の41代は、一代を25～30年で計算すると、約1200年前、唐代半ばの９世紀以降にこの地にたどり着いたことになる。移住の理由は、〈西番〉が吐蕃と戦って敗れ、逃れてきた、先住の蜀山蛮は蜀漢と戦ってほぼ絶滅していたと伝える。

　同様に、隣接する木里県の俾波郷でも、シャーマンのニマチ（尼瑪赤、45歳・男性）が祖先の歴史を伝える。ニマチは、代々、〈西番〉のシャーマン「パピ」（帕比あるいは帕子）を出してきた家系で、ナムイで残る唯一のパピである。パピは、文字をもたない〈西番〉にとってその歴史の記憶を口頭で伝える主要な伝承者である。祖先の移住の歴史は、葬式や「道場」（死後の法要）において死者の霊魂を祖先の地に送るための「指路経」の中でパピによって唱えられる。ニマチは祖先の移動の歴史を次のように語る。祖先は、印度から西蔵に行った。そこで戦いがあり、逃れて青海、四川の阿壩、甘孜の康定を経て、九龍についた。さらに九龍の桃子坪から一部が周辺の４つの土地に向かった。南東へは里庄（冕寧県）からさらに聯合へ、南西へは俾波、東へは甘洛や漢源、西へは雲南に移った、と。

　子耳郷Ｎ組のSDと俾波郷のニマチが語る移住の歴史は、大きく２部から構成される。印度から西蔵に至り、吐蕃と戦って敗れるまでと、四川に逃れ、大河に沿って南下して九龍桃子坪に至り、さらに各地に定住するまでである。四川においては、子耳ナムイは徳格から雅礱江ルートで南下して子耳に至る集団と、青海→阿壩→康定と大渡河ルートをとって俾波に至る集団に二分される。

　西蔵を故地とする伝説は、川西南の西番の中では特異である。ギャロン・チベット族などチベット・ビルマ語派チャン語群の言語をもつこの一帯の集団は、祖先が西北から南下してきたとする指路経を共通してもっており、西蔵を目指すものはない。例えば木里のプミ・チベット族は、指路経において木里からさらに西北へと死者の魂を導く。彼らはチベット仏教ゲルク派（黄教）を16世紀に受け入れて深く信仰し、西蔵のチベット族とはゲルク派を通して精神的文化的共感をもつ。しかしそれでも祖先の移住伝承は、西北か

らの南下経路を語り伝える。これに対してギャロン・チベット族の土司等の支配層は、西蔵を故地とする伝説を伝える。唐代、吐蕃に支配されて後、吐蕃の末裔であると主張することは支配の正統化を意味する。

　では、彼らは祖先の歴史の記憶をどのように次世代に伝えてきたのか。

　冕寧県聯合郷M組での聞き取りによれば、祖先の移住の歴史は、祖先の霊魂を故地へおくりだす「引路歌」(以下、指路歌と記す)で語られる。ナムイは、祖先の霊魂を万能であると信じ、子孫や家畜の繁栄、豊作、自然災害からの保護を祈って篤く祖先を祀る。祖先祭祀には、主に3つある。死者を直接祀る葬式、死の直後あるいは数年後にパピを招いて位牌を祀る「俄熱力且」、パピを招いて数代の祖霊を祀る「尼姆」である。指路歌はこの祖先祭祀の時にパピおよび住民たちによって唱えられる。最初に歌われるのは、遺体を数日間、屋内に安置している時である。豚やヤク、牛、山羊などの犠牲を捧げた後、指路歌が遺体に付き添う人々によって歌われる。そこで示される経路は、九龍を経てラサに至る道である。

　山羊をあなたのために捧げ、ヤクをあなたのために捧げ、豚をあなたのために捧げます。一族全員があなたに別れを告げにきました。安らかにかの地に旅立ち、残された私たちが無事に病むことなく暮らしていけるようにお守りください……。西方へは、次の土地に沿って行ってください：拿卡阿侯莆―皮羅波―古―羅―阿里多卡扶―里金子果―羅呷布―阿者莫自倮―帕角倒―舒保木苦（九龍県）―舒把雜（九龍県雅江）……尼瑪拉薩（現在のラサ）

　さらに「俄熱力且」と「尼姆」では、パピが山神を招く経文を唱えた後、ヤクや綿羊などの犠牲獣の肉を煮て供え、再びパピが指路経「撮布盧沽」を歌って祖先の霊魂を故地である尼瑪拉薩（現在のラサ）に送る。

　老人よ、ここはもうあなたの居場所ではありません。あなたの場所は日列来吉（甘孜の境）、尼瑪拉薩（ラサ）です。ここはあなたの居場所ではありません。あなたの場所は普衣腊菊若（ヒマラヤ山一帯）です。ここはあなた

の居場所ではありません。かの地への旅費（死者のために使う金）はもう払いました。ヤクをあなたのために犠牲にし、綿羊をあなたのために犠牲にし、豚をあなたのために犠牲にしました。一族全員が会いにきました。すべてのものをあなたに捧げました。出発してください。そしてあちらに行ったら、どうか残された子孫や村、一族の者に祟りをもたらすことのないように、我々が病むことなく無事に暮らせるようにお守りください。

ここでは、故地に至る地名として甘孜とラサがあり、ラサよりさらに西方のヒマラヤ山脈を最終の地としてあげる。以上の指路歌において重要なことは、一般住民がパピについてこれを斉唱することにある。人生の最大のイベントである葬儀において祖先の歴史を語る指路歌を唱えることは集団の成員としての証でもあり、集団の歴史はこのような形で毎年、再生され、語り継がれてきたのである。

3．〈西番〉における「西行取経」

川西南の西番の多くが支配者側は西蔵を、被支配者側は西北の地を故地とする異なる祖先伝承を伝えたなかで、なぜナムイ系の伝承は集団全体で西蔵を故地としたのだろうか。パピが指路経を唱える時に用いる指路図「ツプリグ」（15ｍ×6ｍ、紙製）には、西方への取経の旅が描かれ、〈西番〉とガミ族（チベット族）および吐蕃との関係が次のように語られている（写真7-5）。

昔、〈西番〉はガミ族とともに経典を獲得するための旅にでた。しかし真の経文を手に入れたのは〈西番〉で、ガミが手に入れた経典は偽書だった。ところが取経の旅の帰途に2人が大河を渡ろうとした時、ガミが突然、前方に熊がいると叫んだために、驚いた〈西番〉は口に銜えていた経文を河に落としてしまった。ガミはそれを素早く拾って自分のものとし、そのまま持ち帰った。以来、ガミは〈西番〉から奪った経典を用いて教えを説き、法事を行った。一方、〈西番〉のパピは文字をなくしたために経文はすべて口頭で伝えるしかなく、真の経文を思いだすために羊皮鼓を敲いて唱えた。またガミはその後、ヤクや山羊などの供犠を行わなくなった

が、〈西番〉は盛んに家畜の供犠を続けた。

これは、いわゆる「西行取経」型の伝承で、チベット仏教が普及した地域で広くみられる仏教伝来の物語である。例えば、冕寧県木耳村1組にはナムイのほかにパムイ（プミ）が共住しており、ナムイは諸方面にパムイの影響を受けている。「西行取経」はその典型的な例である。1982年の何耀華の調査によれば、M組の両者の関係は、「西行取経」をめぐって次のように語られている。

パムイのYLとYZによれば、老人の話では、かつて両者は婚姻を結ぶこともなく、敵対関係にあった、なぜならナムイは初めチベット族ではなかったからである。パムイにはチベット王が与え

写真7-5 〈西番〉の指路図「ツプリグ」

たタンカやチベット経典、寺院、独自の言語があり、自分たちだけがラサからきたチベット族である。ナムイにもタンカや経典があるが、それらはパムイが彼らに伝えたものだ。ナムイの宗教職能者パピは仏教寺院に行くが、パムイのアシェのようにそこで学ぶわけではない、と。

これに対してナムイは、パムイとは兄弟だとする。LAによれば、彼の祖先はラサから移ってきて48代を経ているが、12代の時に長男のナムイと次男のパムイに分かれた。だからナムイはチベット族ではないという説にナムイは同意しない。またすでに婚姻関係が結ばれるようになって久しく、両者の関係はすでに密である。パムイのANも両者は兄弟であり、ともにチベット仏教の経典の経路によればラサから甘孜を経て聯合郷のM、H、Wの各組に定住したと語る。同報告書でも、調査時に、両者はすでに同一の言語を用い、互いに婚姻関係を結び、ともにチベット仏教を信じて経典やタンカをもち、白石を崇拝しており、同一系とみなせるとする［何耀華2008（1982）: 61–62］。

これらによれば、ナムイとパムイの関係は、上記伝承の〈西番〉とガミの関係である。筆者の2004年の調査によれば、現在、四川省西南部のチベッ

ト族地区で大きな勢力をもつ宗教は、チベット仏教ゲルク派（黄教）とボン教（黒教）である。ゲルク派は1580年に木里へ伝えられ、木里大寺が建立されて布教の中心となった。特に木里チベット族の多数を占めるパムイ（プミ）は、木里大寺のお膝元の地にあってゲルク派受容後、篤く信仰するようになった。ところがナムイやリルが伝えているのはボン教であり、丹巴のギャロン地区にはボン教寺院が多く残る。ただしナムイやリルのボン教は、土着の信仰を色濃く残す、かなり早い時期にこの地域に伝えられたと考えられる初期のもので、ギャロンのそれはチベット仏教各派の要素の濃い、第3時期のボン教であろうとされる。パムイの伝承は、ゲルク派受容後のものと推測される。

　ところで上述のナムイ〈西番〉の「西行取経」には、仏教の2つの宗派とその対立が語られている。2派とは、チベット文字の経典をもち、動物の供犠を行わない一派と、文字がなく、口頭伝承による経典をもち、動物供犠を行う一派で、前者はガミが信じるゲルク派、後者は〈西番〉のボン教にあたる。また〈西番〉が文字をもたないのはガミ族にチベット文字の真の経典を奪いとられたからだとするのは、両者が厳しい対立関係にあって、戦いの後に〈西番〉がガミに負けたことを反映する。そこには、仏教が伝来する以前のチベット人の宗教であったボン教が仏教との争いに負けて東へ移ったこと、〈西番〉はそれを奉ずる集団であり、彼ら〈西番〉こそが真のチベット人であるとする祖先の歴史の記憶が強く刻まれている。しかもこの伝承は、ボン教が聖地を「釈迦成道所下」（現在の四川省大金川河の章谷屯）とし、「（四川の）カム地方やアムド地方には古くからのボン教が残されている」とする、ボン教の9世紀以前の伝承とほぼ一致する[11]。

　では、〈西番〉のいうボン教とはどのようなものなのか、それは彼らに

11　山口瑞鳳［1988: 149–169］によれば、ボン教（笨教、黒教）はドゥルポン、キャルポン、ギュルポンの3段階の区別がある。9世紀以前の伝承では、前の2段階は古くからのボン教で、四川省のカム、アムド地方に残るが教義については不明である。その後、「笨教の伝統はいったん断絶した形で11世紀以後、仏教化したギュルポンが主になって」今日の「完全に仏教の一派としての性格を身につけた」ボン教に続く。筆者の2004年の調査でもナムイやギャロンにはボン教寺院が多く残っており、彼らが金川事変後のゲルク派普及政策下でも信仰を変えていないことがわかった。

第 7 章　ナムイ・チベット族

とってどのような意味をもっていたのか。N組のSDによれば、彼らのボン教では、かつて毎年1回行う「道場」（法事）で異民族を1人犠牲にして、「野人」に捧げた。さらに12年に1回「牛王会」を行って12人の異民族を犠牲にし、あわせて12年間に24人ずつ犠牲にした。そのためチベット仏教を信じる他のチベット族は、この犠牲を野蛮であるとして〈西番〉との間に戦いをおこした。結局、〈西番〉はこれに敗れて他の地に逃れた、と語る。

また彼らはヤクや山羊、馬など家畜の犠牲も必ず行い、死者の魂を故郷の地へ導くため、と説明する。しかしこれはボン教以外のチベット仏教各派では行っておらず、

写真7-6　食前に囲炉裏の3つの石に酒を注いで祀る（2004年11月）

むしろチベット仏教を受容していないチャン系のチャン族やプミ族などで行われる。

さらに、パピは、〈西番〉固有の宗教職能者であり、「ツプリグ」の伝承で示されたようにチベット文字を読むことはできない。N組の〈西番〉は、元来、このパピを中心としたパピ教ともよぶべき固有の信仰をもつ。またN組にはチャン系集団に共通する山神信仰や白石崇拝もみられる。家屋の屋上に安置された白石「ロ」や屋内の神棚に祀られた山神を象徴する石「アラ」、神山の山頂に置かれた山神の石「ソム」がそれである。すなわち以上のような「死出の犠牲」や白石および山神信仰などは、仏教伝来以前からもっていた土着の信仰に属する部分であろうと考えられる（写真7-6）。

しかし同時に、彼らはチベット仏教の影響も受けている。SDの姻戚でパピの家系でもあるZJ家にはタンカや法螺貝、鈴などのチベット仏教の法具がパピの法具として文化大革命の禍を逃れて保存されている。〈西番〉のボン教は、元来の土着信仰が外来の仏教の一部をとりいれた初期ボン教の状況を示している。

よって〈西番〉が〈西番〉たる由縁、すなわちガミ族や他の西番とは異なるというアイデンティティは、まさに彼らのボン教に基づくものであるといえる。換言すれば、N組の〈西番〉にとって西番は「Xibo」であり、西から来た「bo」である。「bo」とは「Bod pa」(播巴)のことで、チベット自治区の衛蔵のチベット族の下位集団において最も広い範囲で用いられる自称である。漢族は彼らの自称boの音に「蕃」の文字をあて、さらに「番」と記して蛮の意味を付加し、蔑称として用いた。しかし子耳ナムイにとっては「Xibo」という従来の意味のまま今日まで伝えられている。そのため〈西番〉は、自集団を西から来た「bo」であるとし、チベット仏教を受け入れる以前のボン教を奉じる、本来のチベット人であると主張してきたのである。

第8章

アルス・チベット族

　アルス・チベット族は、総人口約3万人（2007年）で、言語によって東部、中部、西部の3つの方言区に分かれる。東部方言区は涼山彝族自治州甘洛県、越西県、雅安市漢源県の各県で、自称はアルス（爾蘇）、中部方言区は涼山彝族自治州冕寧県東部で、自称はタシュ（多須）、西部方言区は冕寧県（和愛蔵族郷と青納郷）、木里蔵族自治県（倮波郷）、甘孜蔵族自治州九龍県の各県が含まれ、自称はリル（里汝）である。
　本章では、アルス・チベット族西部方言区に居住するリル・チベット族について、彼らの自集団意識である「西番」意識がどのように形成されたのか、婚姻慣習の視点から分析する。

第1節　冕寧県和愛蔵族郷廟頂村のリル・チベット族

　リル・チベット族（自称はリル、漢語では「里汝」「呂蘇」。以下、リルと記す）は、九龍県の烏拉渓郷や煙袋郷、冕寧県の和愛蔵族郷（以下、和愛郷とも記す）、木里蔵族自治県（以下、木里県とも記す）など、雅礱江中流域の海抜3000m前後の険しい峡谷地帯に分布する。固有の言語であるリル語は、チベット・ビルマ語派チャン語群のアルス語の一つに属する[1]。
　事例とする和愛郷廟頂堡は、リルが最も集中し、伝来の習俗がよく残され

1　アルス語は、東部、中部、西部の3つの方言区に分類され、西部方言区はさらに呷爾と里汝（リル）の2つの土語に分けられる。リル語についてはまだ調査が十分ではなく、研究者の間でも諸説がある［池田2003: 105-107］。近年通婚するようになったナムイとは言語的にかなり異なるが、和愛郷ではナムイ語にリル語がかなりとりいれられているという。

た集落である。筆者は、1980年代に中国西南民族学会によって行われた調査報告に基づいて、2004年11月に現地で聞き取り調査を行った。改革開放後の経済政策は辺境の少数民族にも大きな経済的影響を及ぼしており、なかでも際立っているのは、出稼ぎや移住という形態で進む人々の移動である。リルの場合も例外ではなく、1990年代に入ると人々は経済的豊かさを求めて一斉に出稼ぎにでた。そしてこの20年余りの間に出稼ぎは長期化し、数年間ほとんど帰郷しない若者や一家をあげての移住も増え、村の過疎化や高齢化が進んでいる。また一方で、人の移動は様々なモノや新たな価値観を地元にもたらし、人々の生活環境や意識に影響を与えている。

第2節　冕寧県和愛蔵族郷廟頂堡の概況

1．和愛蔵族郷の概況

　四川省涼山彝族自治州冕寧県瀘寧区[2]和愛蔵族郷は、四川省西南部の雅礱江沿岸の峡谷地帯に位置する。海抜約1500〜3500m、懸崖絶壁と険しい山々によって周囲から隔絶され、幹線道路に面した臨江村以外の行政村はみな傾斜の険しい山腹に位置する。そのため2007年でも村と幹線道路の間には車の通行可能な道路が通じておらず、人や物資の往来は人力や馬、騾馬で山道を数時間登るしかなかった。

　和愛郷は、戸数643戸、人口2885人（2003年）で、臨江・大甲・和愛・廟頂・星火・拉姑薩の6つの行政村と27の村民小組からなる（表8-1）。郷内には、郷人民政府と衛生院が和愛村にあり、完全小学校が和愛村と拉姑薩村に1か所ずつ、4つの村営小学校がある。小学校は1年2学期制で学費は免除であるが、雑費が1学期一人あたり10元かかる。6つの小学校は教師24人、児童約400人で、入学率・卒業率とも100％である（2003年）。中学校（瀘寧区）への入学率も98％であるが、高校は県城にしかない。

　郷には漢族、チベット族、イ族の3民族が暮らす。2003年の統計では、漢族1724人（61.2％）、チベット族591人（21.0％）、イ族503人（17.8％）で

---

[2] 瀘寧区は錦屏、南河、青納、和愛、棉沙、馬頭、窩堡、新興、健美の9つの郷からなり、区公所は瀘寧街にある［四川省冕寧県地方志編纂委員会編纂1994: 91-92］。

表8-1 冕寧県和愛蔵族郷の概況（2003年）

項目 村名	組数	海抜 (m)	民族	人口 (人)	農民		耕地（畝）		経済作物①	年収② (順位)
					戸数 (戸)	人口 (人)	畑	水田		
臨江	4	1500	漢	373	79	333	505	79	養蚕	3
大甲	4	—	漢	513	120	427	285	210	養蚕	1
和愛	4	1900	漢	517	121	456	657	38	養蚕	2
廟頂	4	3300	蔵	386	79	365	449	—	サンショウ	4
星火	6	—	漢、彝	558	130	389	988	—	サンショウ	5
拉姑薩	5	—	蔵、彝	538	114	512	1,373	—	サンショウ	6
総計	27			2,885	643	2,482	4,257	327		

注：①養蚕は438担、1100張、総生産高9万5527元、サンショウは2万8000斤、このほかクルミやリンゴを栽培。
　　②郷の平均収入は1533元。チベット族やイ族は副業として貝母や天麻などの漢方薬材、松茸を採集、湖南や湖北、広東に出稼ぎにいく。ヤクや綿羊を飼う。
出所：2004年、現地での聞き取りにより作成。

ある。1988年に少数民族が総人口の26％を超えたことから和愛蔵族民族郷として認定され、郷長はチベット族から選出される。3つの民族は互いの言語を理解し、漢語を共通言語として日常的に往来しているが、これまで婚姻関係を結ぶことはほとんどなかった。漢族は、人口の約77.8％が海抜2000ｍ以下の臨江・大甲・和愛の3村に集中し、最も海抜の高い廟頂村にはチベット族が住む。星火村はイ族と漢族が3：7で、拉姑薩村はイ族とチベット族が1：1の割合で暮らす。各民族は村内では小組（堡）ごとにまとまって住み分ける。

和愛郷のチベット族は、廟頂堡のリルと拉烏堡のナムイに大別される。両者はそれぞれ固有の言語をもち、リルの言語は「新客話」、ナムイは「老客話」ともよばれる。中華人民共和国成立以前はナムイ語が主流であったが、次第にリルが勢力をもつようになり、ナムイ語にはかなりのリル語が含まれるようになった。元来、風俗習慣や宗教にも違いがあったが、長い間隣接して暮らしてきたために互いに言語を理解するだけではなく婚姻関係も結ぶ。ボン教（黒教）のシャーマン「ヘパ」（黒叭）の伍明Ｆによれば、リルはチベットを出て四川に到達し、木里、九龍、冕寧（廟頂）に分かれて定住したが、

廟頂ではすでに18代、約500年を経るという。民国時代には貧困を理由に廟頂から一部がさらに木里に移り住んだため、木里には現在も親戚がいる。

　漢族は、清代雍正5年（1727）に清軍が越西や冕寧一帯の西番を制圧した後に大量にこの一帯に移住してきた。和愛郷の漢族は、四川の峨眉県や貴州、湖北から来てほぼ6、7代、約百数十年を経ている。祖先を中原の出身とし、従軍や辺境防衛、逃亡などの理由でこの地に至り、すでに200年を経ている。イ族も後発の集団で、この百年余りの間に移ってきた。頭人に率いられた武闘集団であり、武力によって次々と先住民から土地や人、家畜を奪った。チベット族と漢族は連携してこれに対抗したがほとんど効果がなく、一家をあげて逃亡する者が少なくなかったという。

　経済的には、郷全体が河川によって幹線道路の反対側に分断されているため郷政府所在地の和愛村にさえも車の通行可能な道路が通じておらず、改革開放後の経済発展に出遅れた。郷の一人あたりの平均年収は1553元にすぎない（2003年）。また山腹のチベット族、イ族の村では改革開放後に奨励された経済作物のサンショウ栽培が不調で、現金収入は出稼ぎに頼るしかない。平均年収は約800元にすぎず、養蚕による現金収入をもつ麓の漢族の3村との経済的格差は大きい。

　出稼ぎは、農閑期を利用した漢方薬材採取以外に、若者の多くが広東や深圳、湖南、湖北の各都市に半年からほぼ一年にわたって出るようになったため、村では高齢化が進んでいる。さらにこの10年余りの間に山腹の住民は次々に山を下り、河壩の臨江村や冕寧県県城、瀘沽、西昌、礼州の都市に移住している。2000年までにすでに廟頂村を中心に34戸が山の村を離れ、移住先で商店を開いたり、土地を請け負って農業をしたりしているが、すべての者が成功したわけではない。しかし山腹の村にいるよりは現金収入が増えたという。

2．廟頂堡の概況

　廟頂村は、リル語では「洛比区覚夫」という。戸数90戸、人口403人（2003年）で、平均海抜2000ｍ前後の山腹斜面に軋烏（1組）23戸・122人、羅卡（2組）18戸・78人、洛比却覚（3組）17戸・73人、廟頂（4組）32戸・

130人の4つの組が点在する。廟頂組はさらに廟頂堡と拉烏堡に分かれる。廟頂堡の伍家（「納巴」と「牙都」）と拉烏堡の王家（「孫根」）が大姓で旧来の住民である。これ以外は主に中華人民共和国成立後に移住してきた集団である。王家（4代）と伍家（13代以上）は、前者はナムイ、後者はリルで異なる支系であり、それぞれ周辺の同支系の、ナムイは「青納」「納約夫」、リルは「拉姑沙」「沙夫」と婚姻関係を結んでいたが、近い距離に住んでいた両家はやがて通婚するようになった。

　廟頂堡は、リル語で「独次却覚夫」という。伝承では、3人の兄弟がこの地を開き、20世紀の初めに13代を経る。長男の納斉、次男の納巴、三男の南卡に分かれ、さらに10数の小グループを作る。納斉（漢姓は陳）は、納斉（1戸、以下括弧内の数字は現存戸数）、莫約（7）、所多（2）、迷臘（0）、愛力（0）、納巴（漢姓は伍）は、納巴（9）、亜瓦（1）、南卡は、亜塔（0）、哈米（2）、作科（1）、加都（1）、字僚（2）、尼曼（0）に分かれる。

　かつて集団の秩序は、頭人会議と慣習法によって維持された。頭人会議は3兄弟から分かれた納斉、納巴、南卡の各族の代表からなる。頭人は、家長の中から最も世代が上で、最年長の人望のある者が選ばれる。頭人会議は不定期で、何か問題が起きた時に頭人が集まって協議した。代々行われてきた慣習法（村規民約）の内容は、主に以下の3点である。

　第一は山に関するもの。集落所有の山では乱伐してはならない。毎年農暦3月6日から封山（山での伐採を禁ずる）を始める。3月6日はリルの最大の祭りで、山神を祀る祭山会「シプム」を行う。住民はラマとともに山上に登り、神樹の前で柏香樹を燃やして山神を祀り、雹が降らないように祈る。またこの日から山で勝手に木材や竹を伐り出してはならない。これを破ればその年の収穫は不調になるので、違反者は収穫の損失を償わなくてはならない。金のある者は金で、ない者は井戸掘りや道路修理などの労働で償う。

　第二は結婚に関するもの。リルの習慣では幼時に父母の命令で婚約し、10代で結婚式をあげ、数年後に同居を始める。結婚対象は母方の兄弟姉妹の子供が最もよいとされる。一般に新夫婦は3月6日の祭山会の日に組の集会で披露して同居を始める。なお父母がいったん婚約を決めたら、他の異性と関係をもってはならない。

第三は治安に関するもの。窃盗の場合は、体罰、賠償、教育などの方法で改心させる。また住民の誰かが外地で殺人や放火、窃盗などの事件をおこした場合は、事件をおこした土地の慣習法に従って処罰を受けた上に、故郷からも追い出され、外地で暮らさなければならない。特に殺人の場合は、故郷の住民が金を出し合ってその土地の慣習法に従った代価を償う。

　慣習法は、主に山、婚姻、治安に関するものである。このうち治安は、中華人民共和国成立後は慣習法を参考にしながら、原則として現行法にのっとって裁かれる。しかし山と婚姻に関する慣習法は、なお住民にとって大きな意味をもつ。封山は生産活動に大きく関わっており、現在も厳守されている。農暦3月6日の祭山会は、組全体の最も重要な活動である。婚姻に関しては、以下で詳述するように中華人民共和国下で婚姻法が制定、改正されたが、近年まで、当地の結婚は従来の婚姻慣習に従って進められた。

　近年、廟頂堡が直面する大きな問題は過疎化である。登記上は戸数32戸であるが、実際に居住しているのは2003年で20数戸に減少した。当地は、村内で海抜が最も高い山頂近くの斜面に位置し、かつては外敵からの防御に優れた土地であった。しかしそれは麓からの往来が極めて不便で、将来的にも改善されにくい地域であることを意味する。そのため改革開放後の経済的発展に大きく出遅れてしまい、1990年代以降、多くの若者が西昌や成都、冕寧、木里、九龍の県城や重慶などへ出稼ぎにでるようになった。彼らの出稼ぎは、鉱山や道路工事などの肉体労働が主で、概して労働条件が劣悪で低賃金である。さらに近年は出稼ぎでまとまった金を貯めた後に村を出て道路沿いの臨江村に移っていく者も増えている。臨江村の沿道には30戸余りの小規模商店が軒を並べているが、廟頂村からの移住者による店が最も多い。その結果、山腹の集落では空き家が増え、過疎化や高齢化が進んでいる。

　なお、筆者の2016年の調査によれば、移転は2010年頃からさらに進み、2015年には1戸を除いてすべてが山を下りた。また村を出た26戸のうち25戸が冕寧県県城郊外の回坪郷に集住している。戸主はすでに次の世代になっており、親世代よりも教育水準が高いため、職種は商いが主であり、概ね親世代より豊かになっている。

第8章　アルス・チベット族

第3節　廟頂堡の親族集団と婚姻

　廟頂堡には、先住の納巴家9戸、莫約家7戸、納斉家1戸と、4代を経た後発の亜都家3戸が居住する。ただし納巴の9戸のうち4戸はすでに村を離れている。以下は、2004年11月の現地調査時に廟頂堡に残っていた戸主に対して行った婚姻に関する聞き取り調査の記録である（付表8-1参照）。

1．納巴

　納巴は、最古の一族で、漢族式の族名は伍である。伝承によれば、西蔵から10の大支系とともにこの地に移ってきた。現在は9戸で20数名、2人の老人が頭人としてそれぞれ亜瓦6戸と南卡3戸を率いる。各戸の家長は、亜瓦は正P（五男の息子）、正Q（長男の息子）、正G（四男の息子）、正G（次男の息子）、正F、正Fで、南卡は徳Y、徳Q（ともに徳Pの息子）と国Qである。伍正Pの父（大伍と記す）には5人の息子がいたが、長男は貧困を理由に県城に移住した。次男はラマになって西蔵に行った。中華人民共和国成立前までは、一家に3人以上の男子がいた場合はラマを1人だすのが慣例であった。長女は他村のリルに嫁いだ。三男の家は、息子の世代が当地にいる。四男は解放軍の兵士になって早くに村を出た。その長女は塩源県の役所で働き、次女は死亡、三女は教師になって県城にいる。「納巴」では、結婚は原則として親が相手を決める。各戸の婚姻状況は以下のようである。

　事例1　亜瓦のErlunJiapin（漢名は伍正P、68歳・男性）は、大伍の五男の息子で、4人の息子と2人の娘がいる。当地の伍家では最多の家族数をもつ。長男（47歳）は、母の兄の娘（同村の拉烏堡）と幼時に婚約、16歳で結婚式をあげ、18歳から同居、3年後に分家。三男（37歳）は、母の弟の娘（同組）と14歳で婚約、16歳で式をあげ、20歳で同居し、2年後分家。4番目は長女（35歳）で、舅舅（母の兄弟）の息子と幼時に婚約、18歳で式を行い、21歳で同居。長男と長女の相手は、ともに舅舅の子供で、姉弟で「換親」（2家族の兄弟姉妹が相互に2組の夫婦になる）を行った。四男（33歳）は、同組の楊家の娘と10代で婚約、式をあげ、数年後に同居、2年後に分家。次女（30歳）は、青納郷出身者（ナムイ）と16歳で婚約、18歳で

339

結婚、19歳で同居した。

　上記の5組は、みな80年代以降、90年代までの婚姻である。一様に、幼時あるいは10代で婚約する、男性側の理想的な相手は母方の舅舅の娘である。婚約後、成人に達したと認められたら結婚式をあげ、数年後の20代前半で同居する。これは、子供ができるまで新婦が実家に留まり、妊娠をもって正式の婚姻とする「不落夫家」の習慣かと思われる。さらに男子は結婚した順に分家し、末子が両親と暮らす。財産は原則として兄弟の均等分配である。そのため男子が生まれたら分家のための家屋を準備し始める。結婚相手は、30歳代の子供世代まではほとんど親が選んで決めた。近年は、結婚には少なくとも本人の同意を得る。このような婚姻慣習は、広く集落全体にみられる。中華人民共和国の婚姻法は1950年代に発布され、80年代に改正されたが、廟頂のリルは結婚と離婚の自由や法定婚姻年齢などを定めた現行の婚姻法に関係なく、彼らの慣習法にのっとって婚姻を行っている。彼らによれば、婚姻法は漢族の法律だからだという。

　ただし伍正P家にも例外がある。次男（42歳）は、20代で自ら西昌の鉄鉱山で働くことを希望して出稼ぎにいき、そこで知り合った他郷のチベット族女性と自由恋愛で結婚し、子供2人とともに西昌で暮らす。この例のように、外部にでて外との接点が多くなるとともに、自由に相手を選ぶようになる。ただし、自由恋愛といえども親の同意は不可欠である。以下は、近年の自由恋愛による結婚の例である。30〜40歳代には、自分で相手を選ぶ者と旧来の親が決めた相手と結婚する者の双方がみられる。

　事例2　伍正G家。伍正G（68歳）は、大伍の次男の息子で、50年代に村長になり、80年に退職。正Gは60年代初め、25歳の時に同じ組の妻（72歳）と自由恋愛を経て結婚し、即同居した。父はラマであった。3人の息子のうち1人はラマになるという当時の慣例にならって、弟が生まれた時にラマになることが決まった。正Gの2人の姉妹も親が決めた母方の男性と結婚した。次男（38歳）は、中学卒業後、友人と村を出て商売をした。雲南の茶葉や薬草などを甘孜や冕寧県等に運んで3〜4倍の値で転売し利益を得た。その後、鉱山の民工隊を組織して老板になり、塩源の金鉱で働いた。99年によびもどされて村長になった。次男の妻（34歳、同村出身）は中学時

代の友人の妹で、自由恋愛を経て25歳で結婚。長男（40歳）と娘2人（36歳と32歳）は、塩源県県城で公務員や商売をしている。長男は未婚、娘たちはリルあるいはナムイの相手と自由恋愛で結婚。村に残った三男（30歳）も自由恋愛で結婚し、両親と同居している。

　事例2は、親世代と40歳代以下の次世代との違いを明確に示している。次の事例3は、旧と新の婚姻形態が混在する状況である。新しい形態とは、幼児期の婚約をせずに、相手は自分の意志で選び、結婚してすぐに同居する形である。ただし、結婚相手は少なくともチベット族で、一般にはリルか隣接するナムイで、まず母方あるいは父方に求める傾向がある。

　事例3　王徳F家。拉烏堡出身のナムイ王某と廟頂堡のリル伍某との結婚である。両家はすでに10代にわたって婚姻関係を結んでいる。徳F（57歳、男性）は、66年から86年まで廟頂堡の支部書記を務めた老幹部である。王家は隣組の拉烏堡から移ってきて4代、約百年を経る。妻は舅舅（母方の兄弟）の娘である。14歳の時に濾寧製糸工場から冕寧県文芸工作団に選ばれ、64年には四川省代表として北京で「全国少数民族彙演」で歌舞を披露、全国的に知られた歌手となる。王が19歳、妻が18歳で知り合い、婚約と結婚は同時であった。王には幼時に婚約した相手がいたが、病弱であったために王が結婚を望まず破談にした。60年代では珍しい恋愛結婚である。王が政府の幹部であったことが、婚姻法に基づく恋愛結婚を可能にしたと思われる。

　長男（36歳）は、妻（35歳、5代離れた母方の娘）と5歳で婚約、19歳で結婚、20歳で同居、2年後に分家。次男（34歳）は、妻（34歳、6代離れた母方の娘）と3歳で婚約、18歳で結婚、21歳で同居、4年後に分家。三男（28歳）は、妻（27歳、6代離れた母方の娘）と20代の初めに自由恋愛、父母の同意を得て婚約と結婚は同時だった。三男には幼時に婚約した相手がいたが、女性が上級の学校に行ったために破談となった。長男、次男、三男の妻はみな母方の娘である。また長男、次男は伝統的な婚姻形態にならっており、幼時に婚約、10代に結婚、1～3年後に同居している。しかし四男（23歳）は、幼時に婚約をせず、康定の中専に進学した。現在もまだ婚約していない。五男（17歳）は小学校卒で農民であるが、まだ婚約していない。

王家には、伝統的な婚姻と新しい婚姻の形がみられる。三男は、伝統的な婚姻慣習にのっとって幼時に婚約したが、相手の進学のために破談となり、最終的には自由恋愛で結婚した。このように従来の婚姻慣習の変化は1980年代初期から現れている。三男の理由は女性側の上級学校への進学であるが、女性の進学は、以後も変化の典型的な理由としてしばしばみられる。さらに90年代後半からは、以下の事例のように自由恋愛を経た本人の意思で決める結婚が目立ち始めた。

　事例4　伍明F家。明F（62歳）は、ボン教のシャーマン「ヘパ」である。妻は青納郷出身で、10代以上離れた母方の娘である。5歳（1942年）の時に両親が婚約を決め、14歳で結婚式をあげ、2年後に同居を始めた。姉2人は両親の決めた同郷の拉姑薩村と青納郷に嫁いだ。3人の息子がいる。長男（25歳の時に死亡）は、九龍県に出稼ぎにいった時に知り合ったリルと自由恋愛で結婚。次男（26歳）は幼時に婚約したが、性格があわないためまだ結婚していない。三男（20歳）は19歳の時に双方の両親が婚約を決め、本人たちも同意した。妻（18歳）は木里県倮波郷出身のリル。20歳で結婚し、同時に分家して同居。

　事例5　伍明F家。明F（64歳、ヘパ）は、母の兄弟の娘（拉姑薩村）と幼時に婚約、20歳で結婚、23歳で同居。5女2男。長女（38歳）は巴塘出身者と結婚、長男（35歳）は拉姑薩村小学校の教師、妻は同村の遠い親戚で、自由恋愛で結婚した。次女（33歳）は中学校卒業後、西昌で個人商店を開き、西昌の市工商局で働くチベット人と自由恋愛で結婚。次男（30歳）は中学校卒業後、参軍、冕寧県法院で働く。未婚約。三女（28歳）は城関鎮和尚村のチベット族と自由恋愛で結婚。四女（26歳）は小学校教師、未婚約。五女（22歳）は香格里拉の歌舞団の団員。当家は、子供の世代は7人の兄弟姉妹全員が故郷を出ており、うち5人は教員や公務員、商売人で都市戸籍をもつ。子供の世代はみな幼時の婚約はしていない。

　以上のように、婚姻の変化の要因は、外部からの影響が大きい。すなわち、都市部への出稼ぎ、都市社会での経験によって得た現代社会の価値観の影響がある。そのため、ある程度の教育水準を受けた次世代は、すでに村を出て都市部周辺で働くようになっており、幼児の婚約に始まる結婚のプロセ

スは少なくなっている。ただし、相手の選択においては価値観を同じくするリル集団、あるいは周辺のチベット族までの範囲がほとんどであり、他民族との婚姻はまれである。

2．莫約

　莫約は7戸。父の兄弟と息子の世代である。伍新Y、伍新C（新の父の弟）、伍新L（新Cの息子）、伍徳Q（父の兄）、伍文P（父の兄の息子）、伍文Q（文Fの弟）、伍新F。

　事例6　伍文P家。文P（37歳、小学5年で退学）は、房名は納斉、母の兄の娘である妻（同組出身）と5歳で親が婚約を決め、18歳で婚約、25歳で同居、5、6年後に分家。父は、父の姉の娘と結婚。2人の姉と3人の弟がいる。1番目の弟（33歳）は3代隔たった母方の娘（30歳）と7歳で婚約、23歳で結婚、26歳で同居、4年後に分家。2番目の弟（30歳）は母の兄の娘（32歳）と25歳で婚約、結婚と同時に同居、妻側が嫁入りを望まなかったために婿入りし、その後分家した。3番目の弟（29歳）は未婚、参軍後に除隊し、甘孜州建設委員会で勤務。上の姉（42歳）は青納郷の父方の遠い親戚に嫁ぎ、下の姉（40歳）は甘孜州共産主義青年団委員会に勤める。

　伍文P家の婚姻は、80年代に入って変わり始めた。1番目の弟までの婚姻は、10代までに婚約、結婚後数年たってから同居、対象は母方の娘とする従来の形式を踏襲しているが、改革開放後の80年代に適齢期を迎えた四弟以降は、父母が主導する婚約は行っていない。文Pには13、9、7、4歳の2女2男がおり、学校に通っているが、1人も婚約していない。

　事例7　伍新Y家。伍新Y（50歳）は、もと拉姑薩組の組長。妻は5代離れた母方の娘で同組出身。12歳で婚約、18歳で結婚、20歳で同居。息子2人と娘2人がいる。長男（28歳）は同組出身の妻と15歳で婚約、19歳で結婚、20歳で同居。次男（24歳）は、自由恋愛を経て23歳で結婚と同時に同居、3年後に分家。長女（20歳）は冕寧師範学校在学中で、まだ婚約していない。次女（17歳）も中学を卒業したばかりで、婚約していない。新Yの妹（40歳代）は、父母の決めた里庄のリルに嫁いだ。

　伍新Y家は次男（24歳）から従来の結婚形態ではなくなった。結婚相手

は親が決めるのではなく自分で選び、婚約から結婚、同居に至るまで年数をかけない。価値観の変化が本人にみられるだけでなく、親の世代もそれを受け入れている。90年代後半以降、特に若者が外部に出る機会がふえており、若い世代は農業以外の生業手段を得て経済的にも独立できる環境になった。次男の場合は、96年から2年間軍隊に入って車の運転技術を習得し、帰郷後車を買ってサンショウやクルミを運んで売買し、やがて山を下りて河壩の幹線道路沿いに移住した。幹線道路沿いの臨江への移住は90年代後半から増えている。山上の村への交通の不便さは容易に解決できるものではなく、住民は次々と故郷に見切りをつけて山を下りている。

3．亜都

亜都は廟頂村にきて4代、約百年を経た、後発の集団である。1組3戸（伍成G、成F、成D）、2組2戸（成D、文Z）、3組1戸（文F）、4組1戸であわせて7戸ある。

事例8　伍文F家。文F（49歳）は、妻（38歳）と出稼ぎ先の城関で知り合い、自由恋愛で結婚。親戚関係はない。兄（60歳代）は冕寧県里庄区に婿入りした。妻は母の兄弟の娘で、幼時に婚約。次兄（55歳）は木里県俫波出身、4代離れた親戚の娘と自由恋愛。弟（43歳）は、西昌師範学校を卒業して村の小学校教師をしている。同村出身で4代離れた母方の娘と自由恋愛。文Fには16、15、13歳の3人の息子がいるが、誰も婚約させていない。亜都の一族は後発グループである。結婚対象はリルとしているが、代々近隣の同一集団との間で繰り返されてきた当地の婚姻慣習からは比較的自由で、結婚には本人の意思が尊重されている。

以上、2004年11月に現地で調査した54の婚姻事例によって、廟頂リルが近年までなお旧来の婚姻慣習を根強く行ってきたことが明らかになった（付表8-1）。リルには、幼児に婚約、10代で結婚、数年後に同居するという婚姻慣習がある。親は子供の婚姻に対して強い決定権をもっており、本人が幼い時に父母が結婚相手を選んで婚約を交わす。54例のうち25例がこのような父母の決めた結婚である。事例の最年少は33歳で、90年代初めまで旧来の婚姻形式が行われていたことがわかる。

結婚対象の選択は、第一に、リルかナムイであること。54例中52例がそうであり、集落を離れて出稼ぎにいっても、そのまま街に住むことになっても婚姻対象はリルやナムイから選ぶ。そのため婚姻圏はほとんどが同組内、同村内、周辺の拉姑薩村や青納郷、あるいは少し離れた木里県俣波郷や九龍県子耳郷などリル、ナムイの居住地に集中している。なぜそうするのかという問いに対する答えは、代々の慣習であることと、リルかナムイであることが対象を最も保証するものであり、そのことが相手への信頼感につながり、安心できるからだという。

第二に、妻は母方の兄弟の娘から、逆に夫は父方の姉妹の息子から優先的に選ぶ。リルは概して経済的に豊かではなかったために、経済的道徳的援助を時には母方の兄弟に求めなければならなかった。母方の娘から妻を選ぶことは約20例にみられ、「老親」（古くからの親戚関係）として代々繰り返されてきた。特に10例は舅舅の娘で、最も近い交叉イトコ婚である。

しかし90年代に入って、若い世代のなかには従来の婚姻慣習には縛られない者が出てきた。他のチベット族を結婚対象として自分の意思で選び、結婚即同居という形式をとる。ただし漢族など他民族との結婚は、まだ廟頂堡ではみられない。変化の背景には、若い世代が外部で稼ぐ機会を得て経済力をつけてきたこと、外部との往来が盛んになって外の情報が入り、様々な価値観を知るようになったことなどが考えられる。従来の婚姻慣習は、同一民族集団圏のなかで自給的に生存していくことを前提としており、低い経済水準のなかで母方兄弟の社会的経済的バックアップを頼ったものである。そのため若者が農業以外で収入を得て、活動範囲を集落以外にもつようになると旧来の慣習の意味は当然弱まった。ただし現在も親の意見は重視されており、その同意は必須である。しかし親自身が社会の急激な変化にもはや自分たちの世代はついていけないことを感じており、次世代の考え方や行為を容認するようになっている。

第4節　婚約、結婚、同居、分家のプロセス

1．婚約・結婚・同居のプロセスと意味

　リルの婚姻慣習では、婚約と結婚は19歳以前に行う。幼時の婚約は、家同士で従来繰り返されてきた関係を深め、相互扶助の結びつきを強めていく。2004年の現地での聞き取りによれば、そのプロセスは事例1のようである。

　事例1　文Z（60代・女性）は、幼時（1960年代）に婚約して12歳で結婚、15歳で同居した。結婚式は、まずラマが式の日時を占って決める。新婦側は娘を送り出す儀式、新郎側は新婦を迎える儀式を行う。紹介者である母の妹には、新郎側が酒10数斤と現金10数元、布を送る。紹介者が新婦を新郎側に送り届ける。新郎側は新居と生活用品を準備し、経済生活に責任をもつ。新婦側は、自分の衣服を準備する。

　婚礼は3日間行われる。1日目は「送親」、新婦側が新婦を迎えに来た新郎側をもてなす。男性側の迎えは、ラマの占いにより人や日にちを決める。早朝、新郎側は馬で迎えに行く。新婦側は、到着した迎えに水をかける「洒水」儀式を行い、約束の成立を表す。新郎が部屋に入ると、新婦の両親が新郎に幾つかの難題をだし、新郎が答える。新婦側で宴席が開かれ、新婦側の親戚友人がきて歌い踊る。新郎側一行も泊まる。

　2日目、ラマに経文を読んでもらい、「磕頭」（平伏して頭を地にうちつける最も丁寧な礼をすること）して出発の時間を決める。一般には、新婦は朝日が昇る時に嫁ぎ先に入ることになっている。出発にあたり、新婦は神棚のJO[3]に向かって磕頭し、灯りをともす。柏香樹を燃やし、JOに酒をふりかけて祈る。新婦一行は、舅舅（母方の兄弟）や父の兄弟姉妹、自分の姉妹、新

---

[3] JOは、先端がとがった高さ約30cmの石柱で、家神を象徴する。神棚、家屋の屋上に安置する。山奥の人跡未踏の地から採ってきて、ヘパが作る。代々、親が管理し、死後は親と同居した息子、一般には末子が受け継ぐ。原則として本来の家屋から持ち出さない。結婚式では初めにまず屋上の石を祀る。石は地上に生えていることから、その石を手の中に置くことは世界の万事万物をつかんだことを表す。尖石頭は、リル語で「shibajio」、人類の始祖を表す。山を越える時、山上のマニ堆の尖石に経文を唱えて祈る。何か行う時には必ず祈る。祈りには、酒、鶏の血や毛、五穀を之に撒き、香をたき、磕頭し、経文を唱える。陳明芳・王志良・劉世旭［2008 (1985): 162-163］など。

婦と同年齢の女友達など12人がつき従う。

　新郎家に到着したら、新郎と新婦はまず初めに神棚のJOに祈りをあげる。屋内に入る時には、ラマが法螺貝を吹き「ヤンク」（祝いの言葉）を唱える。主人は新婦側一行に酒を捧げ、「ヤラゴジマとポジニポガ」（婚礼故事）を語る。部屋に入ると、タンパ（5本の色違いの布）を新郎と新婦の身体にかける。男性側は宴席を準備し、夜はみなで「鍋庄舞」（囲炉裏を囲んで踊る伝統の舞）を踊る。

　3日目、客を送り出す。新婦はラマが選んだ日に実家に戻る。WZは3日後だった。以後、同居までの3年間、双方が行き来して互いの家の農作業を手伝う。春節時には、男性が酒や飴、豚肉、食糧などをもって妻宅を訪ねる。妻も同様に夫宅を訪れるが、贈答品は男性側が多い。

　一般に、同居は男性側がまず申し出て、本人たちが望み、同意してから、ラマが同居開始の日時を決める。結婚式をあげて同居するまでに、春節などの祝日にお土産をもって妻の実家を訪れ、農繁期には手伝いにいく。数年後、互いが同意したうえで男性側が同居を申し入れる。農暦3月6日は同居開始の日とされる。この日は、村人全員がラマに読経してもらいながら山上で山神を祀り、住民会議が行われる重要な日である。新郎は祭山会の時に新婦をともなって一緒に参加し、新しい家族を山神と集落の人々に認めてもらう。祭山会が終わったら妻は新郎の家に戻って、家神を祀り、同居を始める。同居開始の儀式は特にないが、親戚や友人を招いて食事を出す。同居後、妻は正月2日目に実家に戻る。

　事例1は、最も典型的なプロセスである。幼児期の婚約、家神JOに拝する結婚式、不落夫家、同居までの労働力による奉仕、数年後の同居（農暦3月6日祭山会で村民の承認を得る）という手順がふまれる。婚姻によるヒトの移動はその魂の移動であり、ヘパ（シャーマン）が介在して家神や山神の許可を得るという意味をもつ。

　次の事例2は、近年の新しい結婚式である。10代までに行う幼時期の婚約、結婚式の数年後にようやく同居するという従来の形式ではなく、結婚と同居を同時に行う。

　事例2　文G（34歳）は、25歳の時に友人の妹と結婚。事前の婚約式はし

なかったが、新婦側の一族の許可を得て結納金を納め、4日間の婚礼を、1日目は新婦側、2〜4日は新郎側で行った。

〔結納〕①「倒酒」（新婦側の一族に酒をついで、結婚への同意を得る）：1甕の酒（50〜100kg）を新婦側に送り、新婦の父や兄弟、母方の兄弟に酒をつぐ。新郎の酒を受け取ることで結婚の同意を表す。

②結納金と式の日取りを決める：双方の話し合いで結納金を5000〜6000元とし、結婚式の日にちをヘパに決めてもらう。仲介者に結納金を持っていってもらう。結納金で新婦の衣服、耳飾りや指輪などの装飾品を整える。結納金は新郎の収入によって新婦側から要求される。弟は3000元であった。

〔結婚式〕1日目午前、新婦側で正式の結婚式「辨酒」を行う。新郎側は、早朝、新郎とその兄弟、父の姉妹の息子などの親戚7〜10人が新婦を迎えに行く。新婦の家に入る時、同じ世代の新婦側の親戚から水をかけられる。新郎側が転んだり、順調に入れなかったりした場合、新婦側は新郎側がこの習慣を受け入れることができなかったとして非難する。昼から夜にかけて新婦の女友達が新郎側一行を酒食や歌、踊りでもてなす。新郎側は新婦家に宿泊。

2日目午前、新郎側の迎えは新婦およびその近い親族を連れて新郎の家に戻る。途中で新郎側の接待が良くない場合は、新婦は新郎の家についた時に馬を下りないこともある。その場合には人を介して酒を捧げて謝り、馬から下りてもらう。新郎の家についたら、まず2人で屋上のJOを拝し、屋内でヘパが経文を唱える中で、家神JOを拝する。新郎側は、新婦側一行を1日目に新婦側が行ったと同様にもてなす。

3日目、新婦側一行を送り出すためにウシ2頭とヤギ4匹をつぶしてもてなす。その後、新婦側一行は戻る。新婦はその日から新郎宅で同居。

4日目、新郎家は手伝ってくれた村人および友人親戚に酒食をだして御礼する。新郎側は、式費用として約2万元使った。

事例1と2の違いは、前者が1960年代、後者が1990年代に行われたもので、約30年の時間差があること、また前者は文化大革命前で従来の結婚の事例であるのに対して、後者は市場経済を背景に変化し、新しい部分がみられることである。

最も大きく異なるのは、事例1が親の決めた相手と、幼児期の婚約、結婚式、数年後の同居、農暦3月6日に全村の祭山会で2人の結婚を披露し、皆の承認を得るという従来の慣習をふんでいるのに対して、事例2は本人同士の意思で相手を決め、結婚後すぐに同居したこと、すなわち結婚に関わることは本人が成人に達した後に行われていることである。換言すれば、かつて10代の半ばから後半にかけて行われた結婚式は、結婚というよりは、むしろ一人前になったことをそれぞれの家が集団社会に公開し、認めてもらう成年式に類した意味をもっている。そこで同居開始も農暦3月6日の集落全体の最も重要な祭山会の日を借りて、村と村人の守護神である山神に集団の新たな一員になることの許しを得、村人からも認めてもらう。結婚が個人の通過儀礼であり、また集団にどのように組みこまれていくのかを明確に示した儀礼として位置づけられている。
　これに対して事例2の結婚は、個人における結婚の意味が明確である。すなわち結婚は、同居して次世代を残すことに意味がある。よって個人の意思によって相手を選択し、結婚即同居は当然のことである。事例2においても儀礼の細部には、嫁迎え時の「洒水」や「敬酒」のように従来の形が残されているが、事例1と2には、結婚における個人をどのように考えるかという意味において大きな変化がおきている。しかし結婚をヒト、すなわちその魂が新たな家へ移動して所属するという考えは変わっていない。実家から離れ、新たな家に入るというそれぞれの時に家神JOを拝するという行為が継続されているからである。

2．分家と親の扶養

　事例1　伍正P家では、長男は結婚して3年後の78年に分家した。家屋は村人の助けを得て自分たちで建て、文化大革命中であったため生活用具一式だけを揃えた。耕地は、82年の人民公社解体時に男女年齢を問わず一人あたり1畝の畑が分配されたので、分家時には配分された耕地と開墾した分を4人の息子と親で5等分した。財産は兄弟による均等分配相続である。
　三男は、改革開放後の80年代後半に分家。家屋は親が住んでいたものをもらい、親は3000元でもう1軒購入し、そこに弟たちとともに移った。2

畝の土地、ウシ1頭とウマ1頭、ヤギ10匹、ブタ1頭、生活用具を分けてもらった。家庭経済の状況は、トウモロコシ1畝で600〜700斤、ジャガイモ1畝で4000〜5000斤を収穫、すべて自家用。現金収入は、サンショウ50〜60株を植えて年間約2000元、年に1〜2か月道路工事の出稼ぎにでて1000〜1500元、あわせて3000〜3500元である。1年間に米2000斤を食べるので、ジャガイモ5斤＝米1斤、トウモロコシ1斤＝米6両で交換し、不足分を現金で購入した。主な支出は、米や塩、茶菓などの食費、冠婚葬祭費、3人の子供の教育費がそれぞれほぼ3分の1ずつをしめる。教育費の負担はかなり重い。

事例2　王徳H（57歳）家には5人の息子がいる。長男（36歳、87年結婚、88年分家）、次男（34歳、88年結婚、91年分家）、三男（28歳、98年結婚、03年分家）、四男（23歳）は康定で勉強中、将来は農業以外の職業につく予定、五男（17歳）は小学校卒業後、農業をして親と同居。王家では、長男から順に結婚して分家した。四男は村を出て都市戸籍なので、財産は、原則として四男以外の4人の息子と親で5分割する。息子には、分家時に家屋1軒と鍋2個や食器などの生活用具を分け、末の五男が親と同居し、もとの家屋と家神JOを引き継ぐ。家畜は一戸あたりヤク2頭、ラバあるいはウシ1頭、ブタ2頭、耕地は一人あたり1畝である。

2003年、父はヤク7頭、ラバ1頭、ウシ2頭、ブタ6頭、ヤギ6匹、畑5畝、サンショウ栽培で年間1000元の収入があった。サンショウは政府の奨励政策で種苗を無償で貰い、81年から栽培。長男はヤク5頭、ヤギ4匹、ブタ1頭、畑は4畝、ヤクは乳をとり、毛でコートを作る。97年に張家河壩で小さな雑貨店を開いた。一家で故郷を離れて麓の幹線道路沿いに移った。畑の農作業は父と末子一家が行い、長男一家に必要な分だけ渡して、あとは親が取る。次男はヤク7頭、ラバ1頭、ブタ6頭、畑7畝、毎年4〜6月の2か月間漢方薬材やキノコ類を採りに行く。三男は分家したばかりで畑6畝をもつ。畑では、トウモロコシとジャガイモをほぼ半々で栽培する。食事は、農閑期は1日2食で、朝食は「酥油茶」（バター茶）とツァンパ（糌粑。小麦とチンクー麦、燕麦で作る）、夕食はトウモロコシ飯かソバ（あるいはトウモロコシ）、饅饅（小麦粉製マントウ）、ジャガイモとカボチャ、四

季豆を煮込んだものなど。当地のチベット族の典型的な食事である。

　事例3　伍明F（62歳）家には3人の息子がいたが、長男は死亡し、その妻は再婚。次男（26歳）は婚約したが性格があわず、未婚のまま親と同居。出稼ぎにはいっておらず、現金収入はサンショウ50斤を売って約450元。三男（20歳）は、20歳で結婚し、同時に分家した。耕地は次男と三男に5畝ずつ、ヤクとヤギは分けず、三男にはさらにブタ4頭とウシ2頭を分けた。分家のための家屋は経済的理由で用意できず、親の家の2間を与えた。

　事例4　伍新Y（50歳）家には、息子2人と娘2人がいる。長男（28歳）は結婚後6年たった2000年に分家、家屋と耕地3畝、ラバ1頭とブタ1頭、ヤギ2匹をもらったが、村を出て張家河壩にすみ、車を買ってサンショウやクルミを売買。家畜はすべて売り、畑は親に委託。次男（24歳）は、16から18歳まで新疆の汽車兵団に配属された後、帰郷して車を買い、兄と同様の商売をした。結婚して3年後に分家。耕地4畝、ラバ1頭、ブタ3頭、ヤギ10匹、サンショウ40元（約500元）をもらった。新車を買ってさらに商売する予定。

　事例5　伍新H家は、2女4男。財産は4人の兄弟と親で分けるが、四男（29歳）は参軍後に甘孜州建設委員会で仕事をしているため分割しなかった。耕地は3畝ずつ、三男（30歳）は女性側が嫁入りを望まなかったために畑のみ分割して婿入りした。家畜は均等にブタ1頭とヤギ2匹ずつを分けた。長男（37歳）は、畑は6畝、ラバ1頭、ヤク2頭、ブタ12頭、ヤギ11匹を所有し、サンショウ30斤を収穫して約500元、農閑期には友人と九龍県に出稼ぎにいき、虫草などの漢方薬材やキノコ類を採取して2004年は約1000元の収入があった。しかし昨年はほとんど収入がなかった。

　事例6　伍正G（68歳、もと村長）家は、3男2女。2人の娘（36、32歳）と長男（40歳）は塩源県で働いている。財産は親と次男（38歳）、三男（30歳）で分けた。耕地は一戸あたり3畝、次男は中学卒業後に金鉱で働き、雲南で商売した。村によびもどされて母屋の横に家屋を建て、分家した。ヤク5頭とブタ4頭をもち、サンショウで約1500元、村長の給料が年に600元、商売の収入もある。経済状況は組内でも豊かなほうで家畜は不要だという。

　以上、分家については、兄弟による財産の均等分割、末子が親と同居する

という従来の慣習がほぼそのまま続けられている。しかし集落を出て街に定住するようになった者については、分配しない。農民の財産は畑と家屋だけであり、財産の分割は耕地を細分することで、経済水準の大幅な低下を意味する。街に出た者にとって山間の財産はほとんど価値がない。

　分家の儀式は、一族の年長者や親戚が並び、さらに集落（組）の各戸から男性の代表が1人ずつ参列する。組の全戸が分家の立ち合い人になることで、財産を均等に分配したという保証を与え、新しい家庭の独立と集落集団への参加を認める。分割するものは、畑や家畜以外に、親の家で使っていた囲炉裏の五徳や竃は末子にあたえ（元の家屋で親と同居するため）、長子以下の分家する者にはそれに相当するモノを与える。親戚は炊事道具や生産道具、あるいは現金を贈る。親は習慣上では末子と暮らすが、夫と妻がそれぞれ好きな子供の家を選んで、分かれて同居することもある。あるいは親だけで暮らす。その場合は、重い労働は同じ組に住む息子が代わり、軽い労働は親が自分でできなくなったら同じ組に住む息子の嫁や実の娘が行う。農作業は、息子たちが自分の畑の作業を終えてから一緒に親の農作業を行う。親の扶養は、原則として息子が平等に負担する。

　近年、老親の役割はとても重い。孫の世話の手伝いは昔から老人の役目であったが、最近は、男親だけではなく女親もともに麓や街に出稼ぎにいく、あるいは長期に家を空けて外地で働くことが増えており、子供たちは祖父母に育てられている例が少なくない。

小　結

　リル・チベット族は、ナムイ・チベット族とともに「西番」意識を強くもつ集団である。漢族やイ族などの異なる民族だけではなく、チベット族内の他の支系とも婚姻関係を結ぶことがほとんどなかった。彼らはリルやナムイという同支系集団内で婚姻を繰り返すことで集団を支える強い紐帯をつくりあげてきた。そのため結婚は原則として親が決め、最もよいのは兄弟の息子あるいは娘と姉妹の息子あるいは娘の結婚であるとされた。また2組の兄弟姉妹による「換親」もしばしば行われた。現在も子供が幼い時あるいは10

歳代のうちに親が婚約をとり決め、20歳になる前に結婚式をあげ、2〜3年後に同居を始めるという慣習が続けられている。

　リル・チベット族の典型的な集落である廟頂堡では、このような従来の婚姻慣習が根強く行われている。2004年の調査でとりあげた70歳代から10歳代までの54の婚姻事例では、ほとんどがリルあるいはナムイどうしの婚姻であり、30歳代の結婚にも旧来の婚姻形式がみられた。しかし90年代にはいって若者が出稼ぎや進学、兵士になるなどの理由で恒常的に外地に出かけるようになると、婚姻慣習も大きく変わってきた。

　結婚の対象を同じリルあるいはナムイに求める傾向は依然として根強いが、出稼ぎ先で知り合った他のチベット族も対象とされるようになった。またすでに多くのリルが移住という形を通して麓の村で漢族やイ族と共住しており、今後、他民族との結婚が出現するのも時間の問題ではないかと思われる。さらに、かつては婚姻による社会的経済的な強い紐帯を必要とした集落生活も、近年は外部で現金収入を得るようになり、個人を単位とした動きも多くなった。またこのような変化は、外地で異なる情報を知ることの多い若者が影響をうけただけでなく、親の世代にも変化がでている。40歳代の親世代は親が決める幼時の婚約を行わなくなっており、今後は個人の意思を尊重した婚姻が主流になっていくだろう。

　しかしそれは従来の婚姻慣習が担っていた集団の紐帯としての機能が弱まることでもある。過疎化が進み、密であった人間関係も少しずつ希薄になりつつある中で、廟頂のリルは新たな紐帯を何に求めようとしているのか。経済的に成功したもと村長の長男を外地からよびもどして新村長に迎えたことは、彼らが集団の新たなキーワードとして「経済的発展」を選択したことを示すものであろう。

　2016年の筆者の再調査によれば、廟頂堡はすでに1戸を残してみなが移住していた。しかし移住先は、拉姑薩とともに県城周辺の回坪郷に多くが集中していた。移住地の選択はヘパの夢占いによったという。彼らは移住先で新たなJOを奉じており、2016年秋には近くの山頂で移住先での初の祭山会を行う予定であるともいう。経済的発展とともに、従来のシャーマンおよびボン教を中心とした信仰が重要な紐帯であることを示唆している。

付表8-1　冕寧県和愛蔵族郷廟頂村廟頂堡の婚姻状況

本　人					相手（妻または夫）				形式②	婚約(歳)③	結婚(歳)	同居(歳)④	分家(年)	備考
名前	年齢	関係	学歴	職業	名前	年齢	関係⑤	出身地①						
伍正P	68				王成珍		舅舅の娘	木里県俣波		父母				
伍NB		父						木里県俣波		父母				
伍徳Y	47	長男			王海英	42	舅舅の娘		L	父母	幼	16	18	3	
伍徳F	42	次男		出稼ぎ(西昌)	羅振紅	40		恵安		自由					
伍徳L	37	三男			王文芬	36	舅舅の娘		M	父母	14	16	20	2	
伍徳F	35	長女			王国金	38	舅舅の息子		L	父母	幼	18	21		
伍徳Q	33	四男			楊英宗	30			M	父母	10代			2	
伍SG	30	次女			王徳強	33		青納		父母	16	18	19		親と同居
伍正G	68			もと村長	王正芬				M	自由	×	25	25		※⑦
伍A	40			塩源で公務員						未婚					
伍GC	38	次男	中学	商売 '99から村長	唐文秀	34	友人の妹		M	自由	25				
伍Y	36	長女	中学	塩源で商売	楊昌華	36	母方		M	自由					
伍J	32	次女		塩源で商売			母方	本村		自由					
伍P	30	三男			趙潤英	30		本村		自由	22	22			親と同居
王徳F	57			もと村書記	伍正芬	56	舅舅の娘		M	自由	19	19	20		
王明Q	36	長男	中学		伍成芬	35	母方	本村		父母	5	19	20	2	
王明G	34	次男	中学		伍国芬	34	母方			父母	3	18	21	4	
王明F	28	三男	小学		伍国珍	27	母方		M	自由	20代	20代	20代		※⑧
王明J	23	四男	康定蔵文								×				
王明W	17	五男	小学	農業							×				
伍明F	62			ヘパ⑥			母方	青納		父母	5	14	16		
		姉						拉姑薩		父母					
		姉						青納		父母					
伍金F	(死去)	長男						九龍		自由					
伍金Q	26	次男								父母	幼				
伍金F	20	三男				18		木里県俣波		父母	19	20	20	0	本人同意
伍明F	64			ヘパ			舅舅の娘	拉姑薩		父母	幼	20	23		
	38	長女						巴塘		自由					
伍金Y	35	長男		小学校教師	王新秀	38	母方	拉姑薩		自由					
	33	次女	中学	西昌で商売	日戸	34		西昌		自由					
伍金Q	30	次男	中学	冕寧県法院							×				
	28	三女	×		馬宝	27		城関鎮		自由					

第8章 アルス・チベット族

名前	年齢	関係	学歴	職業	名前	年齢	関係	出身地①	形式②	婚約(歳)③	結婚(歳)	同居(歳)④	分家(年)	備考
	26	四女		小学校教師						×				
	22	五女		芸術団員						×				香格里拉
伍応F	76			ヘパ		70	舅舅の娘		M	父母				
	49	長男	小学	ヘパ		49	舅舅の娘		M	父母	幼	24	24	
	36	次男	小学	九龍で商売		34		木里県俄波		父母				
伍新H	60代		×		唐文珍		姉の娘		M	父母				
伍文P	37	長男	小学		唐徳珍		舅舅の娘		M	父母	5	18	25	5～6
伍文Q	33	次男			趙明英	30	母方		M	父母	7	23	26	4
伍文K	30	三男			唐車麗	32	舅舅の娘		M	父母	25	25	25		婿入り
伍文R	29	四男		甘孜州建委										
伍文F	42	長女					父方	青納		父母				
伍文X	40	次女		甘孜州団委						自由				
伍新Y	50			もと拉姑薩小学校校長	王徳芬		母方		M	父母	12	18	20	
伍小Q	28	長男	小学		趙先芝				M	父母	15	19	20	6
伍小P	24	次男		運送業	王海寿					自由	×	23	23	3	参軍
伍小M	20	長女	冕寧師範								×				
伍小Q	17	次女	中学								×				
伍A	40代	妹						冕寧県里庄		父母				
伍文F	49		小学			38		城関鎮		自由	×				※⑨
	60代	長兄					舅舅の娘	冕寧県里庄			幼				婿入り
	55	次兄					母方	木里県俄波		自由	×				
	43	弟	西昌師範	小学校教師			母方			自由	×				婿入り

注：① 本村 は廟頂村内、□ は組内婚。M は廟頂堡、L は拉烏堡。
② 「父母」は親が決めた結婚、「自由」は本人同士の自由恋愛で決めた結婚。
③ 「幼」は幼時期に婚約、「×」は幼時期に婚約せず。
④ 結婚式をあげた後、一緒に暮らしはじめた年齢。
⑤ 「舅舅」は母の兄弟。
⑥ 「ヘパ」はシャーマン。
⑦ 姉妹は舅舅の息子と結婚。
⑧ 親と同居、幼児期の婚約は相手の進学で破談。
⑨ 息子は3人とも幼児期の婚約をしていない。
出所：2004年11月、現地での聞き取りにより作成。

第 9 章

シヒン・チベット族と
木里蔵族自治県水洛郷の〈西番〉

　涼山彝族自治州木里蔵族自治県水洛郷では、チベット族はガミ（呷米）とシュミ（虚米。自称シヒン、以下シヒン）、〈西番〉の 3 種に区別され、それぞれが独自の言語をもち、それぞれの集落を形成している。ただし『木里蔵族自治県志』[1995] には、水洛郷はシヒンとガミの記載しかなく、〈西番〉の語はない。1950年代に蔑称として廃止されたことによるのかもしれない。しかし、〈西番〉は公式の呼称ではないものの、現地では伝来の慣習にならってガミやシヒンとは異なる集団として認識されている。

　本章では、水洛郷の〈西番〉について、どのような社会なのか、彼らにとって〈西番〉とはどのような意味なのか、郷内のシヒン・チベット族との比較から考える[1]。

第 1 節　木里蔵族自治県のチベット族と水洛郷の〈西番〉

1．木里蔵族自治県の民族と移住の歴史

　木里蔵族自治県（以下、木里県と記す）は、青蔵高原東南端の四川省西南部に位置し、4000 m 級の山脈の間に険しい峡谷が形成された山岳地帯にあり、長い間、周辺地域から隔絶されていた。2011年の統計によれば、総人口は13万7265人で、うちチベット族が 4 万5056人（32.8％）で最多を占め、以下、イ族 4 万1520人（30.2％）、漢族 2 万6280人（19.2％）、モンゴル族8869人（6.5％）、ミャオ族8813人（6.4％）、その他6727人（4.9％）である。

---

[1]　以下、木里県水洛郷および都魯組西番チベット族、平翁組シヒン・チベット族について特に記したもの以外の資料は、すべて2001年の現地調査で得たものである。

チベット族は、中華人民共和国成立以前はガミ、プミ、リル、シヒンの4集団に大別され、県内を南北に貫流する三つの大河、東から雅礱江、理塘河、水洛河の流域を中心に分布する。このうち自称ボ（蕃）〔他称ガミ（呷米）〕は、カンパ・南部土語方言を話すカム・チベット族で、県内チベット族総人口の30％弱を占める。平均海抜3000ｍを超える東朗、麦日、唐央や水洛の其拉村などに居住し、牧畜を主な生業とする。

　ガミ以外のプミ、リル、シヒンは、かつて「西番」とよばれた諸集団で、それぞれ固有の言語をもち、集団ごとに集住する。このうち自称プミ（普米）、他称「大西番」は人口約3万で、県内チベット族総人口の約67％を占め、最大集団である。理塘河南部の桃巴、博科などに居住する。自称リル（里汝、「拉木茲」）、他称プーラン（布朗）は、冕寧県から移ってきたナムイ・チベット族で、雅礱江南部の倮波、卡拉に居住する。自称シヒン、他称スム（傈母）あるいはシュム（虚木）は水洛河南部に居住する。これらのチベット族諸集団の呼称は、現在でもその自称や他称が用いられる。彼らは通婚することも少なく、異なるチベット族間の意識は、ナシ族やモンゴル族など他民族に対するのと同様だという。

　歴史的にみれば、この地の最初の定住者は秦漢代の文献に記された「筰人」「徒人」で、西番諸集団は彼らの末裔である。しかし7〜8世紀（678〜728、733〜785）には吐蕃の支配を受け、ガミ・チベット族は、唐代初中期に初めてこの地に入った吐蕃が先住の民と融合した人々である。さらに9〜10世紀は南詔国（866〜959）、13世紀は大理国（1216〜1272）に支配され、17世紀にはナシ族の木土司（1604〜1647）、清代以降はチベット族の土司の管轄下にあった。また17世紀半ばにはチベット仏教ゲルク派が伝来し、プミもガミもともにこれを受容してチベット仏教徒になった。そのため、中華人民共和国下の民族識別ではともにチベット族であると自己申請した。

　このほかナシ族やモンゴル族も人口こそ少ないが、この地に定住してすでに数百年を経る。ナシ族は、明代中期に木里を支配した木土司が麗江から率いてきたナシ族の子孫である。約80％が雲南省に隣接する俄亜納西族郷に居住し、一妻多夫型婚姻が行われる独特の社会を形成する。後に、水洛河下流の木里河に沿って北上した軍の一部は水洛郷南部の古尼などにも定住す

る。麗江ナシ族と同じナシ語西部方言を使用し、シャーマンであるトンパによって伝承される固有の宗教をもつ。

　モンゴル族は、さらにナリ（納日）とナル（納惹）に分かれる。ナリは晋代以来、屋脚蒙古族郷一帯に定住し、麗江納西族自治県（現在の麗江市）永寧や塩源県左所のナリと同じ集団である。しかし長期にわたってチベット族やナシ族等と共住してきたために、中華人民共和国成立以前にすでにモンゴル語を失い、チベット仏教を信仰する。また食習慣においても木里のチベット族やナシ族の影響を受けてツァンパ（「糌粑」）と「酥油茶」（バター茶）、スリマ（「梭校利瑪」。黄酒、トウモロコシの発酵酒）を常食する。これに対してナルは、近代になって南部の塩辺県山後や塩源県樹河等から移住した人々で、項脚蒙古族郷一帯に居住する。

　イ族と漢族はこの百年の間に移ってきた集団である。イ族は20世紀になって周辺の冕寧や塩源、九龍の各県から、漢族は人口の約半分が中華人民共和国成立後に林業開発や道路工事のために移ってきた[2]。

2．水洛郷の〈西番〉

　水洛郷は、戸数800戸、人口5218人（2000年）で、1953年の428戸、2542人から半世紀の間に倍増している[3]。其拉、東拉、平翁、両保、古尼、厳保の6つの行政村と27の組にわかれ、51の自然村がある（図9-1）。郷人民政府のある平翁村は海抜2420m、県城から西に約208km離れ、山道を車で半日以上かかる。

　民族は、チベット族が総人口の約86％を占め、次位のナシ族が約8％、モンゴル族が約5％で、このほかイ族や漢族、チワン族、ミャオ族の郷政府関係者が居住する。チベット族は、現地ではガミ、シヒン、〈西番〉の3つに区別される。ガミは人口の約半数を占め、海抜が最も高い其拉村に居住する。シヒンや〈西番〉は100～150年前に稲城からここに移住してきた。

　水洛郷は、木里県の最西端に位置し、平均海抜3300m、貢嘎山脈と寧朗山脈に挟まれた険しい峡谷地帯にある。水洛河が郷内を南北に貫流し、北

2　木里蔵族自治県志編纂委員会編［1995: 832-870］。
3　木里蔵族自治県志編纂委員会編［1995: 8-13, 133-134］と2001年3月の現地調査による。

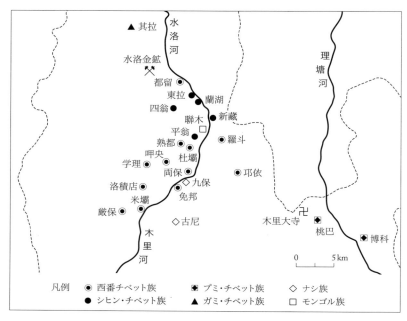

図9-1 水洛郷の民族分布
出所：2001年3月、現地での聞き取りにより筆者作成。

部河流沿いには水洛金鉱がある。森林と草地が大部分を占め、森林3万1000ha、草地4万8000haに対して、耕地はわずか450haにすぎない。海抜3000mを超す其拉村はヤクや綿羊を飼う牧畜地区である。高山地区には虫草や貝母などの漢方薬材や松茸などの食用茸も豊富である。年間の平均気温は12.5度、平均降水量は800～900mm、無霜期間は200日で、比較的温和な気候であるため、其拉村以外の5村は農業を主な生業とし、年に2回の収穫が可能である。主作物はトウモロコシや小麦、チンクー麦で、水稲も栽培される。農民一人あたりの食糧は379斤、家畜は6頭、年間純収入は327元で、郷平均の397斤、348元よりやや低い。

水洛金鉱は、1959年に国営金鉱として操業を開始し、1960年に清代からあった龍達金鉱が閉鎖されてからは県内最大の金鉱となった。年間産出高は1996年に100万元を超えたが、2001年は50～60万元に減少した。専従の職員は60人で、多くが木里県出身である。1980年代以降は個人の採取も認め

られ、県人民政府は水洛河流域を1mにつき年間600、800、1000元の3ランクにわけて採取権を売り出し、さらに相当する税金を支払った者に「開採証書」を発行する。砂金は毎年、10月から翌年の5、6月までの渇水期に採り、年収が1万元を超す者もいる。一般には3千元ぐらいで、地元民も平均1000元ほど稼ぐ。当たれば儲かるが、外れる可能性も高く、リスクは高い。砂金採りは主に県内から来るが、陝西省華陽県や山西省、湖南省など省外出身者もおり、その多くが、山西省出身者が華海公司に属するように、地域的ネットワークをもつ。

　水洛は、シヒン語でシュロ（粛魯）といい、シュはシヒンの自称、ロは谷間と尾根のある土地を意味する。元来は、西に隣接する稲城県側に属していたが、1658年に木里土司が稲城の頭人である阿本家と粛魯鉄橋の地で争って勝ち、水洛を手に入れた。しかしその後も稲城側は木里にたびたび侵入し、抗争は民国時代まで続いた[4]。また1953年10月に水洛郷が成立するまで約300年間、チベット仏教ゲルク派木里大寺の管轄下にあり、寺から派遣された「曲拉底巴」1名と「貫押」6名が「百姓」391戸を統治した。当地は金鉱資源が豊富で、それが多くの抗争の原因となった。黄金は木里大寺の重要な献上品の一つであった。

第2節　シヒン・チベット族と〈西番〉における社会的紐帯

1．親族集団とリーダー

　シヒン・チベット族（以下、シヒンと記す）と〈西番〉の親族関係や家族、婚姻などから、集落社会の形成と特徴について考える。事例とするのは、シヒンが集中する平翁村平翁組と〈西番〉の東拉村都魯組である。

　シヒンが居住する平翁村平翁組は、水洛郷の郷政府所在地で、郷内では唯一、車の通行可能な道路が通じていて、外部との往来の窓口である。外部か

---

[4] 稲城土司と木里土司の抗争については、民国3年（1914）には稲城県次洛の頭人が木里の東朗や麦日などの牧場を襲って家畜や財物を略奪、5年（1916）には貢嶺の頭人が麦日などを襲撃、13年（1924）と28年（1939）には次洛頭人が水洛を襲ったとある［四川省稲城県志編纂委員会編1997: 27-32, 349］。シヒンや〈西番〉の移住はこれらの抗争に関わる。

らは、金鉱掘りや松茸の仲買人等が来る。戸数は43戸、人口は約460人で、一戸あたりの平均家族数は約10.7人、3世代同居の直系家族が多い（2001年）。

査西家のJ村長（52歳）によれば、平翁組は150年以上の歴史があり、最も古い当家はこの地に来てすでに6代を経る。西の稲城県から移住してきたが、理由はわからない。組内には9つの父系親族集団があり、これらは2世代ほどにわたって平翁組に移住してきた。最初に来たのは査西、果漢、熱爾の3家で、それぞれ固有の火葬場をもつ。

9つの父系親族集団は、それぞれ異なる房名をもつ1〜4戸の家庭からなる。このうち人口が最多なのは果漢家で、金普・果漢・農青・邦択の4戸に分かれる。最古は査西家で、査西・達里・廠壩の3戸、同様に150年以上の歴史をもつ熱爾家も八一・千多・熱爾の3戸である。このほか別漢家が珂色・別漢の2戸、伍普家が伍普・呷西の2戸、師普家が師普・銀歓の2戸、瓜別家、拉別家、看如家が各1戸である。なお房名は、一般に分家にそなえて新しく家を建てる時に元ラマでもある村長につけてもらうが、新家屋の場所にちなんだ名をつけることが多い。

これらの親族集団は、代々相互に婚姻を重ねており、組内では密な姻戚関係が形成されている。例えば査西家における婚姻と親族関係は次のようである。査西家は、戸主である村長と妻、長男とその妻と3人の息子および次男の8人家族である。村長には2人の兄と弟1人、姉が2人おり、息子2人と娘がいる（図9-2）。父から子の3代に8組の婚姻関係があり、原則として親が決めた村内出身者と結婚した。解放軍に入隊して食糧局の幹部になった2番目の兄の一家だけは、本人、娘たちとも自由恋愛で、隣の桃巴郷出身者と結婚した。それぞれの出身家庭は、婚入については村長の妻が別漢、弟の妻が同村、息子の妻が銀歓（師普）、長女の婿が廠壩（査西）、また母の上の妹は果漢、下の妹は師普である。婚出は、上の姉が伍普、下の姉が達里（査西）である。このほか査西家と瓜別家は6代前にともに稲城から来た2人の兄弟が分かれたもので、看如家はその姉妹が嫁いだ家、拉別家の母は村長の父の姉である。このうち息子と長女、下の姉の婚姻は、一つ上の世代が同世代の兄弟姉妹の関係にあり、イトコ婚である。シヒンは兄弟の娘と姉妹の息

第9章　シヒン・チベット族と木里蔵族自治県水洛郷の〈西番〉

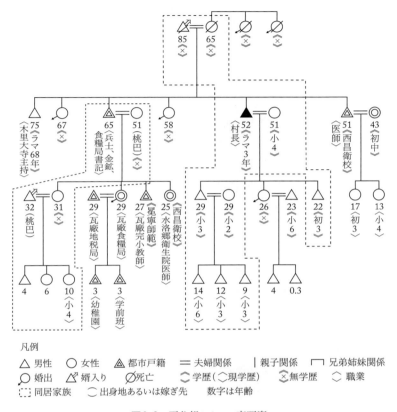

図9-2　平翁組シヒン　査西家
出所：2001年3月、現地での聞き取りにより作成。

子の婚姻を最も理想的な婚姻とし、緩いつながりのイトコ婚をよく行う。親と同居するのは原則として長男である。村長は四人兄弟の三男であったが、長男はラマになり、次男も解放軍の兵士になって都市で政府機関の幹部となったために、三男の村長が親と同居して家を継いだ。査西家は、熱爾家以外の8つの父系集団と姻戚関係にある。

このうち査西家が新年や嘗新節をともに祝う最も親しい家庭は、同じ査西の3戸と母の2人の妹が嫁いだ師普家の2戸（長男の妻の出身家庭でもある）と果漢家の金普のあわせて6戸である。これは母の兄弟姉妹を核とした

親戚関係であるが、村長の父は母の実家の査西家が三姉妹のみであったために婿に入っており、実は、査西という父系親族集団内の家族と日常的に最もよく往来している。

査西家を中心とした6戸の親族集団は、次のような場面でともに助け合う。

（1）　種まきや除草、収穫時には共同で農作業を行う。例えば収穫作業は、先に実った家庭から順に約2日間ずつ行う。農具も共用である。

（2）　葬式での手伝いや経済的な支援。シヒンは、一般に火葬を行う。ただし春は火葬をすると雨が降らなくなるとして行わない。組内には、集落の外れの斜面に果漢、査西、熱爾家の三つの火葬場があり、それぞれワカ、ラルレン、アルホンとよばれる。点火するのは親族の男性ではなく、十二支で死者と対極にあたる者が選ばれる。亡くなったら、家人はすぐにヤク1頭か黄牛1頭を殺す。豚1頭と山羊1匹も犠牲にして、夜にはラマに経文を読んでもらう。遺族が負担する葬儀の経費は、死者が老人の場合、米300斤、スリマ15甕、「猪膘」（豚肉の燻製）2身、現金500～600元、白布8尺、ラマへの謝礼100元である。また組内の同じ父系親族集団の家庭は、50～100元の現金と小麦50斤、猪膘1.5片、スリマ1甕、毛糸1両を供出して遺族の経済的負担を助ける。組内のその他の住民は、スリマ1甕と小麦、猪膘、毛糸などをおくり、原則として各戸から必ず1人参列する。

婚礼でも同様の人的経済的援助が、同じ父系親族集団から提供される。

（3）　伝統の年中行事を行う。新年のヲシでは、元旦から5戸が順に食事に招きあう。農暦10月初旬の嘗新節（カサリ）では、囲炉裏の端に収穫したばかりの新米とスリマをのせ、柏香樹を燃やして煙をあげ、菩薩を祀る。客人には酥油茶を3回だす。その後、ともに飲食する。農暦11月に新年用の豚を屠殺する時には、一族の各戸を順にまわる。

以上のように平翁組では、全戸が9の父系親族集団に分かれ、日常の生産活動や相互扶助は原則としてこの単位で行われる。これらの父系親族集団には定住の時期に関して先発と後発の関係があり、後発組は婚姻によって3つの先発集団とつながり、3つのどれかの火葬場を使用する。一方で、各戸は自分の属する父系集団以外の集団と姻戚関係にあり、全戸に及ぶ血縁と婚姻による関係は極めて密で、紐帯として秩序維持の基盤となっている。

これに対して、〈西番〉の都魯組は、平翁組から山道を歩いて40分ほどの山腹斜面に位置する。戸数約25戸、人口約260人、一戸あたりの平均家族数は10～11人で、家族形態は3世代同居の直系家族が多い。住民によれば、都魯村の歴史はすでにおよそ5代、百数十年を経ている。しかしどこから、なぜここに来たのかはわからない。はじめに9戸がこの地に来た。9戸にはそれぞれ固有の「房名」があり、阿珍、亜巴、査田、俄亜、瑪義、楊別、熱別、上崗、如果という。現在の25戸は、みなはじめの9戸から分かれたものである。

　はじめの9戸は、異なる父系親族集団であり、組内で婚姻を重ねて密な親族関係が築かれた。例えば阿珍家では、9戸の父系親族集団のうち亜巴、楊別、熱別、上崗との間に婚入と婚出の関係がある。現在、阿珍家は9人家族で、パチュ（71歳）と妻、長女と婿入りした夫と2男1女、長男（足が不自由で未婚）、上の妹（未婚）である（図9-3）。下の妹は隣村の同じ西番人の集落に嫁いだ。妻は組内の亜巴家出身である。パチュには1男2女がある。パチュの下の妹が卡拉家に嫁ぎ、その卡拉家から長女の婿が来ている。次女は16歳で組内の楊別家に嫁いだ。母も長女で第1子であったため組内から婿をとった。同家では婚姻関係にある6組のうち4組の相手が都魯組内出身で、それぞれ異なる家庭から来ている。

　〈西番〉もまた、原則として組内で婚姻を重ねており、シヒンと同様の婚姻慣習がある。第一に、婚姻圏を原則として集落内に限定し、婚姻対象はまず同一集落内で探し、次に村内あるいは郷内の同じ〈西番〉の集落にもとめる。第二に、婚姻は親が決定し、弟の娘が姉の息子と結婚する交叉イトコ婚を最良とする。ただし実際は、兄弟の娘は兄弟の姉妹が嫁いだ側に同世代の適当な男性を求めるという現実的な緩やかなイトコ婚である。第三に、男女に関わりなく第1子が家を継いで親と同居する。第1子が女子である場合や子供が姉妹のみの場合は婿を迎える。

　第四に、家産の継承は兄弟姉妹の平等分配であり、婚姻による移動は耕地を含めた財産の移動でもある。例えば阿珍家では、長女の夫が婿入りした時に夫の実家が持たせたのは、彼に分配された実家の耕地とウシ2頭、ヤギ4匹、ブタ8頭、本人用の晴れ着1組、家具1揃い、寝具1揃いであった。こ

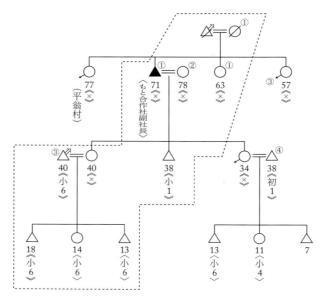

凡例　図9-2と同じ。

図9-3　都魯組〈西番〉阿珍家
注：①阿珍家　②亜巴家　③卡拉家　④楊別家
出所：2001年3月、現地での聞き取りにより作成。

れに対して新婦側が用意したのは、花嫁衣装（晴れ着）1組、胸飾り等の装飾品を含めて5000〜6000元である。かつては適当な結婚対象がみつからなかった場合には、土地や食糧が他者へ移ることをできるだけ避けるために未婚のまま実家に留まることも少なくなかった。また彼らは総じて早婚で、現在も17、18歳で結婚する者が少なくないため、世代交代が20年弱で進んでおり、婚姻による人や物の循環が速い。

　このように、彼らの婚姻は婚姻可能な年齢に達した男女が婚姻を契機に組内の家庭間を移動し、人の移動に伴って分配された家産も移動するという形態をとる。換言すれば、耕地や家屋などの不動産の分配および継承は内部での婚姻によってはじめて可能であり、内部での婚姻が続く限り人的にも経済的にも組全体にとってマイナスになることはない。これは、家庭相互や集落全体の人的バランスを維持するためには有効な慣習であった。

また代々繰り返される婚姻のために組内の人間関係は一見複雑であるが、彼ら自身には世代の違いや輩行は明瞭であり、道徳的規律が厳格に遵守されている。もめごとが表面化することは少なく、家庭で何か困ったことが起きた時には、離れた親族よりもまずすぐ隣に声をかけて助けてもらう。相互扶助や協同労働が組全体で当然のこととして行われ、農繁期には各戸から労働力を一人ずつ出して順に各戸の農作業を手伝う。労働力を出せない家に対しても同様に手伝う。家屋の建築の場合も同様の労力の供出が行われる。

特に、最も重要な冠婚葬祭である葬儀は、住民全員によるイベントである。都魯組〈西番〉の葬儀も、冬は火葬で、夏は土葬である。夏に火葬すると旱魃になると信じられているからであるが、実際は火葬が最も多い。葬儀には木里大寺から大ラマを一人招いて経文を読んでもらう。組内には共有の火葬場が一つあり、火葬後に墳墓をつくって埋葬する習慣はない。他の西番諸集団では、各父系親族集団は原則として固有の火葬場をもつが、都魯組には火葬場が一つしかない。組全体が一つの大家族のような関係で結ばれた小社会が形成されている。新年「ヲシ」には全戸が互いに行きあって食事をともにするという。

そしてこのような共同体型社会を一つにまとめ、運営するために人望のあるリーダーが住民の中から選びだされる。それは人民政府から選ばれる組長とは違った存在であり、みなの本当の代表なのだという。現在は阿珍家のパチュである。彼は50年代から60年代にかけて約20年間合作社の社長をしており、人望があつい。またラマになったことはないが、樹都組のシャーマン「アーイ」[5]であった魯栄の弟子となって占いをならい、ラマに経文を学んだ。現在、組内で経文を読めるのは彼だけであり、住民は病気や遠出、家屋の建築時には必ずパチュを招いて占ってもらう。ただし彼への定額の謝礼はなく、ほとんど無償である。

---

5 木里県桃巴郷に居住する、かつて「大西番」とよばれたプミ・チベット族にも同様の機能をもつシャーマン「シャバ」がいる。桃巴郷桃巴村李易店組では、かつては老人の多くが簡単な占いや治療ができたといい、現在シャーマンとして住民に頼られている旺厳杜基里（男性・81歳）も占いを近隣の老人に、治療法や経文をラマに学んだという［松岡2003: 472］。その他の西番諸集団にも同様の土着のシャーマンがおり、彼らはチベット仏教伝来以前の固有の信仰を伝えている［松岡2000: 243-245］。

以上のように、シヒンと〈西番〉は、ともに同じ土地に暮らす者同士が代々婚姻を繰り返してきたため、血縁関係が極めて濃い社会を形成している。その社会の紐帯は血縁や婚姻によって代々結ばれた親族集団であり、日常や特別な日をとわず人手と経済をおぎないあい、甘苦をともにする。特に都魯組〈西番〉の場合は、火葬場が組内に一つしかなく、9戸から発展した現在の25戸は一つの父系親族集団であり、集落そのものである。そして選ばれた一人のシャーマン的リーダーが秩序や信仰を統括する。これは、平翁組シヒンがチベット仏教を精神的支柱とし、政治は郷人民政府と連動する村長が担うのと異なっている。より閉鎖的な環境にあって外部の圧力が少ない都魯組〈西番〉に、より古い社会形態が残されているといえる。

2．チベット仏教と家族形態

　チベット仏教は、四川省の西番諸集団の共通の文化表象であり、その影響は生活に深く浸透している。しかし中華人民共和国下では、80年代までチベット仏教の活動が強制的に停止させられ、これまで規制を受けてきた家族形態にも次のような変化がみられる。

　中華人民共和国成立以前、シヒンも〈西番〉もともに分家をほとんど行わなかった。そのため変則的な直系家族が少なくなかった。一世代一組の夫婦が原則であるが、実際は、兄弟姉妹が未婚のまま家に残って兄弟間の一妻多夫や姉妹間の一夫多妻が行われた。〈西番〉は、分家をしない理由を、兄弟姉妹は成長後も別れて暮らすことを望まず、ともに住むことを喜ぶからだという。しかし次のようなチベット仏教との関連も大きな要因であったと考えられる。

　分家を行わなかった理由は、第一に経済的な要因があげられる。兄弟姉妹が財産を均等分配する社会にあって、海抜二千数百ｍの山間という厳しい自然条件のなかで食糧の自給自足を確保するには耕地と労力を集中させ、集落人口が一定以上にならないような方法が必要であった。

　第二に、数百年におよぶチベット仏教の統治下で、各家庭は男子をラマに供出し、自家出身のラマをずっと経済的に支えなければならなかった。中華人民共和国成立以前、木里県はチベット仏教ゲルク派の木里大寺と康烏大

寺、瓦爾寨大寺の三大寺に分割統治されており、水洛郷は木里大寺の管轄下にあって、各戸は生産や納税、雑役などの供出単位であった。また一家に複数の息子がいる場合は、原則として長男が親と同居して家を継ぎ、次男以下から一人以上のラマをだした。息子をラマにして、娘に婿を迎えることもよく行われた。ラマを一家からだすことは、人々にとって栄誉とされた。

　しかし一家からラマをだすことは、家族がその経済を支えることであり、家庭経済にとって大きな負担となった。例えば都魯組では1940年代には9戸のうち熱別、楊別、上崗の3戸から3人の少年が出家した。古老によれば、少年は正式に剃髪するまでの5年間に蔵文の習得や読経、法具の使用などを学ぶだけではなく、水汲みや炊事など様々な労役をこなす。一方、少年の実家も寺僧へのハタ（白布）や「酥油」（バター）などの贈答や宴の酒食のために千元以上（現在の価格）の物品を準備し、正式な戒度を受けるために必要な諸経費数千元も用意しなければならなかった。少年の日常生活の経費は、彼が本来継承するはずの田畑に本人が種を提供して家長に耕作を依頼し、収穫物をもらうという形をとって寺院に納め、香油費等という名目の喜捨も行った。ラマを出せない家庭、すなわち男性労働力が一人しかない家庭は替わりに税を納めた。そのため寺院側が労働力確保を目的に2人目の妻を娶ることを勧める例もあったという。

　しかし中華人民共和国になって、この約50年間で都魯組〈西番〉では、組が形成されてからの約200年間に全く増えなかった戸数が、複数の兄弟をもつ家庭が次々に分家して25戸になった。例えば息子3人と娘2人をもつ亜巴家では、長男と次男が結婚して子供ができてから3家庭に分家し、房名は長男が呷西、次男が千朶、三男が親と同居して亜巴を継いだ。娘たちも組内に嫁いでそれぞれ分家した。婚姻による耕地の分配と移動は一般に第1子の誕生後であり、分家はこの時に行われる。

　中華人民共和国になって一斉に分家が進んだのは、次のような背景が考えられる。第一に、木里大寺の管轄がなくなり、ラマとしての入寺も80年代まで禁止されたためにチベット仏教寺院からの経済的人的束縛が緩んだ。第二に、分家した場合の経済的自立が可能になった。人民公社体制下では分けるべき家産はほとんどなく、むしろそのために分家は容易であり、家族や親

族の労力によって家屋を建て、各自の「工分」(人民公社時代に労働量に対して与えられた労働点数で、それによって食糧が配分された)を経済的基盤として分家した。さらに改革開放後は、生産請負制が実施されて各戸の財産の蓄積が認められただけでなく、農業生産外の収入も増えて狭い耕地でも経済的な独立が可能になった。また様々な現金収入の道が可能になって、小家庭単位に豊かさを求めようとする傾向もでてきた。

　例えば都魯組〈西番〉阿珍家の家庭経済は次のようである(2000年)。阿珍家は3世代同居の直系型で、9人家族である(前掲図9-3)。耕地は10畝で、畑が8畝と水田が2畝、トウモロコシと水稲を主作物とし、裏作に小麦と大麦を生産する(図9-4)。一畝あたりの収穫高は平均約700斤で、トウモロコシは自家食用と飼料、小麦と大麦はトウモロコシとともに粉にして煎り、主食のツァンパにする。酒造りの原料にも用いる。食糧は自給自足が原則で、食事は、朝は酥油茶、昼と夜はツァンパあるいは米飯に野菜や肉類の副菜の組み合わせが基本である[6]。

　近年は米飯を食べる回数も増え、約300斤の米を購入した。また農業税としてトウモロコシ80斤を納めた。経済作物はクルミ、トウガラシ、サンショウ、ナシ、モモ、ザクロなどで、木里県から来た仲買人にクルミを800元とトウガラシを200元売ったが、現金収入としてはあまり多くない。農作物は主に自家用である。

　家畜は、ウシ(子ウシも含む)9頭、ウマ3頭、ラバ3頭、ヤギ33匹、ブタ18頭、ニワトリ10数羽。ウシは主に耕作用で、乳牛からは乳を取ってバターを作り、酥油茶に使う。ウマとラバは運送用で、娘婿とその長男が他家の食糧や物品を運んで2000元の収入があった。ヤギは糞を肥料、肉を自家食用にする。ブタは毎年正月前に数頭殺し(「年猪」)、肉は燻製にして1年間のタンパク源とし、ラードは料理の油脂にする。「年猪」は6頭であったが、多いほど裕福であるとされる。

6　酥油茶とスリマ、ツァンパ、「猪膘」は、木里県のチベット族やナシ族、モンゴル族に共通する常用の飲食物である。特に自家製のスリマと酥油茶は西番チベット族やシヒン・チベット族にとっては常食というだけではなく、冠婚葬祭時の必需品である。また客をもてなす時には、まず客を囲炉裏の右側の定席に招じ、柏香樹を燃やして煙をあげ、囲炉裏の「鉄三脚」(五徳)の上に置いて祖先を祀った後、酥油茶とスリマを必ず出すことになっている。

第9章　シヒン・チベット族と木里蔵族自治県水洛郷の〈西番〉

農暦　　　　　　　農作物	1 2 3 4 5 6 7 8 9 10 11 12 (月)　乾季　　雨季　　乾季	生産量(収入)など 作付面積(畝)	畝あたり収量(斤)	用途など
トウモロコシ	播種　　　収穫	8	700	ツァンパ、スリマ、飼料
小麦		6	300〜500	スリマ用、自家食用
大麦		4	300〜500	スリマ用
水稲	播種　田植	2	600	主食、不足分300斤を購入
クルミ			(800元)	経済作物
トウガラシ			(200元)	ほかにナシ、サンショウ、モモ、ザクロ
家畜		数量	収入(元)	
ウシ		9		耕牛、乳牛
ウマ		3	2000元	運搬
ラバ		3		
ヤギ		33		食肉・肥料
ブタ		18		「猪膘」を作る
ニワトリ		10		食用
副業			収入(元)	
砂金	4　5　　　　　　　　　　(月)		5000	
松茸	7　9		1500	
			約10,000	

図9-4　都魯組〈西番〉阿珍家の経済状況
出所：2001年3月、現地での聞き取りにより作成。

　副業は、水洛河流域での砂金探りで約5000元、現金収入の中で大きな割合を占める。一家5人で2か月かけて採集した松茸が約1500元、90年代に入ってから仲買人が来るようになった。馬による運送で2000元、クルミを売った1000元を合せると一家の年収は約1万元、一人あたり約1100元になる。これは「天然林保護政策」等によって伐採の収入が激減した県内の桃巴郷や県平均年収より高く、同年の甘孜蔵族自治州の平均年収733元や阿壩蔵族羌族自治州の1191元、涼山彝族自治州の1361元と比べても中以上のレベルである。
　消費支出は、砂金採取のための水洛河流域の場所使用料が約800元、畑の肥料は腐葉土や家畜の糞などで作った自家製を使用する。食費は、米300斤の購入費が400元弱、酥油茶用の団茶葉が100〜200元、さらに教育費として

長女と次男の学費がそれぞれ年間100元ずつ、冠婚葬祭費は最大の支出で数千元が必要であるが、省略することはできない。衣服や絨毯などは、ヤギ・綿羊の毛から糸を作り、地面に座って織る織機で製作するほか、購入することもある。テレビなどの電化製品や自転車などはほとんどない。家具や食器類も簡素である。概して消費部門の変化はあまりみられない。

　平翁組シヒンの査西家の家庭経済は以下のようである（2000年）。査西家は8人家族で（前掲図9-2）、耕地は5畝4分、1983年の人民公社解体時に一人あたり7分（1分＝0.667a）の耕地が分配され、以後の再分配はない。長男の嫁が第1子を生んだ時に嫁の分配分の7分の耕地が嫁の実家から贈られた。また同様に、村長家も長女に第1子が生まれた時に長女の嫁ぎ先に7分の耕地を渡した。第1子誕生の時に送られる畑は新婦の持参金であり、出産を実質的な婚姻の成立とする伝来の考え方である。

　農業は食糧生産が主である。トウモロコシを3畝（畝あたり生産高400斤）、水稲は2畝（畝あたり450斤）栽培する。米はすべて自家用で、不足分の300〜400斤を1斤1.2元（計360〜480元）で購入する。米は、祖先がこの地に来て以来栽培しているが、常食するようになったのは近年である。裏作は小麦3畝（畝あたり300斤）と大麦1畝（畝あたり380斤）、チンクー麦5分（畝あたり400斤）で、すべてを自家用とし、これらを原料に黄酒もつくる。2002年にクルミを200斤売って200元弱を得たが、サンショウ20斤、大豆70斤、白菜はすべて自家用である。家畜はウシ5頭、ブタ5頭と子ブタ4匹、ヤギ20匹は冠婚葬祭や正月、客人のご馳走などに使い、1匹150元で売ることもある。3月8日に集落で行われた婦女節用に2匹売った。ほかに運搬用のウマ1頭とラバ2頭を所有する。

　主な現金収入は、長男と次男が農閑期に道路工事の出稼ぎで1000元、4〜5月は砂金採りで600〜700元、7〜9月は松茸採取で1000元、馬で荷物を運搬して500元、あわせて約3200元の収入があった。一家の総収入は4000元前後で、砂金収入の多い都魯組〈西番〉より少ない。家庭経済は戸主である父が管理し、一家が共用する。査西家では数十年来住み続けた旧家屋を1999年から建て替えているが、3階建てで30本の柱をもつ家屋の完成までにはさらに数年が必要であり、その経費のために2人の息子が出稼ぎにでて

いる。郷人民政府のある平翁組は外部との交流が郷内では最も多く、郷営の木材伐り出し所も設けられており、新たな就業の機会が作られている。若者の中には上海などの沿岸部大都市や県城に出稼ぎにでる者も現れている。支出では、現在は新築費用が最大であるが、日常的には冠婚葬祭上の交際費、チベット仏教寺院への喜捨、米や茶菓、塩などの食費、3人の孫息子の教育費がある。

　以上のように、チベット仏教寺院による統治は分家の大きな抑止力でもあったが、中華人民共和国成立後はそれがなくなって、第1子誕生とともに分家が行われるようになった。しかし親が主導する狭い範囲での婚姻慣習は根強く、彼らの社会が親族的な集団として強く結びついていることに大きな変化はない。チベット仏教の影響力が低下していることは、むしろシヒンと〈西番〉の家庭経済の違いにうかがうことができる。シヒンは、日常的に寺院に喜捨するばかりでなく、自宅にはりっぱな経堂を設け、チベット仏教が依然として生活の中心にある。これに対して〈西番〉は、平均収入ではシヒンより高いにもかかわらず、家屋に経堂はなく、むしろチベット仏教を受容する以前の、伝来のシャーマンを中心とした信仰が根強く残る。

第3節　〈西番〉の新年「ヲシ」

　伝統の正月である「ヲシ」は、シヒンと〈西番〉にとって最も重要な年中行事である。

　都魯組〈西番〉では、主な年中行事は農暦12月9日から13日までの5日間の正月「ヲシ」と、農暦1月1、2日間を公休日とする春節、5月1日の労働節、10月1日の国慶節である。このうち労働節や国慶節は中華人民共和国成立後の国定行事であり、春節も中華人民共和国下の法定休暇期間のみを国民の祝日とする。「ヲシ」だけが〈西番〉の伝統の年中行事で、民族の新年である。彼らは中華人民共和国成立から半世紀過ぎた今日も独自の暦で暮らす。

　阿珍家の「ヲシ」は、2000年農暦12月9日から13日まで次のようであった。8日大晦日の夜、戸主のパチュが屋上の石塔に挿した竹竿を新しくする。

9日第1日目は、明け方午前3時頃に戸主および男性構成員が屋上に上がって、毎朝の習慣と同様に、屋上の石塔の前で柏香樹の枝を燃やして煙をあげる。雑穀や豆を天に向かって撒き、法螺貝を吹き、経文を唱え、山神菩薩を祀る。次に一家の水源である井戸の前で柏香樹を燃やして煙をあげ、経文を唱えて水神菩薩を祀り、一年の初水を汲む。

10日第2日目からは全25戸の住民が互いに招き合い、酒食でもてなして新年の挨拶を交わす。最初は集落のリーダーである阿珍家で行う。阿珍家は、毎年、ヤクを犠牲にして神に供え、角を入口の上部に飾る。ヤク1頭以外に「猪膘」、ヤギ2匹とニワトリ4羽を調理し、スリマを準備して全住民を招き、共食する。11、12日の第3、4日目まで各戸は互いにもてなしあう。またシャーマンはヤクを犠牲にして角を入口の上部に掛ける。

最終日13日第5日目の朝、全住民が晴れ着に着替え、トウモロコシの「饃饃」や「猪膘」などの食物とスリマを持って神山に登る。山頂では石塔の前で柏香樹を燃やして煙をあげ、阿珍家のパチュが経文を唱える。新年度の豊穣と住民への加護を祈って山神菩薩を祀る。その後、石塔の前でともに飲食し、なだらかな草地で競馬を楽しむ。

山頂の石塔は、高さ約2m、一辺80cm弱の四角柱型に石を積み上げ、頂点は山型に白石を積む。下方には柏香樹を燃やす窪みがある。山頂には2つの石塔があり、それぞれの石塔の頂点と樹木の間は、五色の旗やチベット仏教の経文を書いた白旗を結びつけた縄でつながれている。

平翁組シヒンの「ヲシ」も、〈西番〉のそれとほぼ同様である。農暦12月9日から13日までの5日間行われるが、農暦12月9日はシヒンの祖先が水洛郷に移ってきた日であると伝える。4日目までは親族集団単位で新年を祝い、最終日の13日午前中に全住民が一緒に神山「給烔山」に登る。山頂の石塔の前で松の枝葉を燃やして煙をあげ、チンクー麦や穀物の種を撒き、スリマを地面に注ぎ、法螺貝を吹いて経文を唱え、山神を祀る。午後は携帯した酒や食物をみなで食べ、平らな場所で競馬などをして楽しむ。帰宅後、一家の平安を祈って屋上の石塔の前で松を燃やして煙をあげ、神を祀る。

伝統の正月を「ヲシ」というのは、水洛郷のシヒンや〈西番〉だけでなく、同じ木里県桃巴郷のプミ・チベット族でも同じである。また名称だけで

なく、日時や新年の活動内容も極めて似ている。ただしシヒンが農暦12月9日からであるのに対して、プミは農暦12月8日からとし、違いを一日の差で示し、新年の始まりを祖先が来た日だからだと正当化する。

このような新年の活動にみられる類似性は、木里県のプミやシヒン、〈西番〉だけではなく、かつて西番とよばれた川南のチベット族やチャン族、雲南のプミ族などの西番諸集団に共通した文化表象である。ヲシは、集団全体が参加して、神山山頂の石塔の前で柏香樹を燃やして煙をあげて煙祭を行い、山神を祀ること、家屋屋上や山頂に設けられた石塔の形状がシヒン、〈西番〉、アルス・チベット族、ギャロン・チベット族、チャン族などにおいて酷似していること、集団独自のシャーマンをもつこと、シャーマンが主催する山神に捧げる経文や穀物を撒くなどの儀礼に、共通した要素がみられる[7]。

小　結

西番には、歴史上の「西番」と四川省木里県に現存する〈西番〉の二つがある。歴史上の「西番」には、第6章でのべたように広義と狭義の「西番」があるが、汎羌論では「羌」あるいは「西羌」の系統であることを共通概念とする。民族識別において問題にされたのは、狭義の「西番」であり、民国時代にチベット系「番」を「蔵番」「康番」「西番」の3種に分けた時の「西番」である。そこでは、「西番」は、チベット仏教を深く信仰するチベット系の諸集団を含むこと、カム（康）・チベット族や西蔵チベット族とは言語や風俗が異なることがはっきりと認識されている。

1950年代の民族識別では、「西番」は言語がチベット語の方言の範疇を越えたものであるという問題を残したまま、雲南側をプミ族、四川側をチベット族とした。チベット族とされた四川「西番」は、80年代に費孝通によって民族識別の再検討が提起され、言語調査の結果、その言語はチベット・ビルマ語派チャン語群に属するとされた。しかし居住地域が青蔵高原東端の険しい峡谷地帯にあるために調査はなお十分ではない。しかも彼らが用いる蔵

7　本書第4章第3節参照。

彞民族走廊の諸言語はチベット族の民族言語ではなく、「地脚語」（地方語）にすぎないとして保護の対象として十分認識されておらず、急速な経済発展と漢語の普及にあって消滅の危機に瀕している。

　そのようななかで現在も木里県水洛郷に〈西番〉とよばれる集団が存在し、他のチベット族から区別されていることは注目される。現地では、隣接するシヒンと〈西番〉は言語が異なり、互いに言語のおよその意味は理解できるが、異なる集団として意識しあい、通婚関係もほとんどない。都魯組〈西番〉と平翁組シヒンを事例として、彼らの社会がそれぞれの狭い婚姻圏のなかで婚姻関係を結ぶことによって血縁、婚姻による強い絆をもつ親族集団的社会であること、中華人民共和国成立以降、チベット仏教の規制が緩まったことで家族形態に変化がおきていること、特に〈西番〉ではシャーマンを中心とした社会が復活していることを明らかにした。

　さらに新年「ヲシ」については、シヒンも〈西番〉も民族の新年「ヲシ」を最も盛大に祝い、国の祝日も導入する一方で、民族の暦を中心に伝来の暮らしを続けていること、また新年「ヲシ」はかつて「西番」とよばれた民族走廊地区のチベット諸集団やチャン族などに広く共通した文化表象であると考えられること、特に〈西番〉は、チベット仏教の影響がすでに薄く、むしろチャン族やプミ族の暮らしに類似していることを指摘した。このように〈西番〉は、チベット仏教を受容する以前の先住民の特徴を色濃く維持する集団であり、九龍県のナムイが西番の名称を自民族の存在そのものとして名乗り続けようとした意識を同様にもつとみられる。現地の〈西番〉にとっては、統治者側や漢族が用いた蔑称「西番」ではなく、「大西番」の「大」にこめられた民族のアイデンティティを表象するものに意味があったと思われる。

第10章

四川と雲南のプミ語集団

第1節 プミ語集団の概況と民族識別工作

1．プミ語集団の概況

プミ語集団[1]は、川西南「西番」の下位グループの一つで、プミ語を共通の言語とする。「西番」の中では最大の人口を有し、かつては「大西番」ともよばれた。プミ語は、漢・チベット語族チベット・ビルマ語派チャン語群に属し、「西番」諸語の中で最もチャン語に近い。南部と北部の2方言に分かれ、金沙江をはさんで西側が南部方言区、東側が北部方言区である。

1990年の統計によれば、総人口は約5万5700人で、金沙江を挟んで西側の南部方言区に約1万5700人、東側の北部方言区に約4万人いる。このうち南部方言プミは、金沙江西部の蘭坪白族普米族自治県に9482人、麗江納西族自治県（現在の古城区・玉龍納西族自治県）に4351人、維西傈僳族自治県に1140人、永勝県に752人いる。一方、北部方言プミは、金沙江東部の雲南省寧蒗彝族自治県（以下、寧蒗県と記す）に7333人と四川省側は木里蔵族自治県（以下、木里県と記す）に2万6700人が集中し、隣接する塩源県に3500人、九龍県に2500人が居住する［陸紹尊2002］。

このようにプミ語集団は、金沙江をはさんで西の南部方言区と東の北部方言区に分かれ、その人口比はほぼ3：7である。またプミ語の使用状況は、北部方言プミはほぼ全員がプミ語を話すのに対して、南部方言プミは全体

---

[1] 1990年の統計によればプミ語集団のうちプミ族が2万4237人でその他はチベット族である。雲南省側の集団がすべてプミ族とされたため、プミ族には南部方言区のプミすべてと北部方言区の寧蒗県のプミが含まれている。

の約64％で、維西と蘭坪では66％、麗江では44％で、永勝では27％にすぎない。

　この違いには、次のような歴史的要因が考えられる。伝承によれば、プミ語集団の祖先は古代羌の一支で、その移動は大きく2回あった。第1次は紀元前から7世紀頃までで、中国西北部から主に雅礱江流域に沿って南下し、木里・塩源一帯の木里河流域の山間部に集落を形成した。これが現在の四川プミである。第2次は13世紀の雲南西北部への移動で、元のフビライ軍が金沙江を越えて雲南西北部に入った時、四川プミの一部も従軍して金沙江を渡り、雲南省の永勝、麗江、維西、蘭坪等に定住した。

　このうち最初に定住した四川西南部の四川プミは、閉鎖的な山間部に定住し、後に吐蕃の支配をうけてチベット仏教を受容しながらも、集落は現在に至るまでほぼ自集団の住民のみで構成され、言語も固有の北部方言を日常語とする。これに対して雲南西北部では先住のペー族やナシ族、イ族、漢族などに対して、後発のプミ族は弱小の民族集団であった。そのため、まず先住民族の言語を習得して彼らの小作人となり、ナシ族木土司の政治的支配下に入って共住した。

　1982年の統計によれば、雲南の南部方言区のプミ族におけるプミ語の使用状況は、すでに約34％が漢語あるいは共住する民族の言語を日常言語としており、プミ語を話せなくなっている。ただし蘭坪県河西郷の箐花や玉獅、三界、大羊（約5800人）などのようにプミ族が集中する村落では日常的に家庭内や村内でプミ語を話し、逆に漢語を話せる者が少なく、箐花村上頭屯では25％弱にすぎない。ところが他民族と共住している地域、例えば漢族と共住している蘭坪県啦井鎮などでは漢語が共通言語で全員が話せるが、40歳未満の者のほとんどがプミ語を話せない。ペー族と共住する蘭坪県通甸郷などでは、当地のプミ族はみなペー語を話すが、プミ語は約40％が話せない。ナシ族と共住する麗江納西族自治県魯甸郷などでは、50歳未満の者はプミ語を話せず、日常会話もナシ語である。イ族との共住が長い寧蒗彝族自治県新営区新営盤郷のプミ族約1800人はイ語が共通言語で、50歳以下はプミ語をほとんど話せない。このように他民族と共住するプミ族は40〜50歳を境に急速にプミ語を失っており、1940〜50年代から家庭内でも

プミ語を話さなくなったと推測される。このうち漢語については、漢語による義務教育の普及や都市部との経済的政治的関係が強まっているなかで、近年は出稼ぎなどで現金収入を得る傾向が強くなっているために漢語習得は必須であり、プミ語を離せないプミ族は若年層を中心に増加している。

以上のようにプミ語は、なお閉鎖的な環境にある四川のチベット族側では日常語として生きているが、雲南のプミ族側では先住の強力な民族語を習得するかわりに、母語を失いつつある。

2．雲南プミ語集団における民族識別

プミ語集団は、言語や祖先を同じくする集団でありながら、1950〜60年代の民族識別で雲南側はプミ族、四川側はチベット族とされた。

雲南プミの民族識別工作は、1954年から10年余りにも及んだ。胡鏡明らによれば、識別工作は4つの段階を経て進められ、第1、2段階では現地調査をふまえた現状の分析、第3、4段階では族称問題が検討された［胡鏡明・胡文明2002：前言5-7］。第1段階では、1954年5月、中国科学院語言研究所、中央民族学院研究部、雲南大学、西南民族学院、雲南省民族事務委員会など7単位の46人で組織された雲南民族識別研究組が29の集団を調査した。プミに関しては蘭坪と寧蒗がとりあげられ、方国瑜らが「蘭坪、寧蒗"西番"族識別小結」を報告した［方国瑜ほか2002 (1954)］。第2段階は、同年8月、中央民族事務委員会が派遣した雲南民族識別調査組が39の集団を調査し、永勝と麗江のプミについて林耀華らが「永勝、麗江両県"西番"族識別小結」を報告した［林耀華ほか2002 (1954)］。

2つの報告によれば、プミ語はチベット語の方言ではなく、単独の言語とみるべきで、チベット・ビルマ語派のチベット語とチャン語と並ぶものである。移住経路については、祖先は北方から南下して西康の木里に定住し、元代フビライの時にさらに寧蒗から麗江、魯甸から蘭坪の順に移住したとし、四川プミと祖先が同一であることを示唆する。また雲南の寧蒗プミは、当時も四川の木里プミと日常的に往来があり、通婚関係があった。プミの社会は父系親族集団の結びつきを基盤に、同族内では相互扶助、族長によるもめごとの調停、一堂に会して新年を迎え、3代の祖先の名を唱えることなどを行

う。葬礼では、シャーマンが山羊を犠牲にして「指路経」を唱える。寧蒗と永勝では火葬を行い、骨壺は同族の洞窟に納めるが、蘭坪や麗江では土葬が主流である。また13歳の「入社式」（成年式）や独自のシャーマン、祭山会や水神節、新年には犬に食事を先に与えるなど、四川と雲南の双方に共通した文化的要素がある。ただし衣食住や宗教には先住のナシ族、ペー族、リス族などの影響が強くみられる。

　以上のように雲南プミは言語、移住の歴史、葬礼、成年式、祭山会、シャーマンなどの基層の歴史や文化において隣接する中甸県（現在の香格里拉市）のチベット族とはかなり異なっているのに対して、四川の木里プミとは類似性のあることが明らかにされた。その結果、両報告とも、雲南「西番」はチベット族ではなく、かつての西康省の西番とも違いがあることから、単一の民族とすべきであること、族称については、かつての「西番」には蔑視の意味があり、従来の「西番」では広義の西番と紛れやすいという理由から、「西番」を改めて、共通の自称であるプミ（普米）を正式の民族名称とするのが妥当とされた。

　第3、4段階では、この2つの報告書をうけて族称について討議された。まず第3段階では、1960年1月、雲南省民族事務委員会が麗江専署を設け、2月14～17日に省内全区の少数民族代表座談を開いて族称問題を討議し、西番代表の同意を得たうえで、自称に基づくプミ（普米。白人の意）を族称に決定した。次に第4段階では、1961年5月、雲南省民族事務委員会が民族識別総合調査組を組織し、雲南省民族事務委員会と中央民族事務委員会の同意を得て雲南省人民委員会に「関於将"西番族"改称為"普米族"的報告」を提出し、6月にプミが正式に民族名称として承認された。

　族称の決定には、原則として住民の意向や希望が重視された。しかし実際は住民代表、すなわちその集団の上層部の意見によるものであった。多くの住民にとって族称とは生活圏内の異なる集団との違いを明確にするものにすぎず、国家レベルの民族名称という意味が理解されるにいたっていなかった。50年代初期に西昌専区協商委員会副主席であった穆文富によれば、80年代以降、雲南寧蒗のプミ族が親戚を訪ねて木里県に度々来たが、現地のプミ・チベット族をみて自分たちがプミ族になったことを後悔していたとい

う。彼によれば、プミ族は55の少数民族の中でも人口3万人以下の22の弱小民族の一つにすぎず、独立した民族としての発言権はあっても大民族のチベット族に較べて全体への影響力は極めて小さく、享受できるものが少ないからだという。

　また前述の2つの報告では、雲南のプミは西康のプミとも異なると報告されたが、当時はまだ西康の西番について詳細な実態が明らかにされていなかった。複数の言語を異にする集団があることはわかっていたが、いくつの下位集団があるのか、分布や人口も特定されていなかった。特にプミについては、木里のプミとの関連が問題として残されたままであったため、80年代に民族識別が再検討された時、木里プミの民族としての所属は重要課題の一つとして提起された。

3．四川プミ語集団における民族識別

　四川側のプミ「西番」は、木里県に集中して居住する。彼らは60年代の識別で暫定的にチベット族とされたが、それには木里がチベット仏教を深く受け入れた地域であるという特異な事情があった[2]。

　『木里蔵族自治県志』［1995］によれば、木里における中華人民共和国成立後の民族工作は次のように進められた［木里蔵族自治県志編纂委員会編 1995: 2-3］。中華人民共和国成立以前、木里は塩源県の一部で、政治上は八爾土司の領地であった。世襲の土司制度は明代万暦年間（1573〜1620）に始まって中華人民共和国成立前まで続いたが、土司となる者は一族中の年少の男子から選ばれて出家し、ラマにならなければならなかった。すなわち政教一致体制のもとで土司は大ラマを兼ね、衛門（役所）の官吏もほとんどがラマであり、領地もチベット仏教ゲルク派（黄教）の木里、康塢、瓦爾寨の3つの大寺院が分割して治めた。

2　木里は、16世紀以降、チベット仏教ゲルク派の三大寺院の分割統治のもと、元来の住民であるチベット族はチベット仏教を深く信仰した。イ族はこの百年余の間に冕寧などから移住し、漢族は清代中期以降、軍とともに移住してきた。1953年の木里蔵族自治県成立時には、すでにチベット族、イ族、漢族の順でこの3民族が人口の大部分を占めた。チベット族は、チベット語群に属する言語をもつガミと、チャン語群に属する言語をもつプミ、シヒン、プーラン、リル、〈西番〉からなる［中国社会科学院民族研究所ほか主編1994: 813-817］。

1950年4月、人民解放軍は初めて木里に入り、まず宗教界上層部への工作を始めた。1951年1月、中国人民解放軍西昌軍事管制委員会は西昌専区（現在の涼山彝族自治州）協商委員会副主席の穆文富（冕寧県出身のナムイ・チベット族）らを派遣して木里の大ラマと会談させ、塩源県で開催される第2回各族各界人民代表会議に代表をだすこと、民族代表を西昌の幹部学校で学ばせることへの同意を得た。2月には宗教界上層部が中国共産党への服従を表明し、「烏拉」制度[3]やすべての租糧など33の負担を廃止し、6月には大ラマや穆文富らからなる木里蔵族自治区準備委員会が立ち上げられた。51年9月には大ラマらが成都、重慶、武漢、南京、上海、天津などを参観した。1953年2月、木里県蔵族自治区人民政府が成立し、8月に民族、宗教界上層部およびすべてのラマ僧に食糧の定額補助、9月に民族小学校を開設してチベット語で授業を行うコースを設け、110人の学生を入学させた。上半期で救済した者は78万8961人、救済米は7万5105斤、貸借金3899万3000元、11月には約130人の上層部と1141人のラマ僧に3億元の生活補助を与えたという。

　しかし1953年3月から反政府行動も表面化した。「木里県平叛始末」によれば、東朗や麦日だけではなく全県に広がる土匪が康塢大寺や木里大寺、各地のラマ僧と共謀して反政府派を組織し、政府機関を襲撃して役人を殺害した。結局、59年9月の収束までに討伐された反政府派は4251人、主犯格のうち死亡は33人、負傷6人、捕虜27人、投降84人に達したのに対して、政府側は人民解放軍と警察が1215人、県の幹部と民兵400人が動員され、うち死者52人、負傷は49人であった［木里蔵族自治県政府辦公室1992］。以上のように木里では、16世紀にチベット仏教ゲルク派が伝来して以来、住民はチベット仏教に深く帰依し、政治的にも精神的にもチベット仏教の寺院と大ラマがすべてを管轄した。そのため中華人民共和国の成立は、政治的変化のみならず、宗教上の規制あるいは禁止を意味するものととらえられた。チベット仏教への対処は、現在もなお大きな課題である。

3　住民に科された労役。各戸が交代で年に2〜3か月行う。土司家の家事一般や家畜の世話、農作業のほか、土司が外地に出かける時の荷運び、馬の世話をした［西南民族大学西南民族研究院編2008a (1954): 68-69］。

プミ語集団は、金沙江を境に雲南側の寧蒗、蘭坪県等と、四川側の木里県にほぼ同数の人口が分布する。雲南側では、10年余りにおよぶ政府工作組の民族調査や民族幹部および住民との話し合いを経て、チャン語群に属する言語をもつことや独自の新年や成年式、シャーマンを伝えることから自称のプミを族称とする独立したプミ族が誕生した。決定には政府工作組の提言とそれを受け入れた民族幹部の意向が大きく働いた。四川プミの民族識別については、60年代にチベット族とされていたが、雲南プミがすでにプミ族として独立していたために80年代に再調査が行われた。政府工作組は民族名をプミ族に改め、木里蔵族自治県を木里普米族自治県に変更することを提案した。しかしこれには穆文富ら地元の民族幹部、住民および宗教界が強く反対した。木里は、16世紀にチベット仏教ゲルク派が伝来して以来、チベット仏教が深く浸透した地域であり、木里仏教界はダライ・ラマ、パンチェン・ラマにつぐ第3位に位置した。宗教界上層部や民族幹部が反対するのは当然であった。

　四川プミ自身も、すでに400年以上もチベット仏教を深く信仰しており、チベット仏教徒＝チベット族であるとの意識が強い。彼らはチャン語群に属するプミ語を用い、新年や冠婚葬祭の儀式などにプミ独自の文化が雲南のプミ族より濃厚に維持されており、隣接するチベット族のそれとは明らかに異なっているが、チベット仏教の信仰においてラサのチベット族に強い連帯感をもっている。彼らにとって政府工作組の意見を受け入れてチベット族でなくなることはチベット仏教を否定するに等しい。四川プミは、明らかに祖先と言語を雲南プミと共有する集団ではあったが、数百年におよぶチベット仏教の信仰はすでに精神的支柱となっており、自民族意識の形成に大きく作用していた。チベット族であることを強く主張した民族幹部の判断は、最もよく住民の意思を反映したものであったといえる。

第2節　四川プミ・チベット族と雲南プミ族の比較

　本節では、四川プミ・チベット族と雲南プミ族について、概況と歴史、民族間関係、家族関係と家庭経済、新年「ヲシ」と祭山会の3点から両者の比

較を試み、移住によって異なる環境のなかで展開された同一言語集団の変化とその要因について考察する。事例とするのは、四川省木里県桃巴郷の桃巴プミ・チベット族（以下、桃巴プミと記す）と、雲南省蘭坪県河西郷の箐花プミ族（以下、箐花プミと記す）である。ともにそれぞれ同一集団で構成された、典型的なプミ語集団の村落である。

1. 概況と歴史、民族間関係
1）木里蔵族自治県桃巴郷のプミ・チベット族

　涼山彝族自治州木里蔵族自治県（1952年成立）は、青蔵高原の東南端、四川から雲南に連なる横断山脈系沙魯里山脈の峡谷地帯に位置する。4000m級の太陽山脈や寧朗山脈、貢嘎山脈が南北に連なり、その間を雅礱江、木里河、水洛河が南北に貫流して険しいV字型峡谷が形成されている[4]。そのため当地は長く閉鎖的な状況にあり、県城から県外への公路（車の通行可能な道）が開通したのは1962年に涼山彝族自治州西昌までの約254kmが最初で、県内各区の人民政府所在地間を結ぶ公路が完成したのは1976年であった。しかも険しい崖に沿った狭道が多く、雨季にはしばしば崖崩れで遮断された。交通事情の劣悪さは、産業の発展や経済収入向上の大きな障害となっており、1990年代初期の一人あたりの平均年収は約460元で、周辺の塩源県546元、稲城県607元、西昌市793元、冕寧県816元に比べてもかなり低い［国家民族事務委員会経済司ほか編1993: 583-587］。

　行政区分は、かつてのチベット仏教ゲルク派の木里大寺、康烏大寺、瓦爾寨大寺の所轄の3区分をもとに瓦廠、博瓦、茶布朗の3区に分けられ、それぞれに8、13、8の郷（ナシ族1、モンゴル族2、ミャオ族2の民族郷を含む）が属する。1990年の統計では、総人口11万2664人、総戸数2万267戸で、中華人民共和国成立後は県外からの漢族の出入が激しい。漢族労働者は1960〜1961年に西木公路や川交公路建設のために約2000人、1966年には林

---

[4] 峡谷地帯は海抜1500〜2500mの「温帯」河谷と、総面積の約70％を占める2500〜4000mの「寒温帯」山腹、4000m以上の「寒帯」高山に大別され、最も高い恰朗多吉峰は5958mに達する。植生は3000mまでは混交林、それ以上は針葉樹林の原生林が茂り、4000〜5000mは灌木や牧草が生える良好な牧草地で、総面積の約24％を占める［木里蔵族自治県志編纂委員会編 1995: 162-187］。

業関連企業や木里林業局などの2553人が転入し、工事終了後には大部分が転出した。また1980年からは流動人口（戸籍は出身地においたままで、県内に1年以上居住している者）が増加しており、四川省内陸部の三台、内江、射洪、遂寧や湖南省、広西省の漢族農民が建築工事や炭坑夫、商売、運輸などのために流入し、男性の中には現地の女性と結婚して定住する者もいる[5]。そしてこのような外地から流入は、民族構成にも大きな変化をもたらした。当地は元来チベット族の居住地であったが、この百年余りの間にイ族や漢族が周辺諸県から続々と流入した。1950年には漢族とイ族はチベット族につぐ人口数を有し、近年は3民族で総人口の80％強を占めている。このほか少数ではあるが11の民族が居住している[6]。

　チベット族は、歴史的経緯や言語系統などから西番とガミの2つに大別される。人口比は約9：1で、西番が大部分を占める。西番は木里県に最初に定住した人々で、古代羌の末裔ともいわれる。西番は言語の違いから「プミ」「シヒン」「リヌ」の3つの自称集団に分かれる。このうちプミは県中部から南部にかけての桃巴、博科、博凹、寧朗、白碉、后所などに分布し、かつて「大西番」と称された。シヒンは水洛郷に居住する二千数百人で、他称はスム（儸毋）である。また水洛郷の自称をチュミ（却米）とする人々は現在も西番と呼ばれている。このほかリル（里汝）あるいはラムイ（拉木依）の集団は、県東南の俸波や卡拉に居住し、他称はプーラン（布朗）である。一方、ガミ（嘎米）は自称がボ（蕃）で、県北部の麦日、東朗、唐央、博窩等および水洛の高山部に分布する。漢・チベット語族チベット・ビルマ語派チベット語に属するカム方言を話し、隣接する巴塘、理塘、郷城、稲城

5　中華人民共和国成立後における人口の移動は男女比や民族比のバランスを変え、諸方面に影響を与えている。女性を100とした場合の男性比が1949年以前は「過酷な労働や地域、民族間の紛争」などのために92以下で、特に結婚適齢期の男性不足が顕著であった。しかし1966年から総人口における男女比は逆転し、1990年には特に20〜49歳代で112に達した。青壮年の漢族男性の転入が大きな要因である。そのため漢族男性と結婚する非漢族女性も少なくない［木里蔵族自治県志編纂委員会編 1995: 214–218］。

6　このほかモンゴル族とミャオ族、ナシ族があわせて15％前後、プイ族とチワン族が1％弱、回族、リス族、ペー族がそれぞれ100人未満で、1982年以降に満族、ヤオ族、トゥチャ族、タイ族、チャン族、シボ族が少数転入した。この約40年間に最も増加したのは漢族で、年平均増加率がチベット族1.73％、モンゴル族1.53％であるのに対して漢族は2.38％と突出し、総人口に占める割合も24％から30％に増加している［木里蔵族自治県志編纂委員会編 1995: 217–218］。

などのカム・チベット族と密接な姻戚関係をもつ。唐代の初、中期に西蔵や青海一帯から移ってきた吐蕃の末裔とされる。また自称「ガトンバ」の集団は雲南の中甸県から、東朗郷の「ポ」は四川の理塘や稲城などから来たと伝える。

　漢族は、移住の時期によって20世紀初めに定住した集団と中華人民共和国成立後に来た集団に分けられる。人口比は約7：3であるが、近年は後者の増加が著しい。前者は百年ほど前に近隣から民族間闘争や匪賊の襲来、徴兵などを逃れてきた人々で、多くが経済的に困窮していたため富裕なチベット族やイ族の小作人になるか、現地のチベット族に婿入りした。かつてチベット族は男子の一人を出家させる慣習があり、結婚適齢期の男性が常に不足していた。婿入りした漢族はチベット仏教に帰依し、現地のチベット語や習俗を学んで「チベット人」になったため歓迎された。後者は政府関係者や林業局、道路建設の労働者などである。さらに近年は西部大開発の推進によって内地の漢族社会との政治経済上の結びつきが進み、漢文化の導入も外来漢族との接触やテレビなどの普及で深まっている。また漢語習得の必要性への理解や義務教育の徹底政策により1990年には20％にすぎなかった漢字識字率も改善されている。しかしチベット族の日常言語はなおプミ語であり、漢語はあくまでも他民族との共通言語として使われている。

　当地における民族間の関係は、歴史上の支配被支配関係や経済的社会的関係、通婚を背景に形成されている。最初に定住した西番集団は、後漢（25〜220）から南朝宋（420〜453）までは中国王朝の版図内にあったものの辺境にあって強い支配を受けていなかった。しかし唐代の678〜728年と733〜785年の約百年間、吐蕃に支配され、吐蕃兵の一部が現地女性と結婚して現在のガミを形成した。また南詔国の866〜959年、大理国の1216〜1272年には中国王朝の間接統治という形でペー族の支配を受け、明末（1604〜1647）にナシ族の木土司（木天王）に占拠された。ただし異民族間の通婚は進んでおらず、西番はほとんど彼らだけで集居した。

　しかし17世紀半ばに伝来したチベット仏教ゲルク派は彼らに深い影響を及ぼした。ゲルク派のチベット寺院は1648年に降央桑布が木里で大ラマになって宗教的勢力を強め、1729年には大ラマが安撫司に封じられて政治的

表10-1　木里県桃巴郷の行政村の概況（2000年）

項目 行政村	平均海抜 (m)	組①	戸数 (戸)	人口 (人)	平均 家族数 (人)	民　族（人）		
						チベット	漢	その他
桃巴	2500	4	221	1,140	5.2	672	344	モンゴル② 124
君依	2700	5	291	1,413	4.9	849	478	リス 86
奪卡	2300	4	303	1,527	5.0	946	427	チワン 154
納子	2300	5	166	751	4.5	0	287	イ 157 ミャオ 307
計		18	981	4,831	4.9	2,467 51.1%	1,536 31.8%	

注：①桃巴村には李易店・扎西坡・桃巴坡・日邦店、君依村には上君依・下君依・拖別・西林・沙湾、奪卡村には奪卡・田興・南門店・甲子店、納子村には阿托店・店扎・納子・托民溝・仁宮の組がある。
　　②モンゴル族は元代のモンゴル軍の末裔といわれ、モンゴル語を使用しチベット仏教を信じる。
出所：2001年3月、桃巴郷人民政府での聞き取りにより作成。

にもチベット族、イ族、漢族を支配した。これによって木里の西番は、ガミとは言語は異なるものの同じチベット仏教徒であり、後述のように年中行事や食生活、道徳規範などの生活習慣についても類似性が高く、強い影響を受けている。西番にとってガミは同一大集団内の異なる支系で、同様にチベット仏教の聖地である西蔵に属するとする意識が形成されていったと考えられる。

　桃巴郷は戸数981戸、人口4831人で、平均家族数は4.9人である（2000年）。郷人民政府の所在地は木里大寺の衙門跡の旧県城にあり、新県城の喬瓦鎮からは木里河に沿って西北へ約120km離れた山腹に位置する。郷内は桃巴、君依、奪卡、納子の4村からなり、それぞれ4～5の組に分かれる（表10-1）。4村は木里河をはさんで東側に桃巴などチベット族を中心とした3村があり、西側にはこの百年余りの間にミャオ族などが開いた納子村がある。

　郷は総面積が205.53km²で、森林が29.7％、草地が26.2％、耕地が44.1％を占める。平均海抜は2600ｍ、郷内には海抜4309ｍの西林山をはじめとする4000ｍ級の山峰が連なる。年平均気温は13.5度、月別平均も4～20度で概して温和であり、年間無霜期間が235日あるため二期作も可能である。年

表10-2 木里県桃巴郷の行政村の生産状況（2000年）

項目 行政村	畑 （畝）	水田 （畝）	トウモロコシ （斤）①	小麦 （斤）	ジャガイモ （斤）	水稲 （斤）	ブタ （頭）②	黄牛 （頭）	ヤギ （匹）	車 （台）	トラクター （台）
桃巴	1,584	362	667,200 800	215,460 420	390,000 600	130,320 360	552 2.5	754 3.4	5,140 23.3	7	14
君依	2,516	136	1,110,960 720	90,650 370	583,800 600	51,680 380	672 2.3	1,127 3.9	6,480 22.3	8	12
奪カ	1,914	115	466,440 460	121,980 380	522,000 580	55,200 480	968 3.2	1,418 4.7	6,924 22.9	11	9
納子	1,297	52	292,740 420	67,050 350	348,000 580	25,480 430	428 2.6	538 3.2	4,657 28.1	0	7
計	7,311	665	2,537,340	495,140	1,843,800	262,680	2,620	3,837	23,201	26	42

注：①トウモロコシ、小麦、ジャガイモ、水稲は上段が総生産量、下段が畝あたりの生産量。
　　②ブタ、黄牛、ヤギは上段が総数、下段が一戸あたりの数。
出所：2001年3月、桃巴郷人民政府での聞き取りにより作成。

　平均降水量は800～900mmで、5～10月の雨季に集中する。春にトウモロコシや米、ジャガイモ、秋に小麦や大麦を栽培する。県内有数の食糧生産地であり、一人あたりの年間平均食糧は1062斤、桃巴村ではトウモロコシの畝あたり生産高がほぼ800斤に達している。家畜の各戸平均所有数はブタが2～3頭、黄牛が3～5頭、ヤギが20～30匹で、ヤクはいない（表10-2）。耕地は、1982年に一人あたり1.45畝（1畝＝0.067ha）が分配されたが、その後、再分配は行われていない。

　郷の年間総収入は5万390元、一人あたり1041元で、県内では中程度である。当地も改革開放後の経済政策で林業部門の開発が進み、住民は、農閑期の5か月間に木材の伐採や道路工事によって平均約2000元の年収があった。しかし1998年に「天然林保護工程」政策が実施されて伐採量が厳しく制限されてからはこれらの収入源がなくなった。また成年男性の多くは小学校卒業かそれ以下の教育しか受けていないため外地に良い働き口をみつけることが難しく、低収入のため、近年はほとんど出稼ぎにでていない。郷長によれば、今まではこれまでの蓄えでなんとか暮らしてきたが、新たな現金収入源がまだみつかっておらず、加えて天然林保護工程政策で耕地の一部を経済作物のクルミやサンショウに転換することが義務づけられたが収穫までにはなお数

年かかるため、実質的な収入減となって生活が苦しくなってきたという。

　郷内の施設は、数十年の歴史をもつ完全小学校が1か所（教師14名、児童140数名）、各村に1〜4年生までの小学校が1か所ずつ、また6つの組小学校（教師1名、1、2年生のみ）がある。郷内の公辦教師は27名で、平均月収は700〜800元、児童は1学期（年2学期）に平均60元の雑費を払う。医院は1か所で医者は3名、各村には合作医療所がある。このほか桃巴営林場があるが、労働者80数名のうち30数名の正規労働者は外来の漢族で、残りが地元住民の臨時工である。郷経営の企業はない。個人経営の雑貨店が人民政府の周辺に数店と、運送を行っている者がいる。交通は郷政府所在地の桃巴村までの公路が1970年代初期に通じ、村内は住居が山腹に散在しているため道が狭く、不便である。電気は1992年に桃巴営林場の発電所が建設された時に引かれた。

　民族構成は、2000年の統計によれば、チベット族が2467人で全体の51.1％を占め、漢族が1536人で31.8％、以下は1％未満で、ミャオ族が307人、イ族が157人、モンゴル族が124人、チワン族が154人、リス族が86人で、各民族はそれぞれ集中して居住する。このうち先住のチベット族は当地の主要な民族集団であり、木里大寺に近い木里河東側の3村に集住する。かつては木里大寺の統治下でチベット仏教を信じ、人的経済的に寺院を支えた。漢族は大部分が約百年前から中華人民共和国成立前までに移住してきた者で、多くが経済的困窮や戦争を逃れてこの地にたどりつき、主に河谷に近い場所に集落を形成した。現地のチベット族に婿入りした漢族男性も少なくない。チベット族と漢族は主に漢族の婿入りという形によって通婚関係を重ねてきたが、これは婿入りした漢族が生活習慣から信仰にいたるまで「チベット化」することを意味しており、現在でも同様である。このようにチベット族は最多の人口を擁して、中華人民共和国成立後も郷人民政府の幹部となり、概して経済的にも他民族より優位である。

2）蘭坪白族普米族自治県河西郷の概況と民族

　怒江傈僳族自治州蘭坪白族普米族自治県（1987年成立）は、雲南省の西北部に位置し、県人民政府所在地の金頂鎮は省都昆明から西北に644km離れている。県内は通甸、河西、中排、石登、兔峨ら5つの郷と金頂、啦井、

営盤ら3つの鎮、104の行政村、801の自然村からなる。地形は東西に2分され、西部は怒山山脈を瀾滄江が南北に貫流して深い峡谷が形成され、東部は雲嶺山系を瀾滄江支流の通甸河と比江河が流れて緩やかな谷地となっている。海抜は1360～4435ｍ、年平均気温13.7度、年平均降水量1002mm、年間無霜期間190日で、水稲が栽培される2100ｍ以下の瀾滄江河谷地区と、トウモロコシや小麦、大麦を2年で3期収穫する2300ｍまでの山腹地区、ジャガイモやソバ、豆類を栽培する2400ｍ以上の高山窪地地区に3分される［蘭坪白族普米族自治県概況編写組編1997: 1–9, 96–105］。

　1995年の統計によれば、総人口は18万2927人で、93.5％が少数民族である。最多の民族はペー族の8万8415人で全体の48.3％を占め、ついでリス族6万2846人（34.4％）、プミ族1万3088人（7.2％）、漢族1万1814人（6.5％）、イ族4619人（2.5％）、ヌー族1855人（1.0％）で、このほかハニ族、チワン族、タイ族、ミャオ族、回族、ナシ族、チベット族、プーラン族、アチャン族、トゥロン族など各民族の外来の政府幹部や技術員などとその家族が290人いる。このうちペー族は東部の剣川、麗江、洱海等から移ってきたといわれ、瀾滄江流域の河谷から高山にいたるまで広く分布する。彼らは最多の人口をもち、現在も政治的経済的に優位にあって、ペー語は周辺の民族の多くが理解する共通言語である。リス族は古代羌の末裔であるという伝承をもち、8世紀までに四川の雅礱江や省境の金沙江流域から瀾滄江両岸の山間部に到達した。プミ族は後発の集団で、13世紀に元軍とともに四川の木里から雲南に至り、通甸河両岸の2000～2600ｍの山間部に定住した。漢族も比較的古い移動の歴史をもち、明代以来の官吏や軍人の末裔以外に、江西や四川などから来た鉱山労働者を祖先とする者も少なくなく、瀾滄江東岸中北部の中排、石登、河西、通甸の4郷に古くからある製錬場跡周辺に居住する［蘭坪白族普米族自治県概況編写組編1997: 24–49；熊貴華2000: 33–35］。

　歴史上は、西漢時代には益州郡比蘇県、東漢から西晋時代は永昌郡、東晋から南朝時代は西河郡、唐代は剣南道姚州都督府洪郎州に属し、一貫して中国王朝下にあった。ただし南詔国期の866～959年は剣川節度謀統郡、宋代の大理国期の1216～1272年は謀統府蘭渓郡になってペー族の支配下にあり、元代には麗江路蘭州、明代、清代は麗江軍民府に属してナシ族木土司の支

配を受けた。後発のプミ族は常に被支配側集団にあって概して貧しく、支配者側のペー語やナシ語を積極的に習得し、衣・住など生活の諸方面にもナシ族などの影響を深く受けて定住した［民族問題五種叢書雲南省編輯委員会編 1990: 89–90；熊貴華2000: 8–31］。

　県の総面積は4455km^{2}で、牧草地が45.3％、雲南松や雲冷杉などの常緑広葉樹林を主とする森林が42.37％を占める。高山には虫草や天麻、貝母など160種以上の漢方薬材や松茸や「羊肚菌」（アミガサタケ）などの食用茸の資源が豊富である。しかし耕地は総面積のわずか5.72％で、一人あたりの平均は約5畝、果樹園地は0.05％である。農作物は、河谷では水稲、山間緩斜面ではトウモロコシや麦類、高山地区ではジャガイモやソバなどが栽培され、経済作物として白芸豆や大豆、肉類や野菜、リンゴやナシ、ミカン、モモ、梅などの果樹、胡椒やサンショウ、蓁帰[7]などの人工栽培が奨励されている。県人口の90％強を占める農民の平均年収は2000年に1193元（純収入は647元）で、1991年の741元の1.6倍に増加した。鉛や亜鉛、銅、塩の鉱山資源が豊かで、特に鉛や亜鉛の埋蔵量は1500万トンと推定されている。鳳凰山蘭坪鉱山は全国水準の大規模鉱山で、啦井の塩鉱は清代道光元年（1821）以来の歴史をもつが、交通が極めて不便であったことからともに開発は十分ではない。しかし1985年以降の林鉱業開発政策やイギリス等の外資投入によって道路の整備が進み、鉱山資源による経済発展が期待されている。

　河西郷はプミ族が最も集中して居住する地域の一つである。蘭坪県西北部に位置し、北は維西傈僳族自治県、東は麗江納西族自治県（現在の玉龍納西族自治県）に接する。13の行政村と98の自然村、101の農業合作社からなる（表10–3）。戸数3559戸、人口1万6103人で、平均家族数は4.5人。民族構成は、ペー族が全人口の37.6％で最も多く、ついでプミ族29.1％、リス族21.8％、漢族11.6％である（2001年）。漢族は主に幹線道路沿いの共興や河谷の新発、ペー族は幹線道路沿いの河西や共興、勝興や勝利、プミ族は箐花や三界、大洋、連合、リス族は仁興や白龍、玉獅、永興、新発の各村に分かれて居住する。

7　蘭坪では野生の漢方薬材以外に蓁帰、蓁芃、木香の人工栽培が行われている［熊貴華2000: 55–56］。

表10-3 蘭坪白族普米族自治県河西郷の概況（2000年）

項目 行政村	戸数 (戸)	人口 (人)	合作社	民族(人)①		非農業人口(人)					糧食高 (一人あたり) (kg)	純年収 (一人あたり) (元)	耕地面積 (畝)	経済作物② (畝)
				非漢族 (民族名)	漢族	工業	サービス	運輸	計					
河西	580	2,698	10	ペー	174	28	23	34	85		404	740	5,288	430
共興	385	2,034	9	ペー	339	10	7	23	40		581	843	3,243	375
仁興	176	689	6	リス	47	0	1	0	1		392	668	2,701	281
永興	288	1,190	7	リス	211	2	10	0	12		396	605	4,412	675
新発	149	643	7	リス	459	2	6	2	10		389	575	1,431	168
白龍	266	1,066	8	リス	74	0	2	0	2		384	544	2,869	280
玉獅	186	812	8	リス・プミ	104	7	6	3	16		554	579	3,517	380
箐花	307	1,526	8	プミ	3	3		3	9		373	607	6,028	440
大洋	140	673	4	プミ	68	1	4	0	5		493	627	2,589	316
三界	254	1,141	8	プミ	0	18	3	8	29		411	719	3,983	246
勝興	305	1,310	10	ペー	155	8	12	11	31		352	643	5,044	457
連合	361	1,592	8	プミ	189	5	8	10	23		306	682	3,942	495
勝利	162	729	6	ペー	43	3	2	1	6		413	634	4,661	289
計	3,559	16,103	101		1,866	87	93	95	275		419 (平均)	651 (平均)	49,708	4,932

注：①民族別人口数は、ペー族6,055人（37.6％）、リス族3,505人（21.8％）、プミ族4,678人（29.1％）、漢族1,866人（11.6％）。
②経済作物は白芸豆や大豆、一人あたりの面積は1.4畝。
出所：2001年3月、河西郷人民政府での聞き取りにより作成。

　総面積は572.06km²で、海抜は1950〜3950m、河谷は狭く、住民の多くは海抜2700〜2800mの山腹斜面に居住する。年平均気温は13.0度、年平均降水量は850mm、年間霜期は150日で、トウモロコシや小麦、大豆などを2年に3期収穫する。住民一人あたりの年間穀物生産量は419kg、一人あたりの年収は651元で、県内でも低いほうである。総戸数の約9％にあたる322戸、1450人が「温飽」（衣食が足りていること、当地では年収500元以上）の条件を満たしておらず、雲南省内の506の「扶貧郷」（貧困郷）の一つである。民族間の経済格差も大きく、年収別では1、2位が幹線道路沿いにあるペー族の村で、下位から3村がリス族の村である（表10-3）。しかし未開発の林鉱業資源は豊かであり、森林面積は約41万畝で総面積の50％弱を占め、松茸、羊肚菌や蝉花（セミタケ）などの漢方薬材も豊富である。また塩や銀、銅、鉛、亜鉛、天青石、ストロンチアン石、蛇紋石、石膏などの鉱物もある。

当郷では、古くは箐花で1880年頃に玉石、1910年頃に水銀、1920年頃には硝石が採掘されており、近年はストロンチアン石と銅が注目されているが、開発はこれからという状況である。

　公路は1974年に郷人民政府所在地まで通じ、電気が郷全体に普及したのは1977〜1978年、水道が引かれたのは1994年である。企業は郷営5社と私営2社あるが、就業者はそれぞれ計67人と計27人で小規模である。このうち郷営は1976年に発電所、1988年に木材加工場、1994年に銅選別場と林鉱資源開発会社、1996年に炭酸ストロンチウム工場が操業を開始した。私営は貴州出身者が1999年に始めた銀山（就業者10数人）がある。木材や鉱物、漢方薬材などの取引のために外地商人の往来も少なくない。そのため個人経営の商店や飲食店が幹線道路沿いの河西と共興の2村を中心に347あり、905人が働く。個人経営者の中には湖南や貴州、大理の外地出身者も含まれているが、このうち10数人は当地の女性と結婚して定住し、そのほかは毎年春節や数年に一度故郷に戻る。毎週土曜に定期市があり、周辺の村から特産物をもって住民が集まる。運輸業を営むのは20戸で、うち河西6戸、共興7戸、箐花1戸で、箐花村のYJ（19歳・女性）はトラックとジープで父親が経営する木材加工場から木材を県城に運び、年間2万5600元の利益をあげているという。

　教育面では、13の完全小学校（1〜6年生）が各行政村に1校ずつあり、さらに村内の組が散在しているために小学校（1〜3年生）が数組ごとに45ある。教員は125名（専任教員118名、教育管理7名）、在校生1855名で、うち男子1032名、女子823名で、女子の比率が低い。学費は無償であるが雑費が半期で約60元かかり、家が完全小学校まで遠い者は月〜金曜日を寄宿舎で暮らして自炊する。入学率は97.8％であるが、中途退学者もいるため、小学校6年までの義務教育普及率は84.6％である。13の行政村のうち白龍と仁興のリス族村が特に義務教育の達成率が低い。なお義務教育普及のために「村規民約」には非遵守者に対する罰則規定が明記されている。例えば箐花村では第4章社会治安管理辦法の第10条で、学齢期の子女を入学させない家庭には罰金40元、理由なく中途退学させた場合は罰金100元、家長座談会に欠席したら1回ごとに罰金10元が課せられている。このほか村ごとに衛

生院が1か所ずつある。

　以上によれば、四川桃巴プミと雲南箐花プミにおける自然環境や歴史、民族間関係には次のような違いがある。木里県桃巴郷と蘭坪県河西郷は、ともに険しい峡谷に沿った海抜2000mを超える山間に位置し、長い間、交通の不便な閉鎖的な状況にあって経済的な発展がおくれた。しかし四川側のプミは主体民族であり、またチベット仏教の受容によって同族および周辺民族と強い信仰心で結ばれ、居住地は県内でも比較的安定した農業生産地区である。これに対して雲南側のプミは後発の被支配集団で、先住集団の支配下にあって貧しかった。歴史的には明らかに同一の祖先から発展し、同一言語を使う集団であったが、移動によって分かれ、断絶したままそれぞれに異なる歴史や民族間関係を経て異なる帰属意識をもつにいたった。

　まず四川省木里県では、歴史的に中国王朝、ペー族、吐蕃、モンゴル族、ナシ族等の支配を受けたが、一貫して西番を主体とし、清代以降は西番の土司がガミや漢族、イ族なども統治した。ただし木里の西番およびガミは17世紀半ばに伝来したチベット仏教ゲルク派を受容したために、宗教だけではなく、行動規範や生活の諸方面に深くその影響を受け、チベット仏教圏の一大集団が形成された。例えば木里大寺の麓に形成された桃巴郷では、各戸が男子の一人を寺に出家させてその経済を支え、ラマとして出す息子がいない場合には寺に食糧や供物を納めるという形で寺院の経済を担い、寺院からは宗教的精神的な加護を受けた。桃巴の住民は、周辺の他の西番やガミとは言葉は異なるものの互いに相手の言葉をほぼ理解しあっており、生活習慣や年中行事、衣食住などにおいてもほとんど同じだとしている。

　これに対して雲南省蘭坪県は、先住のペー族が歴史的に政治経済面において大きな勢力をもっており、後発で人口も少ないプミ語集団は被支配側にあってペー族あるいはナシ族の小作人や家内奴隷として生きていくしかなかった。そのため支配側の有力民族の言語を操り、生活の諸方面にその文化を導入し、若年層を中心に母語を失う者もでている。ただし箐花のようにプミ族が集住した村落ではプミ語が日常に用いられ、プミ暦新年や日常的な駆邪の行事も行われている。彼らは後発の弱小集団として差別されたためにかえって一集団としての結束を意識し、プミ語集団本来の文化を比較的維持

している。彼らの社会は、家長からなる「老民会」(村民会)があり、伝来の「郷規民約」によって運営される共同体である。箐花村には古くから不成文の「郷規民約」があり、6〜8月の封山期間には伐採や狩を禁じる、家屋用の木材の伐り出しには一族や村全体の許可が必要である、勝手な伐採は厳禁である、毎年冬には次年の牧草を育てるために牧場の野焼きをする、などが決められていた［熊貴華2000: 204］。また現地での聞き取りによれば、毎年正月15日には家長が出席する「老民会」が開かれ、「郷規民約」が確認された。違反した者は村人を招いて「スリマ」(黄酒)[8]と「ザガン」(豚の乾燥肉)[9]をふるまうとされた。現在の「箐花行政村村規民約」(1995年11月25日)も旧来の村規を現行の法律にすりあわせたものといえ、旧来の生活習慣が活きている。

2．家族関係と家庭経済
1）四川桃巴プミ・チベット族の家族関係と家庭経済

四川省木里県桃巴郷桃巴村は、戸数221戸、人口1040人で(2000年)、李易店・扎西坡・桃巴坡・日邦店の4つの組からなる。民族構成はチベット族672人(58.9％)、漢族344人(30.2％)、モンゴル124人(10.9％)で、山腹にプミ・チベット族、河谷に漢族が住み分ける[10]。4組のうち李易店組と扎西坡組は住民のほとんどがプミ・チベット族で、両組間では何代にもわたって婚姻が繰り返された。以下では、桃巴プミの4つの典型的な家族をとりあげて、婚姻や分家を通してみた家族関係や、家庭経済との関連について考える。

桃巴プミは漢族式の姓はもたず、各戸が伝来の固有の房名をもつ。

事例1 李易店組の白朗RQ (62歳・男性) 家は、房名は白朗で、家族は本人と妻 (58歳)、兄の息子で養子 (25歳) と妻 (26歳)、孫、未婚の弟2

---

8 スリマは、大麦あるいはトウモロコシを煮て冷やしたものに酒麹を加え、陶甕にいれて密封し発酵させた酒。アルコール度は15〜20度。
9 ザガンは、毎年年末に数頭の豚を解体し、内臓や骨、脚を取り除いて腹部を開き、食塩やサンショウなどを入れて麻糸で縫い合わせ乾燥させる。「琵琶肉」ともいう。数年間の保存が可能で、保存の数が多いほど裕福であるとされる。大切なタンパク源であるとともに、冠婚葬祭や様々な儀式に不可欠である。
10 2001年、桃巴村村民委員会での聞き取りによる。

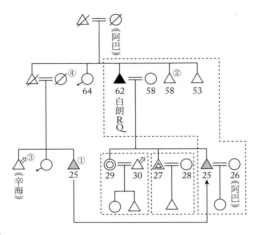

凡例
△ 男性　○ 女性　∅ 死亡　⊙ 婚出　⚡ 婿入り　▲◉ 都市戸籍
＝ 結婚　｜ 親子関係　⊓ 兄弟姉妹関係　⌐ ¬ 同居家族
《 》房名　◯ 出身地あるいは嫁ぎ先　⌢ 在籍学年
◯ 農業以外の職業　数字は年齢

図10-1　白朗 RQ 家（プミ・チベット族）

注：①戸主 RQ の兄の次男は、弟 RQ の養子になって白朗家を継いだ。
　　②戸主の RQ の弟は 2 人とも未婚のまま白朗家に同居。
　　③婿入りしたのは妻側に男子がいなかったため。
　　④村外出身。当家の他の結婚相手はすべて村内。
出所：2001 年 3 月、現地での聞き取りにより作成。

人（58歳・53歳）の 7 人である（図10-1）。当家は当地に来て 3 代以上を経ている。母方の実家は祖父の代に隣の稲城県から移ってきた。白朗 RQ は扎西坡組出身の妻と恋愛結婚して 1 男 1 女がある。長女（29歳）は郷中心小学校の教師で、同僚で本村出身の男性（30歳）と恋愛結婚し、当人たちの希望で夫は婿に入った。学校から配給された部屋に住んでいるため同居はしていないが、昼間は子供を妻の親に預けているので、頻繁に出入りしている。長男（27歳）は紙パルプ工場で臨時工をしていたが、工場が閉鎖されたために県城で雑貨店を開き、年収は 1 万元以上ある。当家では実子が 2 人とも家を出たため、幼少時に両親をなくして当家で育てられた兄の次男が養子になって家産を継ぎ、父母を扶養している。2 人の実子はともに親の財産

第10章　四川と雲南のプミ語集団

農暦　　　　　　　1　2　3　4　5　6　7　8　9　10　11　12（月）	生産量など		用途など
農作物　　　　　　　　乾季　　　　雨季　　　　乾季	作付面積（畝）	収量（斤）	
トウモロコシ　　　　播種　　　収穫	9	約5000	飼料、公糧300斤
小麦	4	1600	自家用
大麦	4	1200	自家用
水稲	少	少量	不足分1000斤を購入
クルミ			1000元で売却
家畜	数量		備　考
黄牛	7		耕作と肥料用。ほかに乳牛。
馬	2		運搬
ブタ	8		ザガン用4〜5頭
ヤギ	10		肥料、衣料用

図10-2　白朗 RQ 家の経済状況

注：2000年の現金収入はクルミが1000元、松茸が100元、臨時工が数百元で計約2000元。
出所：2001年3月、現地での聞き取りにより作成。

を継承していない。結婚は祖父の代までは親が決めたが、中華人民共和国成立後は自由恋愛による。結婚相手はすべて本村出身である。

　家庭経済は、10畝の耕地のうち、9畝にトウモロコシを栽培して4500〜5400斤収穫し、300斤を「公糧」（税として納める食糧）とした以外は飼料にした（図10-2）。トウモロコシを9月中旬に収穫した後は、小麦と大麦を栽培して主食のツァンパ（「糌粑」）と自家製のスリマを作る。粳米を水田で数分（1分＝0.6667a）栽培するが、現金収入が増えた近年は飯米を購入して毎日一食は食べるようになり、2000年は約2000斤購入した（米1斤は1.15元）。家畜は黄牛7頭（耕作と肥料用）、ヤギ10匹（肥料、衣料用）、馬2頭（運搬）、ブタ8頭（食用）を飼う。乳牛も飼い、毎食の「奶油茶」（ヤクのバターにお茶と塩を加えて攪拌したもの）に使う。ブタはタンパク源として年末に4頭解体してザガンを作る。

　経済作物はクルミやサンショウであるが、生産量がわずかなので大部分は自家用である。昨年は県城から来た商人にクルミを1000元、サンショウを100元売った。副業は、90年代は1998年の天然林保護工程政策が実施される

までは息子が道路工事に出て年に約2000元得ていたが、昨年は松茸採集による収入が約100元と県城に野菜や家畜を売りに行って多少の収入を得ただけである。家庭経済の水準は、副業状況が平均的であり、家畜数も村内の一戸あたり平均の黄牛4～5頭、ヤギ12匹、ブタ4～5頭をやや上回るくらいで、村内ではほぼ中程度である。

桃巴プミの食生活を、白朗RQ家の例で説明する。朝は、「酥油茶」(バター茶)を飲むことから始まる。来客をもてなす時にも酥油茶とトウモロコシを乾して煎り、挽いたもの(ツァンパ用)、スリマをだす。日常の食事は1日3食で、酥油茶のほかに主食はタサ(トウモロコシ粉や小麦粉を水で溶いて鉄板で焼いたもの)、近年は米飯も食べる。副食は青菜や豆類を煮たもの、ザガン。酥油茶とトウモロコシを煎った粉はチベット族の影響を受けたもので、スリマ、タサ、ザガンはチャン族やギャロン・チベット族など四川西南部のチベット族に共通してみられる伝統的な食品で、それぞれがもつ儀礼的な意味も同じである。雲南プミ族の食習慣は桃巴プミとほぼ同じで、チベット系とチャン系双方の要素がみられる。

事例2 扎西坡組の嘎長ZX(68歳・男性)家は、房名は嘎長で家族は14人、妻と長女、長男、次男のそれぞれの家族と同居している(図10-3)。4男2女のうち長女は婿をとり、長男と次男は結婚後も本人たちの希望で分家していない。相手はみな本村出身である。当地では結婚後、数年で分家することが多いなかで稀な大家族型である。ZXは誠実な人柄で知られており、彼が家長だからあの家は分かれないともいわれている。家庭経済は家長がとりしきる。当家の祖先は雲南から来て、すでに3代以上を経る。四男と五男は双子で、それぞれ一区の営林場と県林業局で運転手をしており、仕事先で他郷出身の女性と知り合って結婚し、独立しているが、頻繁に実家に出入りする。ZXの父の弟(70余歳、未婚)は、中華人民共和国成立前には木里大寺のラマであった。当時は、一家に2人以上の息子がいる場合には必ず1人がラマになった。中華人民共和国成立後に強制的に還俗させられて区の食糧管理機関で働いたが、退職後はラマ服を着て経文を読む生活をしており、新年「ヲシ」の祭山会では一緒に祀る9戸をしきる。ZXには弟2人と妹3人がいる。

第10章　四川と雲南のプミ語集団

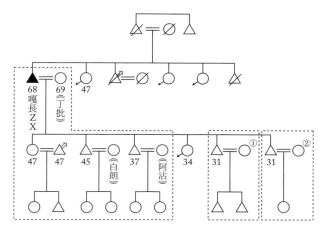

凡例　図10-1と同じ。

図10-3　嘎長ZX家（プミ・チベット族）
注：当家の家族は①②以外は村内出身者と結婚。
出所：2001年3月、現地での聞き取りにより作成。

　家庭経済は、14人家族で耕地が21畝、春はトウモロコシ、秋は小麦と大麦、チンクー麦を栽培し、公糧としてトウモロコシ600斤を納めた。粳米を1000斤購入した。経済作物としてクルミを1000元とサンショウを200元売った。大豆やジャガイモ、リンゴ、ナシは栽培するが少量である。家畜は、黄牛9頭、馬2頭、ラバ2頭、ヤギ27匹、ブタ18頭で年末に8頭解体してザガンを作った。現金収入は、1998年に伐採制限が実施されるまでは男性労働力が豊富であったために出稼ぎによる収入が多く、年収は8000～9000元に達していたが、現在は長男や次男が瓦廠営林場へ臨時雇いにでて数十元から数百元を得るにすぎない。人手があるので穀物生産や家畜の飼育には都合がよく、食糧は十分に自給できるが、サンショウなどの経済作物への転換は始めたばかりで、実質的収入になるにはあと数年待たねばならない。村内では富裕な方である。
　ZXの上の弟RQは婿入りしたが、妻の死後、実家に戻った。RQは死後、遺体を清められて新しい服や帽子、靴を着せられ、3日間家内に安置された。その間ずっと5人のラマが読経を続けた。出棺日はラマが占って決め

399

た。出棺時には、死者は木製の籠に座らせられ、130数人が後に続いて裏山の緩斜面の嘎長家の火葬場まで運ばれ、茶毘にふされた。当地では昔から火葬が行われ、組内には幾つかの火葬場があり、各戸が使用できる火葬場は昔から決まっている。村人からはハタ（白布）やスリマ、茶などが葬家に贈られた。嘎長家ではヤギ8匹を殺し、ザガンやスリマで会葬者をもてなした。5人のラマには1人につき300元の謝礼をした。総費用は約1万元であった。また葬儀ではラマによって「指路経」が唱えられ、蘭坪から魯甸、石鼓、麗江、永寧、木里、北方の故地へと続く祖先の移動路が語られた［普米族民間文学集成編委会編1990a: 140–152］。

　事例3　扎西坡組の伍里ZX（60歳・男性）家は、房名は伍里で、組内では最も古く、当地に居住して何代も経ている。家族は8人で、妻、長男とその妻と子供、既婚の妹とその2人の娘である（図10-4）。妹は夫が兵役や役人として村を出ることが多かったことや兄と仲がよかったためにそのまま実家で暮らしている。ZXは当主として妹とその2男3女を養い、妹の長男が分家した時には自家の財産を分け与え、妻側の一族で新居を建てた。妹の次男は本人の希望により本組内で婿入りした。妹の未婚の娘2人は県城と村内

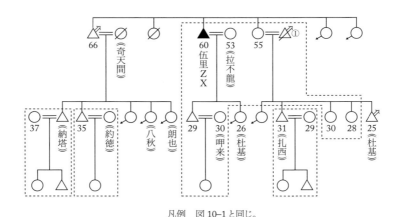

凡例　図10-1と同じ。

図10-4　伍里ZX家（プミ・チベット族）

注：①村外出身。当家では①以外すべて村内出身者同士の結婚。
出所：2001年3月、現地での聞き取りにより作成。

の瓦廠営林場に働きに出ているが、戸籍は実家にある。ZXAC には兄と姉が1人ずつおり、兄は本組の奇天間家に婿入りした。ZXAC は10代の時にラマだったので経文が読め、8戸共に行う祭山会では毎年会首をつとめる。

家庭経済は、耕地分配時の10人家族で畑が20畝、春にトウモロコシ17畝と粳米1畝、大豆少々、秋には大麦12畝と小麦7畝を栽培する。黄牛6頭と綿羊3匹、馬2頭、ラバ2頭、ブタ10頭を飼育し、昨年はブタ3頭を解体してザガンを作った。昨年はクルミを2000元売り、トウガラシは自家用にした。飯米を500～600斤と酥油茶用に茶葉を5条（1条30元）購入した。当家は男性労働力が ZX のみであったために、1998年の天然林保護工程政策開始以前も出稼ぎにでることがあまりなかった。しかし、換金作物のクルミを他家よりやや早く栽培し始めたため、すでに一定の収入源となっている。

事例4　達龍 AQ（37歳・女性）家は、漢族の趙 FY（37歳）を婿に迎えて実家の隣に分家した。夫と娘3人の5人家族である（図10-5）。子供はチベット式と漢族式の名前をもつ。2人は瓦廠営林場で臨時工をしていた時に知り合って1990年に結婚し、弟が成長した後の97年に分家した。しかし98年に大洪水に遭って家が倒壊したために、2000年12月に親戚や銀行からの

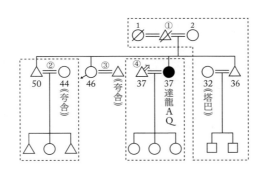

凡例　図10-1と同じ。

図10-5　達龍 AQ 家（プミ・チベット族）

注：①2人の妻と1→2の順で結婚。
　　②③この2組の夫婦は「換親」。達龍家と夸舎家が娘と息子をそれぞれ交換して結婚させた。
　　④漢族、達龍家に婿入り。
出所：2001年3月、現地での聞き取りにより作成。

借金と親族の労働力を得てようやく家を再建した。現在は、馬1頭とブタ4頭、ニワトリ11羽を飼育し、趙FYが木工や土木工事、他家の手伝いなどで年に800元ほどの現金収入を得ているが、病弱であるため、一家の農作業やさまざまな労働の面でAQの実家の援助を受けている。

桃巴チベット族の家族および婚姻の現状には次のような特徴がみられる。家族形態は直系家族あるいは核家族が多く、両者は構成員の成長にともなう結婚や分家を機に循環して形成される。長子は男女にかかわりなく家に留まって嫁あるいは婿をとる。よって婿入りも多く、婿入りか嫁入りかは当人同士で決める。親は長子と暮らす場合が多く、老いれば長男あるいは長女の婿が戸主になって扶養する。ただし婿は娘が死亡したら実家に戻る。近年は、男子がいたら原則として父から息子へ家が継承されるため、長子が娘の場合はまず婿をとって家計をささえ、数年たって息子が成人した後に長女一家が分家する。第2子以下は、まず嫁入りか婿入りの相手を探して婚出する。婚出先がない場合は未婚のまま家に留まることもある。ただし未婚の兄弟姉妹は、事例1のように生家に留まって家長の裁量内で行動し、財産を個人的に継承して分家することはない。近年は嫁あるいは婿を迎えて分家する者が増えている。

家族形態の変化と背景は次のように考えられる。核家族の増加は近年の傾向である。かつてチベット仏教寺院の統治下では、各家庭は必ず一人以上のラマを出してその経済生活を支え、ラマを出せなければ穀物等を余計に納めなければならなかった。そのため家産の細分化を抑え、戸数が増えることで納税の負担が増すのを避けるために分家をさけ、婚姻は労働力の維持あるいは獲得の重要な手段とされた。例えば子供が一人だけの場合は、息子であれば家を継がせ、ラマを出せない代わりに多めに納税した。また労働力確保のために2人の妻を迎えることもあった。AQの父の場合（事例4）は、一人息子で家庭に男性労働力が不足していたためにラマを出せないだけでなく、寺院に穀物を納める余裕もなかった。そこで木里大寺のラマに勧められて娘の多い家庭から娶って2番目の妻とし、労働力を得た。娘が一人であれば婿を迎え、娘が複数であれば姉妹で一人の夫を迎えた。子供が複数の場合は、娘がいたら婿を迎えて息子をラマにした。息子が複数いたら、一人に家を継

がせて一人をラマにし、他は婿入り先を探すか、未婚のまま家に留まった。兄と弟で妻を共有することもあった。分家による家産の縮小を回避するだけでなく、一人が農業をし、もう一人が家畜を数か月にわたって放牧するという分業制が明確で、全員の収入を合わせて家計を維持した。

　しかし近年は分家が増え、核家族化が進んでいる。背景には、男子が強制的に出家させられることがなくなって結婚が当然になったこと、改革開放後に林業開発にともなう伐採や道路工事等の臨時仕事によって現金収入源が増え、少ない耕地でも分家後の経済的な独立が可能になったこと、収入における家庭内の個人差が拡大して核家族化が避けられなくなったことなどがある。ただし出稼ぎによる現金収入の増加は、農業活動における穀物生産を中心とした自給自足型からサンショウや果実類などの経済作物栽培への転換を遅らせた。そのため1998年に天然林保護工程政策が実行されて林業関係の臨時仕事が激減し、関連のパルプ工場などの倒産が重なると大多数が現金収入源をなくしてしまった。また成人男性の多くは学歴が低く、肉体労働の仕事しかできないために大都市や遠隔地への出稼ぎ口もなく、新たな収入源をみつけることは容易ではない。しかし、次世代の青少年は、親世代よりも学歴があって漢語も堪能であるため、各地を行商するようになっている。

　では分家における家産の継承や兄弟、実家などとの関係はどのように行われているのか。ZX（事例3）の場合は、分家時に次のような援助や財産の分配を親元（以下、本家と記す）から受けた。新家屋のための土地は、一定面積の空地の使用許可を郷政府に申請して「地皮税」を支払い、家屋に必要な10数m³の木材は、郷有の営林場から伐り出す許可をとった。瓦は塩源県から1500元で購入し、木工には10元の日当を支払った。新築には親戚や友人、近隣の住民が無償で労力を提供し、のべ一か月半、総額2000〜3000元の経費がかかった。経費は本家が半分もった。分家時に本家が分家する子供たちに分け与えたものは耕地3畝2分とウシ1頭、馬1頭、米やトウモロコシ、大麦などの穀物400〜500斤である。

　家産の分配は兄弟均等が原則である。分家時に特別な儀式は行わないが、新居完成後に手伝ってくれた親戚友人を招いて酒食でもてなしお礼とする。ZXには農業生産以外に営林場での伐採の臨時収入が少しあり、経済的には

なんとか独立できるという。また事例4のAQが分家した時には、家屋は本家近くの土地に村人に手伝ってもらって建て、親子5人家族で畑2畝7分とブタ2頭、穀物、五徳や生活用品を妻方からもらい、婿入りした夫の実家からはヤギ5匹をもらった。

　このように分家における財産の分配は、実質的に兄弟間の均等分配ではなく、分家して自活できるかどうかという基準にもとづいて周囲からも妥当と思われるような分配を心がける。特に婿入してきた側の実家も納得するように配慮する。分家後の生活は経済的に決して楽ではないが、本家との関係は密である。分家後の家屋は概して本家の近くであるため日常的な往来も頻繁で、子供の世話は本家の両親に頼む。種まきや収穫などの農作業は親子や兄弟間で共に行い、不慮の事故や災害、病気、葬儀などの時の経済的人的相互扶助の絆も強い。しかしいわゆる親戚づきあいは親子や兄弟間では密であるが、父系親族間を何代にも遡って行われるのではなく、むしろ妻側あるいは夫側の実家との往来が多い。換言すれば、家産の継承については両親と同居して扶養する子供が多く受け継ぎ、長男が継承することが多い。白朗家（事例1）は、長兄が結婚後数年で死んだために、次男のRQが家産を継承して両親と同居した。RQは家長として親を扶養し、2人の弟と長兄の子供たちを養った。実子の2人は、それぞれ教員と商人として都市戸籍をもち経済的に独立しているため、実家の家産は分け与えない。長兄の末子を養子にして嫁を迎え、土地の使用の権利と家屋、家畜などは養子に継がせることにしている。嘎長ZX家（事例2）は2世代4夫婦の大家族で、両親が存命中は分家の予定はない。家庭経済は、労働力が豊富であるために出稼ぎによる収入が多いという大家族の長所がいかされており、村内でも富裕である。家長は家庭経済や家族の婚姻などに大きな決定権をもつ。末の双子はそれぞれ運転手として経済的に独立し、外地出身の女性と結婚して瓦廠で暮らしているため家産の分配は受けていない。

　このほか配偶者の選択も特徴的である。配偶者は、現在でも村内から選ぶことが多い。婚姻は男性と女性が村内の各戸間を移動し、空いた人員を他家から補充するという形が繰り返されてきた。換言すれば、婚姻における人や物資の動きはかなり狭い範囲で循環的に行われており、生活圏の維持に果た

した役割は大きい。また村内に適当な男性がいない場合は、漢族男性が婿に迎えられた。漢族以外の他民族との結婚はほとんどない。婿入りした漢族男性は言語や生活習慣、親戚づきあい、宗教などほぼすべてにおいてチベット族化しており、チベット族側に歓迎された。現在でも漢族男性の婿は少なくない。

　事例4の趙FYの場合、実家は桃巴郷君依村にあるが、塩源県出身の父は若い時に土匪から逃れて当地にたどり着き、すでに先代から当地にいた漢族の蔡家に婿入りした。兄2人と姉1人がいるが、上の兄も同村のチベット族の羅瓦家に婿入りし、下の兄は兄の死後、当地の慣習に従って兄の妻と結婚して羅瓦家を継いだ。また趙FYも同組のチベット族達龍家に婿入りした（図10–6）。チベット族と漢族との婚姻である趙FYの場合は、2人の希望で婚約の際には物品の交換はせず、結婚式は漢族式とチベット式で2度行った。まず趙家では昼間に漢族式で行い、達龍家では夜の8時から2時ごろまでチベット式で、ラマの読経、ハタの交換、踊りを行った。達龍家では、親族は現金100元程度や絨毯、帯、生活用品、黄酒一甕などを贈り、主催者側は参会者にタバコや酒、飴などを配った。趙FYは現地のチベット語を聞いて理解できるが、うまく話せない。すでにチベット仏教徒になっており、死後は火葬でよいと思っている。家庭生活や交際は妻側のチベット族の習慣に従う。子供たちは漢族式とチベット式の2つの名前をもつ。

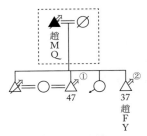

凡例　図10–1と同じ。

図10–6　趙MQ家（漢族）

　　注：①チベット族に婿入りした長男の死後、次男も婿入りして兄嫁と結婚。
　　　　②達龍家に婿入り（図10–5）。
　　出所：2001年3月、現地での聞き取りにより作成。

2）雲南箐花プミ族の家族関係と家庭経済

　雲南省蘭坪県箐花村は、戸数307戸、人口1526人で、平均家族数は5人（2000年）[11]。箐岩頭、玉獅場、箐口、東風岩、西風岩、雑木溝、向陽の7つの自然村があり、それぞれが農業合作社を形成する。住民のほとんどがプミ族で、山間の閉鎖的な環境にあるために他民族の影響を受けることが少なく、プミ族の伝統的な文化が色濃く残されている。当村はすでに700年以上の歴史がある、150年前に狩猟中に穀物栽培が可能で比較的近い土地である現在の水奉村を見つけて一部が移住した、水奉村の楊姓はみな箐花出身である。村内には希望小学校と衛生院、雑貨店が一つある。

　一人あたりの年間純収入は607元で、郷内でも低いほうであるが、1999年は年収500元以上の「温飽」人口が一挙に409人まで上昇し、収入が向上した。増収の主な原因は、品種改良などによるトウモロコシの増産、ヤギの飼育数を増やして県城の肉加工場に卸したこと、鳳凰山鉛亜鉛鉱山への出稼ぎなどによる。また当村は木材の伐採量が郷内最多であり、村の代表者が外地商人との間で木材を売買している。2000年下半期からは森林資源保護政策によって1万畝の耕地を森林や樹木栽培、杜仲1500畝（漢方薬材・タイヤ用）、クルミやサンショウ1000畝、ナシなどの果樹2500畝に変える予定である。

　箐花村雑木溝は戸数20戸、人口114人で、平均家族数は5.7人。リス族の1戸[12]以外はすべてプミ族である。19戸のプミ族はみな楊姓で、互いに父系の親族関係にある。「楊」は漢族式の姓であり、プミ語では一族は「耶瑪」という。住民によれば、プミ族の家庭が守らなければならないことは、①家族は仲良く暮らす、②父母を大切にする、③子供は父母の許可を得て分家し、老後は末子と暮らす、④一族内で争うことは恥である、⑤良い物を手に入れたら、必ずほかの家に分ける、⑥儀式、特に葬儀には必ずスリマを用意する、これが準備できなかった場合、あるいは不足した場合は家の恥である、等である。

　近年、当村は人口がほとんど増えていない。県のプミ族人口も同様で、

11　2001年、箐花村村民委員会での聞き取りによる。
12　リス族の1戸は、もともと馬列祖山に住んでいたが、農業互助組に参加するために1957年に強制的に村に下山させられた。

1953年に7353人であったのが1990年には1万3327人になったが、このうち2000人は1982年に石登郷の回龍村と大竹青村のリス族がプミ族に民族改正したもので、44年間に微増と微減を繰り返しながら年間の増加は10人余にすぎない。雑木溝では1940年代末に12戸であったが、50余年間にわずか8戸しか増えておらず、特にこの5年間は生まれた子供がわずか1人で、人口の減少とともに高齢化が進んでいる。楊書記によれば、近隣の同族内で結婚を繰り返してきたことが原因の一つではないかという。以下では、典型的な4つの家庭の事例を通して、家族や家庭経済の現状を分析する。

　事例1　楊ST（48歳）家は、妻（河西郷玉獅村出身）と1女3男の6人家族である（図10-7）。STは中学卒業後に結婚してすぐに7年間入隊していたため、妻が楊家に移ってきたのは彼が軍隊から戻ってからである。子供4人のうち上の3人は県城に住む弟の楊SK家から仕事や学校に通っている。子供たちはSK家で実子同様に世話をうけ、経費も弟がみている。彼らの習慣では兄弟間の関係は特に密であり、兄弟の子供は実子と同じである。

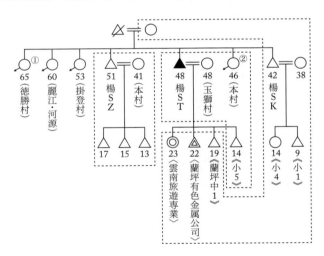

凡例　図10-1と同じ。

図10-7　楊ST家（プミ族）

注：①母の妹の息子に嫁いだ。
　　②隣家の楊YJ（蘭坪県工商連合会）と結婚。
出所：2001年7月、現地での聞き取りにより作成。

STには6人の兄弟姉妹がいる。長姉は母の妹の息子と結婚した。楊家は徳勝村の母の実家の和家と婚姻を重ねている。

兄のSZは結婚後3年目に父母の同意を得て分家した。両親は兄弟や親族の協力で新家屋を建て、食糧保存用の木箱や家畜小屋を準備した。木工には800元の工賃を支払った。家屋完成後、シピ（プミ族のシャーマン）に吉日を選んでもらい、社内の各戸から家長を招いて、その立会いのもとで分配が公平であるかを確認しながら兄に家畜や糧食、家財を分けた。かつては「分単」（分家の証書）を作ったが、現在は村人の立会いがあれば十分とする。財産の分配を終えたら、列席者に酒食をふるまい、新しい家庭を皆に承認してもらう。現在、母は末子と同居している。

シピは、チャン族のシャーマンと同音であるだけでなく、その役割も同様で、古型の呪法を保持する。プミのシピは主に「避邪消災」を目的に術を行う。楊CJ（79歳）によれば、シピは世襲ではなく、かつては各自然村に2～3人いた。雑木溝で行う祭山会や葬儀には必ず招いた。老人の多くは家庭での避邪の儀式を行うことができた。現在でも、家庭では毎月家長の属相（十二支）の日に豚を犠牲にして避邪のための「退口舌」（呪術の一つ）を行う。

事例2　楊FQ（35歳）家は、母（麗江・沖峰出身）と妻（徳勝村出身）、1女2男の6人家族である（図10-8）。FQは雑木溝社の代表で、兄と弟が村を出たために家を継ぎ、両親と同居している。事例1の楊STは一世代上の父方の親戚にあたり、FQの結納の時には楊家側を代表して立ち会った。FQの父はシピであったが、

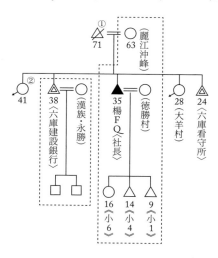

凡例　図10-1と同じ。

図10-8　楊FQ家（プミ族）

注：①シピ（シャーマン）
　　②母の妹の息子に嫁いだ。
出所：2001年7月、現地での聞き取りにより作成。

本人は文化大革命時に生まれたためにシピの技を学ぶ機会がないまま父が亡くなった。姉と兄、妹、弟がいる。姉は母の妹の息子に嫁いだ。当地では現在も「不落夫家」の習慣が残っており、結婚式をあげてすぐ同居することはない。FQの場合も結婚式をあげて3年目に妻と同居した。結婚式は新郎が新婦を迎えに新婦側に行った時に、まず新婦側で新婦の親戚を招いて行われ、その後に新郎側で3日間行う。3日目に新郎は再び新婦を実家に送りとどけ、新婦はそのまま1年以上を実家ですごす。新婦は農繁期に3〜4日間夫の家に手伝いにいくが、夫とは同居しない。2年目には夫が妻を迎えるために妻の実家に度々通う。夫が3〜4回迎えに通った頃、妻はようやく同意して夫の家に移り、同居を始める。

事例3 楊QX（57歳）家は、妻（徳勝村出身）と2女3男の7人家族である（図10–9）。父のYZは三男だったが、長兄のYKが早世したうえにその息子も早世し、孫がいなかったこと、次兄も障害者であったために、跡継ぎのいない祖父の兄の養子となった。プミ族は息子がいない場合には娘に婿をとり、子供がいない場合には兄弟の息子を養子に迎えて家を継承させる。社内で戸主が和姓の3人の男性は、みな外部から婿として来た者である。なお当地ではイトコ婚が理想的な婚姻とみなされて現在も行われている。

以上の3事例からも明らかなように、プミ族では直系家族や核家族の形態が一般的である。しかし次の事例4の場合は母の同意がな

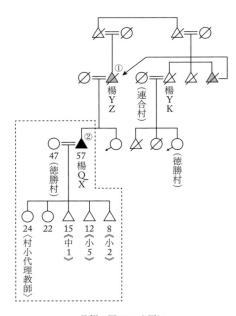

凡例　図10–1と同じ。

図10–9　楊QX家（プミ族）

注：①楊YZは、楊家（本家）を継いだ父の兄に跡継ぎがいなかったためその養子になった。
②楊QXは早世した父の兄に跡継ぎがいなかったために本家を継いだ。

出所：2001年7月、現地での聞き取りにより作成。

いために分家せず、15人が同居し、家計を一つにしている。プミ族は、親が健在な間は分家しないという伝統的な観念を現在も守っている。大家族は、かつては理想的な家族形態とされていた。生産力が低かったために核家族で生計を立てることが困難であったことや、村内での立場も「人多家旺、狗多狼怕」（家族が多ければ家は栄える、犬がたくさんいれば狼は恐れて襲ってこないから）という考え方が根強かったためである。かつては3〜4世代同居で14〜20人という家庭もあり、少なくとも1家族7人以上が一般的であった。1949年の雑木溝は戸数13戸、人口131人で、平均家族数は10.1人であった［熊貴華2000: 181］。

　事例4　楊LY（90歳・女性）家は、村公所のある箐口にあるが、いわゆる旧来の大家族の形態を守っている。母であるLYが長男と三男の分家を望まないために、4世代15人が同居し、家計も食事も共にしている（図10-10）。長男は数か月前から自分の長男と牧場に放牧にいって留守であった。在宅の三男は世帯が大きくなりすぎたために分家したいが母の許しがないのでできないという。1年前に若い世代用の家屋を旧家屋の隣に新築したばかりである。家族構成は、長男は妻（箐口出身）との間に4女3男をもうけ、娘はそれぞれ県城（楊書記の弟の嫁、医者）、村内の箐岩頭、社内、県城（有色金属公司）に嫁いだ。現在は、その長男一家3人と次男一家2人、未婚の三男の8人が楊LYと同居する。三男は妻（箐口出身）との間に3男1女がいるが、全員未婚である。次男のZMは結婚して数年後に分家し、すぐ近くに住んでいる。妻（箐口出身）との間に3男2女をもうけ、長男夫婦は結婚して同居している。

　以上のように当地のプミ族には伝統的な結婚形態や家族関係が根強く残されている。彼らは原則としてプミ族同士で結婚し、イトコ婚を理想的な婚姻とする。またイトコ婚は異性の兄弟姉妹の子供間だけでなく、事例にも2例みられたように姉妹の子供同士の婚姻も認めている。よって代を重ねるにつれて夫婦間の血縁関係が近づく傾向がみられる。また箐花村雑木溝のように社内が同一父系親族集団で構成されている場合は社内での婚姻は行えず、社外に配偶者を求める。例えば近隣の村内他社や、箐花村のようにプミ族が集中して居住する郷内の玉獅や大洋、聯合、三界、さらにプミ族の中でも古い

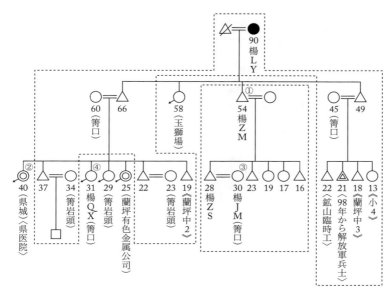

凡例　図10–1と同じ。

図10–10　楊LY家（プミ族）

注：①次男の楊ZMは結婚後、68年に分家、当村で保健委員を16年つとめた。
　　②箐花村雑木溝の楊書記の弟と結婚。
　　③④楊QXの夫・楊JHと楊ZSの妻・楊JMは兄妹（「換親」）。
　　⑤当家の結婚相手はすべて村内（箐口）出身。
出所：2001年7月、現地での聞き取りにより作成。

歴史をもつ通甸郷の徳勝村やかつて属していた麗江区であり、これらの地域との婚姻は代々続けられている。しかし最近は仕事や進学などで故郷を出る機会が増え、それにともなって他民族との結婚も行われるようになった。しかし生まれた子供が相手側の民族になることも少なくないため、プミ族人口の増加にはつながっていない。

　家庭経済については、直系家族と大家族では農業や放牧の経営規模に大きな差がみられる。事例1の楊ST家は6人家族で、12畝の畑にトウモロコシ4畝、小麦4畝、ジャガイモ1畝、大豆2分、燕麦7畝を栽培する（図10–11）。トウモロコシと小麦は輪作し、トウモロコシの年には豆類を間作し、小麦の年には蔓青を間作する。1999年の生産量はトウモロコシ3200斤、

農作物 \ 農暦	1 2 3 4 5 6 7 8 9 10 11 12 (月) 乾季　　雨季　　霜季	作付面積(畝)	収量(斤)	用途など
トウモロコシ①	播種　　収穫	4	3200	自家食用、飼料
小麦	整地	4	1200～2000	スリマ用（小麦40斤で酒一甕60斤を醸造）
ジャガイモ		1	3000	米と4：1で交換（米750斤）さらに米を700～800斤購入
燕麦		7	420	ブタの飼料 やせた土地に栽培
家畜		数量		用途など
ウシ		4		耕牛
ヤギ		2		肥料
馬		1		運搬
ブタ		22(母ブタ2)		4頭を売って1000元 豚肉を売って800元
副業②	商売（鉱物・木材） 書記の給料			20～30日間で8000元 3000元／年

図10-11　楊ST家の経済状況

注：①トウモロコシの間作として、大豆や白芸豆を栽培。大豆と豆腐楊、米と1：1.2で交換、時には0.8～1.3元／斤で売る。
　　②副業は木材の商売以外に鉱夫や木材伐り出しの臨時工などもする。
出所：2001年7月、現地での聞き取りにより作成。

燕麦420斤でともに飼料にした。トウモロコシや小麦は主食の「粑粑」[13]にも使うが、近年は日に1食は米飯になり、大人1人につき年に350～400斤を消費する。ジャガイモ3000斤は米と4：1で交換する。小麦1200～2000斤は87歳になった母の不測の事態に備えてこの数年は大部分をスリマ造りに使っている。小麦など穀物40斤から60～70斤（1甕分）のスリマをつくる。スリマは自家の葬儀に不可欠であるばかりでなく他家の慶弔事にも一般に50斤ほどを贈りあう。そのためスリマ造りは主婦の重要な仕事である。大豆は30斤で豆腐を作り、残りは1斤0.8～1.3元で売るか、米と1.2：1で交換する。近年は換金価値の高い白芸豆が当地のような海抜2300m前後の土

13　トウモロコシ粉などを水で溶いて円盤状に形づくり、囲炉裏の火の中で焼いたもの。

地に適しているということで奨励されている。家畜はブタ22頭（大ブタ１、母ブタ２、子ブタ19）、ヤギ２匹、黄牛４頭（耕作用）、馬１頭を飼う。ブタは８頭を解体してザガンを作り、自家用と贈答用に半々ずつ使う。慶事では少なくとも「火腿」（ハム）１本、親しい親戚友人にはブタ１頭分のザガンを贈る習慣がある。馬は当地では利用度が高く、柴や農作物、石、米などの運搬、市への物品の出荷に使われる。ヤギは糞を肥料にし、皮でベストを作る。現金収入は、1999年はブタ４頭を1000元で、豚肉を800元で売り、伐採場での日雇いや木材や鉱物の売買に約１か月従事して数千元を得、書記としての年収が約3000元あった。楊書記はこの10年ほど村人を代表して県城や村内で木材や鉱物の商売をしており、個人的な収入も少なくない。村内でも富裕な方である。しかし人手が足りないために毎年農繁期には外地の漢族男性を雇う。

　事例２は６人家族であるが、老母と小学生３人をかかえており、生活は楽ではない。畑は全部で20畝あるが、瘠せた山地7.7畝が含まれている。山地では燕麦を栽培し、肥沃な１級地0.8畝と２級地6.5畝、３級地4.3畝にトウモロコシと小麦を栽培し、３級地には大豆を間作する。畑は1982年に分配された後、1995年に2025年までの31年間の「延長土地聯産承包合同書」を交わした。家畜は馬１頭、黄牛５頭、ブタ15頭で、現金収入は家族全員で集めた羊肚菌を売って得た2000元と社の代表としての年間手当てが250元であった。95年頃までは村内の営林場で伐採の仕事があり、半年で約6000元の収入を得たこともあったが、近年は天然林保護工程政策のもとで木材の伐り出しに対する管理が厳しくなり、伐採の仕事はほとんどない。当家は成人労働力が夫婦２人のみで農作業だけで手いっぱいなため出稼ぎにいけず、また数年前までのような伐採による収入がなくなったため、食糧の自給自足はできるものの現金収入が激減した。

　事例４は、畑は一人あたり0.9畝で分配時の家族12人分の約11畝が分配されている。土地は雑木溝社より肥えており、畝あたりの生産量もよい。トウモロコシ５畝（畝あたり生産量850斤）、小麦４畝（畝あたり500斤）、ジャガイモ１～２畝（畝あたり2000斤）、燕麦５～６畝、大豆３畝（畝あたり240斤）を栽培してほとんど自家食用とし、さらに120斤の米を購入した。

馬2頭、綿羊60匹、牛12頭、ブタ18頭、ニワトリ13羽を飼育する。このうち綿羊と牛を長男とその息子が大洋の放牧場で4月末から春節まで放牧する。99年は綿羊を1匹150元で16匹売って2400元を得、羊肚菌1000元、鉱山などへの出稼ぎで3000元の収入があった。青壮年男性の労働力が多いため、実際の収入はもっと多いと思われる。

当地では、大家族の背景にあった経済上、土匪などの外敵からの防衛上の要因が改善されてきたことで、直系家族あるいは核家族へという家族形態の変化が進んでいる。経済的には、「地膜」(ビニール栽培) 技術の導入などで穀物の畝あたりの産量が増え、最低限の人手でなんとか食糧の自給自足が達成されてきたこと、ブタや綿羊などの家畜を商品として飼育するという考え方が浸透してきたこと等により核家族や直系家族でも独立して生計を維持できるようになってきた。しかし大規模な家畜の飼育には人手が必要であるため、家庭の規模が小さくなるとともに人手不足を理由に家畜の飼育数が減っている。また安定した経済作物がまだ普及していないために依然として食糧生産を中心とした自給自足型を脱していない。現金収入源は主に出稼ぎによるしかないが、近年の天然林保護工程政策の下では数年前までのような木材景気は望めず、鉱山開発の進展が期待されている。またプミ族は就学率がペー族やナシ族と並んで高く、仕事を求めて村を出ていく若者も増えている。

以上によれば、家族の展開について桃巴プミと箐花プミには次のような違いがみられる。チベット仏教を信仰する桃巴プミでは、原則として長子が家を継いで親を扶養したが、かつては各戸が息子の一人を必ずラマにしなければならなかった。そのため娘が婿を迎えて家を継ぐことが少なくなく、現在でも婿入りはよく行われる。また寺院の経済を支えるために家産の分散や減少がおさえられ、第2子以下は他家へ婚入するか、未婚で家に留まった。中華人民共和国成立後は男子の出家は強制ではなくなり、近年では結婚して分家する者が増え、核家族化が進んでいる。改革開放政策後の現金収入の向上が分家による家産の減少幅を少なくし、最少の耕地での分家を可能にしている。これに対して箐花村雑木溝は楊一族によって構成された集落である。楊氏は代々近隣のプミ族の村と婚姻を重ね、大家族型の家庭とイトコ婚を理想としてきた。現在でも親の同意がなければ分家は許されず、概して60代以

上の親の代は分家を好ましいとは思っていない。また一族は強い結束力をもち、各戸の冠婚葬祭儀礼などは一族のそれとして行われる。桃巴も箐花も、配偶者を選択する場合はできるだけ同民族の、村内や特定の村との間のような限られた狭い範囲で行う傾向が強い。婚姻は新たなネットワークの形成のためではなく、自集団の結束と維持を第一とするという考え方の根強さがうかがわれる。

3．新年「ヲシ」と祭山会
1）四川桃巴プミ・チベット族の新年「ヲシ」と祭山会

　四川省木里県桃巴村のプミ・チベット族の年中行事は、村の住民によれば表10-4のようである。

　桃巴プミには大きな行事が2つある。伝来の新年「ヲシ」と漢族の新年「春節」である。ヲシは農暦12月7日の除夕に始まり、8日から5日間続く。かつて最も盛んであり、現在も行われている。しかし春節は国家が休暇を正式に認めているため外地で働く者や農業以外で就業する家族がこれを利用して実家に戻ってくることから、次第に新年として定着しており、現在では春節の方が盛んである。このほか中華人民共和国成立後に制定された国定記念日も、新たな休息日として導入されている。3月8日の婦女節や5月1日の労働節、10月1日の国慶節等である。婦女節では、女性は家事以外の労働は行わず、皆でヤギを買って殺し、肉や酒を飲んで楽しみ、女性たちに歓迎されている。

　このほか木里大寺の廟会も彼らにとって重要な節日である。木里大寺は中華人民共和国下の宗教政策や文化大革命などによって60年代に壊滅的な破壊にあい、1982年の「昂曲」（燃灯節）が復活するまで公の宗教活動は行われていなかった。寺の修復がようやく始まったのは80年代に入ってからであり、91年には伏魔殿が落成した。その規模はかつてにはるかに及ばず、最盛期には1000名近くいたという僧侶も1990年代には30数名まで激減している［木里蔵族自治県志編纂委員会編1995: 892-895, 901-903］。しかし住民のチベット仏教に対する帰依は、中高年層を中心として依然として深い。特に60歳代以上の中にはラマ僧の経験者が健在であり、年配者は自ら毎日マ

表10-4 プミ語集団の年中行事

民族地域 / 月	シヒン・チベット族 西番 木里県水洛郷平翁村	プミ・チベット族 木里県桃巴村	プミ族 蘭坪県箐花村	漢族 木里県桃巴郷	その他のチベット族 木里県
12	8 除夕 −13 ヲシ①	7 除夕 −12 ヲシ②	(ヲシ)		19−29〈尼都〉
1	1 春節③	1 春節③	1 春節③	1 春節③	3−24〈黙朗欽波〉
2	3 撒秧節(米)		祭山会		
3	4 卡沙(大麦)		撒秧節(米)		
4				清明節	4〈牛埪〉
5			5 端午節	5 端午節	
6					
7			14 戎肯④	14 戎肯④	
8			祭山会		
9					
10	10 嘗新節(トウモロコシ)				25〈昂曲〉
11					

凡例: □ はプミ語集団伝来の行事、〈 〉はチベット仏教の行事、無印は漢族の行事。月は農暦、表中の数値は日付。

注:①「ヲシ」では、8日(1日目)に成年式を行い、9日に神山にのぼって山神を祀る。
　②「ヲシ」では、大晦日に成年式を行い、8日に神山にのぼって山神を祀る。「巴布長長」や水神菩薩を祀り、「初水」を汲む。
　③「春節」の内容はヲシと同じ。かつては農暦12月6～8日から一日選んで9日間ヲシで行っていたことを春節にも行うようになった。墓に行って祖先を迎え、囲炉裏の鉄三脚の三本の脚に供物を供えて祖先を祀る。水源で水神を祀って「初水」を汲む。
　④「七月半」の14日に死者のために山羊の心臓を捧げる儀式「給羊子」を行う。
出所:2001年3月、現地での聞き取りにより作成。

二車を回しながら経文を唱える。また室内には囲炉裏の正面に設けられた棚にタンカが飾られ、常に供物が供えられ、新しい家屋には必ず経堂が設けられる。住民は廟会や何かを祈願する時に寺院に参拝するだけでなく、その一生は誕生時にラマ僧に命名されることから始まり[14]、葬儀でラマ僧に経文を

---

14 子供の命名は、誕生の数日後に大ラマに頼みに行く。大ラマは経典中から縁起のいい名前を選ぶため、同名の者が少なくない。よく選ばれるのは、扎西(吉祥)、徳吉(幸福)、多吉(金剛)、格利(善)、達吉(繁栄、発達)や、次仁(長寿)、拉媽(仙女)、尼媽(太陽)、達娃

唱えてもらいながら茶毘にふされて終わる。

　では桃巴村では、ヲシと春節はどのように行われているのか。以下は、桃巴村扎西坡組の嘎長ZX家で行われた1999年12月のヲシと2000年1月の春節である。

　農暦12月7日の除夕に、屋上の鉄三叉をかかげた竹竿と経文を記した布を新しいものと取り替える。夜には家族で「年飯」を食べる。その後、新しい年に満13歳になる少年少女のために成年式を行う。少年にはズボン、少女にはスカートを初めてはかせ、一人前の成人になったことを皆に認めてもらう。13歳からは一人前の労働力とされ、17～18歳頃に結婚する。現在では成年式が2、3歳早く行われている。ZX（68歳・男性）が13歳を迎えた1940年代、彼の儀式は次のようであった。夕食後、ZXは居間の中心にある柱（「グジネ」、家神を象徴する）の前に立ち、両親は用意した成人用の上下を着せた。3人は囲炉裏の五徳のところで松の枝葉を燃やして叩頭し、祖先「パプジャジャ」を祀った。次にZXは、大ラマあるいは年長で最もふさわしいとされる親族からハタ（長い白布）を贈られ、それを柱に結び、親戚や友人からもお祝いの金銭や装飾品などをもらった。皆で「鍋庄舞」（囲炉裏を囲んで踊る舞）を踊り、酒を飲んで祝った。現在も成年式はほぼ同様に行われている。

　新年の1日目、早朝、男主人は屋上で穀物を撒き、塔の前で松の枝を燃やして煙をあげ、法螺貝を3回鳴らして山神を祀る。この日は家族だけですごし、親族友人との往来はしない。食事は前日から牛や山羊、豚などの肉をふんだんに使った料理を準備しておく。かつては生活が苦しかったため元旦だけ米飯を口にすることができた。食事の前に、五徳の縁に食物を置き、煙をあげて祖先に捧げる。食後、男主人は女主人といっしょに井戸の前に行き、牛乳や生花、穀物を捧げ、女主人が松の枝を燃やして「菩薩、水神、風調雨順」等の平安を祈る言葉を唱え、水神を祀る。初水を汲んで家に持ち帰る。その後、村人は山に登って山神を祀る。山頂には、家屋の屋上に設けられた塔と同型で高さ約2mの塔がある周辺の樹木と塔を五色の布を掛けた羊毛で

（月）、卓媽（救度母）などである。ただし各戸の房名はみな異なっており、個人を特に他と区別しなければならない時には房名をつけて呼ぶ。

結ぶ。塔の前でラマだった者あるいは年長者が経文を唱え、松の枝を燃やして煙をあげる。2日目から5日目までは親戚や友人間で訪問しあう。

　春節もヲシとほぼ同様である。春節はZXが成年式を行った約50年前にもすでに行われており、当時はヲシの方が盛んであった。成年式はヲシと春節の2回行った。春節の1日目は、早朝、囲炉裏の五徳の縁に酒と肉を捧げ、松の枝葉を燃やして煙をあげ、祖先を祀る。次に屋上の塔の前で穀物と酒を撒き、松の枝を燃やして煙をあげ、法螺貝を3回鳴らし経文を唱えて山神「ムジグ」を祀る。なお屋上の塔前で柏香樹（ヒノキ科の常緑樹）の煙をあげて山神を祀ることや囲炉裏の五徳で同様に煙をあげて祖先神を祀ることは、毎朝、男主人によって行われている。2日目から親戚同士で招きあう。5日目には、村人全員が木里大寺の西側にある山に登り、山頂の塔前で松の枝を燃やして煙をあげ、大ラマに経文を唱えてもらって山神を祀る。村人は屋上に昨年まで挿していた竹竿と柏香樹の枝、松の枝を持って山に登り、山頂で燃やす。その後、皆で共食し、スリマを飲む。

　ヲシと春節はともに一年の始まりとしてほぼ同様の内容で行われているが、山神を祀るという点に関しては違いがみられる。ZXによれば、扎西坡組には山神を祀った石積みの塔が3か所の山頂にあり、全戸32戸はそれぞれ昔から決められた場所で祀る。嘎長家は瓦爾、阿拉、李青、扎西、撒托羅、若里、娃木、譲義の9戸で行う。9戸は近所同士である。このうち妹が嫁いだ瓦爾家と娘婿の実家の阿拉家とは姻戚関係にある。経文を読むのは、かつてラマであったZXの父の弟である。同組は、1950年代初期は戸数21戸で、嘎長家と伍里家が最も古い。伍里家は現在8戸で祭山会を行うが、1950年代初期は伍里、嘎坡、打龍のわずか3戸であった。伍里からは珍昔と各冬、阿坡からは嘎譲、打龍からは作花友と朗丁がそれぞれ分家した。このうち嘎譲の妹と亜初の父は兄妹である。しきるのはかつてラマであった伍里家の戸主である。これに対して春節では村の幹部が祭山会全体をしきり、木里大寺のラマ僧に経文を読んでもらう。

　すなわち、扎西坡組は元来3集団からなる村で、集団ごとに居住する土地と山神のいる神山があり、ヲシは集団ごとに行う祭山会で、チベット仏教受容以前の形であったと思われる。これに対して春節では木里大寺近くの山頂

に村人全員が集まって村幹部が村の行事として祭山会を行う。

　ヲシの祭山会と同様のことは、桃巴プミに限らず、広くこの一帯でも行われている。例えば桃巴郷から西へ約90km離れた水洛河西側に位置する水洛郷の西番やシヒンにおいても、桃巴プミと同様に新年を農暦12月の「ヲシ」として祭山会を行う。シヒンと西番の「ヲシ」は次のようである。

　水洛郷平翁村平翁組では農暦12月8日を除夕として、9日から5日間行われる。12月9日は祖先が初めて平翁村に着いた日であると伝えられている。最初に当地に着いた査西家は150～200年前に西隣の稲城県から移ってきて、すでに6代になる。平翁村では5日目の午前に村人全員が食物と酒を持って給納山に登り、山頂の塔の前で柏香樹を燃やして煙をあげ、村長の査西JBDZが経文を唱えて山神を祀る。その後、皆で共に飲んで食べる。午後は麓の平らな場所で競馬をして楽しむ。帰宅後、1年間の家族の平安を祈って再び屋上の塔のところで煙をあげて山神に祈る。彼らの最高の聖山は貢嘎山（ミニヤコンカ）であり、各地の山神はその支配下にあって地域の自然と生物を支配し、住民に生活の糧をもたらすものであるという。シヒンのヲシも屋上や山頂に塔を設けて祀る場としている。

　また同村都魯組の〈西番〉もほぼ同様である。除夕の夜、屋上の竹竿を新しくする。1日目の早朝3時頃、男主人が屋上に上り、塔の前で穀物を撒き、法螺貝を鳴らして柏香樹を燃やし、煙をあげて山神菩薩を祀る。さらに井戸辺で柏香樹を燃やして水神菩薩を祀り、初水を桶に取る。2日目から全25戸、約260名が互いに訪問し、食事に招く。阿珍CE（40歳）家では1999年は牛1頭と山羊2匹、鶏4羽、スリマをもてなしのために準備した。5日目、最終日の朝9時頃、住民全員が食物と酒を持ち、晴れ着を着て神山に登り、塔の前で柏香樹を燃やして煙をあげ、阿珍家のPC（71歳・男性）が経文を唱えて、山神を祀る。山上で共に飲食し、午後は麓の平らな場所で競馬をして楽しむ。

　以上のように木里県のプミやシヒン、〈西番〉は、農暦12月8日を新年ヲシとし、5日目に同様の祭山会を行う。祭祀空間も同じである。家屋屋上と山頂に高さ2ｍの石積みの塔がある。竹竿は毎年替える。各集団における同様のシャーマンの存在も注目される。最も深くチベット仏教を受容した桃巴

プミにおいても「シャバ」とよぶシャーマンがいる。

　筆者の2001年の調査によれば、桃巴村李易店組の旺厳 DJL（81歳・男性）もシャバと呼ばれる一人である。婚礼や家屋の建築や遠出などの日取り、病気の治療を求めてほぼ毎日のように住民が訪ねてくるという。治療方法は病気の原因がどのような「鬼」であるかということを占って、それを慰め、あるいは駆逐する手段を行う「麻里珠」（チベット仏教の祈りの時に使うジュズ）や手指で占う。1940年代には組内の総戸数は13戸であったが、うち4戸の老人が占うことができた。DJLは占いの方法を近所の老人に学び、ラマの治療法を自習して25歳頃から占えるようになった。謝礼は尋ねる側の気持ちであり、わずかである。

　水洛郷平翁村都魯組の〈西番〉には「アーイ」がいる。祭山会を行ったパチュはアーイであった魯栄（樹都組）に占いや読経を学び、さらにラマの方法を独学して独自の占いを行う。組内では、病気の治療、遠出や新築の時に必ず呼ばれて占う。報酬は受けない。アーイは世襲ではなく、能力と関心をもつ者が自発的に身近なアーイに弟子入りして学ぶ。また、かつてはどの村でも老人の数名は必ずこのような占いができたという。桃巴村李易店組では3つの山頂の塔の前では、かつてラマであった老人が経文を読み、5日目には木里大寺のラマがよばれて読んだ。水洛郷平翁村平翁組では村長が読む。日常生活のなかで、現在もチベット仏教受容以前の形が残されていることがわかる。

２）雲南箐花プミ族の「ヲシ」（春節）と祭山会

　雲南プミ族もかつては木里プミ・チベット族と同様に伝統の新年「ヲシ」を農暦12月6〜8日から1日選んで元旦とし、9日間行った。しかし雲南移住後の早い時期にヲシを失い、漢族の春節を新年にするようになった［熊貴華2000: 92］。現在では春節を新年として祝い、春節をヲシとよぶ。桃巴プミが農暦12月のヲシと農暦1月の春節に同様のことを行うのと基本的には同じである。雲南プミでは、祭山会はヲシの時ではなく、農暦2月の春耕前か農暦8月の収穫後に行い、農事と関わる儀礼として行われている（前掲表10-4）。

　このほかの年中行事としては、農暦5月5日端午節の「遊山」や農暦7

月15日「七月半」の「祭宗巴拉（ゾンバラ）」、3月の「撒秧節」（田植え祭り）、4月と10月の「嘗新節」（4月は大麦、10月はトウモロコシの収穫祭）などの農事に関わるものがある。祭山会は地域集団でも行われ、一族で行うのがヲシ、個人参加が「遊山」である。また5月5日や7月15日のように元来は漢族の節日であるが、内容には漢族的な要素に加えて民族色も濃厚である。例えば5月5日は漢族の風習にならって邪を払うために酒を飲み、豚頭や包子を食べ、菖蒲を腰や頭に巻く。しかし同時にこの日は、県内のプミ族の若者たちがプミ族居住区の中心にある海抜3600ｍの雪門攻や徳勝村羅古箐のような景観のよい山に集まって遊び、恋人をみつける。また「七月半」初日の7月12日には、村の入口の道で供物を捧げて柏香樹を燃やして祖先を迎え、14日は同様のことを行って祖先を送る。しかしその年に新たに亡くなった者のために14日に行う「戎肯」（「給羊子」）の儀式は、死者のために山羊を犠牲にしてその心臓を捧げるものであるが、これはプミ族だけではなく、木里プミ・チベット族や寧蒗県のナムイ・チベット族、チャン族でも葬儀や祖先祭祀の時に伝統的に行われたものである。

　では最も盛大に行われたというヲシ（春節）や祭山会にはどのような特徴がみられるのか、箐花村雑木溝の楊ST家のヲシを事例として考える。

　除夕の朝、男主人は家族を率いて先祖の墓に行き、柏香樹を燃やして叩頭し、先祖の霊「ゾンバラ」を家に迎える。墓地の若松の枝を入口の横と屋内の中柱に挿す。午後4時頃、法螺貝を3回鳴らし、男主人が「鉄三脚」（五徳。祖先神を表す）に酒を注ぎ、数代前までの祖先名と山神名をよび、家庭の近況を報告して新年の願い事や一家の繁栄と五穀豊穣を願う。一家で年飯を食べ、父母や年長者の家に挨拶に行く。元旦の早朝、戸主は鉄三脚を祀る。酒と肉を三脚に供え、祝詞を唱える。娘たちが水源で水神菩薩を祀って初水を汲む。朝は、いつものように酥油茶を飲み、油で揚げた粑粑、豚肉や鶏肉、魚の料理を食べる。元旦には、最初に訪れた人や犬、猫等の動物によってその年の家運を占う。またシピが選んだ正月内の吉日に、広場に炭で円を描いた板をたて、男性がかわるがわる弓を射、命中の仕方によってその年の運勢を占う。3日目は鉄三脚を祀って先祖の霊を送り出す。ヲシの儀礼の中で最も盛大に行う。以後は親戚友人間で年始回りをする。STの父が存命の時は、

最も近い親戚の6戸が互いに招きあったが、現在は行っていない。また訪問する時の贈物は昔から決まっており、豚の肉や大腸などの臓物、油で揚げた粑粑大2個と小6個、スリマ20斤、白酒1斤、小麦粉製の粑粑などである。

　一方、祭山会は、同一宗族集団が行う祀りであり、箐花では2月か8月に行う。伝説によれば、箐花村には3つの宗族があり、それぞれに「グチャサリンル」「ルルンシリンル」「グダメシャ」と称せられる山神がいる、それらの山神は白旗をなびかせ、白矛を手に、白馬に乗ってやって来て、大樹（山神樹）に依り来たりて留まるという。雑木溝では、2000年2月に村近くの山麓に茂る大樹（山神樹）の下で祭山会が次のように行われた。雑木溝の山神は「メニゴンダ・シシゴンダ」という。

　朝、シピの楊CJ（79歳・男性）と弟子、楊社代表、楊書記らが神樹の下に供物を用意する。供物は紅毛の雄鶏1羽（山羊の乳で嘴と頭を洗う）、水1桶、小麦粉、スリマ1瓶、線香3本、白紙、若松の枝などである。山茶の枝を燃やして煙であたりを清める。神樹の前に御幣（枝に白紙をはさんだもの）を置く。弟子が法螺貝を3回鳴らし、山神に「神を祀りにやって来ました」と告げる。あたりの山から返ってくるこだまを神が応じた声とする。祭壇の上に炭、香木、酒、茶などを並べ、小麦粉や麦粒を撒く。雄鶏を煙で清める。鶏冠に刀を入れ、若松の枝と祭壇に血を滴らせる（「献生」）。再び法螺貝を3回鳴らす。シピが経文を唱える。雲南の蘭坪から四川の貢嘎山に至るまでの山々の神々を招き、村に飢餓や流行病、災いが降りかからないように守りたまえと祈る。弟子が雄鶏を殺す。血を白旗（御幣）に滴らせ、椀にも血を集め、鶏毛を祭壇に挿す。鶏を焼いて、祭壇に供える（「献熟」）。白色の綿羊を犠牲にする。シピがさらに経文を唱え、終了する。その後、鶏を煮込んで、皆で共食する。

　以上によれば、箐花プミのヲシと桃巴プミのそれには次のような異同がみられる。異なるのは、ヲシにおいて桃巴プミは祭山会を主として祖先祭祀も行うのに対して、箐花プミでは祖先祭祀を主として、祭山会は春と秋の農事に深く結びついて2月、8月に独立して行われる。しかし箐花プミで盛大に行われる「祭鉄三脚」や「祭中柱」（「スタンマオマ」）などの祖先祭祀は、桃巴プミにおいても同様の意味や方法によって新年や様々な儀式の時に必ず

行われている。特に囲炉裏の鉄三脚には、元来は3つの白石であったとする伝承があり、両者ともヲシの時に多くの供物を捧げて祀るだけでなく、冠婚葬祭や遠出、新築、災害、病気などあらゆる特別な時に、そして日常的にも毎日、飲食の前に必ず酒や水をかけ、食物を供えて祀る。

また「祭中柱」もヲシ以外に、婚礼で花嫁が実家を出る時や新郎家に着いた時に行う。新婦家では、中柱に新郎側から持ってきた酒をかけ、シピが歌うなかで新郎側の人々が中柱に向かって拝する。新郎家では、新郎が新婦の手を引いて中柱に向かい拝する。神は天上から屋根、垂木、中柱に降りてくると信じられているからである。このような鉄三脚（白石）や中柱を神の依り来たりて留まるところとする観念は、西番諸集団において広くみられるものである。また箐花プミの祭山会の大要は、大樹（神樹）の前でシピが経文を唱えて神を招き、法螺貝を3回鳴らして穀物を撒き、香木を燃やして煙をあげ、白鶏あるいは白羊を犠牲にして山神を祀ることであるが、これは桃巴プミやチャン族などの祭山会と同様である。

小　結

四川省木里県桃巴村のプミ・チベット族と雲南省蘭坪県箐花村のプミ族は、プミ語という同一言語を使用し、ともに自称をプミとする集団である。しかし雲南プミ族は13世紀に四川の集団から分かれて雲南に移動し、以来、両者はほとんど交流をもつことなくそれぞれの地域で文化を発展させた。そのため中華人民共和国成立後の民族識別では四川側はチベット族に、雲南側はプミ族を名乗るに至ったが、これには他民族および異文化との接触の違いが歴史的背景として考えられる。すなわち四川プミは中国王朝や吐蕃、モンゴル族等の支配を受けたものの常に最多集団であり、清朝では彼らの首領が土司となって他民族を統治した。さらに17世紀以降は伝来したチベット仏教ゲルク派を深く受容したことで西蔵を核とするチベット仏教族ともいうべき大集団に組み込まれ、西蔵チベット族の一支であると意識するようになった。

これに対して雲南側のプミは、移住した時にすでに先住のペー族やナシ族が支配者集団として存在しており、そのような社会の中で生きていくために

は彼らの言語を習得する必要があり、またその政治的経済的支配のもとで衣食住をはじめとする生活の諸方面に影響を受けた。しかし後発集団として差別されたことにより、表面では従属を表しながら、背面では一つの民族集団として結束を強め、結婚は同族内でのみ認め、家族関係や信仰面においてプミ族固有の文化を色濃く維持していったと考えられる。

　両集団の違いの一つは家族の展開や婚姻制度にみられる。桃巴プミは男女に関わりなく長子が嫁あるいは婿を迎え、男性が戸主となって家を継ぎ、親を扶養する。第2子以下は他家へ婚入するか、かつては未婚のまま家に残った。家産の分配は家を継いで親を扶養する者が多く受けた。分家による家産の減少をさけ、家庭経済の維持のために一妻二夫型や一夫二妻型の婚姻も行われた。チベット仏教寺院の統治下にあって寺院を人的経済的に支えなければならなかったことが、家族形態や婚姻に大きな影響を及ぼしたのではないかと考えられる。近年は、現金収入の増加に伴い、限られた家産においても独立した家計を営めるようになって分家および核家族化が進んでいる。これに対して箐花プミでは父系親族集団の結びつきが強く、イトコ婚や大家族型の家庭が理想とされた。現在では一般に、長子から順に結婚して分家し、末子が親と同居する。ただし分家は親の許しがなければ行うことができず、年配者は概して家族が分かれることを好まない。

　しかし両者に共通するのは、農暦12月初旬を新年「ヲシ」とするプミ暦年の存在と祭山会である。特に祭山会では、シャーマンの主導の下、経文を読み、穀物を撒き、松の枝葉を燃やして煙をあげ、山頂の塔や大樹に神を迎える。山神を地域および自然の管理者とみなして既述のような祀り方をすることは、プミ語集団のみならず、蔵彝走廊の西番諸集団やギャロン・チベット族、チャン族などに広くみられるものである。

　四川プミと雲南プミは移動や異文化との接触の違いから異なる道を歩み、異なる民族としての意識をもつに至ったが、祭山会にみられるように、信仰の底辺にはなお共通の要素を持ち続けていることが明らかである。またこれは、四川プミにおいてチベット仏教が土着の信仰を否定することなく、それらを吸収融合しながら受容されていったことを示している。また雲南プミ族においても、一見、言語や衣食住等において周辺の強力な民族に従属し吸収

されて固有の文化をなくしたかのようでありながら、実は家族や親族関係の結びつきが極めて強く、日常の駆邪儀礼や祖先祭祀、治療法、冠婚葬祭、自然に対する崇拝とその儀礼などに濃厚な民族固有の文化が残されている。プミ語集団は蔵彝走廊のチベット諸集団の中では最も南西の端に位置する集団であるが、諸方面においてチャン族と驚くほど類似した文化を保持している。

第11章

四川と雲南のナシ語集団

第1節　四川のナシ族

1．四川のナシとナリ

　ナシ族は、総人口約35万6000人（2003年）で、雲南省西北部の海抜1000～2000ｍの盆地や丘陵部およびその東側に接する四川省山間部に居住する。金沙江を挟んで西側の滇西北地区に人口の約85％が、東側に15％が分布する。金沙江西側の麗江納西族自治県（現在の古城区・玉龍納西族自治県）に18万4894人（ナシ総人口の約61.4％）、永勝県 8万4832人（28.2％）、中甸県（現在の香格里拉市） 2万1630人（7.2％）、維西傈僳族自治県 1万6620人（5.5％）、大理白族自治州9595人（3.2％）、昆明市5368人（1.8％）、東側の寧蒗彝族自治県瀘沽湖周辺に 1万8089人（6.0％）、四川との省境に8542人（2.8％）、四川側の木里蔵族自治県（以下、木里県と記す）の俄亜と水洛に3618人（1.2％）、塩辺県2005人、塩源県737人が分布する（図11-1）。

　言語は、チベット・ビルマ語派イ語群に属し、西部と東部の方言に大別される。ナシ、ナホン、ラル、ラロ、ユンク（以上西部方言）、ナリとマリマサ（以上東部方言）の 7つの下位集団がある。このうちナシは約23万人で、総人口の約76.4％を占める最多集団である。支配層の木氏は、明代以来、漢文化を積極的に取り入れ、漢族など他民族を融合して雲南北部から四川の木里に至る広い地域を支配した。ナホンは、早期に維西から寧蒗県北渠壩に移住した集団である。ラルは約5000人で、元来は他民族であったのが長期にわたるナシとの雑居や通婚のためにナシになった。ユンクは最も早く四川の塩源や木里から香格里拉にきた集団とされる。ナリは約 4万人で、モソとも

427

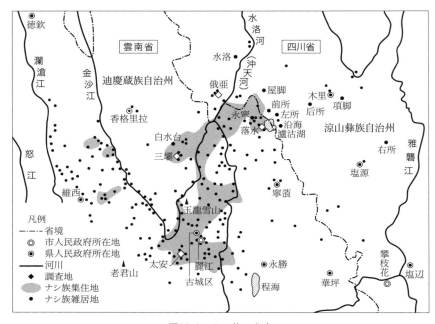

図11-1　ナシ族の分布

出所：雲南省社会科学院麗江東巴文化研究所編『東巴文化芸術』（雲南美術出版社、1992年）等をもとに筆者作成。

よばれ、雲南省北部の寧蒗県を中心に2万人、四川の塩源県に1万人、木里県に1万人、塩辺県と渡口市にそれぞれ千人いる。ラルは、四川の塩源県の左所、前所、沿海や木里県の屋脚、項脚などに居住する集団で、言語習俗がナリに近い。近年、蒙古族に改称した[1]。マリマサは約2万5000人で塩源から維西に来たという口頭伝承をもつ［田雪原主編2005: 565-566］。

　四川のナシはナリとナシに大別される。ナリは、ナシの移住以前にすでに四川と雲南の省境の瀘沽湖周辺に定住していた集団である。母系制を保つ「女人国」として紹介され、多くの研究報告がなされている[2]。ナシは明代中期に麗江から移ってきた集団である。移住先が地理的に極めて閉鎖的な山間にあり、また後発集団として自集団の自立を図るために地元の土司に対

1　ナリとモンゴル族については李紹明［2006b］に詳しい。
2　1960年から2005年までの主な研究成果は、拉他咪・達石主編［2006］に収められている。

抗し、周辺他民族との接触を避けて内部での特殊な婚姻形態を行ってきた。「活きた化石」とよばれるように、その社会には移住当時の明代以来の習俗が色濃く残るとされる［宋兆麟2003: 2］。

2．俄亜ナシと達住ナシ

　四川のナシは、木里県俄亜納西族郷と塩源県沿海郷達住村に集中して居住する。

　俄亜郷は、四川省涼山彝族自治州木里蔵族自治県西南の雲南との省境の山間部に位置する。平均海抜は2400m、北は4000m級の寧朗山脈、西は峡峭山脈に囲まれ、東は沖天河（水洛河）、南は龍打河に面する。高山部は寒冷でヤクを飼う牧畜を主とするが、山腹は亜熱帯気候で年平均気温が15度、無霜期間260日、年平均降水量1000mmで、トウモロコシや小麦を主に栽培する。清末に開かれた龍達金鉱は豊富な埋蔵量で知られる。冬は雪に閉ざされる山間部で、険要で閉鎖的な環境のために外部との往来は少ない。四川の木里県県城までは歩いて約10日、雲南の寧蒗永寧や麗江宝山までも徒歩で3～4日かかるが、雲南側がやや近いことから、雲南側との往来が多い［木里蔵族自治県志編纂委員会編1995: 131-132］。2007年の調査時点で、木里県で唯一、郷人民政府所在地まで車の通行可能な公路が通じていない郷である[3]。

　俄亜郷のナシ族（以下、俄亜ナシと記す）は、明代の移民の末裔であるという。伝説によれば、明代中期に麗江ナシ族木土司の管家ワチガジャが狩場だった当地を気に入って一族やトンパ（東巴。ナシ族のシャーマン）、牧人、馬飼などを連れて移住してきた。金鉱開発のために木土司が兵士を駐軍させたともいう。ワチガジャ一族は木土官に封じられ、約400年を経る。麗江木土司は、宣徳8年（1433）に永寧土司とともに左所土司を打ち破って以来、木里を占領し、現在のチベット自治区に接する雲南の巨甸や維西、中甸、徳

---

[3]　郷人民政府の書記によれば、08年には公路が開通予定であるという。外部との往来は、筆者の調査時（2007年）には香格里拉県城からは車で約3時間かけて七樹湾まで行き、そこで馬に換えて海抜3600mの山を越え、およそ12時間で俄亜郷人民政府に着いた。4つの村へは、すべて山道を馬か徒歩で行き、河谷の俄亜村までは約30分歩く。

欽、四川の巴塘、理塘に及ぶ地域を占拠した。そして嘉靖（1522～1566）・万暦（1573～1620）年間は明王朝のもとでチベットと戦った。沖天河および支流流域には、木土司が出兵時に築いた高さ数十ｍの土碉の一部が残存している。しかし、1674年にチベット軍が中旬に入った時、出兵を命じられた木里土司は木土司軍を破り、以来、当地は中華人民共和国成立前まで木里大寺の管轄となった。中華人民共和国成立後、1953年に俄亜郷となり、83年に俄亜納西族郷とされた［木里蔵族自治県志編纂委員会編1995: 131-132；四川省編輯組編1987: 70-76；宋兆麟2003: 3-10］。

達住村は、涼山彝族自治州塩源県左所区沿海郷に属する。四川と雲南の省境にある濾沽湖の四川側の湖岸に位置し、西北に牦牛山や大岳山、湖中に獅子山がそびえる。平均海抜は2400ｍで、年平均気温は10～15度、夏冬ともに穏やかで、風光明媚である。伝説によれば、木土司が明代に木里を占拠した時に派出した兵士が、木土司の勢力が衰えた後に麗江に戻ることができずに定住した。当時、一帯は永寧土司の管轄下にあってヒエの収穫にはいつも徴集されたが、ヒエを靴に隠して持ち帰り、栽培を始めた。少数ではあったが、組織化された軍兵であったために永寧土司も左所土司も治めることができなかった。彼らは、木里大寺の管轄下に入って、中華人民共和国成立まで永寧土司に対峙した。1957年の統計では、戸数81戸、人口608人であった。婚姻は、父母が決める一夫一妻制が原則である。住民は、隣接するナシ族東部方言のナリ語やプミ語も理解し、多くが漢語も使う［四川省編輯組編1987: 1-6］。

第2節　俄亜村の婚姻と家族

１．四川ナシの婚姻と家族に関する先行研究

四川省のナシ族については、1970年代後半から1980年代初期にかけて国家の少数民族調査の一環として次の２回の現地調査が行われた。

第一回は、宋兆麟、劉尭漢、厳汝嫻らの1980年代の調査である。彼らは、1981年に雲南と四川の省境に位置する濾沽湖から金沙江を越えて俄亜郷に入り、俄亜大村（以下、俄亜村と記す）について詳細な調査を行った。調査

後、宋兆麟は『共妻制與共夫制』『走婚與伙婚―金沙江奇俗』を出版し、さらに2003年には『俄亜大村――一塊巨大的社会活化石』を刊行して、俄亜ナシの社会が、独特で多様な婚姻慣習によって維持されてきたことを明らかにした。

このうち『俄亜大村』［2003］は、1980年代の未収録の写真や図を多く収録し、婚姻と家庭、経済生活、信仰の項目について個別の事例をあげた具体的な報告で、当時を知る上で重要な資料であり、他論文でもしばしば引用される。特に、婚姻と家族に関しては、情報が詳細で、インフォーマントと調査者との問答などは住民の意識を知るうえで貴重である。ただし住民側には多少の不満があるという。例えば、表紙の写真は、恋人関係にある「安達」（以下、アダと記す）の女性が男性の部屋を訪ねる場面として紹介されているが、アダは社会の暗黙の了解事項であって公開するものではない。原則として夜、人に知られないように通うものなので、正式の婚姻関係のない女性が明るいうちに堂々と男性の部屋に行くというのは不自然である。しかもアダと説明された写真の2人は、実は兄弟姉妹である、と。

第二回は、中国少数民族社会歴史調査として『四川省納西族社会歴史調査』［1987］に収められたものである。四川省内でナシ族とされるナシ（納西）人とナリ（納日）人について4か所をとりあげ、①塩源県沿海公社達住村の納西族（李近春等、1980年2～3月）、②木里蔵族自治県俄亜郷のナシ族（劉龍初等、1984年8～9月）、③塩源県・木里県のナリ人（劉尭漢等、1980年3月）、④塩源県左所区のナリ人（楊学政等、1976年3～6月）における調査報告を収める。調査項目は、社会歴史調査の定例項目に沿ったもので、概況、婚姻、家庭、喪葬習俗、宗教信仰、民間伝説故事に分かれる。当時の調査は、特に婚姻・家庭に集中して行われており、俄亜については生産経済や衣食住に関する項目がたてられていない。ただし数値を含む自然条件や文献に基づく資料などの基礎的資料があり、俄亜ナシのこの20年間の変化や当時の他地域との比較からその婚姻慣習の形成を考えるうえで重要である。

2．俄亜村の概況と歴史

俄亜郷は、戸数873戸、人口5694人で、チベット族とナシ族が人口の約

表11-1 木里蔵族自治県俄亜納西族郷の6行政村の概要（2006年）

	人口(人)	戸数(戸)	組数	民族 (%)	海抜(m)	耕地面積(畝)	水田(畝)	畑(畝)	退耕①(畝)	トウモロコシ②	大麦
俄亜	1,413	185	5	ナシ	2100	2,254	129	2,125	1,229	4,540	2,297
蘇達	846	147	6	ナシ	2200	1,131	77	1,054	276	1,947	994
立碧	953	144	5	漢	1700	1,959	20	1,939	747	2,246	1,605
俄碧	1,337	213	6	ナシ 56 チベット44	1700	1,525	25	1,500	1,271	512	288
卡瓦	840	131	4	ナシ 31 チベット69	1800	1,242	99	1,143	681	1,314	322
魯司	305	53	2	ナシ	2000	441	10	431	300	517	214

注：①退耕還林：傾斜地の耕地を林地にすること。本村では、2002年に始まり、04年までは、1畝あたり米240斤、05年からは1畝あたり現金240元が補償された。
②農作物の単位は100kg。
③東義河と蘇達河は、砂金の産地として知られる。

90％を占める。このうちナシ族は最多の3598人で63.2％を占め、次にチベット族が1356人で23.8％、漢族735人が12.9％のほか、ペー族が5人いる（2006年）。1980年代初期と比べると、約25年の間に人口は1.3倍に増え、なかでもナシ族の伸びが大きい。1982年には戸数592戸、人口4291人で、民族別にはナシ族が2490人（58.0％）、チベット族1147人（26.7％）、漢族579人（13.5％）であった。この20年間に戸数は1.5倍に増え、一戸あたりの平均家族数は7.2人から6.5人に減少している。本郷では外部からの転出入はあまりなく、自然増加がほとんどである。よって平均家族数の減少は、分家の増加を示すものである。

　俄亜郷は、俄亜村のほか蘇達村、立碧村、俄碧村、卡瓦村、魯司村の6つの行政村からなる（表11-1）。ナシ族、チベット族、漢族はそれぞれが固有の言語を用い、ほぼ民族ごとに集住する。このうちナシ族は、平均海抜が2000mを超える蘇達河沿いの俄亜と蘇達、および東義河沿いの魯司の3村に集中し、さらに俄碧に約750人、卡瓦にも約260人がほぼナシ族だけの集落を形成する。郷全体の平均海抜は2400mで、西北部には海抜4418mの特貢哈山がそびえ、沖天河や金沙江などの河川が山間を南北に貫流する。年平均気温14度、年間無霜期260日、年平均降水量は約1000mmで7〜9月に集中し、比較的温暖で雨量も十分である。また蘇達河と東義河からは砂金がと

小麦	水稲	サンショウ	クルミ	黄牛	馬	ラバ	ヤク	ブタ	ヤギ	綿羊	金② (g)
634	898	266	934	1,042	182	356	2,817	2,817	5,436	3,048	70
802	192	25	281	1,819	181	219	1,327	2,043	3,602		7,200
1,805	40	20	70	1,489	147	227		3,186	4,672	4,672	
905	45	51	81	575	210	453		2,899	4,023		6,350
1,207	201	67	130	1,325	112	334	292	1,879	6,663		
497	44	14	66	758	76	67	455	706	1,486		

出所：2007年、俄亜納西族郷人民政府での聞き取りにより作成。

れ、現在も蘇達村と俄碧村の住民の主な収入源となっている。

　俄亜村は、俄亜郷の6村のなかで最も古い村落で、400年以上の歴史をもつ。俄亜と克之、拖之の3自然村からなり、戸数185戸でほとんどがナシである。俄亜村は、かつての支配者であった木官府の屋敷を中心に河の東側に住居が集住し、背後にある神山では、毎年、祭天や祭山などの活動を行う。中腹には火葬場がある。蘇達河を渡った西側には水田や段々畑が拓かれ、山頂は草地である。住民は毎日、橋を渡って田畑や放牧場に働きに行く。表11-1からも明らかなように、人口や総面積、耕地面積が郷内最大である。河谷には水田、河の西側斜面には棚田が広がり、食糧生産も最多で、水田はほぼ本村のみに集中している。山頂の牧草地では、ヤギや綿羊、ブタを放牧し、ヤクは本村と蘇達が主に飼育する。経済作物としてサンショウやクルミがあるが、主に自家用である。

　本村では、日常生活をほぼ村内で完結できたために衣食住の自給自足的生活を長期にわたって行ってきた。それは、かつては外部に対する防衛の点で有利であったが、近年の経済中心の社会においては逆に不利である。自給自足が可能であったために現金収入を得るという発想が薄く、それが経済的な発展の障害となっている。本村は、一人あたりの年間純収入が約1700元で、郷内では豊かなほうであるが、四川省の平均純収入の70％弱にすぎない。

写真11-1　木里蔵族自治県俄亜納西族郷俄亜村
　　　　（2007年9月）

しかも現在の現金収入は、退耕還林の補償が主である。補償は、2002年に始まり、04年までは1畝あたり米240斤（1斤＝500g）が支給されたが、生態林で5年、経済林でも8年という期間制限があるうえに、05年からは現金240元に変わって実質的な収入減となった。

　またかつて本村では、小学校への就学率が約70％にすぎず、12歳になってやっと小学校入学という例もあった。2004年から国家が「両免一補」政策（学費と寄宿舎費の免除、生活用品費の補助）をうちだして、ようやく小学校への就学率が100％に近づいたが、郷内に中学校はない（郷政府によれば08年9月に開校予定）。そのため住民は教育水準が低く、外部への出稼ぎもあまり望めなかった。これまで高校進学で郷外に出たのは3名にすぎず、高校のある木里県の県城までは徒歩で数日を要する。現在も外部との物資の往来は、主に「馬帮」（駄馬によるキャラバン）による。馬帮は、各戸の若い男性が自家の馬数頭を引いて友人らと行う小規模のもので、馬で山を越えて雲南省側の永寧県や香格里拉県の県城に行き、塩や生活用品等を購入して村まで運ぶ。

　住民は、多くがなお経済重視の外部世界とは異なる価値観で暮らしている。俄亜村1組では全50戸のうちテレビがあるのは10戸にすぎず、住民の80％がテレビをもっていないために普段から外部の情報に接することも少なく、家具や家電など消費物資はあまり入っていない。ほとんどの家庭が今もトウモロコシの「咂酒」を作っている。自家で酒を製造することは、四川の民族地区でもかなりめずらしい。ここでは、上級学校へ進学するか、試験に合格して人民解放軍の軍人になることが、農村をでて「出世」するための最も賞讃される方法であり、考え方はほぼ改革開放前の中国農村のそれを思わせる。

3．俄亜村の婚姻と家族

　俄亜ナシは、伝承によれば、明代に雲南麗江の木土司が四川進出の際に派遣した兵士たちの末裔である。木土司が撤退した後も四川にとどまり、敵対するチベット族に囲まれながら、防御に適した土地を選んで移り住んだ。彼らにはかつての支配者の末裔としての誇りがあり、内部で完結する閉鎖的な社会を築いて自集団の存続を図ろうとした。その結果、婚姻は独特な慣習のもとで村内で繰り返され、濃厚な血縁関係が形成されており、特殊な家族形態がみられる。

　多様な婚姻慣習とは次のようである。俄亜ナシには、「アダ」（安達）婚という特殊な慣習がある。アダは正式な婚姻以外の恋人関係で、女性が男性のもとに通い、子供は女性の家庭に所属する。いかなる手続きも儀式も不要で、恋愛感情があれば成立し、なくなれば別れる。これに対して正式な結婚は父母が決め、イトコ婚が優先される。兄弟が1人の妻を共有したり、姉妹が1人の夫を共有したりすることも少なくない。正式な結婚後も夫婦がそれぞれアダをもつことが多く、夫婦が性的関係をもつのは一定の年齢に達してアダの関係がなくなってからだという［宋兆麟2003: 11-84］。

　宋によれば、恋愛は自由であり、成人に達したらほとんどがアダをもつ。しかも生涯に何人ものアダをもつ。これに対して婚姻は父母が決め、逆らうことはできず、離婚も認められない。道徳的にも経済的にも大家族を理想とし、父母を扶養し、姑嫁関係を円滑にするために、兄弟の娘と姉妹の息子との婚姻が最も奨励されている。婚約は非常に早く、早婚が一般的である。結婚式をあげてもすぐには同居せず、夫は妻のもとに通い、子供をもうけた後に妻が夫方に住む「不落夫家」が行われている。婚姻形態には、一夫一妻型、一妻多夫型、一夫多妻型があり、嫁がず娶らないアダ関係のまま一生をおえる場合もある［宋兆麟2003: 11-71］。

　以下では、多様な婚姻慣習がどのように関連しあって俄亜村の社会秩序を形成してきたのか、劉龍初［1987］や宋兆麟［2003］、松岡［2007a］等をもとに分析し、俄亜社会の現状と今後について考察する。

1）1980年代の婚姻形態

　劉龍初によれば、1980年代には婚姻型式は父母が決める一夫一妻型が主

である。1982年の統計では、一夫一妻型は全130戸のうち74戸で57％を占め、健在の夫婦169組のうち106組がこの型で約63％に達する［劉龍初1987: 77］。しかしこれは、1980年代においてなお40％弱が一夫一妻型ではないことを示すものでもある。中華人民共和国では、1953年に婚姻法が成立し、一夫一妻制を婚姻の基本型としてすでに30年を経ている。にもかかわらず、ここでは依然として国家の婚姻法とは全く異なる婚姻慣習が社会的に公認され、存在していた[4]。

　一夫一妻型以外の婚姻63組には、一妻多夫型、一夫多妻型、嫁がず娶らないアダ型がある。このうち最多が一妻多夫型で、63組中の56組で、約90％であり、全体の169組中でも33％を占める。しかも本村の一妻多夫型は、複数の兄弟が一人の妻を娶る、兄弟共妻型である。また複数の兄弟といっても、多くが比較的年齢の近い2人の兄弟の間で行われている。兄弟共妻型の56組のうち、2人兄弟の場合が44組で78.5％を占め、兄弟3人が10組で18％、兄弟4人が2組で3.5％である［劉龍初1987: 77］。また一夫多妻型も、実は姉妹共夫型であり、兄弟共妻型の姉妹版といえる。

　しかし宋［2003］および劉龍初［1987］によれば、本村の婚姻には様々な問題がある。

　第一は、婚姻は父母の決定によることである。それは、婚姻の目的が大家族の維持にあるからである。これは絶対的な「老規矩」（古くからのきまり）であり、たとえ夫婦間の感情があわないとしても離婚は許されない。婚姻に関しては本人同士の感情は問題にされないため、むしろ最初から良好な夫婦感情があるほうが稀である。また最も奨励されるのが、兄弟と姉妹の子供同士の結婚であるが、兄弟姉妹の子たちは幼い頃から一緒に育つため舅姑は実の親と同様であり、嫁姑の確執が起こりにくい。しかし若夫婦の感情は兄弟姉妹のそれであり、結婚後もそれぞれのアダと関係が続くという。

　第二は、「不落夫家」が一般的であり、同居しないままの夫婦もあることである。本村では、結婚式後も妻がすぐに同居はすることはなく、子供ができてはじめて夫方で同居する。婚姻は新婦側にとっては労働力の減少であり、

4　少数民族は、かつては早婚が多く、チベット族の一夫多妻型婚姻のように特殊な婚姻慣習もある。そのため婚姻法の適用や実施については民族の慣習が考慮され、一様ではない。

新婦側の家庭経済も重視されている。同居の時期は、双方の家庭の働き手の過不足や経済事情、本人同士の感情の如何によって決められる。また夫方に移っても夫婦関係を結ばず、夫あるいは妻がそれぞれ別の相手とアダ関係を結ぶ場合も少なくない。ただし相手の如何にかかわらず、妻が生んだ子供は夫の子とされる。

　第三は、兄弟共妻型あるいは姉妹共夫型の実施によって結婚適齢期の男女のバランスがくずれていることである。本村では共妻型が多いことから、必然的に結婚できない女性が生じる。住民はこのような女性に同情的である。劉龍初［1987: 87］では、生まれた家に生涯留まって嫁がず、アダ関係によって子供を生んだ女性が80年代初めにも10数人おり、生まれた子供は実家で育てるとある。

　また兄弟共妻の場合、結婚式は長男か次男が適齢期になった時に行い、他の兄弟も新郎として並ぶ。しかし年齢の離れた兄弟間では、末弟が成長した時には妻はすでに中年で、年齢の差だけではなく性格や好みも末弟とはあわない。そのため共妻は多くの場合、年齢の近い兄弟の間で行う。ただし年齢の近い兄弟間でも全員が夫婦関係に満足するわけではない。そこで満足できない場合は、自分だけのアダを外部にもつ。

　兄弟全員で共妻を娶った場合、年齢の離れた末弟が婚姻の解消を父親に申し立てることもある。Ⅰ家では、1950年生まれの長男と2歳下の弟、12歳下の弟の3人の兄弟が52年生まれの妻を娶った。上の2人は比較的良好な関係で妻を共有しているが、末子は成長後、この婚姻に不満をもって解消を望んだため新たに嫁を迎えた。Ⅰ家では、父が健在で分家していないので、長男と次男は1人の妻を共有し、三男は一夫一妻型で同じ家に暮らす［劉龍初1987: 77-78］。

　では、このような矛盾や問題があるにもかかわらず、多様な婚姻慣習が継続されてきたのはなぜなのか。一夫一妻制について、宋［2003］では次のような事例をあげる。SGTは、俄亜村で最初の共産党員で支部書記を務めた。結婚も共産党の婚姻法に従って本村で初めて一夫一妻制の小家庭（核家族）を選択した。10数年間暮らしてきたが、大家族を離れて孤立無援であったためにだんだん貧しくなった。小家庭はこの土地ではやはり無理である。4

人の息子には共通の妻を娶りたい。そして大家族形態のもとで少しでも豊かに暮らさせたいという［宋兆麟2003: 83-84］。

このように少なくとも80年代までの最大の理由として考えられるのは、経済力である。限られた耕地や家畜で自給自足できるだけの最低の生産力を維持するには、家産の分散を極力さけ、農業と放牧という主要な生産労働を家族で力を合わせて行う。そのためには子供の結婚による分家をさけ、大家族の形態を継続する一方、出費の面では、嫁迎え（婿迎え）に関わる経費をできるだけ軽減することが必要であった。そこで共妻や共夫、あるいは兄弟姉妹の交換婚などが繰り返されたと考えられる。

第四は、嫁がず娶らずのアダ型関係が、多様な婚姻形態の矛盾の解決法の一つとして行われていることである。アダとは、正式な婚姻以外の男女の恋人をいう。金品の授受も契約もなく、個人の愛情だけで結ばれる。ただし男女の1〜2回程度の関係はこれに相当せず、比較的長期の安定した関係の男女をアダとよぶ。俄亜ナシは、男性は17、8歳、女性は15、6歳になると恋愛は自由であり、結婚式をあげた後も夫あるいは妻以外の異性との恋人関係が黙認されている。ただしアダは、白昼堂々と行われるものではなく、できるだけ他人に知られないようにする。劉龍初［1987］によれば、80年代初めに生涯、正式の結婚をしなかった女性が10数人いたという。

しかしアダは、同じナシ族の一支とされるモソ人のアチュ婚とは異なる。モソ人は、成年になったらアチュとよばれる恋人をもって、男性が夜に女性の部屋に通い、一生のうちで何人ものアチュをもつ。母が家長となる母系制が行われており、社会全体が嫁がず娶らないという婚姻形式を実施する。成人は実家に生涯留まり、女性が産んだ子は女性の実家の男性が養う。これに対して俄亜ナシでは、父が家長となる父系制が原則で、一夫一妻を主とするものの兄弟共妻や姉妹共夫もあり、嫁がず娶らない男女もいる。また当地では、成人男性のみが家屋屋上に自分の部屋をもっているため、アダ関係を結ぶには、夜、女性が男性のもとを訪れ、明け方、秘かに帰る。

以上のように、俄亜ナシでは、麗江ナシと同様に、青年期の恋愛は自由であるが、婚姻は親が決める一夫一妻制であったと考えられる。ところが俄亜に定住するようになって外部の異民族と対峙して内部だけで完結する社会を

つくらざるを得なくなったことや、貧困を避けて自給自足の経済を維持するには、結局、共妻あるいは共夫による大家族制が最も理想的であることを次第に認識するに至ったと考えられる。劉龍初［1987: 78］でも、共妻や共夫という婚姻形態は周辺のチベット族の婚姻に影響を受けたとする。

さらに特殊な婚姻形態のために生じた様々な矛盾を内々で解決する方法も考えだされた。それが結婚後のアダ関係の継続を黙認することによって男女の愛情部分を補うという慣習である。そのため結婚式は、新たな夫婦の開始ではなく、家庭経済を維持するために新しい家族成員を迎えたことを社会に告げる儀式である。俄亜村では、夫婦は家庭経済を支える表の制度であり、アダは男女の愛情を満たす裏の制度であったといえる。本村では、嫉妬や独占欲といった男女の愛情にはつきものの原因による殺傷事件がほとんど表沙汰になっていない。それは、多様な婚姻慣習が社会秩序を維持する「老規矩」として黙認され、それが伝統として守られていったからであろう。

２）達住ナシのアダ

では、俄亜ナシの様々な婚姻慣習は、本当に「老規矩」として必要であったのか。麗江の木土司の兵士の子孫として同様の歴史をもちながら一夫一妻制を行う達住ナシの状況と比較してみよう。

塩源県左所区沿海郷達住村のナシ族（以下、達住ナシと記す）は、俄亜ナシと同様の歴史をもつ。李近春［1987］によれば、本村は81戸中75戸、570人がナシで、周辺にはナリやプミ族、チベット族が居住する。伝説によれば、明代、麗江の木土司が雲南の寧蒗や四川の塩源、木里、中甸に進出した際、兵士たちの一部は木土司の勢力が衰えた後も四川に残り、幾つかの土地を経て最後に濾沽湖の東北に位置するこの地に定住した。初め永寧土司の管轄下にあったが、かつて敵対していた相手であったためにあえて木里大寺の大ラマの支配下に入ることを選択した。しかし俄亜ナシと違って永寧までの道路がすべてこの地を通るため、日常的に周囲の他民族と接触する機会が多かった。ナリやプミ族、チベット族と近接し、多くがナリ語やプミ語、漢語も理解する［李近春1987: 1–3］。

達住ナシの婚姻は、一夫一妻制である。父母が決め、当事者本人に選択の権利はない。婚前の男女の恋愛は同一の「斯汝」（父系親族集団）以外では

許されたが、この100年の間に「斯汝」内の婚姻も行われている。他民族に囲まれながらも木土司の兵士の末裔であるという誇りをもち、血統の純潔性を保とうとして村内婚を行った結果、姑舅表婚（父の姉妹の息子と母の兄弟の娘の婚姻）や姨表婚（母の姉妹の子同士の婚姻）が蜘蛛の巣状にはりめぐらされた。しかし農業生産や馬による運送業の発展、経済文化交流の増加により、村外の同一民族や近隣の他民族との通婚もでてきた。この150年余りの間に、村外婚に該当する者は56名で、そのうち外部から嫁いできた者が18人、外部に嫁いだ者が26人、婿入りした者が6人、外部に婿に行った者が6人いる。地域は寧蒗県の永寧、大小洛水、北渠壩、塩源県の長白、臥龍河、前所、三河、木里県でみな近隣である。また民族別では、同一民族のナリが44人で80％を占め、プミ族4人、漢族4人、チベット族2人、ナシ族2人である。

　またかつては、長男にだけ妻を娶らせ、次男は結婚せずに同居した。次男はラマになったり、木里大寺のラマのために賦役にでたり、一家の次世代を扶養する義務があった。子供たちは父の弟（次男以下の男子）を父と同様に尊敬した。末子は、馬を使って商売をする能力があれば結婚させた。姉妹共夫型が3例、2つの家庭の兄弟姉妹を交換する形の結婚が4例ある。また未婚のまま、嫁がず娶らず型もある。1980年代には、適齢期を越えていながら未婚の男性が27名、同様の女性が27名いた。一部の女性は密かに未婚男性と恋愛して性的関係をもち、4人が子供を生んだが、やむなしとされた。老人の話では、結婚しないのは生活が苦しくて妻子を養えないからであるという[5]。

　俄亜ナシとの大きな違いは、兄弟共妻型婚姻がないとされることである。しかし次男が結婚しないで同居するというのは、次男については実質的な共妻型かアダ関係が継続されていた可能性が高い。やはり俄亜ナシと同様に、歴史的な内婚制の傾向と貧困を避けるための大家族維持の必要性は結婚形態に大きな影響を及ぼしている。また達住では、貧困や男子の出家が男女比率のアンバランスをうみ、恒常的な男性不足で結婚できない女性はアダ関係を

5　以上、達住ナシの資料は李近春［1987: 19］による。

結ぶ。しかし達住はこの地域の交通の要衝の一つで、経済発展の機会は俄亜よりも多いことから、分家による一夫一妻制も可能で普及が進んだ。ただし、やはり同様にアダによる社会の裏側からのサポートも表制度の維持のために黙認されていたと考えられる。

3）近年の俄亜ナシの婚姻と家庭

以下では、俄亜村1組を事例として家族と婚姻について考察する。1組全50戸の家庭状況（表11-2）は、2007年9月、筆者の現地でのTZ（男性・60歳、1963〜2006年まで俄亜村会計を担当）と住民数名からの聞き取りによる。

TZによれば、1組には複数の房名がある。房名は、父系親族集団のうち近い関係の間で同一名称が用いられる。彼らの婚姻では、兄弟の娘と姉妹の息子同士のイトコ婚が最もよいとされ、同一房名内では婚姻関係を結ばない。房名別の戸数と家族数は、機黒7戸、宋得5戸、瓦初5戸、東巴5戸、機機美4戸、打機4戸、拉布3戸、木瓜3戸、拉波3戸、冷布3戸、加黒2戸、阿珠・瓦克・高交・機才が各1戸である。異なる家系からなる兵士団の末裔という歴史的要因が村内婚を可能にさせたといえる。

住民の話によれば、近年結婚した若い世代のほとんどが一夫一妻型である。これは全村でみられる傾向であり、結婚後は可能な限り親や既婚の兄弟と同居する。一夫一妻型は、1982年には全村の約60％だったが、この約20年間に、一夫一妻型を当然とする考え方が若者だけでなく親の世代にも普及したことがわかる。本村では、依然として家族の絆は強く、親の同意のない結婚はありえないからである。

総戸数50戸のなかには、むろん一夫一妻型ではない婚姻もある。兄弟共妻型がなお9組あり、このうち2人兄弟が7組、3人兄弟が1組、4人兄弟が1組である。年齢的には、50代が3組、40代が6組であり、一世代前の婚姻形態である。また2例については、共妻の2人の兄弟は、夫のうち1人が放牧のために常に山にいると説明する。なお40代の共妻夫婦のうち1組はすでに共妻型を解消し、弟はアダ関係で子供を産んだ妹とともに分家している。妻が弟とはあわなかったからだという。また別の40代夫婦の例では、40代の長男と次男は共妻であるが、30代の三男は一夫一妻型であり、この3人兄弟は結婚後も父とともに同一家屋内で生活している。これらの事例に

表11-2　俄亜村1組の家族・婚姻・家庭経済

	房名	家族数	戸主の年齢	年収（千元）	①分家	②兄弟共妻	③交換婚イトコ婚	④未婚の母	耕地（畝）	退耕（畝）	馬（ラバ）	牛	ヤギ	ブタ	農作業以外の仕事	テレビ	製粉機
1	機黒	5	36	3					2.1	2	2	×	15	10			
2		3	60	1	○				3.1	4	1	1	×	8			
3		6	45	7	○				1.1	4	2	2	10	15			
4		6	48	2	○				5	2	2	2	×	15			
5		4	33	0.9	○				5	1	1	1	×	5			
6		6	69	2					13	3	3	2	30	15			
7		6	61	6					9	4	4	3	20	10			
8	宋得	5	45	1	○				4	2.5	×	×	9	5			
9		10	57	2					15	4	3	3	20	15			
10		5	48	2	○				5	1	1	1	10	9			
11		9	25	10					13	5	4	3	×	20	商い	○	○
12		5	38	1	○				7	1	2	4	20	10			
13		9	72	10			1	1	11	2	3	5	15	10		○	
14		5	58	0.8	○				7	1	2	5	20	10			
15	瓦初	7	70	5		2（50代）			11	7	3	8	70	20			
16		5	43	0.8	○				5	4	2	×	×	5			
17		9	59	2				2（30代）	15	5	4	4	15	15			
18		14	54	6					21	5	6	8	110	30			
19		14	53	8			2		19	4	4	12	100	20	商い	○	○
20	東巴	12	59	10				1	15	3	4	5	50	10	商い	○	
21		10	49	1	○	2（40代）	1	1（40代）	12	3	3	4	10	15			
22		14	57	5					14	4	3	9	120	25			
23		12	71	4		2（40代）			28	6	5	×	120	20		○	
24		13	60	5					15	12	5	8	20	15		○	
25	機機美	8	56	2					15	4	2	5	20	10			
26		5	70	1					9	4	2	3	25	5			
27		4	45	1	○				5	2	2	4	30	10			
28		5	40	1.5			1	2	3	1	1	1	×	15			
29	打機	5	65	3		2（40代）			11	4	2	3	40	15			
30		6	70	0.8					9	2	2	3	×	10			
31		9	58	8					17	5	4	6	50	10			○
32		4	44	10	○				5	1	1	1	10	×			
33	拉布	9	77	6		3（50代）			13	5	2	3	20	20			
34		6	69	1					13	4	3	4	20	15			
35		5	45	5					13	4	5	2	20	10			
36	木瓜	6	55	2	○				5	9	3	5	20	20			
37		8	59	2	○				15	3	5	7	20	15			
38		15	71	10		4（50代）			19	11	6	12	100	15		○	○

	家族				婚姻			家庭経済							
	房名	家族数	戸主の年齢	年収（千元）	①分家	②兄弟共妻	③交換婚イトコ婚	④未婚の母	耕地（畝）	退耕（畝）	馬（ラバ）	牛	ヤギ	ブタ	農作業以外の仕事	テレビ	製粉機
39	拉波	6	37	5	○				19	5	3	7	30	20			
40		5	37	2	○				2	1	2	1	×	8			
41		7	55	1					13	6	3	4	20	15			
42	冷布	4	45	10					1	5	1	×	×	3	商い	○	○
43		9	65	10		2（40代）			21	11	5	9	20	15	医者	○	
44		9	65	10		2（40代）			11	3	3	7	100	20			
45	加黒	13	69	10					21	5	3	7	30	20			
46		13	64	5		2（40代）			2	1	2	1	×	8			
47	阿珠	12	42	8					10	4	3	1	10	15			
48	瓦克	9	71	10					19	9	5	4	60	20			
49	高交	4	63	1					13	5	6	3	15	10			
50	機才	13	67	1			2	2	20	7	8	9	4	30	商い	○	○

注：①分家：○は分家したために同世代に2組以上の夫婦がいない場合で、核家族か直系家族。無印は拡大家族（大家族）。
　　②兄弟共妻：「2（50代）」は、2人の50代の兄弟が1人の妻をもつことを示す。
　　③交換婚は、1組の兄と弟が1組の姉と妹とそれぞれ結婚する形態、本村ではNo.21と28。本村のイトコ婚（No.13）では、兄と妹がそれぞれの娘と息子の婚姻を決めた。新夫婦は20代。
　　④未婚の母：恋人関係（アダ）のままで子供を産み、母側で育てる。「2（30代）」は、2人の30代の未婚の女性が子供をもつことを示す。
出所：2007年、現地での聞き取りにより作成。

よれば、一夫一妻型が一般的になったのは、現在30歳代の夫婦が結婚する頃、すなわち1980年代半ば以降からと考えられる。また一夫一妻型になっても、多くの場合、分家はせず、大家族を形成している。

　これに対して旧来からの慣習でなお根強いのが、婚前婚後のアダ関係である。本村には、嫁がずに子供を産んだ女性が7例ある。50代以上が2名、40代が2名、また30代の2名と20代の1名にはそれぞれ子供が2人いて、現在もなお続いていることがわかる。現在の婚姻は、アダ関係から結婚に至る場合も少なくないとはいえ、なお相手の決定に親の意向が強く働いていることをうかがわせる。それは、現在も20代の結婚において30代の兄弟姉妹の交換婚が2組あることや、親が決めた交叉イトコ婚が1組あることからも推測される。

では、なぜ結婚が今日なお、当事者の意思以外の要因によっても決定されるのか。表11-2によれば、2006年の本村の一戸あたりの平均年収は約5千元であるが、1万元以上が10戸、8千元が3戸、7千元が1戸、6千元が3戸、5千元が6戸、5千元未満が27戸である。これを家族数でみると、8千元以上の豊かなグループは平均家族数が9.8人で、13戸のうち12戸が拡大家族であるのに対して、5千元未満は平均6.4人で、27戸中約半数が核家族である。また全戸数中の核家族のうち8戸は戸主が40代以下で、分家による独立である。やはり家族数が多いほど経済的に豊かであるという状況に変わりはなく、かつてと同様、経済的要因が婚姻形態に大きく関与しているといえる。

　以上によれば、2000年代初期も経済的な豊かさは労働力の多さとつながっており、分家は経済的には決して好ましい状況を生んではいない。また労働力が多い場合は、若い世代が馬帮をして外部から生活用品や食品などを仕入れ、小さな商店を開いて商いをする、あるいは農牧産品を外部に売るという農業以外からの現金収入の道も可能となる。表11-2から明らかなように、大家族は、経済的には概して豊かであり、製粉機やチェーンソーなどの生産用具だけではなく、テレビやラジカセなどの電化製品もそろっている。

　では、現在、彼らはどのような家族形態を理想としているのか。典型的な大家族としてJG（68歳・男性）家の事例をあげる。JGは代々シャーマン「ダバ」の家系で、本人も能力の高いシャーマンとして知られている。筆者が在村中にも病気の治療や家族のことを占ってもらうために村人がよく来ており、若い弟子たちも相談に来ていた。JG家では、長男が農作業のあいまにダバの修行をしている。本村には、現在もなお10数名のダバとその弟子たちがいる。本来は、人々につくすための仕事であるが、実質的には特定の現物あるいは金銭の報酬があるため、若い世代には一つの半専門的な職業として意識されている。

　JG家では代々複数の兄弟が共妻の婚姻を続け、大家族で暮らしてきた。JGの父も兄弟2人で共妻だったが、彼の世代は、貧しくて他の兄弟が育たず、妹が1人だけいて、村内に嫁いだ。JGには、妻（66歳、村内出身）との間に3男3女がいる。長女（45歳）と三女（31歳）はともに舅舅（妻の

兄弟）の 2 人の息子（兄と弟）に嫁いだ。婚約は親同士が早くに決めており、最も理想とされるイトコ婚である。次女は自由恋愛で村内に嫁いだ。長男（41歳）と次男（33歳）は村内の姉妹と 2 組同時に結婚した。親同士と本人たちの意思であった。3 世代が同居し、両親、長男と次男の

写真11-2　占書によって相談に応えるダバのJG
（2007年8月）

家族、三男（25歳、未婚）の14人家族である。JG は家長として大変尊敬されている。また長男と次男の妻は姉妹なので、家内の女性たちの人間関係は良好であり、孫世代の 2 家族の子供たちは、ほとんど実の兄弟姉妹として育てられている。

　JG 家は、1 万元以上の年収があり、村内でも経済的に豊かな家庭である。2006年は、20畝の田畑のうち、水田14畝で 3 万斤の米を収穫し、6 畝の畑では 5 畝でトウモロコシ4000斤を得、1 畝には自家用の野菜を栽培した。農作物はすべて自家用で、自給には十分である。また 7 畝を退耕還林にして、現金1680元を受け取った。家畜は馬 8 頭、黄牛 9 頭、ブタ30頭、綿羊 4 匹である。馬は三男が馬帮となって物資の運搬に使用し、仕入れてきた日用品を次男が小商店で売る。長男は木工の技術をもっている。兄弟で漢方薬材を採取にいくこともある。家庭経済は長男がすべてをとりしきっている。JG にはシャーマンの謝礼としての収入もある。JG 家には、テレビや小型ステレオセットがあり、最近、簡単なソーラー発電機も買い入れた。

　JG 家の事例でも明らかなように、大家族は家族間関係がうまくいってさえいれば、やはり経済的には最も望ましい家族形態である。際立った現金収入の道が見つからない限り、分家して零細な家庭経済で豊かになることは、少なくとも本村では容易ではない。そのため大家族向けの婚姻、例えば兄弟姉妹の交換婚は、本人の承諾があればより望ましい結婚とされている。しかし婚前のアダ関係が自由であるという慣習は、若者の感情からいえば今後も

継続されるだろうし、そうなれば本意ではない結婚もありうる。いわゆる未婚の母を慣習として長く受け入れてきたことからいえば、結婚後のアダ関係が秘かに続けられる可能性も否定できない。

　小　結
　俄亜ナシでは、長期にわたって兄弟共妻型や姉妹共夫型の婚姻、および不落夫家という慣習が行われてきた。これは、歴史的に意図的に外部とのつながりを断った環境において内部で完結した社会を築くために、また貧困のなかで大家族制によって経済生活を安定させるために形成された慣習であった。しかしこのような婚姻形態は、一方で適齢期の男女のバランスを崩し、結婚できない男女を生んだばかりでなく、男女の感情的な部分にも大きな矛盾を残した。そこで、人々は旧来の婚姻慣習を「老規矩」として遵守させる一方で、アダ関係によって「老規矩」のさまざまな矛盾を解決し、なによりも男女間の感情を重視することを社会的に黙認した。すなわち結婚は夫婦関係の開始ではなく、家庭経済のパートナー関係を結ぶこととした。外部の敵に対処し、貧困を避けるために、俄亜ナシは、アダ関係を、兄弟共妻や姉妹共夫という経済を優先した婚姻形態を裏で維持する制度として容認してきた。
　本村では、貧困がなお今日的な問題である以上、結婚は一夫一妻の婚姻が一般的になった現在でもなお、本人の意思だけでは決められないものである。大家族という形態は、経済的豊かさを実現するためにはなお有効だからである。ただし一夫一妻を当然とする若い世代が、結婚後の他者とのアダ関係をそのまま「老規矩」として容認するとは考えにくい。結婚と家庭経済の維持という旧来の結びつきの変化は今後、避けられないと思われる。

第3節　四川ナシの年中行事と神々

1．俄亜ナシの年中行事と神々
　俄亜ナシは、宋兆麟［2003］によれば、1年間に次のような行事を行う[6]

6　俄亜ナシの年中行事で用いる資料は宋兆麟［2003: 122-203］による。

(以下、年中行事の日付はすべて農暦)。

　1月は新年で、1日と15日に山神を祀る。ともに石曽治山において前者は村全体で、後者は家庭ごとに行う。3日から15日までは「祭天」(「防電節」) を行う。2月は8日に「牲口節」があり、家畜の繁盛を家畜神と山神に願う。同様の祭祀は12月13日にもある。3月は3日に村全体で水神を祀って邪穢を祓う。13日に牛を犠牲にして村全体で祭山会を行う。6月1日と11月1日は、前者は家庭ごとに秋作物の収穫を、後者は村全体で春作物の収穫を祖先に感謝する。12月27〜29日には13歳になった男女の成年式を行う。

　以上によれば、彼らの年中行事は、時のサイクルの作り方や内容が太陽や月、星の運行に沿って行われている。年中行事は1日と15日前後に集中しており、毎月が月の動きに基づくことをうかがわせる。また生業に関わる行事は2月と12月、6月と11月と対で行われ、後半の11月、12月を盛んに行うことから、冬至を中心とした太陽の動きも生産と深く関わっている。

　内容は、集団の維持と存続を目的として以下の3種を行う。第一は、構成員の繁栄を願う子授けや児童のための儀式、成年式など。第二は、生産活動に関する農業と牧畜の儀礼。第三は病や災をもたらす邪悪な「鬼」を駆除する定期、不定期の儀礼で、3月に山神や水神を祀る。

　時間のサイクルについては、特に生業に関する祭祀を開始と終了時に同様に行う。生業は農業と牧畜を主とするが、このうち6月、11月の「祭祖」(祖先祭祀) が農業に関わるもので、前者は米の予祝、後者は小麦と大豆の収穫感謝の意味をもつ。牧畜に関わるのは2月、12月の「牲口節」で、山間での放牧の開始と終了にあたり、開山と封山に合わせたものとみられる。

　崇拝対象の神々は、天神、山神、火神、水神、祖先である。最高位は天神で、山神は天神に次ぐとされる。ただし山神は天神よりも頻繁に登場する。神々の性格は、山神は明らかに山という自然に対する崇拝に発するのに対して、天神は自然を支配するというよりは、むしろ人間界、特に妻方の一族を表すものとして語られる。天神は、彼らの最も重要な祖先であり、恵みをもたらす神である。天神を語る伝説は、ナシに伝えられた彼らの定住の歴史でもある。また祭天では、儀礼食物は彼らが本来主食としていた大麦類ではな

く、定住後に獲得した米であり、米を生産できない俄亜でもそれを行う。これは、牧畜民であった彼らが、誰からどのように農耕を習得して定住したかを物語る。天神は妻方一族を表しており、彼らが定住民の妻方一族から農耕を学び、米を生産するようになったことを伝える。祭天以外ではほぼ山神が祭祀対象とされていることは、彼らの移動が山間部ルートであり、山間部での定住は山神の保護を受けるために祭山会を行うこと、また俄亜が米を供物とすることは彼らの祖先が米を生産する地域、すなわち西南の麗江方面から来たものであることを示す。

　祭祖では、口や目をつけた像を楊樹（柳）あるいは青岡樹で作り、麻布で包んで、祖先がやってきた方角の山洞に置く。「指路経」によれば、祖先は中国西北部から木里、永寧、素羅、俄又、洛吉、白地、大覇、黒白水、白沙、麗江を経て来た。祭祖は年に2回、6月と11月に行う。前者は家庭ごとの小規模なものである。1日目は、男性が2本の青岡樹を伐ってきて、祖先像として屋内の祖先棚に置く。あるいは箕の中に鵞卵石を置く。酒1甕と収穫したばかりの小麦を煮たものを供える。2日目は、豚1頭を殺して果物を供え、トンパ（シャーマン）が経文を読んで祖先の帰宅を願う。11月1日は春作物収穫後の秋の大祭である。祭天場の祖先棚に青岡樹数本を挿し、豚を殺して肉や食物、果物、酒、「米花糖」（おこし）を供え、トンパがチピ経を読んで歴代の男女祖先の帰宅を願う。このように、祖先は農事祭祀の中心であり、定住において重要な要素であった農業に深く関わる。

　祖先は、2階の居間の大小のベッドの間に設けられた棚に、像あるいは1本から数本の矢を挿した瓶、羽を付けた鉄矢を収めた竹筒を置いて表し、それに五色旗と銅鏡1枚をくくりつける。矢は駆邪を可能にし、祖先を守る。さらに祖先祭祀では、女性祖先神崇拝が顕著である。彼らは東南西北の四方にホプラム、アハラム、ハシラム、チルラムの4女神を想定する。また女陰崇拝の痕跡もみられる。木里県瓦廠白河郷沙窪村（石崖の2つの洞孔）、前所の打児窩、永寧の乾木山が子授けに効能があるとされる。これに対して男性祖先神は、女性祖先神に後発するもので、決まった神像はない。

　水神は3月3日に全村で龍打河と東義河が交わるところの吊り橋付近において祀る。大トンパを中甸北地から招き、村人は鶏、「猪膘」（豚の乾燥肉）、

米、酒、茶、香を河辺で女神に捧げる。まずトンパが順調な風雨と人畜の安全を祈って経文を読み、鶏を殺し、猪膘を煮て「酥油茶」(バター茶)を祖先に捧げる。村人は先を争って吊り橋付近の河で沐浴し、新しい麻服に着替え、古着を河に流す。穢れを祓う意味をもつ。

　火神チョンジワンズ(「仲支汪足」)は、モソ人の火神ゾンバラ(「占巴拉」)に相当する。囲炉裏の傍らに立つ高さ30cm、底面の直径20cmの石柱(あるいは陶製)で象徴される。食前には必ず囲炉裏の五徳の3本脚にまず食物を供え、その後に家族が食する。石柱型の火神は、麗江ナシや中甸ナシにはなく、ナリや濾沽湖以東のプミ族にみられる。チャン系集団の多くは、囲炉裏の五徳の3本脚を火神や男女の祖先を表すとするが、石柱で火神を象徴したものはない。ナリ特有のものをナリに囲まれたナシが導入した可能性もある。

　このほか白石ラボ(「楽伯」)に対する崇拝も大きな特徴の一つである。ラボは山頂、家屋の屋上や四隅、祖先を祀った棚などに置かれ、祭祀時には必ず小さなラボと数本の小枝を使う。家の入口の両側にも2個のラボを置く。これは、兄妹が結婚したためにその罰として門を守るようになったと伝えられている。三江口の傍らにあるラサルミ(「拉薩路米」)は、女神バムト(「白木登」)がチベットから雲南の鶏足山にいく途中、日時を違えたために3日間滞在し、その時に乗っていた馬とされる。周辺の民族もみな崇拝しており、不妊になやむ女性はここに来て子授けを願う。香をたいて叩頭し、鶏を殺して捧げる。祈願終了後、瓢箪に金沙江の水を汲み、自分で飲む以外に持ち帰り、沸かしてまず祖先にあげ、次に夫婦で飲む。ラボは神の依代である。

2．達住ナシの年中行事と神々

　達住ナシは、明代に麗江ナシの木土司が木里を占領した際に派遣された兵士たちの末裔である。兵士たちは木土司の勢力衰退とともに戦いに敗れ、そのまま現地に残留した。彼らはまず寧蒗木耳に行ったが、祭天用の黄栗樹がなかったためにさらに塩源達住に移住した。そして敵対していた永寧土司の支配から逃れるためにあえて木里大寺の大ラマに献納してその管轄下に入ったと伝える［四川省編輯組編1987: 24］。

達住ナシの年中行事は、俄亜ナシと多くの類似点をもつとともに、隣接するモソ人やチベット族、漢族の影響もみられる。

　1月を新年とする。1日は家庭ごとに活動する。夜明け前に牛の角あるいは法螺貝を吹き、松の枝を燃やして神を祀り、河辺で初水を汲む。夜明けとともに獅子山の経堂で香をたいて山神を拝む。帰宅後、トンパあるいは家長が経文を読み、石を焼いて穢れを除き、囲炉裏の前の火神ゾンバラを祀り、祖先を祀る。朝食後、一族の年長者から順に新年の挨拶にまわる。2日には一族で互いに招きあう。3〜9日までは「祭天」を行う。準備は12月13日から始まる。2月は、8日に「牲口節」（「ホンソン」）を行う。早朝、子供たちが煮た豚足や「粑粑」（トウモロコシ粉を円盤状に焼いたもの）をもって家畜を追って山上にいき、松の枝を燃やして供物を供え家畜繁盛を祈る。夜には家で再び山神と祖先を祀る。7月24日にも同様の祭りを行う。さらに2月には日を選んで水神を祀る。木板にトンパが画いた「グプスハイ」（龍王）、「ラオ」（鳥頭魚尾の大鳥）、「狗」（西）、「鹿」（北）、「馬」（東）、「牛」（南）、「山羊」（中）と祭天の供物を持って水源に行き、順調な風雨を水神に祈る。最初に定住した一族であるスル家は一族で会食する。

　3月は、中旬の一日を選んで家庭ごとに祖先を祀る（「ロンガハヨ」）。酒・茶・肉飯を供えて香をたき蝋燭を点し、トンパが経文を読む。最後に供物を外に投げて鳥に食らわせる。4月は穀物の豊作を祈って穀物神を祀る。6月は、1日に大麦やエンドウの収穫期に新穀を供え、共食して祖先を祀り収穫感謝を行う（「タブ」）。スル家の古い家々が黄栗樹を家に植え、20〜30斤の子豚1匹あるいは鶏1羽を犠牲にして祀る。スル家以外の人々を食事に招く。11月にも日を選んで同様に祖先を祀る。豚を犠牲にし、トンパが経文を読む。7月は、29日に全村で山羊を犠牲にして鬼を駆逐する。トンパが各家庭をまわって駆鬼経を読み、子供たちが木刀をもってトンパの後に続く。10月は、日を選んで風神を祀る（「ハントブ」）。家庭ごとに松明をつけ、雄鶏と雌鶏1羽ずつをもって各戸の決まった樹木に行く。トンパが風神経を読む。漢族の年中行事も行っており、5月5日に雄黄酒を飲み、8月15日に中秋節を行う［四川省編輯組編1987: 24-27］。

　達住ナシの年中行事は、俄亜ナシと同様に祭天を最も盛んに行い、3、4、

11月には農作物の豊作祈願や収穫感謝を目的に祭祖を行い、2、7月に放牧に関する「牲口節」を行う。またトンパを中心とした村全体の駆鬼行事や祭風、祭水があることは、俄亜でも不定期ではあるが行われている。しかし祭山会を俄亜のように村全体で大規模に行うことはない。また1月7日のラマによる駆除儀礼にみられるようにチベット仏教の影響をより深く受け入れており、一方で5月5日の端午節や8月15日の中秋節のような漢族の儀礼もみられる。

　以上のように、四川ナシの年中行事は、内容的にも環境的にも、移住後、極めて閉鎖的な環境に暮らした俄亜ナシのそれが原型に近い。年初の祭天を最大の行事とし、農業と牧畜の始まりと終わりに生業形態に関わる儀礼を行う。農業には祖先を祀る祭祖を6月、11月の年2回、牧畜には山神を祀る祭山会を2月、7月に行う。祭山会は、3月に大々的に行う俄亜に対して、達住では山神は度々登場するものの、村全体で単独に大々的に行うことはない。

3．四川（塩源と永寧）ナリの年中行事と神々

　塩源ナリの年中行事は以下のようである。
　新年の準備として9月、10月に豚を解体して猪膘を作る。12月に米を購入し、ツァンパ、醸造酒、豆腐や「瓜籽」（瓜類の種）や「米花糖」などを準備する。新年の準備では、米を生産していない村は他村に交換に行く。猪膘は大晦日にこれを2等分して半分を新年用に、半分を切り分けて保存し、後半期の食料や贈答などにする。対聯を貼ってからは、新年の間、借金の取立てをしてはならない、不吉だからだという。大晦日には家屋の内外を清掃し、庭に2本の松を立て、門に対聯や彩紙（日、月、星、鴨、羊を描いたものなど）を貼る。不在の家族の分も食器を並べ料理を分け入れ、一家団円の形にする。家族がそろっていないと食事をしないという場合もまれにある。食事は満腹をよしとする。新年を迎える大晦日の夜には、家に神が降臨して各人の重さを測るので体重が重ければ重いほどよいとされるからである。また夜には、庭に敷いた松の枝を燃やし、次の日までに燃え尽きたら吉とする。
　新年「クシ」は大晦日から始まる。ラマとダバ（シャーマン）を招いて祖先を家に迎える。まず祖先に料理を供え、次に家人が食べる。この日、家

族構成員は必ず家に戻る。他家を訪ねない。火神ゾンバラの降臨を願って水を供える。夜が明けたら、成年式（かつて土司家は9歳、一般家庭は13歳）を行う。ラマとダバが占った時間に下座の囲炉裏の2本の柱の前で、永寧地区では男性は男柱、女性は女柱の前で（左所ではどちらも可）、脚で猪膘と食糧袋をふみ、スカートを頭から（ズボンは足から）着る。祖先、火神、老人を拝する。雲南側の瀘沽湖のモソ人の成年式と同じである。永寧では、大晦日の夜から女性は「穿裙子」（スカートをはく）、男性は「穿褲子」（ズボンをはく）を行う。13歳の新成年が男女に分かれ、朝まで飲食しながら「山歌」を歌う。

　1日は、村内の一族の老人や遠方の客を招く。3日まで昼間は歌をうたい、ブランコにのり、夜は囲炉裏の周りで鍋庄舞を踊る。1日から10日までに動植物の鶏、狗、猪、羊、牛、馬、人、穀物、豆、綿花を配し、その日にその動植物を食べてはならず、当日日和がよければ該当のものが豊作になるとする[7]。15日は、新年用の松を抜いて門の彩紙をはずし、夜にご馳走を食べて新年を終える。次の日から仕事を始める。

　3月「ブグラク」（「布谷拉喀」）には種まきを開始する。龍王の降臨によって雨が降るので夜明けには皆が競って河辺に水を飲みに行き、龍王に遇えたら一年間平安無事に過ごせるという。門外に草木の灰を撒いて蛇が内にはいるのを防ぐ。部屋の入口に柳の枝を掛け、頭には柳枝で編んだ丸い帽子をかぶる。5月5日「アリモ」（「俄里木」）には鍋庄（囲炉裏）を祀り、酒を家屋の屋根に撒き、ショウブとヨモギを掛け、雄黄酒を飲んで邪悪なものや病を防ぐ。7月25日は女神グム（「格木」）の山（獅子山）を祀る祭山会（「格木古」）を行う。女神グムは神山の主であり、子授けに効果があると信じられている。青年男女が食物をもって山に登り、香をたく。男女は踊りながらアチュ（恋人）をみつける。8月15日は祭祖で、ダバを招き、豚を犠牲にして亡くなった祖先を祀る。永寧では10月、左所では8月15日に行う。前所では8月15日にモンゴル人を殺したので祖先を祀ることはできないとして8月2日にする。11月12日は「ルタ」（「熱達」、牛馬年節、過小年）で、

---

[7] 漢族にも同様の数え方があり、その影響がみられる。漢族は1～7日まで鶏、狗、猪、羊、牛の五牲と馬を配し、最後を人とする［中村1990: 60–64］。

子供たちの無事な成長を祈る［四川省編輯組編1987: 190–192, 233–247］。

永寧ナリの年中行事は、塩源ナリとほぼ同じである。女神グムを祀り、人畜繁盛と五穀豊穣を願い、子供の誕生、無事な成長を祈る7月25日の祭獅子山を最大の祭りとする。また新年クシ（「哭斯」）は、12月20日に火神デバラ（「貼巴拉」）を祀り、成年式を行い、一家が団欒する。生業に関わる10月「バコジブ」（「報扣之布」、祭祖）、11月12日「インジヤ」（「銀扎」、牛馬年）もある。祖先、火神、水神も崇拝し、内容的には3種あり、農業や牧畜など生業と関わるもの、駆邪、人口の繁栄を願って子授けや子供の順調な生育を願う［雲南省編輯組1988: 75］。濾沽湖のモソ人とよく似ている。

小　結

年中行事と神々に関する四川のナシとナリを比較すると次のような特徴がみられる。

第一に、ともに祭山会を最大の祭祀活動とする。俄亜ナシは3月15日に神山を全村で祀る。永寧と塩源のナリも7月25日に女神グムを祀る祭山会を行う。外部との接触の多い達住ナシはすでに全村型の祭山会を行っていないが、他と同様に山神は最も頻繁に祭祀の対象となる。

俄亜ナシの祭山会は、山頂の石塔の前で行う。山頂および屋上の石塔には白石が置かれ、神を招く[8]。

第二に、ともに新年および毎日、火神を祀る。ナシの火神チョンジワンズ（「仲支汪足」）は高さ30cm、底面の直径20cmの円錐形の石柱で囲炉裏に置かれる。ナリの火神ゾンバラはモソ人と同様に、囲炉裏前の壁面に描かれ、12月20日に祀られる。

第三に、祖先神への祭祀活動が、農業や牧畜など生業活動との関連でも行われる。

第四に、ナシでは1月に祭天が盛大に行われるが、ナリにはない。

第五に、祭祀活動を執り行う宗教職能者は、ナシではトンパとダバ、ナリではラマとダバである。ともにシャーマンがおり、祭山会や成年式、慶事だ

8　詳しくは本章第4節参照。

けでなく、葬儀を主催する。病気の治療も行う。特に、俄亜ナシでは日常的に住民がダバのもとを訪れる。これに対して、ナリにはチベット仏教、達住ナシには漢族の影響がみられる。

第4節　四川ナシの祭山会

1．俄亜ナシの祭山会

　俄亜ナシの居住地は、3000m級の山々に囲まれた土地にあり、山は自然と地域を代表し、山神は自然を調整して住民に生活の糧を与え、人々を守る存在である。祭山会の目的は、人畜の安全と五穀豊穣、順調な春耕、子授け祈願である。俄亜村には南に男山、北に女山「乍科乍阿局」があり、女山の清泉で沐浴すると妊娠するといわれている。劉龍初［1987］や宋兆麟［2003］等によれば、俄亜ナシの祭山会は次のようである。

　毎年3月13日、村全体で、各戸から一人（男女どちらでも可）が参加して村の北の山腹にある祭祀場で行う。各人は粑粑1個と白酒1碗をもっていく。祭祀壇の前に5本の桃の枝を挿し、周囲に彩色の旗をはりめぐらす。トンパがジピ経を読む。読みおわるとこの日のために飼育した牛を解体し、煮て皆で共食する。終了後、肉が各戸に分配され、家で家人と食べる。各戸が食事に招きあう。筆者の2007年の調査によれば、山腹の祭祀場には、枝を挿し、彩色の旗をつけた石積みの塔スタが斜面に3か所並ぶ。

　新年の1、15日は、トンパが80余りの山名を呼びだす。うち最も崇拝される5山は、山頂の湖から海螺を産するシリジ、砂金を産するザビヤジ、鉄を産するシャラトジ、蘇達河北側の男山と南側の女山である。男山には岩があり、男の子を多く授け、女山には清水があって女の子を多く授けるという。1日には、新しい服で着飾った男女が猪膘や「酥油」、酒茶、米、香などを持って山頂に登り、集団で山神を祀る。トンパが山名を呼び、山神の来臨と供物の受け取りを願う経文を読む。祭祀後、その場で野宴をし、老人から順に酒を勧める。参加できない者は、事前に食糧を10斤だし、責任者がそれで酒を作って皆にふるまう。15日は家ごとに山頂の塔の前に行き、家長が香をたいて叩頭し、供物を捧げる。

第11章　四川と雲南のナシ語集団

　新年1日と3月13日の祭山会は、場所は前者が山頂、後者が山腹の祭祀場であるが、ともに村全体で同様の形態で行う［宋兆麟2003: 122-123；四川省編輯組編1987: 118-119］。
　四川の塩源や永寧のナリも、山神を重要な神と位置づける。山神は、農作物の豊作や家畜の繁盛を掌るだけでなく、人の繁栄や美醜を決める。また各地には固有の神山体系があり、それぞれが幾つかの小さい山々を管理する。儀式には、ダバが主催して正月5日か7月15日に村全体で行うものと、家長あるいは老人が毎日朝晩、自宅のスタで行う各戸単位のものがある。
　儀式の内容は、村単位の場合は以下のようである。当日全村人が村の神山に集まる。犠牲にした山羊と鶏、数百の「神鬼人形」を供え、松の枝を燃やす。ダバが「ワグラ」経（山神に全村の人畜繁栄と豊作、順調な風雨、水草繁茂を祈る）を読み、ビジャとハスがポを振って鼓をならし、呪語を唱える。最後にダバが神樹に麻糸と彩色の旗（山神への供物を代表）を掛ける。同時に、病人は自分の服や装飾品などを神樹に掛け、ダバに「求寿経」「消災経」を読んでもらい数羽の鶏を放す。
　家庭での祭山会も同様である。屋上のスタで松の枝を燃やし、清水とツァンパ粉を撒き、土地の大山神、村の神山、一族の神山、自家の神樹の名を順に呼んで山神に一家の繁栄や無病息災、吉祥平安を祈る。家ごとの神樹は山神の依代である。
　以上によれば、山頂での儀式の内容および形態は、四川のナシとナリのそれはチャン族やプミ族、川西南チベット族の山頂でのそれに似ている。また毎日朝晩、屋上のスタで行う祭山会は、まさに川西南チベット族に広くみられる習慣であり、四川のナシ、ナリの祭山会が同系統であることを示している。
　ナリは、各地で固有の山神を女神として崇め、子授けを祈る。永寧では、獅子山は女神グムの山で、永寧の人畜繁栄や豊作を掌る神であるとともに山神の主であるという。永寧人は、7月25日に数戸あるいは数十戸が麓で松の枝を燃やし、蜂蜜やツァンパ、生花、牛乳、茶等を供え、叩頭して祈る。アチュ（恋人）とともに山の周囲を一泊しながらまわる若者もいる。伝説では、女神グムの最初のアチュは四川省前所のワルブラであったが、彼は2番

455

目のアチュの忠実村のズジに嫉妬してその生殖器を断ち切った、それがダバ村にある長方形型の山堡だという。木里では、女神パドンハマがおり、海からウズニク洞窟に来たという。洞窟内には清水が湧き、女性の生殖器を象る石がある。永寧のチベット仏教の高僧たちは毎年11月中旬に7晩、そこで経を読む。永寧ではグム山参拝でも妊娠しなかったらこのパドンマ廟に行き、廟前の柏香樹に銭幣をかけて妊娠を願う。

　また男山（男神の山）にも子授けや子供の順調な成育を願う。伝説では、これらの男神たちは、女神グムのアチュだとされている。忠実村では、ズジ山（グムの2番目のアチュである男神の山）を子供の成長を見守り、当地の保護神であるとして毎月1、15日に香をたき、叩頭して祈る。開坪郷では、アサ山の山頂にラマ廟があり、ラマを管理する山神であるとする。毎年正月1、2日に永寧の活仏とラマが行って経文を読む。一般の人は5、15、25日に参拝する。女性は麻糸を廟の周囲にまいて菩薩の加護を願う。またワハ山は最大の男神であるが、女神グムの管轄下にある。毎年7月15日に永寧盆地のナリの男女がグムに参拝するのと同様に（規模は小さいが）祀る［和志武・銭安靖・蔡家麒主編 1993: 114–115；四川省編輯組編 1987: 234–235］。

　ナリは、山々の序列において女神の女山を頂点として男神の男山を配する。ナリの社会では、天界では女性を太陽、男性を月とするが、ナシでは逆に、太陽は男性で、星群が彼らの子供たちであるとする。自然界の序列にも、ナリは母系制、ナシは父系制が反映されている。

　俄亜ナシおよび塩源・永寧ナリの祭山会は、川西南チベット族やチャン族などのそれと比較すると次のような特徴がある。

　(1)　俄亜ナシでは、山神は天神に次ぐもので、祭山も祭天の次に位置づけられる。しかしチャン族やプミ族、川西南チベット族には、具体的に祭天という祭祀活動はなく、祭山会が最大の祭りである。

　(2)　山上での儀式の内容および形態は、チャン族やプミ族、川西南チベット族の山上での儀式に酷似している。また毎朝、屋上のスタで行う祭山会も、川西南チベット族に広くみられる習慣であり、ナシの祭山会が同系統であることを示している。

　(3)　白石崇拝も四川ナシにおいては霊的な存在全体の依代として登場し、

チャン族やギャロン・チベット族、リル・チベット族などと同様である。川西南チベット族では、JO（神を表す石）が白石と同様の機能をもつ。白石ではなく、先端が尖った30cm位の石柱で、人跡未踏の地から拾ってくる。山上の塔や家屋屋上、入口のドアの上、神棚に置かれ、慶事の時に祀り、病気の時にこれを用いる。チャン族などとは異なり、8月9日前後を新年とし、山腹の大樹の下に置かれたJOの前でGuzazi（祖先を祀る儀式）を行う。JOの系譜には、チャン族の白石伝承や祭山会とは異なる要素がみられる。今後の検討課題である。

2．四川ナシの祭天

祭山会に関しては、四川のナシやナリにはチャン族やギャロン・チベット族、川西南チベット族などとの共通した要素がある。しかし祭天の儀礼は、四川ナシのみにみられ、四川ナリにもない。「祭天・崇邦颯」によれば、ナシの始祖夫婦が3年たっても子供がなく、妻方の父母と舅姑に感謝する儀礼を行ったら3人の子に恵まれ、その子孫が後にチベット族とナシ族、ペー族になったと伝える［和志武・銭安靖・蔡家麒主編1993: 43］。

和志武によれば、俄亜ナシの祭天「モプ」には、以下の特徴がある［和志武・銭安靖・蔡家麒主編1993: 43, 54–56］。

第一に、固定された祭祀グループがある。祭天グループは、木官家（かつての支配者一族）を含むプト一族（以下、プトと記す）とトンパ家を含むグス一族（以下、グスと記す）に大別される。プトはグスより上位に位置づけられる。祭祀の内容はほぼ同じだが、小祭、大祭、清竈の期日がプトは必ずグスの前に行う。プトは4〜8日で、グスは9〜14日である。最終日の供物も、前者は豚、後者は鶏である。政治的支配者を宗教担当者の上位に位置づけたことは、この祭祀が後発の、政治的な性格をもつことを示している。特定の祭祀主催集団があり、大トンパ、カシ（トンパ）とカパ（トンパの手伝い）、木官（かつての支配者一族）、祭祀の豚を飼育する2戸、酒造りの2戸から構成される。また各戸は豚の飼料と米酒用の米をだす。

第二に、俄亜の土地では栽培されない米が儀礼食物であり、豚を犠牲にする。「祭天・崇邦颯」によれば、祭天の犠牲は、元来大きな黒色の黄牛と白

角の黄牛であったのが、農耕社会になってから黒白の豚になったとする。米と豚は農耕社会を象徴するものとみられる。

　第三に、伝説では、天神は妻方の父を表す。それはこの土地に定住することが農耕を生業とした社会への移行であったことを意味する。俄亜では祭祀壇に3本の樹木を立てる。中央が柏香樹で人皇、左右が青崗樹か黄栗樹で、左は天神、右は地神を表す。天神の後方の松は戦神を表す。天神はソラアプ、妻はズホンアソダといい、ナシ族の男性始祖レンリエンの妻ツホブバミンの父母である。麗江地区ではこれに柏香樹で表された舅舅（妻の兄弟）が加わる。祭祀壇の形が麗江ナシと同様であり、移住の前の土地の儀式を伝えている。

　以上によれば、祭天とは、牧畜を生業として高山部を移動していた祖先が、山間の農業の民と出会い、結婚によって先住の農耕民の生活を受け入れて定住し、祭天の祭祀も受容したものの一つであったのではないかと考えられる。ナシ族の起源伝説はそのことをよく反映している。「創世記」に記されたナシ族の起源によれば[9]、大洪水によって1人生き残ったリエンは、天女チェンホンパオパイと愛し合い、天帝ズロアプから出された難題、刀の梯子を登る、一日で99山の樹木を伐って焼き、一日で99山の畑に種まきをおえ、一日で99山の種子を拾い集め、キジバトやアリに食べられた種子を捜しだす、岩羊を捕らえ、魚を捕り、虎の乳を搾るなどの問題を天女の助けを得て解決し、ついに結婚した。途中の困難を乗り越えてついにポンシタオベンタン（現在の麗江地区白沙）に定住した。しかし3人の息子はみな口がきけなかった。そこでコウモリを天界に派遣して天帝から祭天の秘法をききだし、人間界でそれを行うと、息子たちは話せるようになったと語る。天帝から出された難題とその克服は、まさに焼畑耕作法のプロセスであり、農業の習得を意味する。また祭天の導入は、彼らが先住の民の慣習を受け入れ、結婚などによって定住へ移行したことを示している。

　同様の伝承はチャン族の始祖伝説「ムジジョ」にもある。天女ムジジョを愛したトアジュは、天帝アパムピタから出された難題、氷溝に立って落下し

9　ナシ族の創世神話「遮労阿普」「董神寨神」などに詳しい［中国各民族宗教與神話大詞典編審委員会編1993: 495］。

第11章　四川と雲南のナシ語集団

てきた木石を受け止める、9の荒地の灌木を伐って焼く、そこに種をまく、そこから菜種を拾い集める、種を食らう鳥鳩を射殺するなどの問題をムジジョの助けを借りて解決し、結婚する［四川省編輯組編1987: 161-166］。蔵彝走廊の諸集団における難題モチーフの系譜も、諸集団の移動や定住を考えるうえで重要なテーマであろう。

第四に、神を祀る時に女性の参加を認めない。祭山会が全住民参加であるのと大きく異なる。ナシの父系制が中国王朝あるいは漢族との接触以降に確立したとする通説に従えば、明代初期に麗江から移住した俄亜ナシに父系制普及以前と以後の形態が残存していることは、上記の通説の時期を想定させるものである。

では、俄亜ナシの祭天はどのような祭祀活動を行うのか。

準備は12月1日から始まる。神酒造り担当の2戸が山に松の枝を伐り出しに行く。9日は祭天場の清掃、10日は松の枝を祭天場に運ぶ。13日は神豚飼育担当の2戸が山から柏香樹1本（人皇）と青崗樹2本（天神と地神）を伐り出す。14日、酒造り2戸が神米酒（糯米でつくった甘酒）を仕込む。30日は全住民が蘇達河で身体や衣服を洗って1年間の穢れを祓う。山から伐り出した竹と香料の葉で大小の神香を作る。2日、各戸が順に木官を招き、飲食。神米を入れるトンジャンを準備。3日は、午前が神米洗いの儀式、午後は神米量りの儀式を行う。午前にトンジャンを河で洗い、真っ赤に焼いた石を置いて清める。午後、米搗き場に12個の石、12本の香、鶏1羽を置き、トンパが読経、カシが神米を搗くまねをし、カパが枡で搗いた神米を量ってトンジャンにいれ、松の葉で蓋をする。また主人は大麦の穂を神台や柱、水甕など屋内の各所に挿す。

4日はトデウ（小祭）。夜明けとともに木官、トンパ、トンジャンを背負った各戸の男性が祭天場に行く。祭天壇は第一壇が神樹（神酒甕）、第2壇が供物（神豚、神米、酒肉飯をいれた9碗）、第3壇に木官らが並ぶ。木官らは13本の香をもち、神樹の前で礼、香をたいて叩頭し、五穀豊穣や六畜繁盛などを祈る。神酒甕を祭天場の中央に出し、トンパ、木官、カシ、カパ、長幼の順に天神、地神、人皇に捧げる。神への敬酒が終わったら、女性も参加。午後は、射的競技。夜は参加者が祭天場で野宿。

5日はベンデウ（大祭）。夜明け前に神豚飼育家がクロの儀式を行う。
　トンパらを酒食に招き、ヤギを殺して菩薩を祀る。一族の全男性が神豚を祭天場に運ぶ。神樹の前に焚火を3つ作り、石3個を焼く。天樹の下に豚を置く。トンパが「チョンボツチュ」経（人類起源と創世記、麗江からの移住の歴史）を読む。トンパと人々が声をかけあって天神、地神、人皇に対して神豚の享受と降福を願う「イラマイ」を行う。豚を殺して解体し、肉を各戸に分配する。帰宅。午後は再び祭天場で儀式。男性成員が祭天場に集合、解体した豚の頭部を天神に、他の部位も肉や内臓は煮込み、焚火や焼けた石で焼き、トンパが経文を読んで神々の享受を願う。供物をトンパはじめ皆で分けて持ち帰り、家族で共食。8日、ガルス（清竃）。早朝、山から樹木3本を再び伐り出し、天壇に挿す。子豚と神酒を供える。トンパらが香をたき、叩頭。豚を解体し、神々に捧げた後、各戸に分ける。神樹の葉も各戸に分ける［和志武・銭安靖・蔡家麒主編1993: 55-59］。
　達住ナシの祭天も漢族チベット仏教の影響を受けながらも[10]基本的には俄亜ナシの祭天と同様である。また、これは和志武らの報告に記された麗江地区や中旬三壩地区の祭天に類似しているのみならず[11]、むしろより複雑で古来の形に近いのではないかと思われる。

　　小　結
　四川ナシ族は、蔵彝走廊区の西端に位置してチャン族やギャロン・チベット族、川西南チベット族と山神祭祀や生活習慣に類似点が強くみられる。また伝来のシャーマン文化を有する一方で、チベット仏教の影響を受け、さらに政治や文化的には明代以来、積極的に漢族と接し、様々なものを導入した。そして、同一の基層文化をもちつつ、周辺民族との文化接触や移動および定住の違い等によってナシとナリの2つ集団に分かれた。このうち最も注目されるのが俄亜ナシの社会と文化である。祭山や祭天については、以下の

10　トンパ教がボン教から受容したものとして、①松の枝を燃やして煙をあげ、神と交感すること、②霊魂をあの世に導くための綿羊を犠牲獣とすることがあげられているが［楊福泉2005］、これはチャン系集団の祈り方とよく似ている。
11　麗江地区や中旬三壩地区の祭天については和志武・銭安靖・蔡家麒主編［1993: 40-58］参照。

点において古来の形態を残すものであろうと推測される。

　第一に、俄亜ナシの祭山はチャン族や川西南チベット族に残るそれと同型であり、白石崇拝も顕著である。ナシの古来の祭山の形態を示唆している。

　第二に、祭天はナリにはなく、ナシにみられる儀礼である。また天神に代表される天界は異なる集団を反映したものと考えられ、米を儀礼作物とすることや祭祀の内容から、牧畜的生活をおくっていたナシの祖先が山間で農耕社会を形成していた土着民と接触し、特に焼畑耕作やブタの飼育、米作などの技術を修得していった歴史を反映している。これは、チャン族が高山部の牧畜から山間の農耕へと移行した歴史を語る女性祖先ムジジョの伝説とほとんど同じである。

　第三に、俄亜ナシには、山に象徴される女神信仰がナリと同様にみられる一方で、女性を参加させない祭天が最も重要な祭祀として位置づけられている。この地の習俗が明代中期のそれを色濃く残すものであるとすれば、社会における男女の位置づけがこの頃から大きく変化していったことをうかがわせる。

　今後の課題としては、祭山会や白石、シャーマンなどが示す、チャン族や川西南チベット族との関連性、共通する文化的要素の形成や変化、初期ボン教ついての調査が必要である。

結語II　蔵彝走廊のチャン族と
　　　　四川チベット族

　第II部「四川チベット族」では、チャン文化と四川チベット族諸集団の文化的類似性とその背景をさぐり、チャン族集団およびチャン文化がどのように形成されたのかを考察することを目的とした。しかし、近年、外国人研究者がチベット族集団の調査を行うにあたって制限が加えられるようになったこともあり、各集団の調査は十分に進んでいない。そのため第II部に収めたものは、2000年代前半に川西南（四川西南部）のチベット族地区で行った基礎的報告のみである。また、ギャロン・チベット族については、2000年代初期の報告は松岡［2000］に収めており、近年の報告論文は2017年秋に刊行の予定である。

　現段階での考察は以下のようである。両者の文化的類似性については、第I部第4章において祭山会を事例として言及した。しかし、そこではギャロンをはじめとする川西南チベット族集団を古代諸羌系という枠組みで括り、その来源を一様に古代羌とする汎羌論に基づいていたため、チャン文化がどのように形成されたのかという展開に至ることができなかった。汎羌論では、岷江のチャン文化は元来、古代諸羌系集団が共通してもっていたものともいえるからである。しかし汎羌論をとらずに、先住集団を仮定したうえで羌を後発集団とみれば、羌が先住集団に学んで彼らの文化を取り入れたという、史詩「羌戈大戦」や「木姐珠與斗安珠」に語られているような仮説の展開が可能となる。西南民族研究においては、すでに汎羌論に対する批判が優勢であり、史詩を前提として、羌が定住するために戦った先住の戈を現在のギャロン・チベット族とし、「西南夷」との関連が言及されている。また、四川チベット族諸集団については西南夷や唐代以降の吐蕃との関連も論じら

れている。すなわち、ギャロンやナムイ以下の諸集団の祖先の一つに「西南夷」を仮定し、チャン文化がもつギャロン文化などとの文化的類似性はチャンとは異なる先住集団の文化に由来し、それらとの文化的接触や導入、融合などによってチャン文化が形成されていったとする仮説も可能となる。しかも類似性はチベット仏教をほとんど受容しなかったチャン族とのそれであることから、いわゆるチベット仏教受容以前のボン教初期段階の形を想定させる。

　また白石崇拝や山神信仰についても新たな仮説が可能である。2016年、筆者は川西南チベット族地域を再び訪れた。彼らの家屋や神山に奉じられた神の石 JO には、チャン族やギャロンの白石とは異なる系譜が推測された。彼らが祖先を表すとする石 JO は白石ではなく、先端が尖った円錐状の青みがかった石であり、神山に設置されたその祭祀台はチャン族やギャロン・チベット族系統の山上の祭祀台とは別置であり、日常的な安置法や祭祀活動がチャン系統のものとはやや異なっていた。なお検討すべき課題である（「祖先の記憶――四川アルス・チベット族の JO の伝承と再生」近刊、参照）。

　今後は、まず、ギャロン・チベット族研究を深めることによってチャン文化との関連を明らかにしていきたい。筆者は、1990年以来、断続的にギャロン地区の調査を進めてきたが、2015年と16年にギャロン・チベット族研究の第一人者である四川大学の李錦教授と共同で集中的に四川省甘孜蔵族自治州丹巴県を調査する機会を得た。チャン文化の特色とされる碉房や白石、石碉、山神祭祀が、実際はギャロン地区にこそ極めて濃厚にあることを知るとともに、彼らの社会がチャン族のそれとはやや異なっていることも感じた。そこで、まず定住農耕民の技術ではないかと推測される石積みの技術や碉房、石碉について「ギャロン・チベット族における「碉」の記憶と資源化――四川省丹巴県の「碉」を事例として」（近刊）にまとめた。今後も一層ギャロン・チベット族の研究を進め、チャン族とチャン文化の形成について考察を深めていきたい。

付　論

付　論

四川における1950～60年代の民族研究

　近年、中国民族学・人類学分野において1950～60年代の民族研究に関する論文や著書の刊行が増えている[1]。特に四川においては、2008～09年に「民主改革與四川民族地区研究叢書」全11冊が刊行され、続いて、同叢書の口述歴史課題組総顧問の李紹明（四川民族研究所）の口述記録『変革社会中的人生與学術』も刊行された。

　なぜ1950～60年代の民族研究が注目されているのか。1950～60年代は、全国的に、また民族地区においても激動の時期であった。非漢族は、歴史的に長期におよぶ中国王朝との対立の後、民主改革[2]によって「説得と慰撫」を受け、「反乱と平定」を繰り返しながら中華人民共和国の版図に組み込まれていった。そして民族識別工作や社会歴史調査が行われ、総路線、大躍進、人民公社といういわゆる「三面紅旗」の政治経済的変化が続いた。それは、中国共産党が挑んだ大きな政治改革であったが、民族地区の非漢族にとっては、共産党による「解放」後への期待を大きくはずされた時代でもあった。

1　王建民［1996］に概説があるほか、CNKI（中国学術情報データベース）等にも民主改革や西南民族研究、社会歴史調査、民族識別、辺疆辺政研究、中国民族学学科体系等に関連する論文が多くみられる。
2　民主改革は、漢族地区で進められた土地改革の少数民族版といえるが、民族地区の事情に応じて支配階級の一部の上層人士を改革の協力者として温存し、平和的な話し合いを行った。漢族地区では地主は敵対分子（地主、富農、反革命分子、破壊分子、右派）とされたが、民族地区では必ずしもそうではない。例えばイ族地区では奴隷主は敵対分子ではなく、選挙権・被選挙権をもち、政治協商会議の代表や副県長にも選ばれた。ただし入党は「曲諾」（白彝）と奴隷（実は多くが略奪されてきた漢族）に限られ、州・県・区・郷の主導権は白彝に移った［李紹明口述2009: 182］。秦和平［2011］にも詳しい。

1950〜60年代の民族研究は、このような「民族政治」と深く関わりながら進められ、マルクス主義の民族理論に基づく「民族政治学」という性格を強くもった。そのためマルクス主義批判に大きく舵を切った1980年代以降、この時期の民族研究は、マルクス主義とその民族理論への批判からそれまでとは正反対の否定的な評価をうけるようになり、童恩正らは現代人類学を進める上で障害になると述べた。これに対して費孝通ら「大御所」たちは、マルクス主義民族理論は決して意味のない理論ではなく、その応用的・実践的側面は有効であり、これを批判的に継承して中国人類学の独自性を求めるべきであると主張した。そしてこのような意見の対立が、1990年代以降、中国独自の民族学を求める「本土化」論争へと展開されていく[3]。中国における文化人類学の方向を考える上で「本土化」は重要な視点であり、この時期の内容を明らかにすることは不可欠である。

　しかし論争のスタートラインで問題となったのは、1950〜60年代の民族学研究および民族政治の「実相」が、まだ十分に明らかにされていないことだった。それは、近年に至るまであえて口にできなかったからである。改革開放後20数年を経て、2000年代に入ってようやく当時のことが明らかにされ始めたといえる。

　本論では、四川民族地区を対象として、1950〜60年代の民族政治と民族研究を分析する。その理由は、第一に、四川では、1922年に華西協合大学古物博物館において創立された華西辺疆研究学会を中心に川西北（四川西北部）、川康（四川と西康）、川蔵（四川とチベット）および滇北（雲南北部）の少数民族に関する研究が積極的に進められ、その豊富な成果が『華西辺疆研究学会雑誌』（1922〜47年、発表論文339篇）に残されていること[4]、第二に、1950〜60年代にかけて、費孝通ら多くの民族学者が中央からの訪問団や社会歴史調査の一員として西南中国の民族研究に従事しており、当時の中国における民族研究は当該地区のそれによく反映されていると考えられるこ

3　河合［2007: 111］参照。
4　同雑誌は、華西辺疆研究学会の期刊学術雑誌として年2回、全世界にむけて公刊された英文雑誌。1922年から1947年まで16巻と増刊であわせて22冊刊行された。四川・雲南・貴州・西蔵・青海・甘粛等の民族、歴史、宗教、習俗、動植物、地理、地質等に関する論文339篇が収められている（霍巍「序」四川大学博物館整理［2014: 9–12］）。周蜀蓉［2010］参照。

と、第三に、近年、「民主改革與四川民族地区研究叢書」の刊行によって当時の四川民族地区の資料がかなり整理されていること等による。

そこで本論では、2つの視点から当時の時代および民族研究の諸相について整理する。第一は、「民主改革與四川民族地区研究叢書」に描かれた四川における民主改革であり、第二は、当該地の民族問題のほぼすべてに関わった民族学者の李紹明が語る民族研究である。李紹明は、西南中国の民族研究を代表する研究者で、四川省民族研究所所長や西南民族学会会長等を歴任、1950～60年代の民主改革や民族識別工作、社会歴史調査など四川の民族に関するほぼすべての事項に関わってきた。彼は、研究者であると同時に有能な官吏でもあり、当時の出来事を全面的かつ系統的に語ることのできる一人である[5]。

以下、四川の民族地区を事例として、西南民族大学編「民主改革與四川民族地区研究叢書」と李紹明の口述記録『変革社会中的人生與学術』および関連論文によって1950～60年代の「政治民族学」について整理し、若干の考察を加える。

第1節　1950～60年代の民族研究

1．1950～60年代の民族研究と中国民族学・人類学の「本土化」

中国人類学界には、中国民族学会と中国人類学会がある。改革開放後、1952年の院系調整[6]を境にとだえていた人文社会学が復活していくなかで、まず1980年代中期に中国民族学会が復活し、2年後に中国人類学会が発足した。李紹明は、この2つの学会の違いと対立について次のように語る。中国民族学会は、1930年代に南京で立ち上げられた中国民族学会の復活であり、主なメンバーは費孝通ら学界の重鎮たちおよび「旧」世代である。これに対して、西洋で学んで帰国した新世代は、欧米人類学の最新の理論と方法

---

[5] 詳細は本論第2節参照。
[6] 1952年にソ連モデルにならって全国規模で実施された高等教育機関の改造と調整。教会学校や私立学校をすべて公立とする、学制の改革、教師に対する思想改造、大学に対する学部学科の統合改編などが行われ、応用科学技術学系が重視される一方、人文系は政治学や社会学などが廃止されて弱体化した。詳細は本論第2節参照。

論を新たに導入するためとして中国人類学会をたてた。両学会に所属するメンバーも少なくない。しかし人類学会側は、従来の民族学はマルクス主義の民族理論を用いた「土」(古くさい、時代おくれ)であるとして否定し、「民族学」という言葉も拒否する。一方、民族学会側は、新中国成立以来、人類学を資産階級の学問であるとみなしてきたため「人類学」という言葉を受け入れようとはしない［李紹明口述2009: 232–233］。

　両学会の違いは、1950〜70年代まで唯一の民族理論とされたマルクス主義民族理論に対する「見直し」についての評価であり、それはその成果である「民族問題五種叢書」(『中国少数民族』「中国少数民族簡史叢書」「中国少数民族語言簡志叢書」「中国少数民族社会歴史調査資料叢刊」「中国少数民族自治地方概況叢書」)をどのように評価するかという問題でもある。このうち「中国少数民族社会歴史調査資料叢刊」は、58年以降は調査することすらも批判の対象となった社会制度や婚姻家庭、風俗習慣、宗教などの資料の一部が公にされ、さらに1980年代初期の調査も一部加えられて1980年代初中期に次々と刊行された。西南少数民族の社会歴史調査は、1956年から1965年まで実施されているが、「中国少数民族社会歴史調査資料叢刊」には、それ以前の民族学の理論や方法に基づいて調査した1950年代前半の資料も含まれている。1950年代からのおよそ30年間、公刊されているのは主にこれらの資料だけであり、中国の民族研究において完全に否定することも無視することも不可能であろう。

　これについて新しい世代を代表する王銘銘(北京大学)は、師である費孝通世代の1930〜40年代と1950〜70年代の活動に注目し、現在の世代はいまだに費孝通世代が半世紀前に成し遂げた優れた民族学研究の成果を超えるに至っておらず、次の視点からかつての民族研究を再検討すべきとする。第一は、1930〜40年代に辺疆の西南中国で展開された第2世代の研究者たちによる少数民族研究を今日、どのように引き継ぐか[7]。第二は、費氏は1970年代末に西南中国の蔵彝走廊地区に注目し、中華民族多元一体構造論を提唱した。費孝通世代およびその早期の学生である李紹明世代は、民主革命や民族

---

[7] 辺疆研究も現在の大きな流れである。中央民族大学中国辺疆民族地区歴史與地理研究中心編『中国辺疆民族研究』第1輯(中央民族大学出版社、2008年)など。

識別、社会歴史調査など民族政治に深く関わっていたが、彼らはこの民族政治の形成にどのように関わり、70年代末の中華民族多元一体構造論に至ったのか、という点である［王2008: 39-40］。王銘銘が、「四川民主改革口述歴史課題組」の構成員の筆頭に名を連ねているのは、この理由によると思われる。

　ところで西洋人類学の理論と方法の積極的な導入には、常に中国的特色をもつこと＝本土化が要求されてきた。1990年代以降に展開された人類学の本土化論争では、費孝通をはじめとする旧世代側がマルクス主義の批判的継承が中国的特色になるとしたことから、それが応用された1950～60年代の民族研究はこの本土化の文脈のなかで再検討されているといえる。では、中国人類学の本土化とは、どのように位置づけられているのだろうか。河合は「中国人類学における「本土化」の動向」で次のようにまとめる。

　中国における民族学研究は、大きく3つに分けられる。第1期は19世紀後半から1940年代までで、ラドクリフ・ブラウンを招聘するなど積極的に西洋人類学を導入し、イギリス機能主義を掲げる北派（燕京大学）やアメリカ歴史主義を入れた南派（中山大学、厦門大学）が形成された。1920～30年代に西欧から民族学を導入した蔡元培や呉文藻らの第1世代の研究者と、1930～40年代に西欧に留学して本土化を民族誌で実現した費孝通や林耀華らの第2世代の民族研究者が含まれる。第2期は1950年代から70年代までで、多くの民族学者が共産党主導のもと民族識別や民主改革、社会歴史調査などの民族政治に動員された。そして第1期に導入された欧米民族学が資本主義民族学として否定され、1952年の院系調整を境にマルクス主義民族理論しか許されない政治民族学が徹底された。第3期は1980年代以降で、鄧小平が、生産力を無視したとして毛沢東を批判し、生産力を高めるために西洋の先進科学を積極的に輸入するよう指示したことから、社会科学においてもまず欧米の理論と方法を導入するという方向に方針の大転換がおきた。しかしそれは盲目的に導入することではなく、同時に、中国的特色＝本土化をもつという点が強調された。1990年代からは政治的にも中国的特色をもつ社会主義の建設、中国的特色をもつ社会科学の建設が叫ばれ、中国的特色＝本土化論争が展開された。人類学においては、西洋（英米仏）における最新

の理論と方法論を吸収し、いかに中国の実情にあわせて中国的特色をだすかが核心にあった［河合2007: 107-116］。

これは、まさに1920～40年代の中国人類学がめざした方向でもあった。異なるのは、それぞれの前段階が「伝統的中国学」か、マルクス主義民族学であるかという点である。では、何が中国的特色なのか。河合は喬健（香港大学）があげた中国社会の特殊性が中国民族学会の本土化論争に影響を与えたとする。その特殊性とは、地域差が大きい、豊富な文献資料をもつ、かつては決して閉鎖的な社会ではなく、各民族間の交流が盛んに行われていた非西洋社会であることなどである。これは歴史人類学の方向を示唆するものといえる。

本土化問題は、民族学と政治の関係を新たに問い直すものである。特に、最も政治的であった1950年代の民族識別工作と少数民族社会歴史調査に対しては、1980年代中期から批評と質疑が始まった。1950～70年代には、社会主義の理論を実践した成功例として賞賛されたものの、1980年以降は毛沢東路線の否定とともに断絶の時代ともいわれ、海外だけではなく、中国内においても評価が分かれている[8]。

では、当時の政治民族学は、中国人類学史の中でどのように位置づけられるのか。まず当時の民主改革に参加した費孝通をはじめとする「老大家たち」は、近年の大きな課題である中国人類学の本土化について、マルクス主義民族理論を融合することによって本土化の道が開けるとする。また李紹明も、当時の政治状況下では前ソ連式民族識別を借りるしかなかったが、認定された55民族の中でスターリンの民族理論の4要素が完全に一致したものは極めて少なく、この理論が中国の実際に一致しないことは明確であり、当時は「霊活変通的方法」（臨機応変の方法）、すなわち4要素を緩やかに適用することとし、幾つかの要素が認められた上で当事者たちの意思を尊重して決定したとする。すなわち中国民族学の本土化は、すでに1950年代にマルクス主義民族理論が中国に導入された時にあった動きであり、1950～60年代の民族識別工作はまさに本土化の一環であって、民主改革は、1950年代

8 　祁進玉［2010: 9］、李紹明講述［2010: 1］参照。

の民族識別工作と社会歴史調査をもとに進められた、重要な社会改革であるとする[9]。

これに対して1980年代以後に育った第4世代以降の研究者は、欧米民族学の導入を進め、当時のマルクス主義民族理論に基づく政治民族学を否定する傾向が強い。しかし民族政治への関わりについて、李紹明は、1950～70年代は政治的な事情からやむをえない選択であり、黙するほかなかったという[10]。李紹明は、建国後の第1期の大学卒業生であり、マルクス主義民族理論のみが許された1950～70年代に民族研究を行った第3世代の民族研究者を代表する一人である。ただしこの第3世代は、前後の世代に比べて「最も軽視される」という。「なぜならこの世代は、知識の生産と国家の政治権力が非常に密接な関係にあり、知識の創出はすでに独立と自由を失っていた。しかもこの時代にはマルクス主義唯物論が唯一許された民族学理論で、研究対象も少数民族に限られたため、民族研究は固定的で単一的なモデルとなり、社会改造を目的とした少数民族研究は、各民族をモルガン－エンゲルス－スターリン式の社会形態の進化序列で分析し、民族自身がもつ多元的な文化と歴史の発展をないがしろにしていた」からと評される[11]。これは、第3世代に対する今日の評価を代表するものである。

ところが学問が政治や社会と深く関わるという考え方は、決してマルクス主義に端を発するものではなく、むしろ伝統中国学に基づくものである。中国には、政治と学問の間には「経世致用」という伝統的な観念があり、李紹明も極めて自然に「学問は社会に服務し、学術は政治や社会の進歩のために服務すべきである」という［李紹明口述2009: 141］。彼の世代にとって、国家や社会への奉仕は学問の自由や独立に優先するというのは、伝統的で重要な考え方であった。すなわち中国人類学はすでに誕生の時から国家政治および民族国家の成立と関係があり、彼の時代にはそれが一層密になり、今日もなおその影響は根強い。

しかし李紹明ら第3世代については、一様にマルクス主義民族論者という

---

9 李紹明講述［2010: 2］参照。
10 李紹明口述［2009: 115］参照。
11 伍婷婷［2009: 44］参照。

ことはできない。この理論が制度として導入されたのは、1952年の院系調整からであり、それ以前の1940年代後半から51年までに大学教育をすでに受けていた世代は、マルクス主義しか学ぶことのなかった者のように単純ではなかった。例えば李紹明は、1950年から2年間、華西協和大学社会学系の民族学組でアメリカ人類学を学んでおり、52年の院系調整で政治学や社会学、人類学が「資産階級の科学」とされて廃止されたことを「ばかげたこと」と感じ、1957年の反右派闘争で社会学や人類学を学んだ多くの者が批判されたことについてもおかしい、と思っていた[12]。彼にとっては華西協和大学時代が最も快適であり、そこで受けた教育が彼の思想を決定づけた。52年以前にすでに教育を受けていた第3世代の一群は、むしろ第2世代に入る人々であり、1990年代以降の「本土化」論争において、第2世代と同様に、最も現実的な提案のできる一群であったといえる。

2．「民主改革與四川民族地区研究叢書」に描かれた民主改革

2006年、西南民族大学は、四川民族地区民主改革50周年を記念して「四川民族地区民主改革與社会文化発展」を「校級重大科研項目」（国家民族事務委員会重点科研項目）としてとりあげ、4つの課題組を組織して、「民主改革與四川民族地区研究叢書」全11冊を編集刊行した。

趙心愚の総序によれば、民主改革は、正式名称を「以和平協商土地改革為中心内容的前面社会改革」といい、中国共産党が少数民族の民衆と上層部を指導し、民族地区の実情にあわせて、平和的な話し合いによって行った社会改造である。対象地域は、チベット、新疆、四川、雲南、甘粛と青海の一部の民族地区および、土地改革や奴隷農奴の解放、労役や高利貸しの廃止を主な活動事項とした。またこれによって、四川では、1956年から1959年までに涼山彝族自治州のイ族地区、甘孜蔵族自治州と阿壩蔵族自治州のチベット族地区に居住する約300万人のイ族、チベット族、チャン族を対象として、イ族の奴隷制とチベット族の封建農奴制を打破し、60万人の農奴と奴隷を解放し、1万4000人の共産党党員を選抜して1万3900人の地級、県級、区

---

12 李紹明口述［2009: 52, 115］参照。

級の民族幹部を養成した。そして個人に対しては、土地を一人あたり平均2.3〜8.5畝、家畜を一戸あたりイ族地区では2〜3頭、チベット族地区では12頭配分した、とする［秦和平・冉琳聞編著2007: 1-36］。

　これによれば、民族地区の民主改革と漢族地区の土地改革とは、以下の点で大きく異なる。民主改革では、「民族地区の特異な実情」のために、支配階級に対しては一部の上層部を改革の協力者として温存しており、闘争ではなく平和的な話し合いという方法を用いた。漢族地区での土地改革が地主階級の徹底的な否定であるのとはかなり異なる。漢族地区において中国共産党が進めた土地改革[13]は、マルクス主義の社会革命理論である原始共産制、奴隷制、封建制、資本主義制の社会形態が一系的に進化して社会主義制に至るとする理論に基づく。漢族地区は、この理論によれば社会形態は封建制であり、地主・富農階級から土地や家屋を没収して人民に分配する方法がとられた。しかし民族地区では、四川の場合は、イ族地区には頭人とそれに従属する幾つかの異なる権利や義務をもつ集団があり、チベット族地区ではチベット仏教の上層部や土司が強い権限をもっていた。共産党は、まず各民族地区がどのような社会形態にあるのか判定したうえで、どのような社会改革が必要であるかを決めなければならなかった。

　中央政府が特に留意したのは、非漢族集団およびその居住地は、長期にわたって漢族と対立してきたという歴史をもち、加えて1950年初期には多くの民族地区にまだ国民党の一部が残存しており、共産党による中華人民共和国の版図に入っていなかったという点である。当時、少数民族側の上層部はまだ共産党政権を認めておらず、共産党が社会改革を強行すれば武力衝突の危険があった。そこで中央は、民族地区の社会改革を急いではならないという方針をだし、その方針を受けて中央および各級政府は民族訪問団を組織して各地に派遣した。目的は、少数民族と漢族との対立を和らげ、党の民族政策を宣伝して中華人民共和国の成員にするとともに、社会改革を進める前に少数民族の状況調査を進めることにあった。訪問団は、漢族と少数民族との直接闘争を回避するべく非漢族集団との話し合いによる和解を進め、同時に

13　1950年6月「中華人民共和国土地改革法」が公布され、チベット、新疆、甘粛の自治区、四川、雲南、青海の一部の民族地区以外は1952年末までに土地改革が基本的に終了した。

非漢族集団の実態調査を行って民族識別工作を進めた。

　四川では、1951年に川西少数民族訪問団が、当時まだ未解放であった茂県専区のチベット族とチャン族を訪問し、1952年には川南少数民族訪問団が峨辺県のイ族を訪れた。四川の民主改革は、1955年末から1960年まで行われ、民族工作と学術工作の二面をもつとされる。しかし実際の活動の大半は、非漢族への説得、相継ぐ反乱への対処に追われた［李紹明口述2009: 159-185］。イ族とチベット族の上層部による反共産党の乱がいかに頻繁であったか、そしてそれへの対処をいかに極力「平和的」にしなければならなかったかという事情は、本叢書の口述史組による『四川民主改革口述歴史資料選編』のなかで、当事者たちが詳細に語る。

　1950〜60年代は、四川の民族地区にとっても激動の時期であった。中華人民共和国成立後、まず旧勢力と共産党との闘争が起こり、共産党政権下においては民族識別工作、訪問団による民族状況調査、民主改革、集団化から人民公社、社会歴史調査が行われた。このうち民族地区を最初に大きく変えたのが民主改革である。民主改革は、支配層の一部が温存されたとはいえ、旧来の支配と被支配の体制を大きく揺るがし、土地所有の状況を変えた。またこの社会改革を実施するために、初めての全面的な民族状況調査が行われた。この時の調査は、規模としては56年から始まった社会歴史調査に劣るが、内容的には、社会歴史調査が政治と経済を主としたマルクス主義理論に基づく政治経済調査であったのに対して、1940年代までの英米民族学理論を用いた社会民族調査であった。換言すれば、50年代初期の調査では、その社会の全面的な実態を調べて記録することができたが、56年以降の社会歴史調査は、民族地区に温存した支配層を一掃し、社会主義社会へ向かうための「政治的目的」をもった調査であったために、社会経済状況以外の文化、宗教面の調査を行うことができなかった[14]。この意味において、これまであまりとりあげられなかった民主改革当時の実相を明らかにすることは、中華人民共和国成立後、社会主義が社会全体をおおっていく過程で何がどのように変えられたのか、あるいは変わらなかったのか、それは現在にどのよ

14　李紹明によれば、政治経済以外の分野を調査した者は、後の反右派闘争のなかでそれを理由に「ブルジョア」「右派」というレッテルを貼られて失脚した［李紹明口述2009: 186-191］。

うに繋がっているのかを考えるうえで重要である。

「民主改革與四川民族地区研究叢書」は、①民主改革歴史資料、②民主改革口述歴史、③民主改革と四川民族地区経済発展、④民主改革と四川民族地区の社会文化変遷の4つの課題に分けて資料が整理編集され、①③④が各3冊、②が2冊の計11冊からなる。各課題の目的および内容は以下のようである。

第一の「民主改革歴史資料」の3冊は、『四川民族地区民主改革大事記』（2007年、以下『大事記』）、『四川民族地区民主改革資料集』（2008年、以下『資料集』）、『川西北蔵族羌族社会調査』（2008年、以下『川西北調査』）である。『大事記』の前言には、四川における民主改革の由来、特長と過程、イ族地区とチベット族地区における民主改革の概況、効果などが詳細に述べられている。特に、民主改革に対しては積極的な評価を与える一方で、欠点と不足も次のように指摘する。改革の前期では現地の意見を聞く、準備、譲歩などが不足していた。中期では、改革と反乱の平定との関連性の説明が不十分で、宗教政策について不用意な表現があったために反乱が拡大し、人民は深刻な経済的損失をうけ、幹部や積極分子、解放軍兵士に多くの死傷者がでた。さらに改革の後期では、大躍進の全国的な展開期にあって、イ族地区やチベット族地区においては民主改革が合作化や人民公社と段階的に結びつけられず、住民の理解を得られないまま人民公社が開始され、共産主義に足を踏み入れてしまった結果、民主改革が本来発揮すべき積極的な効果や良好な結果を生み出すことができなかった、という。つまり、民主改革から人民公社に至るにあたっては失敗した、と総括する。

「民主改革歴史資料」の価値は、民主改革に関する資料が1950年から1961年までの文献から初めて一括して収集整理されたことにある。民主改革は、1955年末に始まり1960年に終了したが、1950年には西南行政区において中央民族訪問団西南分団が組織されており、60年の終了後にもなお牧畜区では問題が残されていた。『大事記』では、涼山、甘孜、阿壩の各州志や西昌、康定等の関連地域の地方志および涼山州、甘孜州の主要文件等を原資料として時系列的に記し、『資料集』では関連する法律や文件を中華人民共和国憲法、中央の関連文件や指示、党と国家の主要な指導者の論述、チベット族お

よびイ族地区の民主改革に関する意見や措置、四川省および各州の指導者の論述、民主改革以前の民族地区の概況報告から選択編集する。

さらに『川西北調査』は、川西北民族訪問団が1952年5月から1953年6月までの約1年間、茂県専区において調査したチャン族、四土と草地のチベット族についての調査記録で、「嘉絨蔵族調査資料」「草地蔵族調査材料」「羌族調査材料」からなる。これらは1954年に謄写印刷で、1984年に活版印刷で少数が内部発行として印刷され、今回は復刻版である。序によれば、当時、茂県専区はまだ未解放で社会が不安定であり、人手も不足していて深い調査ができず、整理時に民俗や服飾、民間文学、碑文などに関する初期の大量の原稿が失われたとあるが、当時の民族分布や土司、土屯制度、生産関係、民族間関係が基本的に明らかにされており、後に民族の帰属で大きな問題となった黒水チベット族の認定に関して、1951年の調査では自称と言語が同一であることからチャン族とされていたことが記されている。チャン族および四川チベット族の研究からいえば、極めて価値の高い、基本的文献である。それは以下の理由による。

56年から行われた社会歴史調査は、52年の院系調整以降、それまで主流であった欧米の民族理論が排除されてマルクス主義民族理論しか用いることができなかったため、原則として社会形態に関する調査しか行うことができず、文化宗教面がほとんど欠落している。これに対して、51、52年の調査はこの大転換前に実施されていたため、文化習俗、宗教面の資料もふくめた全面的な民族調査が行われている。一般に、1950〜60年代の調査資料はマルクス主義民族理論に基づく政治性の強いものとみられがちであるが、51、52年の民族訪問団の調査は、かろうじてそれを免れており、むしろ1920〜30年代の方法の延長線上にある資料といえる。チャン族研究の面からいえば、1930、40年代の調査が胡鑑民やGraham、Torrance、華西辺疆研究学会などによって宗教や習俗、歴史に関しても詳しくなされているものの、地域的に汶川県や理県にかなりかたよっているのに対して、51年の調査はより広範囲で全般的な記述が多い。よって中華人民共和国成立以前の20世紀前半のチャン族は、華西学派の調査記録とこの51年の調査および荘学本が撮った1930年代の写真によってかなりの程度、明らかにすることが可能である。

また中華人民共和国成立以前のギャロン人や四土のチベット族の資料も極めて少なく、チャン族同様に、中華人民共和国下の「政治性」が薄い調査記録として、『川西北調査』が復刻された意義は、たいへん大きい。

第二の課題「民主改革口述歴史」は、『四川民主改革口述歴史資料選編』（2008年11月、以下『資料選編』）と『四川民主改革口述歴史論集』（2008年10月、以下『論集』）の2冊からなる。『資料選編』では、民主改革の当事者による個人の記憶と経験がインタビュー形式で語られるのに対して、『論集』ではその次の世代の研究者によって、『資料選編』に収められた当事者たちの口述記録をどのように理解し、分析するのか論じられている。文化人類学的視点からいえば、4つの課題のうちこの口述史シリーズが民主改革の「実相」を最も身近に感じさせるものとなっている。

『資料選編』は、当時の四川民主改革の指導者および参加者がそれぞれの立場から民主改革の「真実」を語る。これは、たいへん面白い読み物となっており、インタビュー形式が歴史のリアリティを伝えるには有効な手段でありうることを証明している。しかしインタビューや口述史の語りを一般化しようとする場合には、個人的記憶の内容に関する信頼性や客観性、真実性が当然問われる[15]。またそのインフォーマントが選ばれたことについて、インタビュアー側の意図が明らかにされなければならない。

『資料選編』でインフォーマントとして収録されたのは、①孔薩益多（チベット族、1916年生まれ、男性、パンチェン・ラマ侍衛官、土司、省政協副主席）、②伍諶（重慶出身の漢族、1926年生まれ、男性、四川大学法律系卒、52、54年チベット族地区とイ族地区訪問社会調査、四川民族史志主編）、③林向栄（馬爾康出身の漢族、父はチベット族地区の商人で、母はギャロン・チベット族、1920年生まれ、男性、51年西南訪問団通訳、56年少数民族語言調査隊参加、阿壩師範高等専科学校卒、ギャロン語研究）、④欽繞（巴塘出身の漢族、1928年生まれ、男性、チベット語を習得、甘孜州民主改革委員会委員、州長）、⑤格旺（チベット族、父は漢族で母がチベット族、1930年生まれ、男性、幹部学校卒、木雅・巴塘・理塘の各県幹部、巴塘副

15　ラングネスほか［1993 (1981): 41–48］参照。

県長、社会歴史調査に参加）、⑥雍銀章（貴州出身の漢族、1927年生まれ、男性、57年涼山州で民主改革に従事、甘洛県幹部）、⑦洛各讓（黒水出身のチベット族、1941年生まれ、男性、蘆花太太の「娃子」（家内使用人）、56年民主改革後就学、63年参軍、68年生産大隊隊長）、⑧尼蘇（平武チベット族、1938年生まれ、女性、民主改革積極分子、共産党員、64年婦女聯合会、同年少数民族優秀代表）の8人である。

　この8人は、年齢が90、80、86、78、76、79、65、68歳（2006年当時）で、年齢的には、当時、記録しておかなければ、民主改革の真実が世間に明らかにされないまま消えてしまったかもしれず、「活生生的歴史」（生々しい歴史）を文字化するラストチャンスであったといえる。また性別は男性7：女性1、民族別ではチベット族4（1人は父が漢族で母がチベット族）：漢族4（1人は母がチベット族）：イ族0、社会階層・職業は、チベット族上層部①、チベット族積極分子⑦⑧、政府工作側幹部④⑤（ともにチベット族地区生まれ）⑥、政府工作側研究者②（民族史）③（ギャロン・チベット語）である。

　インフォーマントの民族や職業からいえば、チベット族地区についての語りを主とした構成である。また、民族地区側は、四川チベット地区において政府の民主改革を受け入れた民族上層部①と積極的に参加した低層部の⑦⑧の3人であり、民主改革への最終的な評価は、当然プラスの立場である。一方、当時の政府側工作者を代表する5人も、うち③④⑤は地元出身の漢族でチベット語もでき、⑤は漢族の父とチベット族の母をもつ。出身地を含む四川チベット族地区全体のチベット族を最も理解し、政府側の事情もわかる人々であり、内部の目と外部の目を併有する。反右派闘争などの中央政界の動きに翻弄されながら調査を進める姿が語られている。しかしイ族地区については、インフォーマントにイ族の指導層は含まれておらず、1950年代初期の訪問団の時から両民族を調査してきた政府工作側研究者②と、民主改革工作後も地元のイ族地区政府の幹部を務めた漢族⑥のみが語る。ただしインタビュアーの一人であるW氏によれば、実はもっと多くの人々にインタビューしており、そこにはイ族の上層部すなわちかつての「黒彝」も含まれていたという。

『論集』では、本課題における口述史の有効性や実践を通しての様々な課題が本課題組の研究者によって論じられている[16]。王銘銘は、現在の第4世代の文化人類学者を代表する一人で、欧米の研究動向に詳しい。王論文「口述史・口承伝統・人生史」では、Donald A. Ritchie, *Doing Oral History* (2003)（王芝芝ほか訳『大家来做口述歴史』2006年）をとりあげて、近年、人類学の伝統的手法の一つである口述史が中国の社会科学分野でも注目されており、社会学ではすでに土地改革の「真相」を理解するための方法として用いられていることを紹介する。さらに口述記録は「活生生的歴史」であるとして、本課題における有効性を論じる。

第三の課題「民主改革與四川民族地区経済発展」は、鄭長徳主編『民主改革與四川彝族地区経済発展研究』（2008年7月、以下『彝経済』）、鄭長徳・劉暁鷹主編『民主改革與四川羌族地区経済発展研究』（2008年6月、以下『羌経済』）、鄭長徳・周興維主編『民主改革與四川蔵族地区経済発展研究』（2008年12月、以下『蔵経済』）の3冊からなる。3冊とも民主改革期から現在に至る発展状況を政府が公表した数値をもとに分析する。共通して用いられているのは、『四川民族地区国民経済和社会発展統計歴史資料（1949-1985）』（1988年）、『同（1985-1990）』（1992年）、『同（1990-1995）』（1998年）や、1990年代に相継いで刊行された州志や県志、近年の各県統計局の統計資料、および『阿壩五十年』『涼山五十年』『羌区五十年』などである。1950〜60年代に刊行された簡志類もそのまま引用してあり、課題組委員が自ら得た一次資料はほとんどみられない。1950〜70年代の資料の最大の問題は、数字そのものに政治的配慮が加えられて、いわゆる水増しされ、実数が不明な場合が少なくなく、信憑性に欠けるという点にある[17]。よって当時の数字は歴史的展開で用いられており、重点は近年の状況にある。その

---

16 インタビューは人類学において重要な手法である。ライフヒストリーは「自分たちとは異なる人々が経験しているリアリティを直接に伝え」、「出来事の編年史をはるかに越えて、熟練した目と手によって本質的な個人の肖像を引き出す共同作業から、より深い理解へ」と導く。「内部者の視点」から「媒体を通して時代全体が描かれる」。しかし常に「データの信頼性とサンプリング」が問題にされている。また「社会構造や文化と、個人の人生の過程との関係」という文化とパーソナリティについても論じられている。ラングネスほか［1993 (1981): 65］参照。
17 李紹明口述［2009: 192-197］参照。

結果、近年の「良好な」経済発展を強調した、公式的な見解になっている。

　構成は、チベット族地区、イ族地区、チャン族地区の概況（人口・沿革・自然環境など）の概況を述べたうえで、開発簡史、民主改革前後と改革開放以後の経済発展、産業構造、貧困救済（イ族地区）などをとりあげ、産業ごとに農牧業、林業、エネルギー・鉱物資源と工業、医薬業（チベット族地区）、手工業、交通運輸業貿易、金融、旅遊業とそれぞれ章をたてて近年の動きを中心に解説する。3民族地区とも貧困脱出を牽引する産業として観光業開発に力をいれていることが章構成にみられる。図表が多用されて新しい体裁になっているものの、章構成や基本的編集方針は、2006年以降に修訂版が刊行されている「中国少数民族自治地方概況叢書」とほぼ同様であり、画一的である。

　第四の課題「民主改革與四川民族地区社会文化変遷」の3冊は、蒋彬・羅曲・米吾作主編『民主改革與四川彝族地区社会文化変遷研究』（2008年10月、以下『彝社文』）、蒋彬主編『民主改革與四川羌族地区社会文化変遷研究』（2008年12月、以下『羌社文』）、根旺主編『民主改革與四川蔵族地区社会文化変遷研究』（2008年9月、以下『蔵社文』）である。このうち『羌社文』緒論には、本課題の意義、研究総述、研究の視角と方法、構成が述べられている。研究総述によれば、これまで民族地区の民主改革に関する研究は概して少なく、羌族地区の民主改革についての論著もまだ発表されてないという。ただし文献資料については、政府関連のものが中央と地方に分けられ、さらに主要なもの（例えば『中国共産党與少数民族地区的民主改革和社会主義構造』上・下）と関連するものに大別され、論文も加えて網羅的に紹介されており、外部の研究者にとって有用である。

　3冊の構成は類似している。『羌社文』は緒論、チャン族地区の民主改革、社会変遷、物質文化（土地占有、農業生産、生活方式）、非物質文化（教育、宗教信仰、文化芸術、民俗文化）、『蔵社文』は民主改革、社会変遷、宗教文化、社会調査と体験者の口述が付される。『彝社文』は緒論、民主改革、社会制度変遷、文化変遷とし、マルクス主義唯物史観と思想科学、文化人類学の3つの視角からすると強調する。中央の学会が若手研究者を中心にマルクス主義唯物史観を否定する傾向が強いのに対して、西南地区ではそれを含め

た李紹明世代までの「保守派」の思考を継承していることがうかがわれる。

　内容については、先行の文献資料を整理し、引用して総説的にまとめる形式である。例えば『羌社文』では、最もよく引用されているのが「羌族調査材料」（西南民族学院民族研究所、1954年）、『岷江報』（1953～1957年）、『茂汶羌族自治県国民経済統計資料1949-1978』で、ついで1920～40年代の胡鑑民「羌族之信仰與習為」（1941年）、Thomas Torrance, *The History, Customs and Religion of the Chiang* (1920)、『葛維漢民族学考古学論著』（2004年）[18]である。やはり1920～50年代前半までの資料が基本とされていることがわかる。

　以上、西南民族大学編集の「民主改革與四川民族地区研究叢書」は、これまでほとんど語られてこなかった民主改革について、関連の資料を可能な限り収集整理したという意味において大変有意義な企画である。1950～60年代の「実相」が明らかにされなければ、70、80年代以降の研究につながらないからである。

　しかし、マルクス主義唯物史観を主要な理論の一つとして強調していることは（『彝社文』など）、これを否定する第4世代の民族研究者を中心とした中央の流れと大きく対立する点である。マルクス主義民族理論は1950～60年代の「民族政治学」と不可分に用いられてきたものであり、現在の西南民族学会でこれが政治的イデオロギーと分けて論じられていることは考えにくい。西南民族研究の中心地においてなおマルクス主義民族理論が根強く支持されていることをうかがわせる。

　また4つの課題のうち、文化人類学的視点からいえば、最も注目されるのが第二の口述史である。他の3つの課題組が、既出の文献資料を通時的に整理、分類、分析した形式をとるのに対して、口述史組は民主改革を体験した人々の個人的記憶をインタビュー形式で記しており、民主改革については初の試みである。この口述史は、後の人々に歴史のリアリティをもたらし、外国人研究者には示唆に富むものである。そして口述史組が最終的に最もよき

18　葛維漢はDavid Crockett Grahamの中国語訳名。グラハム（1888-1962）はアメリカ出身の宣教師であり、民族学、考古学の研究者でもあった。1911年中国にわたり、1913年から1948年まで成都の華西協合大学で教えた。同大学古物博物館（現在の四川大学博物館）館長と文化人類学教授を兼任し、「華西辺疆研究学会」を組織し、『華西辺疆研究学会雑誌』を刊行した。

インフォーマントとして選んだのが、この課題組の顧問であった李紹明である。それは、第２節でとりあげる李紹明の口述記録『変革社会中的人生與学術』を読めば容易に理解できる。費孝通、林耀華という第２世代が亡くなり、第３世代も多くが70代となり、当時の記録を残すことは喫緊の課題となっている。そのなかで、1940年代から60年代のほぼすべての民族工作と政治民族学に関わり、指導的立場でもあった当事者として、全体を明晰に語り、西欧の人類学と伝統中国学を実践的に知る者は、おそらく李紹明をおいていない。中国人類学・民族学の本土化を考えるうえで、極めて重要な人物である。

3．「民族問題五種叢書」修訂・再版の動きと意味

「民族問題五種叢書」（以下、五種叢書と記す）は、中華人民共和国における民族研究の大きな成果の一つである。これらは、中華人民共和国成立期の1950～60年代に少数民族地区において実施された国家規模の調査結果をもとに、1980年代に一部補充され、公刊された。しかし当時、同時期の政治上の諸政策と不可分に進められたために政治性が強くうちだされた部分があり、後に、学術的に一定の資料的・史料的価値をもちながら、資料的価値においてかなりの制約を有すると評価されている。

21世紀にはいって、五種叢書は相継いで修訂・再版された。国家民族事務委員会（以下、国家民委と記す）は、修訂・再版にあたって五種叢書に対する国家民委の公式評価と修訂の意味を述べている。しかしそこに述べられた内容は、外国人研究者にとってわかりにくい部分が少なくない。当時の諸政策と調査との関係が十分に明らかにされていないからである。四川省民族研究所の李紹明は、四川における当時のほぼすべての民族調査に参加した当事者の一人として、晩年、複数の口述記録を公刊している。特に2009年の『変革社会中的人生與学術』は、当時の民族調査と五種叢書編集に関わる状況とそれに対する私見を率直に語ったもので、五種叢書を理解するには極めて有用である。

以下では、まず2007年刊行の修訂再版の意味を検討したうえで、四川における1950～60年代の民族調査と五種叢書編集について李紹明の口述記録

を中心に再構成し、五種叢書の再評価を試みる。

1）1950年代の「民族問題三種叢書」

五種叢書とは、1980年代に公刊された『中国少数民族』「中国少数民族簡史叢書」「中国少数民族語言簡志叢書」「中国少数民族社会歴史調査資料叢刊」「中国少数民族自治地方概況叢書」をいう。しかしその原点は、1950年代に編集された「民族簡史」「民族簡志」「民族自治地方概況」の「民族問題三種叢書」（以下、三種叢書と記す）にある。

三種叢書の編集について、上野稔弘は次のように述べる［上野2011］。三種叢書は「ポスト反右派闘争・大躍進期の少数民族社会歴史調査の新たな任務として設定」され、「1959年10月１日の建国十周年の献呈本としての完成をめざした」。しかし「大躍進の挫折とともに刊行が再三延期され、約半数が未公刊で終息した」と。これは、三種叢書がまさに当時の政策の一環として企画されたものであることを示している。

当時の政治的背景は次のようである。中華人民共和国成立後、中央政府は1950～52年にかけてまだ中華人民共和国に統一されていない西北、中南、西南の３つの少数民族地区に中央訪問団を派遣して民族政策を宣伝し、民主改革を進めた。四川では、特にイ族地区で黒彝を中心とした反対の動きが根強く、民主改革は1955年末から60年まで続いた。それとともに、1956年には民族識別工作の資料収集のために内蒙古、新疆、西蔵、四川、雲南、貴州、広東、広西の８つの少数民族歴史調査組が組織され、1958年には寧夏、甘粛、青海、湖南、福建、遼寧、吉林、黒龍江の８つを加えて16の調査組に拡大され、動員された者は1000人を超えた。少数民族社会歴史調査は1956年から64年まで行われた。

その一方でほぼ同時期に、中央では新たな政治的動きが始まっていた。1956年に百花斉放・百花争鳴[19]、続く57年後半から58年にかけての反右派闘争である。民族地区に赴いていた社会歴史調査の指導者たちも次々に北京に

19　中国共産党が1956年に唱えた自由化スローガンで、文学芸術活動、科学研究活動において独立志向の自由をもち、言論の自由をもつべきことを提唱した。しかし共産党の教条主義と官僚主義を批判するようにという要請に応えて発言した知識人は、これを危惧した毛沢東の指示によってブルジョア右派とされて批判され、反右派闘争が始まった（天児慧等『岩波現代中国事典』1999年、1070–1071頁）。

よびもどされ、「鳴放」[20]した者は次の反右派闘争で批判された。社会歴史調査は、これを境にトップの多くが替えられただけでなく、調査内容も大きな方針転換をせまられ、全面的な調査から政治経済に重きをおく政治色の濃いものへと変わった。

　三種叢書は、1959年10月1日の建国10周年の献呈本として企画されたもので、反右派闘争と大躍進のもとで方針転換せざるをえなくなった社会歴史調査組が新たに受けた任務であった。李紹明は「その任務をわずか1年足らずで完成させることが不可能であることは誰もがわかっていたが、（我々は）たえまなく調べ、たえまなく書き続けた。しかし実際はどれも使いものにならないものだった」と語る［李紹明口述2009: 196-197］。三種叢書は、全体の約3分の1が出版されたところで文化大革命が始まり、残りは原稿段階で中断された。費孝通はこれについて「50年代後期より、三種叢書を何度も繰り返し修正したが、多くの人が「追いつく」ことで消耗した。当時多くの人が直せば直すほど読む人がいなくなると言った……この風潮が起きたことで正道から逸れた」とする［上野2011: 1］。費孝通も李紹明も、政府の指導に沿った修正が現況とは大きく離れていたこと、三種叢書執筆は正道から外れたものであり、不毛の仕事であることを誰もが承知していたが、それでも書き続けざるをえなかった、と回顧する。

　２）「民族問題五種叢書」修訂再版

　上野報告によれば、五種叢書について張養吾は「「民族問題五種叢書」編集出版工作の総括報告」（1989年）で、初版において（刊行本のなかには）準備不十分、新しい研究成果をいれていない、改革開放後の変化が記入されていない、本文中に誤りがあるなどの不備があり、修訂再版時に修正の必要があると述べた。さらに国家民委は、2006年3月国家民委修訂「民族問題五種叢書」工作会議において、五種叢書修訂を2008年昆明開催の世界人類学大会にあわせて2007年に出版するとした。呉仕民の報告では、修訂の理由を、五種叢書は価値を継承すべきであるが、歴史的制約のために体裁・様

---

[20]　「鳴放」とは百花斉放・百花争鳴運動に応えて発言すること。費孝通、楊成志など（欧米留学組）はその社会の遅れた部分ばかりを見ており、階級矛盾や階級闘争の観点に欠けていると批判された［曽士才1995: 23］。

式・内容の質が不統一であり、現在では入手困難であると述べ、修訂の原則を、正確な理論指導（マルクス主義の歴史観・民族観・文化観・国家観・宗教観）、実事求是と発展刷新の原則、党の民族政策の堅持とするとしている［上野2011: 2-3］。

修訂再版を2008年世界人類学大会の中国開催にあわせるとしたことは、三種叢書が1959年の建国10周年記念のためであったことを思いおこさせる。しかも近年、学術的にはすでにほとんどふれられなくなった1950～70年代のマルクス主義堅持を冒頭にあげていることはいかにも政治的である。費孝通が「正道から逸れた」といい、張が五種叢書初版刊行後に「歴史的原因」とした政治と密接に繋がった、当時のマルクス主義民族学への批判と反省に対して、再び学術性から離れた政治性の強いものへという逆行が明らかである。

その結果、李徳洙が2007年五種叢書修訂再版総序で「基本的に現状を保持し、体裁・版型を統一し、新たな内容を加える」とした修訂版は、確かに体裁・版型が統一され、1980年代から2000年代にいたる新たな動きや数値が加えられているものの、学術的に手を加えるべきではない部分が削除あるいは減じられ、資料的価値にまたしてもある種の制約がかけられている。上野は「初版本がもっていた特色が大いに減じたうえに、編集方針自体は1990年代以前の形式を踏襲しており、1990年代以降各地で執筆・出版されている民族誌との乖離がめだっており、この傾向は『民族自治地方概況』に顕著である」とする。上野は、事例に『徳宏傣族景頗族自治州概況』（民族出版社、2008年）をあげ、章立ての統一化、民族自治に関する記述の圧縮、新聞出版や環境問題などの1990年代以降の新内容が加わるなど内容の大幅な再編が行われ、内容の地方志化が進み、民族誌的性格がより希薄になったと指摘する［上野2011: 3］。ここに指摘された、内容の地方志化という点が、初版本の優れた点の一つである民族誌的部分を減じる大きな要因であるといえる。

四川の少数民族関連の五種叢書修訂版においても、同様の傾向がみられる。社会歴史調査資料の一つである修訂版『羌族社会歴史調査』では、内容の変化はほとんどないが、体裁は他と統一され、さらに表紙の1950～60年

代の写真が「原版はかなり古くなっていて質的に問題がある」という理由で削除されている。旧写真の削除は、その学術的資料性を全く無視したもので、民族誌という意味では改悪である。

「民族自治地方概況」の一書である『北川羌族自治県概況』（民族出版社、2009年、以下『北川概況』と記す）は、北川羌族自治県が1987年以降に成立した16の民族自治地方の一つであるため新編である。よって『北川概況』には政府の修訂再版の方針が明確に反映されており、1980年代の『茂汶羌族自治県概況』[21]（四川民族出版社、1985年、以下『茂汶概況』と記す）とはかなり異なっている。『北川概況』は、改革開放以降の社会的経済的発展の状況を増補し、2008年の汶川大地震の記録として「抗災救災和災後重建」を1章としてたてたことから全14章の構成となり、『茂汶概況』の全7章に較べて総量が2倍強になっている。また構成は、『北川県志』（方志出版社、1996年）にならって細分化され、民族地区の貧困脱出の核心産業として注目されている「旅遊」を第9章に新設する。内容は、1980年代以前の状況については『北川県志』の記述との重複が多い。特に文化については、『北川県志』のチャン族の記述には岷江流域のチャン族のそれからかなり引用されており、『北川概況』にも、岷江流域のチャン文化との同一性を示そうとする編纂者の意図が踏襲されている[22]。

また『北川概況』で興味深いのは、民族区域自治と漢族に関する記述である。第一は、北川チャン族の民族回復と複数の民族郷の成立から2003年の民族自治県にいたるまでの詳細な過程である。北川県のチャン族は、1953年にはわずか25人にすぎなかったが、1980年代の民族回復を経て、2005年には9万1953人に達した。同書には、1950年代初めに北川県の多くのチャン族が漢族のまま民族変更をしなかったのは、民族幹部の歴史知識が不足し

---

[21] 阿壩蔵族自治州茂汶羌族自治県は、全国で唯一の羌族自治県として、茂県、理県、汶川県の3県が合併して1958年に成立したが、1987年に阿壩蔵族自治州が阿壩蔵族羌族自治州になった時に茂県に戻った。

[22] 北川県では漢族との交流が深く、多くのチャン族が「漢民」とされていたこともあって、中華人民共和国以前にすでにチャン語やチャン族文化の特色をほとんど失っていた。そこで1980年代に民族回復を進めるにあたって、県政府は県内だけではなく、隣接する茂県のチャン族文化についても調査と収集を進めた。現在、北川県のチャン族文化と称するもののなかには、茂県から借用してきたものが少なくない。

ていたからだと述べられており、民族幹部が80年代以降、民族回復と民族自治県成立に強い意志で臨んだことがうかがわれる。

　第二は、民族区域自治に関する、改革開放後の具体的な記述である。民族区域自治の実態については、地方政府幹部に主体民族が採用されるといった程度の情報しかわからなかったが、同書の第3章民族区域自治には法制建設（第3節）と民族関係（第4節）が新設され、前者には2006年の「北川羌族自治条例」について、後者には政策措置として各種の経済面での支援、優遇策が具体的に記されている。

　第三は総人口の約40％を占める漢族については、民族の項だけではなく他項においてもその文化についてほとんど述べられていないことである。1990年代の『北川県志』では漢族を含めた民族別に風俗習慣や宗教信仰、文化芸術についての記述があったのが、新編『北川概況』では漢族にほとんどふれないばかりか、民族別の文化に関する記述も全体に薄くなっている。これは他の民族自治地方概況叢書にもみられる傾向である。

　総じていえば、修訂版民族自治地方概況は、各地域の地方志のダイジェスト版といった体裁に統一され、政治・経済・社会の分野を中心とした記述となっている。また民族別の文化を主体とした記述が縮小されただけではなく、「漢族」に関する記述がカットされている。しかし民族地区の漢族は、年々流入人口の増加が著しく、さらに、21世紀に入って民族区域自治法が改正され、優遇対象については、従来の少数民族だけに限っていたのが漢族を含めた民族地区に居住するすべての民族に変更されている[23]。すなわち中央政府は民族地区における民族区域自治を、従来の少数民族への優遇を主とした民族自治から、区域全体の民族を優遇する区域自治へと大きく転換したといえる。そのため五種叢書修訂版や新版ではあえて漢族の姿を薄くし、少数民族を強調するような、現状に逆行した記述となっている。

23　「北川羌族自治県自治条例」（2006年10月25日発布）第63条第2款に、自治県に10年以上居住するチャン族以外の公民もチャン族と同等の優遇を受けるとある［北川羌族自治県概況編写組 2009: 76］。

第2節　李紹明が語る四川における1950〜60年代の民族研究

1．李紹明の生涯と民族研究

李紹明（1933-2009、土家族）は、西南中国の民族学研究において最も卓越した研究者の一人である。また「教会大学（中国成都の華西協和大学）の最後の学生、新中国が養成した第1世代の学者、民族学と歴史学、西方理念と中国の伝統的道徳観念を学んだ」と称され[24]、中国人類学・民族学の中華人民共和国建国後の発展、および建国以来の国家の民族工作の進展過程のほぼすべてに密接に関わり、当時、一体何があったのかを欧米民族学とマルクス主義民族学の両方を学んだものとして冷静かつ詳細に語ることのできる人物である。

李紹明は、自身の生い立ちを次のように語る。父は重慶市秀山土家族苗族自治県出身の土家（トゥチャ）族で、民国期に四川西部の民族地区で官吏となって漢源県県長を務めた後、商人となった。母は徳陽県出身の漢族で、実家は地主、叔父は地方政府高官で成都西城警察署長であった。李紹明は1933年成都で生まれ、第三樹徳小学、成都中学を経て省立石室中学（高校）に進学、一年学んで、1950年16歳の時に最年少で華西協和大学社会学系民族学組に入学。比較的富裕な知識人の家庭で育ち、『資治通鑑』などの中国古典も読破した。華西協和大学では自由な雰囲気の中で欧米人類学を学んでいたが、1952年院系調整によって華西大学社会学系が閉鎖され、やむなく四川大学歴史系に編入、53年には西南民族学院民族問題研究班に入り、54年西南民族学院を卒業。その後、阿壩蔵族自治州民族幹部学校教員となる。

また学生時代から民族地区での西南訪問団などのフィールドワークに参加した。チャン族地区については、1951年夏の1か月間、茂県の沙壩区黒虎郷と赤不蘇区で県政府の工作隊として郷政府建設工作と民族調査に参加。当時、チャン族地区の頭人には、黒虎郷の何廷禄、赤不蘇区の陳瑞龍、王泰昌、黒水の蘇永和等がいた。政府は共産党を支持していた何廷禄を仲介として懐疑的であった陳瑞龍や王泰昌らを説得したが、蘇永和は説得を受けいれ

24　李紹明口述［2009: 1］の「整理説明」での伍婷婷（北京大学）の紹介による。

ず、1951年に反乱をおこした。調査では、4～5人が一組になって戸別調査を実施。漢語のできる男性をインフォーマントとして、まず統一された調査表によって家長の名前や年齢、民族、家族構成、家庭経済などの基礎データをとり、さらに政治制度や経済状況（生産力、作物、生産道具）、家庭と婚姻、物質生活、衣食住などを聞き取るという全面的な調査であった。1956年に阿壩民族幹部学校に赴任してからは、学生とともに赤不蘇区や理県蒲渓郷を毎週末に調査。1961～64年は少数民族社会歴史調査の羌族分組に参加して、三種叢書の執筆を担当した。

イ族地区については、1952年に1か月、川南民族訪問団とともに小涼山俄辺地区で調査。当時、イ族地区にはなお国民党の特務と土匪が残っており、イ族の頭人に暴動を勧めていた。中国共産党は国民党に対抗してイ族を共産党側に引き入れる工作を進めた。1956年中央政府が少数民族社会歴史調査を組織すると、李紹明は四川調査組に入って涼山イ族地区での社会形態調査に参加。57年イ族上層部が民主改革に反対して反乱をおこすと李は中央慰問団に入れられ、慰撫工作に数か月従事し、58年からは雲南で『彝族簡史』の編集にあたった。しかし1950年代から粛反、反右傾、文化大革命などの政治運動によって、文革終了までに「三起三落」（3回失脚して3回復帰）した。そのことで「度々周辺に追われながらも必ず中心にもどる」人物と称された。

1980年代以降は、中国民族学会や中国人類学会の発足に参加。華西の地においては四川省民族研究所所長や西南民族学会会長等を歴任し、「六江流域（後に費孝通の呼称に基づいて「蔵彝走廊」と称する）総合開発」や「南方絲綢之路」（南方シルクロード）、「康巴学」（カム・チベット族学）等を提唱し、調査隊を率いて『雅礱江上遊考察報告』『雅礱江下遊考察報告』『葛維漢民族学考古学論著』『(馬長寿) 涼山羅彝考察報告』等を編集し、次代の研究者の育成に尽力した。主要著書に『羌族史』（共著）、『民族学』『李紹明民族学文選』『巴蜀民族史論集』等がある。

西南民族大学編「西南地区民主改革口述史調査」では、このような経歴をもつ李紹明をインフォーマントとして選び、その一生の口述記録を『変革社会中的人生與学術』（2009年）にまとめた。そこには、まさに民族学者李紹

明しか語ることができない「真実」が記されている。王銘銘は、総顧問の李紹明（当時73歳）を、「教会大学の大陸最後の学生、新中国が養成した第１世代の研究者、西南のチベット族地区やチャン族地区、イ族地区をほぼ踏破したフィールドワーカー、多くの学術研究機構の創立と指導のリーダー、学術活動が半世紀を超え、自ら中国人類学・民族学会の重大事件に関わってきた」研究者であると評価する。『変革社会中的人生與学術』は、北京大学や中央民族大学の博士課程の学生数名が、王銘銘の指導のもと、2006年10月から計６回のインタビューを行い、2007年６月と2008年９月に伍停停がさらに補充を加え、３か月の修訂作業を行って約６万字の最終稿を完成させたものである［李紹明口述2009: 1-6］。

　李紹明は、また、優れた教育者でもあり、多くの学生を指導し、優秀な後継者を育てた。筆者にとっても1988年の四川大学留学以来の恩師であり、四川省民族研究所と長期にわたって共同研究を行うことができたのもそのおかげである。その成果の一つは、『四川のチャン族──汶川大地震をのりこえて〔1950–2009〕』（風響社、2010年）として上梓した。2008年５月12日の汶川大地震発生後、筆者は李氏をはじめとする四川民族研究所とともに科研費「中国・汶川大地震後のチャン族と「羌文化」」のテーマで共同研究を進めた。同書は、1950年代から地震直後の2009年までの約60年間におよぶチャン族とその生活の変化を、約600枚の記録写真と中国語・日本語・英語の３か国語で解説したもので、中華人民共和国成立後のチャン族民族誌ともいえる。第１章の1950～60年代の写真は、李紹明が1956年から1964年まで参加した社会歴史調査時のものであり、当時の民族地区の写真がこれだけまとまって公表されたのは初めてであろう。

　『四川のチャン族』は、民族誌としては以下の点において説明が不十分であると指摘された[25]。第一に、1960年代後半から1970年代までの文化大革命期の写真記録がなく、それについて何の説明もないこと、第二に、第１章の1950～60年代の写真は、1956年から1964年までの社会歴史調査時のもので大躍進や人民公社など政府の政策を支持する「政治的」な写真が多く、信仰

25　金丸［2010］、塚田［2011］の書評参照。

や生活の場面が少ないため生活全体を解明しようとする民族誌としてはバランスを欠いている[26]。確かにそこには彼らの精神文化を表象するシャーマンの写真はわずか1枚であり、年中行事や冠婚葬祭に関するものもない。しかし、それは当時シャーマンや儀礼が存在しなかったのではなく、それらを調査することが許されず、写すこともできなかったと李紹明は語った［李紹明口述2009: 189–191］。また文革期には、四川民族研究所は機能しておらず、李氏ら所員は労働改造所に入れられていたのである。すなわち、同書に不足する部分は、まさに中華人民共和国の1950～60年の民族研究を反映したものであったといえる。

2．李紹明が語る1950～60年代の民族調査

　李紹明は、2000年前後から、西南中国における1920年代以降の民族研究に関して講演や取材の中で度々当時の状況を紹介するようになった。ここでは、論文「西南民族研究的回顧與前瞻」［李紹明2004a］、口述記録「1950–1960年代的民族調査」［李紹明口述2004］、口述記録『変革社会中的人生與学術』［李紹明口述2009］を中心に、1950～60年代の民族調査と民族研究の状況の再構成を試みる。

　1950～60年代の民族調査について、李紹明口述［2004］では、1950年からの民族識別調査（以下、識別調査と記す）と1956年からの少数民族社会歴史調査（以下、社歴調査と記す）をあげ、両者の違いを次のように述べる。目的について、識別調査は民族区域自治実施のために少数民族の数を確定することであるのに対して、社歴調査は、第一に民主改革と社会主義改造のために少数民族の社会状況と社会形態を確定すること、第二に各民族の専史を書くことにある。また主催単位については、識別調査は国家民委、社歴調査は、最初は全国人民代表大会民族事務委員会（以下、全人代民委と記す）、58年以降は国家民委にかわる。以下にその抄訳をあげる。

---

[26] 『四川のチャン族』の編集では、中日両国間で解説について様々な違いがあったため、各章を責任分担制にして可能な範囲でそれぞれの主張を残すことにした。筆者からみれば、中国側の説明は、時に政府の貢献を強調しすぎ教条的であり、中国側は、筆者の理解は、時に不十分で偏りがあると感じていた。総監修の李紹明はすべてに目を通し、若干の修正を加えた後、そのまま掲載するようにと指示された。

1950年に始まった識別調査については、四川では雲南や貴州などのような大規模調査は必要ではなかった。各少数民族の区別が比較的明確だったからだ。当時の四川は、行政上は川東、川南（楽山専区を含む四川南部）、川西（茂県専区を含む四川西部）、川北（四川北部）に分かれており、チベット族、チャン族、イ族の区別は明確であった。大涼山イ族のいる西康は含まれていなかった。ただし川西北と川西南はなお中央政権にとって未開の地であったため、各級政府は民族訪問団を派遣した（1951、52年川西少数民族訪問団、川南少数民族訪問団）。その目的は次の4つである。第一に、漢族と少数民族は歴史的に対立関係が続いてきたため民族関係の修復が必要であった。第二に、党の民族政策を宣伝して時代が変わったことを知らせ、民族内部の対立を解消する必要があった。第三に少数民族の回復と生産発展を助け、第四に少数民族の状況を理解することである。

　私（李紹明）は華西大学在学時に、四川大学や華西大学、西南民族学院の専門家や学生と共に1951年川西茂県専区でチベット族、チャン族を調査し、52年川南峨辺県でイ族調査に参加している。民族訪問団の仕事は学術工作であるとともに民族工作でもあった。当時、茂県専区や黒水はまだ未解放で、国民党や土匪の残党が暗躍していた。公路も未開通で、地方政権は樹立されていなかったため政治的には不穏であり、調査隊員は銃を携帯したが人的犠牲もでた。調査にあたっては、まず灌県（現在の都江堰市）で1週間分の食糧をそろえ、荷物を馬にのせて茂県まで5〜6日歩いて行った。茂県赤不蘇区のチャン族頭人・王泰昌は初め共産党に懐疑的であったが、度々の説得を経て共産党側についた。当時の調査結果は川西区党委員会などが秘密事項として保存し、1980年代にようやく正式に刊行されたが、同様の状況はほぼ全国でみられた。当時の調査資料は、西南民族学院から3冊の調査報告『草地調査』『嘉絨蔵族調査』『羌族調査』として出版された[27]。これらはみな第一次資料を基にしたもので、現地の政治・経済・文化の各方面の歴史と現状について系統的かつ詳細に書かれてお

---

[27] 3冊の調査報告は、西南民族大学西南民族研究院編［2008d (1954)］『川西北蔵族羌族社会調査』にまとめられた。

り、後の民族工作や区域自治、新工作分野のための基礎資料となった。

　続いて1956年から社歴調査が始まった。その目的は、民主改革を展開するにあたって、まず各民族地区の異なる社会性質を決定することであった。民主改革後に予想される大きな変化の前に急いで資料を集め、元来の社会形態や様相を記録しておくことが任務であり、学術的意義だけではなく強い政治的意義があった。毛沢東の指示をうけた全人代常務委員会は56年に8つの調査組を組織し、58年には16まで拡大して、すべての民族地区に派遣した。調査組は専門家と民族工作者から構成され、2000人以上（通訳をいれると4000～5000人）が動員された。構成は、トップが彭真（中央政治局委員）、事務局は全人代民委におかれ主任は夏輔仁であった。四川組は組長が夏康農（自然科学専攻）で、北京から中国科学院や大学、博物館などから20～30人が集められ、四川からは四川大学や西南民族学院、四川財経学院、西南音楽専門学院、四川省博物館、四川省民委、涼山省委などから29人が選ばれた。私は四川省民族工作委員会の命で四川組の学術秘書になった。なお雲南組の組長は費孝通だった。

　調査地点は慎重に選択され、中心地区と辺縁地区、その中間点など比較の視点をもっていた。調査では一つの調査地に3～4か月とどまり、社会学と民族学の調査方法を用い、戸別訪問を行い、質問表によって当事者に家族構成や経済状況、政治的地位、社会関係、文化活動などを聞いた。昼間は住民に聞き取りをするとともに労働に参加したり民主改革工作を手伝ったりし、夜は調査記録を整理した。農家に宿泊し、農民と同じものを食べた。1957年にはイ族の反乱がおき、チベット族地区でも治安の不安定な状況となり、犠牲者もでた。皆が銃を携帯し、イ族に対する慰撫工作と民族調査を続けた。当時、調査組は工作組でもあった。涼山イ族社会の社会形態については、奴隷社会か農奴社会であるか等、調査と討論が続いた。1958年に社歴調査は一段落し、中国の少数民族の社会形態がほぼ確定された。また膨大な調査資料と大量の写真、科学記録フィルムが得られた。これまでこれほど大規模で詳細な民族調査は世界でも行われておらず、世界の民族学界に対する中国民族学界の一大貢献であるといえる。

　しかし社歴調査には欠点がある。社会の意識形態に対する調査が少な

く、系統的ではないことである。改革開放後に宗教調査が実施されたが、それはあくまで補充にすぎない。また1958年に各民族の社会形態が確定された後、中央政府は新たな任務として建国10周年の記念事業に三種叢書の編集刊行を決めた。59年から63年までの4年間は社歴調査と民族史志叢書の編集を行った。民族の族源や歴史発展過程、歴史上の人物や事件がはっきりしていなかったからである。それは、中国史学が伝統的に中原（漢族）を重視して四夷を軽視してきたからであり、しかも多くの少数民族は文字をもたず、自ら書いた文献記録もなく、口頭伝承は史実としてはしばしば不正確なことによる。社歴調査は当時、見て、触れて、簡単に掴むことのできる目の前のことを知りえたにすぎず、数千年、数百年、数十年という歴史を記すことはとても難しかった。

　1959年以降の社歴調査は、任務が変わったために管轄が全人代民委から中国科学院民族研究所に移り、表面的には学術性が強まった。四川組は名称が「中国科学院民族研究所民族社会歴史調査組」となり、組長は以前と同じ夏康農、副組長は劉忠良（西南民族学院副院長）で、イ族組、チベット族組、チャン族組、ミャオ族組の4組に分かれた。調査地域は、イ族組は西昌専区と涼山州、チベット族組は甘孜州と阿壩州、チャン族組は阿壩州の汶川、理県、茂県、松潘県、ミャオ族組は宜賓専区、瀘州専区、涪陵専区で、トゥチャ族は当時数千人にすぎなかったため、調査組は組織されなかった。

　当時四川民族調査組に与えられた任務は、チャン族の簡史簡志合編1冊、イ族の簡史と簡志2冊（上編に奴隷制、下編に農奴制と地主経済）、チベット族の簡史と簡志2冊（西蔵1、青海、甘粛、四川と雲南のチベット族1）であった。この任務は、調査に1〜2年、執筆と補充調査に2年かかり、1964年に数冊の初稿が完成した。しかし「三面紅旗」（総路線、大躍進、人民公社）の問題は解決できなかった。政府は三面紅旗の内容を三種叢書に必ず反映させるように求めたが、「論争」は激しく、重複も多かったため定稿を出すことができず、改革開放後、ようやく公刊された。私は『彝族簡史』『彝族簡志』上編の一部と『羌族簡史簡志』の全ての編集に加わり、『羌族簡史』は後に『羌族史』にまとめられた。

社歴調査の各組は、1964年に各省に民族研究所がたてられ、組員がそこに分属することになって解散した。四川では、1959年に中国科学院四川分院ができ、分院には哲学社会科学研究所（現在の四川省社会科学院）と民族研究所が設けられたが、1964年に中央から地方の科学院は哲学社会科学の研究は行わないという決定がだされたため、哲学社会科学研究所は四川省委宣伝部の管轄となって四川省哲学社会科学研究所と改名し、民族研究所も省委宣伝部の管轄となって四川省民族研究所になり、中国科学院民族研究所四川少数民族社会歴史調査組は四川省民族研究所と合併した。16の民族調査組も同様に現地の民族研究所と合併し、解散した。私も1956年に社歴調査組に参加して以来、全人代民委、中国科学院民族研究所、四川省民族研究所へと所属が移った。しかしほどなく文化大革命がはじまり、四川省民族研究所所員はみな米易県湾土丘の「五七幹校」（文革期に設立された幹部の短期訓練のための学校）に送られ、その後10年間、研究は中断された。民族研究所が再開されたのは中国共産党第11期三中全会後である。［李紹明口述2004］

　以上の記録から、1950～60年代の民族識別調査と少数民族社会歴史調査をめぐる時系列的展開を知ることができる。四川では、1950年の識別調査が未解放の少数民族地区を対象として党の宣伝と慰撫工作を兼ねて進められ、民族工作という一面を強くもっていた。しかし民族調査も同時に行われ、その報告書『草地調査』『嘉絨蔵族調査』『羌族調査』が公刊された。この3冊は現在も全面的な調査に基づく優れた報告であると評されている。また社歴調査については、59年を境に三種叢書の任務が加わったことで調査の性格が一層政治的になっていったことがわかる。李紹明口述［2004］では特にふれられていないが、李紹明口述［2009］では調査方針の転換の背景には57～58年の反右派闘争があり、調査組の構成や調査内容に大きな影響を及ぼしたことが実名をあげて説明されている。
　しかし新たな任務の三種叢書編集に関しては、少なくとも外国人研究者にはわかりにくい。「（政府は）三面紅旗の内容を三種叢書に必ず反映させるように求めたが、論争は激しく、重複も多かったため定稿を出すことができず

……」という記述は、三面紅旗の実態がなお十分に語られてはいないと感じる筆者にとっては論争の具体的な内容がわからない。また李紹明が指摘する社歴調査の欠点についても、なぜ意識形態が欠けることになったのか、説明が必要であろう。李紹明口述［2009］は、これらの疑問に応える内容が記されている。

3．「三種叢書」と社会歴史調査

李紹明口述［2009］は、他の記録が時系列的で公的な記述であるのに対して、ライフヒストリー形式で多くの私見が率直に述べられ、時系列的記述の行間を埋める非常に説得的なものである。そこには、1950〜60年代に中央政府が新たな理論であるマルクス主義を学術界および知識人にどのように周知徹底させていったのかが、個人の体験を通して語られている。1952年の院系調整とその後の粛清、56年の百花争鳴、57年の反右派闘争、58年社会歴史調査組の管轄変更と新たな任務、三面紅旗と三種叢書（62年全人代での指示）などがどのように連鎖しながら進められたのかが、李紹明の語りを通してうかがわれる。

まずマルクス主義への学説統一から思想統一に向けて、1952年の院系調整のことが語られている。

　　1952年の院系調整によって、教会系であった華西大学は医科歯科のみを残して社会学系や郷建系が廃止され、教育系が西南師範学院（重慶）に、中文系や外文系、歴史系、経済系が四川大学の関連学科に合併される。四川大学では政治学系、社会学系、人類学系が廃止された。当時、人類学は資産階級の学科とみなされた……我々は怒り、誤った論証論理であると感じた。社会学がなぜ資産階級の科学なのか。（政府によれば）科学には資産階級と無産階級の別があり、社会学は偽科学である。なぜなら無産階級社会主義社会では社会問題はすでに解決しており、資本主義にのみ社会問題はあって、無産階級には社会学は必要ない。また社会学は資産階級の改良、太平の粉飾を行うものとされた。……しかし1957年に右派とされた者の多くが社会学、人類学を学ぶ者であったのはなぜか。社会学に

対する政府の見方を認めなかったからなのか、それを（「鳴放」で）公表した老世代の学者たちは資産階級の社会学、資産階級の人類学を復活させようとする者であるという罪状であった……（我々は）ソビエト学派が唯一正しい学派であるとは思わなかった。アメリカから来たから資産階級の学派で、ソビエトから来たから無産階級のそれと単純に割り切れるものではない。しかし主流はすでに定まっており、社会的にそれを否定することはできなかった。［李紹明口述2009: 186-198］

次に1957年鳴放とその後の反右派闘争で欧米の社会学、人類学を学んだ学者たちの追放、1956年から始まっていた社歴調査が反右派闘争後の1959年から方針を変えざるをえなかったこと、新任務の三種叢書が三面紅旗を記さなければならなかったために、多くが信用できない記録となったことが述べられている。

　民主改革や社歴調査がまだ終了していない段階で「反右」（反右派闘争）が始まった。それ以前は、思想は活発で民主的雰囲気があった。社歴調査組がまだ郷村で調査を進めていた時に、全人代民委は社歴調査の幹部層を北京に召集した、費孝通（雲南組組長）、呉沢霖（貴州組組長）など当時有名であった民族学者は「鳴放」し、後に右派とされて調査から外された。罪名は社歴調査中に経済基礎を重視せず、資産階級の社会学や民族学を復活させ、婚姻家庭や風俗習慣を調べたからだという。
　しかし四川調査組は、夏康農（四川組組長）の指示によって経済基礎、階級分析を重視し、文化や婚姻家庭、親族制度などの調査はしなかった。夏康農は周恩来と親しく、百花争鳴と反右が何を意図したものであるかがわかっていたからである。これに対して費孝通ら右派とされた者はみな民主党派か無党派であり、初めから狙われていた。当時、我々は理解できなかった、（全面的な調査は）人類学・民族学の本分ではないか、文化や制度などの調査はするなというが、無産階級に婚姻家庭がないというのか、と。その結果、雲南組と貴州組の調査は全面的であったが、四川組は偏っているとの評価を後日うけることになった。

反右後、社歴調査に参加していた費孝通をはじめ多くの民族学者が右派とされて調査を離れ、調査の方向が大きく変わった。中央統戦部と国家民委は新たな任務として建国10周年を祝う「民族問題三種叢書」の編集を命じた。しかし当時は反右のために「民族志」は書けないことを誰もがわかっていたため、みなどのように書くべきかに腐心した。58年から65年まで何度も修正したが定稿はだせなかった。1958年からは調査も簡史簡志編集のためになされた。調査で多くの新生事物（主に「三面紅旗」）を調べた。三面紅旗について書かなければならなかったからである。しかし三面紅旗は変化が激しく、書いた時には正しくても、すぐに間違いとされた。公社や食堂がどのように建てられ、鋼鉄がどのように精錬されたのかを調べたが、これらは「虚報浮誇」（虚偽と誇張）の報告で使うことはできなかった。数字も虚偽だし、大衆が公社をたてた、人民公社は天国である、公共食堂は架け橋であるなどという宣伝も全く偽りだったからだ……。

　1958年に民主改革が終了して、大躍進、人民公社が始まった。人民公社では、すぐに公共食堂化が徹底され、食糧は公共食堂に集められ、個人は竈の使用も許されず、煙を出すと竈が壊された。私のいた昭覚県県城近くの南坪公社では、食事は1日2回、朝10時と夕方5〜6時のみで、宿舎から食堂まで片道約40分かかった。生産も生活も自由がなく、時計をもたなかったので時は太鼓がつげた。皆の仕事ぶりは形式的で、実質的に仕事時間は短縮され、生産量が落ちた。四川では、公共食堂は1年もたないうちに食糧を食い尽くした。

　昭覚県南坪公社のイ族は、民主改革によって自由な身となり、土地をもらったが、初級合作社を経ないですぐに高級合作社（集団所有制）に移行して土地を没収されたため騙されたと感じ、怒っていた。さらに人民公社になってからは、土地を奪われただけでなく、公共食堂までの往復に時間をとられ、家には何もなくなった。まるで「旧社会」に再度もどったかのようだ、と。また食糧不足で、多くの人が餓死し、浮腫ができた。涼山には家畜も乳製品も肉製品もなかったからだ。浮腫対策に、まず人尿から作った小球藻を食べ、米糠から作った糠服散を飲んだが、効果はあまりな

かった。幸い私は家畜の多い阿壩州の羌族調査組に配置換えされたために命拾いをした。人々はとても不満であったが言い出すこともできず、黒彝の頭人はみな打倒されていたので組織的に反抗することもできなかった。

このような状況のなかで、三面紅旗を中心に記さなければならない三種叢書を1958年10月1日から1959年10月1日までのわずか1年で編集するなど本来は不可能であった。しかし大躍進時は虚偽と誇張の風が盛行していた。人々は本心を語っていないし、我々が書いたものも本心ではない。にもかかわらず休みなく調査し、休みなく書き続け、最後には人民公社や公共食堂の解消まで書いた。いつも完全には書けなかった。なぜなら解放後の党の栄光の成果、特に三面紅旗を何度も書きなおさなければならなかったからだ。そもそも公社化の歴史を正面から書くなどできるはずがなかった。大躍進時期の多くの調査は「廃紙」(紙くず) であり、1958年以後の資料の一部は信じることはできない。ただし当時の檔案や大量の調査資料は反面教材として有用である。［李紹明口述2009: 198–205］

李紹明は、社歴調査の限界についても次のように述べる。

1957年反右以後、社歴調査では人類学的方法を使えず、社会形態（生産力、生産関係、階級分析）に関する調査項目があるのみで、社会制度、家庭、婚姻、風俗、習慣、宗教などがなかった。これを越えることは許されず、聞くこともできなかった。もしそうすれば資産階級民族学の視点とみなされ、身分を剥奪され、批判を受けるからである。社歴調査は、本来、全面的調査であるべきだが、四川では「社会性質調査」にしぼられた。これは人類学・民族学の研究分野ではなく、政治経済学のそれだ。［李紹明口述2009: 4–7］

李紹明が関与した『羌族社会歴史調査』は、1983年に補充調査された「羌族宗教習俗調査資料」以外は、1950年代の羌族小組の調査報告を中国科学院民族研究所・四川少数民族社会歴史調査組が執筆編集した初稿（1963年）をもとに編集され、1986年に公刊された。初稿は記録形式で、聞き取りを

実施した日時、場所、インフォーマントが冒頭に明記され、文献資料からの引用の場合は出所（引用箇所の頁なし）が記されている。しかし『羌族社会歴史調査』では、聞き取りに関する日時やインフォーマント、出所等が一括して記されたため、聞き取りや引用、編者による執筆部分などの区別が曖昧になってしまい、第一次資料がもつ特色が減じられている。

　李紹明口述［2009］では、四川組の調査では1958年以降、政治経済を中心として文化部分をとりあげなかったとしているが、1963年「初稿」には少量ではあるが風俗宗教（文化）の記述がみられる。例えば『阿壩蔵族自治州理県通化郷社会歴史調査報告（初稿）羌族調査材料之三』（1963年12月）には、1．概況、2．社会生産力、3．生産関係、4．政治状況のあとに5．風俗習慣與宗教信仰の項（15-17頁）がある。5の風俗習慣・宗教信仰は全面的な記述となっており、1952〜53年川西北民族訪問団での調査を基にした『羌族調査材料』のそれと類似していて、反右派闘争以降の方針変換の影響はみられない。前言によれば、通化郷の初稿は中国共産党理県委員会による1954年12月の調査を謄写印刷した『理県通化郷調査材料彙集』と中国科学院民族研究所四川少数民族社会組による1958年以来の調査を整理したとあり、風俗習慣等の記述が前者によるもので、信頼できる資料である。これに対して『茂汶羌族自治県黒虎郷社会歴史調査報告（初稿）羌族調査材料之三』（1963年10月）では、1．概況、2．解放前生産状況、3．経済結構成和階級関係、4．搾取方式、5．几戸地主的典型材料、6．几戸農民的典型材料、7．反動的政治統治和人民的反抗闘争、8．宗教信仰與風俗習慣、9．紅軍的過境及其影響、10．従解放到土改、11．従土改到人民公社という11章構成になっており、章名がすでに当時のマルクス主義的政治用語である。8の宗教信仰・風俗習慣は、前言によれば1959年1月の調査であり、随所に事象に対する政治的評価が加えられている。例えば「近百年来、由于受漢族影響、許多村寨在地主階級的倡導下（地主階級に扇動されて）、又建立了不少廟宇、利用神道設教以欺騙群衆（神道を利用して民衆をあざむいた）」［中国科学院民族研究所四川少数民族社会歴史調査組1963b: 14］などである。1963年初稿に、反右派闘争の影響を受けた記述とそうでないものがそのまま記されているところに編者の意思がうかがわれ、興味深い。

以上のように民族問題五種叢書は、1950～60年代の民族研究においてほとんど唯一の成果ともいえるが、当時の政治との不可分の関係からうちだされた政治性の強さのためにこれまで十分に活用されていない。本論では、その成立と展開を当事者の口述記録に基づいて再検討することによって、その新たな価値の発見と再評価を試みた。

　まず第1節第3項では、近年の修訂再版が新たな装丁に変わっただけではなく、内容が再び、民族誌よりも政治的なものに巧みに替えられていることを指摘した。次に第2節では、この10年間に公刊された李紹明の口述記録をもとに、四川における1950～60年代について、政治的動きと様々な民族調査や五種叢書編集などの民族研究との関連を通時的に再構成し、検討した。建国以降のほとんどすべての民族研究関連の出来事に関わってきた李紹明の口述記録は、実に多くの事実を語ってくれている。筆者は、まだ十分にその事実を解読しえていないが、本論は五種叢書や当時の他の記録報告を理解するうえの新たな第一歩である。

あとがき

　筆者がチャン族に興味をもち、その研究を続けていこうと思ったのは、1988年に四川大学に留学して李紹明先生の指導を受け、89年に四川省茂県雅都郷のチャン族家庭で春節を過ごしてからである。その時にお世話になったC家とは現在もつき合いがあり、70歳を越えるCZは私にとってはチャン族の姉である。当時5歳だった末の息子は一児の父となって茂県の政府機関に勤め、母のCZと同居している。長男は自動車事故で亡くなり、その遺児を次女が自分の2人の息子とともに兄弟のように育てている。確かに30年の月日が経過した。

　この20数年間、李紹明先生をはじめとする四川省民族研究所の方々や現地の人々の助けを得て、細々ながら調査を継続することができた。その成果は、1988年から1997年までの調査に関しては、『中国青藏高原東部の少数民族　チャン族と四川チベット族』（ゆまに書房、2000年）に報告した。茂県赤不蘇区や理県蒲渓郷蒲渓村を定点調査地として年度や季節を変えて調査を継続し、このほか茂県の三龍、雅都、黒虎、渭門、汶川県の龍渓、雁門、綿虒、チベット族となった黒水県の維古、麻窩の各郷をまわり、馬爾康県卓克基郷と理県上孟郷のギャロン・チベット族、平武県白馬郷、南坪県勿角郷の白馬チベット族も訪れた。また2004年には、これらの内容にギャロン・チベット族やプミ・チベット族に関する報告を加えて博士学位論文『中国・青藏高原東部の少数民族に関する民族学的研究――チャン族と「西番」諸集団』を執筆し、早稲田大学より博士号（文学）を取得した。そこで強調したのは、蔵彝走廊のチャン族と四川チベット族諸集団における文化的類似性である。

　さらに2008年汶川地震後に、筆者は平成21〜23年度科学研究費補助金（基盤研究（B））の助成を得て、李紹明先生ら四川民族研究所との共同研究の結果として『四川のチャン族――汶川大地震をのりこえて〔1950–2009〕』（風響社、2010年）を上梓した。被災後の復興過程で従来にはなかった要素が

主に外部者の発想からチャン族の村やチャン文化のなかにとり込まれていく状況をみて、チャン族とチャン文化の被災前および後の原状をできるだけ記録にとどめておかなければならないと強く思ったからである。所収の1950年代から2009年までの記録写真は、1940年代は荘学本、1950〜60年代は李紹明、1980年代以降は筆者を含む複数の撮影者によるもので、テーマをたてて分類し、日中英3か国語による解説を付した。各年代の貴重な記録であるとともに、今後の研究の基礎的資料として有用である。

　本書は論文篇と写真篇から構成される。写真篇は1988年から2016年までの約30年間に筆者がチャン族地区および四川チベット族諸集団を調査した時に撮影したものである。論文篇の章別の初出一覧は、以下のようである。掲載期間は2003〜2017年までであるが、どの地域も21世紀にはいってその変化はますます急であり、当時の状況をそのまま残すことにも意味があると考え、原則として字句の修正以外はほぼ原文のまま掲載した。

第1章
　2013「汶川地震後のチャン族研究 (1)」『愛知大学国際問題研究所紀要』141号　61–80頁

第2章
　2015「中国西部民族地区における貧困と移住 (1) ——汶川地震後の四川省茂県雅都郷のチャン族を事例として」『愛知大学国際問題研究所紀要』144号　7–26頁
　2015「中国西部民族地区における貧困と移住 (2) ——汶川地震後の四川省茂県雅都郷のチャン族を事例として」『愛知大学国際問題研究所紀要』145号　1–23頁
　2014「チャン族被災民の漢族地区への移住とコミュニティの再建——四川省邛崍市火井郷直台村を事例として」愛知大学国際中国学研究センター編『中国社会の基層変化と日中関係の変容』日本評論社　67–85頁

第3章
　2011「中国式復興モデル——2008.5.11汶川地震から3年」国立民族学博

物館監修『季刊民族学』138号 95-99頁
2014 「四川のチャン族における民族文化の復興と資源化——5.12汶川大地震後の北川羌族自治県を事例として」武内房司・塚田誠之編『中国の民族文化資源——南部地域の分析から』風響社 235-273頁
2012 「汶川地震後におけるチャン文化の復興と禹羌文化の創出」瀬川昌久編『近現代中国における民族認識の人類学』昭和堂 134-164頁
2015 「四川羌族的語言交替與母語喪失——中国南方少数民族所進行的「中華民族化」」謝政諭・松岡正子・廖炳惠・黄英哲主編『何謂「戦後」——亜州的「1945」年及其之後』允晨文化実業 383-410頁

第4章
2008 「羌暦年と国民文化」馬場毅・張琢編『改革・変革と中国文化、社会、民族』日本評論社 155-171頁
2016 「羌年の観光資源化をめぐるポリティクス——四川省阿壩蔵族羌族自治州汶川県の直台村と阿爾村の羌年を事例として」塚田誠之編『民族文化資源とポリティクス——中国南部地域の分析から』風響社 149-179頁
2010 「羌族、川西南蔵族、嘉絨蔵族、普米族以及納西族的"祭山"——祭山的系譜」袁曉文主編『蔵彝走廊——文化多様性、族際互動與発展』民族出版社 681-704頁

第5章
2017 「四川の黒水チベット族と「猼猓子」伝承」加納寛編『書院生、アジアを行く——東亜同文書院生が見た20世紀前半のアジア』あるむ 111-135頁

第6章
2005 「川西南の「西番」における民族識別(1)——プミ語集団の場合」『愛知大学国際問題研究所紀要』126号 113-133頁（一部）
2005 「「西番」諸集団の社会——四川省木里県水洛郷の〈西番〉チベット族を事例として」長谷川清・塚田誠之編『中国の民族表象——南部諸地域の人類学・歴史学的研究』風響社 175-205頁（一部）
2006 「川西南の「西番」における民族識別(2)——西番族の歴史の記憶」

『愛知大学国際問題研究所紀要』127号 221-237頁
2015「四川チベット族諸集団の研究」『愛知大学国際問題研究所紀要』146号 169-187頁

第7章
2008「ナムイ・チベット族の選択——集落の解体と山の神祭りという民族表象」塚田誠之編『民族表象のポリティクス——中国南部の人類学・歴史学的研究』風響社 327-358頁

第8章
2007「四川ルズ・チベット族の婚姻慣習——「西番」社会の紐帯」『愛知大学国際問題研究所紀要』129号 361-386頁

第9章
2005「「西番」諸集団の社会——四川省木里県水洛郷の〈西番〉チベット族を事例として」長谷川清・塚田誠之編『中国の民族表象——南部諸地域の人類学・歴史学的研究』風響社 175-205頁

第10章
2003「「西番」におけるプミ語集団——四川桃巴プミ・チベット族と雲南箐花プミ族を事例として」塚田誠之編『民族の移動と文化の動態——中国周縁地域の歴史と現在』風響社 419-475頁

第11章
2007「四川ナシ族における祭天と祭山 (1)——俄亜ナシを事例として」『愛知大学国際問題研究所紀要』130号 183-202頁
2008「四川省俄亜ナシ族の兄弟共妻型婚姻」『愛知大学国際問題研究所紀要』132号 227-244頁

付論
2011「四川における1950〜60年代の民族研究 (1)」『愛知大学国際問題研究所紀要』137号 97-115頁
2012「四川における1950〜60年代の民族研究 (2)——李紹明が語る「中国少数民族問題五種叢書」と政治民族学」『愛知大学国際問題研究所紀要』139号 225-243頁

あとがき

　以上のように、本書所収の論文はほぼ国立民族学博物館の研究会に沿って執筆したものである。1988年に中国の学会で初めてお会いして以来、導いてくださった竹村卓二先生、塚田誠之先生はじめ研究会のみなさまに心から感謝申し上げます。

　また中国での調査の実施にあたっては、李紹明先生、四川省民族研究所の袁暁文所長や耿静先生、四川大学の李錦先生、西南民族学会の郭大烈先生と黄琳娜先生らの全面的なご支持とご協力をいただき、現地の関係者の皆様には多くの助けをいただいた。衷心より御礼申しあげます。

　末尾ながら、本書出版にあたっては株式会社あるむ編集部の吉田玲子さん、永尾嘉章さん、中川久美子さん等にご尽力いただいた。心より感謝の言葉を申しあげます。

　なお、本書の出版に際しては2016年度愛知大学出版助成金を受けました。ここに記して感謝申しあげます。

　　2017年3月1日　　　　　　　　　　　　　　　　　　　松岡正子

参考文献

※チャン族および蔵彝走廊地区の四川チベット族（プミ族、ナシ族を含む）に関する参考文献を、Ⅰ．チャン族とⅡ．四川チベット族に分けて掲載した。
※配列は著者姓名のローマ字表記の順とした。
※再刊文献については、原載書（誌）の判明したものについてはその発行年を（ ）内に示した。
※翻訳文献については、原著の発行年を（ ）内に示した。

Ⅰ．チャン族

阿壩師範高等専科学校少数民族文化芸術研究所編［2010］『羌族釈比図経』上・下　四川出版集団・四川民族出版社
青木信仰［1982］『時と暦』東京大学出版会
宝楽日［2008］「羌族語言及新創文字在学校教育領域使用現状研究——汶川県、茂県中小学調査個案分析」『阿壩師範高等専科学校学報』第25巻第3期　1-4頁
宝楽日［2009］「羌族語言及新創文字使用現状研究——汶川県、茂県村民調査個案分析」『阿壩師範高等専科学校学報』第26巻第1期　1-4頁
宝楽日［2010］『土族、羌族語言及新創文字使用発展研究』民族出版社
北川羌族自治県概況編写組［2009］『北川羌族自治県概況』民族出版社
北川県志編纂委員会編［1996］『北川県志』方志出版社
北京大学新聞與伝播学院"汶川災後旅遊重建模式研究"課題組［2011］「汶川災後旅遊重建模式研究——以広州市対口援建汶川県城威州鎮為例」『経済研究参考』2011年第14期　2-3頁
邊政設訂委員会編［1940a］『松潘県概況』鉛印本
邊政設訂委員会編［1940b］『茂県概況』鉛印本
蔡家麒［2008］『蔵彝走廊中的独龍族社会歴史考察』民族出版社
蔡明烈・蔡文君［2009］「羌族児童漢語学習策略的培養」『中華民族教育』2009年第6期　31-32頁
蔡文君［2008］「非物質文化遺産研究——浅論羌族語言面臨的困境及搶救対策」『貴州民族研究』2008年第6期　86-98頁

陳丁漫［2015］「四川茂県鷹嘴河村民的碉楼本土認知調査研究」『景徳鎮学院学報』第30巻第2期　75-78頁

陳金龍［2012］「茂県爾瑪文化協会第一届工作総括」

陳久金・盧央・劉尭漢［1984］『彝族天文学史』雲南人民出版社

陳連山ほか［1993］「漢族中原鯀禹神話伝説」中国各民族宗教與神話大詞典編審委員会編『中国各民族宗教與神話大詞典』学苑出版社　283-285頁

陳振華・陳姗姗［2012］「災後重建規劃中的文化保護與文化伝承――以四川茂県為例」『中国名城』2012年第9期　55-62頁

陳志勤［2010］「非物質文化遺産的創造與民族国家認同――以"大禹祭典"為例」『文化遺産』2010年第2期　26-36頁

クリフォード, ジェイムズ著、太田好信ほか訳［2003 (1988)］『文化の窮状――二十世紀の民族誌、文学、芸術』人文書院

爾瑪卟［2011.12.10］「化工廠給百姓帯来的傷害1《望更多的正義人士転載此日志〜譲更多的人知道偏遠山区人民的痛苦與求助》」http://blog.sina.com.cn/s/blog_9654afdd0100v08k.html

方濤ほか［2010］「羌族女童輟学調査與思考――阿壩州茂県赤不蘇中学為例」『民族学刊』2010年第2期　146-149頁

方孝廉・方媛媛・方莉［2010］「二里頭遺跡都邑探討」『洛陽師範学院学報』第29巻第3期　31-35頁

費孝通編著、西澤治彦ほか訳［2008 (1989)］『中華民族の多元一体構造』風響社（費孝通ほか［1989］『中華民族多元一体格局』中央民族学院出版社）

馮武［2012］「貧困人口問題治理思路探析――以四川省茂県為例」『北京大学学報』（哲学社会科学版）第49巻第3期　152-157頁

馮旭芳ほか［2011］「山区農戸土地流転意願実証研究」『安徽農業科学』第39巻第2期　945-948, 954頁

傅崇榘修・徐湘等纂［1924］『松潘県志』①②③　台湾学生書局

傅光宇［1995］「諸葛亮南征伝説及其在緬甸的流播」『民族芸術研究』1995年第5期　16-24頁

藤田佳久［2002a］「成都から松潘地方へ入る（抄）」（第4章）藤田佳久編著『中国を記録する』大明堂　216-251頁

藤田佳久［2002b］「1920年代末から1930年代における東亜同文書院の中国調査旅行」（第9章）藤田佳久編著『中国を記録する』大明堂　541-577頁

高屯子［2013］『羌在深谷高山』中信出版社

耿静［2012a］「羌語與羌族文化生態保護実験区建設」『貴州民族研究』2012年第1期　105-110頁

耿静［2012b］「遷移、社会網絡和知識体系建構――四川茂県藍店坡村震後羌族自発移民的適応性研究」『西南民族大学学報』（人文社会科学版）2012年第11期　29-33頁

耿静［2014］『汶川蘿蔔寨田野調査報告』民族出版社

耿少将［2010］『羌族通史』上海人民出版社

Graham, D. C. [1924–25] A Collecting Trip to Songpan. *JWCBRS* 2.

Graham, D. C. [1933–34a] A Summer Collecting Trip among the Chiang People. *JWCBRS* 6.

Graham, D. C. [1933–34b] Incantations and Exorcism of Demons among the Chiang. *JWCBRS* 6.

Graham, D. C. [1942] *The Customs of the Chiang*.

Graham, D. C. [1944] An Archeological Find in the Chiang Redgion. *JWCBRS* 15.

Graham, D. C. [1945a] The 'Sacred Books' or Religious Chants of the Chiang. *JWCBRS* 16-A.

Graham, D. C. [1945b] Incantations and Exorcism Demons among the Chiang. *JWCBRS* 16-A.

Graham, D. C. [1958] *The Customs and Religion of the Chiang*. Washington.

郭漢林［1992］「雲南諸葛亮的伝説及其崇拝現象」『雲南民族学院学報』1992年第3期　24-28頁

韓偉［2009］「参與式災後重建的実践和思考――以四川茂県雅都郷大寨村災後重建調査為例」『農村経済』2009年第10期　44-46頁

何富全［2007］「四川茂県水果生産問題及対策」『中国果樹』2007年第2期　60-61頁

何斯強・蒋彬主編［2004］『羌族――四川汶川県阿爾村調査』雲南大学出版社

黒水文史選輯編輯委員会［2013a］『黒水文史選輯之一（歴史文化集錦）』（内部発行）

黒水文史選輯編輯委員会［2013b］『黒水文史選輯之二（民間民俗文化）』（内部発行）

稗田乃［2006］「危機に瀕した言語の変容について(1)」『大阪外大スワヒリ&アフリカ研究』第16号　141-156頁

侯玉婷ほか［2010］「汶川県綿虒鎮羌族語言生活使用状況調査報告」『華西語文学刊』第7輯　72-87頁

胡鑑民［1941］「羌族之信仰與習為」『辺疆研究論叢』1　9-33頁

胡鑑民［1944］「羌民的経済活動型式」『民族学研究集刊』第4期　34-60頁

胡静［2012］「茂県――遠古文化的現代伝承」『中国西部』2012年第11期　102-

107頁
黄布凡・周発成［2006］『羌語研究』四川出版集団・四川人民出版社
黄成龍・周発成・張曦［2014］『羌語366句会話句』社会科学文献出版社
黄承偉ほか［2010］『汶川地震災後貧困損重建與本土文化保護研究』社会科学文献出版社
黄景［2011］「羌区学前教育的問題及対策——以理県蒲渓郷及薛城鎮為例」『宣賓学院学報』第11巻第8期　117-119頁
黄尚毅纂［1968］『北川県志』1・2　台湾学生書局
フフバートル［2009］「少数民族語から見た中国の「国家語」名称——「国家通用語」名としての「普通話」の可能性」昭和女子大学『学苑 人間社会学部紀要』第820号　59-72頁
出石誠彦［1953］「上代支那の洪水説話について」『支那神話伝説の研究』増補改訂版　中央公論社　267-344頁
季富政［2000］『中国羌族建築』西南交通大学出版社
季富政［2008］「岷江上遊的文明記憶——羌族碉楼與村寨」『中国文化遺産』2008年第4期　18頁
賈銀忠［2010］『中国羌族非物質文化遺産概論』民族出版社
賈銀忠主編、中国民間文芸協会編［2009］『瀕危羌文化——5.12災後羌族村寨伝統文化與文化伝承人生存現状調査研究』中国文聯出版社
蒋彬主編［2008］『民主改革與四川羌族地区社会文化変遷研究』民族出版社
蒋彬・羅曲・米吾作主編［2008］『民主改革與四川彝族地区社会文化変遷研究』民族出版社
蒋娟・蘇智先［2009］「北川小寨子溝地区民族生態旅遊経営模式探討」『資源與産業』第11巻第1期　78-81頁
江章華［2004］「岷江上遊新石器時代遺存新発現的幾点思考」『四川文物』2004年第3期　10-14頁
蒋旨昂［1944］「黒水社区政治」『辺政公論』第3巻第2期
焦虎三［2007］『雲端的阿爾村——一個羌族村寨的田野記録』重慶出版集団・重慶出版社
神宮健・李粋蓉［2007］「中国財政の現状と課題」『季刊中国資本市場研究』2007年夏号　31-33頁
加治宏基［2008］「中国のユネスコ世界遺産政策——文化外交にみる「和諧」のインパクト」愛知大学現代中国学会編『中国21』Vol.29（特集：旅遊中国）風媒社　183-202頁
金丸良子［2010］「チャン族の地震前後の姿を映し出す民族誌」『東方』第353号

東方書店　22–25頁

兼重努［2008］「民族観光の産業化と地元民の対応——広西三江トン族・程陽景区の事例から」愛知大学現代中国学会編『中国21』Vol. 29（特集：旅遊中国）風媒社　133–160頁

河合洋尚［2007］「中国人類学における「本土化」の動向」季報『唯物論研究』第100号　107–124頁

喇明英［2009］「羌族村寨重建模式和建築類型対羌族文化重構的影響分析」『中華文化論壇』2009年第3期　111–114頁

ラングネス, L. L.、G. フランク著、米山俊直・小林多寿子訳［1993 (1981)］『ライフヒストリー入門——伝記への人類学的アプローチ』ミネルヴァ書房

黎光明・王元輝著、王明珂編校・導読［2004］『川西民俗調査記録1929』台北：中央研究院歴史語言研究所

李明［1994］「大禹王的伝説故事」李明ほか編『羌族文学史』四川民族出版社　106–111頁

李鳴［2008］『碉楼與議話坪』中国法制出版社

李明泉ほか［2011］「災後文化重建模式研究（一）」『中華文化論壇』2011年第2期　5–22頁

李紹明［1998］「我国民族識別的回顧與前瞻」『思想戦線』1998年第1期　31–36頁

李紹明［2002］「関與中国人類学学科体系與地位問題」『思想戦線』2002年第4期　57–58頁

李紹明［2003］「我與羌族研究」『当代史資料』2003年第3-4期　11–19頁

李紹明［2004a］「西南民族研究的回顧與前瞻」『貴州民族研究』2004年第3期　50–55頁

李紹明［2004b］『巴蜀民族史論集』四川出版集団・四川人民出版社

李紹明［2006］「費孝通論蔵彝走廊」『西蔵民族学院学報』（哲学社会科学版）2006年第1期　1–6頁

李紹明［2007a］「略論中国人類学的華西学派」『広西民族研究』2007年第3期　43–52頁

李紹明［2007b］「西南人類学民族学研究的歴史、現状與展望」『西南民族大学学報』（人文社会科学版）2007年第10期　1–5頁

李紹明［2008a］『蔵彝走廊民族歴史文化』民族出版社

李紹明［2008b］「汶川大地震後羌区文化重建問題」『西南民族大学学報』（人文社会科学版）2008年第9期　1–4頁

李紹明［2008c］「四川民族地区民主改革的歴史回顧」『四川民主改革口述歴史論

集』民族出版社　1-23頁
李紹明・松岡正子主編［2010］『四川のチャン族——汶川大地震をのりこえて〔1950-2009〕』風響社
李紹明ほか［2004］『葛維漢民族学考古学論著』巴蜀書社
李紹明講述、彭文斌録音整理［2009］「本土化的中国民族識別——李紹明美国西雅図華盛頓大学講座（一）（1999.4.8）」『西南民族大学学報』（人文社会科学版）2009年第12期　29-33頁
李紹明講述、彭文斌録音整理［2010］「西南少数民族社会歴史調査——李紹明美国西雅図華盛頓大学講座（二）（1999.4.15）」『西南民族大学学報』（人文社会科学版）2010年第1期　1-7頁
李紹明口述、王林録音整理［2004］「1950-1960年代的民族調査」『当代史資料』2004年第1-4期　1-7頁
李紹明口述、伍婷婷記録整理［2009］『変革社会中的人生與学術』世界図書出版公司
李祥林［2010］「禹羌文化・族群意識・遺産資源」『阿壩師範高等専科学校学報』第27巻第2期　1-5頁
李祥林［2014］「川西北岷江上遊的禹跡羌風」『内蒙古大学芸術学院学報』2014年第2期　5-10頁
李学勤［1996 (1993)］「禹生石紐説的歴史背景」北川県志編纂委員会編『北川県志』方志出版社　795-798頁（原載　四川省大禹研究会編輯『大禹及夏文化研究』巴蜀書社）
李葉［2010］「対外部機構帮助社区合作社発展模式的思考——四川省茂県花椒協会為例的実証研究」『農村経済』2010年第1期　66-69頁
梁平萍ほか［2013］「災後重建視野下羌族文化発展現状調査——以汶川県龍渓郷為例」『芸術文化交流』2013年第7期　333-335頁
林俊華［2013］「嘉絨的文化符号」『四川民族学院学報』第22巻第1期　1-7頁
林向［1991］「"禹興於西羌"新証」『羌族研究』創刊号　1-2頁
林向［2004］「"禹興於西羌"補証——従考古新発現看夏蜀関係」『阿壩師範高等専科学校学報』第21巻第3期　7-10頁
劉波［2007］「試論蔵羌古碉的類別及其文化価値」『貴州民族研究』2007年第6期　173-182頁
盧丁・工藤元男主編［2000］『羌族歴史文化研究』四川人民出版社
羅娟・羅建光［2014］「羌区学校教育與羌族伝統文化伝承研究」『民族論壇』2014年第8期　97-100頁
馬長寿［2003a (1941)］「四川古代民族歴史考証」上・下『馬長寿民族学論集』人

民出版社　83-122頁（原載『青年中国季刊』第 2 巻第 2 期）

馬長寿［2003b (1944)］「嘉絨民族社会史」『馬長寿民族学論集』人民出版社　123-164頁（原載『民族学研究集刊』第 4 期）

馬長寿著、周偉洲編［2003］『馬長寿民族学論集』人民出版社

馬長寿主編、李紹明整理［2007］『涼山美姑九口郷社会歴史調査』民族出版社

毛筠如編著［1937］『大小涼山之夷族』四川省政府建設庁

茂汶羌族自治県概況編写組［1985］『茂汶羌族自治県概況』四川民族出版社

松岡正子［1990］「チャン族の葬式」国立民族学博物館監修『季刊民族学』54 号　112-122頁

松岡正子［1994］「チャン族の「羌暦年」――理県蒲溪郷大蒲溪村の事例を中心として」竹村卓二編『儀礼・民族・境界――華南諸民族「漢化」の諸相』風響社　143-174頁

松岡正子［2000］『中国青藏高原東部の少数民族　チャン族と四川チベット族』ゆまに書房

松岡正子［2008a］「羌暦年と国民文化」馬場毅・張琢編『改革・変革と中国文化、社会、民族』日本評論社　155-171頁

松岡正子［2010a］「5.12汶川地震後羌族民族文化資源的重建與創構――"羌文化"是怎様被創構的」『2009文化資源経典講座暨研究生学術研討会論文集』国立台北芸術大学文化資源学院　33-48頁

松岡正子［2010b］「羌族、川西南蔵族、嘉絨蔵族、普米族以及納西族的"祭山"――祭山的系譜」袁暁文主編『蔵彝走廊――文化多様性、族際互動與発展』民族出版社　681-704頁

松岡正子［2011a］「四川における1950～60年代の民族研究 (1)」『愛知大学国際問題研究所紀要』第137号　97-115頁

松岡正子［2011b］「中国式復興モデル――2008.5.11汶川地震から 3 年」国立民族学博物館監修『季刊民族学』138号　95-99頁

松岡正子［2012a］「汶川地震後におけるチャン文化の復興と禹羌文化の創出」瀬川昌久編『近現代中国における民族認識の人類学』昭和堂　134-164頁

松岡正子［2013］「汶川地震後のチャン族研究 (1)」『愛知大学国際問題研究所紀要』第141号　61-80頁

松岡正子［2014a］「四川のチャン族における民族文化の復興と資源化――5.12汶川大地震後の北川羌族自治県を事例として」武内房司・塚田誠之編『中国の民族文化資源――南部地域の分析から』風響社　235-273頁

松岡正子［2014b］「チャン族被災民の漢族地区への移住とコミュニティの再建――四川省邛崍市火井郷直台村を事例として」愛知大学国際中国学研究セン

ター編『中国社会の基層変化と日中関係の変容』日本評論社　67-85頁
松岡正子［2014c］「大旅行調査からみる四川辺疆——27期（1930）巴蜀岷涪経済調査班「成都－松潘」日誌を読み解く」『同文書院記念報』Vol. 22別冊①　29-40頁
松岡正子［2015a］「中国西部民族地区における貧困と移住 (1) ——汶川地震後の四川省茂県雅都郷のチャン族を事例として」『愛知大学国際問題研究所紀要』第144号　7-26頁
松岡正子［2015b］「中国西部民族地区における貧困と移住 (2) ——汶川地震後の四川省茂県雅都郷のチャン族を事例として」『愛知大学国際問題研究所紀要』第145号　1-23頁
松岡正子［2015c］「四川羌族的語言交替與母語喪失——中国南方少数民族所進行的「中華民族化」謝政諭・松岡正子・廖炳惠・黄英哲主編『何謂「戦後」——亜州的「1945」年及其之後』允晨文化実業　383-410頁
松岡正子［2016］「羌年の観光資源化をめぐるポリティクス——四川省阿壩蔵族羌族自治州汶川県の直台村と阿爾村の羌年を事例として」塚田誠之編『民族文化資源とポリティクス——中国南部地域の分析から』風響社　149-179頁
松岡正子［2017］「四川の黒水チベット族と「獼猴子」伝承」加納寛編『書院生、アジアを行く——東亜同文書院生が見た20世紀前半のアジア』あるむ　111-135頁
夢佳［2010］「"禹道"千古——記葉毓山先生在汶川綿虒所造之大禹塑像」『雕塑』2010年第5期　4-5頁
孟燕ほか［2014］『羌族服飾文化図志』中国社会科学出版社
南ゆかり［1992］「近代羌族の出稼ぎの諸形態——以揹背子・修堰・打井を中心として」『史窓』第49号　97-101頁
三橋秀彦［2011］「グローバル化に直面する中国民族語教育——双語教育改革の現在」『亜細亜大学国際関係紀要』第20巻第1・2合併号　337-354頁
宮田登［2006］『宮田登　日本を語る5　暮らしと年中行事』吉川弘文館
中村喬［1988］「十一月冬至節」『中国の年中行事』平凡社　221-249頁
岡本雅亨［1999］『中国の少数民族研究と言語政策』社会評論社
潘瑞国［2013］「20世紀前半期的康蔵糾紛研究総述」『歴史研究』2013年第24期　157-160頁
彭代明［2009］「夯成千古奇碉　写就万年絶史——布瓦山黄土巨碉邛籠審美探索」『学術教育』2009年第6期　140-141頁
彭陟焱・田廷広［2013］「邛崍羌族安置区内教育状況調査」『民族教育研究』（哲学社会科学版）2013年第2期　129-133頁

彭陟焱・周毓華［1998］「羌族碉楼建築文化初探」『西蔵民族学院学報』（哲学社会科学版）1998年第1期　95-98頁

朴永光主編［2012］『羌族伝統舞踏田野調査與研究』中央民族大学出版社

銭安靖編［1993］「羌族巻」『中国原始宗教資料叢編──納西族巻・羌族巻・独龍族巻・傈僳族巻・怒族巻』上海人民出版社　433-600頁

羌族詞典編纂委員会編［2004］『羌族詞典』四川出版社集団・巴蜀書社

羌族簡史編写組［1986］『羌族簡史』四川民族出版社

秦和平編［2008］『四川民族地区民主改革資料集』民族出版社

秦和平・冉琳聞編著［2007］『四川民族地区民主改革大事記』民族出版社

冉光栄・李紹明・周錫銀［1985］『羌族史』四川民族出版社

任萍［2011］「羌族非物質文化遺産伝承保護中的政府参與──以"5.12汶川大地震"後的羌年実践為例」『民族学刊』2011年第6期　47-51頁

任萍・李萍［2011］「震後羌族異地重建社区羌年節調査報告」『阿壩師範高等専科学校学報』第29巻第3期　1-6, 11頁

阮宝娣［2012a］「羌族瀕危型村寨語言使用現状及其成因分析」『民族教育研究』（哲学社会科学版）2012年第5期　102-106頁

阮宝娣［2012b］「羌族穏定型村寨語言使用現状及其成因分析」『雲南大学学報』（哲学社会科学版）2012年第5期　132-136頁

阮宝娣［2012c］「羌族衰退型村寨語言使用現状及其成因分析」『中央民族大学学報』（哲学社会科学版）2012年第6期　114-119頁

阮宝娣編著［2011］『羌族釈比口述史』民族出版社

櫻井龍彦ほか［2011］「座談 開発と文化遺産」愛知大学現代中国学会編『中国21』Vol.34（特集：国家・開発・民族）東方書店　3-28頁

佐藤廉也ほか［2012］「退耕還林から10年を経た中国黄土高原農村──世帯経済の現況と地域格差」『比較社会文化』第18号　55-70頁

申向陽［2011］「古老羌語：従弱勢走向瀕危──阿壩州羌語生存現状調査」『阿壩師範高等専科学校学報』第28巻第2期　1-4, 32頁

申向陽［2012］「羌族文化重建中羌語的保護和搶救」『文教資料』2012年第3期　49-50, 134頁

新保敦子［2012a］「中華民族意識の形成に関する一考察──教科書に描かれた領土およびエスニック・マイノリティの分析から」『学術研究』第61号　31-52頁

新保敦子［2012b］「公教育と多文化教育──近現代中国におけるエスニック・マイノリティに焦点を当てて」『教育史学会第56回大会記録』131-136頁

庄司博史［2003］「中国少数民族語政策の新局面──特に漢語普及との関わりに

おいて」『国立民族学博物館研究報告』第27巻第4号　687-724頁
庄司博史［2015］「危機言語は救えるか」『月刊みんぱく』2015年第7号　16-17頁
四川民主改革口述歴史課題組編［2008］『四川民主改革口述歴史資料選編』民族
　　出版社
四川省阿壩蔵族羌族自治州・黒水県地方志編纂委員会編［1993］『黒水県志』民
　　族出版社
四川省阿壩蔵族羌族自治州地方志編纂委員会編［1994］『阿壩州志』上・中・下
　　民族出版社
四川省阿壩蔵族羌族自治州茂汶羌族自治県地方志編纂委員会編［1997］『茂汶羌
　　族自治県志』四川辞書出版社
四川省阿壩蔵族羌族自治州汶川県地方志編纂委員会編［1992］『汶川県志』民族
　　出版社
四川省編輯組［1986］『羌族社会歴史調査』四川省社会科学院出版社
四川省理県志編纂委員会編［1997］『理県志』四川民族出版社
四川省茂県地方志編纂委員会編［2010］『茂県志1988-2005』方志出版社
四川省少数民族古籍整理辦公室主編［2008］『羌族釈比経典』上・下　四川民族
　　出版社
四川省芸術研究院編著［2013］『羌年』四川出版集団・四川科学技術出版社
宋康ほか［2014］「汶川県"羌文化"和"禹文化"遺産搶救和保護思考」『阿壩師
　　範高等専科学校学報』第31巻第2期　9-12頁
孫宏開［1980］『羌語簡志』民族出版社
孫宏開・胡増益・黄行主編［2007］『中国的語言』商務印書館
孫宏開・劉光坤［2014］「羌語的調査研究」『阿壩師範高等専科学校学報』第31
　　巻第3期　5-12頁
孫遠太［2010］「大禹祭典與大禹文化的伝播」『前沿』2010年第9期　181-184頁
高山陽子［2007］『民族の幻影──中国民族観光の行方』東北大学出版会
田利軍［2010］「民国時期川西北土司土屯部落変動考」『貴州民族研究』2010年
　　第5期　119-127頁
田廷広［2011］「地震後羌暦年慶祝方式改変原因初探──以四川省邛崍市油榨郷
　　直第村羌暦年為例」『世紀橋』2011年第15期　22-23頁
田廷広・武瑋［2012］「羌族30年生産方式変遷調査──以邛崍市異地安置区直台
　　村和木梯村為例」『阿壩師範高等専科学校学報』第29巻第4期　18-25頁
田廷広・周毓華［2011］「羌暦年節日志──以"5.12"地震後直台村為例」『西蔵
　　民族学院学報』（哲学社会科学版）2011年第2期　67-68頁
東亜同文書院第27期生巴蜀岷涪経済調査班［2006 (1931)］「青海を望みて」東亜

同文書院編『東亜同文書院大旅行誌』第22巻 東南西北　愛知大学　63-113頁

Torrance, T.［1920］*The History, Customs and Religion of the Chiang*. The Shang hai Mercury: Hongkong.

Torrance, T.［1933-34］The Basic Spiritual Conceptions of the Religion of the Chiang. *JWCBRS* 6.

塚田誠之［2011］「写真は時代を映し出した――李紹明・松岡正子編『四川のチャン族――汶川大地震をのりこえて〔1950-2009〕』」愛知大学現代中国学会編『中国21』Vol. 34（特集：国家・開発・民族）東方書店　323-330頁

塚本隆敏［2007］「中国における農業と農村に関する若干の問題」愛知大学現代中国学会編『中国21』Vol. 26（特集：中国農業の基幹問題）風媒社　47-66頁

鶴間和幸［2000］『四大文明 中国』日本放送出版協会

上野稔弘［2011］「民族誌的記憶の更新――「中国少数民族問題五種叢書」の改革をめぐって」（2011年11月12日国立民族学博物館共同研究『中国における民族文化の資源化とポリティクス――南部地域を中心とした人類学・歴史学的研究』での報告）

王恩漢［2010］「許鴻飛的《大禹銅像》雕塑屹立在汶川」広東省人民政府文史研究館編『嶺南文史』2010年第 3 期　56-57頁

王建民［1996］『中国民族学史』上　雲南教育出版社

王大悟［2009］「論羌文化保護與旅遊発展的関係――北川羌族自治県旅遊業災後重建研究」『旅遊科学』第23巻第 1 期　57-60頁

王敦賢・張学明［2011］「汶川奇跡」『中国作家』2011年第10期　154-180頁

王鈞衝［1900］「四川西北区之地理與人文」『辺政公論』第 4 巻第 9・10・11・12 期

王俊鴻［2011］「汶川地震羌族移民異地安置和生計方式転型――四川省邛崍市木梯村和直台村田野考察報告」『民族学刊』2011年第 4 期　8-17頁

王俊鴻［2012a］「文化展演視角下少数民族移民節日文化変遷研究――以汶川地震異安置地族搬遷前後的羌暦年慶祝活動為例」『貴州民族研究』2012年第 3 期　16-21頁

王俊鴻［2012b］「統籌城郷改革背景下羌族移民生計転型研究――以四川省邛崍市南宝山汶川地震跨市州異安置地点為例」『西南民族大学学報』（人文社会科学版）2012年第 4 期　107-110頁

王柯［2006］『20世紀中国の国家建設と「民族」』東京大学出版会

王雷軒［2010］「外国事情　成長が加速し始める中国の西部地域――「西部大開発」戦略の実態と展望」『農林金融』第63巻第 8 号　488-495頁

王磊ほか［2012］「山区農戸土地流転意願及其影響因素分析――以重慶市綦江県

新盛鎮為例」『貴州農業科学』第40巻第1号　166-170頁
王利平ほか問、李紹明答［2009］「20世紀上半葉的中国辺疆和辺政研究──李紹明先生訪談録」『西南民族大学学報』（人文社会科学版）2009年第12期　34-41頁
王明珂［2003］『羌在漢蔵之間──一個華夏歴史辺縁的歴史人類学研究』台北：聯経出版
王明珂［2012］「民族考察、民族化與近代羌族社会文化変遷」『民族論壇』2012年第11期　25-32頁
王銘銘［2008］「口述史・口承伝統・人生史」『四川民主改革口述歴史論集』民族出版社　24-41頁
王平［2010］「羌族語言與文化的現状、保護與伝承」『語言與文化研究』2010年第4期　156-161頁
王樹村［1991］『中国民間年画史図録』上海人民美術出版社
王小琴［2009］「試論羌族地区羌語文課程実施問題及対策」『阿壩師範高等専科学校学報』第26巻第3期　121-124頁
王治升説唱、阮宝娣・徐亜娟採録翻訳［2011］『羌族釈比唱経』民族出版社
魏啓鵬［2006］「読三峡新出東漢景雲碑」『四川文物』2006年第1期　64-67頁
温志宏［2011］「汶川地震三周年中国式重建」『中国報道』2011年第1期　17-22頁
汶川地震災害地図集編纂委員会［2008］『汶川地震災害地図集』成都地図出版社
呉定初・張伝燧・朱晟利［2011］『羌族教育発展史』商務印書館
伍婷婷［2009］「李紹明先生的人生経歴與中国民族学／人類学史」『西南民族大学学報』（人文社会科学版）2009年第12期　44-45頁
西南民族大学西南民族研究院編［2008a（1954）］「嘉絨蔵族調査材料」『川西北蔵族羌族社会調査』民族出版社　1-142頁
西南民族大学西南民族研究院編［2008b（1954）］「草地蔵族調査材料」『川西北蔵族羌族社会調査』民族出版社　143-268頁
西南民族大学西南民族研究院編［2008c（1954）］「羌族調査材料」『川西北蔵族羌族社会調査』民族出版社　269-442頁
徐朝龍［1998］『長江文明の発見』角川書店
徐明波・晋超［2010］「災後四川大禹文化旅遊資源整合研究」『中華文化論壇』2010年第1期　130-134頁
徐平［1993］『羌村社会──一個古老民族的文化與変遷』中国社会科学出版社
徐学書［2012a］「大禹、冉龍與羌族巫文化淵源」『中華文化論壇』2012年第1期　33-38頁
徐学書［2012b］「略論羌族文化與古蜀文化的淵源関係──兼論羌族與黄帝的淵源

関係」『西南民族大学学報』(人文社会科学版) 2012年第12期　51-55頁
徐中舒［1985］「『羌族史』序」冉光栄・李紹明・周錫銀『羌族史』四川民族出版社　1-3頁
藪内清［1990］『中国の天文暦法』増訂改補　平凡社
楊正文主編［2008］『四川民主改革口述歴史論集』民族出版社
楊仲華著、村田孜郎訳［2009］『西康事情』慧文社
葉小軍［2014］「試論羌語転換対地区文化安全的影響」『紅河学院学報』2014年第4期　5-7頁
於春［2008］「堅固的理由──理県桃坪郷碉楼和碉房調査」『中国文化遺産』2008年第4期　23-31頁
俞栄根主編［2000］『羌族習慣法』重慶出版社
于式玉［2002a (1943)］「記黒水旅行」『李安宅、于式玉蔵学文論選』中国蔵学出版社　484-525頁（原載『旅行雑誌』第18巻第10期）
于式玉［2002b (1945)］「麻窩衙門」『李安宅、于式玉蔵学文論選』中国蔵学出版社　468-483頁（原載『辺政公論』第3巻第6期）
于式玉［2002c (1945)］「黒水民風」『李安宅、于式玉蔵学文論選』中国蔵学出版社　526-565頁（原載『康導月刊』第6巻第5・6期）
余永清［2006］「対龍渓郷阿爾村巴奪寨語言文字使用情況調査」『羌族文学』2006年第3期
袁珂［1989］「1.漢族」「33.羌族」袁珂編『中国民族神話詞典』四川省社会科学院出版社
在上海・日本大使館特別調査班訳［1942］『川康各縣々政概況・第1集──茂縣・峨邊』（特別資料輯編・第四篇）　上海日本総領事館特別調査班
曽士才［1995］「中国国内の民族学」末成道男編『中国文化人類学文献解題』東京大学出版会　21-24頁
張継蘭［2010］「城郷統籌視野下西部丘区土地流転分析──以四川省楽山市井研県大水湾村為例」『長江師範学院学報』第26巻第2期　122-126頁
張利ほか［2012］「茂県花椒産業可持続発展鄒議」『阿壩科技』2012年第2期　28-30頁
張木元・方林［2012］「伝承羌族文化彰顕学校特色─北川中学校本課程的規劃、開発與教学」『中国教育技術装備』2012年第32期　41-42頁
張世均・徐全利・朱彬［2011］「地域変遷対民族地区非物質文化的影響──以5.12地震羌族異地永久安置為例」『民族学刊』2011年第3期　80-85頁
張天明［2012］「羌語保護與伝承的教育対策探析」『内蒙古師範大学学報』（教育科学版）2012年第10期　15-18頁

張曦・黄成龍主編［2015］『地域棱鏡——蔵彝走廊研究新視角』学苑出版社
張曦・虞若愚ほか［2012］『移動的羌族——応用人類学視角的直台村與文昌村』学苑出版社
張旭剛捜集整理［1988］「大禹王的故事」四川阿壩州文化局主編『羌族民間故事集』中国民間文芸出版社　114-121頁
張澤洪［2003］「岷江上遊羌族的大禹崇拝——以禹生石紐説為中心」『黒龍江民族叢刊』2003年第4期　91-96頁
趙曦［2010］『神聖與親和——中国羌族釈比文化調査研究』民族出版社
鄭長徳主編［2008］『民主改革與四川彝族地区経済発展研究』民族出版社
鄭長徳・劉暁鷹主編［2008］『民主改革與四川羌族地区経済発展研究』民族出版社
鄭柳青・邱雲志［2011］「基於災後旅遊重建的"汶川模式"研究」『四川師範大学学報』（社会科学版）第38巻第3期　107-112頁
鄭亜平ほか［2012］「四川茂県特色果品物流発展的思考」『物流行程與管理』2012年第10期　23-25頁
仲偉民［2009］「19世紀中国鴉片的生産替代及其影響」『文史哲』2009年第5期　104-112頁
中共北川羌族自治県委党史研究室・北川羌族自治県地方志辦公室編［2009］『北川"5.12"大地震抗震救災紀実』上・下　中共党史出版社
中共四川省委宣伝部等主編［2011］感恩叢書『山東・北川——再造新北川』四川出版集団・四川人民出版社
中国科学院民族研究所四川少数民族社会歴史調査組［1963a］『阿壩蔵族自治州理県通化郷社会歴史調査報告(初稿)羌族調査材料之三』中国科学院民族研究所
中国科学院民族研究所四川少数民族社会歴史調査組［1963b］『茂汶羌族自治県黒虎郷社会歴史調査報告(初稿)羌族調査材料之三』中国科学院民族研究所
中国民間文学集成四川巻編輯委員会ほか編［1998］『中国民間故事集成』四川巻上・下　中国ISBN中心
周書燦［2008］「夏族族属及古羌族早期歴史初論——重読徐中舒先生《先秦史論稿》」『西南民族大学学報』（人文社会科学版）2008年第8期　49-52頁
周蜀蓉［2010］「華西辺疆研究学会之詮釈」『中華文化論壇』2010年第3期　82-89頁
周星［2008］「中国民族学における文化研究が現在直面している基本的問題」馬場毅・張琢編『改革・変革と中国文化、社会、民族』日本評論社　277-294頁
周毓華・孫婷婷［2011］「異地安置羌民的"第一个羌暦年"——四川省邛崍市南宝山木梯村羌暦年田野考察報告」『民族学刊』2011年第6期　39-46頁

周毓華・田廷広［2012］「分與合："神羊"共食與羌族宗教情感的整合——以邛崍異地安置区"羌暦年"為例」『四川民族学院学報』第21巻第6期　26-30, 46頁
朱晟利［2009］「震後羌区学校保護羌族文化的意義及途径」『民族教育研究』(哲学社会科学版) 2009年第2期　68-71頁
朱晟利・呉定初［2008］「近百年羌族学校教育発展述析」『民族教育研究』(哲学社会科学版) 2008年第3期　37-41頁
荘春輝［2004］「川西高原的蔵羌古碉群」『中国西蔵』2004年第5期　52-59頁
荘春輝［2006］「阿壩州打造岷江上遊"禹王祭壇"的有利条件、不利因素及優化整合路径」『阿壩科技』2006年第1期　21-26頁
荘学本［2007］『羌戎考察記——撮影大師荘学本20世紀30年代敝西部人文探訪』四川民族出版社
荘学本［2009a (1937)］「羌戎考察記」『荘学本全集』上　中華書局　34-111頁（原載『羌戎考察記』上海良友図書、再刊2007『羌戎考察記——撮影大師荘学本20世紀30年代敝西部人文探訪』四川民族出版社）
荘学本［2009b (1946)］「西康夷族調査報告」『荘学本全集』下　中華書局　494-575頁（原載『西康夷族調査報告』(寧屬考察報告第七号) 西康省政府印行）
荘学本［2009c］『荘学本全集』上・下　中華書局
鄒瑩ほか［2014］「羌暦年節日志——以汶川県綿虒鎮羌鋒村為例」『阿壩師範高等専科学校学報』第31巻第4期　15-20頁
「茂県黒水夷民出巣搶掠」［2006 (1946)］『中国少数民族旧期刊集成』中華書局　871頁（原載『川邊季刊』第1巻第1期）
著者不詳［1933］『石泉県志』

II. 四川チベット族

邊政編［1930］「西康特十四区県最近調査表」胡文明編『邊政』附載　1-128頁
邊政設訂委員会編［1940c］『松潘概況資料輯要』鉛印本
邊政設訂委員会編［1940d］『九龍概況資料輯要』鉛印本
邊政設訂委員会編［1940e］『懋功概況史料』鉛印本
バード, イザベラ著、金坂清則訳［2002 (1899)］『中国奥地紀行』2（東洋文庫）平凡社
才旦［2000］「蔵族建築芸術浅議」『阿壩師範高等学校学報』2000年第11期　100-103頁
陳明芳［1998］「四川冕寧県廟頂蔵族的原始宗教調査」『四川民族史志』1998年第3期　44-49頁

陳明芳・王志良・劉世旭［2008 (1985)］「冕寧県和愛公社廟頂地区蔵族社会歴史調査」李紹明・童恩正主編『雅礱江流域民族考察報告』民族出版社　131-179頁

陳慶華［2008 (1985)］「冕寧県聯合公社蔵族民歌及神話」李紹明・童恩正主編『雅礱江流域民族考察報告』民族出版社　114-130頁

陳学義・陳卓玲［2014］「丹巴古碉相関問題探究」『四川民族学院学報』第23巻第2期　17-25頁

鄧廷良［1986］「嘉絨族源初探」『西南民族学院学報』（哲学社会科学版）1986年第1期　17-25頁

多爾吉［1996］「嘉絨蔵区碉房建築及文化探微」『中国蔵学』1996年第4期　132-139頁

方国瑜ほか［2002 (1954)］「蘭坪、寧蒗"西番"族識別小結」胡文明主編『普米研究文集』雲南民族出版社　6-8頁

費孝通［1995 (1980)］「関於我国民族的識別問題」黄光学編『中国的民族識別』民族出版社　327-350頁（原載『中国社会科学』1980年第1期）

馮敏［2010］『扎巴蔵族——21世紀人類学母系制社会田野調査』民族出版社

馮敏［2014 (2006)］「川西蔵区的扎巴母系制走訪婚」『中国西南民族研究学会建会30周年精選学術文庫　四川巻』民族出版社　535-553頁

高文徳主編［1995］『中国少数民族歴史大辞典』吉林教育出版社

格勒［2002］「氐羌南遷與普米族」胡文明主編『普米研究文集』雲南民族出版社　37-39頁

根旺主編［2008］『民主改革與四川蔵族地区社会文化変遷研究』民族出版社

関雪峰［2012］「浅談嘉絨蔵族古碉建築——丹巴県中路、梭坡碉楼民居」『住区』2012年第8期　136-139頁

国家民族事務委員会経済司ほか編［1993］『中国民族統計』中国統計出版社

国家統計局人口和社会科技統計司・国家民族事務委員会経済発展司編［2003］『2000年人口普査中国民族人口資料』上・下　民族出版社

何耀華［1991］「川西南蔵族的信仰民俗」『中国民俗研究通信』8号　6-13頁

何耀華［2008 (1982)］「冕寧県聯合公社蔵族社会歴史調査」李紹明・童恩正主編『雅礱江流域民族考察報告』民族出版社　15-74頁

和志武・銭安靖・蔡家麒主編［1993］「納西族巻」『中国原始宗教資料叢編——納西族巻・羌族巻・独龍族巻・傈僳族巻・怒族巻』上海人民出版社　1-432頁

胡鏡明・胡文明［2002］「国内普米研究回顧與前瞻」胡文明主編『普米研究文集』雲南民族出版社　前言1-10頁

黄光学ほか［2005］『民族識別——56民族的来歴』民族出版社

池田巧［2003］「西南中国〈川西民族走廊〉地域の言語分布 レファランス資料集」崎山理編『消滅の危機に瀕した言語の研究の現状と課題』（国立民族学博物館調査報告39） 63-114頁

拉他咪・達石主編［2006］『摩梭社会文化研究論文集』上・下　雲南大学出版社

蘭坪白族普米族自治県概況編写組編［1997］『蘭坪白族普米族自治県概況』雲南民族出版社

李錦［2008］『民族文化生態與経済協調発展——対瀘沽湖周辺及香格里拉的研究』民族出版社

李錦［2012］「人神分界和僧俗分類：家屋空間的上下秩序——対雅安市宝興県磽磧蔵族郷的田野調査」『西南民族大学学報』（人文社会科学版）2012年第8期　11-16頁

李錦［2014 (2012)］「山神信仰：社会結合的地域性紐帯——以四川省宝興県磽磧蔵族郷為例」『中国西南民族研究学会建会30周年精選学術文庫　四川巻』民族出版社　554-567頁

李近春［1987］「四川省塩源県沿海公社達住村納西族社会歴史調査報告」四川省編輯組編『四川省納西族社会歴史調査』四川省社会科学院出版社　1-69頁

李錦主編［2014］『中国西南民族研究学会建会30周年精選学術文庫　四川巻』民族出版社

李錦問、李紹明答［2008］「約己以譲、特之以恒——人類学学者訪談録之五十」『広西民族大学学報』（哲学社会科学版）2008年第6期　88-93頁

李明・袁妹麗［2004］「浅論丹巴甲居嘉絨蔵寨民居」『宜賓学院学報』2004年第4期　86-88頁

李紹明［1995］『李紹明民族学文選』成都出版社

李紹明［2005］「"蔵彝走廊"研究與民族走廊学説」『蔵彝走廊——歴史與文化』四川人民出版社　3-12頁

李紹明［2006b］「川滇辺境納日人的族別問題」『摩梭社会文化研究論文集』上　雲南大学出版社　105-115頁

李紹明［2010］「蔵彝走廊研究的回顧與前瞻」『蔵彝走廊——文化多様性、族際互動與発展』上　民族出版社　3-21頁

李紹明［2014 (2005)］「蔵彝走廊研究中的幾個問題」『中国西南民族研究学会建会30周年精選学術文庫　四川巻』民族出版社　526-534頁

李紹明・劉俊波編［2008］『爾蘇蔵族研究』民族出版社

李紹明・童恩正主編［2008 (1982)］『雅礱江流域民族考察報告』民族出版社

李濤［1993］「試析大小金川之役及其対嘉絨地区的影響」『中国蔵学』1993年第1期　124-135頁

李星星［2003］「蔵彝走廊的歴史文化特征〈続〉」『中華文化論檀』2003年第2期　44-48頁
李星星［2005］「論"蔵彝走廊"」『蔵彝走廊——歴史與文化』四川人民出版社　32-68頁
李星星［2007］『蟹螺蔵族——民族学田野調査及研究』民族出版社
李星星［2008］『李星星論蔵彝走廊』民族出版社
李星星［2014 (2005)］「論"二縦三横"的"民族走廊"格局」『中国西南民族研究学会建会30周年精選学術文庫　四川巻』民族出版社　509-525頁
李星星・馮敏・李錦ほか［2007］『長江上遊四川横断山区生態移民研究』民族出版社
李澤奉・劉如仲［1997］『清代民族図志』青海人民出版社
林惠祥［1990 (1937)］『中国民族史』上海文芸出版社（原載『中国民族史』上・下　商務印書館）
林俊華［2014 (1999)］「四川西部山区多民族社会的形成」『中国西南民族研究学会建会30周年精選学術文庫　四川巻』民族出版社　455-469頁
林耀華ほか［2002 (1954)］「永勝、麗江両県"西番"族識別小結」胡文明主編『普米研究文集』雲南民族出版社　9-11頁
劉輝強［2002 (1982)］「談川西南"西番"人的識別」胡文明主編『普米研究文集』雲南民族出版社　14-16頁
劉龍初［1987］「四川省木里蔵族自治県俄亜郷納西族社会歴史調査報告」四川省編輯組編『四川省納西族社会歴史調査』四川省社会科学院出版社　70-132頁
劉揾［2014］「旅遊背景下少数民族村落的伝統民居保護研究——以嘉絨蔵族民居為例」『西南民族大学学報』（人文社会科学版）2014年第2期　155-158頁
劉勇・馮敏［2005］『鮮水河畔道孚蔵族多元文化』四川民族出版社
劉志揚ほか編［2012］『蔵彝走廊里的白馬蔵族——習俗、信仰與社会』民族出版社
龍西江［2008 (1982)］「冕寧県聯合公社蔵族的伝説及天文暦法」『雅礱江流域民族考察報告』民族出版社　75-86頁
陸紹尊［2002］「普米語概況」胡文明主編『普米研究文集』雲南民族出版社　67-71頁
陸紹尊編著［1983］『普米語簡志』民族出版社
駱明［2000］「蔵民的石碉房」『中国房地消息』2000年第1期　43頁
羅世澤・時逢春捜集整理［1983］『木姐珠與斗安珠』四川民族出版社
馬長寿［1984］『氐與羌』上海人民出版社
松岡正子［2000］『中国青蔵高原東部の少数民族　チャン族と四川チベット族』ゆまに書房

参考文献

松岡正子［2003］「「西番」におけるプミ語集団——四川桃巴プミ・チベット族と雲南箐花プミ族を事例として」塚田誠之編『民族の移動と文化の動態——中国周縁地域の歴史と現在』風響社　419-475頁

松岡正子［2005a］「「西番」諸集団の社会——四川省木里県水洛郷の〈西番〉チベット族を事例として」長谷川清・塚田誠之編『中国の民族表象——南部諸地域の人類学・歴史学的研究』風響社　175-205頁

松岡正子［2005b］「川西南の「西番」における民族識別(1)——プミ語集団の場合」『愛知大学国際問題研究所紀要』第126号　113-133頁

松岡正子［2006a］「川西南の「西番」における民族識別(2)——西番族の歴史の記憶」『愛知大学国際問題研究所紀要』第127号　221-237頁

松岡正子［2006b］「蔵彝走廊的蔵族——西部大開発下的変化與選択」"現代西蔵的開発與文化交融"国際学術研討会報告論文集　77-85頁

松岡正子［2007a］「四川ナシ族における祭天と祭山(1)——俄亜ナシを事例として」『愛知大学国際問題研究所紀要』第130号　183-202頁

松岡正子［2007b］「四川ルズ・チベット族の婚姻慣習——「西番」社会の紐帯」『愛知大学国際問題研究所紀要』129号　361-386頁

松岡正子［2008b］「ナムイ・チベット族の選択」塚田誠之編『民族表象のポリティクス——中国南部の人類学・歴史学的研究』風響社　327-358頁

松岡正子［2008c］「四川省俄亜ナシ族の兄弟共妻型婚姻」『愛知大学国際問題研究所紀要』132号　227-244頁

松岡正子［2012b］「四川における1950〜60年代の民族研究(2)——李紹明が語る「中国少数民族問題五種叢書」と政治民族学」『愛知大学国際問題研究所紀要』139号　225-243頁

松岡正子［2015d］「四川チベット族諸集団の研究」『愛知大学国際問題研究所紀要』146号　169-187頁

蒙黙［2002］「東蛮故地與元明清東蛮故地上的西番」胡文明主編『普米研究文集』雲南民族出版社　25-34頁

民族問題五種叢書雲南省編輯委員会編［1990］『基諾族普米族社会歴史総合調査』民族出版社

宮田登［2006］『宮田登　日本を語る5　暮らしと年中行事』吉川弘文館

牟子［2002］「丹巴高碉文化」『康定民族師範高等専科学校学報』2002年第3期　1-6頁

木里蔵族自治県概況編写組編［1985］『木里蔵族自治県概況』四川民族出版社

木里蔵族自治県政府辦公室［1992］「木里県平叛始末」『木里文史』第3輯（上）　195-200頁

木里蔵族自治県志編纂委員会編［1995］『木里蔵族自治県志』四川人民出版社
中村喬［1988］「十一月冬至節」『中国の年中行事』平凡社　221-249頁
中村喬［1990］「七日人日」『続　中国の年中行事』平凡社　53-73頁
西田龍雄［1970］『西番館訳語の研究——チベット言語学序説』松香堂
西田龍雄［1973］『多續訳語の研究——新言語トス語の構造と系統』松香堂
西田龍雄［2000］『東アジア諸言語の研究1　巨大言語群——シナ・チベット語族の展望』京都大学学術出版会
西田龍雄・孫宏開［1990］『白馬訳語の研究——白馬語の構造と系統』松香堂
奥山直司［1989］「チベット小事典」『極限の高地——チベット世界』小学館　182頁
彭陟焱［2010］「論大小金川戦争中碉楼的作用」『西蔵民族学院学報』（哲学社会科学版）2010年第3期　19-22頁
平武県白馬人族属研究会編［1987］『白馬人族属研究文集』（内部発行）
普米族民間文学集成編委会編［1990a］『普米族故事集成』中国民間文芸出版社
普米族民間文学集成編委会編［1990b］『普米族歌謡集成』中国民間文芸出版社
祁進玉［2010］「中国的民族識別及其理論構建」『中央民族大学学報』（哲学社会科学版）2010年第2期　5-12頁
秦和平［2011］『四川民族地区民主改革研究——20世紀50年代四川蔵区彝区的社会変革』中央民族大学出版社
秦和平［2013］「丹巴百年来政治、経済及習俗演変——章谷屯的設立與発展為例」『民族学刊』2013年第1期　61-67, 113-115頁
瞿靄堂［1994］「木里蔵族自治県」中国社会科学院民族研究所・国家民族事務委員会文化宣伝司主編『中国少数民族語言使用状況』中国蔵族出版社　422-424頁
雀丹［1995］『嘉絨蔵族史志』民族出版社
任乃強［2000 (1929)］『西康図経　民俗篇』西蔵古籍出版社
任新建［2014 (2004)］「康巴文化的特点與形成的歴史地理背景」『中国西南民族研究学会建会30周年精選学術文庫　四川巻』民族出版社　491-508頁
石碩［2001］『蔵族族源與蔵東古文明』四川民族出版社
石碩［2005］「漢代西南夷之"夷"的語境及変化」『貴州民族研究』2005年第1期　124-130頁
石碩［2008a］「隠蔵的神性：蔵彝走廊中的碉楼——従民族志材料看碉楼起源的原初意義與効能」『民族研究』2008年第1期　56-65頁
石碩［2008b］「従新石器時代文化看黄河上遊地区人群向蔵彝走廊的遷徙」『西南民族大学学報』（人文社会科学版）2008年第10期　1-7頁

石碩［2010］「"邛籠"解読」『民俗研究』2010年第6期　92-100頁

石碩［2011］「青蔵高原"碉房"釈義——史籍記載中的"碉房"及與"碉"的区分」『思想戦線』2011年第3期　110-115頁

石碩［2012］「青蔵高原碉楼的起源與苯教文化」『民俗研究』2012年第5期　85-93頁

石碩［2014 (2000)］「一個隠含蔵族起源真相的文本——対蔵族始祖伝説中"獼猴"與"羅刹女"含義的釈読」『中国西南民族研究学会建会30周年精選学術文庫　四川巻』民族出版社　470-490頁

石碩主編［2005］『蔵彝走廊——歴史與文化』四川人民出版社

石碩・陳東［2011］「有関青蔵高原碉楼的伝説與民俗事象」『西北民族大学学報』（哲学社会科学版）2011年第4期　85-91頁

石碩・劉俊波［2007］「青蔵高原碉楼研究的回顧與展望」『四川大学学報』2007年第5期　74-80頁

石碩・楊嘉銘・皺立波［2012］『青蔵高原碉楼研究』中国社会科学出版社

四川百科全書編纂委員会編［1997］『四川百科全書』四川辞書出版社

四川大学博物館整理［2014］『華西辺疆研究学会雑誌　整理影印全本』中華書局

四川省編輯組編［1987］『四川省納西族社会歴史調査』四川省社会科学院出版社

四川省編輯組編写［1985a］「草地社会情況調査」『四川省阿壩州蔵族社会歴史調査』1-74頁

四川省編輯組編写［1985b］「嘉絨蔵族社会情況調査」『四川省阿壩州蔵族社会歴史調査』178-257頁

四川省稲城県志編纂委員会編［1997］『稲城県志』四川人民出版社

四川省冕寧県地方志編纂委員会編纂［1994］『冕寧県志』四川人民出版社

四川省民族研究所編［1980］『白馬蔵人族属問題討論集』四川省民族研究所

四川省人口普査辦公室［2000］『四川省2000年人口普査資料』上・下　中国統計出版社

宋興富ほか［2006］「丹巴古碉群現状及価値」『康定民族師範高等専科科学学報』2006年第4期　1-5頁

宋兆麟［2003］『俄亜大村——一塊巨大的社会活化石』四川人民出版社

スタン, R. A. 著、山口瑞鳳・定方晟訳［1973 (1962)］『チベットの文化』岩波書店

孫宏開［1986］「試論"邛籠"文化與羌語支言」『民族研究』1986年第2期　53-61頁

孫宏開［2011］「語言瀕危與非物質文化遺産保護」『雲南師範大学学報』（哲学社会科学版）第43巻第2期　1-7頁

孫宏開［2013］「再論西南民族走廊地区的語言及其相関問題」『西南民族大学学

報』(人文社会科学版) 2013 年第 6 期　29-40 頁
孫懐陽・程賢敏主編［1999］『中国蔵族人口與社会』中国蔵学出版社
田雪原主編［2005］「納西族人口」『中国民族人口』中国人口出版社　557-628 頁
万永林［1997］『中国古代蔵緬語民族源流研究』雲南大学出版社
王正宇［2012］「蔵彝走廊西端的碉房及其空間意義——以金沙江三岩峡谷為例」『中華文化論壇』2012 年第 5 期　83-89 頁
魏崇山主編［1995］『中国歴史地名大辞典』広東教育出版社
伍呷［2008a (1982)］「冕寧県聯合公社蔵族的宗教」李紹明・童恩正主編『雅礱江流域民族考察報告』民族出版社　87-113 頁
伍呷［2008b (1985)］「九龍蔵族社会的歴史考察」李紹明・童恩正主編『雅礱江流域民族考察報告』民族出版社　573-612 頁
夏格旺堆［2002］「西蔵高碉建築鄒議」『西蔵研究』2002 年第 4 期　72-80 頁
西南民族大学西南民族研究院編［2008d (1954)］『川西北蔵族羌族社会調査』民族出版社
熊貴華［2000］『普米族志』雲南民族出版社
徐平・徐丹［2001］『東方大族之謎——從遠古走向未来的美人』知識出版社
徐学書［2004］「川西北的石碉文化」『中華文化論壇』2004 年第 1 期　31-36 頁
徐友輝ほか［2012］「試論嘉絨蔵区的石砌建築特色」『四川職業技術学院』第 22 巻第 4 期　143-146 頁
山口瑞鳳［1987］『チベット』上　東京大学出版会
山口瑞鳳［1988］『チベット』下　東京大学出版会
厳汝嫻・宋兆麟・劉尭漢［1987］「四川省塩源木里両県"納日"人社会調査」四川省編輯組編『四川省納西族社会歴史調査』四川省社会科学院出版社　133-322 頁
厳汝嫻・王樹五［1988］『普米族簡史』雲南人民出版社
楊福泉［2005］「東巴教與本教之初歩比較研究」石碩主編『蔵彝走廊——歴史與文化』四川人民出版社　171-172 頁
楊光甸［1982］『涼山州冕寧県瀘寧区蔵族調査筆記』西南民族学院民族研究所
楊侯第主編［2000］『散雑居民族工作政策法規選編』民族出版社　35-48 頁
楊嘉銘［1988］「四川甘孜阿壩地区的"高碉"文化」『西南民族学院学報』(哲学社会科学版) 1988 年第 3 期　25-31 頁
楊嘉銘［2005］「解読"嘉絨"」『康定民族師範高等専科学校学報』第 14 巻第 3 期　1-5 頁
楊嘉銘ほか［2007］『四川蔵区建築文化』四川民族出版社
楊嘉銘・楊芸［2004］『千碉之国——丹巴』巴蜀書社

楊静仁ほか［1985］「関於西康省蔵族自治区基本状況的報告」四川省編輯組『四川省甘孜州蔵族社会歴史調査』四川省社会科学院出版社　1頁
楊永紅［2009］「西蔵和蔵彝走廊地区的碉楼建築」『康定民族師範高等専科学校学報』2009年第8期　1-3頁
楊照耀主編［1999］『普米族文化大観』雲南民族出版社
姚軍［2008］「丹巴薩拉卡経堂碉建築群——碉楼維修的一次探索」『中華文化遺産』2008年第4期　40-45頁
殷海寿［1993］『普米族風俗志』中央民族大学出版社
尤中［1979］『中国西南的古代民族』雲南人民出版社
尤中［1994］『雲南民族史』雲南大学出版社
余慶遠［宋代］『維西見聞紀』
袁暁文［2014 (2012)］「蔵族走廊安寧河上遊多続族群蔵族文化認同研究」『中国西南民族研究学会建会30周年精選学術文庫 四川巻』民族出版社　568-588頁
袁暁文・李錦主編［2006］『蔵彝走廊東部辺縁族群互動與発展』民族出版社
袁暁文主編［2010］『蔵彝走廊——文化多様性、族際互動與発展』上・下　民族出版社
袁暁文ほか［2003］「蔵族伝統建築在現代社会中的変遷——丹巴県中路蔵族聚落環境調査」『西南民族大学学報』（人文社会科学版）2003年第11期　5-9頁
雲南民族工作四十年編写組編［1994］『雲南民族工作四十年』上　雲南民族出版社　130-132頁
雲南省編輯組［1988］『寧蒗彝族自治県永寧納西族社会及其母系制調査』雲南人民出版社
雲南省民族事務委員会［2002 (1954)］「雲南"西番"確是一個単一民族」胡文明主編『普米研究文集』雲南民族出版社　12-13頁
雲南維西傈僳族自治県志編纂委員会編［1999］『維西傈僳族自治県志』雲南民族出版社
張昌富［1996］「嘉絨蔵族的石碉建築」『西蔵研究』1996年第4期　36, 77-79頁
張全昌［1962］「四川西番識別調査小結論」『四川民族史志』1987年第1期
鄭長徳・周興維主編［2008］『民主改革與四川蔵族地区経済発展研究』民族出版社
鄭莉・陳昌文・胡氷霜［2002］「蔵族民居——宗教信仰的物質載体」『西蔵大学学報』（漢文版）2002年第1期　5-9頁
政協蘭坪白族普米族自治県委員会編［1997］『普米族』徳宏民族出版社
政協木里蔵族自治県委員会文資料委員会編［1996］『木里文史』第5輯
中国各民族宗教與神話大詞典編審委員会編［1993］『中国各民族宗教與神話大詞

典』学苑出版社
中国社会科学院民族研究所ほか主編［1994］『中国少数民族語言使用状況』中国蔵学出版社
周思宇ほか［2013］「梭坡嘉絨蔵族成年礼中的社会化」『考試』2013年第17期 156頁
荘学本［1939］「西康丹巴調査」『西南辺疆』1939年第6期

索　引

あ

アーイ　219, 367, 420
愛国主義教育　112, 123
アシェ　309, 311–313, 317
アダ　431, 435–441, 443, 445, 446
アチュ　438, 452, 455, 456
阿壩蔵族羌族自治州自治条例　177, 181
アヘン　68, 233–235, 246, 247
アルプ　310–313

い

石敢当　41
石工　70, 164, 246
移住奨励策　93, 294
一妻多夫　358, 368, 435, 436
一夫多妻　368, 435, 436
イトコ婚　83, 289, 345, 362, 365, 409, 410, 414, 424, 435, 441, 443, 445
夷匪　234, 250
院系調整　232, 469, 471, 474, 478, 490, 498

う

禹羌文化　32, 90, 101, 103, 104, 106, 108, 111, 124, 125
烏拉　382
ウルピ　183, 311, 314, 320
ウルプ　310
雲雲鞋　147

え

営盤山遺跡　31, 270
煙祭　216, 219, 220, 222, 223, 375

か

回族商人　244, 247
改土帰流　128, 221, 225, 318
戈基人→戈人
瓦爾俄足（ワルワズ）　113, 116, 138, 195
ガシム　203, 206, 207, 210–214
嘉絨夷（ギャロンイ）　265, 273, 274
鍋庄舞　75, 87, 95, 112, 145, 147–149, 183, 184, 206, 216, 243, 258, 260, 347, 417
戈人　31, 40, 109, 188
華西辺疆研究学会　468, 478, 483
火葬　40, 54, 66, 115, 128, 197, 205, 221, 239, 246, 283, 289, 362, 364, 367, 380, 400
家碉　273, 276, 277, 279
ガバ　199–202
火把節　185, 225, 318
倮儸　242
嘉良夷→嘉絨夷
漢化　32, 104, 128, 136, 186, 259, 309
漢語教育　78, 87, 93, 125, 155, 156, 161, 164, 165, 168
漢語圏　167, 171
漢語四川方言　158, 161, 162, 246
換親　339, 352
漢民　126, 128, 129, 132, 136, 157, 283, 488

き

踩鑼頭　213
吉娜羌寨　112, 138–142, 154, 155
希望小学校　78, 122
義務教育　120, 123, 133, 141, 165, 167, 168, 205

535

牛王会　186, 189, 190, 331
九寨溝観光　89, 103, 167, 259
教会大学　490, 492
羌戈大戦　31, 108, 110, 111, 187, 278
郷規民約　182, 199, 241, 246–250, 395
羌繡（羌族刺繡）　28, 147, 148, 172, 195
羌人谷　101, 117, 118
羌族拼音文字　169
羌族博物館　89
羌笛　112, 195
経堂碉　273
羌年　35, 82, 83, 114–116, 146, 172, 177–187, 190–198, 200–203, 205–210
羌番　127, 128, 132
羌民　234, 237, 243
郷約　248
羌暦　178, 179, 184–188, 192
羌暦年→羌年
邛籠　272
玉皇　111, 115, 199, 221
曲谷方言　169–171
議話坪　49, 52, 53, 199, 200, 212, 213
金川事変　241, 242, 279

く

九九消寒　186
軍碉　273, 277
軍閥　231, 233, 234, 243, 250

け

ケシ　67, 68, 233, 234, 242, 245, 246, 250

こ

黄教→チベット仏教ゲルク派
口弦　152
黄泥群碉　113
康番　282, 287, 375
古羌　31, 32, 34, 40, 89, 90, 108, 109, 117
古羌城　89, 90, 94
古羌暦→羌暦
黒色旅遊　139

国民文化　125, 177, 184
古蜀　108, 109, 124
五神廟　101, 117, 125
国家級非物質文化遺産　28, 116, 138, 193
国家暦　224, 318
黒教→ボン教

さ

祭山会　13, 33, 35, 40, 83, 115, 179, 182, 183, 188, 189, 192, 214, 215, 220, 228, 229, 312, 337, 349
寨首　248
寨神　115, 117
祭祖　447, 448, 451
寨碉　273, 276
祭天（モプ）　447, 450, 457, 461
ザガン　395, 413
刷勒日　41, 118
山神　178, 189, 215, 221, 244, 247, 279, 319
山王→山神

し

地震遺跡　100, 126, 155
四川方言　158, 162, 165
七月半　208, 421
失地農民　67, 81
自発型移住　46, 47
シピ　13, 35–43, 212, 213, 219
シプム→祭山会
シミ　53, 224, 243
爾瑪協会　173
シャバ　367, 420
シャパ　222
シュア　222
戎肯　421
収成酒　179, 183
春節（過年）　82, 92, 178, 224, 225, 315–320, 347, 373, 417, 418, 420
JO　346–350, 353, 457
城隍廟　199
招魂　213

索 引

頌神禹　110, 111
嘗新節　216, 217, 363, 364, 416, 421
少数民族社会歴史調査　232, 470, 472, 485, 491, 493
少数民族優遇　54, 135, 180, 205, 309
諸葛孔明（諸葛亮）　129, 311, 325
シラモ→猪膘
指路経（指路歌）　222, 223, 302, 326, 327, 328, 380, 400, 448
震災遺構　100
神山　83, 215, 278
新都市化　94

す

水神節　78, 81-83
スリマ　359, 364, 395, 400

せ

西羌　31, 32, 90, 101, 105, 106, 108
西行取経　329, 330
西康省　282-284
政治民族学　471-473
政績　99, 120, 124
西南夷　16, 109, 265
成年式　277
西番　375-377, 379-381, 385, 394
〈西番〉　283, 288-290, 292, 321, 323-325, 328, 357, 359, 361, 365, 367, 368, 375, 376
西番族　321-325
西部大開発　45, 94, 319
石碉　13, 60, 89, 116, 118, 153, 271
石碉会　179, 279
石棺葬　31, 270, 272, 277, 278, 280
全国重点文物保護単位　113
川主　221
拴線　314
全村型移住　46, 47, 194
冉駹　273, 274

そ

璪　272
蔵彝走廊　13, 109, 214, 224, 228, 229, 267, 270
双語教育　123, 159, 165
送魂図　279
蔵番　282, 287, 292, 375
宗堡碉　276, 277
掃盲運動　166
雑谷土司　65, 245
雑谷民族　237
蘇永和　231, 235, 245, 250
村規民約　77, 115, 337, 393
ゾンバラ（占巴拉、宗巴拉）　421, 449, 450, 452, 453
村民委員会　81, 82
村民大会　67, 71, 73, 75, 78, 82, 85

た

大禹　31, 32, 90, 101, 104-111, 117, 124
大禹像　104, 105
大金川土司　241
退耕還林　45, 67, 74, 84, 94, 135, 142
対口支援　15, 98, 99, 101, 102, 103, 124, 138
大西番　292, 308, 317, 321, 358, 367, 376, 377, 385
大理国　358
多声部民歌　195
ダバ　444, 451-455
タンカ　317, 329, 331, 416

ち

遅基格布　110, 111, 117
チベット・ビルマ語派チャン語群　156, 214, 287, 288, 326, 333, 375, 377
チベット仏教ゲルク派（黄教）　276, 279, 292, 326, 330, 358, 361, 368, 381, 382, 384, 386, 394, 423
チャン語圏　158, 160, 161, 162, 167, 168

537

チャン族文化生態保護実験区　101, 103, 172
チャン族民俗村　196
中華民族　90, 124, 155
中華民族多元一体構造論　267, 470
中国西南民族研究学会　267
中国無形文化遺産保護センター　195, 196, 200, 201
碉神　279
跳神　244
碉房　13, 112, 240
碉楼　271-273
長老組　39, 208, 210, 211
猪膘　143, 224, 316, 454

つ

ツプリグ　302, 328, 329, 331

て

鉄三脚　421
転山会　208
天神　278, 458
天地国親師位　221
天然林保護工程　388, 413, 414

と

冬至歳首暦　187, 192, 220, 315
頭人　246, 248, 337
豆腐渣工程（おから工事）　97
動物供犠　228, 330
土司官寨　138
土司官寨碉　276
土葬　115, 128, 197, 205, 221, 289, 367, 380
土碉　275, 430
土地流転　57, 76, 80, 82
トップダウン式復興　46
吐蕃　114, 220, 223, 281, 282, 325, 327, 358, 378, 386, 423
土匪　233, 274
トンパ　218, 219, 359, 429, 448-450
トンパ教　279

な

ナサ　199, 201, 203, 209
ナタ　314, 316, 320
ナヘシ→祭山会
ナムイ暦　309, 315, 320
南詔国　358

に

入社式　380
女人国　428

の

農家楽　50, 155
納斯巴（ナスバ）　247, 249, 250

は

柏香樹　217-219, 221, 311-314, 316, 317, 320, 346, 364, 374, 375, 418, 419, 421
白石　60, 89, 138, 139, 144, 145, 153, 178, 214, 217, 228, 244
初水　374
パピ　219, 302, 310-315, 320, 325-329, 331
反右派闘争　485, 498, 499
汎羌論　16, 109, 273, 375
蛮子（番子）　233-235, 249, 282
番民　127-129, 160, 283

ひ

非農民化　93, 94
非物質文化遺産保護　42
百花争鳴　485, 498

ふ

風水先生　40
風水碉　276
普九　78, 79, 141, 167
不落夫家　340, 409, 435, 436
文化大革命　221
汶川大地震　27

へ

ヘパ（黒叺）　335, 342, 346, 348, 353

ほ

ボ（薴）　358, 385
母系制　428
母語喪失　155–157, 165
菩薩肉　314
猸猲子（ボロズ）　231, 235, 237, 238–242, 249
ボン教（黒教）　40, 222, 228, 266, 279, 280, 289, 311, 330, 335, 353
本土化　468, 471, 472

ま

マニ堆　218, 312, 346
馬帮　434
マルクス主義民族理論　468, 470–473, 478, 483

み

岷江モデル　13, 112, 113, 125, 137, 153
民主改革　467, 474–478, 499, 500
民族改正　180, 286, 321, 323
民族回復　126, 127, 131, 132, 135–137, 153, 157, 158, 180, 191, 286, 488
民族教育　167
民族教育政策　171
民族区域自治　284, 488
民族区域自治法　123, 130, 133
民族識別工作　281, 284, 285, 293, 379, 485
民族識別調査　493, 497
民族政治学　468, 483
民族団結教育　168
民族問題五種叢書　470, 484, 486

む

無形文化遺産保護条約　27, 28
毪子　240
ムジジョ（木姐珠）　110, 111, 184, 185, 458

ムプ　310

め

鳴放　486, 499
女神グム　452, 453, 455, 456

も

木土司　358, 378, 386, 429, 430, 449
木里大寺　361, 368, 384, 394, 415, 430, 440, 449
木里土司　361, 430
饃饃（モモ）　178, 209, 240

ゆ

ユネスコ理論　113, 195

よ

羊角　89, 112, 138, 139, 153, 185
羊角叉　310
羊皮鼓舞　112, 121, 195

ら

ラシ　183, 188, 311
ラマ　219, 285, 369, 394
ラマ寺院　244

り

リメジ（日美吉）　178, 180, 191, 192, 195, 196, 198–203
両免一補　434

ろ

老民会　395

わ

娃娃親　72

を

ヲシ　224, 364, 367, 373, 376, 398, 415, 417, 420, 421, 424

松岡正子（まつおか まさこ）

1953年長崎県生まれ。愛知大学現代中国学部・同大学院中国研究科教授。早稲田大学大学院博士後期課程単位取得退学。博士（文学）。早稲田大学第一文学部非常勤講師、愛知大学現代中国学部助教授等を経て現職。国立民族学博物館共同研究員。

専門領域：中国文化人類学

主要論著：『中国青藏高原東部の少数民族 チャン族と四川チベット族』（ゆまに書房、2000）、『四川のチャン族——汶川大地震をのりこえて〔1950-2009〕』（共著、風響社、2010）、「汶川地震後におけるチャン文化の復興と禹羌文化の創出」『近現代中国における民族認識の人類学』（昭和堂、2012）、「羌年の観光資源化をめぐるポリティクス——四川省阿壩蔵族羌族自治州汶川県の直台村と阿爾村の羌年を事例として」『民族文化資源とポリティクス——中国南部地域の分析から』（風響社、2016）

青蔵高原東部のチャン族とチベット族
―― 2008汶川地震後の再建と開発　　**論文篇**

2017年3月25日　第1刷発行

著者――松岡正子
発行――株式会社あるむ
　　　　〒460-0012 名古屋市中区千代田3-1-12
　　　　Tel. 052-332-0861　Fax. 052-332-0862
　　　　http://www.arm-p.co.jp　E-mail: arm@a.email.ne.jp
印刷――興和印刷　　製本――渋谷文泉閣

© 2017 Masako Matsuoka　Printed in Japan　ISBN978-4-86333-125-9